Johan Gerhard Reinhard Andreae

**Briefe aus der Schweiz nach Hannover geschrieben**

1763

Johan Gerhard Reinhard Andreae

**Briefe aus der Schweiz nach Hannover geschrieben**
*1763*

ISBN/EAN: 9783743392366

Hergestellt in Europa, USA, Kanada, Australien, Japan

Cover: Foto ©ninafisch / pixelio.de

Weitere Bücher finden Sie auf **www.hansebooks.com**

# Briefe

aus der

# Schweiz

nach Hannover geschrieben,

in dem Jare 1763.

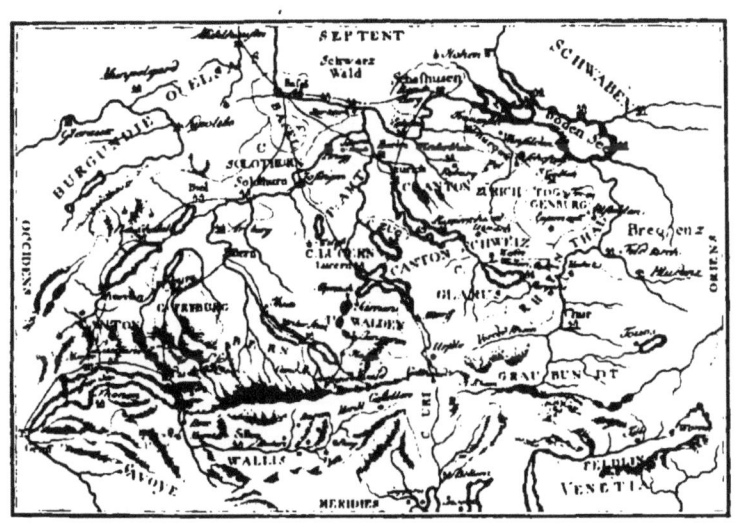

Zweiter Abdruk.

Zürich und Winterthur, bei Joh. Caspar Füeßli Sohn; und in Commißion bei Heinrich Steiner und Comp. Buchhändlern.
1776.

# Vorrede.

Man lieset nicht gerne Vorreden; dennoch kan ich die gegenwärtige nicht ungeschrieben lassen. Sie stehe also ihre Gefar. Diejenige, welche ich dem vorigen Abbruk meiner Schweizerbriefe vorgesezt hatte, war kurz genug, und lautete, wie folget:

„ Die Materialien zu diesen Briefen hatte ich blos zu meinem Unterricht gesammelt, und zum Vergnügen meiner Freunde auf das Papier geworfen. Sie Alle meinen Freunden allen zuzufertigen, ergreife ich das Mittel des Abbruks: das bequemste Mittel, ohne Zweifel, aber ein bedenkliches zugleich! Ich würde daher auch schwerlich Muht genug gehabt haben, desselben mich zu bedienen, wenn mir nicht — meine Eigenliebe? gesagt hätte, daß in den Briefen hie und da etwas Gemeinnüziges enthalten wäre; und dieses sagte sie mir so oft, daß ich ihr endlich glaubte. Ob, übrigens in dem Magazine (*), das Lesern von so verschiedenem Geschmakke gewidmet ist, viele oder wenige dieser meiner Briefe erscheinen werden, das weiß ich noch nicht. Das sol und muß allein von der Aufnahme, die ihnen wiederfäret, abhangen. Hannover im März. 1764."

Nicht war? Diese Vorrede war nicht weitschweifig. Ich wil aber nicht Bürge dafür sein, daß nicht die gegenwärtige es werde. Habe ich doch nicht umhin gekont, mich für die Kürze derselben durch einen Theil der Nacherinnerungen schadlos zu stellen, die ich meinen in dem Magazin abgedrukten Briefen damals nachfolgen ließ. Einige derselben betrafen die Rettung Meiner gegen einige Einwürfe, die man mir gemacht, und die Beantwortung etlicher Fragen, welche man an mich gethan hatte: wovon noch weiter unten. Einige betrafen

a 2

---

(*) Hannoverisches Magazin, angefangen 1763, so noch fortgesezet wird.

Schreib- und Gedächtnis-fehler, deren ich mich schuldig fand, und die ich verbessern zu müssen glaubte; andere, endlich, Zusäze, die mir noch nachzuliefern
der Mühe werth schienen. „Wenn man, — sagte ich derowegen, in den Nacherinnerungen von 1765, — so wie es mir mit der Schweiz ergangen, ein Land
mit gar zu großer Eilfertigkeit durchwandert: so kan es fast nicht anders sein,
als daß man in seinen Bemerkungen zuweilen unglüklich ist, so daß sie bald unrichtig, bald nicht volständig genug gerathen. So fehlet man, unter andern,
ungemein leicht, wenn man unternimt, von den Seltenheiten, die die Cabinette
enthalten, die Namen ihrer Lagerörter aufzuschreiben, und um so mehr, da man
diese gewönlich nur aus dem Munde der Besizer empfängt, die, wie der Hö-
rende, irren können.

Ich habe deshalben für nöthig gefunden, die sämtlichen Herren in der
Schweiz, mit denen ich einen Briefwechsel zu unterhalten das lehrreiche Vergnügen genieße, zu bitten, daß sie das in meinen Nachrichten etwa bemerkte Feh-
lerhafte mir anzuzeigen, und, was ich zu unvolständig geliefert, volständiger
zu machen belieben möchten. Ich hatte, ausserdem, selbst noch bei meiner An-
wesenheit in der Schweiz, wegen verschiedener Dinge Erkundigung angestellt,
ohne damals die verlangten Antworten abwarten zu können. Dieser und jener
sind nun zwar überaus wenige eingelaufen: gleichwohl halte ich es für meine
Pflicht, dieselben meinen Lesern nicht zu verschweigen, und das so wohl um Ihrentwillen, als um meiner selbst willen, damit ich auf eine Art von Ihnen Ab-
schied nehme, welche dem Charakter eines Aufmerksamen, und besonders eines
Aufrichtigen, den ich bis dahin zu behaupten gesucht, nicht wiederspreche. Und
so werde ich, endlich, auch noch einige meiner eigenen Gedanken mit einfließen
lassen, wo es die Gelegenheit mit sich bringen wird, jedoch mit Vermeidung
aller Weitläuftigkeit. "

Die so versprochenen und in den Nacherinnerungen damals auch gelie-
ferten Verbesserungen, Zusäze und eigene Gedanken wird der Leser in der gegenwärtigen Ausgabe nun an ihren gehörigen Orten (mit N. E., Nacherinnerungen, bemerkt) eingerückt finden, die jezt, theils durch meine nachherige Bemühung, theils durch den Beitrag verschiedener Freunde, um ein ziemliches
vermehrt erscheinen.

Einer dieser, ein mir unendlich schäzbarer Mann, deſſen frühere Bekantſchaft, als ich noch in der Schweiz war (wo Er ſich damals, mir unbewußt,
wirklich aufhielt), für mich, wie für meine Leſer, ungemein vortheilhaft geweſen ſein würde, ſchrieb mir, unter andern, im Februar 1766 von Hildesheim
folgenden ſcherzhaften Brief nach Hannover zu: „Sie waren, bei meinem neu-
„lichen Beſuch, ſo höflich, mir zu erlauben, Ihre die Schweiz betreffende
„Briefe zu durchgehen, und, wenn ich etwas darin anzumerken fände, anzu-
„merken; ſo höflich waren Sie; und ſol ich nun wol ſo unhöflich ſein und
„von Ihrer Erlaubnis Gebrauch machen? Hah! Hah! Man muß Sie be-
„ſtrafen. Warum werden Sie ein Autor, und haben nicht einmal das Herz,
„zu behaupten, daß Sie, in dem ſtrengſten Verſtande, unfehlbar ſeien?
„Hier haben Sie alſo eine kleine Probe von einem Briefe über Ihre Briefe.
„Verzeihen Sie mir, wenn ich Ihnen etwa einmal ſage, daß Sie noch
„viel Merkwürdiges in der Schweiz nicht geſehen haben. Ich habe hiebei
„meine Abſicht; ich wünſche, dadurch eine neue Begierde, die Schweiz noch
„einmal zu ſehen, in Ihnen zu erwekken, — (O dieſe Begierde war ſchou
und iſt noch da: denn, wie einen kleinen Theil von ihr, und wie geſchwind
habe ich den geſehen! A.) „und ich, ich wünſchte, Ihr Reiſegefärte zu ſein.
„(Wie ich der Ihrige. A.) Dieſe Reiſe muß aber in Friedenszeiten geſchehen.
„In dem Kriege taugten Sie zu einem gar zu guten Spion. Verzeihen Sie
„mir dieſen Ausdruk: Ihre Briefe ſind Zeugen für mich." ( Meinen Sie etwa
meinen 31ſten Brief? Wäre ich doch aus dem Berniſchen Zeughauſe herausge-
blieben! die verwünſchten Canonen! A.) — — —

In einem Briefe vom October 1766, weigert ſich mein ſcherzender Freund,
noch mehr Anmerkungen über oder gar wieder meine Briefe zu wagen; durch
meine wiederholte Aufforderungen und Bitten bewog ich ihn endlich dazu. Von
einem Schriftſteller, wie ich einmal war, kan man indeſſen leicht gedenken, daß
er wol nicht geneigt ſein konte, bei allen Einwürfen, die nun erſchienen, ſogleich gewonnenes Spiel zu geben. Auch ſchrieb ich wirklich, was ich nur
ſchreiben konte, um meine hie und da geäuſſerten Gedanken zu rechtfertigen — — —. Darauf bekam ich, zu Ende des Februars 1767, folgende abermals
noch ſcherzhafte Antwort:

„ Es ist doch ein verzweifelt Ding mit einem Autor etwas zu thun zu ha-
„ ben. Von Anfang, und besonders in denen Vorreden ihrer ersten Geburt,
„ sind sie so demüthig, als wie ein Capuciner; sie erkennen ihre Schwäche, und
„ wünschen nichts mehr, als belehret zu werden. Kaum wagt es ein Recensent,
„ welcher sich gemeiniglich mehr einbildet, als der Herr Autor, einige kleine
„ Fehler zu berühren: so wachet der Schriftsteller auf, und fodert entweder
„ Beweise, oder eine Ehrenerklärung: und dan wird (zuweilen A.) erfüllet,
„ was die Schrift saget: Wer sich erhöhet, der – – –. Ich wil Ihnen ganz
„ geschwind eine Ehrenerklärung zuschicken, und es wieder so gut, als möglich,
„ machen. Ich bekenne hiemit öffentlich, daß ich mich in der Durchlesung ein-
„ zelner Schweizerbriefe des Hannöverischen Verfassers geirret habe, als ich
„ glaubte, nicht einerlei Meinung mit ihm zu sein. Der Zusammenhang dieser
„ Briefe hat mich eines andern belehrt, und, einige Kleinigkeiten ausgenommen,
halte ich seine Begriffe, vor G. und der Welt richtig. – – – "

So schrieb die freundschaftliche Feder dieses meines allzu gütigen Privat-
recensenten. (Was werden izt die der Recensenten von Profeßion thun? Doch,
ich will nicht vor der Zeit zagen.) Indessen hat Er es nicht bei bloßen kleinen
Einwürfen und der nachherigen Wiederrufung derselben bewenden lassen. Er
hat mich mit ganz vortreflichen Nachrichten beschenkt, die selbst, zum Theil,
fast zu Abhandlungen geworden sind. Und diese, v. B. bezeichnet, liefere ich
nun in meinem Buche, nach der mir am schiklichsten geschienenen Folg = ordnung,
und das mit so großem Vergnügen, als warmer Dankbarkeit gegen ihren Verfasser. — Eben solches geschiehet, in Ansehung aller der übrigen Anmerkungen,
die mir, zu meinem gemeinnüzigen Zwek zugeschikt worden sind, und welche
überhaupt, wenn ich, wegen mangelnder Erlaubnis dazu, nicht die Namen ihrer eigentlichen Verfasser beigefügt haben solte, man an den beiden Buchstaben
F. Z. (Fremder Zusaz) erkennen wird; dahingegen ich die noch eingestreueten
meinigen, außer da, wo sie mit den fremden zu sehr vermischet, und dessfalls
mit einem Δ; oder, wenn sie Neu, N. Z. (Neuer Zusaz) bemerkt sind, unbezeichnet gelassen habe.

Die ganz ungemeine Sorgfalt inzwischen, die ein Joh. Geßner in Zürich (Sein bloßer Name ist statt aller Titel) noch auf die Beurtheilung und die
Berichtigung der, zu gegenwärtigem Abdruk meiner Briefe, von mir zusam-

mengebrachten Handzeichnungen zu verwenden gewürdigt hat, darf ich hier nicht
verschweigen. Aus eigener Wahl hat dieser menschenfreundliche Gelehrte diese
Bemühung übernommen: eine bei den wichtigen Geschäften, womit ich den vortreflichen Mann überhäufet weiß, um meine Leser und mich so verdienstliche Bemühung, daß ich auf immer zu erröhten haben würde, wenn ich Ihm durch
die obige Anzeige nicht ein öffentliches Opfer meiner Erkentlichkeit darbrächte!
Ohne Seine gütige Aufmunterung, und den durch keine Schwierigkeiten erkal-
tenden Eifer des Herrn Johan Caspar Füeßli, Sohn, in Zürich, welcher den
Stich der nöthigen Kupfertafeln zu leiten und zu betreiben die Gütigkeit gehabt,
würde ich, diese, meinen Absichten gemäs, zum Stande gebracht zu sehen, schwerlich erlebt haben. Denn, ich gestehe es gern: dies Unternehmen ist mir so lästig geworden, daß mir oftmals der Muht entfallen wollen, darauf zu beharren. Auch leiste
ich selbst jezt in diesem Punete nicht alles, was ich zu leisten mir vorgenommen
hatte. So war ich, zum Beispiel, Willens, auſſer den Abbildungen von dem
prächtigen Rheinfall zu Schafhausen (die wirklich, ob gleich nicht schön genug,
erscheinet), von dem Capucinerhospitium und der berüchtigten Teufelsbrüke auf
dem St. Gotthardsberge, noch verschiedene andere dasige Aussichten, und dan
die aus dem Haßlithale von den beiden contrastirenden Wasserfällen, welcher
leztern mein 25ster Brief erwähnet, in Kupfern vorstellen zu lassen. Ich hatte,
nach langem Suchen, das Glük, an dem geschikten Herrn Schellenberg einen
Mann zu finden, der von dem uneigennützigsten Patriotismus angefeuert, sich
entschloß, die zur Aufnehmung dieser Aussichten nöthigen Reisen zu thun. Er
that wirklich die nach Schafhausen und auf den Gotthard, machte hier, wie dort,
Zeichnungen, ward aber krank, und sah sich nun genöthigt, sein weiteres Vor-
haben faren zu lassen, und nach Haus zurük zu eilen. Ja, von seinen Gothardischen Zeichnungen, die nicht völlig von dem Stand-orte ab gemacht waren,
wo ich sie gewünschet, konte ich nun weiter keine, als die von dem Capuciner-
hospitium und die von der Teufelsbrüke, gebrauchen, und izt muß ich mich
begnügen, diese leztere nur in einem Zierbildchen (Vignette) mitzutheilen, die
dem 22sten Briefe vorgesezet ist. Aber noch verschiedene Kupfertafeln, von natürlichen Cabinets-seltenheiten meine ich, habe ich dem Fleiße eben dieses Künstlers zu verdanken, so wie andere dem vortreflichen Grabstichel eines Holzhalb——.
Durch insgesamt diese zeichnet sich nun der gegenwärtige Abdruk meiner Briefe

noch vor dem vorigen aus, als welcher mit Kupfern nicht versehen war. Sind nicht alle zierlich, so sind sie doch getreu: denn, die es Anfangs nicht waren, oder etwa Cabinetstükke verkehrt vorstelleten, bin ich nicht angestanden umstehen zu lassen.

Nun noch einige Worte aus meinen Nacherinnerungen von 1765, und damit wil ich diese Vorrede beschliessen. „Mein siebenzehnter Brief hat das Schiksal gehabt, (und warum er es gehabt, weiß ich), verloren zu gehen. Welche Anfragen, welche Erkundigungen hat mir dieser Vorfall zugezogen! Es scheinet, in der That, als ob das, wovon man gehöret hat, daß es war, einen vorzüglichen Wehrt dadurch bekomme, wenn es nicht zu erhalten stehet: Eine Beobachtung, die mich bei nahe in der Fortsezung des Abdruks meiner Briefe irre gemacht hätte! denn, wer weiß, ob es nicht für meinen Ruhm vorteilhafter gewesen sein würde, wenn ich die auf diesen siebenzehnten folgenden Briefe alle, so wie ihn, hätte verloren gehen lassen? Allein, mein Gewissen (oder wie man es nennen wil) sagte mir, daß dies eine unverantwortliche Grausamkeit gegen das Publicum sein würde. Ja! das sagte mir mein Gewissen. Was sagt nun aber das Publicum?

Eine gedoppelte Frage und einen gedoppelten Einwurf, so mir einige meiner Leser gemacht haben, wil ich, zum Schlus, hier beantworten.

Man hat mich gefragt: ob ich alles Erzählte zur Stelle niedergeschrieben hätte? Dies kan ich mit Ja erwiedern; und wo ich es nicht gethan, da habe ich solches ausdrüklich angezeigt. Ferner: wie es zugegangen, daß ich so viele Citationen in der Eile, worin ich meine Briefe geschrieben, hätte auffinden und beifügen können? Hierauf diene ich, daß ich nicht alle, aber doch die mehresten sogleich beigefüget habe, wiewohl eben nicht immer die Blätter selbst, wo jede einzelne Materie zu finden, sondern überhaupt nur die Titel der Bücher. Und so viel zu thun, war, in der That, so gar schwer nicht, noch weniger unmöglich.

Eingeworfen hat man, wieder meine Beschreibungen, daß einige zu lang und unerheblich, andere zu kurz und unvolständig gewesen seien. O ja! wer wil, kan, mich dieses gedoppelten Fehlers beschuldigen. Wo, zum Beispiel, ich von einigen Steinarten, — als in dem vierten Briefe von der, die man

in

in Basel zum Bauen gebrauchet, gehandelt habe, da wäre es freilich wol so schlechterdings nohtwendig nicht gewesen, die verschiedenen farbigten Streifen des Steines zu beschreiben, die höchst zufällig und veränderlich sind, und noch weniger, so genau die Dikke derselben auszumessen und aufzuzeichnen. Allein, ohne diesen Fehler damit beschönigen, oder gar auslöschen zu wollen, daß mancher ungleich grösserer Mann, als ich bin und jemals sein werde, eben dergleichen begangen, wo er nämlich von der Hize seiner Aufmerksamkeit sich hat hinreissen lassen: (wobei ich, als ein Beispiel, selbst einen über alle diejenigen, die Ihn zu tadeln gewagt, erhabenen Naturkundigen anfüren könte, dessen Feder sogar entflossen ist, daß Ihm einmal irgendwo eine Anzahl Soldaten begegnet sei. — Ein Bissen, an welchem allenfalls der Zahn der Satyre wohl haften kan!) so darf ich dreist behaupten, daß ich meiner Leser Geduld nur selten, und auf eine solche Art, wie diese mit dem Baselischen Bausteine, niemals wieder mißbraucht habe. Ich nehme also diesen Vorwurf, der so wenig Kränkendes für mich mit sich füret, mit aller Selbstverläugnung, als gegründet an, und erwarte noch wichtigere.

Wo ich, endlich, in den gegenseitigen Fehler gefallen bin, da habe ich weiter nichts zu meiner Entschuldigung zu sagen, als daß derselbe auf die Rechnung meiner zu schwachen Einsichten zu schreiben ist; und denn, so waren es nicht Jare, sondern der Zeitraum vom 8 August bis 20 October, den ich zu meiner Reise anzuwenden hatte." — So weit meine vormaligen Nacherinnerungen, — und so weit diese meine Vorrede.

Hannover, den 30 December
1774.

Andreae.

# Vorbericht.

Schwierigkeiten, die auf Schwierigkeiten folgten, haben den Abdruk meiner Briefe weit über die Zeit hin aufgehalten, die dazu bestimmt war. Die Folge davon ist, daß meine Briefe von dem Werthe, den ihnen die Neuheit gegeben hätte, etwas verloren haben; von einer andern Seite, hingegen, haben sie bei dem Aufschub gewonnen. Ich wil nur mit einem Worte hier erwähnen, daß wir jezt Hofnung haben, die Intierischen Getreide-Darren, davon mein 32ster Brief und dessen Anhang handelt, auch in unserm Lande eingeführet zu sehen. Und nun geschwind zu den Materien, die mir, diesen Vorbericht noch zu schreiben, zur Pflicht gemacht.

In dem Anhange zu dem 31sten Briefe habe ich eine Geßnerische und eine Sprünglische Beschreibung von dem grossen Raubvogel, dem Läummergeier, (Vultur barbatus Linn.) geliefert, und auf der 12ten Kupfertafel wird man desselben Kopf und eine Klaue, nach der ausgemahlten Abbildung, die der Herr Chorherr Geßner von einem in Zürich befindlichen Original hatte verfertigen lassen, vorgestellet sehen. Nun hat sich mir die Gelegenheit dargeboten, noch die Abzeichnung von dem Kopf eines lebendigen Vogels zu erhalten. Dieser Vogel, nämlich, ward im Frühjar 1775 in Zürich zur Schau umhergetragen. Er war im Grindelwald auf einem hohen Berge in einen Flügel geschossen, und, nachdem man sich seiner bemächtigt, durch Hunger und Schmerz so zahm gemacht worden, daß er, wie man es wolte, sich betasten ließ. Der erwähnten Abbildung, nach welcher meine 12te Kupfertafel gestochen ist, ist er, von Farbe, Gestalt, Character, völlig gleich gewesen: so, daß wir nun einen lebendigen Beweis von der Richtigkeit beides der Geßnerischen Abbildung und Beschreibung haben. Nachricht von des Vogels eigentlicher Lebensart, Alter, Geschlecht, hätte ich gewünschet, meinen Lesern nun zugleich noch geben zu können; allein, meine Bemühung, solche zu erhalten, ist vergeblich gewesen. Der, als Mensch und als Schriftsteller, gleich Verehrungs- und Bewunderungs-würdige Lavater hatte für seine Physiognomik den Kopf des lebendigen Geiers stechen lassen, und gern hat er seine Originalzeichnung hergegeben, daß ich ein gleiches, zu meinem Zwek, thun lassen konte. Hier erscheinet also, auf der mit 12 b. bezeichneten Tafel, der Vogel mit aus einander und empor gesträubten Federn, etwas jünger von Ansehen als hier auf Taf. 12 vorgestellte, und voller Leben, übrigens, wo ich nicht sehr irre, als vollkommen derselbe. Ich mache mir Hofnung, daß der Ausdruk der Figur überhaupt Beifall finden werde. —

Aber, für das zweite, was mein Vorbericht liefern sol, darf ich mir nicht nur Beifall, nein, selbst noch einen kleinen Dank von meinen Lesern, wenigstens von denjenigen unter ihnen versprechen, die vorzüglich auf Werke der Kunst ihre Aufmerksamkeit richten. Zu Anfang des 9ten Briefes that ich den Wunsch, daß ich im Stande sein möchte, von der so vortreflich gebaueten Rheinbrükke zu Schafhausen, eine Kunstmäßige Beschreibung zu machen. So unmöglich nun dieses zu leisten mir war, so meisterlich ist es, und zwar vor kurzem, durch einen Mann geleistet worden, dessen Name schon in einem meiner Briefe (Seite 124) bei Gelegenheit der Witterungsbeobachtungen auf dem Gotthard, vorkomt: ich meine den Herrn Jezeler, jezigen Professor der . . . . . zu Schafhausen. Und eben diesem habe ich überdem einen höchst saubern und genauen architectonischen Abriß von der Brükke zu danken, den Er zu verfertigen die Gütigkeit für mich gehabt, und nach welchem die Kupfertafel * gestochen worden ist, auf die sich die Beschreibung beziehet. Beide aber sind nun so beschaffen, daß sie die Zugabe dieses meines Vorberichtes völlig rechtfertigen werden.

# Beschreibung
### der hölzernen Brükke über den Rhein
in Schafhausen.

Schafhausen hatte ehemalen eine steinerne Brükke über den Rhein. Weil dieser schöne Strom bei derselben nicht nur ziemlich tief ist, sondern im Sommer, wenn er von dem auf den hohen Bündtnergebirgen geschmolzenen Schnee groß wird, einen ſchnellen Lauf hat, ſo wurde durch die ſtarken Waſſerwirbel, die unten an der Brükke durch jene Hinderuuß verurſachet wurden, welche die Pfeiler dem gewaltſamen Strom machten, der Boden oder das Bett deſſelben ausgewühlt, und die Pfeiler untergraben. Da ſie ſich nothwendig auf dieſer untern Seite ſenken mußten, ſo wurde ihre Feſtigkeit geſchwächt, und ſelbſt die Bogen etwas zerriſſen. Dieſer Schade wurde von Jahr zu Jahr gröſſer, und endlich ſtürzten den 6 Maj 1754. 3 Bogen ein. Im Sommer iſt der Rhein gewöhnlich 6 Schuh höher als im Winter. In jener Zeit iſt ſeine Tiefe oben an der Brükke 18 bis 20 Schuh, und unten an derſelben 28 bis 30 Schuh. Die punktirte Linie P Fig. 1. zeigt den höhern und K den niedrigern Rhein an. Man fand daher unmöglich, wenigſtens nicht wohl thunlich, in einer ſo beträchtlichen Tiefe eines ſo ſchnellen und gewaltſamen Stroms wieder neue Pfeiler auf den unebenen und ausgewühlten Boden zu ſezen, und neue Bogen darauf zu wölben; und weil die andern Pfeiler faſt alle ſich auf der untern Seite ebenfals geſenkt, und daher ſchadhaft waren, ſo wurden ſie vollends abgebrochen.

Anſtatt jener ſteinernen Brükke, die eine Zierde der Stadt geweſen, wurde nun eine hölzerne am gleichen Ort über den Rhein gebauet, welche in ihrer Art eben ſo ſchön, und in der That viel künſtlicher kan genennt werden. Sie iſt ein Hängwerk, ſo auſſer an den Ufern nur auf einem einzigen Pfeller ruht, der ohngefehr in der Mitte des Stroms ſteht. Dieſer Pfeiler iſt ein Ueberbleibſel von der ſteinernen Brükke, der unveränderlich geblieben und ſich nicht geſenkt hat. Er ſteht nicht in gerader Linie mit den Pfeilern an den Ufern, ſondern um 8 Schuh zuruk, und deswegen macht die Brükke auf denſelben einen ſtumpfen Winkel. Die Weite von dem Ufer an der Stadt bis da, wo ſie auf dem Pfeiler den Winkel macht, iſt 171 engliſche Schuh, und von dieſem Punkt bis zu dem andern Ufer ſind es 193. Es macht alſo dieſe Brükke gleichſam zwey Bogen von eben bemeldten Längen, und folglich hält ſie von einem Ufer zum andern 364 engliſche Schuh. In einer Entfernung von 1000 bis 2000 Schritt ſieht ſie frappant aus, und ohne ein Kenner von dergleichen noch wenig bekanten Hängwerken zu ſeyn begreift man nicht, wie ein ſolches Werk gleichſam in der Luft ſchweben könne; denn Hängwerke, und hölzerne Gewölber von faſt 200 Schuhen wird man auſſer der Schweiz ſchwerlich antreffen.

Einen deutlichen Begrif von der Einrichtung und Beschaffenheit dieser schönen hölzernen Brükke kan man aus gehöriger Gegeneinanderhaltung der Figuren bekommen. Fig. 1. stellt den Aufriß einer ganzen Wand vor. Fig. 2 und 3. sind Durchschnitt oder Profil in besagter Wand bey A und B, die der Zimmermeister Schild nennte. Diese Durchschnitte sind um mehrerer Deutlichkeit willen noch so groß gezeichnet, als im Aufriß der Wand. In der Wand bemerke man die Balken a., welche in den Schilden bey a durchgehen. Diese Balken sind von den weßentlichsten und wichtigsten Theilen, und nur die ausgesuchtesten Tannen konten dazu gebraucht werden. Zu oberst in der Wand sind die Oberhölzer b. Bey b gehen sie durch die Schilde durch. Es ist zu merken, daß das, was über dem Oberholz in der Wand gezeichnet ist, nicht zur Wand gehört, sondern es ist der Aufriß des mittlern Theils des Dachstuhls, dessen Beschaffenheit weiter unten erklärt wird. Der Aufriß der Wand zeigt, daß in derselben 21 Schilde seyen, deren jeder von dem andern 17 Schuh und 5 Zoll absteht, auffer den zwey mittlern, deren Weite voneinander 4 Schuh ist. Der halbe Theil der Wand V ist vorgestellt, als wären die äuffere Hängsäul weggenommen und die Balken, Streben, Oberhölzer und Sperrstich der Länge nach entzwey geschnitten; daher man sehen kan, wie alle diese Stük in einander eingelassen und versetzt sind. Die andere halbe Wand W ist als ganz mit den äuffern Hängsäulen vorgestellt. Die aufrechtstehenden Stükke der Schilde c Fig. 2. und 3. sind von eichen Holz, und allemal zwey auf jeder Seite. Ferner sind in den Schilden das obere und untere Queerholz d und e, welche die innere Breite der Brükke bestimmen. Das untere e hat doppelte Zapfen, die durch die Hängsäulen c durchgehen, wie bey n Fig. 1. angedeutet ist. Auch sind auf diesen Queerhölzern oder Schwellen starke eiserne Schinen angenagelt, die durch die Hängsäul gehen, und sie mit Schrauben mit den Schwellen verbinden, wie bey e Fig. 2. und 3. zu sehen. Das Oberqueerholz d ist wie das untere e in die Hängsäulen eingelassen und mit starken eisernen Schrauben befestiget. Auf gleiche Weise ist das darüber liegende Holz f mit den Hängsäulen und dem Oberholz b, so unter demselben bey b durchgeht etwas eingelassen verbunden und verschraubt, wie in der Fig. 2. und 3. deutlich zu sehen. Am Schild Fig. 2. ist noch die untere eichene Schwelle E zu bemerken, die Fig. 1. auf dem Absaz des Pfeilers bey D aufliegt. Dieser Schild Fig. 2, der am andern Ufer, und die zwey auf dem mittlern Pfeiler ſind ganz von eichenem Holz ; hingegen iſt in den andern allen auſſer den Hängſaulen alles von tannen Holz.

Weil , wie aus den Figuren erhellet , nur zwey Balken a ſind , und auch nicht mehr ſeyn können , nemlich in jeder Wand einer , ſo iſt leicht zu begreifen , daß ſie ſehr ſtark ſeyn müſſen. Da ſie von einem Ufer bis zum andern gehen , mußten ſie aus vielen Stüken dauerhaft zuſamen geſezt ſeyn. Alle Zuſamenſezungen ſind in Fig. 1. zu ſehen. Um dieſe beſſer zu verſtehen , iſt eine in Fig. 4. gröſſer vorgeſtellt. Ein in die Oefnung h eingetriebener Keil treibt die Ende der Balken A und B ſo nahe zuſammen als möglich iſt. Eine ſolche Zuſammenſezung oder Schloß wird durch die perſpektiviſche Vorſtellung bey M. ganz begreiflich. Zwei auf dieſe Weiſe zuſammen geſezte Balken ſind auf einander gelegt , und zwar dergeſtalt , daß allemal die Zuſammenſezung zweyer Stüke auf ein Ganzes des darüber oder darunter liegenden trift. Damit dieſe Balken durch eine gehörige Verbindung die gröſte Stärke erhalten möchten , ſo ſind ſie in einander gezahnet , doch ſo , daß wo ſonſt die Zähne auf einander paſſen ſollten , viereckichte Oefnungen gelaſſen worden , damit ſie durch Keile aufs ſtärkſte konten geſpannet werden. Hiedurch , wie aus der Fig. 4. deutlich zu ſehen , werden allemal zwey Stük in ihrem Schloß aufs genauſte zuſammen getrieben , a , a , a , und b , b , b , ſperren gegen einander , und zwingen daher die Stük A und B ſo nahe an einander als nur möglich iſt. Eben das thun die Keile b , b , b , und c. c. c. So ſind alſo dieſe Balken wohl und künſtlich geſprengt ; ſie bekommen dadurch eine Stärke , die gröſſer iſt , als wenn ſie aus einem Stük beſtünden ; und laſſen ſich weniger biegen , weil die Keile ſie überaus ſtark ſpannen. Uebrigens iſt die Dikke dieſer Balken 2 Schuh 9 Zoll , und die Breite 1 Schuh 4 Zoll. In der Fig. 1. ſieht man , wo und wie viel Schrauben überall , und beſonders bey den Schloſſen angebracht ſind , um ſie feſt mit einander zu verbinden. Die 2 Schrauben o o , die an den Hängſaulen jene an dieſe befeſtigen , ſind flach , oben umgebogen , eingelaſſen und ſtark angenägelt , wie ſo wohl in der Fig. 1. als 2 und 3. zu ſehen.

So ſtark aber dieſe ſo künſtlich zuſammengeſezte und geſprengte Balken ſind , ſo würden ſie doch wegen ihrer auſſerordentlichen Länge keine groſſe Laſt tragen können , und ihre eigene Schwere müſte ſie ſchon ziemlich biegen , wie dieſes aus der Theorie von der Stärke des Bauholzes kan erwieſen werden. Hier-

aus wird klar, daß diese Brükke ihre Stärke nur von den Streben (Bäezen)
m m m &c. haben könne. In der That sind diese die Hauptsache in den Hängwerken. Lange Balken, die sich durch ihre eigene Schwehre zu sehr biegen
würden, durch gehörig angebrachte Streben in wagerechtem Stand zu erhalten,
ja sie noch mit einer Last zu beschweren, ist eine längst bekante Sache in der Zim-
merkunst, und an vielen grossen Dachstühlen angebracht. Allein selten findet man
ein Hängwerk so über 70 Schuh lang ist. Und daher ist diese Brükke, deren
das eine Hängwerk 193 Schuh ist, etwas seltenes. Es ist freilich möglich, noch
längere Hängwerk zu machen, die Schwierigkeiten aber wachsen nicht bloß in
Verhältnuß der Längen; sie nehmen weit mehr zu. Es sind wohl seit Erbauung
dieser Brükke Modelle von längern Hängwerken gemacht worden; allein im
Grossen läßt sich nicht so gleich ausüben, was im Kleinen angeht. Die Länge
hat zur Stärke des Holzes, und zu der Schwehre eines solchen Werks ein ganz
ander Verhältnuß im Grossen als im Kleinen.

Da also die Streben das wesentlichste in den Hängwerken sind, und
diese ihre Stärke nur von wohl angebrachten Streben erhalten; so mußte bey
dieser Brükke alles desfalls aufs sorgfältigste beobachtet werden. Betrachtet man
den Aufriß Fig. 1; so wird man begreifen, daß weil der Balken, die Oberhölzer und die Streben durch die Hängsäul mit einander verbunden sind, der Balken sich nicht biegen noch sich senken könne, ohne daß die Hängsäul samt den
Streben und Oberhölzern nicht zugleich mitsinken solten. Aber nach der Einrichtung eines Hängwerks kan dieses nicht geschehen. Würde der Balken sich biegen, so kämen die Punkte r r r r näher zu den Punkten s s s; dadurch würden die Winkel, den die Streben mit dem Balken machen, grösser, welches sie
zwänge das Oberholz, wo sie oben ansperren, in die Höhe zu heben; und weil
der Balken durch die Hängsäulen mit dem Oberholz verbunden ist, so würde er
auch mit aufgehoben. Das wil also sagen: alles bleibt wie es ist. Der Balken kan nicht sinken, ohne daß er dadurch die Streben stärker oder höher
spanne, welches ihn so gleich wieder aufziehen muß. Hiebey aber ist schlechterdings nothwendig, daß ein Balken aus Stüken zusammen gesezt, nicht auseinander gehe; daß die Streben gerad bleiben, und sich nicht krümmen, und
daß oben und unten, wo sie ansperren nichts nachgebe. Dieses läßt sich freilich
in dieser Volkommenheit niemal ausüben, und daher werden alle Hängwerk

sich etwas senken. Obschon auch alle Streben die Eigenschaft haben, daß sie
das, so sie sperren, nicht sinken lassen, so fern nemlich nichts nachgiebt; so ist
doch eben wegen dem unvermeidlichen Nachgeben des Holzes, und seinem Ineinanderdringen ein grosser Unterschied in der Würkung derselben, nachdem sie nemlich einen kleinen oder grössern Winkel mit den Balken machen, das Nachgeben
hängt nur von diesem Winkel ab. Daher je kleiner derselbe ist, wenn alles
übrige gleich, desto kleiner ist die Last, die er durch sein Sperren erhalten kan,
welches durch eine gehörige Rechnung ausser allen Zweifel gesezt wird. Aus
diesem läst sich begreifen, wie schwer es werde, sehr lange Hängwerke zu machen,
weil in diesen die Hauptstreben nur kleine oder spizige Winkel machen können.

    Die eben gedachte Haupteigenschaften eines Hängwerks sind bey dieser
Brükke sorgfältig beobachtet, und alles, so zu ihrer Vollkommenheit einiges bey-
tragen kan, angebracht worden. Die Streben sperren unten an dem Balken
an den Sperrstichen r·r und sss an. Diese sind von eichen Holz, und sehr
genau in jene eingelassen ⌐ und um nicht aus ihrem Lager zu rükken, mit starken Schrauben befestiget. Am Oberholz sind entweder eben dergleichen Sperrstich, ccc oder die Streben sperren an ganze Hölzer an; und wo es immer
anglenge, trafen sie auf Hirnholz, weil alles Holz über Hirn viel weniger nachgiebt, als von der Rinde gegen dem Mark. Um das Ineinanderdringen der
Streben in die Sperrstich zu verhindern, ist zwischen dieselbe ein Stük Weiß-
blech gelegt, und die Stirne von jedem Theil so abgerichtet worden, daß sie auf
die andere Fläche genau passe. Alle Streben sperren mit ihrer ganzen Stirne,
und nicht bloß nur mit einem Theil, welcher Fehler sonst oft von den Zimmer-
leuten begangen wird. Diesem ist es vielmal zuzuschreiben, daß ihre Hängwerke so stark sinken. Zwar ist nicht zu leugnen, daß nicht jedes Hängwerk
sich etwas senken werde, weil es niemal in der gehörigen Vollkommenheit gemacht werden kan; denn es ist nicht wohl möglich, dikke Streben an ihre Sperrstich ganz genau anzupassen; und bey einer Länge von 40 bis 50 Schuh um
keine Papierdikke zu fehlen; und wenn auch dieses wäre, so leidet nicht nur das
Holz Veränderungen, die denn jener Vollkommenheit der Arbeit nachtheilig sind,
sondern bey der den Hängwerken eigenen gewaltsamen Drükung bringt das Holz
in einander, und wegen jenen Ursachen an dem einen Ort mehr als an dem

andern,

ändern, besonders wenn es eine ungleiche Festigkeit hat. Alles dieses zusammen genommen macht, daß kein Hängwerk gemacht werden kan, das sich nicht etwas senke, wie davon diese Brükke die gewiß ein Meisterstük ist, eine Probe giebt. Indessen schadet dieses gar nichts. Man thut aber, um sicher zu seyn, wohl, wenn man mehr Streben anbringt, als nöthig seyn dörfte, und sie so dik macht als möglich, weil die Resistenz im Ansperren in Verhältniß der Flächen ihrer Stirnen steht. Deswegen sind auch gewiß an dieser Brükke Streben genug angebracht, die folglich ihre Dauerhaftigkeit gewähren. Uebrigens ist meines Wissens bisher weder durch die Theorie noch durch die Erfahrung noch nicht bestimt worden, wie viel ein Hängwerk von einer gegebenen Länge und einer bestimten Anzahl Streben von gegebener Dikke und Winkeln tragen könne.

Alles Gute, so durch die Streben in den Hängwerken zuwege zu bringen ist, würde vereitelt werden, so bald sie sich biegen, und folglich dadurch kürzer werden könnten. Zu dem Ende sind sie allenthalben in den Hängsäulen der Schilde, durch welche sie gehen eingelassen oder versezt, wie Fig. 3. bey c c zu sehen, welches sie nöthiget gerad zu bleiben. Daß fast alle Streben just oben an die Hängsäul sperren, trägt auch zur Festigkeit bey. Auch helfen dazu die langen Schrauben t t t, durch die ein Spannen und feste Verbindung der obern und untern Balken zuwege gebracht wird.

Unten an die Balken sind die Streben x x x, angebracht. Diese sperren an jene von den Schwellen und Säulen der Schilde auf den Pfeilern. Sie machen also kein Hängwerk, sondern vielmehr eine Gattung hölzernes Gewölb. Ihr Sperren hindert die Balken, daß sie nicht sinken können, weil, wenn dieses geschähe, sie die Schwellen und Säul in die Pfeiler der Ufer zurük treiben würden, welches, weil sie überaus stark, und von lauter Quadersteinen sind, nicht geschehen kan. Viele von diesen Streben sind mit Keilen gespannet, welches, sonderlich wenn jene lang sind, sehr gut ist, weil man sie dadurch so stark es nöthig ist, und einen so stark als den andern spannen kan; da hingegen es unmöglich ist, die Länge der Streben so akurat zu machen, daß ihre Dienste

c

denen durch Keile geſpanneten gleich ſeyen. Uebrigens ſind ſie wie die obern in
den Hängſäulen, durch welche ſie gehen, eingelaſſen, wie Fig. 3. bey z zu ſehen. Auch findet man in dieſer und der Fig. 1. wo und wie ſie durch Schrauben mit den andern Theilen verbunden ſind. y in der Fig. 2. zeiget, wo und
wie ſie an der Schwell E und ihren Hängſäulen anſperren.

     Hieraus wird begreiflich, daß Hängwerke nach dieſer Einrichtung, ſo fern
ſie nemlich mit der gehörigen Genauigkeit gemacht ſind, ohngeachtet einer auſſerordentlichen Länge dennoch halten können, ja vielmehr müſſen, welches auch die
Erfahrung bey dieſer Brükke beſtätiget; nur mußte man voraus ſezen, daß die
Pfeiler an den Ufern und der in der Mitte feſt und unveränderlich ſeyen, und
nicht ſinken würden. Es iſt ganz klar, im Fall ſich der eine oder andere ſenkte,
müßte es nothwendig der ganzen Brukke ſehr ſchädlich ſeyn: das, wo ſie aufliegt
und anſperrt, gäbe nach, und die Streben könnten ihre Dienſte nicht mehr gehörig thun, welches ganz natürlich eine Senkung verurſachen müßte. Würden
alle 3 Pfeiler mit einander gleich viel ſinken; ſo hätte es nichts zu bedeuten.
Niemals glaubte man, daß die Pfeiler an den Ufern ſich ſenken würden, hingegen förchtete man es von dem mittlern. Es läßt ſich aber darthun, daß eine
wiewohl nicht ſtarke Senkung an dieſem, beſonders wenn ſie gegen den Strom
etwas gröſſer wäre als unten, lang nicht ſo viel ſchaden könnte, als eine an den
Ufern. Allem Uebel, ſo desfalls geſchehen möchte, vorzubeugen, brachte der
Zimmermeiſter noch eine Einrichtung an, welche die Brükke in ihrem Zuſtand
erhalten ſolte, wen gleich der mitlere Pfeiler ſinken wurde. Dieſes ſuchte er
durch eine Gattung hölzernen Gewölbs zuwege zu bringen, ſo von einem Ufer
bis zum andern geht, und durch die punktirten Linien p p p angedeutet iſt. Von
den Säulen der Schilde an den Ufern fangen 3 Reihen Streben an in Bogen
herum zu gehen. Jede iſt zwiſchen zwey Schilden feſt und gedrängt eingelaſſen,
und ſoll in dieſem hölzernen Gewölb die Dienſte thun, die den Gewölbſteinen
in den ſteinernen Gewölben zukommen. Dieſe 3 Reihen Streben oder Gewölbhölzer ſind nicht concentriſch, die erſte endet bey G und H, und die zweyte bey
I und L, Fig. 1. Dieſe machen alſo auf jeder Seite ein Bogenſtük: hingegen

die dritte gehet ganz in einem Bogen fort, deſſen oberſtes Stük in N iſt. In den Fig. 2 und 3 ſieht man, daß ſie bey O anſperren.

Es iſt nicht zu leugnen, daß wenn Holz eine Materie wäre, die ſich nicht zuſammen druken lieſſe, oder nichts nachgäbe, wie ſehr man es auch drukte oder preßte, ſo wurde eben beſagtes hölzerne Gewölb ohnſtreitig den verlangten Dienſt thun. Aber um jener Urſache willen iſt dieſes niemals zu erwarten. Die Erfahrung lehret, daß auch aufs beſte an einander gepaßte und ge ſtoſſene Hölzer nachgeben; nur deſto weniger, je gröſſer ihre Flächen ſind, wo von die Urſache die mindere Feſtigkeit des Holzes iſt. Das Nachgeben deſſelben ſteht in geradem Verhältniß des Druks und in umgekehrtem der Flächen. Lezte ſind bey dieſer Brükke in Anſehung der drükenden Laſt viel zu klein, als daß dadurch das Sinken verhindert werden könnte. Ein faſt unmerkliches Nachge ben der Gewölbhölzer nahe bey dem Uſern iſt in dieſem Fall ſehr wichtig, weil ſeine Wirkung bis in die Mitte der Brükke gleichſam divergirend wächſt. Die ſes hölzerne Gewölb würde alſo im Nothfall ſchwerlich den gewünſchten Dienſt thun.

Im Dachwerk hat der Zimmermeiſter auch Hängwerke angebracht wie an den Wänden. Ueber die Mitte aller Schilde gehet ein zuſammen gezahnter oder geſprengter Balken g g von einem Ende der Brükke zum andern. Er iſt wie die Hauptbalken in den Wänden gemacht, nur etwas kleiner. Ueber dem ſelben ſind wie in der Fig. 5. zu ſehen, wieder zwey Hängwerk, deren Streben in den durch Oberhölzer verſtärkten Fürſtbaum F gehen. In jedem Schild ſte hen im Oberquerholz f zwey kleine Säulen q q, zwiſchen welchen der Balken g liegt, und da wo die Streben h h durchgehen, ſind kleine Riegel r r einge laſſen, welche jene hindern ſich zu krümmen, ſie aber doch würken laſſen, an bemeld ten Riegeln über ſich zu drüken. Dieſe Hängwerk im Dach erleichtern den un tern Haupthängwerken die Laſt im Dach, und ſind daher ſehr wohl angebracht. In der Fig. 2. und 3. ſind v v Streben welche die kleinen Säulen q q ſperren, und ſie alſo, folglich auch die durchgehende lange Streben h h in ihrer gehörigen Lage

erhalten. In der Fig. 2. 3. und 5. findet man, wo und wie alles mit Schrauben verbunden und befeſtiget iſt. Sonſt iſt das Dach ein wohlgemachtes à la
manſarde; die Schwellen, Pfetten und Band darin haben nichts beſonders. Aus
bemeldten Figuren läßt ſich alles deutlich erkennen. So ſtellt Fig. 6. ein ſoge-
nanntes Leergeſperr vor, deſſen ganze Struktur und Verbindung deutlich zu ſehen iſt.

Die Einrichtung des Bodens ſtellt die Fig. 7. vor. Man ſiehet, daß
er aus langen übereinander geſchnittenen 8 Zoll dicken Hölzern beſteht, die daher lauter Rauten machen. Ihre Ende ſind in die Hauptbalken a eingelochet und feſt
gemacht. Sie liegen auf den Schwellen e e auf, die unten in den Schilden ſind.
Allemal zwiſchen zwey Schilden iſt noch eine Schwelle K die im untern Theil eines
umgebogenen ſtarken Eiſens a liegt, das oben mit Schrauben an den Hauptbalken
befeſtiget iſt. So liegen jene lange Hölzer genugſam auf. Dieſes Rautenwerk
iſt endlich mit doppelten Flecklingen (Bolen) überlegt.

Faſt auf gleiche Weiſe iſt das obere ebenfals rautenförmige Trömwerk
gemacht, ſo Fig. 8. vorſtellt. Lange 6 Zoll dicke Hölzer ſind übereinander geſchnitten,
und mit Wegenſchwänzen in die Oberhölzer der Wänden b feſt gemacht. Die
Hauptabſicht des oberen Werks iſt, das Verſchieben der ganzen Brücke zu verhindern, ſo wie auch das untere in dieſer Abſicht Rautenförmig gemacht worden.
Auf das obere iſt kein Boden gelegt.

Der Grundriß vom Dachwerk Fig. 8. iſt nur zum Theil ganz ausgezeichnet, ſo wie auch der untere Boden, weil man aus dieſem alles genugſam ſehen
und verſtehen kan. n. n. ſind die Schwellen, Fig. 2. und 3. u u die Pfetten,
und g. der mitlere Balken; f das obere Querholz. An etlichen dergleichen Quer-
hölzern kan man bey Q ſehen, wie die Hängſäulen darein geſchnitten, verzapft
und verſchraubt ſind. So erkennt man auch in dieſer Fig. 8. Vice Grundriß
zu Leergeſperren Fig. 6. Uebrigens iſt das Dach mit Schindeln gedekt, und den
Rhein hinauf oder gegen den Oſtwind ſind Dachfenſter in demſelben.

Diese Brükke wird sehr stark gebraucht. Das ganze Jahr durch fahren schwer beladene Wagen über dieselbe; besonders aber wird jeden Herbst eine sehr grosse Menge Wein darüber geführt. Auch sind schon viele ausserordentlich grosse und schwere steinerne Brunnentröge darüber geführt worden. Bey so schweren Lasten kracht es da und dorten. Allein bisher hat man nicht gesehen, daß dadurch der Brükke einiger Schaden wäre zugefügt worden. Unerfahrne sind, auf derselben stehend voll Verwunderung, wenn sie spüren und sehen, daß sie zittert, wenn nur ein Knab darüber lauft. Dergleichen Zittern, oder überhaupt das Erschüttern durch einen gemeinen Wagen thut derselben so wenig als einem gespannten langen Seil, das auch zittert, wenn man ein wenig darauf schlägt. Ein Hängwerk ist in der That durch die Streben ebenfals gespannt, und muß daher seine dadurch erlangte Schnellkraft bey jedem Anlas äussern. Je länger ein Hängwerk ist, desto mehr und stärker wird es bey gleicher Ursache zittern. Man spürt dieses empfindlich auf der schönen Brükke über den Rhein bey Reichenau im Pündtnerland, die von einem Ufer zum andern geht und 240 Schuh Länge hat. Sie ist ein Hängwerk, das dem beschriebenen ähnlich ist.

Diese bisher beschriebene Schafhauserbrükke wurde von Hanß Ulrich Grubenman von Tüffen aus dem Kanton Appenzell in 3 Jahren verfertiget, und jene zu Reichenau machte zu gleicher Zeit sein Bruder Johannes Grubenmon. Etliche Jahre nachhero machten sie beyde bey Baden über die Limmat eine hölzerne Brükke 200 Schuh lang, die kein Hängwerk, sondern ein überaus wohl gemachtes, sehr starkes und künstlich zusammen gesetztes Gewölb ist. Diese zwey Brüder besonders der Hanß Ulrich verdienen den Namen überaus geschikter Zimmermeister, und in dergleichen und andern mechanischen Sachen erfintrischer Köpfen. Sie haben ihr Handwerk meist von sich selber gelernt, nichts studirt, und nichts auf Reisen gesehen, und können deswegen in ihrer Art Original-Genies heissen. Welche Männer hätten sie werden können, wenn ihre vortrefliche Anlage und Fähigkeit durch die Mathematik wäre kultivirt worden!

* * *

Der Schlus dieses Vorberichts lässet mir noch den Raum übrig, meine Leser um Entschuldigung der vielen Drukfehler zu bitten, welche sich in mein Buch eingeschlichen haben, und am Ende verzeichnet stehen. Die Entfernung des Druk-orts hat es mir unmöglich gemacht, sie im Texte zu verbessern. Von einigen wenigen derselben, die den Sinn zu sehr verdrehen oder ganz und gar umkehren, wünschte ich, daß meine Leser sich im voraus sie bemerken wolten: darunter vornämlich derjenige mit gehöret, wo (Seite 287 Zeile 3), durch Auslassung des Wortes keinesweges, die Zweideutigkeit entstehet, ob ich nicht eine Sache zur Nachahmung anpreise, die ich doch keinesweges dazu anpreisen wolte.

Hannover, den 2 März.
1776.

A.

Briefe

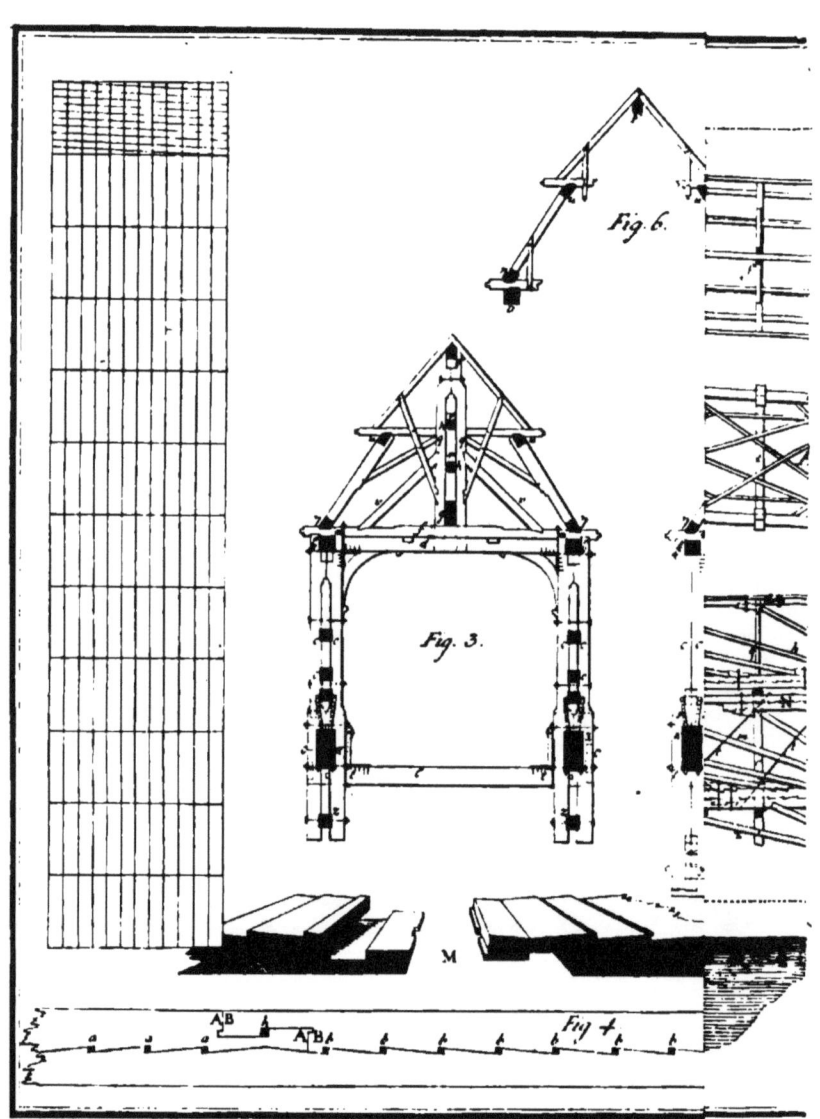

*Fig. 6.*

*Fig. 3.*

*Fig 4.*

# Briefe
## aus der Schweiz nach Hannover geschrieben.
### Erster Brief.

Mein Herr,

Hier sehen Sie den Anfang der Erfüllung meines Versprechens. Ich wil Ihnen nun genau, doch kurz, erzählen, was ich in den ersten fünf Tagen meines hiesigen Aufenthalts Merkwürdiges beobachtet habe; und was ich noch beobachten werde, wil ich in einigen andern Briefen auch melden. Macht das erste halbe Duzend sein Glük bei Ihnen, so wil ich nicht gut dafür sein, ob nicht noch ganze Duzende, Ihre Neugierde in Versuchung zu füren, und Ihre Gedult auf die Probe zu stellen, nachfolgen werden. Denn alsdan verthue ich mich vielleicht viel weiter, als ich jezt noch gesonnen bin, und suche Materien aus allen löblichen dreizehn Cantons für meine Briefe zusammen; und habe ich das einmal, ja! dan wird an kein Aufhören mehr zu denken sein, bis ich Ihnen alles gesagt habe, was ich nur sagen konte. Ueberlegen Sie also wohl, ob es rahtsam für Sie sein werde, mir in Ihrer künftigen Antwort merken zu lassen, daß Sie meine Briefe gern gelesen.

Aber eins, mein Herr, lieget mir bei meinem Unternehmen auf dem Herzen. Ich habe ja bei weitem nicht alle Schriften gelesen, die von den Merkwürdigkeiten der Schweiz geschrieben sind; und die ich gelesen, habe ich doch eben nicht so fest ins Gedächtnis gefaßt, daß ich mich aller einzelnen Nachrichten noch aufs genaueste daraus erinnern solte: folglich werde ich Ihnen vielleicht zuweilen etwas als neu vorsagen, was Ihnen gleichwol schon alt

A

zu sein, und als eine bloße Wiberholung schon gesagter Sachen vorkommen wird. In diesen Fehler kan ich vielleicht zuweilen verfallen; aber das verspreche ich Ihnen heilig, daß ich in denselben niemals vorseßlich verfallen wil. Mit dieser Erklärung werden Sie zufrieden sein, und mir, wenn ich unwissend ja einmal sündigen solte, verzeihen.

Die Stadt Basel ist von einer ansehnlichen Größe. Sie sol 220 Straßen und etliche und neunzig Springbrunnen haben. Ersteres mag wol sein, und, ohne leztere gezält zu haben, kan ich doch versichern, daß ich nie einen so brunnenreichen Ort, als Basel, gesehen habe. Verschiedene dieser zum Teil sehr schönen Springbrunnen haben ihre Quelle in der Stadt selbst; die andern empfangen ihr Wasser von den benachbarten Hügeln, oder sonst von außen her. Daß die Rheinbrücke, nach dem Reyßler, 250 Schritte lang sei, hat seine volkomne Richtigkeit: ich habe derselben so gar 270 gezählet. Aber da habe ich Reyßlern (a) auf einem fahlen Pferde ertappet, wo er saget, daß der wegen seines artigen Wuchses von ihm bemerkte, auf dem Petersplaze stehende, Ao. 1686 gepflanzte Baum eine Steineiche sei. Denn er ist, wie die übrigen Bäume auf diesem artigen Spazierplaze sind, eine gemeine Linde. Hier haben Sie, mein Herr, eine Probe meiner Genauigkeit im Beobachten! Sie sehen nun wol, was Sie sich von einem solchen Beobachter, als ich bin, zu versprechen haben. Ich hoffe, Sie werden mir auch künftig unter den Reisenden wenigstens den Rang noch über den Reyßler zugestehen.

Von der durch das Altertum merkwürdig gewordenen Kleinigkeit, dem gemahlten Todten'anz, den einige Schriftsteller von Holbein zu sein fälschlich vorgegeben haben, mag ich kaum etwas erwähnen. Man hat auch Beschreibungen (b) davon.

Desto mehr hingegen habe ich die Paßion von der vortreflichen Hand des Holbein, welche sich auf dem hiesigen Rahthause befindet, und wofür, nach dem Reyßler, der Churfürst Maximilian von Bayern 30000 fl., und zwar, wie andere sagen, so viel an Salz, aber vergebens, geboten haben sol, bewundert. Sie ist auf Holz gemalet, und hat folgende acht besondere Abteilungen: Christus am Oelberge; Christi Gefangennehmung; Verurteilung; Geißelung; Krönung; Hingang zur Kreuzigung; Kreuzigung und Tod; und Begräbnis. Der erblassende Körper Christi hat etwas vorzüglich rürendes. Dies Gemälde ist für mich das schäzbarste, was das Rahthaus enthält, und es enthält sonst gar nichts schäzbares für mich.

Der Thurm des Münsters, in welcher Kirche bekantermaßen Erasmus begraben liegt, ist in dem Geschmake des Straßburgischen Münsterthurms gebauet, doch bei weitem so hoch und so künstlich nicht.

·

---

(a) J. G. Keyßlers neueste Reisen. Hannover 1751. 1 und 2 Teil, im 11ten Briefe.
(b) La Danse des morts, oder der Todtentanz ꝛc. Berlin 1698. Auch Basel 1744.

Daß in dem hiesigen medicinischen Garten ein Kirschbaum befindlich sein sol, der järlich dreimal Früchte trägt, wird Ihnen vielleicht schon bekant sein. (c) Allein, in noch mehreren Gärten von Basel sollen sich dergleichen Kirschbäume finden, wie ich denn selbst einen von dieser Art in dem zu dem schönen Hôtel des Durchl. Marggrafen von Baden-Durlach gehörenden Garten gesehen habe. Die Kirsche dieses Baumes ist klein, und von einem säuerlichen schlechten Geschmakke; sie hängt an den äussersten Spizen der Zweige, und kömt nie an der Mitte derselben hervor. Es ist eine gepfropfte Art, wird folglich wol nicht aus den Kernen gezogen werden können. Der Garten selbst wird, ohngeachtet der Marggraf selten hier komt, dennoch in ziemlich gutem Stande unterhalten. Von dem medicinischen Garten kan man das nicht rühmen. Er ist so gar nichts weniger, als was er sein sol, und an Pflanzen ungemein arm. Der Mangel der nöthigen Geldstiftungen ist hieran Schuld, indem sonst die Profession der Botanik zwei sehr gelehrte Männer, der Herr Prof. Zwinger und der Herr Prof. Stähelin, bekleiden.

Das Kunst- und Naturalien-Cabinet von Felix Platerus, so im Keyßler und auch gemeiniglich hier unrecht das Platerische genennet wird, ist nicht mehr vorhanden. Es ist verkauft und sehr zerstreuet worden. Das dazu ehedem gehörige grosse und sehr schöne Herbarium besizt der hiesige Arzt, Herr Doktor Passavant. Ich habe es nicht sehen können, weil es jezt, und schon seit langer Zeit, in den Händen des vortreflichen Chorherrn, zu Zürich, Joh. Geßners, ist, um sich desselben mit zur Ausarbeitung seiner Characterum plantarum, deren Vollendung und öffentlichen Bekantmachung die Botanisten mit Verlangen entgegen sehen, zu bedienen. Die Versteinerungen hat Herr Bawier, ein Baselischer gelehrter Bürger und Künstler, an sich gekauft, und ein Teil davon ist durch ihn nach Schweden gekommen. Da aber Herr B. selbst auch in Versteinerungen die Natur studiret, und seit vielen Jaren darin sammelt, so kan man leicht denken, daß er die merkwürdigsten Stükke aus der Platerischen Samlung für sich behalten haben werde. Ich habe das Vergnügen gehabt, diesen geschikten Mann kennen zu lernen, und sein Cabinet zu sehen, und ich glaube, es wird genug sein, zum Ruhme des leztern gesagt zu haben, daß dasselbe alle die sonderbaren Versteinerungen enthält, die in den ersten acht Stükken der Baselischen Merkwürdigkeiten (d) in Kupfern vorgestellt und von ihm beschrieben zu lesen sind. Eine vorzügliche Betrachtung darunter verdienen die in dem siebenten Stükke gedachter Merkwür-

A 2

---

(c) Keyßler hat, wo ich nicht irre, diesen Kirschbaum in dem botanischen Garten gesehen, nicht ich. Auch ist, wie Herr Prof. Stähelin zu erinnern die Gütigkeit gehabt, er nicht in dem Garten. Dennoch kan er darin gewesen sein. Mit demjenigen in dem Marggräflichen Garten hat es indessen seine Richtigkeit, und, wie gesagt, so habe ich diesen daselbst gesehen. Nacherinnerung von 1765.

(d) Versuch einer Beschreibung historisch- und natürlicher Merkwürdigkeiten der Landschaft Basel. Erstes Stük, Basel 1748. Bis jezt sind 22 Stükke heraus, davon das leztere zu Basel 1762. herausgekommen ist. — Ich füge izt hinzu, daß dieß schöne Werk mit dem 23sten Stük noch 1763 geschlossen worden ist. 1774.

digkeiten beschriebene und auf der siebenten Tafel abgebildete Corallenschwämme, die, ob
ihre Grundfläche gleich aus concentrischen Lamellen bestehet, doch sternartige Seitenaus-
wüchse bilden, welches eine sonderbare inwendige Struktur voraus sezet. Die sechs Stücke
g. h. i. k. l. m., so unter den übrigen allerdings den Vorzug behaupten, stellen, wie man
sie nun nennen wil, coralische Entrochos, oder entrochische Corallen vor. Sie scheinen
mir eine bisher kaum noch bemerkte Art vom Lilienstein, oder Encrino zu sein, deren Stiel
aus einer Reihe sehr breiter trochorum bestehet, und sich auf eine nicht so ordentliche regelmäßige Art, wie die gemeinen Encrini, in einen Kopf ramisieren: denn die Anzahl der
Aeste oder radiorum des Kopfes ist an diesen von keiner bestimten Gewißheit, auch liegen
sie in keiner bestimten Figur an und neben einander, sondern schlingen sich oft ungleich durch
einander, daß man diese Versteinerung beim ersten Anblik für eine bloße Madrepora Corallium album officinarum ansehen solte. Allein die entrochische Zusammensezung jedes radii
zeiget ein anderes. Ich hätte daher Lust, ihr den Namen Eucrinus Coralloides beizulegen.

    Rosinus (e) hat inzwischen zu der Kentnis dieser Encrinorum coralloidaeorum
schon einen guten Grund gelegt (f). Er nennet sie stellas polyactinobolas, und findet, daß
derselben in der Natur eine überaus große Anzahl vorhanden sein müße, indem er aus den selbst
von ihm beschriebenen speciminibus trochitarum davon schon über 80 von einander verschiedene Arten herausbringet (g). Zwischen ihnen und den Capitibus Medusae Rumphii
sezet er den Unterschied feste, daß diese mit Zweigen versehen seien, die wie Baumzweige
vielfältig und in kleinere getheilet ꝛc.; jene aber nur einzelne Stralen, es seien nun 2. 3. 4. 6.
und mehrere, bei und neben einander verbunden, hinstrellen ꝛc. und sich in keine gezweite
Stralen oder Zweige zerteilen, indem R. unter mehr als tausend dergleichen keinen einzigen
gesehn zu haben versichert, dessen Zweige sich wieder in kleinere Zweige zerspaltet gehabt haben solten. Allein, so gewis ein Unterschied zwischen ihnen und den Capitibus Medusae ist,
so dünkt mich doch, daß man solchen nicht so wol in der Zertheilungsart ihrer beiderseitigen
Zweige zu suchen, als vielmehr und hauptsächlich darin fest zu sezen habe, daß die Stellae
polyactinobolae und alle Encrini mit einem Schwanz oder Stiel versehen sind, die Capita
Medusae aber nicht. Wenigstens zeigen die oben gerühmten schweizerischen Specimina hin
und wieder divaricationes ramorum, die des Rosinus Saz wankend machen.

    Die in dem erwähnten siebenten Stücke der Baselischen Merkwürdigkeiten befindli-
chen Figuren o. p. sind ebenfalls trochitische Corallen. Aber diese kommen nicht allein, wie
die erst beschriebenen und wie alle Encrini, aus einem Punkte hervor, sondern sie schlies-

---

(e) M. R. Rosini Tentamen de Lithozois - - - Hamburgi. 1719.
(f) Siehe S. 51—55 und im Epilogo, auch die Abbildungen Tab. X. A. B. C. D. E.
(g) Da jedes einzelnen Encrini Stiel Glieder oder trochos enthält, die in ihrer Höhe und auch oft in ihrem
    Umfang ꝛc. von einander verschieden sind, so ist die Berechnung so vieler verschiednen Arten von Encri-
    nis, als es Verschiedenheiten in ihren Gliedersteinen giebt, gar zu freigebig.

sen sich auch wieder in einen Punkt zusammen, wie die gewönlichen auch thun, nicht aber jene. Ich würde also zum Unterschiede, falls er beständig ist, jene g. h. i. k. l. m. Encrinos coralloidaeos divergentes nennen, und o. p. Encrinos coralloidaeos convergentes

Wenn Sie, mein Herr, wie ich doch zweifle, schon die Baseler Merkwürdig‐ keiten alle besizen, so sehen Sie auch noch die unvergleichlichen Encrinos coralloidaeos nach, die im 8ten Stükke auf der 8ten Tafel bei a. b. c. d. stehen, ja die ganze 8te wie die 7te Tafel, nebst der Beschreibung, S. 185. u. f.

Verzeihen Sie meine Weitläuftigkeit hierüber; die Schönheit und Seltenheit dieser Versteinerungen hat sie mir abgezwungen.

Zum Schluß wil ich nur noch eines sonderbaren Trochi Petref., welchen auch Herr Bawier besizet, erwähnen. Er ist von vier gleichen Seiten und Winkeln, und durch die Figur eines Kreuzes, das er in der Mitte trägt, in vier gleiche Teile geteilt. Dies ist ein höchst seltenes Stük, wovon vielleicht kein anderes Cabinet ein zweites aufzuweisen hat. S. Baselische Merkwürdigkeiten Tafel 8 bei Lit. p.

In dem 20sten Stükke und den Figuren der 20sten Tafel dieser Merkwürdigkei‐ ten, gleichwie im 4ten Bande der Act. Helv. S. 201. Tab. 6. Fig. 77. (h) werden Sie vieles hieher gehöriges mit Vergnügen sehen und lesen.

Doch lieber wolte ich, daß Sie dieses schäzbare Cabinet selber mit Ihren Augen be‐ trachten könten. Nur Schade, daß es wegen Enge des Raumes nicht beisammen, sondern sehr zertheilet; — Schade, daß es überhaupt noch in keine Ordnung gebracht worden; — und noch mehr Schade, daß darüber noch nicht einmal das geringste Verzeichnis abgefas‐ set ist. Denn solte nicht Herr B., oder auch sein Bruder, der ebenfalls viel Kentnis da‐ von hat, noch einst die Zeit gewinnen, wenigstens ein Verzeichnis der Oerter, woher je‐ des Stük in das Cabinet gekommen, zu verfertigen, wird denn nicht solcher Mangel den innern wie den äussern Wehrt desselben um ein ansehnliches verringern?

Basel, den 14 August 1763.

_____

(h) Acta Helvetica physico‐mathem. &c. c. fig. aen. Vol. 1. 2. 3. 4. Basileae. 1751. 55. 58. 60.

## Zweiter Brief.

### Mein Herr,

Der berühmte Kräuterkenner Stähelin, deſſen Name ſo oft von Haller in ſeiner Enumeratione Stirpium Helvetic. erwähnet wird, hat auch eine Naturalienſamlung nach- gelaſſen; und dieſe iſt in die Hände des Herrn Frey, eines Baſeler Bürgers, gekom- men, der in dem franzöſiſchen Schweizer-Regiment von Boccard die Stelle eines Haupt- manns bekleidet, aber in Baſel eine Wonung hat, und ſich oft daſelbſt aufhält. Gewis, in ſehr würdige Hände! denn der Herr Frey iſt ein Mann von warer Gelehrſamkeit, und ein ſo lentſeliger Mann, als guter Soldat. Da er ſich lange mit dem Regiment auf der Inſel Corſika aufgehalten, und daſelbſt die Gelegenheit genuzet hat, Corallen- Arten und andere Seegeſchöpfe zu ſammeln, ſo iſt dadurch ſeinem Cabinette ein anſehn- licher Zuwachs geworden, der daſſelbe ungemein verſchönert hat. Aufgetroknete auslän- diſche Fiſche, Pennæ marinæ von allerley Gröſſe, eine Menge ſchäzbarer Conchylien, nebſt einer weiſſen Mandrepore mit anſizendem rothen Corall, und einem groſſen Tubo vermiculari, der ſeinen imponenden Polypen noch zeiget ꝛc. befinden ſich hierunter, wie auch ein einen Fuß langer Klumpen von Tubulis vermicularibus, der ſehr gut erhal- ten iſt. Von den Conchylien will ich nur bemerken, daß unter denſelben auch Terebra- teln oder Bohrmuſcheln ſind, davon, verſteinert, die Copeien bisher ſo überaus gemein geweſen, die Originalien aber erſt ſeit kurzem bekannt geworden ſind. Hievon beſizt Herr F. 4, 5 oder 6 Arten; (a) auch verehrte er mir ein Paar, in deren einem noch das aufge- troknete Tier ſizet; ein mir ſehr angenehmes Geſchenk, indem ich dieſer Trebrateln nur erſt eine einzige beſeſſen, die mir vor ein Paar Jaren ein Zufall in die Hände geſpielet, da ich ein Corallengewächs erhielt, an dem ich ganz von ohngefehr dieſe Muſchel entdekte, die ſich daran feſt geklemmet hatte. An halb-Schwammartigen Seepflanzen iſt hier auch ein beträchtlicher Vorrath: aber das ſeltenſte und vortreflichſte unter den Seegeſchöpfen dieſes Cabinets iſt wol unſtreitig das Stük von der Tierpflanze, das ich ſogleich zu derjenigen zu gehören erkante, dergleichen Mylius und Ellis (b) beſchrieben haben, und die ſo viel Aehnlichkeit mit dem im Original bisher noch nicht bekant geweſenen Encrino hat. Nur Schade daß dieß vom Ganzen nur ein Stük iſt. (c) Es iſt übrigens von Farbe weiß, hat keilförmige Glieder, wie der Encrinus hat, und eine Subſtanz, wie mürbes Leder, oder

---

(a) Tab. I. Fig. b. c. d. e. f. g. — b. d. e. f. haben faſt unbemerkliche Streifen, da dieſelben hingegen bei c und h ziemlich tief ſind. h Iſt mit ſeinem pediculo an d feſt angebeſtzt. f Zeiget das Tier, welches noch in der Muſchel vorhanden. Bei g iſt daſſelbige Tier, ein wenig vergröſſert.
(b) Chr. Mylius Beſchreibung einer ausländiſchen Tierpflanze — London 1753. An Eſſay towards a Nat. Hiſ- tory of the Corallines ꝛc. By John Ellis. London. 1755.
(c) Tab. I. Fig. A. Das Stük von der Tierpflanze, deren Verſteinerung man Encrinus nennet.

wie die halb Holz- halb Schwammartigen Seepflanzen. Herr F. weis nicht, woher dieses Stük ist; sein Herr Vater hat es ihm nachgelassen.

Unter den Conchylien haben mir noch vorzüglich merkwürdig geschienen einige Stükke harten Gesteines, in welchen Pholaden fest sizen, aus dem Grunde der Festungswerke zu Toulon genommen. Hat es, so wie es scheinet, damit seine Richtigkeit, daß diese Pholaden das Vermögen haben, sich in ein festes Gestein einzugraben, wovon man weis, daß es sich dergestalten zuschlämmet, daß die Muscheln nicht nur nicht wieder heraus können, sondern wol gar darin verwachsen, so daß man sie oft in einem Steine, der äusserlich nichts von ihnen zeigt, nachdem man ihn zerschlagen, erst gewar wird; so sind ohne Zweifel noch mehr Muschelarten vorhanden, denen man dasselbige Vermögen zugestehen muß. Denn in einem dieser Stükke des Herrn F. befinden sich, nebst den Pholaden, auch offenbar Pectunculi striati, die, wie jene, in dem Gesteine fest sizen. Der Umstand zwar, daß sie oft in dergleichen Steinen ganz verborgen und verhüllet stekken, machet die Meinung eines französischen Schriftstellers, die kürzlich in gewissen neuen Memoires, deren Titel mir entfallen ist, erschienen, warscheinlich genug, daß nemlich zu der Zeit da diese Muscheln sich in dem Steine eine Wonung zubereiteten, derselbe nur noch ein Schlam gewesen, und nachher erst zu einem Steine verhärtet sei ꝛc. Allein, wie mag es denn hiemit in Ansehung der Austerarten zugehen, in deren dikken Schalen die Pholaden von aussen fest sizend ebenfals zuweilen angetroffen werden? Diese Austern, die oft sehr groß sind, und ohne Zweifel viel älter, als die sie durchboret habende Pholaden, sind doch gewis nicht von diesen in der Consistenz eines weichen Schlammes, sondern schon hart genug zu der Zeit vorgefunden worden, da sie es unternehmen konten, sich in sie einzugraben. Jene eben angeführte Meinung ist also, bei aller ihrer Warscheinlichkeit, noch nichts weniger, als ausser Zweifel gesezet; ja, wenn sie auch in einigen Fällen völlig gegründet ist, so folget doch daraus nicht, daß das mit Recht bewunderte Kunststük der Pholaden nun durch solche Entdekkung aufhörete, ein Kunststük zu sein, und daß diese Geschöpfe sich dabei blos leidentlich verhielten. Es kan sein, daß sie dies thun bei einigen Steinarten, deren freilich viele, wo nicht alle, aus Schlamme entstehen; allein, bei den vielschaligten harten Austern, da zeiget sich noch offenbar ihre wirksame Thätigkeit, deren Art und Weise eine fortgesezte Nachforschung verdienet. Ich wünschte daher sehr, mein Herr, hierüber Ihre Gedanken zu wissen. (d)

---

(d) Schon in Gull. Rondeletii universae aquatilium Historiae parte altera. Lugduni 1555. Libro 1. pag. 49. 50. komt ein Holzschnitt von den in Stein gewäzten Pholaden, und eine Beschreibung vor, wie folget: Rerum similitudo facit, ut post Mytulos de conchis iis dicamus, quas hodie in quibusdam Italiae litoribus balanos vocant. Sed quale sit id genus primum describamus. Ita in Saxis latet, ut Saxo undique contegatur, per foramen duntaxat exiguum et sensui vix patens aqua nutritur. Testis constat duabus, longis, non in latum extensis Mytulorum modo, sed rotundis. Intus eadem est caro quae in mytulis. In Saxis alico duris nascitur, ut non nisi ferreo malleo diffracto Saxo extrahatur. Sunt qui putent in Saxis aquae salsae vi exeavatis provenire, alii in luto in Saxorum cavernulis acervato. Ego crediderim in Saxorum cavernulis vel vi vel natura factis, aquae marinae appulsu procreari atque in concham verti, quae cavitatis sive foraminis figuram servat. Vidi hujusmodi conchas in portu Veneris. Missum est ad me alio ex litore

Uebrigens nun wieder auf das Cabinet zu kommen, so ist dasselbe auch besonders reich an Versteinerungen. Es stechen darunter vornemlich hervor ein Schnitt, so seine Zähne (e) noch hat; ein gezähnelt und gefalteter Ostracit des Rumpf, dessen beide Schalen von einander zu trennen und passend wieder zusammen zu fügen sind, sehr vollkommen, doch nicht völlig so groß, als ein anderer dergleichen, welcher in der Baierischen Samlung sich findet; ferner verschiedene sonderbare Trochi, Entrochi, Entrochi ramificantes coralloidaci, worunter ein Entrochus pentagonus oder Astroita columnaris (f) der, der Länge nach, in einer gewissen Entfernung von einander, rund um, fünf kleine apophyses, oder Merkmale, daß daselbst noch etwas angesessen gewesen sei, sehr deutlich zeiget, ob gleich das Stük nur ein bis zwei Linien lang ist. Endlich eine Zusammenschlammung von den allerzier-

---

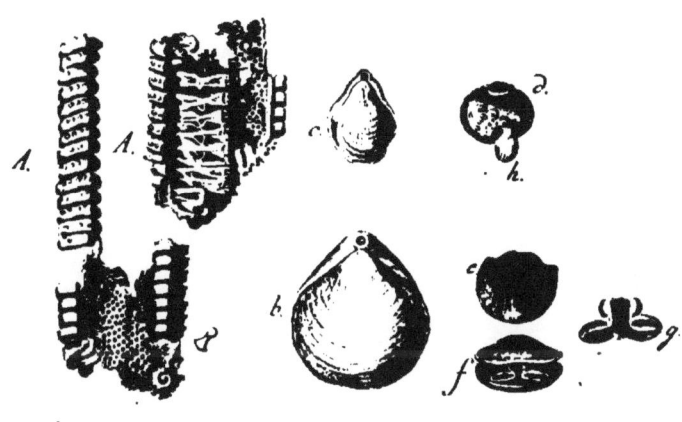

lerzierlichsten kleinen Seemuscheln, ganz von Chalcedon, so von einer Dame de Courtazuon aus Champagne von ihrem Landgute überschikt worden ist; und unter einer Menge Coralli- ten, ein röriges und ein nezförmigtes Stük, so über einen Fuß im Durchschnit halten, und vierzig Pfund und mehr im Gewichte. Zu diesem schönen Cabinet hat Herr F. eine gleich schöne, zwar nicht sehr zahlreiche, aber ausgesuchte Büchersamlung gesellet.

Was urtheilen Sie, mein Herr, von dem Zustande der Naturgeschichtskunde in Basel, wenn ich Ihnen sage, daß noch mehrere Cabinette hier und in der Nachbarschaft sein sollen, die gleich große Aufmerksamkeit verdienen?

Basel, den 17 August 1761.

## Dritter Brief.

#### Mein Herr,

Ich habe eine kleine Reise nach Mülhausen gethan, und meine Geschwäzigkeit zwinget mich, auch hievon Ihnen Rechenschaft zu geben.

Mülhausen ist von Basel nur etwa sechs Stunden entfernet, und, wie bekant, mit seinem wenigen Gebiete gänzlich von Französischem, nemlich dem Sundgow, umgeben, dennoch eine freie unabhängige Stadt, die, daß sie solches noch ist, vielleicht eben so sehr ihrer Kleinheit, als ihrem Bündnisse mit den protestantischen Schweizer-Cantons, und folglich deren allerdings mächtigem Schuze, zuzuschreiben hat. Wie es scheinet, erhält sie sich hauptsächlich durch ihre Fabriken von Cattun und Chitsen, und vom Weinbau. Sie ist weit schlechter gebauet, als Basel, hat an gutem Wasser einen Mangel, aber mehr Inwoner Verhältnisweise, als jene Stadt; auch redet man hier, wie es mich dünkte, schon ein reineres deutsch, als dorten. Allein, mein Herr, alles dieses, wie Sie leicht denken können, ist es nicht, was mich Mülhausen zu besuchen bewogen hat. Es wonet hier ein mir bekannt gewordenes Paar Männer, das ich näher kennen zu lernen wünschte. Der erste ist der Bürgermeister der Stadt, der Herr Rißler, und der andere der Doctor Med. Herr Hofer. Ich besuchte diesen leztern zu erst, und fand bei ihm ein zahlreiches Cabinet, worin ein nach dem linnäischen System geordnetes ziemlich starkes Herbarium, verschiedene Marina, und sehr schäzenswürdige mehrere Versteinerungen sind. Unter den marinis sind eine Serpula, penis veneris Linnaei, und eine Milchweiße eines Zolles große Bohrmuschel (a) Anomia Caput serpentis Linnaei, das vorzüglichste; unter den Versteinerungen aber sehr viele schöne Stülle, wegen deren Auswahl, um sie Ihnen, mein Herr, zu nennen, ich in einiger Verlegenheit bin: denn gar zu weitläustig wolte ich doch auch nicht sein. Ich wil sehen, wie ich das allerbeste nicht überhüpfe, und mich doch kurz fassen möge.

Von einer Menge Schlniten merke ich dennach nur diese an: die Cidarem miliarem Rumphianam esculentam mit blauem Steinmergel ausgefüllet, zwei und einen halben Zoll im Durchschnitt, von Neuschatel; eben daher ein solch kleinerer Echinit, auf einer Seite noch mit Stacheln, die aber dicht angedrükt sind, bedekt; eine eisenschüßige Cidaris mammillaris St. P. Kleinii, ein und einen halben Zoll groß, aus Lothringen; noch ein eisenschüßiger daher, so sich jedoch von dem vorigen unterscheidet; ein etwas besonderer Spatigus aus der Birse bei Basel; (b) ein Gurkensörmiger Stachel vom Echinten, drei Zoll lang, aus dem Baseler Gebiete; dergleichen Stacheln, den Gemshörnern gewissermaßen ähnlich, dergleichen auch ich besize, von Verona.

---

(a) Tab. 2. Fig. a. b.
(b) Tab. 2. Fig. c. — Die Sutur auf dem Küllen ist kaum sichtbar, und also in dem Kupferstich zu dreist ausgedrükket.

Unter den versteinerten Fischzähnen, Gloſſopetris, ſind verſchiedene ſehr artige; man ſiehet an der Wurzel eines kleinern von dieſer Art drei aufgende Balanos marinos.

Unter den Belemniten iſt ein Baſeliſcher ſchwarzer kegelförmiger, an deſſen Spiße drey Stükchen Corallen ſißen; den Preußiſchen aber, der aus concentriſchen Lamellen beſtehet, (c) halte ich für einen See-Igel-ſtachel.

Nun folgen die Nautiliten und Ammoniten. Unter den erſtern iſt ein eiſenſteiniger, aus Burgund; unter den leztern ein dergleichen eben daher, ſo über anderthalb Juß im Durchmeſſer hält, beſchädigt, mit einem auf dem äußern Gewinde deſſelben liegenden Aſte von einer Coralle.

Die übrigen Schnekken zeigen unter ſich, als vorzügliche Stükke, eine ſehr ſchön erhaltene Nerite von Neuſchatel, und einen Conum Linn. der ſeine Queerſtreiſen behalten hat ꝛc.; ſo wie die folgenden Muſchelſteine. Ein Amuſium Kleinii; eine gefalten Auſter mit balanis bedekt, vom Dorfe Boutenet in Languedoc; eine groſſe dergleichen Auſter, ſo ſehr vollkommen iſt, von Malta; ein Stük einer Auſter, auf welcher einige groſſe Stacheln liegen, die von Klein Echinod. p. 53. tab. 27. c. — h. beſchrieben und abgebildet ſind; eine gröſſere trumſchnablichte Auſter, die man Raſtellam nennet, aus der Nor-mandie; eine Baſeliſche geſtreifte und ſtachligte Bohrmuſchel; eine ſeltenere aus Piemont mit den noch inwendig hervorſtehenden zwei Auswüchſen (d); und eine herzförmige, ganz beſondere, woran auſſer dem Loch in dem Schnabel, noch ein anderes gröſſeres, ſo anderthalb Linien im Durchmeſſer hält, und von welchem beide Schalen in ihres Bauches Mitte durchboret, Aufmerkſamkeit verdienet (e); den Beſchluß von den Muſcheln mag ein Balanus .tintinnabulum Linn. machen, der aus den Sandbergen von Piemont iſt. End-lich waren hier noch verſchiedene ſchöne Coralliten, aus dem Baſeler Gebiete; ein vierjöl-ligter Kalchſtein, worin zwei Hälſten von Encrinis lagen, aus Lothringen, und, welches einen der vornehmſten Teile dieſes Cabinettes ausmachet, ſehr viele der Entrochiten oder zu dem Encrino gehörigen Gliederſteine, die der Herr Hofer in den Actis Helv. unter dem Namen Anthoporiten beſchrieben und abgebildet (f) geliefert hat, welches eine ſehr leſenswürdige Abhandlung ausmachet.

Noch muß ich einer Samlung von calcinirten oder gegrabenen Conchylien, die der Herr H. beſizet, erwähnen, die von einem einzigen Orte, nemlich von Courtaquon in Cham-pagne her iſt, und eine Anzal von faſt 300 Arten in ſich faſſet. Es iſt ſonderbar, daß

B 2

---

(c) Tab. 2. Fig. d. Durch ein ähnliches Exemplar, an der Leine bei Herrnhauſen gefunden, das Herr Hofme-dicus Wißmann in Hannover beſizet, bin ich jezt überzeuget, daß auch der Kälbauiſche ein warer Be-lemnite ſein kan. — N. Z.

(d) Tab. 2. Fig. e.

(e) Tab. 2. Fig. f.

(f) Act. Helv. T. 4. p. 169. — 211. Tab. 6 — 9. Specimen Tentaminis Lithologici de Polyporitis vel Zoophytis petrefactis.

die dasige sandigt-kreidigte Erdschicht, welches die erste ist, davon man kaum noch die Länge von ein hundert Schritten durchsuchet hat, eine so ungemeine Menge Schalen liefert; die zweite enthält überdem noch Kalchstein, und die darauf folgende lezte ist ganz und gar chalcedonisch, und beide stellen eben euch noch vol Muscheln — (g) —

Der Herr Bürgermeister Rißler, ein in der Kräuterkunde sehr erfahrner Mann, Verfasser des vormaligen Catalogi horti Carolsruhani, und der seine müßigen Stunden vornemlich der Cultur der Pflanzen seines Gartens widmet, hat mich eben so leutselig und gefällig, wie der Herr Hofer, aufgenommen, und mit mir ein Paar Stunden auf eine mir lehrreiche Art in seinem Garten zugebracht. Dieser Garten ist zwar nicht groß, aber so vol Pflanzen, daß zu wenig hunderten vielleicht mehr der Raum darin zu finden sein möchte. Von den gesehenen kan ich Ihnen, mein Herr, folgende nennen: bei die 30 species Mesembryanthemi, der Rhus Maurocenin L; die Bignonia Catalpa L; die Bignonia radicans mit der Catesbyischen Spielart mit kleinerer Blume; die Guilandina dioica L; Martynia annua; Atropa arborescens; Grewia L; Robiniae species tres; Zinnia flore luteo et rubro; Arum L. 1. 2. 6. 12.; Curcuma L. 1.; Mandragora off.; Pereskia aculeata; Nicotiana ringens; Antholiza Cunonia; Rubus Canad. Corn.; Asplenii Scolopendr. 4 Varietäten ꝛc. Eine Mirabilis Jalapa stand hier von dritthalb Ellen Höhe, welches von der starken Wurzel herrüret, die schon vier Jare alt ist, indem sie Herr R. gegen den Winter allezeit aus der Erde genommen, und im Frühjare wieder eingesezet hat. Aber von noch viel ungemeinerer Höhe habe ich hier eine Daphnen Mezereum L. angetroffen; diese stand nahe an einem Hause, und noch dazu unter einem ausgebreiteten schattenden Maulbeerbaume, war aber dennoch 15 bis 16 Fuß hoch, und 2 bis 3 Zoll im Stam dik. Es stehet diese Staude nun seit 15 Jaren im Garten, alwo sie ganz klein aus dem Wald gehoben hinversezet worden. Durch järlich wiederholtes Anbinden des Stammes und Abschneiden der untern Zweige hat man den Aufwuchs befördert, und würde die Ansehen jezt schon noch viel besser sein, wenn nicht die Krone durch starke Winde und andere Zufälle einigemal wäre zerrissen worden. Das, ausser dem erwähnten, in diesem Garten noch gefällt, das ist die Lebhaftigkeit und Gesundheit, deren alle seine Pflanzen zu geniessen scheinen. Des Herrn Bürgermeisters Erfarung in der Cultur derselben muß also sehr stark sein; auch vermehret er, die er vermehren wil, wie der Vorrath der aufgezogenen jungen zeiget, mit einer ungemeinen Leichtigkeit.

Durch denselben Weg, der mich gestern Mittag nach Mülhausen hingeführet hat, bin ich heute Mittag wieder hieher zurükgekommen. Er ist überaus eben und also sehr gut zu faren, auch zugleich dadurch annuhtig, daß er fast überall zu beiden Seiten mit welschen

---

(g) Da ich in der Folge eine etwas umständlichere Beschreibung dieses merkwürdigen Conchylienlaagers, so wie der vornehmsten Stücke dieses Cabinettes des Herrn H., die ich nicht alle erwähnet, aus seiner eigenen Feder erhalten, so wil ich solche, in einem besondern Anhange, auf gegenwärtigen Brief folgen lassen.

Nuß- und wilden Kirschbäumen besezet iſt. Uebrigens macht die Ausſicht der zur linken liegenden vielen Weinberge, (im Hinfaren,) die ſich von hier ſehr weit, nemlich bis Colmar
und faſt ganz hin bis Strasburg erſtrekken, und den ſogenanten Elſaſer weiſſen und rohten Wein liefern, ungemein angenehm.

Wollen Sie, mein Herr, auch etwas mehreres von Mülhauſen wiſſen, ſo ſchlagen ſie den Wagner, oder beſſer den Herliberger nach (h); bei jenem werden Sie S. 109
und auf einer kleinen Tafel etwas weniges, bei dieſem aber im erſten Teile S. 220 — 222
und Tafel 135 ein mehreres finden.

Jezt eile ich, meinen Brief zu ſchlieſſen, weil ich, einer ehegeſtrigen Verabredung
zufolge, dieſen Nachmittag, ein neues Cabinet zu ſehen, nohtwendig anwenden muß.

Baſel, den 19 Auguſt. 1763.

---

(h) Gern hätte ich hier und bei mehreren Gelegenheiten auf die Staats- und Erdbeſchreibung der ganzen
helvetiſchen Eidgenoſſenſchaft von J. C. Fäſi. Zürich 1766 — 68 verwieſen, und zu meiner eigenen Zurecht-
weiſung dies vortreffliche Werk damals gebraucht, wenn daſſelbe zu ſolcher Zeit ſchon an das Licht getreten geweſen wäre. — N. J.
Die oben angeführte Schriften ſind der Mercurius Helveticus &c. durch J. J. Wagner, D. Zürich 1648. und die neue und vollſtändige Topographie der Eidgenoſſenſchaft ꝛc. von David Herliberger, Zürich 1754. Erſter Band, beſtehend aus 15 Ausgaben. Zweiter Band, Baſel 1758, 16te bis incl. 28te Ausgabe 1751. (Wo hinzu noch nachher die 29 und 30ſte gekommen.)

Verzeichnus der besten Stükken, welche sich in der Sammlung natürlicher Seltenheiten bei Johannes Hofer, M. D. in Mülhausen befinden. Nebst kurzer Beschreibung des Conchylienlagers zu Courtagnon bei Rheims in Champagne.

ODontopetra Squali Carchariae Linn. S. N. magna triangularis margine serrato. Aug. Scillæ Corp. Mar. Lapid. Tab. VI. Fig. I.

Von dieser Gattung finden sich allhier vier Stük, welche wegen ihrer Größe einige Achtung verdienen, dann eine jede gleichhaltige Seite des Drenels ist vierthalb Zoll Parifer Maß lang, die basis aber des Zahns hat 3 Zoll in der Länge. Alle vier Stük kommen aus der Insul Malta.

Odontopetra Squali Linn. S. N. conica margine non serrato acuto. Scillae Corp. Mar. Lap. Tab. VII. Fig. II. *Superior.* Cum adhærentibus binis lepadibus balanis Linn. S. N.

Diese Versteinerung ist einen Zoll lang, und die auf derselben Wurzel sizende Balaniten schön ganz, sie kommt aus der Insul Malta.

Helmintholithus Echini esculenti Linn. S. N. superficie pluribus radiis adpressis obtecta ex marga cœrulea eademque marga lapidefacta farctus.

Die Seltenheit dieser Versteinerung bestehet in ohngefehr 30 Stachlen, welche auch versteinert die eine Seite dieses Körpers bedekken, sie liegen dicht aneinander an die Schale des Igels angedrukt, sind cylindrisch wie diejenige welche dieses Tier in dem Meer bedekken, und anderthalb bis zwei auch drithalb Linien lang. Diese Versteinerung ist vollkommen ganz und ihr Durchmesser einen und zwei drittel Zoll lang, sie kommt aus der Grafschaft Neuschatel.

Helmintholithus Echini mamillati Linn. S. N. minera ferri farctus luteus.

Die Versteinerung dieser Gattung Meer-Igel ist seltener als diejenige, welche Linnaeus Echinus Cidaris nennet, dessen schöne Versteinerungen den Randen-Berg so berühmt gemachet, in der Schweiz sind diese wenigstens nicht gemein. Das Stuk, von welchem hier die Rede ist, komt von Bafville in Lothringen, aus einem ergiebigen Eisen-Erzt mit welchem es angefüllet ist, auch scheinet die Schaale selbst wegen ihrer gelben Farb eisenhaltig zu seyn, obwol ihre Substanz selenetisch und von der Gattung, welche Luidius Pergamenum nennet, ist. Der Durchmesser unserer Versteinerung ist anderthalb Zoll.

Helmintholithus Echini cidaris Linn. S. N. compressus & difformis, ore ossicula ejus maxillæ duo falciformia fovens, marga lapidifica grysea farctus.

Diese Versteinerung hat die nemliche Gestalt, welche eine ausnemend schöne in Herrn Hauptmann Freyen von Basel Samlung hat, mit dem Unterschied, daß die Hoferische nur zwei auser der Ordnung liegende Kieselbein behalten; dahingegen das

Freyische Stuk alle 5 Zähne in ihrer natürlichen Lage weiset. Diese Versteinerung hat zwei und einen drittel im Durchmesser, und ist aus dem Canton Basel. Neben dieser Versteinerung liegt eine derselben gleiche in deren offenem Mund zwei von den Kiesel-Beinen liegen, welche der deutliche Meer-Igel-Beschreiber Theodor Klein trabecula nennet, (Echinoderm. Tab. 31. h. pag. 42.) Alle Gattungen Kieselbeine von Meer-Igeln, ab dem Randen-Berg kommend, sind auch hier einzel zu sehen.

Im Vorbeigehen kan man hier bemerken, daß der Echinus Diadema Linn. so wie andere Meer-Igel, welche den Mund und Steiß gerad gegeneinander haben, durch zehen ambulacrum eingetheilt wird, und ist der Echinus Cidaris Linn. der einige welcher nur fünf derselben hat, ohne Zweifel haben die fünf gar zu schmale area des Echinus diadema den Herrn von Linne in diesen Irrtum geführt.

Helmintholithus Echini lacunosi Linn. S. N. altero latere crebris radiis tecto, marga dura albissima farctus.

Dieser Körper ist keine vollkommene Versteinerung, sondern die Schaale hat noch ziemlich viel von ihrer Substanz behalten, welche nur darin verändert, daß sie durch den weissen mit Sand vermischten Mergel, in welchem sie gelegen, spröder und calcinirt worden; dieses schöne unbeschädigte Stuk ist vierthalb Zoll lang und drithalb Zoll breit, und kommt aus Malta; die Stachlen sind wie die an dem ersten hier bemerkten, aber etwas dünner.

Helmintholithus Echini rosacei Linn. S. N. lapide gypseo albissimo farctus.

Diese Versteinerung ist so groß, daß ihr Durchmesser sechsthalb Zoll lang ist, die Schaale ist sehr dik und hart, schön weiß und an einem Ort, wo sie ein wenig beschädiget, gar glänzend im Bruch, sie kommt aus den Gebirgen Sevennes in Languedoc.

Helmintholithus radii Echini magnus integerrimus cucumerinus.

Diese Versteinerung ist vollkommen ganz mit ihrem zur articulation mit der Warze dienenden Knöpflein, als wann sie erst von dem lebenden Meer-Igel abgebrochen wäre, sie ist zwei drittel Zoll lang und vier Linien dik, um und um rauch geköret, kommt aus dem Canton Basel. N:51 dieser lieget eine eben so ganze halb so große, deren unterer Umfang etwas dikker, welches ihr die Vergleichung mit einer Eichel bei den Naturforschern zu wege gebracht, ist Eisenhaltig und kommt von Bassville in Lothringen.

Helmintholithus radii echini cornu Damæ referens.

Diese Versteinerung kommt von Verona, ihre ausserordentliche und keiner bekannten Meer-Igels-Stachel gleichende Figur würde sie schwerlich zu erkennen machen, wann nicht der zur articulation dienende Knopf, und die Substanz der gebrochenen Stülle ein Beweisthum ausmachten, wohin sie müßten gebracht werden. Ueberhaupt ist merkwürdig, daß die mehreste Versteinerungen von Meer-Igels-Stachlen von Gattungen sind, deren Originale aus dem Meere noch unbekannt, indem sie alle (die Bastoncini di Santo Paolo aus Malta ausgenommen) viel dikker und bauchichter, als die aus dem Meer kommende Stachlen sind.

*Tab. 2. Fig. c.* Helmintholitus echini spatagi Linn. S. N. ambulacro secundario quasi sagittali bina anteriora binis posterioribus jungente, cote grysea farctus.

Diese Versteinerung gehet von allen bisher bekanten Spatagus ab, der Mund ist wie gewöhnlich unten, der Steiß aber hinten auf ⅔ seiner Höhe, vornen ist ein Einschnitt ohne Merkmale der zwei gedupsten Linien, welche Linnaeus ambulacrum nennet, die zwei vorderen von diesen gedoppelten Linien entstehen, wie gewöhnlich auf der vordern Höhe und bis zu dem Mund ziemlich gerad, die zwei hintere ambulacrum kommen von der hintern Höhe des Rukkens, und gehen gekrümmet bis an den Mund, zwischen den vordern und hintern ambulacrum laufen, auf der Höhe des Rukkens, zwei gedupste Linien, welche diese Versteinerung von derjenigen unterscheiden, welche Herr Joh. Jakob d'Anone J. U. D. in dem vierten Band der Act. Helvet. pag. 275 Tab. XIV. Fig. 1, 2, 3. bekannt gemacht. Diese Versteinerung komt aus der Birs bei St. Jakob, oben an Basel, und hat durch die Bewegung in diesem stark laufenden Wasser so viel erlitten, daß an vielen Orten die Schaale abgeschliffen, sie ist 1½ Zoll lang und einen Zoll breit.

Helmintholithus Lepadis balani Linn. S. N.

Von dieser Gattung Versteinerungen befinden sich allhier einige Stük als:

Eine Ostrea Jacobaea, von welcher die erhabene Schaale über und über mit dieser Lepas überdekt ist, und einige andere, da nur hin und her einige ankleben, von Arrignano in Piemont, diese Schaalen sind ziemlich aber doch nicht vollkommen versteinert, und mit einem reinen Sand angefüllet, bisweilen liegt auch ein wenig graubrauner Kalchstein darauf.

Ein Mytulus crista galli Linn. S. N. mit dieser Lepas auf der aussern Seite überdekt, scheinet auch aus einer Sandschichte zu kommen, doch sind die Lepas mehr als bey den Piemontesischen Stukken versteinert, und ist zwischen denselbigen öfters etwas von einem weißlichten Kalchstein zu sehen, dieses Stuk kommt aus den Gebürgen Sevennes in Languedoc.

Etliche Ostrea edulis Linn. S. N. hin und her mit einigen Lepas bedekt; diese sind vollkommen versteinert und kommen aus einem blauen Mergel im Canton Basel, Herr D. d'Anone hat sie schon in dem zweiten Teil der Act. Helvet. sehr deutlich beschrieben.

Man findet auch nicht wenig Versteinerungen, von verschiedener Gattung, auf welchen noch die basis von dieser Gattung Lepas liegt, als der Entrochus Act. Helv. Tom. IV. Tab. VII. Fig. 9. Belemniten, Bohrmuscheln ꝛc. welches der Besitzer dieser Samlung durch Zerstörung einiger Lepas aus dem Meer erkentlich gemachet.

Helmintholithus Lepadis tintinnabuli Linn. S. N.

Von diesen Versteinerungen sind hier verschiedene wohl erhaltene Stuk aus Piemont und Sevennes an den Muscheln hangend und von ihnen geschieden, mit den über vorhergehende beobachteten Umständen.

Collectio dum modo non plane integra fossilium calcinatorum pedemontanorum in Exc. Allionii Oryctographia Pedemontana recensitorum ab ipso libri excellentissimo authore dono data.

Es finden sich unter diesen Fossilien verschiedene, welche zwar keine völlige Versteinerungen, doch auch nicht zu Kalch oder Kreide geworden, unter denselben sind diejenigen zu bemerken, welche in einem reinen Giessand gelegen, und öfters noch mit einer glänzenden harten Lamelle bedekket sind, die in dem Meer so seltene Oitrea pleuronectes Linn. ist sehr oft von dieser Gattung, und so gemein, daß man die beide aufeinander paffende Schaalen und viele Bruchstükke davon findet. Einige Steinkerne von einem hellen Agat, welche sich ehmalen in verschiedenen Schnekkenschaalen befunden, scheinen zu beweisen, daß diese Fossilien gleich den nachfolgenden von verschiedener der hohen oder tiefen Schicht proportionirten Härte seyen.

Collectio ampla fossilium calcinatorum retaceorum ex pago Courtagnon prope. Rhemos Companiae.

Diese Fossilien sind gewiß einer aufmerksamen Achtung würdig. Sie liegen sämtlich in einer Schichte von Sand, Kreide und ein wenig Erde, so dicht, daß ein Klumpen dieser Schicht von einigen Zollen ins geviert gemeiniglich bey hunderten derselben enthaltet, und die grössern Schnekkenschaalen mit einer Menge kleiner und Muschelschaalen angefüllet sind. Die mehreste davon sind eine ziemlich weisse harte Kreide, einige aber haben noch die aussere glänzende Lamellen behalten, und so gar finden sich einige Murex aruanus und canaliculatus Linn. S. N. welche noch von ihrer rothbraunen Farbe behalten haben; das vor andern ansehnliche Stuk von diesen Kreidenschnekken, ist ein achtzehn Zoll langer Murex fuscatus Linn. S. N.

Der beobachtungswürdigste Umstand, diese Kreidenmuscheln betreffend, ist, daß in der grossen Menge, welche die adeliche Frau von Courtagnon von denselben gesammelt, und ohne Bedenken auf Millionen kann geschäzt werden, nicht ein Ammonshorn, Gryphit, Belemnit noch anderes Stuk gewesen, von der Gattung, deren Originalien aus dem Meer noch unbekannt sind.

Ferners ist die Lage der Schichten etwas merkwürdiges, dann unter einer sehr dünnen Schichte von Erde, die zu Erzeugung der Pflanzen tauglich, welche von Staub- und Kreidenerde mit Sand vermischt, lieget eine etliche Fuß tiefe Schicht von Kreide, Sand, und sehr wenig Erde, in welcher die so erstaunliche Menge Kreidemuscheln und Schnekken enthalten, unter dieser ist eine Schicht von Sand mit wenigen Muschelschaalen, alsdann eine Schicht von einem harten Kalchstein mit verwitterten Kreideschaalen, und endlich eine Schicht von Muschel- und Schnekkenschaalen von welchen nur wenige aussere eine harte Kreide sind, die übrige sind von dem sehr harten durchsichtigen wasserfarben Agat, welcher die ganze Schichte ausmachet, penetrirt, in dieser Schicht sind die Muschel- und Schnekkenschaalen noch zahlreicher als in der zweiten, der Agat aber und die davon penetrirte Schaalen nehmen eine prächtige und ihrer Härte gemäße Politur mit Glanz an.

Collectio fossilium cretaceorum Chaumontanorum ( en Bassigni. )

C

Diese Kreidemuscheln sind weit schöner und von einer weissern Kreide als die vorgehende, die Schicht in welcher sie liegen, ist auch eine weisse Kreide, ohne Sand und Erde.

*Tab.* 2. *Fig. d.* Belemnites flavus Prussicus in lamellas bulbi cepae instar solutus.

Dieser Belemnit ware unter einer Menge anderer dem Bernstein ähnlichen durchsichtigen, welche ein Freund dem Besitzer schenkte; er ist von derjenigen Gattung, welche unsere Schriftsteller wegen ihrer beiderseitigen Ausspitzung fusiformis nennen; oben und unten kann man leicht bemerken, daß er wie ein Zwiebel aus aneinander liegenden Schichten bestehet, wovon die zwei äusserste um so viel achtbarer sind, weil sie an vielen Orten aufgelöst und zerbrochen. Die Höhle, welche von den Stein-Beschreibern alveolus genennet wird, ist wie bei allen durchsichtigen Preußischen Belemniten irregular, conisch und die von diesem alveolus bis an den obern Spitz des Belemniten gehende Höhle oder Sipho sehr beträchtlich. Es scheinet die Auflösung dieses Belemniten in Lamellen sey eine Krankheit, weil der Natur des Belemniten gemäß, daß er sich in lichte radius, welche von der axis oder sipho allgemach bis an die äussere Fläche dikker werden, auflöset, und zeiget das Vergrößerungsglas, daß auch jede Lamelle diese Direction der Fibren hat. Es findet sich ferner in dieser Samlung ein 2½ Zoll dikker mitten entzwei gespaltener Belemnit, welcher dem Tannenholz gleich viele Linien von nemlicher Richtung wie die äussere Fläche hat, und dadurch diesem nahe zu kommen scheinet, aber die Lamellen scheinen nur durch die Linien angezeiget, nicht aber wie bei dem Preußischen, von einander abgelöst, dieser letztere ist aus dem Canton Basel, und 3½ Zoll lang, inwendig graulicht, welches ihn von den übrigen Baslern, so gemeiniglich schwarz sind, unterscheidet.

Belemnites niger opacus Basileensis cum adhaerente ipsi germinatione corallina.

Dieser Belemnit ist 2 Zoll lang, und hat an seinem Spitz seitwärts ein versteinertes selenitisches 2 Linien dikkes und ein 1¼ Linien langes Corallenstämmlein. Der Wert dieses Stuks bestehet darinn, daß es beweiset, daß die Belemniten Versteinerungen von hartschaaligten Meertieren sind; dann wann sie, wie einige Schriftsteller geglaubt, nur ausgefüllte Höhlen wären, so könnten keine fremde Körper auf ihrer Fläche liegen.

Belemnitarum conolithi plurimi belemnitis dimidiatis adhaerentes.

Unter der Benennung Conolithus verstehet der Besitzer dieser Samlung den in dem alveolus des Belemniten enthaltenen kegelförmigen Körper, welchen die Schriftsteller bald mit dem Namen alveolus bald mit einem andern bezeichnet haben; sein Freund Herr Cineau von Lubach, hatte eine sehr große Menge Elsasser und Lothringer Belemniten gesamlet, um daran Versuche anzustellen; Er bemerkte, daß, wann ein Belemnit mit einer glüenden Zange oder nachdem er auf den Gluten gelegen, gedrukket wird, derselbe sich allezeit der Länge nach spaltet. Da nun dieser fleißige Naturforscher viele 100 Belemniten auf diese Weise gespalten, hatte er Gelegenheit den Conolith genau zu beobachten und zu sehen, daß er aus vielen mit einem Sipho mit einander communicierenden Schüßelein bestehet, dieser Sipho liesse sich öfters in gebrochenen oder polirten Stukken sehr deutlich sehen, ware aber niemalen in der Mitte des Coноliths, sondern durchborte alle diese Schüsselein näher an der Seite als dem Mittelpunkt, der Conolith ware gerad bis an seine Spize, welche sich allezeit gegen der dem Sipho nächsten Spize krümmte; alle diese Conolithen aus dem Elsas sind unten her grau, Kalchsteinicht, oben aber gegen der Spize weiß, spatartig; eine sehr dünne Schaale bedekt oft diese Schüsselein, und unterscheidet eines von dem andern.

Helmintholithus Nautili siphone dorsali, superficie foliacea, dorso compresso laevi, striis simplicibus in tuberculum abeuntibus, maximus Burgundicus.

Dieses Ammonshorn ist 4 Zoll dik, und hat einen Durchmesser von 18 Zoll, bestehet aus einem ergiebigen Eisenerzt, die auffere Wendung (Spira) desselben ist schön ganz und mit blätterichten Zierraten bedekket, auf der einen Seite lieget ein dikker selenitischer Corallenstamme, an andern Orten aber sind viele versteinerte Anstern und verschiedene Wurmgehäuse. Der Besizer dieser Samlung theilet seine Ammonshörner in drei Hauptordnungen ein, nemlich in 1) Ammonshörner mit einfältigen Unterscheiden der Concamerationen, und mitten durchgehendem Sipho. 2) Ammonshörner mit Unterscheiden der Concamerationen, welche an ihren Enden schmal und den Sägenzähnen ähnlich, und an dem Rukken durchgehendem Sipho. 3) Ammonshörner mit Unterscheiden der Concamerationen, welche an ihren Enden den zerkersten Blättern gleich sind, und an dem Rukken durchgehendem Sipho. Ersteres ist eigentlich, was man Nautiliten heisset. Die zweite Gattung findet sich in Lothringen, Scheuchzer gibt in dem dritten Teil seiner Naturhistorie des Schweizerlandes Fig. 25 eine Zeichnung davon. Die dritte wird in der Schweiz aller Orten gefunden, und von Scheuchzer, l. c. Fig. 39. 42. 43. 46. 47. 48. 52. und 56. deutlich vorgestellt.

Helmintholithus Nautili, siphone dorsali, Rethelensis, hinc pulchram testam margariticam, inde internam structuram concamerationum visui praebens.

Alle diese Ammonshörner, deren verschiedene hier sind, kommen aus einem Felsen bey Rhethel Mazarin, welcher schwarzbraun von Farbe, und aus Erde, Sand und etwas Bergpech zu bestehen scheinet; der Werth dieser Zerstörungen bestehet darin, daß die auffere Fläche derselben die schöne Perlenmutterartige Schaale noch zur Bedekkung hat, andere Stuk sind theils zerbrochen und inwendig leer, wodurch sie den an dem Rukken der Schaale liegenden Sipho oder cylindrischen Canal sehen lassen. Die Scheidwände sind mit vielen ungleich langen Ausschnitten an die Hauptschaale angewachsen, und die ungleich lange und breite Ausschnitte machen die an den Ammonshörnern so schöne blätterichte Zierraten, welche nichts anders sind als der überbliebene den gekersten Blättern ähnliche leere Raum von der zerstörten Schaale der Scheidwände.

Helmintholithus Coni truncati Linn. Pedemontanus.
Helmintholithus Coni elongati Linn. Pedemontanus.
Helmintholithus Cypraeae obtusae Linn. Pedemontanus.
Helmintholithus Cypraeae marginatae Linn. Pedemontanus.
Helmintholithus Volutae ispidulae Linn. Pedemontanus.

C 2

Alle diese Piemonteser-Versteinerungen sind wirkliche Schneckenschaalen, welche von einem Steinsaft so verändert, daß sie zwar einen warhaften Stein ausmachen, aber doch nicht mit dem die Schichte ausmachenden lockern Mülstein verbunden sind. Alle diese Versteinerungen sind schön ganz, die dritte 2½ Zoll lang und 1½ Zoll breit.

Helmintholithus Turbinis cochli Linn. S. N. Diessenhosensis.

Diese Versteinerung ist ganz vollkommen, die Schaale aber nicht in einen so spröden Stein verwandelt, als die vorhergehende Piemonteser, welches in den Schichten von blauem Mergel, worin dieses Stük gefunden worden, gemein ist.

Helmintholithus veneris Linn. nodoso-costosae nitidissimus Alsaticus.

Von dieser Versteinerung sind zwei gleiche Stuk, das eine ist so vollkommen, als wann es mit dem noch lebenden Tier erst aus dem Meer gezogen wäre, das andere aber ist ohne gebrochen zu seyn zusammen gedrukt. Die Schaale ist guten Teils mit knotichten Rippen bedekt, ziemlich versteinert und mit einem grauen Kalchstein angefüllt; die Länge ist 2½ Zoll, die Breite aber 2 Zoll stark. Sie kommen zwar den in den Basler Merkwürdigkeiten (Tom. 19. Tab. 19. C. D. E. F. G. H. I.) beschriebenen versteinerten Venusmuscheln sehr nahe, doch scheinen sie von einer größeren Gattung, deren die Meermuschel-Beschreiber nicht gedenken, herzukommen. Die Curvirostra major rugosa clavellata Luid. Lit. B. No. 700 Tab. 9 No. 707 ist auch ziemlich ähnlich.

Helmintholithus Mytili cristae galli Linn. S. N. utraque valva integerrima.

Diese Versteinerung ist der in den Basler Merkwürdigkeiten (Tom. 4 Tab. 4 a) beschriebenen vollkommen ähnlich, ausgenommen daß auf der flächern Schaale noch eine gleiche kleinere sehr fest anhanget; die beide sehr ganze Schaalen lassen sich von einander legen, und fügen sich mit scharfen in einander gehenden Falten so fest in einander, daß zu bewundern, wie diese beide Schaalen haben können von einander gelößt werden; die Höhle dieser Austern ist mit einem grauen Kalchstein angefüllet, ob aber dieser Kalchstein (wie in dem Baslerischen Stuk bemerket wird,) das wirklich versteinerte Tier seye, ist um so mehr allhier zu zweifeln, als man an einigen Orten in demselben kleine versteinerte Austerschaalen, welche ehemalen an der großen Schaale geklebt, bemerken kann. Dieses schöne Stuk kommt aus dem Fürstenbergischen in Schwaben, und ist in der Größe dem Baslerischen vollkommen gleich.

Helmintholithus Mytili frondis Linn. S. N. valva utraque integerrima, Melitensis.

Die Schaalen von dieser Versteinerung verlegen sich, und fügen sich mit sehr tiefen Falten, sie sind nicht so dik als die vorhergehende, aber eben so groß, kommen den schönen in Gualt. Ind. Tab. 103. c. c. abgebildeten Austern vollkommen bei, ausgenommen, daß diese durch viele Blatten und daraus entstehende den Stacheln ähnliche Ungleichheiten und mehrere Falten viel rauher sind; die inwendige Höhle ist leer, auswendig aber lasset sich hier und da ein wenig von einem reinen dunkelgrauen Sandstein bemerken. Dieses schöne Stuk ist aus der Insul Malta.

Helmintholithus Mytili frondis Linn. S. N.  valva utraque integerrima , Monspeſſulanus.

Dieſe Verſteinerung iſt etwas kleiner und weniger rauh als die vorhergehende, ſchön
ganz, und beide Schaalen fügen ſich ebenfals zuſammen und legen ſich von einander, in dieſer Schaale iſt ein gelber Sandſtein, in welchem ſich dann und wann etliche Quarzkörner
zeigen.

Helmintholithus Chamae Linn. in Gualt. Indice ſub nomine Conchae gryphoi-
dis Tab. 101. L. pictae, quarzo et creta ſarctus, Viriodunenſis.

Die Verſteinerung kommt der Figur, welche ihr Gualtieri giebt, ſo vollkommen zu,
daß kein Zweifel iſt, ſie komme von ſelbiger Gattung Muſcheln her. Es finden ſich allhier
zwei verſchiedene Stuk, aber allemal nur eine Schaale, welche gewunden zu ſeyn ſcheinet,
die kleinere iſt der Gualtieraniſchen Figur gleich, die größere iſt noch einmal ſo groß.

Helmintholithus praecedenti ſimilis, magnus, externa et interna ſuperficie plurimis
puſtulis circuliſque notata, Monspeſſulanus.

Dieſe Verſteinerung hat neben ihrem unbekannten Gebäu noch die Seltenheit, daß ſie
aus einer dem Gips ſehr ähnlichen Subſtanz beſtehet, und mit denen in den Basler Merkwürdigkeiten, (Tom. 12 Tab. 12 c. f. g.) bemerkten Pokken und darum laufenden Cirklen gleichſam ausgearbeitet iſt. Dieſe Pokken bedekken die ganze Verſteinerung ohne Ordnung, und
um jede gehen ein oder zwei auch drei tiefe Cirkel, ſo wie es der Schriftſteller dieſer Merkwürdigkeiten, nach ſeiner Gewonheit, mit ausnemender Achtſamkeit bemerkt und gemalt. Es
findet ſich in dieſer Samlung ferner ein Gryphit aus den Sevennes, bei welchem dieſer
Umſtand nicht nur zu bemerken, ſondern öfters 4 bis 5 Cirkul um den Pokken gehen, obwo-
len ſelbige nicht allezeit vollkommen rund ſind. Es hat der fleißige Scheuchzer ſchon ehedeſſen
beobachtet, daß die Gryphiten, Belemniten, und verſchiedene verſteinerte Muſcheln dergleichen Cirkul auf ihrer auſſern Fläche zeigen, er hatte aber niemalen beobachtet, daß die Mitte
und der zwiſchen den Cirkeln liegende Plaz ſo erhöhet und die Cirkul ſo tief wären, wie es
ſich bey dieſen befindet.

Tab. 2. Fig. ſ. Helmintholithus Anomiae glabrae ventre foramine pertuſo , margine
medio contracto. Veronenſis.

Dieſe verſteinerte Bohrmuſchel iſt in der Mitte ihres Rands ſo zuſammen gezogen,
daß ſie die Figur eines Herzes hat, in der Mitte ihres Bauchs iſt ein rundes anderthalb
Linien im Durchmeſſer habendes Loch durch beide Schaalen, der Schnabel iſt durchboret,
und die Muſchel mit einem gelblichten Kalkſtein angefüllet, und die einige, die ſich von dieſer Gattung in der Schweiz befindet, auch von keinem Schriftſteller beſchrieben.

Tab. 2. Fig. e. Helmintholithus Anomiae terebratulae Linn. S. N. valvulae mi-
noris radios binos interne eminentes monſtrantis, Pedemontanus.

Die Seltenheit dieſer Verſteinerung beſtehet darin, daß die ſchön ganze 1½ Zoll breit und lenze Schaale die zwei hervorstehende Auswüchse, welche Herr Linnäus Radius nennet, und zu Bestimmung des Geschlechts gebrauchet, behalten. Uebrigens leute man hier im Vorbeigehen bemerken, daß der niemal genug gepriesene Herr Linnäus die Gryphiten unter das Geschlecht Anomia ohne Grund rechnet, da weder die grössere Schaale durchbohrt, noch die kleinere die zween Radius hat; viel geschikter könten die Gryphiten unter das Geschlecht der Mytilus gerechnet werden.

Helmintholithus Anomiae Striatulae Linn. S. N. Striis squamis imbricatis. Basileensis.

Es scheinet nicht, daß die gestreifte Bohrmuscheln anderwärts mit diesen den Stacheln ähnlichen Schuppen versehen seien, wenigstens ist kein Schriftsteller (so viel mir wissend) welcher diesen besondern Umstand weder an den Meermuscheln noch Versteinerungen dieser Gattung angemerkt. Es finden sich drei Stük von dieser Gattung, und einige andere Bohrmuschel-Versteinerungen, an welchen dieser Umstand zu bemerken; doch scheinet es die geringste Gewalt, welche diese Versteinerungen erlitten, habe sie dieser Schönheit beraubet; sie kommen alle aus dem Canton Basel, und sind mit einem dunkelgrauen Kalchstein angefüllet, und wann sie nicht ganz voll, so haben einige Quarzstacheln den leeren Plaz eingenommen.

Helmintholithus anomiae Linn. rima articulari valvarum recta, striatus transversim squamatus. Suevicus.

Diese Bohrmuschel wird durch die in eine gerade Linie laufende Articulation ganz dreiekigt und kommt denjenigen, welche der gelehrte Herr D. d'Anone in den Actis Helveticis (vol. 4. pag. 282. Tab. 14. Fig. 4. 5. 6.) beschrieben, sehr nahe; doch unterscheiden sie sich mit öftern zwerchgehenden erhöhten Streifen, deren dieser Gelehrte nur zween beobachtet; diese Versteinerungen lagen ehmalen in einem dunkelblauen Bette.

Anthoporitarum ampla collectio in Actorum Helveticorum Vol. IV. pag. 169. et seqq. Tab. VI. VII. VIII. IX. descriptarum et pictarum a Dissertatione edita multum aucta.

Polyporitarum cujus vis generis acervus in posterum dilucidandus.

*Tab.* 2. *Fig. a et b.* Anomia Caput Serpentis Linn. S. N. No. 200.

Diese Muschel kommt aus dem mittelländischen Meer, ist ein Zoll lang und acht Linien breit, schön weiß und beinahe durchsichtig.

Serpula Penis Veneris Linn. S. N. No. 701.

# Vierter Brief.

### Mein Herr,

Es war das Cabinet des Herrn Brukners, das ich, ohne es Ihnen neulich zu nennen, besuchen wollte. Der Herr B. ist Registrator des Rahts zu Basel, ein Gelehrter, ein Mann unermüdlich in Geschäften, und der sich bei seiner Vaterstadt ungemein verdient gemacht hat. Auch ist Er es, der die Baselischen Merkwürdigkeiten sammelt und herausgiebt. Und fast blos in Absicht auf diese hat Er das Cabinet errichtet, davon ich Ihnen jezt einige Nachricht zu geben gedenke. Ich werde aber um desto kürzer darin sein können, da die beträchtlichsten Stükke desselben in dem 9ten bis 22sten Stükke der Baselischen Merkwürdigkeiten beschrieben und in Kupferstichen abgebildet sind. Sie bestehen daher auch fast allein in dem, was der Canton und das Bistum Basel geliefert hat; um auswärtige Dinge, ausser Conchylien und Münzen, giebt sich Herr B. wenig Mühe. Unter diesen leztern sind wol die Abdrükke der antiken Münzen das vornehmste, deren Originalien in dem königl. französischen Cabinette sich finden. Die vorhandenen Altertümer, die eine nicht grosse aber schöne Samlung ausmachen, sind merenteils von Augst, der vormaligen Augusta Rauracorum. Diese wird Herr B. in dem 23sten und lezten Teile der Merkwürdigkeiten bekant machen. Die Anzahl der blos Baselischen Versteinerungen ist aber bei nahe unglaublich gross. Von denen, die ich Ihnen, mein Herr, davon benennen kan, haben ohne Zweifel den grösten Wehrt: ein ganz vollständiger Nautilite, der über 1½ Fuß im Durchschnitt stark, und gegen 50 Pfund schwer ist; ein in seinen Vergliederungen sehr glüklich gebrochener Ammonite von 1 Fuß im Durchschnitt; ein anderer mit abgeründetem Rükken, gegen 3 Zoll dik und 5 Zoll breit, ganz von Kies (worunter ich allemal Schwefel-Kies pyritam versehe); eine Menge dergleichen kleinerer, auch steinerner, durchschnittener oder dergestalt zerbrochener, daß man ihre Concamerationes und den Siphunculum deutlich sehen kan; ein sehr schöner Terebratulite, so über 2 Zoll gross; und, endlich, einige Glossopetrae, die sonst in der Schweiz eben nicht gar zu gemein sind ec. Es wird genug sein, der schönen Originalrisse und Karten über das Baseler Gebiete, die in des Herrn B. Händen sind, nur im Vorbeigehen zu erwähnen, weil sie auch in den Merkwürdigkeiten abgestochen vorkommen. Diese wil ich Ihnen aber, falls Sie sie noch gar nicht besitzen, bald einmal übersenden.

Daß die Stadt Basel viele schöne, ja prächtige Häuser habe, ist Ihnen, glaube ich, schon von mir gesagt (a). Aber eines verdient noch angezeiget zu werden. Es wird erst jezt erbauet, und lieget jedoch mit einer zum Teil eingeschränkten Aussicht, gegen den

---

(a) Von Basel überhaupt ist in folgendem eine gute Beschreibung enthalten: Herrl. Topogr. 1 S. 3 – 8 Taf. 1 .... 2 S. 363 – 366 Taf. 264-265. Basel. Merkw. 5 St. 1-2 Taf. .... 9 St. mit Tafel von Wenken, Wagner Mercur. Helv. 40 und Tafel.

Rhein zu. Die Fronte deſſelben wird über 200 Fuß lang werden, und der Keller hat gewis völlige 40 Fuß Tiefe. Nur der Ankauf zu Gewinnung des Plazes der alten Häuſer
ſol über 72000 hieſiger Marke, oder 36000 Rthlr. unſeres Geldes gekoſtet haben. Das
ganze Gebäude wird maßiv aufgemauert. Der Eigenthümer iſt ein Kaufmann und Fabri-
kant, Namens Sarraſin.

Man bauet hier, übrigens, mit einem Sandſtein, der nur eine halbe Stunde von
der Stadt gebrochen wird. Er iſt teils weißgrau, gelbgrau, teils röthlich und dunkelroth,
teils beides durcheinander: wie man denn Stükke antrift, die in abwechſelnden Lagen übereinander mit verſchiedenen Erhöhungen und Erdunkelungen dieſe Farben enthalten. Ich habe
ein Stük aufgeſammelt, das iſt oben 1½ Zoll röthlichgrau, dan ½ Zoll gelblichgrau, dan,
ein Linie dik, dunkelroth, dan eben ſo viel weiß mit röthlich, dan ⅓ Zoll vermiſcht weißgrau und röthlich, dan ein Linie dunkelroth, wieder etwas weniges weißes daran, dan
½ Zoll etwas weniger dunkelroth, das endlich ſich, in 1½ Zoll dik, grauroth, mit einem
gelblichen Streifen durchlaufen, verlieret. In dieſem Stükke zeigen ſich, durch und durch,
dem bewafneten Auge klare Quarzkörner; hingegen giebt es ſchmuzig rothe, der Farbe des
Röthels ſich nähernde, auch weißgraue Stükke, deren Körner ſich nicht ſo deutlich als klarer Quarz darzeigen, weil ſie vermuthlich mit mehr thonigtem Weſen vermiſcht und damit
überzogen ſind; dieſe, beſonders die weißgrauen, ſchimmern hie und da von zart eingeſpreng-
tem Glimmer. Die Güte des Steines aus dieſem Bruche zum Bauen muß alſo nothwendig
vortreflich ſein.

Man nimt aber zum Bauen auch einen gewiſſen Tufſtein mit zu Hülfe, der wegen ſeiner
Leichtigkeit zu Kellergewölben bequem, auch ſelbſt in die Wände, die eben keine gar groſſe
Laſt zu tragen haben, mit eingemauert wird. Man bricht ihn in etliche Centner ſchweren
Stükken zwiſchen Binningen und St. Margareta (b). Er iſt in artige Geſtalten geſchlän-
gelt, die oft Zinken von Corallarten vorſtellen.

Ich bemerke übrigens an den hieſigen Häuſern, doch weit mehr an den alten als
neuern, eine Hervorragung des Daches, wie ich in andern Städten geſehen zu haben mich
nicht erinnere. Und dieſe beträgt von drei Fuß bis zu ſechſen, ja zehnen. Dieſe Hervorragung, die an ſich ohne Zweifel nüzlich iſt, und durch eine empfangene Beugung, die der Beugung der chineſiſchen Dächer einigermaſſen ähnlich iſt, eine gewiſſe Leichtigkeit zeiget, hat mir auf
einem hohen und breiten Gebäude das beſte Ebenmaß zu halten geſchienen, wan ſie nicht über
vier Fuß betrug, und ſiehet, wenn zwiſchen dem Dache und den Fenſtern zwei oder drei Fuß
Zwiſchenraum iſt, wenigſtens vollkommen ſo gut aus, wie die kürzern Dächer, welche in
teutſchen Städten gewönlich ſind.

Der

---

(b) Baſeliſche Merkwürdigkeiten 4tes Stük 392 - 393. S.

Der Giebel vieler Häuser in Basel ist mit Figuren bemalet, und einige wenige zeigen noch Reste von Holbeinschem Pinsel. Auch haben die meisten ein Zeichen, und zuweilen Inschriften, die nicht selten lächerlich sind. Z. E. eine Sau gemalet, und dabei geschrieben:

1565. Wir stohn alle in Gottes Hand,
Zum schwarzen Eber genant.

An einem Hause ist verkehrt angeschrieben:

Also geht es,

nemlich in der Welt verkehrt.

Aber, wie gefällt Ihnen, mein Herr, die folgende mit einem darüber gemalten Rindsfuß:

Ihr lieben Christen, bekehrt euch, und thut Buß:
Denn dies Haus heist: zum Rindsfuß.

Ist es nicht Schade, daß man seit einigen Jaren diese letztere ausgelöschet hat?

O könten Sie doch nur eine Stunde hier bei mir sein! — die Inschriften zu betrachten? — Nein, ich wolte Sie nur auf den Münsterplaz oder die sogenante Pfalz füren. Dieser mit Bäumen besezte Spazierplaz liegt zwischen der Münsterkirche und dem Rhein, und ich ziehe ihn dem bekanten Petersplaze, als welcher von dem Walle und Gebäuden zu sehr eingeschränket ist, weit vor. Er liegt wenigstens 70 bis 80 Fuß hoch über dem darunter vorbeifliessendem Rheinstrom. Man siehet von hier nicht allein gegen über, klein Basel und einen Teil des Baseler Gebietes, sondern auch die kaum einen Canonschus weit entfernte französische Festung Hüningen, und nebst diesem Teil des französischen Sundgaues auch etwas von den österreichischen Vorderländern, von dem Schwarzwalde und von dem Marggräfl. Badendurlachischen. Das Ganze dieser Gegend macht eine sehr reizende Aussicht aus. Kommen Sie doch, mein Herr, und nehmen Teil daran!

Basel, den 22 August 1763.

D

## Fünfter Brief.

### Mein Herr,

Ich habe gestern einen Spazierzang nach dem Wartenberge, etwa ½ Stunden von Basel, unter welchem das Dorf Mutenz (a), und auf welchem das alte Schloß, die Wartenburg (b) lieget, gethan. Der hieher führende Farweg ist, wie alle Strassen um Basel, von Gries oder Grand zusammen gemacht, mit einem Graben zu beiden Seiten, woburch die Wege immer trocken erhalten werden. Der Griesgruben hier, wie im Elsaß, ist gar kein Ende, und Aekker und Weinberge liegen voll von diesem Gesteine. Dies erleichtert die Verfertigung neuer Strassen und die Erhaltung der alten gar sehr.

Den Wartenberg, der bei uns den Namen eines Berges gewis genug behaupten würde, und dessen Aufgang ziemlich steil ist, lässet man hier nur für einen Hügel gelten. Die überaus dikken Mauern des alten verfallenen Schlosses sind aus weissen, sehr mürben und sich leicht zerblätterraden Kalchsteinen gebauet, worin eine Menge Conchylien, die aber mehrenteils kaum mit blossem Auge gesehen werden können, und so genanten Oolithen liegen. Es finden sich dergleichen, von dieser Seite her, ziemliche Felsen.

In ein Paar Thongruben, oben am Berge, stekken in dem blauen Thone kleine kiesigte Ammoniten, doch mehrenteils in Trümmern. Kleine Terebratuliten habe ich auch hier gefunden, und kleine platte gefurchte Belemniten. Einen ganzen Steinbruch sah ich an dem Berge, etwas über die Hälfte seiner Höhe, der aus lauter zartkörnigten kalchigten weissen Oolithen bestand. Unter vielen Stükken, die ich aufgesammelt, zeiget sich, daß sie nicht alle einerlei sind. Ich finde eine Art weisser, lokkerer, wie kreidigt, deren Kügelchen, wie solches viele Oolithen thun, eine kleine runde Oefnung zeigen. Man siehet deutlich ihre schaalige Zusammensezung. Zuweilen liegen, zwischen durch, spahtigte stalactitische Cylinder, Coni, Blätter, doch nicht so sehr wie in der folgenden Art.

Diese ist fester, schwerer, gelblicht-grauer, steinigter. Die meisten Kügelchen sind mit ein, zwei, drei Löchern versehen, dergleichen kleinere ohne Ordnung auch zwischen den Kügelchen sich finden; diese sind mit etwas schwarzem angefüllet, so, durch das Vergrösserungsglas gesehen, einer kleinen Rosinen-oder Corinthen-Beere, oder einem eingetrokneten Safte ähnlich ist. Ihre schaalige Zusammensezung ist nicht so deutlich, wie der erstern ihre, zu sehen; die Anlagen sind mehr in einander geflossen und cristallinisch-spahtig, wie denn die ganze Masse spahtigt ist, und eine solche Klarheit und Verwachsung zeiget, wie etwa ein Baumannischer Stalactit. Auch liegen, zwischen durch, mehr wie in jenem, länglichte Stükke, cylindrische und conische, welche offenbar kleine Stalactiten sind. Zuweilen liegen etliche zarte Conchylien mit bei.

---

(a) Von Mutenz und dem Wartenberg s. Bas. Merkw. 1 St. 1 Tafel, nebst der 2ten, worauf auch die Lage von Basel.
(b) Herrl. Topogr. 1. S. 146-147. Taf. 97-98.

Die dritte Art zeiget dergleichen Hölungen mit schwarz angefüllet nicht, ob gleich wol kleine Flekken, die aber nur auf der Oberfläche sizen; sie ist noch härter, als die vorige, zusammen gewachsen und fast wie gestossen, enthält auch zugleich mehr und zwar allezeit Conchylien.

Was mag nun dieses schwarze in der zweiten Art wol sein? Der Kern, um welchen sich Spahtrinden angelegt hätten, kan es nicht sein, denn so müste jede Kugel einen einzigen dergleichen Flek nur zeigen, und zwar genau in der Mitte.

Doch es ist Zeit, mein Herr, von dem Wartenberge wieder herab zu steigen. Sehen Sie: jezt bin ich unten und in Rutenz. Hier wonet ein Prediger, der Herr d'Annone, der eine artige Naturaliensamlung hat. Sie können leicht gedenken, daß ich sie nicht vorbeigegangen bin. Ob sich dieselbe gleich blos auf Steine und Versteinerungen aus dem Baseler Gebiete einschränket, die fast sämtlich von dem Besizer selbst zusammen gefunden worden sind, folglich so zahlreich nicht ist, so enthält sie doch verschiedene merkwürdige, und einige sehr schöne Stükke: Z. E. ein knotigtes faserigtes achatisirtes Holz, etwa 8 Zoll lang und 4 Zoll dik; ein Bruchstük von einem Ammoniten, welches so gücklich gebrochen, daß es genau in seinen Vergliederungen aus einander gegangen, welches denn schön dendritisch aussiehet, und so genau zu seiner Zubehörde passet, wie ein Stük eines Hirnschädels in seinen Näthen; ein Nautilite, der wol 10 Zoll im Durchschnitt hat; ein solcher kleiner (c), der um eine Art von Zapfen eines andern sehr viel gröffern sich fest gesezet hat. (Dergleichen Zapfen oder Wirbel, so die Gestalt einer Schnekke nachahmen, sind, nach des Herrn Brukkers sehr warscheinlicher Meinung, von einer Erde entstanden, die die Hölen, welche zu beiden Seiten des Nautilus oder eines Ammoniten, und zwar in der Mitte desselben einander gegenüber sich befinden, einmal volgeschlämmet und deren innere Gestalt angenommen hat (d). Ferner, ein Paar röthliche grobe Achaten, worin eine Menge kleiner Muscheln ꝛc. nebst einem kleinen Echiniten und Glossopetra zusammen gespület sind, an der Birse gefunden; ein kieseligter gelber Sandstein mit einem darauf ruhenden kleinen Encrino (e), dessen Stiel sichtbar aus verschiedenen trochitischen Gliedern bestehet, und der Kopf oder Körper seine Stralen, jedoch ohne Ordnung, ausgebreitet hat; zum Schluß ein ausserordentlich schönes Stük, nemlich eine versteinerte Auster, etwa 4 Zoll im Durchschnitt, mit einer darin haftenden noch ziemlich glänzenden Perle (f), einer mäßigen Erbse groß. Alle diese Stükke, wovon viele von Diegten her sind, sind wie gesagt, Baselisch, nebst noch einer Menge, doch mehrenteils grober Achat-Kiesel, Blatternsteine ꝛc. von dem Ufer der Stein- und Versteinerungsreichen Birse (g).

Von der hiesigen Stadtbibliothek, die ich auch noch gestern Nachmittag besuchet habe, werde ich Ihnen, mein Herr, in meinem künftigen Briefe, aber nur etwas weniges, sagen.

Basel, den 24. Aug. 1761.                                           D 2

(c) Baf. Merkw. 9 St. Taf. 9. fig. k.
(d) Baf. Merkw. 17 St. S. 2009. oio. Taf. 17. fig. f. g.
(e) Tab. 7. fig. g.
(f) Baf. Merkw. 13 Pt. 13 Taf. fig. d. e.
(g) Nachdem Herr Pfarrer d'Annone im Oct. 1770 gestorben ist, zufolge seines Testaments, sein Cabinet auf der Baselischen öffentliche Bibliothek gekommen. — S. S.

## Sechster Brief.

#### Mein Herr,

Ich wünschte, daß ich Ihnen nicht versprochen hätte, etwas von der Baseler Stadt-Bibliothek zu melden. Es gehöret ein grösserer Bücherkenner, als ich bin, dazu, um aus einer solchen Samlung das würdigste so gleich anzufinden und zu bemerken. Zu dem war ich mit einer gewissen Zerstreuung da, welche eine Folge meiner Morgenreise war, und die nicht allein verursachet hat, daß ich überhaupt wenig angemerket, sondern auch daß ich jetzt, da ich Ihnen von dem wenigen angemerkten Rechenschaft geben wil, das meiste davon schon wieder vergessen habe. Lassen Sie sich also genügen von mir zu hören, daß diese Bibliothek wenig neue, aber eine ziemliche Anzal von alten und seltenen Büchern und Handschriften enthält. Auch ist hier noch ein ziemlich starkes Herbarium vivum des Sagenbachs, des Freundes und Coaetanei des Caspar Bauhin; eine starke und wichtige Samlung von Karten, Prospekten, und was hiehin gehöret, welche das Gebiete von Basel und die ganze Schweiz betrift. An römischen Münzen, Antiquitäten von Augst, und geschnittenen antiken Achaten, Onyxen, Opalen 2c. könten Sie, als ein Kenner von dergleichen, sich auch hier vergnügen. Einige Gemälde haben meine Aufmerksamkeit vornemlich erreget. Erstlich die, welche Gelehrte von der Akademie vorstellen, und den insbesondere die von Holbein. Ich wil nur des einzigen erwähnen, das den erblichenen Körper Christi vorstellet, und vermuthlich unter den übrigen das vornehmste ist. Es ist dies Gemälde nur 1½ Fuß hoch, aber 6 Fuß breit. Hier siehet man die Wunden von den Nägeln, womit die Hände und Füsse durchboret gewesen, gleich als ob es die Natur selber wäre, und als ob sie erst frisch gerissen worden: sie scheinen noch gerinnendes Blut zu schwizen. Das blasse verstellte Gesicht, die blauen Lessen, der dahin gestreckte ganze Leichnam — ist ein wares Bild des Todes; es zwinget zum Mitleiden, man kan es nicht genug, aber man kan es nicht ohne Entsetzen betrachten. Es wird hier auch eine Copey von diesem vortreflichen Gemälde verwaret, die von derselben Grösse ist, und von der Hand eines nun verstorbenen Rahtsherrn, Huber, herkomt; sie scheinet wol gerahten zu seyn, nur habe ich bemerket, daß der rechte Fuß etwas mehr Stärke hatte, als er nach dem Gleichmaas und Original hätte haben sollen.

Nun wil ich Ihnen von einem andern öffentlichen Hause etwas sagen, davon Sie vielleicht nichts gesagt zu haben verlangen. Desto besser! ich meine das Zeughaus, das ich nicht sehen wolte und doch gesehen habe, das, nebst vielen Harnischen und andern aus den vorigen Zeiten übrig gebliebenen, jetzt völlig unbrauchbaren Kriegsgeräthschaften, noch einen Vorraht für etwa 10000 Mann hinlänglichen brauchbaren Gewehres enthält, und woraus jeder Bauer, der heirahten wil, sich vorhero zu bewafnen gehalten ist. — Von diesem Zeughause nun könte ich, mag Ihnen aber nichts mehrers sagen. Und damit sind Sie doch vermuthlich zufrieden?

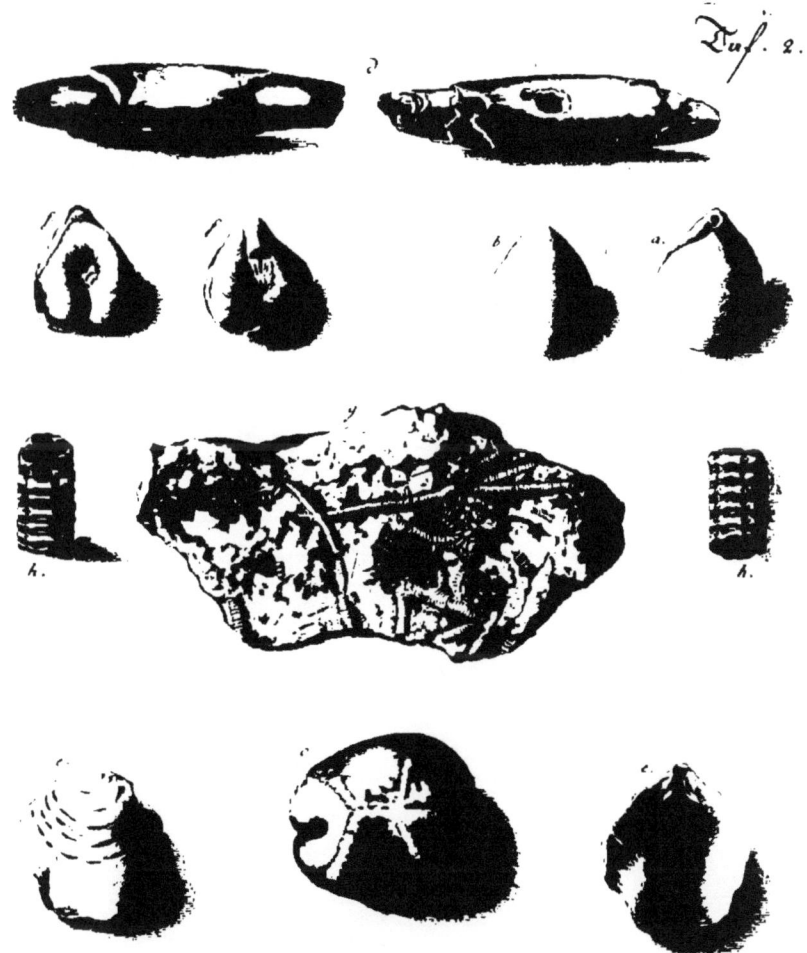

Der Uebung, mit Pfeil und Bogen zu schieſſen, habe ich auf dem bei dieſem Zeughauſe gelegenen Schützenplaze auch einen Augenblik zugeſehen. Einer Uebung, die, weil ſie
ohne Nuzen iſt, nun wol an wenig Orten mehr getrieben wird; doch zeigten darin ein Paar
junger Bürger viele Geſchiklichkeit.

Wenn Sie, mein Herr, einmal hieher kommen ſolten, ſo werden Sie bei dem Apotheker, Herrn Bernoulli, einem Verwandten der berühmten Mathematiker, auch eine anſehnliche Naturalienſamlung antreffen. Sie iſt jezt nur noch in ihrem Anfange, dennoch von
einem algemeinern Inbegrif, als die gröſſern ſind, die ich bisher geſehen. Denn es beſtehet dieſelbe, neben den Verſteinerungen und Conchylien, zugleich aus Mineralien.

Ich habe Ihnen in meinem lezten Briefe eine kleine Beſchreibung von den Oolithen
des Wartenberges mitgetheilet. Ich hofte durch Hülfe der Chymie zur Auflöſung meiner
Zweifel, was das ſchwarze Weſen, ſo ich in der zweiten Art derſelben geſehen, wol ſein
möchte, zu gelangen. Ich habe daher mit allen dreien folgende Proben vorgenommen:

Ich habe die erſte Art gebrant; ſie iſt blaulich angelaufen; die zweite und dritte
noch etwas mehr. In den Hölen der zweiten Art iſt das geſehene Schwarze nun verſchwunden, — vielleicht bituminös und verbrant, vielleicht weggeſprungen.

Ich habe alle drei Arten in Salzſäure aufgelöſt, nur etwas weniges iſt davon unaufgelöſt zurükgeblieben, und zwar von den beiden leztern am meiſten.

Aus den Solutionen die Kalcherde mit Vitriolſäure niedergeſchlagen, und in das
überſtehende Liquidum

Galläpfeltinctur getröpfelt, iſt dies, wärend hierauf vorgenommener Sättigung mit
Alkali, rohlſchwärzlich geworden, das eine wie das andere. Und ſo auch mit Blutlauge
blau ohne ſonderlichen Unterſchied. In allen dreien Oolithen ſtekt alſo etwas Eiſen.

Was das in der zweiten Art befindliche Schwarze ſei, bleibt aber gleichwol nach dieſen Verſuchen noch ungewis.

Ich war am meiſten geneigt zu glauben, daß es etwas Bituminöſes ſei, und vermuthete alſo, daß das von dieſer Art von der Salzſäure unaufgelöſt zurükgebliebene Weſen auf Kohlen, vorzüglich vor den andern glimmen, und dadurch ſein Erdharz oder doch
ſein mehreres Erdharz verrathen würde. Allein, zu meiner groſſen Verwunderung glimte
das Reſiduum von dem erſten am beſten, ja faſt alleine; und kaum nur hin und wieder
glimten die Rükſtände von den beiden andern. Ich muß derowegen meine Frage gegen Sie
noch einmal wiederholen: was doch dieſes Schwarze wol eigentlich ſein mag.

Faſt fange ich an, dieſe zweite Oolithen-Art für verwittert zu halten, und das
Schwarze in ihren Hölungen für etwas von Inſecten hergekommenes, und folglich für et-
was ganz fremdes und zufälliges; ja es beſtärkt mich ſchon einigermaſſen in dieſem meinem
Argwohn der Umſtand, deſſen ich eben gewar werde, daß nemlich ein friſcher Bruch des
Steines weder dergleichen Hölen noch Schwarzes im mindeſten zeiget.

In der That! mein Brief wird sehr bunt; allein Sie wollen ja auch, mein Herr, nur Briefe, und nicht systematische Abhandlungen von mir haben. Zu diesen bin ich ohnedem ganz ungeschikt. Jedoch ich will mir nicht selber Vorwürfe machen.

Hier haben Sie noch eine Nachricht, die Ihnen angenehm sein kan, von einer Materie, davon ich nichts verstehe. Aber ich brauche auch, zum Glük, nichts weiter als Ihnen davon schlechthin zu erzälen, was ich gesehen und was ich gehöret habe; und um Ihrentwillen habe ich mit Aufmerksamkeit gesehen und gehöret.

Merken Sie sich dieses! es wird vielleicht noch mehrmalen so kommen.

Es ist hier ein gelehrter Mann, der Herr Harscher, dessen Stärke in der Literatur und Kentnis der Altertümer man sehr hochschäzt, und der diese leztere nicht blos in seiner ungemein zahlreichen Bibliothek, sondern auch in den Sachen selbst studiret. Dieser hat, da er im August 1761 bei Augst nach Altertümern suchte, das Glük gehabt, eine besondere Entdekkung zu machen. Er hat nemlich unter der Erde, in einem Alter, eine ganze römische Münzstatte nebst einem unvolständigen und zwei ganz volständigen Modeln gefunden. Es lagen in dieser Münzstätte verschiedene kupferne Münzen, als — ich glaube, Er sagte — in grossem Erzt ein Trajan und ein Antoninus pius mit dem Bilde der Freiheit; in Mittelerzt ein Agrippa mit dem Neptun auf dem Revers; auch ein Domitian in kleinem Erzt mit der Nachteule, und andere mehr. Der eine Model enthält das Bildnis des Kaisers Maximinus mit der Umschrift: Imperator Maximinus pius Augustus, und hiezu gehöret das stehende Bild des Friedens und —

Verstehen Sie, daß dies alles ist, was ich Ihnen davon und von den übrigen Modeln ꝛc. zu sagen weis. Aber Herr Harscher hat sich vorgenommen, die Geschichte der ganzen Entdekkung und eine Beschreibung aller gefundenen Sachen durch den Druk bekant zu machen; auch wird diese Abhandlung dem 23sten Stük der Baseler Merkwürdigkeiten, als welches ganz allein den Altertümern gewidmet sein sol, einverleibet werden. Bis diese nun zum Vorschein kommen, werden Sie, mein Herr, sich gedulden. Uebrigens glaubt Herr Harscher, nunmehr im Stande zu sein, die bisher noch streitig gewesene Münzungsart der Römer in ein ziemlich helles Licht zu sezen, die, wo ich nicht irre, darin bestanden, daß jedes Stük zugleich durch den Guß und die Prägung seine Volkommenheit erlanget habe. Ich kan indessen nicht läugnen, daß mir diese alten Münzwerkzeuge in Vergleichung mit den heutigen, deren wir nun uns bedienen, ziemlich ungeschikt und schlecht geschienen haben.

Basel, den 26 August 1765.

## Siebenter Brief.

**Mein Herr,**

Sie wissen, daß ich seit einiger Zeit vor meiner Hierkunst schon die Ehre gehabt habe, mit dem Herrn d'Annone, J. U. D. bekant zu sein, und doch habe ich Ihnen noch kein Wort von diesem gelehrten und würdigen Manne geschrieben. Denken Sie ja nicht, daß ich versäumet habe, von der mir so angenehmen als nüzlichen Bekantschaft Gebrauch zu machen. Ich habe den Herrn Doctor schon mehr als einmal besucht, welcher dieselbe Wilfärigkeit, die ich an denen bishero in Basel kennen gelernten Freunden der Wissenschaften zu rühmen habe, Freunden nemlich, die sich zu unterrichten suchen, auf eine verbindliche Weise entgegen zu kommen und die Hände zu bieten, in einem sehr hohen Grade besizet. Ich wünschete diesem Manne, dessen viele Geschäfte einen stärkern Körper erfordern, als der seinige ist, von Herzen ein noch langes Leben bei besserer Gesundheit.

Das Cabinet des Herrn d'Annone ist so schön und zahlreich, daß ich für nöthig fand, es wenigstens ein paar mal zu sehen, ehe ich unternehmen dürfte, Ihnen davon einen Begrif machen zu wollen. Hier haben Sie, mein Herr, von dem mir angemerkten das vornehmste.

Ein drei Zoll dikker, 8 Zoll langer Bakkenzahn von einem Elephanten, der, welches selten, sehr fest und hart ist, aus der Birse nicht weit von Basel (a); ein kleiner Belemnite mit gekrümter Spize (b); ein Ostreum plicatum et dentatum von an einer Stelle

(a) Ich besize einen solchen, aber schon mürben Zahn, aus der Leine, und aus der Weser einen ein Paar Just langen Kern aus dem langen Zahn dieses Thieres, der uns das Elfenbein liefert. Der des Herrn d'Annone ist in dem Knorrischen Werk: Naturzeichnite der Versteinerungen (sonst: Lapides diluvii testes) P. II. Tab. H. abgestochen. — N. 3.

(b) Tab. 3. Fig. a. Dieser hat an der Spize ein kleines rundes Loch, und unterhalb diesem, in der Krümmung, ein länglichtes: er ist von Prattelen. Er scheinet seine Krümmung keines weges von einem Zufall oder gewaltsamen Drukke her zu haben; denn, wenn dieses wäre, müßte man doch irgendwo um die Krümmung herum eine Anzeige davon, einen Riß, wornehmen können; man entdekt aber nichts dergleichen daran, auch nicht einmal mit gewafnetem Auge. — D'Annone, 1766. 71. —

Tab. 3. Fig. b b. Sind Belemniten, die etwas besonderes haben, so ich noch bei keinem Schriftsteller weder beschrieben noch abgebildet gefunden. Die Schale ist an dem spizen Ende weggebrochen, und dadurch wird ein Körper entblößet, der sich mit verschiedenen Furchen oder Falten in eine Spize endigt; diese ist bei einigen etwas abgestumpft oder abgerundet, und die Falten bilden an dem Ende, wo sie zusammen laufen, kleine Erhöhungen, meistens acht an der Zahl, und schliessen eine vertiefte sternförmige Oefnung ein, beinahe wie die Tubercula, so Donati an einigen Corallen beobachtet, v. Saggio della Storia nat. mar. dell' Adriatico. Tav. v. Fig. G. H. I. Solte der Gedanke, daß diese Körper unter das Geschlecht der Telsonen gehören, und die Innvoner dieser Gattung Belemniten gewesen, so gar ungereimt sein? In alle Wege scheinen mir selche Stükke der Aufmerksamkeit würdig, und dürfte vielleicht etwas zu mehrerer Aufklärung des Ursprungs dieser, unageacht ihrer ungeheuren Menge, noch nicht genugsam bekanten Gattung Versteinerung etwas beitragen. Solche Stükke, wie die abgezeichneten, werden sehr selten gefunden. Ich habe sie zuerst, schon vor 15 Jaren, bei Rutenz, und nachwerts auch bei Pratteln, entdekket, und werde trachten, noch mehrere habhaft zu werden, um eine Anatomie damit vorzunehmen, und dieselben näher untersuchen zu können. — D'Annone. 1766.

2 Zoll tiefen Einfugungen, etwa 4 Zoll lang, 3 Zoll breit und 2¼ Zoll dif. Dieß kan geöfnet werden, die eine Schale ist inwendig erhoben und nur die andere ausgehöhlt, dergleichen beschrieben gefunden zu haben ich mich nicht erinnere (c); ein Calyx Encrini oder Lapis pentagonus, der von der Seite, wo der Stängel angesessen, nicht, wie man gemeiniglich findet, von dem Mittelpunkt gegen die Spize der fünf Segmenten conver, sondern concav ist; (d). Ferner ist ein vortrefliches Stük ein Monoculus, Cancer Molucanus dictus in einem weißen Schiefer, von Sohlenhofen im Pappenheimischen; dieser hat 6 Zoll Länge (e). Eine sonderbare Gattung der Seesterne finde ich auch hier, in weissem Schiefer, auch von Sohlenhofen. Der Körper oder Mittelpunkt desselben ist in dem Steine nicht zu sehen, aber deutlich siehet man die Stralen, deren 2 oder 3 ausgestrekt, die andern verborgen und unordentlich liegen, insgesamt 10 an der Zahl. Man könte ihn nennen Asterias geniculata, radiis pinnatis geniculatis, pinnis quam plurimum alternis; er hat viel Aehnlichkeit mit dem von Baier (f) abgezeichneten. Vom Corallio equisetiformi geniculato waren hier zwei einzelne genicula, deren einer ganz und 2 Zoll lang,

an

---

(c) S. Act. Helv. Vol. IV. p. 284. seqq. Tab. XIV. Fig. 7, 8. Wie auch in dem Knorrischen Werk P. 11. Tab. D * — N. 3. —

(d) Er scheinet mir von allen bisher beschriebenen und mir bekant gewordenen Arten merklich abzugeben; denn, auffer den von Ihnen schon angemerkten Unterschiede, finde ich, daß die fünf Segmente eine ganz andere und zwar bei nahe rhomboidalische Gestalt haben, und daß die Fugen, wo diese zusammen stossen, nicht gegen die Spizen, sondern von dem Mittelpunkt gegen die Seiten auslaufen. S. Tab. 3. Fig. e. — Die beiden unter stehenden Figuren, Tab. 3. Fig. d. d., stellen einen kleinern und der gemeinern Art näher kommenden, und der Birse, vor. — d'Annone. 1766.

(e) Tab. 4. — Der Moluccanische Krebs, Monoculus Polyphemus, komt, in Ansehung der Gestalt und Verhältniß seiner Teile, mit denen vom Rumpf, Schäfer, und andern beschriebenen aus der See, ziemlich genau überein. In der Vertiefung des Oberschildes zeiget sich die Stelle der Augen auf das deutlichste, und hin und wieder, so wol an diesem als an dem Unterschilde, bemerket man die Wurzeln der in Stein eingesenkten kurzen Stacheln, mit denen die äuffere erhabene Oberfläche dieser Schilde besezt war; in Ansehung derjenigen Stacheln aber, womit die Seiten des Unterschildes besezt sind, gehet er etwas von jenen ab, insonderheit in dem Schäfer von dem Krebsartigen Riesenfuß. Regensburg. 1756. S. 128. Taf. 7. auf dem Harrerischen Cabinet, beschrieben und abgebildet, darin: daß dieser zwischen den Seitenstacheln Defnungen hat, die Luftröhren ähnlich sehen, und die sonst noch in keiner Abbildung bemerkt worden; dahingegen mein versteinerter Krebs an eben den Stellen mit kurzen Stacheln versehen, so daß allemal ein langer und kurzer Seitenstachel mit einander abwechseln, von Luftröhren aber nicht die geringste Spur zu entdecken. Und hierin komt derselbe mit einem kleinern Original aus der See, so ich besize, und dem, in den Knorrischen Deliciis naturae selectis Tab. F. 1. vorgestellten, überein, als an welchem ebenfals keine Spur von dergleichen Seitenöfnungen zu finden ist. Dies erweiset bei mir die Vermuthung, daß der Harrerische Krebs entweder von einer besondern Art, oder diese Defnungen an demselben daher entstanden sein müssen, daß die kleinern Seitenstacheln, die, so wie die gröffern, inwendig hohl sind, an ihrer Wurzel abgebrochen seien (Sehr wahrscheinlich; 2L.) Im übrigen aber unterscheidet sich meine Versteinerung von meinem Originale und dem Knorrischen 2c. darin: daß in diesem die langen Seitenstacheln, nach Verhältniß ihrer Länge, um ein merkliches breiter als in jener, und an den Kanten oder Zaken eingekerbt sind. Beßläufig sei angemerkt, daß auf der umgekehrten Seite des Petrefacts kleine Stellae crinitae, arborescentes &c., dergleichen bei Bajer Monum. Rer. petref. Tab. VII. Fig. 2. 6. c. vorkommen, zu sehen sind. — D'Annone 1766. 1771.

(f) I. I. Baieri Monum. rer. petref. &c. c. Tab. aen. XV. Norimb. 1757, V. Tab. 7. In dem Knorrischen Werke Part. II. Tab. L. 1. ist eine eigentliche Abbildung von ihm, und vielleicht wird Herr D'Annone einst eine besondere Beschreibung davon herausgegeben.

an beiden Enden aber zugespizt ist; von Farbe weiß, von Meſſana in Sicilien, (g). Von Schafhauſen ein Alcyonium geniculatum, wo ich nicht irre, von Lang beſchrieben, aus 2. 3. 4. Gliedern beſtehend, jedes Glied etwa einen Zoll hoch und etwas darüber breit (h). Eine ungemein ſchöne Tubularia Organum dicta, ganz von Quarz, alle Rören frei und mit ihren Seitenverbindungen ſehr deutlich zu ſehen, über 3 Zoll hoch und gegen 2 Zoll dik, dies iſt von Maſtricht. Acht bis 10 Zoll dikke Stükke, dergleichen ich auch bei Herrn Bawier und andern Liebhabern geſehen, vom Corallita tubulario ramis perpendiculariter ex baſi adſcendentibus, in ſuprema parte ſtellulis concavis decorato (i). Hierauf folgen vortrefliche achatiſche oder jaſpidiſche Hölzer aus dem Piemonteſiſchen, darunter eines von La Morra, das halb in eine Kole, halb in Stein verwandelt iſt, inwendig ſich gänzlich verändert, auſſerhalb aber übrig gebliebene noch holzigte Faſern zeiget (k). Was meinen Sie, mein Herr, dies kan doch für ein Cabinetſtük gelten?

Allein, ich muß mich einſchränken, um nicht zu weitläuftig zu werden. Ich könte Ihnen ſonſt noch manche ſchäzbare Stükke aus dieſer Samlung nennen, die zum Teil aber mit denen einerlei ſind, welche ich Ihnen ſchon aus andern Samlungen angerühmet habe. Nur wil ich Ihnen noch ein Paar verſteinerte Seekrebſe anzeigen, die aus dem Gebaiſchen Cabinette herſtammen, und vermuhtlich Coromandeliſch ſind, welche um ſo viel mehr verdienen angemerkt zu werden, da ſie zu einer neulichen Schrift Anlaß gegeben haben, worin eine Meinung behauptet wird, die ſich auf eine Beobachtung an einem dieſer Krebſe ſtüzet. Ich meine die Abhandlung des Herrn Schmidt, Profeſſor hieſelbſt, von den Oolithen (l). Es ſind dieſe beiden Krebſe von der Art der Taſchenkrebſe, etwa $1\frac{1}{2}$ Zoll lang und 2 Zoll breit. Beide zeigen um den branchiis körnigte Verhärtungen, die man ſehr wol für ihre wahre Eier anſehen kan. Auch behauptet der Herr Schmidt, daß ſie es ſeien, und nachdem er in ſeiner Ab-

C

***

(g) Tab. 3. Fig. e. e. — Scilla beſchreibt dieſe Corallart, de Corporib. Marin. lapideſc. p. 63, 64. Tab. 21.

(h) Tab. 3. Fig. f. f. f. — Ich halte dies Alcyonium für eine Art von Milleporiten: denn es iſt wol zu merken, daß das zartpunktirte oder netzförmige Gewebe, (davon hier ein Stükgen vergröſſert zu ſehen, bei Lit. g.) ſo man hin und wieder auf deſſen Oberfläche gewar wird, nicht blos zufälliger Weiſe darauf zu ſizen gekommenen Eſcharis oder Reteporis zuzuſchreiben ſei; ſondern es ſcheinet daſſelbe dieſer Verſteinerung eigenthümlich zu ungehören, und über ganze Oberfläche auſ einem ſolchen Gewebe zu beſtehen. Daß man aber ſolches nicht aller Orten gewar wird, ſcheinet daher zu kommen, daß an vielen Stellen dieſe feinen Maſchen mit der Steinmaterie völlig ausgefüllet ſeien. Die Cavität, woven man oben die Ofnung ſiehet, ſcheinet ſehr tief hinein zu gehen. Bei Scheuchzer, in Oryctogr. Helv. p. 331. Fig. 174. kommt ein Stein vor, unter dem Namen Caſeiformes duo Lapides flavi et ſubtiliſſime punctati, magnitudinis inaequalis, invicem connexi &c. Welches vermuhtlich eben dieſe unſere Verſteinerung iſt. Scheuchzer gab ihr, oder Zweifel, dieſen Namen, weil er ſonſt nichts daraus zu machen wuſte. Davila Catal. Tom. III. p. 33. No. 50 thut einer ähnlichen Verſteinerung Meldung, unter dem Namen: Fongite de Suiſſe à groſſes articulations formées d'autant de Bourrelets arrondis, et à rézeau formé de mailles très-fines. — d'Annone 1771.

(i) Baſeliſche Merkwürdigkeiten 16 St. 16 Taf. Fig. 2.

(k) Es iſt nicht ſo wol in eine Kole verwandelt, als noch wirkliches Holz, jedoch vermodert. Es erſcheinet abgebildet in dem Anerichſen Werke Tab. a. und b. Erſtere ſtellet die holzigte, lezter die verſteinerte Seite vor. D'Annone. 1766.

(l) Memoire ſur les Oolithes, par Mr. Schmidt, Profeſſeur en Antiquité de l'Univ. de Bâle, &c. à Bâle. 1762.

handlung die warscheinliche Fähigkeit zur Versteinerung der Eier von einigen Wassertieren gezeiget und folglich die Möglichkeit dargethan hat, so meinet er auch nun in dem einen dieser
Krebse einen überzeugenden Beweis von der Wirklichkeit der Sache gefunden zu haben (m).
Allein der einsichtsvolle Besizer derselben scheinet mir darüber selbst noch nicht von allem
Zweifel frei zu sein. Ich habe darwider noch folgendes zu sagen. Oolithen überhaupt finden sich ja oft in sehr verschiedenen Seetieren, deren wahre Eier zum Teil gar nicht zur Versteinerung geschikt, zum Teil auch gar nicht von der Gestalt sind, die diese Oolithen nun zeigen. Diese aber, welche, wie Springsfeld (n) wil, nichts anders als incrustirte Sand-
körner sind, entstehen, wenn die übrigen Umstände zutreffen, ohne Unterschied in jeder Höle,
die Sand enthält und von tuffsteinigtem Wasser zuweilen überlaufen wird, und die inwendige
Höhle eines Krebses ist hiezu ein ohne Zweifel eben so bequemes Laboratorium, als jede andere Höhle oder Grube. Ich besize so gar ein Paar versteinerte See-Igel, die inwendig
von Oolithen vol sind. Was ist es denn nun aber, das jene Krebse für den Herrn Schmidt
beweisen?

Uebrigens, mein Herr, würden allenfals Sie und ich, wenn nur solcher Krebse viele
gefunden würden, so grosse Schwierigkeiten eben nicht machen, des Herrn S. Meinung für
gültig und erwiesen anzunehmen; aber würden wir wol jemals der recht ausschweifenden
Träumerei, nach welcher die gewaltigen Mazen von Oolithen die oft ganze Strekken in
Bergen ausmachen, wirklich vormals lauter Fischeier gewesen sein sollen, würden wir wol,
sage ich, jemals einer solchen Träumerei beipflichten können? Daß ihr ein Gruner (o) bei-
gepflichtet habe, muß ich mir einige Gewalt anthun, zu glauben; und freilich scheinet es
doch so.

Basel, den 28 August. 1763.

---

(m) S. Act. Helv. Vol. III. p. 265. seqq. Tab. X. Fig. 9. 10.
(n) G. C. Springsfeld Abhandlung vom Carlsbade. Leipz. 1749. S. 151 = 162. Tafel 1, 2. Hier entstehen die
      Oolithen fast vor unsern Augen.
(o) Die Eisgebürge des Schweizerlandes, beschrieben von G. S. Gruner, Bern 1760. 1. 2. 3. Teil, mit Kupf.
      S. im 3ten Teile S. 98. 99.

Tab. 3.

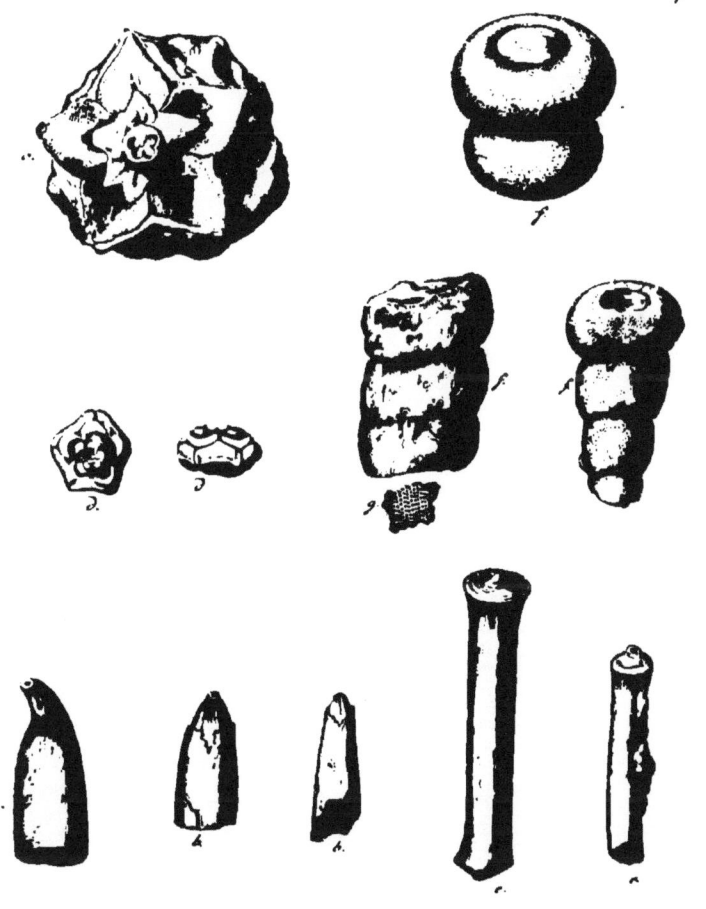

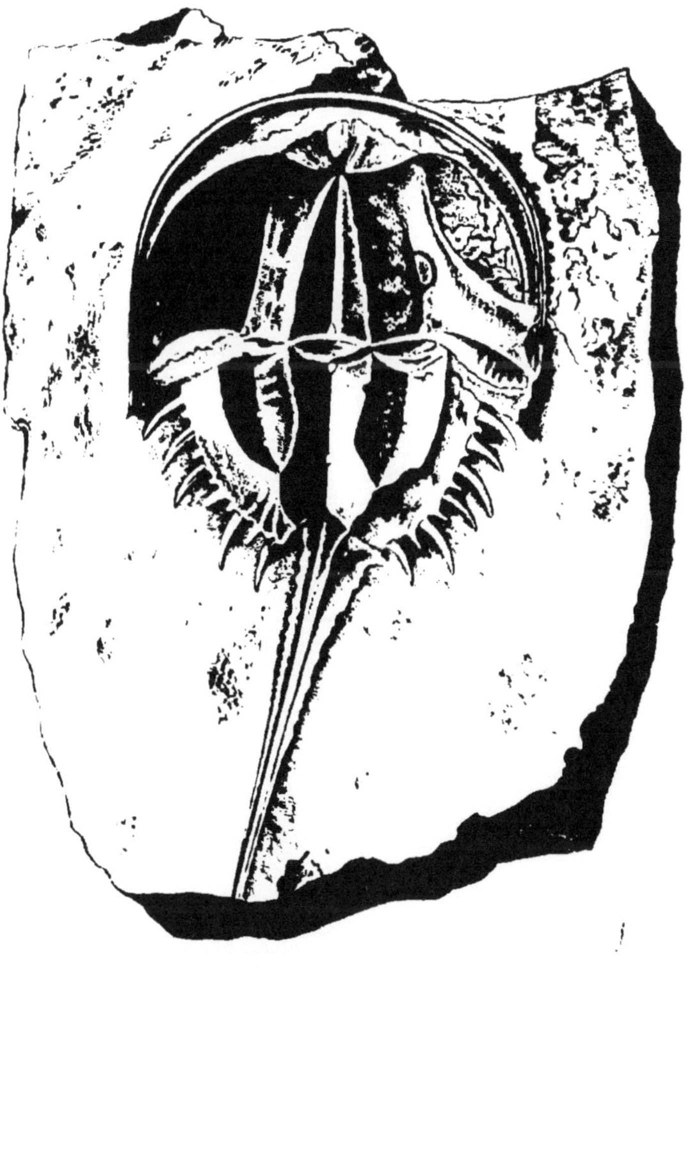

## Achter Brief.

#### Mein Herr,

Ich schreibe Ihnen dieses von Schafhausen (a). Ich bin den 29 August von Basel gereiset und heute hier angekommen. Denn, einmal, habe ich nicht den geradesten Weg, der hieher füret, gewählet, und dan auch mich in Zurzach aufgehalten. Lesen Sie hier meine Reise, so kurz als möglich. Mein Weg gieng über Augst (b), alwo Sie leicht denken können, daß ich mich um der zu findenden Altertümer willen nicht aufgehalten haben werde. Bis hieher gehet die Cultur der Weinberge fort, nachher verliert sie sich. Um 11 Uhr Mittags kam ich, den Rhein immer zur linken habend, mit meiner Gesellschaft zu Rumpf an. Von 1 Uhr bis 3 brachten wir auf dem Wege nach Leutingen zu, wo wir um 4 wieder abgiengen, und, nachdem wir Waldshut pasiret, gegen 7 an den Rhein kamen, wo wir nach dem Dorfe Coblenz, da die Aare und Limmat in den Rhein fliessen, müsten übergesezt werden. Dies geschah in einer Fähre, die groß genug war, nebst meiner Kutsche noch zwei Wagen mit Heu einzunehmen, geschwind genug. Denn da wir erst dichte am Ufer etwas wieder den Strom hinauf gerudert hatten, bis wir ihm recht in den Stos kamen, so ward die Fähre von ihm ergriffen, und mit einer fliegenden Schnelligkeit fortgerissen, und wir landeten, fast ohne alle Hülfe der Schifsleute, ganz genau auf der Stelle an, wo wir solten. Es ist verdrüßlich, sich hier des Abends übersezen zu lassen, weil man alsdan gemeiniglich mehrere Wägen antrist, die über wollen, und dan oft lange warten muß, so wie wir es erfaren haben. Denn daher kam es, daß wir erst Nachts um 10 Uhr zu Zurzach anlangten.

Ich habe übrigens noch folgendes bis hieher angemerkt. Der Weinbau, der bald um Augst aufhörete, fieng desto stärker nach Leutingen wieder an. Man siehet auf dieser Reise die vier Waldstädte oder Städte des Schwarzwaldes, nemlich Rheinfelden, Sekkingen, Laufenburg, Waldshut, alle vier Oesterreichisch. Die meisten alten Bauren des Schwarzwaldes tragen noch lange Bärte, wie die Juden. Die Weibsleute scheinen nur aus Kopf und Unterleibe zu bestehen, und ohne Brust zu sein. Der Rok reichet ihnen bis dichte unter die Arme herauf, welches scheuslich aussiehet und sie sehr verunstaltet. Mit dieser Kleidung kommen ihrer viele nach Basel.

In Laufenburg ist eine lange Brükke über dem Rhein, auf dieser stehet eine kleine Kapelle; aber unter ihr ist eine grössere Merkwürdigkeit vorhanden. Hier dränget sich nemlich der Rhein mit brausenden schäumenden Wellen zwischen ungeheure Felsen herdurch.

C 2

(a) Wagner Merc. Helv. 136. und Taf.
(b) Herrl. Topogr. 1. S. 194-195. Taf. 116.

Diese Felsen machen so wol das Bette, als das Ufer dieses prächtigen Flusses aus.   Denn man siehet an dem Ufer zu beiden Seiten die natürlichen Lagen des grobschieferigten röthlich grauen Felsens, die mehr oder weniger dik und fast rhombischer Gestalt sind, so regelmäßig, wie andere Steine in ihren Gruben, liegen.  Aus dem Bette des Flusses selbst aber ragen aus dem Wasser eben dergleichen Felsen hervor, die durch die Ordnung der Lage ihrer Schichte beweisen, daß sie auf eben der Stelle, wo sie jezt stehen, gewachsen sind: dahingegen andere von ungeheurer Grösse ohne Ordnung da liegen, die ohne Zweifel von dem Ufer losgerissen und in den Fluß hinabgestürzet sind.

Uebrigens haben zu beiden Seiten des Rheins die benachbarten Berge dieselbe felsigte Grundlage, die, gegen den Rhein zu streichend, hin und wieder den Farweg queer durchschneidet, und durch welche manch Stük des Weges hindurch gehauen ist.  Da oft ein Teil von diesen Felsen an den Bergen entblößet herab hänget, so machet dies einen Anblik, der ein gewisses Erstaunen einflößet, und das nur von demjenigen übertroffen wird, welches man zu Laufenburg bei dem tobenden Rheine selbsten empfindet.  In den Klüften dieser Felsen siehet man gemeiniglich allerlei Arten von Kieseln, aber nicht Feuersteine, steken, und diese machen oft grosse Maßen und einige Hügel alleine aus, von denen nicht selten Stükke von beträchtlicher Grösse herunterrollen, die nach und nach, wenn ihre erdigte Verbindung mürbe wird, zerfallen; daher denn der bewundernswürdige Vorraht von Kieselsteinen herkomt, der diesen Gegenden zu Unterhaltung ihrer Wege zwar nüzlich, hingegen in Rüksicht auf die Aekker ihnen sehr beschwerlich ist, als welche oft dergestalt damit übersäet sind, daß man kaum für möglich halten solte, daß ein Getreide dazwischen aufkeimen könte.  Ich habe Stükke von diesen steinigten Erdklumpen am Wege liegen gesehen, die über eine Ruhte im Durchmesser hatten.  Solten dergleichen Klumpen, wenn sie so zu liegen kämen, daß ein Kalch und Thon mit sich fürendes Wasser sie langsam und oft durchdrünge, nicht endlich eine solche Festigkeit erlangen, daß daraus eine dem Engländischen Puddingstein ähnliche Steinart, oder wenn man lieber wil, eine Art eines Granits entstünde? In der That, mein Herr, es dünket mich dieses ganz warscheinlich zu sein.

Zurzach ist (c) nur ein elender Flekken, aber merkwürdig wegen seiner beiden Messen.  Jezt hielt man eine, und der Zulauf von Kaufleuten war ungemein, absonderlich in Betrachtung der Kleinheit des Orts: die meisten Schweizer, dan auch Schwaben, Elsaßer, Lothringer, Franzosen, und Italiener.

Nachmittage furen wir ab von hier, und kamen, fast gleich hinter dem Flekken, an den Rhein, wo wir übergesezt werden mußten.  Dieses geschah wiederum geschwind genug.  Wir landeten an dem Schwarzenbergischen Dorfe Rheinheim, und durch einen mittelmäßig guten Weg, kamen wir Abends um 8 Uhr zu Neuhaus an.  Man siehet bis hier an Häusern und Brükken sehr viele Stükke von den oben erwähnten Steinklumpen, die zu Ekstei-

---

(c) Wagner Merc. Helv. 187. nebst Taf:l.

zen dienen, und die also schon eine ziemliche Festigkeit haben müssen. An dem alten verfallenen Schlosse Kißnach, das auf der Spize eines ziemlich hohen Berges lieget, und ein
traurig schönes Ansehen machet, habe ich mich von Zurzach bis hier sehr vergnüget. Denn
es scheinet einem dasselbe nachzufolgen, und man behält es beinahe immer im Geschte.

Des andern Morgens erreichten wir innerhalb einer Stunde das Dorf Siblingen,
so am Fuße des Randberges lieget; denn ich hatte Lust, diesen Berg zu besteigen, und wir
furen zu dem Prediger, um uns dahin von ihm einen Fürer zu erbitten. Der Prediger
war zwar nicht zu Hause, dennoch wurden wir sehr freundlich aufgenommen, und erhielten
ein Paar Leute, um uns den Weg zu weisen. Mit diesen sezte ich mich, nebst zweien meiner Reisegefärten, in Marsch.

Der Weg gehet von Siblingen almählig in die Höhe, ist aber an dem Berge hin
und wieder sehr steil. Er bestehet aus verschiedenen Hügeln. Wir bestiegen die man den
Vorderrand und den Hinterrand nennet. Auf dem ersten ist ein gut Teil Akkerland, und
die Aussicht von da nach dem Rhein und über so viele Dörfer rc. höchst angenehm. Das
Schloß Kißnach war auch wieder hier. Unter den Pflanzen findet sich ungemein viel Carlina
acaulos L. Die Menge der Versteinerungen, die der Randberg trägt, ist unglaublich: ich
hätte Lust, den ganzen Berg eine Versteinerung zu nennen, denn vielleicht ist hier nicht ein
Stein zu finden, der nicht bei näherer Betrachtung einige Abdrükke oder Spuren von Seetieren und Pflanzen zeigen solte. Sie sind alle Kalchartig, und zerfallen, wie ich bemerkt
habe, gern in der Luft. Ich habe hier gefunden, oder vielmehr ausgesucht etliche Ammonshörner, Terebrateln, Corallenschwämme, die vorzüglich in erstaunender Vielheit da liegen;
und auch einige Belemniten, davon ich aber nicht viele gesehen (d), so wie von den Gurkenförmigen See-Igelstacheln auch nicht.

Ganze Ammonshörner, welche über 7 bis 8 Zoll groß wären, wollten sich nicht antreffen lassen, aber wol Trümmer von einigen, die, wenn sie unzerstört wären, einen Durchmesser vermuthlich von 1½ bis 2 Fuß haben würden.

Dieser Berg, der sich zur linken in den Schwarzwald, zur rechten nach Schwaben
zu, erstrekket, gehöret zu den mittelmäßigen Bergen, und ich halte ihn nicht für so hoch,
als unsern Brokken oder Bloksberg. Auch wachsen auf seinen höchsten Gipfeln noch Bäume, worunter Fichten sind, und wenige wilde Birnen.

Die Sprache der hiesigen Bauren ist für einen Deutschen höchst unverständlich. Ob
wir denselben Weg, den wir gekommen, wieder zurük müßten, oder einen andern nehmen
könten, — dies wenige so gar konte ich durch noch so viele und verschiedene Fragen von meinen Fürern nicht erforschen. Indeß geschah das leztere, und wir kamen, nach verstrichenen
vier Stunden, wieder zu Siblingen in dem Hause des Herrn Pfarrers an. Diesen selbst

(d) Die so selten da auf dem Randberge vorkommende Belemniten finden sich unten an diesem Berge bei Hal-
lau in unglaublicher Menge. — v. B. 1767.

trafen wir daselbst nun an, und ob es Ihnen gleich, mein Herr, gleichgültig sein kan, zu wissen, ob ich zu Siblingen gespeiset habe oder nicht, so muß ich Ihnen doch ausdrüklich sagen, daß die Gastfreiheit des Herrn Maurer, denn dies ist sein Name, uns eine sehr gute Malzeit, deren wir in der That benöthigt waren, zubereitet hatte.     Ich habe hiebei die Absicht, wenn Sie einmal Ihre Entschliesung, die Schweiz zu besuchen, ausfüren, und auch diesen Ort berüren solten, auf solchen Fall, Sie zu bitten, diesem gütigen, gefälligen, angenehmen Mann mein dankbares Andenken zu versichern.

Von Siblingen gehet der Weg zurük bis an das Städtchen Neunkirch, und diesem vorbei, gerade auf Schafhausen, bis wohin man nicht mehr als zwei Stunden nöthig hat.

Ehe ich von dieser Stadt rede, wil ich der Steinart des Landes noch erwähnen, die ich von Zurzach bis an Neunkirch, wie von Basel bis Zurzach, ganz und gar kieselig, von Neunkirch aber bis Siblingen, und wie schon gesagt, auf dem Randberge, kalchigter Gattung zu sein befunden habe.  Von Siblingen bis Neunkirch färet man um eine sich lang ziehende Erhöhung herum, die fast einem Walle ähnlich siehet. Diese ist gleichsam die Gränze der beiden Steinarten.   Denn auf dem Wege von Neunkirch nach Schafhausen wird es wieder kieselig.  Rechter Hand sehet man hier auch wiederum die Berge aus zusammen gebakkenen Kieseln, doch zum Teil auch aus rauhen Felsen bestehen, die nach und nach herunter stürzen und die Felder bestreuen. Aber selbst der Grund ist eben so wol von Kieseln, ohne Quarz und Feuersteinen; nur nahe vor Schafhausen, linker Hand, enthalten die Höhen Sandsteinfelsen.  Rechter Hand zeiget sich dan der Rhein, der ein Bette von lauter Kieseln hat, dergestalt empor gehoben, daß das Wasser mit Schäumen und Brausen darüber herfliesset.  Hier ist also die Schifbarkeit des Rheins unterbrochen. Es werden darum die von Costanz re. herunterkommende Schiffe in der Stadt entladen und zurükgeschikt, die Waaren auf der Achse bis unter das Dorf Neuhausen abgefaren, und da erst wieder in Schiffe geladen.  Dieser Umstand, der an sich, der Handlung beschwerlich, ist gleichwol der Stadt sehr vorteilhaft, die daher ein beträchtliches an Speditionskosten re. gewinnet, welches vielleicht den größten Teil ihrer Einnahme ausmachet ; denn Fabriken hat sie nicht viele, und wo ich recht berichtet bin, von Cattun oder Indiennen, die hier gewebet und gedrukt werden, nur eine, und denn noch etliche von wollenen und seidenen Strümpfen.

Die Rheinbrükke — aber ich muß wegen Abgang der Post schliessen, und mein Brief ist ohnedem lang genug. ·

Schafhausen, den 31 Aug. 1763.

꙰ ) o ( ꙰

## Neunter Brief.

### Mein Herr,

Da ich Morgen wieder von hier reisen muß, so denke ich diesen Brief zurük zu lassen, daß er mit nächster Poſt an Sie abgehe.

Ich verließ Sie geſtern auf der Rheinbrükke, wo Sie mich alſo heute wieder finden. Ich wünſchte, ein guter Bauverſtändiger zu ſein, um Ihnen die Bauart dieſer herrlichen Brükke beſchreiben zu können. So aber kan ich nichts weiter, als Ihre Neugierde, ſie ſelbſt zu ſehen, rege machen; denn ſie iſt ein Stük, das nicht nur dem Meiſter, der es verfertigt hat, ſondern ſelbſt der Stadt Ehre machet. Man hat für gut gefunden, ſie ganz von Holz zu bauen, und mit Koſten von etwa 90000 Gulden in Zeit von zwei Jaren zu Stande gebracht. Ein Zimmermeiſter von Appenzell hat den Plan entworfen und auch ausgefürt. Dieſer unterſtand ſich, ſie von einem einzigen ſehr flachen Bogen machen zu wollen; und alle die ſteinernen Pfeiler, die von der alten Brükke noch ſtanden, ſprengte er weg, bis auf einen einzigen nach, den er auch für unnöthig hielt, aber auf des Rahts ausdrükliches Verlangen ſtehen laſſen mußte. Gleichwol berechnet man die Länge dieſer ſonderbaren Brükke auf 360 Fuß. Meiner mäßigen Schritte waren es 200. Sie trägt mit ihren großen schräg- und queer liegenden Balken sich selbst, und ist also ein Hangwerk. Zu besserer Erhaltung hat man sie zu beiden Seiten mit Brettern zugemacht, worin Fenster sind, und mit einem Dach von Schindeln bedekt. Oberhalb derselben in dem Rhein sind an einem steinernen Pfeiler zwei kleine Schiffe befestigt, worin Feuerspritzen, um, fals die Brükke einmal Feuer fangen solte, ihr sogleich zu Hülfe kommen zu können. Es ist übrigens ein Gesetz, daß, wer über diese Brükke färet, nicht darauf still halten darf. Der Rhein ist hier, wie an vielen Orten, so klar, daß man bis auf seinen kieselreichen Grund sehen kan.

　　Und nun wil ich Ihnen etwas von einem Cabinette erzählen. Dieses besitzet ein grosser Kenner von dergleichen, der hiesige Arzt, Herr Doctor Amman. Es war mir schon seit einigen Jaren bekant, und mit Bewunderung, wie mit Vergnügen, habe ich nun einen Teil davon gesehen. Denn die Marina, Marmore, und dergleichen in Augenschein zu nehmen, dazu fiel mir die Zeit zu kurz. Daß der Randberg viel schönes hieher geliefert habe, kan man leicht denken, und es sind fast alle lauter auserlesene und volständige Stükke, die Herr Amman überhaupt so wol von andern Orten als daher in seiner Samlung beizulegen gewürdigt hat. Die mir hierunter am schönsten geschienen haben, sind folgende:

　　Mit spitzigen Hervorragungen versehene oder dornigte See-Igelstacheln, von Giengen in Schwaben (a); sägenförmige dreiseitige, daher (b), und kleinere dergleichen vom Rande; auch zwei in der Grösse und sonst unterschiedene Arten von kleinen, noch auf ihren Knöpfchen sizenden, die man Nadeln nennet, daher (c); Echiniten selbst, mit noch ausliegenden dergleichen Nadeln (d), und Stacheln (e); und andere zerborstene, so mit Oolithen ausgefüllet sind; ein platter Echinite mit einem erhabenen Stern auf dem Rükken, aus Spanien; ein anderer noch platterer mit einem platten Stern, von Malta (f); ein gewarzter runder, mit nicht gemeinen, und andere mit gemeinen Warzen, 3 Zoll im Durchschnitt, vom Rande; verschiedene kleine Krebse von bräunlichem Gestein, ausser ihrer Matrix, von Coromandel; Blätterabdrükke in Sandstein, von Winterthur; dergleichen in weidlichem Schiefer, von Oeningen; und eben daher ein sehr schöner Ichthyolit 1½ Fuß lang, nebst andern auch ziemlich grossen, in schwarzem Schiefer, von Glaris; zwei schwarze kieslgte Schiefer, aus dem Würtenbergischen, mit denen von hiemer beschriebenen (g) Medusen. Der eine von diesen Schiefern ist fast ganz und gar mit den verbogenen Medusenstralen, die aus dem Steine empor ragen, bedekt; der andere zeiget an seinem Körper, der dem bekanten See-medusen-Haupte sonst ähnlich genug ist, aber gleich aus dem Mittelpunkt sich zu

teilen

---

(a) Tab. 5. Fig. a.
(b) Tab. 5. Fig. b. b.
(c) Tab. 5. Fig. c. d.
(d) Tab. 5. Fig. e.
(e) Tab. 5. Fig. f. f.
(f) Tab. 5. Fig. g.
(g) Caput Medusae &c. &c. detectum in Agro Wirtemb. &c. ab E. F. Hiemero. Stuttgardiae.

theilen anfängt, einen Stiel, der gerade und unverbogen dahin gestrecket ist, dessen halbe dicke aus dem Schiefer hervorraget, und den lauter fünfseitige, auf ihrer platten Fläche Blumen- oder Sternförmige Trochiten zusammengesezt haben (h). Beide Tafeln, die aus der Gmelinischen Samlung herstammen, sind volkommen schön, und wo ich mich recht besinne, etwa 1 Fuß breit und 1½ Fuß lang. Stüffe, die eine der vornehmsten Stellen in dem Cabinette eines grossen Fürsten würdig sind!

Ferner bemerke ich noch etliche specimina, so einer Faust dik, von denen so schön zu polirenden und wenn in Tafeln geschnitten, halb durchsichtigen achatisirenden Madreporis aggregatis astroiticis, aus Sardinien; Fungi millepori von Eisenstein, vom Raube; und von eben dem Stein, daher, eine Madrepora simplex globosa perforata, superficie tuberibus umbilicatis fungiformibus praedita; eine verhärtete Compaßmuschel ex Valle d'Andona; Ein zweischaligtes calcinirtes, aber noch glänzendes, ganzes Ostreum polyeptoginglimon daher; Eine ganze Masse von höchst schönen durchsichtigen nucleis Strombularum, Cochlearum, Buccinorum chalcedonizantibus; dergleichen Strombi auch in einer Masse; und noch dergleichen, woran noch ein kleines sehr schönes pecten sizet, alle diese drei Stücke von Chaumont en Vexin. Maltesische und Piemontesische Seegewürmröten eines Fingers dik; die, etwa einer Linie dicke und 8 Linien lange Ortoceratitae fossiles, davon Gualtieri Originalien aus dem Meere beschrieben und in Kupfern vorgestellet hat, von Avignano in Piemont (i); ein an der Spize gekrümter Belemnite, aus den Gruben von Sichem bei Mastricht; ein Belemnite an beiden Enden zugespizt (k); und ein anderer gemeiner, dessen Ober-

F

---

(h) Tab. 6. — In Tab. 2. Fig. h. h. Sind ein Stük von eben dergleichen Encriniten, derselben Gegend, aus dem Gesnerischen Cabinet zu Zürich. — S. den 14ten Brief.

(i) Tab. 5. Fig. h.

(k) In der Dunkelheit, worin sich die Entstehungsart der zweispizigen Belemniten, die das Ansehen haben, als ob zwei gleich grosse Belemniten mit ihren Grundflächen oder dickern Enden, vielleicht um sich zu paaren, sich aneinander gefügt hätten, (von welcher Zusammenfügung ich gleichwol nie eine Spur gesehen habe) noch bestehet, wird es mir erlaubt sein, hier einen Versuch einer Erklärung darüber zu wagen, die sich zwar auf keine Erfarung gründet, aber doch wenigstens nicht der Möglichkeit widerspricht. Wie wäre es, wenn man annehme, alle Belemniten wären sich in eine zweite Spize zu schliessen, bestimt gewesen, und die ungleich grössere Anzal dieser räthselhaften Seegeschöpfe, die wir nur mit einer Spize versehen zu Gesichte bekommen, seyn entweder unausgewachsene, oder aber verstümmelte? Man könte sich vorstellen, alle junge Belemniten seien nur einspizig, sie wachsen in die Länge und dicke kegelförmig fort, so lange sie Nahrung genug und Gesundheit und jugendliche Kräfte haben. Ihre grösste Dicke sei die Stufe ihrer Mannheit, wo das Alter anfange, und fare nun der Belemnite zwar noch fort zu wachsen, aber bei seinen abnehmenden Kräften, mit abnehmender Dicke, bis endlich der Körper sich in die zweite Spize zusammen schmizge, welches die ihm bestimte Gränze seiner Lebensbahn oder sein Tod seyn würde. —

Allein, giebt es zweispizige Belemniten, die man wegen inliegenden Alveolen für vollständige Belemniten annehmen kan? Kenner, die viele zweispizige Belemniten gesehen haben, bitte ich, mich hierüber zu belehren.

Ich habe vom Heimberge bei Göttingen, zweispizige Belemniten, die in einem marmorartigen Gestein liegen, und ob sie gleich, der Länge nach, durchschnitten sind, ganz und gar keinen Alveolen zeigen. Eben dieses gilt von andern, aus dem Coburgischen, die in einer röthlichen Marmorart, zugleich mit vielen Trochiten und Entrochiten liegen. Nur ein Belemnite, von Zurin, der etwas platt gedenkt ist, und

fläche blätterweise abschilfert (l), dergleichen man von seiner Structur nicht vermuthen solte; da er aus Stralen oder Fasern bestehet, die ja nicht der Länge nach laufen, sondern ihn in die Queere durchstreifen.

Noch sind artig einige Heliciten, so klein wie Linsen, mit sehr deutlichen gyris, aus Spanien; andere in einem mit grünlichem Talc durchwachsenem Sandsteine, von Rivalta; kiesigte Ammoniten mit deutlich sichtbaren Verkammerungen und dem Siphone, von Rhetel Mazarin, (Retenses); noch kiesigte deren einer 9 Zoll im Diameter, von Fürstenberg; ovale Ammoniten von Neuschatel (m); ein durchschnittenes Cornu Ammonis, worin alle Verkammerungen, aus dem Mittelpunkt heraus bis zu dem Umfang offen und mit cristallisirtem Spahte oder Quarz zart und schön incrustiret sind, 10 Zoll im Durchschnitt, aus Frankreich; endlich, eine Menge Coburgischer, Böhmischer, Chemnitzer, Französischer, und Piemontesischer Hölzer, vom schönsten Achat oder Jaspis; ein Carpolit oder Abdruk vielmehr eines Pfirsigkernes, den vielleicht jemand für eine Art eines Corallenschwammes zu halten geneigt sein möchte, wie ich doch nicht könte; — noch einer, den der Ungläubigste für einen waren Fruchtstein gelten lassen muß; dieser, welcher noch in seiner Matrice sizet, doch mehr als seine Vorderhälfte entblösset hat, ist augenscheinlich der ware Kern einer welschen Nuß, und ganz und gar von der Structur, wie dergleichen Kern sein muß (n). Es ist dieses Stük unter denen, die ich bisher gesehen, das erste, daß mich von dem wirklichen Dasein warer Fruchtsteine überzeuget hat.

Aber, nicht war? mein Herr, dieser Auszug nur der vorzüglichen Merkwürdigkeiten aus dem Ammanischen Cabinette ist etwas weitläuftig geworden; er konte jedoch nicht kürzer, er mußte so werden. Deucht Ihnen nicht, daß dies Cabinet allein eine Reise nach Schafhausen verdiene?

Ich könte Ihnen doch von folgendem, was ich hier gesehen, eine eben so gute Erzählung machen! Ich bin zwar noch ganz vol von dem Anblikke, den ich vor ein Paar Stunden gehabt habe, und den ich Ihnen gern getreu abzeichnen und mit denselben lebhaf-

---

sich gegen seine zweite Spize zusammen zu schmiegen angefangen hat, zeiget inwendig mit einer fortgezogenen Linie gleichsam die Umschreibung einer Flaur an, so wie sie der Alveole einer zweispizigen Belemniten wol abngezält haben müßte. Doch ist das, was sich innerhalb solcher Umschreibung befindet, keinesweges von demjenigen verschieden, was außerhalb derselben zu sehen ist. Es scheinet aus eben solchen, eben so zarten und eben so gerade nach außen gekretten Fasern zu bestehen, wie der äussere Teil des Belemniten oder dessen Schale. Solte nun dies der Fall mit allen zweispizigen Belemniten sein, so besürchte ich, über ihre Entstehungsart hier einen physischen Roman geschrieben zu haben, dergleichen übrigens in der Naturhistorie noch genug Gäng und Gebe sind. Es aber was wären denn endlich diese abgeschnürten zweispizige Belemniten? Vieleicht belemnitische unrichtige Geburten, Misgeburten, Molae; vieleicht die blossen folzigen Endungen der gemeinen kegelförmigen Belemniten, abgebrochen über der Höhlung, wo der Alveole anfieng, und dan durch hin- und herrollen im Wasser, nach und nach so abgeschliffen, daß die breite Endung auch zu einer Spize geworden: so wäre folglich der zweispizige Belemnite kein in den organischen Plan der Natur gehörendes Werk mehr, sondern ein blosses Werk des Zufalles. — N. J.

(l) Tab. 5. Fig. I.
(m) Tab. 5. Fig. k.
(n) Tab. 5. Fig. l. l.

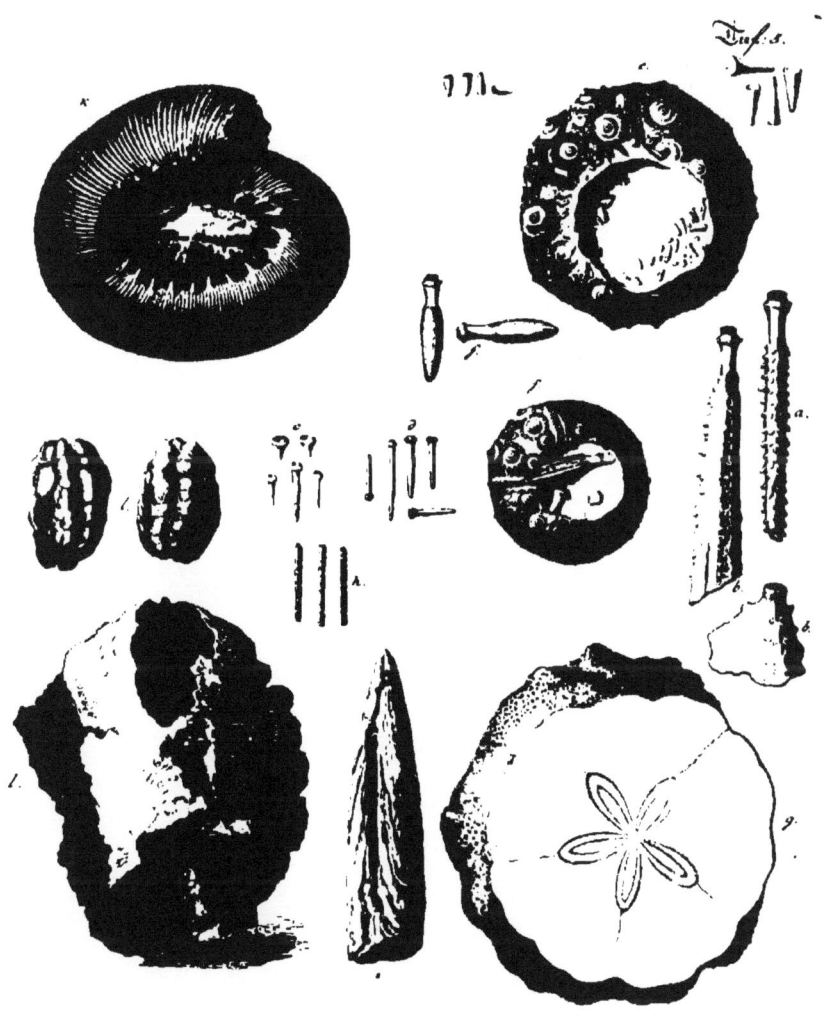

Taf. 6

ten Farben vormahlen wolte, worin ich ihn gesehen. Aber wo finde ich genug starke Worte, die der Größe des Gegenstandes angemessen wären? Ich verzweifle ganz und gar daran, sie zu finden, dennoch kan ich ohnmöglich davon schweigen.

Ich habe den unterhalb dem Dorfe Neuhausen befindlichen großen Fall des Rheins gesehen, den noch keine Feder würdig beschrieben, ob gleich schon manche zu beschreiben versucht hat. O welch ein Anblik! zerstreute Haufen Felsen beengen hier auf einmal das Bette des schnellen Rheins, und zertheilen seine Fluten, welche sich nun mit Schaum überziehen. Es machen diese Felsen, unten an dem gegenüber liegenden Schloße Laufen, eine schroffe Wand aus, die ich etwa auf 40 Fuß hoch schäze, ob gleich einige Schriftsteller sie auf 70 und mehrere geschäzt haben. Sie kan in der That vor Zeiten, und warscheinlicher Weise muß sie beträchtlicher gewesen sein. Allein, wie gesagt, jezt schäze ich sie, oder vielmehr den Fall, den sie verursachet, nicht höher als 40 Fuß. Die Fichten, womit die Hervorragungen dieser Felsen zu Keßlers Zeiten wirklich bewachsen gewesen sein mögen, habe ich nicht mehr darauf gefunden. Diese feste Wand wird von drei oder vier sonderbar gestalteten Felsen bethürmet, und zwischen solche stürzet sich, mit nur noch einigen spiegelnden grünen Wasserbächen durchschlängelt, der in faß lauter Schaum aufgelöste Strom mit einem entsezlichen Gebrause in die Tiefe, aus der er plözlich wieder in die Höhe siedet, und sprudelnde Wogen wirft, von denen ein Teil, zu Staub und Dunst gerieben, zu den Wolken hinauf eilt, daher denn diese ganze Gegend mit ewigem Regen und Nebel angefüllet ist (o). Eine fürwar, fürchterlich schöne Scene (p)! die aber, von der Zürichischen Seite unten am Schloße Laufen betrachtet, noch fürchterlicher und ganz gräßlich wird, wohin sich nun meine Gesellschaft mit mir in einem Nachen übersezen ließ. Hier, wo man Gelegenheit hat, den Wassersturz von unten und in der Nähe eines Schrittes zu beschauen (q), hier nimt im Gemüthe Erstaunen und Entsezen die Stelle der Bewunderung ein. Hier, wo von der Gewalt des wütenden Gewässers das Ufer unter unsern Füßen zu erzittern schien, wer solte hier nicht beben?

F 2

---

(o) Bei Terni sol der Velino in seiner ganzen Breite, und ohne geteilt oder aufgehalten zu werden, von einer fast senkrechten Felsenwand dergestalt herabstürzen, daß die Oberfläche des Felsens unten nicht benezt wird. Er stäubt auch sein Wasser häufig als Nebel und feinen Regen doch empor, und da er über ein Marmorbette fließet, fürt das Wasser etwas Marmor mit sich, wovon denn der ganze benachbarte Berg und alle Pflanzen mit einem feinen Staube bedekt oder überzogen sein sollen. S. Voyage en France, en Italie et aux Isles de l'Archipel. Tom. 3me. à Paris, pag. 1 — 11.

(p) Tab. 7.

(q) Tab. 8.

Hier, Sterbliche, hier spricht die Gottheit aus den Wellen:
Hier brausen Strudel Sie, wie dorten Bäch' und Quellen
Sie, flüsterud, predigen; wie jeder Stern Sie strahlt,
Und jeder Tropfen Thau Sie schön, Sie gütig, mahlt.
Doch hier spricht Sie, ganz Macht, aus tausend Wasserwogen;
Ihr Stos hat schon den Fels, wie Wachs, dahin gebogen;
Schon schwankt sein stolzes Haupt vor ihrer Furchtbarkeit. —
— So fühlt denn, Sterbliche, wie schwach, wie Nichts ihr seid!

Diese Stelle, auf dem Zürichischen Ufer, mein Herr, wil ich Ihnen empfehlen, um einst, wenn Sie hieher kommen solten, von ihr ab, den Wassersturz, der wol in unserm Weltteile nicht seines gleichen hat, zu beschauen. Auch hat der berühmte Watelet in Paris, der neulich eine Reise hieher gethan, erstaunt über den Anblik, dessen Grösse nie seine Einbildungskraft für sich erreichet haben würde, aus diesem Gesichtspunkte ihn abzubilden einen Versuch gemacht.

Der geschikte Mahler Schütz aus Frankfurt, hingegen hat eine Stelle auf dem Schafhausischen Ufer gewählet, und von da den Fall in ein sehr artiges Gemählde gebracht. Ein artiges, aber nicht getreues. Denn er hat zu viel, und mehr als das Auge aus einem Gesichtspunkte davon fassen kan, mit einer dichterischen Freiheit zusammen gesezet, die Tadel verdienet, weil sie die Aufmerksamkeit des Anschauers auf den Hauptvorwurf schwächet. Es ward mir davon eine Copey gebracht, die ich ob gleich der Preis sehr billig war, zu kaufen, aus obigen Gründen nicht für gut fand. Man sagt, es werde jezt an einer getreuern Vorstellung dieses Catarakts gearbeitet, wovon der Kupferstich bald erscheinen würde. Uebrigens war hier einer feil, verfertigt von J. G. Seiler 1681, der, wie die Herrlibergerischen (r), so ziemlich ist. Auch finden sich davon Stiche und Beschreibungen bei Wagner (s) und Scheuchzer (t); und Herrliberger hat noch einen zu liefern versprochen, der von der Zürcher Seite genommen sein sol, nach welchem ich begierig bin. Allein, in Warheit, es verdienete, ja es erforderte dieser prächtige Wasserfall aus zehn und mehr verschiedenen Gesichtspunkten abgezeichnet zu werden, und erst aus diesen allen zusammen genommen würde sich ein Abwesender endlich eine richtige, ob gleich noch immer sehr matte Vorstellung von dieser, daß ich so sagen dürfe, der Almacht, die sie hervorbrachte, selbst würdigen Scene machen können.

---

(r) Topogr. 1 Teil, S. 96. 97. Taf. 96. — 2 Teil. S. 216, Taf. 181.
(s) Merc. Helv. Laufen. S. 96 und Tafel.
(t) Joh. Jak. Scheuchzers Naturgeschichte des Schweizerlandes. Enthaltend Stoecheiographiam &c. Zürich 1716. Erster Teil. Hydrographiam. 1717. Zweiter Teil, und Meteorologiam 1718. Dritter Teil. S. den zweiten Teil S. 74. Taf. 2.

Tab 8

Tab. 4.

Nun noch ein Wort von diesem Wasserfall. Was meinen Sie? mein Herr, wenn ein Colosse auf einem dieser Felsen, die aus dem Ström hervorragen, aufgerichtet stünde, in einer Stellung, die noch so richtig Schrekken und Verzweiflung andeutete, würde solch ein Colosse hier nicht doch immer noch am unrechten Orte stehen? Er würde dünkt mich, nicht viel mehr den Schrekken, den hier selbst die majestätische Natur zu einer ihrer Meisterfülle schuf, noch zu vergrössern beitragen, als ein Tropfen Wasser, ins Meer gegossen, zu desselben Aufschwellen.

Wie gefällt es Ihnen aber, wenn ich Ihnen sagen kan, daß man einstmals, da niedriges Gewässer auf einen dieser Felsen zu steigen erlaubte, ein elendes Zwergbild, einen Popanz von Holz, von etwa Mannes Höhe, darauf gepflanzet hat? scheinet Ihnen dieses nicht etwas überaus sehr unanständiges und kleines, das den anschauenden Fremdling in die Gefar sezt, aus dieser Entweihung solch eines ernsthaften Gegenstandes, sehr falsch auf den Geschmak der guten Bürger von Schafhausen zu folgern? Ich wenigstens, doch weit davon entfernt, eine solche Folgerung zu ziehen, habe mich an dieser verächtlichen Figur, die übrigens nur zum Andenken des niedrigen Gewässers und blos von Schiff- und Fischerleuten hieher gesezt seyn mag, in allem Ernste geärgert.

Schafhausen, den 1 Sept. 1763.

### Zehenter Brief.

#### Mein Herr,

Diesen Morgen habe ich Schafhausen verlaffen. Es hat diese Stadt Berge in ihrer Nachbarschaft, und daher eine wenigstens für mich, weit angenehmere Lage, als Basel. Beiläufig gesagt, so redet man hier auch befferes deutsch, als dorten. Die Inwoner find von sehr höflichen Sitten; ein Fremder wird faft von jederman gegrüffet, und man fiehet ein gewiffes algemeines Wolwollen hier herrschen, das nicht anders als einnehmen und gefallen kan.

Ich hatte geftern Abend noch Gelegenheit, den hiefigen Arzt kennen zu lernen, deffen specimen Chem. med. inaug. de fuccino in genere et speciatim de fuccino foffili Wisholzenfi &c. Auct. Ioa. Georg. Stockar de Neuforn, Lugd. Bat. 1760 fehr lefenswürdig ift. Herr St. zeigte nur die noch übrige Helfte von dem Stükke Bernftein, das er zu feinen Leidenschen Verfuchen angewandt hat; diefes war wie geschliffen und von vortreflichem Glanze. Ein anderes rohes Stük, fo er kürzlich von Wisholz erhalten, fah röthlicher aus, von ungleicher und wie verdrukter Fläche, gegen 2 Zoll dik und 3 Zoll breit, und 5 bis 6 Zoll lang. Es ift Schade, daß an diefem Orte, wegen gewiffer Gränzftreitigkeiten, nicht dreift genug diefem schönen Producte nachgegraben werden kan. Herr D. St. ift ein Mann von groffen Wiffenschaften, und der nach dem Beifpiel feines vormaligen Lehrers, des Herrn Joh. Geßners in Zürich, feine Gelehrfamkeit mit einer befondern Befcheidenheit verbindet. Die medicinische und phyfikalische Welt kan, wo ich nicht irre, noch vieles von ihm erwarten. Ich meines Teils, beklage, daß ich nicht länger feines Umganges habe genieffen, noch auch die vortrefliche Kräuterfamlung, fo er gemacht hat, und zu machen fortfäret, habe durchfehen können.

Der Doctor der Medicin, Herr Ott, hiefelbft ift es, dem ich die Bekantschaft mit diefem Mann und mehreres zu danken habe. Wenn Sie mich aber fragen, wem ich denn die Bekantschaft des Herrn Ott schuldig bin, fo muß ich Ihnen fagen, daß ich das nicht weis. Er fah uns in dem Haufe, worin wir eingekehret waren, er hörete daß wir Fremde wären, und das war feiner Polliteffe Empfehlung genug, um unferer auf die verbindlichfte Art fich anzunehmen. Werde ich wol, ohne ein warhaftes Vergnügen zu empfinden und ohne von lebhafter Dankbegierde durchdrungen zu fein, an fo einen freundschaftlichen Mann gedenken können?

Dies ift alles, was ich Ihnen, mein lieber Freund, von Schafhausen erzählen kan. Den Plan, den ich für meinen Aufenthalt dafelbft entworfen gehabt, habe ich ziemlich vollkommen ausgefüret. Aber, nun muß ich Ihnen noch von einem Plan erzählen, den ich mir gemacht, aber nicht ausgefüret, fehr wider meinen Willen nicht ausgefüret habe.

Sie werden im Keyßler gelesen haben, daß in dem Kloster Reichenau, das auf einer Insul im Costanzer See lieget, ein von Carl dem Großen dahin verehrter Smaragd verwaret werde, der 28½ Pfund wiegen und à Pf. von Juwelierern 50000 Gulden geschätzt worden sein sol. Es ist, wenn ich anders Keyßlern recht verstehe, dieser Stein 2 Zoll dik (mit 2 Zoll dik,) 1½ Spannen breit, und denn er sol ungleich gebrochen sein, nach der längsten Querlinie gemessen, 3½ Spannen lang. Ist dies nicht ein ungeheurer Edelgestein? Muß man nicht sehr leichtgläubig sein, um einem Kloster den Besiz eines solchen Schazes so schlechthin zuzutrauen? Und was sagen Sie zu der Figur desselben, wie solche hier beschrieben ist? Meine Gedanken davon sind diese: der vorgebliche Smaragd ist kein warer Edelgestein, er ist nicht einmal ein Stein vor Quarzigter oder kieselichter Natur. Das Vorgeben, daß er ein ächter Smaragd sei, ist ohne Zweifel ein Betrug, der durch die Ehrwürdigkeit des Altertums und durch den Adel der Herkunst des Steines den Schein der Warheit gewonnen, und da wenig Kenner ihn zu betrachten Gelegenheit gehabt haben mögen, je länger je mehr Glauben bei Personen erlanget hat, die zum Glauben eben keine Ueberzeugung erfordern, sondern schon mit einer bloßen Erzählung fürlieb nehmen. Kurz, ich war, bei meiner kleinen Kentnis von dergleichen, vermessen genug zu hoffen, daß ich mit Hülfe meiner Augen und durch einen einzigen Streich mit dem Nagel meines Daumens, wenn ich den Stein nur in der Hand bekäme, im Stande sein würde, den Betrug zu entdekken: eine Entdekkung, die meiner Eitelkeit im voraus sehr schmeichelte. Denn, würde ich, auch ohne ihn gesehen und betastet zu haben, blos nur aus der Figur des Steines schliessend, zu viel wagen, wenn ich behauptete, daß er, statt der geschäzt sein sollenden 28½ mal funfzig tausend Gulden, vielleichte, in sich, nur einen einzigen Gulden wehrt, und mit einem Wort, daß er ein lauterer, gemeiner, überall gefundener und noch täglich zufindender, grüner Flußspaht sei? Nach dieser mir fast unfehlbar scheinenden Entdekkung ehrgeizte ich nun. Aber beklagen Sie mich! die Zeit, die ich zu meinen Reisen in der Schweiz anwenden kan, ist so kurz, daß meine Ehrsucht sich hier eine Verläugnung hat anthun, und ihren ganzen schönen Entwurf faren lassen müssen. Indessen ist ihr oder mir das noch ein kleiner Trost, daß ich meine Meinung, die ich nun zwar Riemanden als eine erwiesene Warheit aufdringen darf, doch wenigstens für warscheinlich halten, und hofen kan, durch Sie, wenn Sie, mein Herr, nach Reichenau einst kommen solten, sie als eine Warheit bestätigt zu sehen. Verzeihen Sie mir diese kleine Ausschweifung.

Ich bin, wie gesagt, heute Morgen von Schafhausen abgefaren, den Rhein zur linken lassend. Als wir lauschen gegen über kamen, konten wir uns nicht enthalten, den majestätischen Rheinfall noch einmal und zwar von einer Anhöhe zu betrachten. In dem dort unten gelegenen Dorfe Neuhausen schmelzt man und schmiedet ein geschmeidiges sehr gutes Eisen, aus lauter Bohnenerz, das, wie ich muhtmaße, in dem Ziegelthon zu Hause ist, den man hier findet. Wir kamen nun bald durch einige Dörfer, Oesterreichischen Gebietes;

auch Eglisau (a) und über deſſen über den Rhein fürende hölzerne, auf ſteineruen Pfeilern ruhende, bedekte Brükke, die ich 140 gemäßigte Schritte lang fand. Eglisau iſt ſchon Zürichiſch; und, wie ich vergeſſen Ihnen zu ſagen, nach Zürich gieng unſere Reiſe, wo wir, über Bulach (b), dieſen Abend gegen 9 Uhr auch angekommen ſind.

Die Wege von Schafhauſen bis hier ſind nicht die beſten; ſie ſind zu ſehr mit bloſen Kieſeln beſtreuet; auch ſcheinet der ganze Boden und der meiſte Teil der Berge aus Kieſeln zu beſtehen.

In Zürich finden ſich viel ſehenswürdige Sachen. Bin ich ſo glüklich, ſie alle zu ſehen, ſo mögen Sie, mein Herr, ſich nur auf mehr als einen langen Brief von mir aus Zürich gefaßt machen. Beiläufig: Sie denken doch, bei Durchleſung meiner Verzeichniſſe der hie und da geſehenen Cabinetsſtükke, wol nicht, daß ich es mache, wie der Herr von U.? Dieſer, heißt es, hatte die beſondere Geſchiklichkeit, die denkwürdigen (zum Druk freilich wol nicht beſtimte) Geſpräche und wichtigen Erzählungen der Perſonen, die er beſuchte, aufzuzeichnen, ohne daß ſie es merkten. Dies Kunſtſtük beſtand darin, daß er auch in der Taſche ſchreiben und alles anmerken konte. Ohne alſo daß ſie es gewar wurden, ſchrieb er vor ihren Augen unſichtbar mit dem Bleiſtift (c). Dies groſſe Kunſtſtük beſize ich nicht, kan ſeiner auch entbehren. Denn, was die Perſonen, mit welchen ich bekant werde, mir etwa im Vertrauen ſagen möchten, finde ich ſo nöhtig nicht, aufzuſchreiben; das aber, was mir aufzuſchreiben nöhtig ſcheinet und meinem bloſſem Gedächtnis zu viel iſt, das, nehme ich mir die Freiheit, vor den Augen dieſer Perſonen ſichtbar niederzuſchreiben; und damit Ihnen, mein Herr, kein Scrupel dieſer wegen übrig bleibe, und ich beides dem Verfaſſer des Lebens und der Reiſen des Herrn von U. an Deutlichkeit und Genauigkeit im Vortrage mich gleich ſtark beweiſe, ſo ſollen Sie wiſſen: ich ſchreibe, wie der Herr von U., auch alles mit dem Bleiſtift nieder.

Zürich, den 2 Sept. 1763.

Eilf-

---

(a) Merc. Helv. 65 und Tafel.
(b) Herrl. Topogr. S. 106. 107. Taf. 63.
(c) S. Herrn J. C. von U. merkw. Reiſen ꝛc. 3 Teile. Ulm 1753. im 1ſten Teile in dem Leben des Verfaſſers: Seite LII. LIII.

## Eilfter Brief.

#### Mein Herr,

Die Maschine in der Seidenfabrike der Herren Escher, Gebrüder, ist unter den hiesigen Merkwürdigkeiten die erste, welche ich gesehen. Hier wird rohe Seide so weit gesponnen, daß sie zum verweben tüchtig ist. Diese Maschine ist nicht übermäßig zusammengesetzt, sondern in Ansehung der Vielheit der Walzen und Haspel, die in Bewegung gebracht und darin erhalten werden müssen, ziemlich einfach. Allein, da ich nicht genug Mechanicus bin, um das Ganze der Einrichtung der so schönen als nützlichen Maschine zu übersehen, und noch weniger, den Grund der Zusammenfügungsart so vieler einzelner Stücke in derselben zu fassen, auch die einzige Stunde, die ich hier habe zubringen können, gewis nicht zu einer volkommnen Untersuchung hinlänglich war: so werden Sie mit folgender kurzen Beschreibung fürlieb nehmen.

1 einziges grosses Kammrad, so von Wasser getrieben wird, treibet zu erst
1 Walze, und durch diese
25 kleine Kammräder, die
6 überaus grosse Stühle sich um ihre Achse bewegen machen. In diesen Stühlen aber werden zugleich mit beweget
7776 kleine verticale Walzen oder Spulen,
7776 kleine horizontale dergleichen, und endlich
1116 grosse Haspel, von welchen sich die rohen Seidenfäden auf obige Spulen abwikkeln.

Diese Maschine, und besonders die 6 Stühle, die in der Runde umlaufen, und worin sich so viel tausend kleinere Maschinen bewegen, kan man nicht ohne bewunderndes Vergnügen betrachten. Sie sol von einem hiesigen Bürger, vor ohngefehr 30 Jaren, nach einer ähnlichen, die er in Bologna gesehen, und bis dahin die einzige in ihrer Art war, verfertiget worden sein. Welch eine nützliche Erfindung ist nicht diese Maschine! Sie arbeitet ohne Unterlaß, Jar aus Jar ein, ausser am Sontage, und giebt dem Aufseher und etwa 40 andern Personen Beschäftigung und Brod. Aber, dies ist noch das geringste. Die fertige Seide schaffet hernach noch für 600 Weber Arbeit, die daraus lauter Creppe oder Flor weben, der schwarz gefärbet verkauft wird. Welch ein Gewin für ein Land oder Stadt durch eine einzige solche Fabrike! und wie einträglich muß sie ihrem Eigentümer sein! Man weiß, welch eine leichte Waare der Flor ist, es müssen also davon gewis viele tausend Stücke hier fertig werden. Denn, denken Sie nur, wöchentlich liefert die Maschine an gesponnener Seide 70 Pfund, welches in einem Jare 3640 Pfund ausmachet. — Können Sie wol errahlen, mein Herr, welch eine Ellenzahl diese Menge Seide betrage? Ich wette, Sie können es nicht. Ich wil es Ihnen aber sagen. Es sind, o welch eine gewaltige Zahl! —

G

1355, 827200 Ellen, Züricher Maaße. Rechnen Sie nun selber nach: 1 Quentlein zum Verweben fertiger Seidenfäden ist 2913 Ellen lang. Ich seze nur 2910. 2910 aber mit 465920 multiplikirt (denn so viel Quentlein sind in 3640 Pfunden enthalten), bringt jene erstaunliche Ellenzahl heraus. Ich meine, daß ich richtig gerechnet habe. Sie fragen, dünkt mich, warum ich es gerechnet habe? Um Gelegenheit zu einer Aufgabe erhalten, die ich Ihnen zur Auflösung vorzulegen Willens bin: und das ist diese. Aus der Länge dieses Seidenfadens, der, wie die Seidenwürmer ihn spinnen, gedoppelt ist und also die angegebene Ellenzahl doppelt, das ist 9490, 790400 einfache Ellen beträgt, zu berechnen.

Wie viel Stük Seidenwürmer erfordert werden, um solch einen Seidenfaden zu spinnen? und wie viel Stük Maulbeerbäume, um solch eine Menge Würmer, die für die Fabrike arbeiten, zu ernähren? Dies ist der physicalische Teil meiner Aufgabe. Nun kömt noch ein politischer, nemlich

Wie viele Menschen gewinnen durch Wartung solcher Bäume und Würmer ihr Brod?

Wenn so wenig Sie, wie ich, dies zu berechnen glüklich oder geduldig genug sein sollten, so — so werden wir uns zufrieden geben; — o ja! allerdings! Aber, so werden wir weit davon entfernet sein, bestimmen zu können, wie groß die Anzahl der Menschen wirklich sei, die diese Escherische Fabrike ernähret. Dieselbe sei indessen welche sie wolle, so ist sie muhtmaßlich doch immer ungemein beträchtlicher, als die oben von mir gekante; und ich wünschte dergleichen (a) und ähnlicher Fabriken viele auch in meinem Vaterlande blühen zu sehen.

Nun von etwas anderem! Den hiesigen Chorherren und Professor, Herrn Joh. Geßner, habe ich nunmehr die Ehre, persönlich zu kennen; eine höchst verpflichtende Begegnung hat er mir wiederfaren lassen, dieser wohlwollende eben so schäzbare Menschenfreund, als großer Gelehrte! Ich habe zu erst seine Bibliothek gesehen; wie zahlreich und prächtig! sie enthält 11000 Bände. Ich bemerkte darunter, um von mehrern nur einige zu erwähnen, Petivers Schriften, die schon längst nicht mehr beisammen zu haben gewesen, vollständig; Frischens Insecten illuminirt und in systematische Ordnung gebracht; der Merianen Surinamische Insecten mit vortreflichen Farben: für das Original hievon, das in Paris verkauft wurde, hat der Baronet Hans Sloane 500 Pfund Sterlinge gegeben; eben dieses Hans Sloane sämtliche Werke; Hughes natural History of Barbados illuminiret, und gleichfals so und auf das allerschönste Reaumur Memoires sur les Insectes, in quarto;

---

(a) Der vielen und vielleicht schon fünfzig Jaren hat man hier den Seidenbau versuchet, dessen Ueberbleibsel noch der königl. Maulbeergarten zu Herrenhausen zeiget; aber die Unternehmung sank mit den zu schwachen Kräften des Unternehmers. Izt, da ich dieses schreibe, ist der Versuch, auf höchst königlichen Befehl, erneuert worden. Neue Anpflanzungen von Maulbeerbäumen sind, mit gutem Erfolg, veranstaltet worden; und nicht der alte Garten allein begrenzet sie. Ein biederer Kaufmann, Baumgarten, verarbeitet die Seide, die man seit etlichen Jaren nun gewinnet; Und verfertiget daraus verschiedene Zaik- und ganz seidene Zeuge, lauter welchen die so kömmt abgewürkte Hannovrienne schon bekannt genug ist. Bei der Unterstüzung, die ich ihm wünsche, zweifle ich nicht an der ernst blühenden Zunahme dieser Fabrike.

die Werke von Albin, Catesby — doch, wer vermuthet nicht Schäzbarkeiten in der Bibliothek eines Geßners! Allein, hier sind noch zwei oder drei Werke, die alles vorhergehende
weit übertreffen.

Eine beträchtliche Samlung gemahlter Insecten, so Herr G. für sich auf seine Kosten hat verfertigen lassen. Sie haben den Titel: gemahlte Insecten, samt ihren schriftlich angemerkten Eigenschaften, von J. R. Schellenberg. Zürich, 1753. in 4to. Diese
Gemählde sind von einer ausserordentlichen Schönheit, und die Vignetten, deren ungemein
viele, und davon die in den Sulzerischen Kennzeichen der Insecten (b) nur eine geringe
Probe sind, gleichwie die übrigen Auszierungen dieses Werks so manigfaltig und schön,
daß sie, ich weiß nicht ob mehr die Kunst, oder den unermüdeten Fleis, oder den unerschöpflichen Erfindungsgeist des Meisters verewigen. Uebrigens wird man schwerlich irgendwo in Werken der Kunst etwas der Natur getreueres antreffen.

Ferner hat Herr Geßner einen grossen Teil seiner Naturaliensamlung abmahlen lassen. Hier siehet man eine Menge Conchylien ec. Marmer, Achate, Versteinerungen ec. ja
gar Erden, auf das schönste ausgedrükt, in groß Folio: die vereinigte Arbeit der Herren
Schellenberg und Geißler. Wenn dies Werk jemals solte, durch den Abdruk und mit lebendigen Farben erhellet, gemein gemacht werden, so würde vermuthlich die Schönheit und
Nüzlichkeit desselben die Liebhaber in Menge an sich locken, dagegen aber die unvermeidliche
Kostbarkeit wiederum einen guten Teil von Ihnen vom Kaufe abschrecken.

Endlich wil ich noch des grossen Kräuterbuches des Herrn G. erwähnen, auf welches
das neugierige Verlangen der botanischen Welt schon lange gerichtet ist. Dieses Werk, das
nicht seines gleichen hat, wird nichts weniger, als die sämtlichen linnäischen Characteres
plantarum genericos, und auch viele specificos beschrieben und gemahlet liefern. Jedem
generi hat Herr G. alle species beigefüget, davon ihm mit Gewißheit die notae speci-
ficae bekant gewesen, es versteht sich die blossen partes fructificationis. Der Generum
sind aber über 1000, und der specierum 9 bis 10000. Der Mahler Geißler, den Herr
G. hauptsächlich deswegen 10 Jare lang bei sich gehabt und unterhalten, hat alles dieses gemahlet, und nicht nur gemahlet, sondern auch in Kupfer gestochen, und das so künstlich,

G 2

(b) Die vielen neuen Entdeckungen die in der Insectengeschichte von Linné und andern Naturforschern seit Ao.
1750 gemacht worden, und die daher entstandenen grossen Abänderungen in diesem Teil des Naturalismus, die
durch die vielen gemachten Abdrücke endlich unbrauchbar gewordenen Tafeln der Kennzeichen, und endlich
die Aufmunterung vieler angesehenen Gelehrten und Freunde, haben Herrn D. Sulzer vermacht ein ganz
neues Insectenwerk zu unternehmen, das zwar der Einrichtung nach seinen Kennzeichen gleich sein, aber wegen der vielen neuen Entdeckungen und Bemerkungen, und wegen den Abbildungen von ganz neuen noch
nicht abgebildeten teils schweizerischen, teils Ost- und Westindischen Insecten, einen ungleich grössern Werth
haben wird. Das Werk wird in deutscher und französischer Sprache erscheinen, das Format ist gr. 4to. Und
werden nach Herrn D. Sulzers Berechnung 30 bis 32 Tafeln dazu kommen. — Diese Tafeln werden alle von
dem geschikten Herrn Schellenberg nach der Natur verfertiget, und unter Aufsicht Herrn Fueßlins (von dem
wir nun ein Verzeichniß schweizerischer Insecten haben) gemahlt. N. J. 1774.

so fein, und mit dem Raum fo haushälterifch, daß diefe erftaunliche Anzahl Characteren
in nicht mehrere als achtzig Tafeln zufamen gebracht find.  Das Syftem, deffen Herr G.
fich bedienet, ift zwar das linnäifche; allein, wo L. zu fehr von der Natur abweichet, da
hat Herr G. geändert, verfezt: fo daß in feinen Tafeln die Lilienartigen Pflanzen, fie mögen
3 oder 6 Staubfäden enthalten, alle beifamen ftehen ꝛc.  Bis fo weit ift diefe Arbeit ein
Opus abfolutum, und felbft die Befchreibung zwar auch fertig, aber noch in zerftreuten
Papieren enthalten, und bedarf alfo noch in die gehörige Folgordnung gebracht zu werden.
O daß der Himmel diefem würdigen Manne Gefundheit und Leben fchenke, damit er zugleich dies fein unvergleichliches Werk völlig zu Ende bringen und felbft dem Publikum noch
mitteilen möge (c)!

    Nun etwas von der Samlung der natürlichen Merkwürdigkeiten des Herrn G.

    Diefe ift von einem algemeinern Inbegrif, als alle, die ich bisher gefehen, als alle
vielleicht in der ganzen Schweiz find.  Folgende halte ich für einige der merkwürdigften
Stücke.  Ein Oeningifcher Schiefer mit einem Hecht 1½ Fuß lang: Schuppen liegen auf dem
Steine umher, die von einem Karpfen zu fein fcheinen.  Eine doppelte Schiefertafel, von
Glaris, worauf eine Muraena, über 6 Zoll breit und beinahe 2 Fuß lang; wie auf einer andern
etwas, das vielleicht von einer Schlange ift; ein fein follender Anthropolith des Scheuchzers (d), den aber Herr G. für ein verftelltes Geripp vom Scheidfifche, Siluro, hält; hingegen hat Herr G. vor etwa zwei Jaren, von Reutlingen in Schwaben, einen fchwärzli-
chen Schiefer erhalten, der ein warhafter Anthropolith fein kan.  Es liegen nemlich erhoben
in demfelben 6 oder 7 vertebrae dorfi mit ihren proceffibus transverfis, und noch zwei
dergleichen, an einander ftiend, welche aufferhalb dem Geftein frei auf demfelben gelegen ge-
wefen find.  Diefe Knochen fcheinen in der That von einem Menfchen zu fein.  Ferner habe
ich gefehen die larvam Libellulae, und eine Menge ganz verfchiedener Gattungen von Infec-
ten, in Oeningifen Schiefer; und unter den Helmintholiten kommen vor eine Afteria geniculata oder Medufa fpinofa, wie auch Herr Doctor d'Annone in Bafel und zwar fchöner
und gröffer hat, und denn kleine Medufae bifidac.  Die Ofteolithen prangen mit einem

---

(c) Auf meine Anfrage: ob nicht Hofnung fei, dies vortrefliche Werk bald ans Licht treten zu fehen, antwortete
    mir Herr Gefner vom 31 Dec. 1764. „ Ich gedachte zwar, mit diefem Jare meine Tabulas phytographicas
    „ dem Drul zu übergeben, wie beigebogener Confpectus operis zeiget: ich bin aber fo wenig meiner Zeit
    „ Meifter, fondern werde immer von Gefchäften, wie einem Strome, hingeriffen, daß ich mir nicht getraue
    „ eine Zeit zu beftimmen: und die genzlaten Vorurteile, die ich in Ihren Briefen, in den erlauchten Herren
    „ von Münchhaufen Hausvater, und dem 36ften Stük der Göttingifchen Zeitungen davon gelefen, maſen
    „ mich noch mehr fchüchtern, damit zu erfcheinen. “
    ( Die geftochene Tafel von dem Confpectu operis liefre ich, wenn mir von dem Herrn G. die Erlaubnis
    dazu zu Teil wird, am Ende diefes meines eilften Briefs. — R. 3.
(d) Kupferbibel, in welche die Phyfica facra oder die Wiffenfchaft der in der heiligen Schrift vorkommenden
    Sachen erkläret werden von J. J. Scheuchzer, Augsburg und Ulm 1731. Erfte Abteilung. Seite 66 Taf. 49.
    Fig. 15. — In den Breslauer Samlungen und Tranfact. Phil. Angl. ift eine verkleinerte Zeichnung, und
    und in Scheuchzers Homine Diluvii tefte eine in Holz gefchnittene überaus genaue Abbildung davon, in na-
    türlicher Gröffe, nebft Befchreibung.

Kinnballen, der etliche, halb noch knochigte halb schon versteinerte, dentes molares und, wer weiß ob nicht, vom Hippopotamus (e) enthält, von Güntelhart. Diesem kan hinzugerechnet werden ein brauner Kalchstein von Berling, worin ein Stük von dem Schilde, wie es scheinet, einer Schildkröte lieget (f), von etwa 2 Zoll lang und keilsförmiger Gestalt. Noch sind vorzüglich schön: ein Stük einer überaus dikken Auster, worin sich Pholaden gedränget, die fest sizen ex Valle d'Andona; eine schweizerische Glossopetra 3 Zoll lang; ein ungewöhnlich grosser Echinoconus subcretaceus, von Verona, 5 bis 6 Zoll hoch und dik; ein Echinanthus von Siena, 5 Zoll breit und 2½ Zoll hoch; ein halber, aber sehr grosser Trochus von ganz schwerem Eisenstein; ein verkehrt gewundenes Buccinum fossile, von ohnweit Paris; noch ein Schinite, der von dem hohen Meßmer im Canton Appenzell ist, da die so hohen Gebürge keine Versteinerungen zu enthalten pflegen; und endlich ein sandsteinigter Carpolithe von einer welschen Nuß, dergleichen auch Herr D. Amman in Schafhausen besizet (g).

Der Vorrath des Cabinettes an Cristallen ist auch schön und unterrichtend. Man findet hier von den gewönlichen grossen und kleinen, schwärzlichen und weissen, deren prismata 6 gleiche, oder aber bei 2 breiten 4 schmahle Flächen, haben; mit 1 und mit 2 Pyramiden; viele die äusserlich angesezte Lagen zeigen; einen, der im Bruche einiger massen Lagen zeiget, die aus dem Mittelpunkt gegen den Umfang sich zu erstrekken scheinen; ein cariöser, der das Ansehen hat in seinen Löchern kleinere enthalten zu haben; etliche, die Silberglimmer, etliche die Braunstein oder Schörl oder, vielleicht, von verwitterten Kiesen entstandene Haar ähnliche und spießigte vitriolische Cristallen enthalten; und endlich einen, der durch eine an der Seite bemerkliche Vertiefung zu erkennen giebt, daß ihm ein Kiesel angewachsen gewesen, und der also, nebst andern, erfarungsmäßig beweiset, daß jeder Bergcristall aus einer nassen Auflösung wie Salz anschiessen müsse.

Unter den übrigen Steinen merke ich noch an: einen rhomboidischen röthlichen fast durchsichtigen Flußspaht, aus dem Canton Uri; eine grün- und amethystfarbige Tafel, gleichfals von Flußspaht, Indianisch; Malachit, wie ein ründlicher auf seiner Oberfläche kugligte Erhöhungen bildender Kies gewachsen; wie auch einen malachitischen Stalactit, kalchspahtig-

---

(e) Von der maxilla Hippopotami, so der Herr von Beroldingen in einer Torflage gefunden und in meine Samlung geschenkt hat, bin ich nicht so völlig überzeuget, daß ich mit Gewißheit dieselbige für ein Ueberbleibsel dieses Tieres dargeben dürfte. — Geßner 1765.

(f) Tab. 9. Fig. 2. Vermuthlich ein Stük von der Testudine aquarum dulcium, dergleichen ehedem in unsern Schweizer-Seen gefunden worden, man aber seit vielen Jaren sich nicht mehr zeigen. Geßner. 1762.

　　　Einen vollkomnern Abdruk einer ganzen Schildkröte hat Herr Geßner aus dem Zollerischen Cabinet bekommen, in Glarner-Schiefer. Dieses seltene schöne Stük ist zwar in mehrmal angefürten Knorrischen Werke abgebildet, aber elend, verkehrt, und ganz unkenntlich. Ich habe Hofnung, eine bessere und getreue Abbildung davon zu erhalten, welche dan in der Folge dieser Briefe noch erscheinen sol. — N. Z.

(g) Ich kan mich nicht enthalten, hier noch einen Ichthyolithen anzufüren, von dem mir 1766 Herr Geßner schrieb: „Seit einiger Zeit findet sich in meiner Samlung eine Muraena auf einem Glarner Schiefer, welche vollkommen ganz, und alle Characteres und besonders an dem getäfnten Maxillis aufweiset. Der Fisch selbst zwar ist über 2 und einen halben Fus lang; da er aber mit Gewalt umgebogen ist, so beträgt die Länge der Tafel nur 2 und die Breite einen halben Fus. "

ter Natur, in nicht regelmäßigen Zapfen, sondern länglicht rundlichen ganz ungleich ge-
wachsenen, mit kugligten und andern Erhöhungen versehenen, Stükken, mit einem einer
halben Linie dikken Ueberzug von Malachit, der an den meisten Stellen ganz durchlöchert
ist, und, wie sein Spaht selbst, mit sauren Dingen aufbrauset. Jener solidere Malachit
und dieser malachitische Spaht-Stalactit sind beide aus Tyrol.

Nun folgen noch die edlen und feinen Gesteine, als: ein Ungarischer Opal in scharfen Stükken, wie von einem Glasfluß abgeschlagen (h); orientalische Opale, worunter ein
bläuligter von etwa 9 Linien lang und 6 breit, und ein gelber, dessen Grund wie Perlmut-
ter aussiehet mit einem durchsichtigen Ueberzuge, worin röthliche Streifen; ferner ein orien-
talisches wares Katzenauge, einer Erbse groß: in diesem siehet man völlig den glühenden
Schein eines lebendigen Katzenauges, der bald unten bald oben verdunkelt und wieder hell
wird, je nachdem man den Stein wendet; auch ein Camaja oder Gemma Hu von zwei
geteilten Farben, nemlich weißlich und fleischfarben: er ist geschnizt, und der Künstler hat
die Verschiedenheit der beiderlei Streifen des Steines zu seiner Absicht sehr wol zu nuzen
gewußt, ebenfalls orientalisch; weiter, den waren Heliotropium orientalem einer sehr grossen Erbse groß: er ist grünlich mit rothen Tüpfelchen und gehöret vermuthlich zu den Jaspis-
Arten; einen grünlichen weißlich-röthlichen Iaspidem topographicum Tyrol; ungemein
schöne Achate, aus dem Sicilianischen Flusse selbst, der ihnen den Namen gezeben; endlich,
Marmor von Memphis, so ein Brocatell, fleischfarbigt mit inliegenden weißen Stükken; so
genanter Marmo bianco e nero rarissimo, der schwarz ist mit auch inliegenden weißen Stüken; der rare Lumachello antico: sein Grund ist gelblich, in diesem liegen schwarze Stüf-
chen, und in solchen wieder weißer Spaht; gelblicher Alabastro lineato di Mont A'cino
di Siena, nebst noch vielen Neapolitanischen und andern.

Eine vortrefliche Samlung von Conchylien und etliche sehr große Seeschwämme ließ
mich Herr G. mit flüchtigem Auge noch ansehen. Unter jenen waren 3 verkehrt gewundene
Schnekken (i). Von den oben erwähnten Alteriis geniculatis oder Medusis spinosis waren
hier selbst die nicht gemeinen Originale.

Doch, was dünket Sie, mein Herr, war es nun, da sieben ganzer Stunden über
der Betrachtung dieses Musei verstrichen waren, wol nicht die höchste Zeit, der Neubegierde
ein Ziel zu sezen? Auch hatte die Materie, zu einem Briese an Sie, sich schon zu sehr gehäufet, als daß ich nicht hätte eilen sollen, noch diesen Abend an Sie zu schreiben.

Wenn das in Zürich so, wie es angefangen, fortgehet, so wird, so mancher Tag, so
mancher Brief für Sie erwachsen, und manche Post wird Ihnen ein nicht dünnes Päkchen von
mir überbringen. Aber dan lesen Sie, wie ich schreibe, nemlich täglich einen Brief, nicht mehr
nicht minder! denn am besten ist es doch, daß ein jeglicher Tag seine eigene Plage habe.

Zürich, den 3 Sept. 1763.

(h) Sind wol nicht alle, oder doch die meisten Opale Geburten eines Vulcans?
(i) Murex perversus. Linn. Helix perversa. L. Buccinum hysterophorum. Lister. Tab. 550. In dem im folgenden Briefe beschriebenen Schultheißischen Cabinette findet sich, laut Herrn Gesners Nachricht von 1769,
eine verkehrte Helix. Cochlea pomatia hysterophora.

## Zwölfter Brief.

#### Mein Herr,

Der Apotheker und Zunftmeister hieselbst, Herr Lavater, hat auch die Gefälligkeit gehabt, mir seinen Vorraht natürlicher Merkwürdigkeiten zu zeigen. Er ist zwar mit dem Geßnerischen nicht zu vergleichen, enthält aber doch verschiedenes eigenes und schönes; ja, die vorhandenen Cristallen übertreffen die des Geßnerischen Cabinettes. Nicht eben an Größe ist die Samlung von Cristallen so vorzüglich; sondern sie ist es teils wegen ihrer Vielheit und teils wegen ihrer grossen Mannigfaltigkeit. Hieher gehören: ein Stük mit abwechselnden 3 breiten und 3 schmalen Flächen; ein 1 Fuß langer Cristall, der von seiner Grundfläche bis zu seiner Endigung almälig schmäler wird, 5 Zoll dik, er hat 2 breite und 4 schmahle Flächen; eine Reihe von der Seite an einander gewachsener Cristallen, woran man zwei siehet, die an einem Ende in eine einzige Pyramide zusammengeflossen sind; hingegen an dem andern zeigen, daß sie zwei verschiedene Stükke sind; eine braune und eine weiße Cristalldruse, 1 Fuß im Durchschnitt. —

Die Entstehungsart der Cristallen einzusehen, geben folgende Stükke einiges Licht: ein Cristall nemlich mit langen weissen Anwüchsen; ein Cristall, unter dessen äusserster Lage eine graue Erde eingeschlossen lieget; ein Cristall mit Amianth (ich glaube, Spießen von verwittertem Kies) (u); ein Cristall, der inwendig schwarz und undurchsichtig ist, aber einen durchsichtigen Ueberzug hat, vol an einander liegender opaker Kügelchen, mit übrigens vollkommen glatten Flächen; ein Cristall trüblig, der von der Basis zu der Spize sichtbar almälig an Klarheit zunimt: eine gewönliche Eigenschaft zwar des Cristalles, welche man aber nicht so deutlich an allen bemerken kan.

Wenn der Cristall aus grünlichem Letten oder Seifenerde hervor wächst, so wird er, nach der Beobachtung des Herrn Lavaters, allemal braun sein.

Von den vornehmsten Versteinerungen dieses Cabinets habe ich folgende angemerkt: sehr schöne Gammarolithen von Solhofen und Oeningen, so wie von lezterm Orte auch Fischschiefer; ja Glarner Schiefer ein Ahlgerippe, so aseinander gelassen und sich in vier Stükke getheilt hat, ohne Kopf und ohne Schwanz; ein dergleichen ganzes Gerippe, über 3 Fuß lang, das, 6 Zoll weit vom Kopfe, gebrochen und, gleich als ob um des Steines, oder vielmehr des Besizers, Willen; gegen den Schwanz zu, wieder zurükgebogen ist; damit ja nichts daran fehle; das innerste Gewinde eines Nautilus, von Kies, sehr schön; aus England: man siehet darin auf das deutlichste die offenen Kammern und die durch drei derselben hindurch gehende Röhre; ein schwerer Würtenbergischer Eisenstein mit Ammoniten; Muscheln, etc.; ein ungemein grosses Bruchstük eines Ammoniten, mit blumigten Nähten, 7 Zoll

(u) Ja halte ich solche für Schörl. L. N. J.

lang, 6 Zoll breit, 2 Zoll dik, von Zurzach; ein anderer ganzer daher, queer durchschnitten, mit offenen mit Quarz incruſtirten Kammern, welche eine zweifache Röhre durchlauſt, die eine in der Mitte, die andere gegen den Rüken des Ammoniten, 5 Zoll im Durchſchnitt; ein ganzer kiesigter Ammonite von Boll im Würtembergiſchen, 1 Fuß im Durchſchnitt; ein Ammonit von der platten Art mit wenigen Gewinden, in einem weiſſen Doppelſchiefer, von Solenhofen; ein kalchigter Kern eines Strombi, 1 Fuß lang, von Yſſy bei Paris. Hiezu kommen noch: eine gegrabene Venetianiſche Auſter, jede Schale gegen 4 Zoll dik,– von dem Unbrig; ein Terebratulith 1 Zoll dik, von durchſichtigem Feuerſteine, vom Raudberge; eine Pinna marina, von ſchwarzem Schiefer, von Boll, iſt ein paſſender Doppelſchiefer; von Chaumont in Frankreich eine Colluvies faſt aller daſelbſt einzeln zu findender Conchyliorum calcinatorum, dergleichen Maſſen aber, wie ich weiß, oft ein Werk der Kunſt ſind.

Von den Echiniten wil ich nur einen einzigen und zwar warzentragenden bemerken, denn auf dieſem lag ſelbſt noch einer ſeiner Gurkenförmigen Stacheln oder Keulen, vom Raudberge.

Endlich war der Encrinus noch ſonderbar, welchen mir Herr L. zeigte. Derſelbe iſt, der Länge nach, dergeſtalt gebrochen, daß man ſeine inwendige Zuſammenſezung ſehr gut ſehen kan, und zugleich dieſes, daß unten an dem Stiele der Raum, den der Calyx umſchlieſt, hohl iſt, durch welchen der trochitiſche Stengel in den Körper ſelbſt dringet, und alſo innerhalb dieſes hohlen Raumes noch einen halben Zoll lang geſehen werden kan, von Lukeln bei Braunſchweig.

An der Deningiſchen Schiefern, deren einige mit Fiſchen, Inſecten und Blättern gezeichnete Herr L. mir verehret hat, machte derſelbe mich bemerken, daß ſie, gerieben, übel riechen, und alſo eine Art eines Stinkſteines ſind. Gleichwol findet man nicht, wie in der Grafſchaft Hohenſtein, unter ihnen Lagen von Gyps oder Alabaſter. Es iſt ſonderbar, daß die Fiſche in dieſen Deningiſchen Schiefern alle gerade ausgeſtrekt liegen, in den Solenhofiſchen und meiſten übrigen aber, wo nicht allezeit, doch faſt immer, eine gebogene Lage haben. Der Unterſchied in der Farbe der oben benanten Schiefer, daß nemlich der Solenhofer faſt weiß, der Deninger grau (b), und der Glarner ſchwarz iſt, wird Ihnen, mein Herr, ſchon bekant ſein. In lezterm ſind keine Gerippe gemeiner, als die vom Ahl.

Der

---

(b) Ich habe der Deninger Schiefer ſchon ſo oft erwähnet, daß ich nicht zweifele, meinen Leſern werde mit einiger Nachricht von dem Bruche, worin ſich dieſe merkwürdigen Schiefer finden, gedienet ſein. Hier iſt eine, die ich meinem vortreflichen Freunde, von D, zu verdanken habe; er ſchrieb mir folgender maßen: der ſo genante Deninger Steinbruch iſt über eine Stunde von Deningen abgelegen, und er liegt in dem adelichen Gute Wangen. Durch Verträge iſt er der Abtei Deningen abgetreten. Das Hörſchen Wangen liegt 1 und eine halbe Stunde von Stein am Rhein, an dem Bodenſee, und der Bruch iſt eine halbe Stunde davon entfernet, aber auf dem Berge. Bei Beſteigung dieſes Berges findet man einen weichern und einen ſpätern Sandſtein, welcher in einigen Gegenden vol Süß-Waſſer Muſculiten ſtekket, deren perlmutterähnliche Schale ganz verſchiefert iſt. Hin und wieder findet ſich auch Granit, doch nur in loſen Stükken, die abgerollet ſind. In denen unten am Berge liegenden moorigten Wieſen quillen an verſchiedenen Orten ſtarke

Der Herr Schultheß, ein Bürger von Zürich, und eifriger Naturforscher, hat in seiner sehr angenehmen Gartenwonung, seit wenigen Jaren, einen Anfang zu einer algemeinen Samlung, dergleichen die Gehnerische ist, gemacht, und in dem Teile, der die Vögel begreist, ist er schon weiter gekommen. Diese weiß Herr S. sehr künstlich auszustopfen, und in verschiedenen Stellungen nach der Natur aufzusetzen. Ich glaube, daß er leicht schon 200 derselken, beisammen hat, von dem Zaunkönig an bis zu dem Adler, alle der Schweiz inheimisch. Seine Insecten sind insgesamt einzeln zwischen zwei Glaßscheiben eingeschlossen, und die meisten so wol mit ausgebreiteten als mit geschlossenen Flügeln vorhanden, welche Stellung denen kleineren ohne Beschädigung zu geben, eine ungemeine Behutsamkeit

H

---

Schwefelwasser, die sich durch den faulen Eiergeruch leicht verrahten. Oben auf dem Berge ist die Dammerde thonartig und bedeckt den Bruch nur sparsam; unter dieser komt ein weißer nicht allzu harter etwas schieferigter Mergel, welcher voller Blätter von allerlei Bäumen steket, sie sind aber schlecht erhalten. Diese Lage betrist etliche Lachter; unter dieser komt ein weißgrauer Schiefer, der sich in ziemlich dünne und große Blätter spalten läßet, und hierin finden sich öfters Insecten und Süswasserschneckenhäuser, selten Blätter, noch seltener Fische, und die darin gefundene Vögelfeder ist ganz ein einzelnes Stük. Dieser Schiefer ist auch schon Stinkstein, wird aber nicht zum Kalkbrennen gemißet. Unter dieser einige Zolle mächtigen Schieferlage zeiget sich der graue Stinkstein in mächtigen Lagen; diese liefert öfters eine Menge Dendriten, die aber nicht schön sind, und hierin kommen auch die schönsten Blätter- und Fisch-Abdrücke vor, doch nicht häufig, und da sich der Stein nicht leicht spaltet, so gehet mancher in Stükke. Von Süswassermuscultien finden sich oft ganze Nester darin beisammen. Die Fische sind lauter Fische, die in dem Bodensee gefunden werden. Sie liegen, so viel als deren auf den Schiefern gesehen, und ich habe manche gesehen, alle gerade darauf angezettelet, wie denn die wenigsten Süswasserfische sich so, nach dem Bauch zu, in die Ründe biegen können, als wie viele Seefisch-Arten. Sie scheinen schon tod gewesen zu sein, als sie in den Schlam gekommen sind; denn es zeiget sich offenbar, daß einige vor der Versteinerung schon angefaulet waren. Schilf trift man auch darin an, und ich habe einst ein Potamogeton darin gefunden. Dieser ist der Bruch nicht untersucht; das Wasser und die schlechten Anstalten verhindern es. Uebrigens findet sich noch bei diesem Stinksteinbruch eine sehr niedliche angebliche Selenit, (also doch, deren angebliche Abwesenheit mich befremdet hatte, eine Gypsspur, A.) der meist aus dreiseitigen pyramidalischen Cristallen zusammen gesetzt ist; auswendig haben sie oft die natürlichste Gestalt von Schweizerkäsen. In den Oeningischen Fischschiefern ist, so viel ich weiß, niemals Schwefelkies gefunden worden, und ich glaube auch nicht, daß man ihn jemals darin finden werde. Indessen kan dieser Kalkstein doch durch Schwefeldämpfe zu einem Stinkstein geworden sein. Ich habe schon gesagt, daß man in der Fläche des Berges, auf welchem dieser Bruch lieget, verschiedene Quellen antreffe, die nach faulen Eiern, oder, besser zu sagen, nach Schwefelleber riechen; und daß man in dem noch tiefer liegenden See-Schichte von Steinkolen mit vielem Kies antreffe, kan ich Ihnen hier noch beisetzen. — 1767.

Nun sind Sie doch wieder gut, mein werthester Freund? und, wenn Sie es allenfals durch die Erfüllung meines Versprechens noch nicht ganz wären, so weil ich Ihnen freiwillig noch etwas zusetzen, und dieses Blat volkers mit einer besondern Steinart füllen, welche ebenfals in dem Turgäu, doch nicht so häufig vorkomt. Es ist eine Art Schmirgel, der schwarz und äußerst hart ist. Seine Hauptfarbe ist, wie gesagt, schwarz, worin sich nach dunkler-schwarze Flecken finden; zuweilen findet sich Kies darin, und nicht selten Belemniten, Cerebratuliten, auch einem Echinum mammillacum habe ich darin gefunden. Diese Steinart, und besonders die darin vorkommenden Versteinerungen haben mir öfters sonderbar geschienen, und zwar um so viel mehr, als ich diese Steinart sonst nicht bemerket habe. —

Was meine Meinung von dem Schmirgelstein seit Noch aller, den ich gesehen, ist eisenschüßig, und bestehet hauptsächlich aus scharfen Quarzkörnern, so wie man dergleichen, z. B. bei dem Monte Oliveto in Italien los findet, und statt Schmirgel gebraucht kan. Das Eisen und das ganz fein zerriebene Quarzkörner mögen wol das Cement sein. Sie wissen, wie sehr das Eisen bindet, und daher ist der Schmirgelstein vermuhtlich so hart. Ich sehe ihn als eine Art Sandstein an. „v. B. 1767.

erfordert. Ich glaube der Sache nicht zu viel zu thun, wenn ich ihre Anzahl auf drei bis 4000 seze: sehr viel derselben mit eigenen Händen gesammelt. Der bekante Todtenvogel, der in den hiesigen Hausfeldern anzutreffen, und ich auch einen von dem Herrn S. erhalten, nebst mehreren, die unter die seltenern zu zählen, findet sich hier. Alle sind nach dem Linnäischen System aufgestellet und mit den Linnäischen Namen bezeichnet. Eine vortrefliche Samlung unstreitig! Hiernächst folget ein ansehnliches Kräuterbuch, so ebenfals Herr S. selbst zusammen gebracht, und auch nach dem Linnäischen System geordnet hat; und, so viel thunlich gewesen, von allen darin enthaltenen, und auch ausländischen, Pflanzen die Samen. Nebst einem kleinen Anfang aber von Minern, besizet Herr S. eine schon beträchtliche Anzahl von Versteinerungen. Unter diesen habe ich folgende wenige, die vornemlich den Vorzug verdienen, bemerkt: einen versteinerten Knochen (c), etwa ½ Zoll dik und 4 Zoll lang, dergleichen ich nicht schöner gesehen, indem er ganz zu Achat oder Chalcedon geworden; sechs kleine Glossopetras, aus dem Canton Bern: diese sizen mit ihren ziemlich stark zakkigten Schärfen dicht an einander, und zwar noch selbst in ihrer an beiden Enden weiter hervorstehenden bräunlichen noch glänzenden maxilla (d), etwa ¾ Zoll hoch und 2 Zoll lang: ein, in der That, sehr schäzbares Stük; dan noch einen, aber unvolständigen, Carpolithum Iuglandis in Sandstein, von Lamorra in Piemont, dergleichen ich Ihnen schon aus dem Geßnerischen und Ammannischen Cabinette bessere angezeiget habe. Dieses ist also nun schon der dritte wahre Carpolith, und zwar von derselben Art, den ich in diesem Lande zu finden das unerwartete Vergnügen gehabt. Die Ammoniten, darunter etliche von ¼ bis 1 Fuß im Durchschnitte sind, Stük für Stük anzuführen, unterlaße ich dieses mal (e).

---

(c) Tab. 9. Fig. b. b. — Ist vermuthlich der untere Anfaz eines Geweihes. Es ist auswendig erdfarbig, ganz rauh, uneben, und mit Furchen versehen, beinahe cylindrischer Figur, und am Ende etwas verbreitet und uneben, und zeigen sich daran verschiedene kleine Löchlein, nebst einem größern, welche scheinen zu Nahrungsgefäsen gedienet zu haben. Diese kleinen Gefäse geben durch die ganze Substanz und zeigen sich oben wieder an der polirten Fläche ganz deutlich. Uebrigens ist das ganze Stük von gleichartiger harter Substanz, welche eine achat ähnliche Politur annimmt und von weißgrauer Farbe ist. Ich kan es desto weniger für ein Bein halten, weil nicht die mindesten Merkmale von der Beinhöle, noch von einem blätterichten beinigten Körper daran zu sehen. — Geßner 1769.

(d) Tab. 9. Fig. c. c. — Ein Teil einer Maxillae eines Squali Carchariae, von der obern und untern Seite. Es findet sich in einem Sandstein, darin sich die innere Seite einer Kammuschel deutlich zeiget. Beim Entille kommen ähnliche vortrefliche Stükke vor. — Geßner. 1769.

Ich selbst besize nun einen, von Münden; und, als ein schäzbares Geschenk des Herrn v. B., einen noch seltenern mit Busoniten, in dessen Maxilla noch nachfolgen-gesellte junge Zähnchen zu dessen scheinen, von, vermuthlich, Malta. Herr v. B. fand und kaufte dies Stük auf einem Trödelmarkte in Rom. — N. Z.

(e) Es sei mir erlaubt, hier noch ein seltenes Stük Tab. 9. Fig. d. bekant zu machen. Es ist ein Stük von einem Geweihe, welches der Herr Chorherr Geßner besizet, an einem Hügel, an der süd-westlichen Seite des Bodensees, bei Verlingen, der aus einem sandigten mit untermischten kleinen Kieseln und Glimmer und vielen verschiedenen Versteinerungen zusammen gesezten Felsen bestehet. Die Versteinerungen sind meistens von der schwarzen dikschaligen Flußmuschel (Mya margaritifera) und dunkeln Flusmuschel (Mya pictorum), deren nuclei und testae calcinatae häufig daselbst angetroffen werden, nebst dem nucleis et testis der citronengelben ꝛc. Erdschnekke mit Banden (Helix citrina, arbustorum, lucorum; ferner verschiedene Blätter von unheimischen Bäumen, von Buchbäumen, Apfelbäumen, Weiden ꝛc. dieses Gewächs ist, meines Bedünkens

Nur wil ich, zum Schluß, noch eines sehr artigen Dendriten Meldung thun, dieser ist von Neuschatel gebürtig und ein schieferartiger Kalchstein, der dreimal, aber nach ganz schiefen Richtungen, durchspalten ist; dennoch zeigen noch alle vier Stücke gleich schöne und deutliche Zeichnungen, die ein Moos vorstellen.

Was meinen Sie, mein Herr, werde ich wol nicht von dem Anerbieten eines Briefwechsels, das mir Herr G. gethan hat, mit Vergnügen Gebrauch machen?

H 2

Zürich, den 4 Sept. 1763.

---

von einem Spieshirsch ( Cervo unius anni ) und komt ziemlich mit der Ridingerischen Zeichnung von wilden Tieren. Tab. 1. überein. Die Substanz ist ganz gleichförmig, dicht, von dunkelbrauner Oberfarbe. Man erkennet daran gar deutlich den schwammigten Ansaz, die Furchen, und kleinen poros an der Fläche. Es war ganz in den Stein eingesenkt, und muste mit vieler Mühe davon losgemacht werden. — Obiges von Herren Geßner 1769. — Folgendes von dem Herrn v. B." der Berlingische Stein, ist nicht nur Berlingen eigen. Ich habe ihn in dem ganzen Turgäu ziemlich häuffig gefunden. Allein er bricht nicht in Schichten, sondern man findet ihn nur in und zwar oft sehr großen Stücken. Es ist eigentlich ein Sandstein, der so voller Muscheln stecket, daß er zu Kalch gebrannt werden kan, wozu man ihn auch nuzet. Die meisten darin vorkommenden Muscheln sind Chamae striatae , zuweilen Pectinites, und selten Schnecken, als Bullae , strombi &c. die Fragmenta Testudinum und die Glossopetrae sind eben nicht außerordentlich selten darin, aber wenige von denen erstern sind kennbar. Vertebrae von Wasserthieren kommen auch zuweilen darin vor. Ein Hirschgeweih hat man bei Berlingen in diesem Stein gefunden. " 1767.

## Dreizehnter Brief.

### Mein Herr,

Heute, hatte ich mir vorgenommen, von hier wieder abzureisen; allein, Zürich ist der Ort nicht, den man so geschwind verlassen kan. Ich werde so gar Morgen noch hier bleiben. — Zu wissen, daß ich Heideggers Buchladen, und den von Orell, Geßner und Compagnie besucht habe, daran kan Ihnen wol nicht viel gelegen sein. Aber, im Vertrauen gesagt: Bücher zu kaufen, war, bei meiner Besuchung dieses Ladens, doch nur eine Nebenabsicht; ich hoste, daß sich mir vielleicht hier eine günstige Gelegenheit darbieten würde, den Mann kennen zu lernen, dessen sanste Muse Sie, mein Herr, wie mich so oft entzükket hat, unsern Lieblingsdichter — Geßner; und eine günstige Gelegenheit, eine Art von einem glüklichen ohngefär ist mir doch nöthig, wenn ich dieses Vergnügens teilhaftig werden sol. Denn aus dem Grunde, woraus ich auf der Herren Naturforscher Bekantschaft einigen Anspruch mache, darf ich, Sie wissen es wol, die Bekautschaft eines Dichters zu erlangen eben nicht hoffen. Und eben daher komt es, daß ich eben so wenig den Herrn Bodmer, der eine algemeine Verehrung hier genießet, noch auch die Person des Herrn Wielands schon kenne. Allein, beklagen Sie mich! auch auf den Herrn Geßner ist mir meine Absicht sehl geschlagen, ich hatte nicht das Glük ihn anzutreffen.

Ich habe geglaubt, hier bei Herrliberger einen beträchtlichen Verrath von Kupferstichen zu finden, er scheinet aber nur noch von dem vorigen Rest zu sein. Er selbst, Herr H., wonet auch nicht mehr hier, sondern auf seinem Schlosse Maur. Sie mögen neugierig sein, mein Herr, das Schloß näher kennen zu lernen, oder nicht, so halte ich es doch für meine Pflicht und habe die Ehre Ihnen zu sagen, daß dies wol ein merkwürdiges Schlos ist. Sehen Sie nur die Topographie nach, im ersten Teile: da ist es von S. 28 bis 38 beschrieben, und ist weniger als 6 Zeichnungen, nemlich auf den Tafeln 30 bis 35 hinlänglich vorgestellet. Und das würde Herr H. doch nicht gethan haben, wenn es nicht ein Schloss wäre, wie ein Schlos sein muß. Ich kan mich bei dieser Gelegenheit nicht des Wunsches enthalten, daß auch einst unser Land noch einer Topographie gewürdiget werden möchte. Doch sind es eben nicht viele Schlösser, und noch weniger Hütten, welche ich darin abgebildet zu sehen verlange. Es giebt andere eben so würdige, und noch würdigere Gegenstände für eine Topographie, diesen Titel in nicht zu engem Verstande genommen.

Ihnen ist schon, oder ich müßte sehr irren, der Herr Joh. Caspar Füeßly bekant, aus seinen Schriften (a) nemlich, die Sie, wenigstens zum Teil, gelesen haben werden. Ich

---

(a) Geschichte und Abbildung der besten Maler in der Schweiz, erster und zweiter Teil. Zürich, 1754 bis 1757. worin die Kupferstiche von seinem Sohn Joh. Rudolf F. sind. — Seither hat Herr F. noch einen 3ten und 4ten Teil heraus gegeben. N. J. 1774. Ferner, Leben G. P. Rugendas und Rupel's. Zürich, 1763. Endlich, die Vorrede zu den Gedanken über die Geschmak der Malerei. Zürich, 1762. welche nach berühmte Schrift, wie wol nicht viele wissen werden, von Herrn Anton Raphael Mengs, dem größten Portraitma-

habe ihn heute perſönlich kennen gelernt, dieſen einſamen geſchikten Mann, dieſen denkenden gelehrten Künſtler. Mein Herr, glauben Sie mirs, es iſt mir kürzlich keine Stunde angenehmer und ſo ſehr viel zu geſchwind verfloſſen, als diejenige, die ich mit dem Herrn F. zugebracht. Ueberhaupt iſt er ein gefälliger Mann, den, wer ihn ſiehet, im erſten Augenblik für den Menſchenfreund, der er iſt, erkennen muß, und deſſen Umgang etwas einnehmendes hat; aber dan iſt es ein zweifaches Vergnügen um ihn zu ſein, wenn er von ſeiner Kunſt ſpricht: denn ſo ſind ſeine Reden Feuer und er wird lauter Geiſt. Was ich von ſeiner Arbeit geſehen habe, das iſt eine Reihe idealiſcher Bildniſſe von 60 der Bürgermeiſter von Zürich, ſo nach den Charactern dieſer zum Teil ſehr berühmten Leute mit einer völlig dichteriſchen Freiheit entworfen, und mit ſo viel Kunſt als Fleiße grau in grau ausgemalet worden ſind, etwa 17 Zoll hoch und gegen 12 Zoll breit. Ein ſehr lebhaftes Bildnis des groſſen Dichters, den Jederman aus ſeiner Meßiade kennet, und welcher bei ſeinem Aufenthalte in Zürich viel Umgang mit Herren F. gepflogen hat; und denn ein kleineres von einem Dichter, der auch Herrn F. Freund war, und der als ein Held allzufrüh ſein Leben endigte, ich meine Kleiſt, wovon ich Ihnen aber nichts weiter ſagen wil, da ich es Ihnen ſelbſt einmal zu zeigen hoffen kan, weil es nun mein iſt.

Dem Herrn Hirzel, M. D. und Phyſicus von Zürich, den ich vor dieſem in Holland gekant, habe ich die mit dem Herrn F. erlangte Bekantſchaft, und noch mehr angenehmes zu danken. Es iſt eben der, aus deſſen Feder die Wirtſchaft eines philoſophiſchen Bauern gefloſſen iſt, zu Zürich gedrukt 1761, und vom Herrn Hauptmann Frey in Baſel ins franzöſiſche überſezt, unter dem Titel le Socrate ruſtique &c. Zürich 1762. Man hat nicht Urſache den Inhalt dieſes Buches für erdichtet zu halten. Der auſſerordentliche Bauer, wovon darin die Rede iſt, iſt derſelbe Mann wirklich, der, er in dem Buche beſchrieben wird.

Einer gewiſſen recht edlen patriotiſchen Verbrüderung muß ich noch gegen Sie erwähnen, die von allen Bewonern dieſes glüklichen Landes Zurufungen des Beifalls verdienet. Sie iſt ganz wie von ungefähr entſtanden; denn es verabredeten in Baſel ein Paar Freunde unter ſich eine Veranſtaltung zu treffen, daß ſie einander jährlich einmal gewis ſehen könten. Herren Hirzel flößte dieſes die Idee ein, daß dergleichen Veranſtaltung vielleicht zu einem gewiſſen algemeinen Nuzen weiter ausgedehnet, und eine järliche Zuſammenkunft von Freunden aus allen 13 Cantons bewirket werden, dieſe aber auf die algemeine Eintracht und Freundſchaft der Contons unter ſich, und beſonders derer von verſchiedener Religion, einen glüklichen Einfluß haben könte. Dieſe Idee, die Anfangs kaum nur ein Traum war, iſt realiſiret, und ein Entwurf zu einer ſolchen Zuſammenkunft von Herren H. (b) aufgeſezt worden, den man

---

ler, vielleicht, der jezt lebt, und der ein Teutſcher iſt, berkomt. Dieſer edle Künſtler lebt zu Madrid in einem Anſehen, deſſen ſeine Geſchiklichkeit würdig iſt, und genieſſet einer Beſoldung vom Könige, die in eigentlichem Verſtande kœniglich heiſſen kan.
(b) Herr D. Hirzel und Herr Rahtsſchreiber Iſelin machten den erſten Entwurf. — F. Z.

mit Beifall aufgenommen; man hat bei 50 der würdigsten Männer aus allen Cantons ein-
geladen, denen das Beste ihres Vaterlandes und die Freiheit am Herzen liegt, und etliche
und dreißig davon sind dieses Jar zum ersten mal zu Schinznach zusammen gewesen.

Ist dies nicht eine verehrungswürdige Gesellschaft, mein Herr? Wer würde nicht
stolz darauf thun, von ihr ein Mitglied zu sein?

Ich wünschte nur, daß ich Ihnen eine gewisse Anrede an dieselbe überschikken könte,
die ein edler Greis, den die Gesellschaft ihr Vorsteher zu sein gebeten, an sie übersandt hatte.
Welch eine Begeisterung, und welch ein Feuer für einen so abgelebten Mann, und was für
eine hinreißende Beredsamkeit herrschet in dieser Rede! Ich habe nie etwas gelesen, wobei
mein Herz mehr geglüet hätte und gleichsam ganz Ohr oder Auge geworden wäre. Jede Zeile
in derselben athmet den tugendhaften Mann, den Menschenfreund und den Patrioten.

Leben Sie wohl; ich kan Ihnen für heute nicht mehr schreiben.

Zürich, den 5 Sept. 1763.

## Vierzehnter Brief.

#### Mein Herr,

Sie wissen wol, ich lasse mich nicht gern in politische Beschreibungen ein, und ich habe eine Ursache dazu, die Ihnen bekant ist und jederman errahten könte. Ich wil Ihnen aber, und nur mit einem Worte, ein sonderbares Gerichte anzeigen, das sich in dieser Stadt befindet, und ich sonst nirgendwo kenne. Das ist ein Gerichte, dem eine entscheidende Autorität beigelegt worden ist, über Streitigkeiten im Pferdehandel zu sprechen. Aus zwei Herren des Rahts, dem Stadtstallaufseher und zwei andern Bedienten, ist es zusammengesezt, und von dem Ausspruch, den dies Gerichte einmal gefället hat, findet keine Appellation statt. Ist dies nicht ein sonderbares, aber gleichwol nüzliches Collegium?

Bei Gelegenheit eines hiesigen von dem Bliz neulich gezündeten Kirchenthurmes, den ich sah, hat man mir erzählet, wie ein ermunternder Anblik es gewesen, so gleich die ganze Bürgerschaft zur Rettung zusammen geeilet zu sehen. Alle, wie junge, ohne Unterschied des Standes sollen bewafnet erschienen sein, ja selbst die Geistlichkeit sich hievon nicht ausgenommen haben. Ein Beispiel für uns, mein Freund, die wir nur bei so dringenden Fällen fast für zu gut halten, und gleichsam etwas unedles darin zu finden meinen, selbst Hand anzulegen!

Gestern hatte ich noch das Vergnügen, einer Versamlung der hiesigen physicalischen Gesellschaft beizuwonen. Der vortrefliche Joh. Geßner präsidirte in derselben. Es ward eine Krankengeschichte verlesen, vom Doctor Zimmerman (a) zu Brugg eingesandt, der Ihnen aus seiner Schrift von Nationalstolze, wovon eine zweite Auflage 1760 zu Zürich herausgekommen ist, bekant sein wird. Nach dem Präses gaben noch 3 oder 4 Mitglieder ihr Urteil über diesen Aufsaz. Man lud die gegenwärtigen Fremden auch ein, ihre Meinung zu sagen, und der Aufsaz ward so gleich des Abdruks würdig erklärt. Dan ward ein Verzeichnis gewisser seltener Schweizerpflanzen abgelesen, und noch ein und andere gelehrte Nachricht mitgeteilet. Den ersten Band der Arbeiten dieser Gesellschaft, der unter dem Titel: Abhandlungen der Naturforschergesellschaft in Zürich, daselbst 1751 gedrukt ist, haben Sie vielleicht schon gelesen. Dies einzige wil ich Ihnen nur sagen, daß die Gesellschaft die auf Verbesserung der Haushaltungskunst abzielende Proben selbst durch Haushälter, durch Landleute, bewerkstelligen zu lassen entschlossen ist. Und mich dünket, dies ist der kürzeste und gewisseste Weg, von solcher Proben Nüzlich- oder Unnüzlichkeit gewis zu werden, und, was man gut und bewäret erfunden, desto leichter im Großen in Gang zu bringen (b). Von dem

---

(a) Seit schon einigen Jaren der unserige geworden und Königlich. Churfürstlicher Leibarzt in Hannover. — N. J.
(b) Die Gesellschaft hat ein ohnweit der Stadt gelegenes Landgut in Pacht genommen, so von dem Eigentumer, der ein Bauer ist, unter Aufsicht zweier Glieder der Gesellschaft, verwaltet wird, welche noch voriges Jar 100 Beet angelegt, jedes von 100 Quadratschuh, und solche mit so viel Arten von Getreide, Gras, Wurzeln — bepflanzt, um deren Anbau, Nuzbarkeit - - durch diese Proben zu erforschen. — J. J. 1769.

Anwachs, der Ausübung von Einkünften, und der Einrichtung überhaupt dieser gelehrten Gesellschaft handelt die Vorrede zu dem Socrate Rustique umständlich. Ich habe heute ihren Vorraht von Büchern, mathematischen Instrumenten ꝛc. gesehen. Der Bücher sind schon ziemlich viele beisammen, und darunter sehr kostbare Werke. Unter diesen habe ich mit vorzüglicher Aufmerksamkeit betrachtet das recht herrliche Herbarium, dessen Herkunft sein Titel anzeiget, Hortus siccus Societatis Physicae Tigurinae, collectus et Linnaeana methodo dispositus a Joanne Gesnero. 1751. Die Pflanzen dieses Herbarii, deren viele, ausser den lateinischen, mit französischen und teutschen Namen versehen sind, sind nicht angeleimet, sondern durch kleine über die Stängel gelegte und mit Nadeln angestellte papierene Striemchen dergestalt befestiget, daß man sie immer noch mit leichter Mühe los machen kan; welches in der That die beste Art, Kräuter in einem Herbario zu verwaren, ist, die ich kenne. Wo in einem Geschlechte etwa eine oder die andere Pflanze gefehlet hat, da hat Herr G. in der gehörigen Ordnung Blätter ledig gelassen, um sie noch künftig dazwischen fügen zu können. Es bestehet dies Herbarium aus 36 Bänden, wovon blos die Pentandrae 5, die Didynamiae 3, und die Syngenesiae 4 einnehmen. In dem Geschlecht der Passiflorae fand ich 10 species, in den beiden der Veronicae und Salviae jedem 33. Und insgesamt wird, nach meinem Ueberschlage an Pflanzen dies vortreffliche Herbarium bei die 5000 enthalten.

  Eine Samlung von schweizerischen Vögeln, nach dem Leben gemahlet, mit Oehlfarben, in etwa 20 Gemälden, auf deren fast jedem etliche beisammen stehen, ist hier noch merkwürdig. Sie sind von der Hand eines Liebhabers der Naturhistorie, eines Zürichischen Edelmannes von Meier, und ausnehmend schön.

  Endlich hat man auch ein kleines chymisches Laboratorium zu errichten angefangen.

  Ich habe von der gestrigen Zusammenkunft der phys. Gesellschaft den Vortheil gezogen, mir von dem Herrn Geßner die Erlaubnis zu noch einem Besuche erbitten zu können, den er mir auch auf diesen Morgen bewilligte, da ich denn in seinem Cabinette nachfolgendes bemerkt: einen würselartigen Spahtcristall mit ansliegenden cristallinischen dichten Cinnober, von Stahlberg im Zweibrüttischen; Jungfernquecksilber auf Cinnober, von Mörschfeld aus der neuen Jacobsfart im Zweibrüttischen; Operment, vom Zürichberge, so vor etwa 10 Jaren daselbst Nesterweise gefunden ward; Würtenbergische ganz eisensteinige Ammoniten; Belemniten daher mit Eisensafran überzogen und deren Kern selbst eisensteinigt ist; ein schön kentliches gekettetes Corallium, aus Gothland; endlich ein Entrochus von dergleichen Encrino, wie der grosse Ammanische, zu Schafhausen, aus dem Würtenbergischen (siehe den 9ten Brief. Anmerkung h. Tab. 2. Fig. h. h.) — Ein anderer von den höchsten Glarner Gebirgen, und ein anderer von schlechtem Ausdruk, so von Sandstein ist, 8 Zoll lang und 1½ Zoll dik: er bestehet aus 11 Gliedern, die von ⅓ bis ½ Zoll hoch sind, aus dem Steinbruch zu St. Gall, ein sehr sonderbares Stük!

Können

Können Sie mir, mein Herr, nicht sagen, (beiläufig und bei Gelegenheit des obigen Belemniten gefragt) woher es komme, daß der Kern der Belemniten, der unrichtig so genaute Alveolus, so sehr oft kiesigt oder eisensteinig angetroffen wird, der Belemnit selbst oder seine Schale aber niemals? Und woher mag es kommen, daß die See-Igel eine gleiche Abneigung gegen die Metallisirung zeigen? Verhalten sich doch alle Geschöpfe leidend bei ihrer Versteinerung, und Metallisirung, wie konten sie sich denn die Materie zu ihrer Verwandlung aussuchen? Und das scheinen die oben genanten und einige wenige andere doch gethan zu haben (c).

Zu den kostbaren oder doch seltenen Büchern der Bibliothek des Herrn G. gehöret noch M. Listeri Historiae vel synopsis methodicae Conchyliorum Libri quatuor Tab. 1052 et Appendix Tab. anatom. 22. Niedrig Folio. London. 1685 bis 92. Dies Buch ist, weil es in verschiedenen Häften herausgekommen, selten volständig anzutreffen.

Es fiel mir ein, den Herrn G. um den vorgeblichen Smaragd des Klosters Reichenau im Bodensee zu befragen, und er sagte mir, daß er ihn nie gesehen, daß man ihn für nicht ächt zu halten anfienge, daß im vergangenen Jare ein Jude nach R. in der Absicht gewesen wäre, den Stein zu erhandeln, ihn aber, kaum da er ihn in die Hände bekommen, wieder zurükgegeben, sich umgewandt, und weggehend gesagt habe: hier ist nichts für mich. Vermuhlich hat der Jude sehr recht gehabt (d).

J

---

(c) Nach dem Herrn v. B. finden sich doch Belemniten mit, mit Kies durchdrungener, äußerer Sudstanz, und zwar in ziemlicher Menge, bei Halau. Das Stük indessen, das ich besize, und das in Schiefer liegt, scheinet mit dem Kies blos überzogen zu sein. Ein anderes Stük in meiner Samlung ist mehr verliezet; dieses ist von dem Herrn v. B. im Hildesheimischen, in der Gegend der Zwerglöcher gegen Marienburg zu, gefunden worden. — N. J.

(d) Folgendes aus einem Briefe an mich: „ Warhaftig, Sie haben verloren, vieles haben Sie verloren, daß Sie die Reise nach der Insel Reichenau nicht gemacht haben. Sie hätten auf dieser Reise den schönsten See, der in meinen Augen mit allen Schweizerischen um den Vorzug streitet, gesehen: Sie würden ohne Zweifel den berühmten und wirklich merkwürdigen, nicht weit von dem Bodensee abgelegenen Oeninger Stinkschiefersteinbruch besucht, und vielleicht bei Verlingen an dem See selbst einige Fragmenta Testudinis in einem besondern salchartigen Sandstein gefunden haben; und über das haben Sie den so kostbaren Smaragd nicht gesehen, und nun sind Sie so dreist und vermuthen, (man sehe im zehnten Briefe), daß es kein warer Edelgestein sei. O hätten Sie ihn doch nie gesehen, diesen kostbaren Stein, ich bin sicher, Sie würden mit mir überzeugt sein, daß es ein grüner Glasfluß sei. Oesters hatte ich Gelegenheit, diesen so genanten Smaragd zu betrachten, und ich besize so gar ein Stükchen davon, aber ich bin desentwegen nicht sicherer, als wenn ich ein Stük Glas hätte. Auf der untern Seite siehet man offenbar die verglosenen Glastropfen und andere deutliche Merkmale eines Glaskusses; aber für einen mittelmäßigen Steinkenner sind diese Merkmale nicht einmal nöthig, um den Smaragd so gleich zu einem Glase zu erniedrigen. Indessen ist dieser Glaskus doch, wegen seiner Größe, Gleichheit, besondere Härte, und dem daher entstehenden Feuer sehens werth. Ich habe einige geschliffene und gefaßte Stükke davon gesehen, welche sich wirklich recht schön herausnehmen und dem Feuer der schlechten orientalischen Smaragde wenig nachgeben. Hier haben Sie also eine kleine Nachricht von dem berühmten Reichenauischen Smaragd — Er schneidet weiches weißes Glas, aber kein grünes. Mit einem scharfen Feuerstein oder Cristall läßt er sich rizen.” v. B. 1766.

Ich hätte Luß, den Reichenauischen Smaragd mit einem andern zu paaren, der gewis nicht von ächterm Schroot und Korn ist, ob gleich ich aus der Beschreibung nicht ersehen kan, ob er ebenfalls ein Glasfluß, oder was er sonst sei. „ Vous devés (heisset es in der Voyage en France, en Italie, et aux Isles de l'Archipel - - en 1750 &c. Ouvrage traduit de l'Anglois. Tome second, à Paris. 1763. page 6.7.) avoir en-

Und nun, mein Herr, da es Zeit ist, mich von dem vortreflichen Manne zu beur-
lauben, dessen Namen ich für zu groß halte, als daß ich ihn von seinen Titeln immer begleiten lassen solte, so will ich Ihnen nur noch sagen, daß Sie eine schöne doch kurze Lob-
rede auf Ihn, oder vielmehr Anzeige einiger seiner Talente, in der Vorrede zu dem Socrate Rustique finden können, die ich mit Vergnügen unterschreibe. Dieser Mann, dieser
warhaft große Mann, — nein! er hat nicht meine bloße Verehrung: er hat auch meine Liebe!
Er boht mir noch beim Abschiede seinen Briefwechsel an, ja er that mehr, als ihn blos an-
zubielen. Ein so verbindlicher Beweis von Gunst, die ich nie verdienet, muß mich allerdings
sie künftig zu verdienen aufmuntern.

Aber bald hätte ich vergessen, Ihnen von dem Scheuchzerischen Cabinette etwas zu
melden. Es besizet solches nun ein junger Herr Scheuchzer, Med. D. , ein Neffe von dem
berühmten Joh. Jac. Scheuchzer, der es gesammelt. Es ist vorher in fremden Händen gewesen und dadurch in eine ziemliche Unordnung gerathen. Ja der Catalogus über das Cabinet ist so gar entwendet worden, von einem Fremden, der ihn auf einige Tage sich aus-
gebeten, nie aber zurük geliefert hat. Nachher hat der jezige Besizer des Cabinets, zu Leiden, von ohngefähr ein Häft von dem Catalago wieder angetroffen, und durch die Abschrift
davon, die er genommen, hofet er, mit Zuziehung des Musei diluviani Ioh. Iac. Scheuchzeri, Tiguri 1716, im Stande zu sein, die Herkunst aller Stükke wieder ausfündig zu machen und dan einen neuen Catalogum zusammen schreiben zu können. Die von mir als die
vornehmsten bemerkte Stükke sind diese: der Anthropolithe selbst, den Scheuchzer für einen
solchen beschrieben und in Kupfer vorgestellet hat, ganz und gar mit dem Gesnerischen derselbe, nemlich das Gerippe vom Scheidfische; ein Oeninger Schiefer, 2 Fus lang, zum
Kopf passet ein besonderes zweites Stük noch. Ferner ist unvergleichlich schön ein Glarner
Doppelschiefer, mit einem Fische so auch bei nahe 2 Fus lang (e); ferner ein Piscis, wie
Scheuchzer selbst darauf angemerket hat, rarissimus Rhombo vel Ranae Brasiliensi similis
in lapide fissili candido, ex Bolga, agri Veronensis, 2 Zoll lang, und 2 Zoll breit im
Leibe, mit seinen Floßfedern aber fünfe (f).

Ein Oeninger Schiefer, worin ein Abdruk von der Schwanzfeder eines Vogels (g).

---

tendu parler du fameux Plat que l'on montre à Genes. Les Voyageurs nous disent, qu'il est fait d'une seule
Emeraude: je vous laisse à penser quelle doit avoir été la pierre d'ou on l'a taillé. Ces bonnes gens assu-
rent que c'est le veritable plat dans lequel notre Sauveur a mangé l'agneau pascal. On dit aussi , par rap-
port à son origine et son ancienneté, que c'etoit un des présens que la Reine de Saba apporta à Salomon,
quand elle vint le visiter. C'est à la verité un ouvrage très noble et curieux; il est d'une seule piece, et
je n'ai jamais vu de plus beau jaspe: il est d'un beau verd de pré, assix transparent, mais pas également
par-tout; - - - " N. B.
(e) Ist eine Xiphia. Es befindet sich auch in Scheuchzers Maeteorologia et Oryctographia Helvetiae, pag. 334. s. 177.
    eine von M. Fueslin in natürlicher Größe verfertigte Zeichnung der Acus piscis. — Gesner. 1769.
(f) Herbarii diluviani Ioh. Iac. Scheuchzeri Lugd. bat. 1723. pag. 22. Tab. 5. Fig. 7. auch Physicae sacrae
    1st Abth, S. 62. Taf. 53. Fig. 34.
(g) Piscium Querelae et Vindiciae. Ioh. Iac. Scheuchzeri. Tiguri. 1708. pag. 14. Tab. 2. auch Phys. sacrae 1st
    Abth. S. 67. Taf. 53. Fig. 22.

Eine unreife Gerſtenähre in Glarner Schiefer (h), ſo aber nicht völlig einer Gerſtenähre gleichet, und vielleicht eine Meerpflanze iſt. Ein Fungites compreſſo-incurvus, Caryophyllus dictus marinus, foſſilis, ex agro Bonon. faſt 4 Zoll hoch (i). Dan endlich noch ein zelligter Corallenſchwam, deſſen Zellen ſechs winklicht ſind, ganz von Kieſel.

Von der Bibliothek iſt auch noch das Scheuchzeriſche Herbarium da, von 20 groſſen Bänden. Die Kräuter darin ſind nach dem Alphabet geleget und mehrentheils mit Bauhiniſchen Namen verſehen; doch viere dieſer Bände, die blos die Gräſer enthalten, ſind ſyſtematiſch geordnet.

Da ſich das bisher regnete Wetter aufklärete, ſo habe ich heute zum erſtenmal eine Ausſicht über den Zürichſee, die überaus ſchön iſt, genieſſen können. Auch zeigte ſich, nebſt etwas wenigem von den Schneegebürgen, der hohe Berg, der ſo genante Schweizer-Haken oder Hoken.

Sie können, mein Herr, von dem erſtern und ſeinen Fiſchen beim Herrliberger (k), wie beim Scheuchzer (l) vom leztern Beſchreib- und Abbildungen finden, der auch in der Ferne ſehr beſonder ins Auge fällt. Nebſt dem ſehe ich zugleich aus meinen Fenſtern auf die Limmat, die aus dem Zürichſee herauskomt. Urteilen Sie, ob mein Logis nicht angenehm iſt!

Dieſen Mittag habe ich endlich die Gelegenheit gehabt, den Verfaſſer des Daphnis kennen zu lernen, da er mit mir an der Tafel, im Schwerdte, ſpeiſete. Allein nur eine einzige Stunde mit ſolch einem Mann zubringen zu können, iſt das nicht die Fügung eines mehr wiedrigen als günſtigen Schikſals? daß er ein angenehmer, aufgewekter, liebenswürdiger, und ſehr verbindlicher Mann ſei, werden Sie wol ohne meine Verſicherung glauben. Von andern Dichtern ſpricht er mit vieler Achtung, und beurteilet ihre Arbeiten mit groſſer Behutſamkeit. Das iſt alles, was ich Ihnen von dieſem vortreflichen Gesner melden kan.

Da ich dieſen Nachmittag in einem gewiſſen an der Limmat gelegenen Garten geweſen bin, ſo habe ich eine Art, die eſbaren Schnekken aufzubewahren ꝛc. gefunden, die Ihnen, mein Herr, wol noch nicht bekant iſt. Um einen ſtarken Birnbaum war, nach Maasgabe des Umfangs ſeiner Krone, aber noch unter derſelben, ein etwa 1½ Fus breiter und 1 Fus tiefer Graben geſtochen. Wie man nun, nach und nach, in Wieſen und Feldern und im Garten Schnekken zuſammen findet, wirft man ſie unter dieſem Baum ins Gras, und dan und wan etwas Salat, Kohl, Wurzeln, oder auch ſanſt Obſt ihnen zu, davon ſie ſich nähren. Dan werden ſie fett, und ſind, wan ſie dekkel bekommen, eſbar. Damit ſie

J 2

---

(h) Herbarii diluviani Tab. 1. Fig. 1, Auch Phyſ. ſacr. 1ſte Abth. S. 58. Taf. 47. Fig. 2. 2.
(i) Iſt angeführt und ſchon in Kupfer vorgeſtellet, unter dem Namen Caryophyllus maria. foſſ. ex agro Bon: in Piſcium Quer: et Vind: pag. 33. Tab. V.
(k) Herrl. Topogr. 1 S. 61. bis 76. Taf. 37 – 40.
(l) Itinera per Helvetiae Alpinas regiones facta, in 4 Tomos diſtincta ꝛc. a. tab. aen. a Ioh. Iac. Scheuchzero. Lugd. bat. 1723. ſunt itinera novem. ab Ao. 1702 — 1711. Vide Iter prim. pag. 11. tab. 5. 6.

aber nicht durch den Graben davon kriechen können, bestreuet man beide Seiten in demselben mit Sägspänen, und dies muß, wegen des abspülenden Regens, alle Woche wiederholet werden. Diese Sägspäne machen ihnen den Durchgang sehr schwer und fast unmöglich.

Man speiset in Zürich vielen Lachs, der aber mager ist. Unter Lachs und Salmen machet man hier zu Lande einen Unterschied. Salme, dergleichen unter dem Rheinfall bei Schafhausen häufig gefangen werden, laichen, weil sie nicht weiter hinauf steigen können, daselbst, und kommen hernach erst, durch einen Umweg durch kleinere Flüsse, hinaufwärts nach Zürich, da sie denn ihr Fett verloren haben und nun Lachse heissen (m).

Nach allem diesem, mein Herr, was ich hier angemerkt und Ihnen nun gemeldet habe, kan ich, wie mich dünket, von meinem Aufenthalte in Zürich vollkommen zufrieden sein. Dennoch habe ich zweierlei versäumet. Die hiesige Wasserkirche, wie man sie nennet, hat eine Bibliothek und einige Naturalien; überdem findet sich in derselben ein überaus grosser Pfeiler von den zusammen gebackenen Kieseln, davon ich Ihnen schon einige mal geschrieben, und diesen hätte ich gern betrachtet; allein, die Zeit hat mir dazu gefehlet. Ferner besitzet hier ein gewisser Herr Escher eine aus dem königl. Dresden'schen Cabinet als ein Gegengeschenk erhaltene Samlung sehr reicher Cristallen, für von des Herrn E. Vater da, hin verehrte Cristallen. Die Cristallen aber, die in dem Escherischen Cabinet noch befindlich sind, sollen von ganz annehmender Schönheit sein. Diese Samlung nun habe ich zwar nicht eigentlich versäumet, aber mich doch vergeblich bemühet, zu sehen. Man sagte, Herr E. wäre nicht zu Hause, auch sol er ohnedem selten seine Sachen zeigen.

Endlich, so hätte ich von hier gern die Reise ins Pfeffersbad gemacht, das wegen seiner erstaunenswürdigen Lage gesehen zu werden verdienet. Das Wasser selbst sol sonst nur wegen seiner Reinigkeit und Leichtigkeit von Kranken mit Nuzen gebraucht werden, und ohne alles Mineralische sein. Sehen Sie einen Augenblik den Scheuchzer (n) nach, so werden Sie finden, daß ich mit einigem Recht darüber misvergnügt bin, dieses Bad vorbei reisen zu müssen. Die Zeit, mein lieber Freund, die schnelle, unaufhaltbar schnelle Zeit, wie sehr ist sie dies für mich, und wie neidisch sezt sie meiner Neubegierde Schranken! durch das jezt laufende Gerüchte, daß durch einen Schneesturz der grösste Teil des Bades verschüttet und der Ingang zu demselben, der in der That sehr enge und ohnedem etwas gefärlich ist, gänzlich versperret sei, würde ich mich sonst vielleicht nicht abschrekken lassen, diese kurze Reise in die Grafschaft Sargans noch zu unternehmen.

---

(m) Man hält sonst den Salmen von dem Lachs darin unterschieden, daß er vor dem Juninus Salmen, hernach aber, da er nicht mehr so fett und wollschmekkend, Lachs genant werde, ob schon er unterher dem Rheinfall gefangen worden. — F. Z.

(n) Naturgeschichte der Schweiz. 2 Theil. S. 409—480. Taf. 6 — 11. Auch It. Alp. 2. pag. 83 — 86 Tab. 2. 3.
- - 3. pag. 147 — 154 Tab. 1-8.
- - 6. pag. 433 — 416 Tab. trev. Auch
Scheuchzers Naturgeschichte und Reisen, herausgegeben von J. G. Sulzer. 2 Teile. Zürich 1746. f. 1 Th. S. 79 — 86. Taf. 3. 4. 5. a. und 2 Th. S. 13. 19.

Morgen gehe ich nun wirklich von hier, um die Bäder zu Baden und Schinznach zu besuchen und so nach Basel wieder zurük zu kehren. Dan werde ich aber noch eine Reise in der Schweiz thun, die gröser, als die jezige sein wird. Denn was ich bis hieher in derselben zu sehen Gelegenheit gehabt habe, das reizet mich nur noch mehr, ihren Schönheiten und Wundern weiter nachzugehen, um dadurch meine kleine Kentnis zu erweitern.

Wollen Sie, mein Herr, indeß noch etwas mehreres von Zürich wißen, so muß ich Sie abermals auf Schriften, ich meine die Scheuchzerischen (o), die Herrlibergischen (p), und den alten Wagner (q) verweisen, die Sie alle, oder, wenn Ihre Neugierde der Natur ähnlich, das heißt, mit wenigem zufrieden, ist, nur ihrer eine nachschlagen können. Ich zeige Ihnen, damit Sie sich dabei nicht über alzu grose Mühe zu beschweren haben sollen, so gar die Blätter selbst an, wo eigentlich das Nöhtige zu finden ist: ein abermaliger Beweis von meiner geprüften Gedult, die mir, wie ich hofe, zu einem Zeugniße wird dienen können, daß ich ein ächter Teutscher bin!

Zürich, den 6 Sept. 1763.

---

(o) It. Alp. 1 Taf. 1. 3. 4.
(p) Topogr. S. 42 — 61. Taf. 36.
(q) Mercur. Helv. S. 175. und Tafel.

## Fünfzehnter Brief.

### Mein Herr,

Noch einen Grund, warum ich mir so viele Mühe mit den Citationen gebe, habe ich bisher vor Ihnen verhehlet, und das ist dieser: Sie in den Stand zu sezen und zugleich anzufrischen, mir Schrit vor Schrit auf meiner Reise zu folgen; denn, da mir das Vergnügen versagt ist, in Ihrer Gesellschaft zu sein, so suche ich sie durch diesen Kunstgrif in die meinige zu versezen, und diese, weiß ich, verschmähen Sie doch nicht schlechterdings.

Diesen Morgen früh bin ich also wirklich von Zürich abgereiset, in Gesellschaft eines englischen Schifcapitains und eines Herrn von Valtravers, der zu Biel wonhaft ist (a), eines sehr angenehmen Mannes, der starke Reisen gethan, und mit der Kentnis vieler Länder sich viele Kentnis in der Naturkunde und Naturgeschichte erworben hat. Ich habe diesem Manne verschiedene artige Nachrichten zu danken. Unter andern erzählte er mir, daß seit noch nicht lange in Zürich eine neue Gesellschaft zusammen getreten wäre, die die Cultur der Wissenschaften, und besonders der schönen, zum Augenmerk hätte. Ein Bodmer und Geßner beleben dieselbe, und sie begreift fast alles, was Zürich sonst an schäzbaren Männern in sich enthält.

Zu Vivis oder Vevai hat man vor diesem in einem gewissen Quartiere der Stadt an den Bewonern desselben vorzüglich und fast allein wargenommen, daß sie mit Kröpfen behaftet waren. Ein Brunnen war hier, aus welchem dieses Quartier sein Wasser nahm. Auf dies warf nun ein geschikter Arzt Argwohn, daß es die Ursache solcher Kröpfe wäre, und er sol durch ein ganz leichtes Mittel es so verbessert haben, daß dadurch sein Argwohn gerechtfertiget worden, indem hierauf bald die häßlichen Kröpfe verschwunden sind. Das Mittel selbst ist nichts anders gewesen, als eine Parthei altes Eisen, das man hinein geworfen. Mich dünkt, es wäre der Mühe werth, daß wir bei Wässern unsers Harzgebürges, die in einem ähnlichen Verdachte stehen, auch diesen Versuch machten.

Wir haben, nach Baden zu kommen, den Weg zu Wasser gewählet. Eine höchst angenehme Fahrt! die Limmat, die aus dem Limmerbach und der Linth entstehet, welche wiederum von dem in Bündten auf dem Sand-Alp entspringenden Sandbach ihr erstes Wasser empfängt, ist ein sehr schneller Flus. Sie können solches, mein Herr, daraus abnehmen, daß man zu Lande nach Baden 5 Stunden nöthig hat, daß ein von Baden nach Zürich den Flus hinauf ruderndes Schif nicht unter 15 Stunden hinkommen kan, wir aber ihn hinunterfarend nicht mehr als 2 Stunden nach Baden zugebracht haben. Eine Menge gros-

---

(a) Herr v. V. wonet nicht mehr zu Biel. Er war mit einer Engländerin verheirathet, und hat sich in England naturalisiren lassen, wo er nun schon seit verschiedenen Jaren sich als Legationsrath der Höfe von Monheim und München aufhält. N. J.

ſer Felſenſtäͤte, durch welche ſich die Limmat hindurchpreſen muß, und über welche ſie hie
und da ſehr ſeichte und mit hüpfenden Wellen hinbrauſet, nebſt ganzen Strichen ſolcher
Felſenlagen, die ſelbſt in dem Fluſſe verſchiedene kleine, aber ungeſtüme Waſerfälle verurſachen, wodurch das Fahrzeug zuweilen mit der gröſten Gewalt ergriffen und wie ein Pfeil
fortgeſchleudert wird, — dieſes zuſammen genommen kan zwar furchtſame Gemählter in einige Beſorgnis ſezen, füͤrt aber, wenn man nur ein nicht gar kleines Schif und tüchtige
Schifsleute hat, gar keine Geſar mit ſich. Auch war dieſe kleine Waſerreiſe ſo beluſtigend
für uns, als ich es kaum ausdrüͤfen kan. Zu dem hat an manchen Stellen das Ufer ein
ſehr ſonderbares Anſehen, da es oft 80 und mehr Fus hoch, oft ſteil und uneben iſt, oft
groſſe Höhlen zeiget, oft in der Höhe dergeſtalt hervorraget, daß es einen augenblikklichen
Einſturz drohet, mit Bäumen und Gebäſchen bewachſen, die hoch herabhängend gleichſam
den Vorüberreiſenden zu warnen ſcheinen und fortzueilen rahten ꝛc.

Man ſiehet in dem Ufer, zu beiden Seiten, Lagen von zuſammen gebakkenen Kieſeln, nur in dem rechter Hand hie und da auch feſteres Geſtein, wie Quader; nahe vor
Baden aber einen ganz nakkenden Felſen, deſſen Steinlagen ſich von der Höhe eines Berges
ſchräg bis faſt in die Limmat herunter neigen, hie und da oberwärts weite Lükken haben,
plöͤtzlich ſtark abſezen und ſich ſenken, dan aber nach derſelben ſchiefen Richtung der erſten
oberen wieder fortſtreichen. Ein in der That ſehr ſonderbarer Anblik! das reiche Kloſter
und Abtei Wettingen liegt rechter Hand an dem Fluſſe, und vorher noch ein Kloſter, ich
weis nicht gewis warum, das Narren-Kloſter genant, das von Damen bewonet wird, und
darin jezt eine Baieriſche Dame Aebtiſsin iſt.

Wir ſind mit unſerm Nachen die Stadt vorbei gefaren und an den Bädern von Baden gelandet. Ueberaus ſehr ſchön verhärtete Kieſelmaſſen ſah ich hier als Ekſteine an Häͤu-
ſern ꝛc. ſtehen.

Um die Art dieſes Badewaſſers einiger maſſen kennen zu lernen, hielt ich mich eine
Stunde da auf. Allein, was ich für Proben damit gemachet, wil ich Ihnen zugleich mit
denen melden, welche ich mit dem hieſigen Waſer jezt eben angeſtellet habe, und noch etwas weiter, als jene, zu treiben gedenke.

Die Gegend um den Bädern zu Baden iſt bergigt, aber ſehr anmuhtig. Der Weg
nach der Stadt, an deſſen linker Seite man in der Tiefe die brauſende Limmat ſiehet, iſt
nur ein Spaziergang.

Die Stadt iſt klein, aber ziemlich artig (b). Man bauet daſelbſt mit einem Stein,
der überaus fein iſt und in der Nachbarſchaft gebrochen wird. Dieſer Stein iſt weißlich,
und wie gefloſſen, hat hie und da in ſeinen Spalten, wie aller Kalchſtein hat, ein wenig
Spaht, wovon er durch und durch auch etwas ſchimmert. An den ſcharfen Kanten ſchei-

---

(b) Scheuchzers Naturhiſtorie 2 Teil. S. 387 — 409. It. Alp. 7. pag. 502. nebſt dem Grundriß. Herrl. Topogr.
1 S. 277 — 289. Taf. 216. Merc. Helv. 37. und Taf.

uet er etwas durchsichtig. Dieser schöne Kalchstein komt mir vor, als ob er auf dem Wege
wäre, Spaht zu werden. Ich hätte Lust, ihn Spahtkalch, Calcareus spatescens, zu nennen.
Fast scheinet er mir etwas fettiges an sich zu haben, doch wil ich darum nicht glauben, daß
er auch Thon enthalte.

Ich habe nicht Zeit gehabt, mich nach den berühmten Würfeln umzusehen, die bei
Baden gefunden zu werden pflegen. Altman (c) hat erwiesen, daß sie, woran niemand
mehr zweifelt, ein Kunstwerk und von Knochen sind; daß die Bäder schon zur Zeit der
Römer besucht worden; daß diese gern in Würfeln gespielet; daß Spielhäuser oder Buden
eigentlich dazu erbauet gewesen; daß diese mehr als einmal zerstöret worden, und also nach
und nach eine sehr grosse Menge Würfel in die Erde verschüttet sein können; daß man nicht
allemal ganze, sondern auch zerstückete und verdorbene antrift; und endlich, daß eben dergleichen auch, nur in geringerer Menge, bei Zürich und Zurzach gefunden sind.

Ueberdies hat mir ein sehr glaubwürdiger Mann erzählet, er sei vor etwa 30 Jaren zu Baden gewesen, und habe auf einer Wiese, ohne im geringsten auf Würfel zu denken,
einen Bauer angetroffen, der einen Nußbaum gefället, und sich bemühet habe, die Wurzel
herauszubringen; dieser habe, im graben, mit der Schaufel zwischen und unter der Wurzel
des Baumes auf einen Klumpen Erde voller Würfel gestoffen, und diese also herausgewor-
fen, von welchen er denn eine Handvol zu sich gestellt, und dem Bauer ein sehr geringes
Stük Geld gegeben habe, wofür er ihm gedanket und vollkommene Zufriedenheit bezeuget hat.
Diese Erzählung wiederlegt hinlänglich den Argwohn, den einige hegen, als ob die Bauern
selbst die Würfel in die Erde scharreten, um sie neugierigen Fremden, welche in solcher
Absicht diese Gegend besuchen, vor ihren Augen wieder auszugraben, und dan darauf
einen grossen Gewinn zu machen. – Es ist also mehr als warscheinlich, daß diese grosse
Menge von Würfeln, die wol in zehnerlei Grösse gefunden werden, vor langer Zeit durch
einen Zufall unter die Erde gerathen, und daß sie so wenig ein Werk des Betrugs als,
wie einige geglaubt haben, ein Werk der Natur sind.

In einer Zeit von 3 Stunden bin ich von Baden mit meiner Gesellschaft hieher gefaren. Der Weg ist sehr angenehm auf dem oftmals 80 bis 100 Fus hohen Ufer der Limmat, die uns beständig zur rechten war und vor uns hinfloß, bis nemlich gegen dem Dorfe
Windisch zu, wo sie sich plötzlich zur rechten wendet, hingegen die mit ihr sich zu vereinigen
eilende Aare uns nun gerade entgegen kam. Hier sezte man uns über diese, in einer an
einem gespanten Seile fortschleifenden Fähre, nach Windisch herüber, wo sich oft schäzbare
Altertümer finden sollen, und noch vor wenig Tagen ein schön geschnizter Achat gefunden und
für nur 20 Bazen verkaufet ist.

                                                                                    Von

(c) I. G. Altmanni Exercitatio historico-critica de Tesseris Badae helvetiorum erutis, in des Musei Helvetici,
    Turici 1752, particula 26. Auch ist davon gehandelt in Scheuchzer. Sulzer 1 Th. S. 313 — 338. 1 Th.
    S. 374 — 376.

Von Windisch gehet es nach Brut, wo der berümte D. Zimmermann (d) wonet, und, das zur Rechten liegen lassend, komt man durch einen waldigten Weg nach Schinznach.

Das Bad von Schinznach (e) hat sehr ansehnliche Gebäude, und eine angenehme, teils offene, teils waldigte Lage. Ein vormaliger Leibarzt und Hofraht des verstorbenen Herzogs Clemens von Baiern, Herr Schwachheim, ist der Eigentümer davon.

Eine einzige Quelle giebt das nöhtige Wasser her, das der Herr S. aber noch niemals untersucht hat. Es hat eine laulichte geringere Wärme, als das zu Baden, und muß gewärmet werden, ehe man es ins Bad leitet. Sein Geschmak und Geruch ist faul.

Ich komme unvermekt in die Beschreibung dieses Wassers, die ich Ihnen, mein Herr, wie des Badenschen, für ein andermal vorbehalten hatte. Aber mein Brief ist doch so gar lang noch nicht; was schadet es, daß ich die mit beiden angestellte Proben noch einrükke! Hier sind sie:

## Das Schinznacher Wasser.

Mit Galläpfeln — keine Veränderung.

Mit Schwefelauflösung — etwas milchigt.

Mit Akeleiblumentinctur — kaum grün.

Viel in Salpetersäure — schwarz und trübe, auf der Oberfläche glänzend.

Eisenvitriolwasser — etwas trübe und oben schwärzlich.

Quekfilber in Salpetersäure — am Boden milchigt, schwarze Flokken, hernach schwarze mit weissen Flokken.

Sublimat — am Boden weiß, oben schwarze Flokken.

Mit Salz- und Vitriolsäure — keine Veränderung.

Auch nicht mit Salmiak.

Mit wässerigtem Salmiakgeist — schwach milchigt.

Mit Weinsteinsalzwasser — milchigt.

Mit Alaunwasser — weniger und kaum milchigt.

Mit Alcalischer Blutlauge — auch so.

Mit Silber in Salpetersäure — braun.

Silber selbst lief von seinem Dunst an, und stärker wie zu Baden.

## Das Wasser zu Baden.

Mit Galläpfeln — keine Veränderung.

Schwefelauflösung — milchigt.

Akeleitinctur — kaum grünlich.

K

---

(d) Schon erwähnter massen nunmehro bei uns in Hannover. — N. J.

(e) Scheuchzers Naturhistorie 2 Th. S. 325 — 341. Hottl. Topogr. 1 S. 12, 13. Taf. 6. 6°.

Blei in Salpeterſäure — milchigt, weiſſer Saz.

Eiſenvitriolwaſſer — ein wenig milchigt.

Quekſilber in Salpeterſäure — milchigt.

Sublimatwaſſer ⎯⎯⎯

Salz- und Vitriolſäure — ⎱ nichts.

Salmiakwaſſer ⎯⎯⎯ ⎰

Wäſſer: Salmiakgeiſt — milchigt, weniger Saz.

Weinſteinſalzwaſſer — milchigt, leichter ſchlüpfriger Saz.

Alaunwaſſer — wenig milchigt, nachher etwas mehr.

Alcal: Blutlauge — ſtark milchigt, ſchlüpfriger Saz.

Silber in Salpeterſäure — ſtark milchigt, ſchlüpfriger Saz, nachher ſchwärzlich, ein ſchwärzlicher Saz und ſchwärzliche Oberfläche.

Ein Silberblat lief kaum bräunlich an.

Zu Baden ſind, wo ich nicht irre, 2 Hauptquellen.

Das Badwaſſer iſt heiſſer, als das Schinznacher, aber nicht ſo heis, wie das zu Wisbaden, Achen, Embs.

Sein Geſchmak und Geruch, kaum einer, wenigſtens kaum ſaulend.

Folgerungen, mein Herr, aus vorhergehenden Proben zu ziehen, muß ich verſparen, bis ich mehr Zeit habe.

Ehe es völlig Abend ward, bin ich noch zu der eine gute viertel Stunde von hier entlegenen Gypsgrube gegangen. Die Anhöhe, welche man bis zu ihr erklettern muß, iſt ſo ſteil, daß man, ohne ſeine Hände zu Hülfe zu nehmen, ſchwerlich hinauf und gar nicht wieder herunter kommen würde. Der Bruch ſelbſt aber hat nicht das geringſte merkwürdiges, und der Gyps iſt ſchlecht und brennet ſich nicht weis. Gemalen wird er nahe bei dem Badhauſe.

Oben auf dieſer Anhöhe liegen und ſtehen die Ueberbleibſel des ehemaligen ſo berühmten Hauſes Habsburg (f), die nun ein ſo elendes als trauriges Anſehen machen.

Morgen früh reiſe ich von hier wieder ab, und werde etwas Waſſer, zur weitern Unterſuchung mit nehmen, und dieſen Brief, der ſchon für einen ganzen gelten kan, ebenfalls, um ihn zu Baſel auf die Poſt zu geben, in Geſellſchaft vermuthlich eines zweiten. Denn der morgende Tag wird mir ohne Zweifel wieder zu einem Briefe Materie verſchaffen.

Schinznach, den 7 Sept. 1763.

——————————————————————————

(f) Merc, Helv. 15 und Laf. Herrlib. Top. 1 S. 24. 25. Laf. 11.

## Zugabe

### zu dem fünfzehnten Briefe.

#### Von dem Waſſer zu Baden.

In dem Behälter dieſes warmen Waſſers legt ſich eine unreine ſchweflige Materie an; ſie ſiehet weißlicht gelb aus. Das Microſcop zeiget, daß der Schwefel, auſſer weiſſen Spaht- und Gypsförnern, mit vielen fremden Teilen verunreinigt ſei, worunter Stükchen Dachziegeln und Splittern Holz.

1 Quentlein davon, in einem länglichten Medicinglaſe mit kurzem Halſe, geglüet, hat 31 Grane feſtes Weſen zurükgelaſſen, das ganz braun und, zwiſchen durch, grau ausſah, welche Bräune ohne Zweifel von dem Ruſſe oder der Kole des Holzes herkomt. Unter dem Microſcop ſiehet nun alles noch undeutlicher aus, als vorher; doch bemerket man noch fremde Steinteile und nicht völlig zerſtörte Holzſplitter.

Der davon aufgetriebene Schwefel war ſchön gelb, aber, wegen der Hize des Glaſes oben, in Klümpchen wieder zuſammen geſchmolzen, die, ſo lange ſie noch warm waren, wie aller Schwefel zu thun pflegt, eine gewiſſe Klebrigkeit hatten.

In der Mitte des Glaſes, unterhalb den zuſammen geronnenen Schwefelklümpchen, war das Glas nur mit einem Dampfe ſehr dünne beſchlagen. In demſelben hatten ſich Figuren, wie von Sternen oder Blumen, gebildet, von 8, wie geſalteten und ungetrenneten Stralen. (Der Campher, in Weingeiſt aufgelöſet, bringet 4 und 6 ſtraligte Sterne mit getrennten Stralen, hervor: ſ. N. F. Ledermüllers microſcop. Augen- und Gemüths-ergözung 1ſtes Hundert. 1761. S. 77. Taf. 39.) Das von der Sublimation zurükgebliebene braune Weſen brauſete mit Salzſäure auf, ohne ſich ganz aufzulöſen. Durch Glüeſeuer ward es weiſſer, löſete ſich aber doch nicht ganz auf in der Salzſäure, welches auch wegen der fremden ſteinigten Teile freilich unmöglich war. Daß es indeſſen gröſten Teils eine Kalcherde geweſen, das hat ſeine Richtigkeit.

Ich kenne von dem Badenſchen Waſſer keine neuere Unterſuchung, als J. J. Scheuchzers, gedrukt zu Zürich, 1732. Es iſt dieſelbe aber nicht gründlicher, als man von der damals minder aufgeklärten Chemie ſie erwarten kan. Von der enthaltenden Erde hat er wenig oder gar nichts geſagt, die indeß, ſo viel ich aus meinen zu leichten Verſuchen ſchlieſſen kan, kalchigt ſein muß. Das Salz aber, deſſen er, auf ein Baader Maas von 58 Unzen, ein und ein halbes Quentlein ohngefähr rechnet, und ſelbſt beſchreibt, daß es, wie das gemeine Salz, würflichte Geſtalt, und deſſelben jeder Würfel aus 6 vierekkigten, mit ihren Spizen in einen Mittelpunct zulaufenden, Pyramiden zuſammen geſezt ſei — dies kan unmöglich ein, wie er es nennet, Bittersalz, und dem Epson- oder Glauberischen Salze ähnlich, sein; ja, da es im Feuer wie gemeines Kochsalz geknallet (decrepitiret oder geprazelt, solte dits heissen), dahingegen das Sedlizer und englische Salz, ohne zu prazeln, zerfliessen: so zeiget sich, dünket mich, klar genug, daß es nichts anders, als Kochsalz, sei. Und hievon rüret auch die durch das Wasser erfolgende milchigte Niederschlagung des Quecksilbers und Silbers aus ihren Auflösungen her.

Das Wasser, so ich mit Reagentibus probiert, war, wo ich nicht irre, im so genanten Hinterhof, dessen Quelle, nahe dabei, unter dem grossen Steine ist; da ich nun nicht von diesem Wasser habe mitnehmen können, um es zu verdunsten, so kan ich nur aus der Aehnlichkeit mit dem Schinznacher, und meinen kleinen und den Scheuchzerischen Versuchen zusammen genommen, auf den Gehalt blos warscheinlich schliessen, und dieser würde denn folgender sein:

1) das wässerigte flüßige selbst,
2) etwas Kalcherde,
3) weniger Schwefelgeist oder flüchtige Vitriolsäure,
4) vielleicht auch gemeine fixere Vitriolsäure, und endlich
5) Kochsalz.

Von

# dem Wasser zu Schinznach.

Schinznacher Wasser, (aus Vergessenheit, vorher nicht abgewogen,) bis auf ein Achtteil verdunstet, hat sich darin etwas feines, leichtes, perlenfarbiges, in ziemlicher Menge niedergesezt, welches unter dem Microscop aus schmahlen, dem Glauberischen Salze ähnlichen, Cristallen bestand, und auch den blossen Augen schon schimmernde Fäserchen sehen ließ: ohne Zweifel Gypscristallen, die aber noch mit etwas weniger Kalcherde vermengt waren, wie die Salzsäure zeigte. Durch diese aber nun von ihr befreiet, mit Wasser rein gewaschen, und mit aufgelöstem Alkali gekocht, ist das inhaftende Vitriolsäuer herausgeschieden und an das Alkali gebracht worden, und das am Boden liegende erdigte Wesen hörete folglich auf, Gyps zu sein, war nun Kalcherde und in Salzsäure völlig auflösbar. Von der Vitriolsäure, die ihr vorher angehangen, muß ich nur noch das sagen, daß solche nicht von der fixern Art, sondern von der flüchtigern, oder Schwefelgeist war. Denn, in die Auflösung des mit ihm nun verbundenen Alkali Vitriolöhl gegossen, ward es von diesem ausgetrieben, und zog mit dem gewönlichen scharfen Geruche davon. Obige Gypscristallen geben also eine besondere Art von Selenit ab, der sich vermuthlich in vielen Mineral-Wassern findet, und vielleicht von unsern Mineralogen noch nicht angemerkt worden ist.

Das Schinznacher Wasser noch weiter abgedunstet, bis es cristallisiren konte, hat ein sehr kleinkörnigtes lauteres Kochsalz hergegeben, und keine Spur eines andern Salzes. Als nichts mehr cristallisiren wollte, habe ich es bis zur Trokkene abgeraucht, da es einen weissen Rükstand gegeben, welcher, weil er nach Kochsalze schmekte, mit Wasser davon abgewaschen ward.- Dieser zeigte unter dem Microscop lauter weisse, ungestalte, ekkigte Klumpen, so wenig oder gar nicht durchsichtig waren. Die Salzsäure brausete damit gar nicht. Es scheinet also, nichts als Gyps zu sein. Mit aufgelöstem Alkali gekocht, und es seiner Vitriolsäure beraubt, war es nun eine in Salzsäure auflösbare lautere Kalcherde, wie oben. Aus dem Alkali hat sich, mit Hülfe des Vitriolöls, das Saure nicht wieder wollen heraustreiben lassen, wie doch oben geschehen.

Aus solchen zweierlei Seleniten ergiebet sich, daß in dem Schinznacher Wasser eine Kalcherde vorhanden ist, und eine so wol flüchtige, als gemeine, Vitriolsäure. Und von jener erstern, die noch in der Arbeit begriffen ist, sich mit einem Teil Kalcherde zu verbinden, rüret der faule Geruch und Geschmak des Wassers her, und die Schwärzung des Bleies, Quekfilbers, und Silbers in Salpetersäure. Von der niederfallenden Kalcherde entstehet das milchigte Wesen durch den Salmiacgeist und das Laugensalz.

Von dem Kochsalze aber, das in dem Schinznacher Wasser ist, komt das Milchigte in der Auflösung des Quekfilbers in der Salpetersäure her.

Daß die Alaun- und Vitriol-Auflösung kaum trübe, und die Akelei-Tinctur kaum grünlich, auch die Auflösung des Sublimats nicht gelb niedergeschlagen, noch aus dem Salmiac das flüchtige Alkali losgemacht worden, beweiset genugsam die Abwesenheit eines alkalischen Salzes.

Die Kalcherde ist übrigens darin mit so viel freer und flüchtiger Vitriolsäure umgeben, daß das Salzsaure keinen Zutritt zu derselben finden, noch also auch mit ihr aufbrausen kan.

In einer Diff. inaug. med. de Thermis Schinznacensibus. Basilaee. 1763. Hat Herr J. R. Müller sehr artig von diesem Wasser geschrieben. Nach seinen Proben sol sich davon der Sublimat gelb niedergeschlagen haben, auch so der Spiesglaskönig und der Spiesglasbutter. Auch will Herr M. in der Verdunstung, neben dem Kochsalze, ein Glauberisches Salz erhalten haben, und zwar zu allererst ein dem Schmerz stillenden Salze des Homberges im Anschuß ähnliches Salz. Nun habe ich jene Gelbfärbung des Sublimats, bei meinen Versuchen gar nicht gefunden; doch halte ich sie nicht für unmöglich, besonders wenn man eine sehr gesätigte Auflösung des Sublimats dazu nimt; die meinige aber war nur schwach. Ein Stäubchen Glaubersalz, wenn man mehr Wasser, als ich habe thun können, abrauchet, mag sich auch wol darin entdekken lassen; das dem schmerzstillenden Hombergischen Salze ähnliche Salz aber, das Herr M. ein selenitisches Salz nennet, und aus Kalcherde und Vitriolsäure entstanden zu sein glaubet, ist nichts anderes, als der cristallinische, flüchtige Vitriolsäure enthaltender, Selenit gewesen. Endlich so habe ich auch nicht, wie er, eine noch freie Kalcherde in dem Ueberbleibsel von der Abrauchung finden können. Die habe ich sämtlich schon in Gyps verändert angetroffen. Das, was von seiner Salzlauge zuletzt nicht mehr hat cristallisiren wollen, und scharf geschmekket hat, kan ich darum nicht für ein wares kalisches Salz erkennen. Alle, auch noch so volkommene, Mittelsalze verlieren durch starkes kochen, oder in geringer Quantität zu 2. 3. 4. verschiedenen Zeitpuncten abgerauchet, einen Teil ihrer Säure und alkalesciren, so daß aus diesem von Herrn M. erwähnten Umstande noch gar nicht auf die Gegenwart eines mineralischen Alkali in dem Wasser zu schliessen ist. Ja, ist ihm auch gleich das Quekfilber gelb durch das Wasser niedergeschlagen worden, so frägt sich noch, ob dieses eben schlechterdings durch ein vorhandenes Alkali habe geschehen sein müssen; ob nicht die Kalcherde, oder der aus ihr schon entstandene halbflüchtige Selenit solches habe bewirken können — —; auch hätte in meinem Versuche mit dem Salmiac, durch das Wasser das flüchtige Alkali müssen los gemacht worden, wenn ein kalisches Salz darin wäre.

Ohne also darauf gesteuert zu sein, den Herrn Müller, der auf die Untersuchung dieses Wassers ohne Zweifel mehr Zeit, als ich, gewandt hat, zu wiederlegen, so werde ich die Erlaubnis haben, in der mangelnden Ueberzeugung daß er in allem Recht habe, mich an das zu halten, was ich gefunden, und also die Bestandteile des Wassers auf folgende wenigere, von deren Dasein ich gewis bin, einzuschränken, nemlich 1) und am meisten das reine Wasser selbst, 2) Kalcherde, die, so lange das Wasser nicht von der äusseren Luft berüret wird, frei in dem Wasser herumschwimmen mag, hernach aber sogleich anfängt, sich mit 3) der flüchtigen fettigen und 4) der gemeinen steeren Vitriolsäure zu verbinden, und damit zweierlei Selenite oder Gypscristallen hervorzubringen, indem übrigens auch noch 5) etwas weniges gemeines Kochsalz aus dem Wasser von mir sich hat darstellen lassen.

Von dem eigentlichen Verhältnis dieser Bestandteile zu dem Wasser kan ich nichts gewisses sagen, da, wie schon angezeiget, aus Versehen die zu der Abrauchung genommene Quantität des Wassers nicht vorher nach ihrem Gewichte angemerkt worden ist.

Hannover, im December. 1764.

## Sechszehnter Brief.

Mein Herr,

Ich bin, noch ehe ich in Basel war, schon wieder daher zurükgekommen, aber sehr wieder meinen Willen; denn, alles Eilens ohngeachtet, konten wir nicht früher als diesen Abend um 9 Uhr die Thore dieser Stadt erreichen, und da waren sie schon geschloßen. Ohne die dringendsten Ursachen werden sie aber nicht vor dem hellen Morgen wieder geöfnet; das ist einmal, um der Sicherheit der in der That sehr blos gestellten Stadt willen, so eingeführet, folglich mit gutem Grunde, wenn gleich zum Verdrus manches Reisenden. Nun muß ich. mich für den meinigen an dem Vergnügen erholen, daß ich an Sie schreibe.

Von Schinznach gieng heute früh mein Rükweg hieher durch Brugg (a), ein kleines, aber artiges Städtchen. Hinter demselben hieherwärts fängt so gleich der Bözberg, Mons Vocctius der Römer, an, welchen wir zu übersteigen zwei Stunden erfordert werden. Zur linken fließet die goldführende Aare nach Brugg hinzu, nicht weit von wo sie eine ziemlich grosse Insel und viele kleinere zusammen geschlammet hat. Sie krümmet sich hier, und man siehet an dem Ufer jenseits einen artigen Felsen, der einer Art von Schanze, einem Tête de pont, sehr ähnlich ist. Es war ein dikker Nebel in der Luft, der sich niederlies, und, indem er hin und wieder gleichsam zerriß, bald diesen bald jenen Teil der schönen Gegend entblöste, ein dem Auge so angenehmes als stets abwechselndes Schauspiel! Auch siehet man von dem Bözberge, der einer der höchsten dieser Gegenden ist, eine lange Kette der ziemlich weit von hier entfernten Schneegebirge, die gegen die anstralende Sonne wie Silber glänzeten, auf den unerleuchtenden Stellen aber die gräne Liverei der See trugen. Ueber Brugg hinüber ward bald durch den Nebel herdurch, bald über ihn emporragend, ein überaus hoher Berg, der aus zwei steilen Spizen bestand, sichtbar, welcher vielleicht der Haken oder Hokken ist. Hier habe ich Sie, mein Herr, mehr als einmal bei mir zu sein gewünschet, um die Ergözung an einem solchen Anblik mit Ihnen zu teilen. Genießen Sie ihn nun durch die Einbildungskraft, und fodern dazu, denn das wird nöthig sein, ihre ganze Stärke auf!

Der Bözberg, übrigens, bestehet aus lauter Felsen von zusammen gebakkenen Kieseln, die hin und wieder, auch wo die Wagenräder durch die Länge der Zeit sich ein Geleise hindurch gerieben haben, so verhärtet und die Kiesel selbst so entfärbet zu sehen sind, daß man sie kaum von ihrem sandigten und mergeligten Kütte mehr unterscheiden kan. Einige Anbrüche in dergleichen Spahtkalch, mit dem man zu Baden bauet, finden sich gegen den Gipfel des Berges, und Brokken davon sind häufig in den Weg herunter gerollet. Je

---

(a) Scheuchzer It. Alp. pag. 526. c. tab. Merc. Helv. 56. und Taf.

höher je mehr lettigt wird das Erdreich, und, etwas über den Gipfel hinüber, fängt es an, röthlich zu werden. Bald findet man nun röthlechte, und bald rothsandigte eisenschüsige Kieselklumpen, und dan kommen röthliche Oolithen, und zwar hie und da weiter hinunter in solcher Menge, hervor, daß die Aekler fast damit bedekt sind. Diese Oolithen zeigen eine erlittene zweite Zusammenhäufung, indem ganze, insgemein eyförmigte, Klumpen von ihnen wieder in grössere Massen zusammen geklebet sind, und so oft grosse Stükke ausmachen. Der Berg bricht steil ab, und der Wagen schleifet, ob gleich gehemmet, ziemlich geschwind hinunter, über den nun wieder aus Kieseln bestehenden ganz weissen Felsen, an dessen rechter Seite aufs neue Brüche von Spahtkalch, unten aber, an dem Fusse, starke Flöze von schwärzlichem Schiefer stehen. Durch diesen hat sich, zur rechten, das Regenwasser eine Kluft, so einer Treppe ähnlich, und wie geflossen aussiehet, bei die 20 Fus hoch von dem Akker herab bis in den Farweg gespület, der selbst von solcher Tiefe durch den Schiefer hindurch gehauen ist, auf welchem 4 bis 5 Fus hoch Akkerland gesehen wird. Da komt dan das Dorf Bözen. Versteinerungen habe ich auf dem Berge nicht gefunden, nur unten in grossen Kalchsteinen ziemlich grosse Ammoniten und Abdrükke von denselben, auch einige Muscheln.

Uebrigens fiel mir von ohngefär ein Stein in die Augen, der eine Beule zu haben schien. Ich fand, daß sie von sandigtem Thon gemacht war, und in der Mitte hatte sie eine Oefnung, die ihr eine Aehnlichkeit mit der Hälfte eines Gallapfels, oder einem Balano marino, gab. Aber, bei näherer Betrachtung zeigte sie sich wie ein Becher nach aussen gebogen, oder wie mit einem Kragen versehen. Als ich auf diese kleine Beule drükte, zerbrach sie, und ein kleiner Wurm lag darinnen, 1 bis 1½ Linie lang und ½ Linie dik. Er war weiß, und, wie Porcellan, glatt. Ich stelte ihn zu mir, finde aber, jezt da ich ihn mit einem Glase betrachten wil, daß ich ihn verloren habe. Ich möchte wissen, ob dies Insect schon beschrieben, und was dan sein Name sei (b).

Nach 5 Stunden hatten wir Hornussen, welches Oesterreichisch ist, erreichet; in 3 Stunden Mumpf; wiederum in 3 Stunden Rheinfelden, wo grosse Stükke Mauern von einem alten Schlosse in den Rhein gestürzet traurige Ruinen gebauet haben, und wo ich, wegen zu grosser Eile, den kleinern Rheinfall, den so genanten Hellhaken, zu sehen versäumet

---

(b) Das aus diesem hier gedachten Wurm entspringende Insect ist eine Art Schlupfwespe, die übrigens in der Schweiz gemein genug ist, die Vespa fenestralis saxatilis oder rupestris, macula in utraque elytra flava. — v. B. 1767.

Aber noch begieriger wäre ich, das geflügelte Tier kennen zu lernen, das aus einem Wurm zu erwarten ist, der im Tabak leben kan. Ich hatte nemlich vor einigen Wintern einen mit Blei ausgekleideten Kasten, so bis zur Hälfte mit geschnittenem Kanaster angefüllet war, in meinem Gartenkeller stehen gelassen: und, nachdem dieser im Winter mit Wasser überlaufen gewesen, und ich hernach den Kasten wieder fand und öfnete, so war der Tabak verdorben, bald verfault, und vol kleiner lebender Maden. Ich suchte, sie zur Verwandlung zu bringen, aber vergebens, und sie starben in wenig Tagen alle. — Ob dieses Insect wol schon beschrieben sein mag? Vielleicht wol. Nach C. 1765.

ſammlet habe; endlich in noch 3 Stunden das ſchon geſchloſſene Thor von Baſel, von da, oben gedachter maſſen, wir wieder umzukehren genöthiget geweſen, und bis hieher, wo es Durlachiſch iſt, zurük gefaren ſind. Folglich werden wir nun Morgen nach Baſel kommen. Daß ich heute hin und wieder viel Berberis angetroffen habe, und um Hornuſſen überaus viel Alkekengi off: ſei Ihnen beiläufig geſagt; denn der Mühe, Ihnen alle geſehene Pflanzen zu nennen, überhebet mich die Halleriſche Enumeratio ſtirpium helveticarum.

Viele Nußbäume ſehet man bis hier an den Seiten der Straſſe gepflanzet, und ſie ſtehen in ungleicher Weite von 20 bis 50 Fus von einander.

Da ich dieſes in einem Dorfe ſchreibe, wo ich von Viehe reden höre, ſo fallen mir die Krankheiten ein, die unter demſelben im Canton Zürich herrſchen, und wovon ich nicht weis, ob ſie auch wol in unſeren Gegenden bekant ſeien. Die eine iſt der Zungenkrebs, der das Hornvieh und die Pferde anfällt; die andere das Brandblut der Schweine. Der Geſundheits-Raht der Stadt Zürich hat ſie aber unterſucht, und Mittel dagegen vorgeſchlagen, von deren Gebrauch man die beſten, ja faſt gewiſſe Wirkungen erfaren zu haben verſichert. Herr Lavater in Z. belehrete mich hievon, und auch ihm habe ich die Beſchreibungen zu danken, die man davon durch den Druk bekant gemacht hat.

Statt eines Auszugs aus denſelben, kan ich Ihnen, mein Herr, wenn Sie es wollen, dieſe Abhandlungen (c) ſelber überſchiken.

Von Baſel, wo ich nun nur wenige Tage zu verbleiben gedenke, ſchreibe ich Ihnen ohne Zweifel wieder. Ich werde da auf das eiligſte die nöthigen Einrichtungen zu der zweiten Reiſe machen, die ich in dieſem Lande noch vorhabe. Wie manche Zeile an Sie, mein Herr, wird die mir noch koſten! Doch dürfte ich nur dreiſt glauben, daß Sie meine Kleinigkeiten auch ferner ſo gern leſen werden, als ich bisher ſie Ihnen überſchrieben habe!

L

Crenzach, den 8 Sept. 1763.

---

(c) Anleitung wie man den, unter den Pferden und Hornvieh, graſſirenden Zungenkrebs erkennen und heilen könne; mit einem Anhange von der Beſorgung der hier und dort ſich äuſſernden bizigen Krankheiten des Viehes. Ferner Ordnungen, welche bei dem graſſirenden Zungenkrebs ſollen beobachtet werden. Und Anleitung, wie man ſich bei dem Brandblut unter den Schweinen zu verhalten habe. Alle drei zu Zürich 1763 gedrukt.

## Achtzehnter Brief.

**Mein Herr,**

Aus Zofingen schreibe ich Ihnen diesen Brief, wo ich vor 4 Stunden angekommen bin; und damit Sie die eigentliche Zeit meiner Hierkunft ausrechnen können, so sage ich Ihnen, daß es schon Nacht ist, und diesen Augenblik die Uhr zehen geschlagen hat.

Heute früh Morgens trat ich, in Gesellschaft dreier Freunde, meine Reise von Basel an, von wo Sie meinen Brief vom zehnten erhalten haben werden. In 2½ Stunden erreichten wir das Städtchen Liechstahl (a), von welchem ich Ihnen nichts weiter sagen kan, als daß hier viel Handschuhe fabriciret werden, und daß hier eine Linde stehet, die noch schöner gezogen ist, als die auf dem Petersplaze zu Basel. Noch vorher siehet man rechter Hand, an einer Höhe, das Bad zu Schanenburg (b) liegen, und das anmuthige Gut Maienfeld (c) des gelehrten Iselius, Rahtschreibers zu Basel. Zur linken komt die Ergolz herunter geflossen, und da ist das Dorf Rigesdorf an einem Berge gelegen, auf welchem und dessen Nachbarn, wo nicht überhaupt der beste, doch der feinste Baseler Wein wachsen sol. Dies Dorf hat ein seltsames Ansehen, da es gar keine Fenster zeiget, als welche alle gegen den Berg zugekehret sind, um des Hagelwetters willen, das sie von jener Seite sonst oft zerschmettert hat. Nicht weit von hier machet der Bach einen in 2 oder 3 Strängen herabfliessenden kleinen Wasserfall. Hier und weiter hin liegen die schönsten Wiesen, die man in der Schweiz Matten nennet. Teils sind sie mit Klee besäet, teils mit Esparcette. Durch Wässern erhalten sie ihre vortreffliche Fruchtbarkeit, und, sie zu wässern, ist wegen der vielen kleinen Bäche, die von den Bergen herab kommen, hier etwas sehr leichtes; wo aber die Bäche nicht hoch genug liegen, da schwellet man sie durch hemmende Bretter und Bäume, dergleichen man hier Britschen nennet, auf. Dieser Britschen giebt es innerhalb hundert Schritten oft zwei, drei und mehrere. Dan sind kleine Gräben, die Wuer heissen, durch die Wiesen gestochen, wo hinein sich das Wasser ergiessen kan, und, nach Gutbefinden, das Erdreich tränken muß. Selbst aber in den Wiesen wird es dan noch bald hie bald dort hingeleitet, durch ganze einfache Fallthüren, die hie und da den Eingang zu den Canälen verschliessen oder öfnen, und die man Fallbretter oder Ablässe nennet. Nach Beschaffenheit der Lage der Wiesen öfnet man diese nun, die zu nächst am Bache liegen, mehr oder weniger, überhaupt aber nach einer unter den Eigentümern der Wiesen abgeredeten Folg-Ordnung. Gemeiniglich wässert man zum ersten mal im März und bis in den April. Man schneidet das Gras zweimal, und treibet dan wol Vieh hinein in die Wiese, und wässert sie,

---

(a) Herrl. Top. 1. S. 115 — 117. Taf. 90. Basel. Merixn. 9. Et. Tafel von der Lage von Liechstahl.
(b) Herrl. Top. 1. S. 102. 203. 204 Taf. 122. 113. Basel. Merixn. 3. Et. Tafel von Brattelen.
(c) Herrl. Top. 2. S. 161.

nachdem dieß sie verlassen, zum zweitenmal, hört aber damit auf, so bald harte Fröste einfallen. Doch hat obenerwähntes seine Ausnamen, je nach dem das Jar sehr regnigt oder sehr trokken ist, wie sich von selbst verstehet.

Man siehet hin und wieder in den Wiesen kleine Häuser, deren entgegen gesezte Giebel der Luft offen stehen; diese dienen zur Aufbewarung des, wegen zu grosser Entfernung des Dorfes, nicht so gleich weg zu schaffenden Heues, das denn nach und nach im Winter daher abgeholet wird. Das böse Colchicum stehet in diesen, wie in den übrigen bisher gesehenen, Wiesen ungemein häufig und blühet noch fort.

In den Weinbergen ziehen die Bauern die jungen Obstbäume auf, die sie nachher an die Landstraßen und selbst auf die Felder und Wiesen versezen. Man siehet oft, daß wer wenig Land hat, es desto dichter mit Bäumen bepflanzet, und wer viel Land hat, desto weitläuftiger. Eigentlich aber und mehr hat man sich zur Richtschnur gemacht, schlechtes Land mit vielen, und gutes einträgliches Land mit nicht so vielen Bäumen zu besezen. Denn im erstern Falle ersezet die Obst-Erndte das reichlich, was das Land weniger abwirft; und in dem andern wird die Getreide-Erndte noch immer beträchtlich genug sein, ohngeachtet die Bäume durch ihren Schatten etwas Schaden thun mögen, wovor man aber hier zu Lande überhaupt sich nicht sehr zu fürchten scheinet.

Ich habe, mein Herr, an denen an den Wegen gepflanzten Kirschbäumen bemerkt, daß, gegen die Mittagseite, alle, der Länge nach, aufgespalten waren. Vermuthlich ist dies nicht durch das Messer geschehen, sondern mag daher kommen, daß man beim Versezen nicht besorgt gewesen sein mag, dahin zu sehen, daß sie in dieselbe Stellung gegen Abend und Morgen wieder zu stehen kommen, worin sie vorher gestanden.

Eine grosse Menge Kürbisse ziehen die Schweizerbauern an. Man siehet solche auf den Feldern, ja gar auf Wiesen, die zu nächst ihren Wonungen gelegen sind; und oft hängen sie in die hohlen Wege herab, durch die man reiset. Sie, und der Mangold, den man auch Römischen Kohl, Römische Bete anderwärts nennet, machen das vornehmste ihrer Gartencultur aus, und ohne sie und die grossen Rüben, mit welchen und mit Hanf der größte Teil ihrer Felder bestellet ist, würden Sie sich und ihr Vieh kaum zu ernähren wissen. Sie selbst essen den Kürbis, wie bei uns auch geschiehet, mit Milch gekocht; und mit Wasser gekocht geben sie ihn den Schweinen, welche ihn sehr lieben und fett davon werden. Die Cultur desselben ist ohngefähr wie bei uns; er liebet auch hier settes, aber nicht gar feuchtes Land. Bei trokenem Wetter wird die Pflanze um die Wurzel herum begossen, und wer es kan, thut es mit Schweinlachen. Man stekket übrigens die Kerne, wan der Frost vorbei ist, 2 Fus weit von einander, und lässet die aufwachsenden Pflanzen dan entweder über eine Mauer hinunter hangen, oder über einen Zaun hinspinnen, oder aber nur auf dem Boden herwachsen, da man dan, wan er gros wird, die Fäulnis zu verhüten, einen Stein unterleget 2c. Wan der Kürbis reif ist und im Sonnenschein etwas getroknet worden, so wird er, wo ihn der Frost nicht zu sehr treffen kan, auf den Hausboden gehangen, und, nicht zu geschwinde, nach und nach verspeiset. Was anfaulet, giebt man dem Vieh.

Mit dem Mangold gehen sie folgender Gestalt um : er wird gesäet, wan der Frost vorbei ist, in fettes etwas schattigtes Erdreich. Er komt gemeiniglich dik hervor, daher man, wan er 3 Zoll Höhe hat, die meisten Pflanzen zwischen weg nimt, und in ein ander Stük Land versetzet. Hat die Pflanze nur 6 Blätter, so kan man ihr schon zwei wegnehmen, die denn zart sind und von den Menschen gegessen werden. Hierauf fängt sie erst recht an, zu wachsen, und kan im Sommer fast alle 14 Tage so abgeblatet werden, daß nur die obern 3 oder 4 Blätter sitzen bleiben, und folglich desto mehr abgeblatet, je fetter das Land ist ; diese Blätter kochen sie den Schweinen, auch essen die Bauern selbst noch davon. Zuletzt aber, wan sie ganz gros sind, geben die Rippen daraus und die Stiele für die Menschen noch eine gute Speise her, die man, wenigstens hier, unter dem Namen von Krautstiel, ganz gerne geniesset (d).

Das dritte, was ein Hauptstük in der Schweizer-ländlichen Haushaltung abgiebt, ich meine die grossen Rüben, ziehet man also. Man säet sie mehrenteils nur in Hanfland ; dies wird, so bald der Hanf aufgezogen ist, gehakket und dan besäet. Weil sie auch dik her-aus zu kommen pflegen, sonderlich wenn kurz vor einem Regen so viele dazwischen aufgezogen, daß jede Pflanze einen halben Fus Raum behält. Auf diese Weise werden sie sehr gros, zuweilen von der Grösse eines Kopfes, man muß sie aber zwei oder drei mal behakken um jedes Stük herum, daß sie immer lokkeres Land haben, als das

---

(d) Ich muß gestehen, daß mir diese Speise, so für sich, zu weichlich ist. Von der Nützlichkeit des Gemüses inzwischen überzeugt, habe ich davon nachher in Hannover zuweilen gegessen, und mehr aus einer Art von Eigensinn, als wegen Wolgeschmak, und mein Beispiel wolte auf meine Tischgesellschaft im geringsten nicht wirken. Da ich vermuthe, daß es mehrere meiner Landesleute zu bestimmen werden, und also diese so zu weichliche Speise vielleicht bei uns nicht algemein werden möchte, welches ich doch wünschete : so sei es mir erlaubt, hier anzuführen, daß der Mangold, Blat und Stängel, mit einer säuerlichen Brühe, oder wie ein Spelsalat zugerichtet, zu einem sehr schmakhaften angenehmen Essen werde, welches ich jetzt nie zu oft auf meinen Tisch bringen lassen kan.

Uebrigens ist der Mangold eines der spätesten Herbstgemüse, und im November, ja zuweilen im December, kan man noch davon abblatten oder schneiden : ein Umstand, der sie uns um so viel schäzbarer machen muß.

Was die Weise betrift, den Mangold zum Samen zu bringen, so hat mir Herr Candidat Merian aus Basel davon folgendes geschrieben : „ der Mangold kan nicht in einem Jare zum Samen gebracht wer-den : deswegen muß man im Herbst einige Pflanzen ausheben, solche durch den Winter im Keller, oder sonst in einem temperirten Orte, in Erde verwaren, da denn solche im Frühjare ( April ) wieder in das freie Land gesetzt werden. Man muß aber solche, wenn es noch kalte Nächte giebt, mit etwas zudekken. Im Sommer schiessen alsdan diese Pflanzen in Samen. So bald dies geschiehet, ist es gut, den Stängel an ein Stöckchen anzubinden, weil er sonst leicht vom Winde verletzet wird. Wan der Same die gehörige Reise hat, wird die Pflanze ganz ausgehoben, und an einem luftigen Ort getroknet, da denn der Samen abge-streift wird. ‟

In nicht zu harten Wintern dauern indeß die Pflanzen auch im freien Lande aus, und selbst thun sie dies in strengen Wintern, wenn man nur die Vorsichtigkeit gebrauchet hat, bei eintretendem Frost, sie mit etwas zuzudekken : wie ich in meinem Garten denn ein ganzes Feld so durchwinterter Pflanzen jetzt zeigen kan. — 1774.

das einzige Mittel, sie groß zu erhalten. Die Blätter von den Rüben und ihre Schalen verfuttert man dem Vieh, das innere derselben kochet man für sich selbst.

Man säet auch wol in anderes Feld, wenn es gut ist, nachdem es gepflüget worden, gleich nach der Erndte diese Rüben, wo sie aber, sonderlich wenn sie dicht stehen bleiben, kleiner gerahten. Diese werden denn den Schweinen gekocht, mit dem Kraute die Kühe gefüttert, und solchen auch selbst die Rüben, roh, in Stücke zerschnitten, den ganzen Winter durch gereichet, welches ihnen vortreflich zuschlägt, und wobei sie viel Milch geben.

Ueberdem so machet man auch diese Rüben mit Salz ein (e), nachdem sie, wie der weisse Kohl bei uns, gehobelt worden, und sie schmekken alsdan ohngefär wie unser Sauerkohl. In der That, mein Herr, so mannigfaltigen und so grossen Nuzen pflegen wir nicht aus unsern Rüben-Arten zu ziehen.

Da uns auf dem Wege hieher eine ziemliche Anzahl Wagen begegnet, die allesamt jedweder drei leere Fässer geladen hatten, und ich mich erkundiget, was für Waare und wohin sie solche gefüret, so ward mir gesaget, daß dieselben Elsasser Wein nach Lucern holeten, und zugleich, daß sie niemals mehr, als drei Fässer, laden dürften. Denn man siehet hier zu Lande nicht allein darauf, daß gute Landstrassen angeleget werden, die, wie ich Ihnen schon gesagt, in morastigen Gründen gepflastert und denn, einige Fuß hoch, mit Grand oder Gries überfaren, zu beiden Seiten mit Gräben versehen, und, so bald sie in der Mitte flach werden, der Grand von den Seiten wieder auf die Mitte geschaufelt, wo aber ein fester Boden ist, kein Pflaster geleget, sondern so gleich Gries aufgeschüttet wird, zc. Da man, sage ich, hier nicht allein darauf siehet, auf diese Weise gute Strassen anzulegen, sondern auch für die Erhaltung derselben sorget: so lässet man kein Mittel ungebrauchet, das diesem Zwek befordern helfen kan; und dahin gehöret auch, daß man keinem Fuhrmann erlaubet, auf einem Wagen auf einmal mehr, als 40 Centner zu füren, damit die Wege nicht zu tief eingeschnitten werden. Es sind daher, hin und wieder, an den Hauptstrassen Wagen erbauet, wo man die Frachtwägen wieget; und so findet beides der Reisende und der Handlungsgenosse zugleich hier für seine Bequemlichkeit und Nuzen gesorget: man reiset ohne Gesar mit Vergnügen, und die Frachten sind wolfeil. Sie sollen aber wol glauben, mein Herr, daß man seit lange darauf gearbeitet hätte, solch ein grosses und nüzliches Werk zu Stande zu bringen. Nicht sehr lange, ich versichere Sie. Denn, noch vor zehn Jaren sind fast alle Wege in der Schweiz so schlecht gewesen, als in irgend einem andern Lande, und man siehet noch hin und wieder Ueberbleibsel von den alten Strassen, welche mehrenteils die Breite von nur einem Wagen gehabt, und so tief gelegen gewesen sind, daß sie jezt denen neuen, um sie trokken zu erhalten, zu Gräben dienen können. Da hat man aber keine Kosten geschonet, und Aekker, Wiesen, Weinberge zc. die nöthig waren, angekauft, um neue,

_____

(e) Ich zweifle nicht, auch der Mangold werde sich, mit seinen Rippen und Stängeln, gut einsalzen lassen, so wie man es mit Kappisolat zu machen pfleget. — N. Z.

breite, und, so viel möglich, gerade Wege anzulegen und hindurch zu ziehen, einem alten
politischen Vorurteil ungeachtet, das, wie man sagt, bis dahin schlechte und enge Strassen
für nöthig gehalten hatte. Welch ein aufmunterndes rühmliches Beispiel, und wie sehr unserer Nachfolge würdig! (f) Nur Schade, daß nicht auch wir den Gries so bei der Hand
haben, wie man ihn hier hat. Von Hannover bis nach Cassel habe ich fast, in Brüchen
und folglich auch auf den Strassen, keine andere Steinart gesehen, als einen mürben Kalchstein, der leicht zerschiefert. Was kan man sich aber von dessen Dauerhaftigkeit versprechen?
Indessen, wo Flüsse sind, da ist auch Gries zu vermuthen, und finden wir ihn nicht so häufig,
noch so am Tage, wie man ihn in dem Striche von der Pfalz heraus bis Genf und fast die
ganze Schweiz herdurch liegen sieht, so möchten wir ihn doch wol ohne Zweifel in einiger
Tiefe antreffen, besonders wenn wir uns nicht dadurch abschrecken liessen, ihm nachzuspüren,
im Fall er etwa unter einer andern Stein- und Erd-Art versteckt liegen solte. Denn freilich,
ohne Gries, und, in morastigen Gegenden, ohne Kiesel ist es schlechterdings unmöglich,
gute Strassen zu verfertigen. Uebrigens muß man sich nicht vorstellen, daß nicht auch hin
und wieder hier zu Lande der Gries oft gänzlich, oft zum Teil, mangeln solte. So mangelt
es z. E. gleich zu Rimlingen, welches zwischen Liechstahl und Bugton lieget, und zwar recht
merklich und auf einmal daran, weßfalls die Wege hier mit Felssteinstükken überschüttet
sind, davon man, rechter Hand, eine Menge Anbrüche sieht, deren Gestein an vielen
Stellen, vermuthlich von der Last des überstehenden Berges, in kleine schieferigte Brokken
zerknirschet ist. Und dies Gestein bezeiget sich denn auch von keiner sonderlichen Dauer auf den
Strassen. Verzeihen Sie, mein Herr, diese etwas starke Ausschweifung; das Ungemach das ich,
nebst tausend andern Reisenden, von schlechten, und das Vergnügen hingegen, das ich mit ihnen von guten Wegen hier, wie im Elsas und in der Pfalz, empfunden habe, und die Betrachtung, welch einen Einflus die Landstrassen in Handlung und Gewerbe haben, werden
mir, hoffe ich, deswegen bei Ihnen zu einer hinlänglichen Entschuldigung dienen.

Nun wieder auf meine Reise zu kommen, so siehet man zu Rimlingen vor des Predigers Hause 5 Fontainen springen, die mehr als halb die Natur allein hervorgebracht hat,
indem das Wasser derselben von einem Berge herab komt, und also durch den Fall die artigen Fontainen entstehen. Nach 3½ Stunden, von Liechstahl ab gerechnet, habe ich, mit meiner Gesellschaft, das Dorf Bugton erreichet. Hier liegt zur linken, auf einem Berge, das
Schlos Homburg (g), an welchem Marienglas bricht, und man färet nun gleich den Berg,
den Hauenstein (h), hinan. Hier wird die Gegend sehr rauh, und wilder als zuvor, zeigt

---

(f) Schon sind wir ihm gefolget, diesem rühmlichen Beispiel, und eine unserer wichtigsten Poststrassen, die
   von Hannover nach Münden, ist, ohngefär auf obige Art, merklich vollendet; die nach Hameln gleichmäßig,
   und so wird nun mit den übrigen auch geschehen. — N. Z. 1774.
(g) Basel. Merkw. 12. S. 1309. und Carte nebst Prospect.
(h) Verschiedener Gegenden und Schlösser am Hauenstein Vorstellung und Beschreibung findet sich in Herrl. Top.
   2. S. 214. 215. 337. 338. Taf. 177. 178. 130. 138.

auch bis hieher keine Weinberge mehr. Der Hauenstein ist ein sehr felsigter Berg, von hartem Sandstein, und erfordert wol 2 Stunden, um ihn hinüber zu kommen. Gegen den Gipfel wird der Weg so enge und krümmet sich dergestalt, daß man auf wenige Schritte nicht voraus sehen kan, wo man hindurch sol; zu beiden Seiten aber ist lauter Felsen, zu 20 und mehr Fus hoch, der oben hin und wieder so über den Weg hänget, daß kaum 4 Fus Oefnung bleibet. Wenn man durch diese Kluft herdurch ist, so erhebet sich, zur linken, der Fels noch mehr, der Weg neigt sich ziemlich jähe, und zur rechten siehet man, durch und über Gebüsche weg, in ein sehr tiefes Thal. Hiehin ist nun die Aussicht eben so reizend, als, gegen den Fels zu, fürchterlich und majestätisch.

Versteinerungen habe ich hier nicht gefunden, so wenig wie noch Kiesel. Allein, nachdem man, das sehr hoch liegende Schlos Aarburg (i), so Bernisch ist, linker Hand gelassen, und über die Brüke zu Olten, welche etwa 300 Fus lang sein mag, die Aare passiret, so sind im Augenblikke wieder Kiesel oder Gries da, und zwar in grosser Menge: beständige Begleiter, wie es scheinet, und Urkunden zugleich von dem ehemaligen nun sehr veränderten Laufe der Flüse. Kürzlich habe ich nicht, oder vielmehr wol niemals, so schöne Tannenbäume gesehen, als hier auf dieser Brüke lagen; sie waren schon behauen, dennoch an beiden Enden fast 3 Fus dik, bei einer Länge von völlig 80 Fus. Ob man sie zu Mastbäumen bestimmet habe und auf der Aare versenden könne, weiß ich nicht.

Dieseits Aarburg hat man nun die Aare zur rechten, und komt durch einen angenehmen Weg bis hieher, welches, von Bugton ab, überhaupt 5 Stunden erfordert.

Zofingen (k) ist ein artiges, mit verschiedenen hübschen neuen Häusern versehenes, und anmuhtig gelegenes Städtchen. Ich habe das Vergnügen gehabt, hier bei einem gewissen Herrn Müller, aus Basel, nebst einer Samlung ausgesuchter Kupferstiche, eine andere von Insecten, Amphibien und einigen vierfüßigen Tieren, die in Weingeist aufbehalten waren, zu sehen. Darunter waren Philander, Armadille, Faultiere, Pipas oder Pipals, die weisse in Guinea angebetete Schlange, das bekante kleine Reh, davon man die Beine, in Gold gefaßt, als Tobaksstopfer zu gebrauchen pflegt, ein Fötus eines Mohren, und ein Fötus eines Affen. Noch war vorzüglich bemerkenswehrt, eine Misgeburt von einem Caninchen, so erst neulich selbst zu Zofingen, zugleich mit 7 gesunden Tierchen, gefallen ist. Anstatt des Maules hat es wie einen Vogelschnabel, und, statt der Augen, zwei ründliche Erhebungen mit Haut überwachsen; dichte über ihnen aber sizt eine Art eines Hornes vorwärts heraus, so mir gleichwol von steischigter häutigter Substanz zu sein scheinet. Eine Büchersamlung, die verschiedene kostbare Werke enthält, machet den Naturalienvorraht desto brauchbarer und lehrreicher (l).

---

(i) Herrl. Cor. 1. S. 173 - 175. Taf. 151. 152.
(k) Merc. Helv. 174.
(l) Herrn Müllers Cabinet ist nachher von Zofingen nach Basel gebracht worden. — R. Z.

Ich werde, mein Herr, diese Nacht hier bleiben, und Morgen auf Lucern, von da aber auf den Gothard gehen. Leben Sie wol indessen!

Zofingen, den 12 Sept. 1763.

## Nachschrift.

Von dem Samen der grossen Rüben und des nützlichen Mangolds sende ich Ihnen, bei erster Gelegenheit, etwas (m). Dieses leztern weisse, auch wol gelbe Stiele und Rippen geben den Blättern ein so anmuhtiges Ansehen, daß diese Pflanze, einzeln stehend, selbst einen Lustgarten nicht verunzieren würde.

---

(m) Von beiderlei habe ich 1764 Samen ausgeteilt, und nachher noch mehrmalen; der Mangold scheinet indessen die meisten Liebhaber zu finden. — N. Z.

### Neunzehnter Brief.

Mein Herr,

Ich habe diesen Morgen früh Zofingen verlassen, und binnen 4½ Stunden Surſee und dan, in weniger als fünfen, Lucern erreichet.

Von Zofingen gehen vortrefliche neue Wege ab, vol Gries (a) und Kiesel, worunter ich auch einige wenige, vorher noch nicht bemerkte, Quarzkiesel erblikket.

Linker Hand waren grosse Bleichen gelegen. Auf diesen bleichet man das Lein- oder vielmehr Hanf-Gewand auf 5 Fus hohen und oben abgerändeten Stäben, so in der Erde fest stekken aufgehangen, dergleichen ich mich nicht erinnere, auf unsern Bleichen gesehen zu haben. (*)

Rechter Hand, in einiger Entfernung von hier, liegt denn ein Wald, der Rohwald, Rahnwald genant, wo die höchsten Tannen in der Schweiz wachsen sollen; und nachher siehet man keine andere als Tannenwälder mehr.

Darauf folget, rechter Hand, auf einem hohen Berge ein Schlos, das schon Lucernisch ist.

Hier fängt in Dörfern und unter einzeln gelegenen Häusern eine verderbliche Bauart an, denn die Gebäude sind ganz von Holz. Einige derselben sind mit Schindeln gedekkt, über welche, um zu verhindern, daß sie nicht vom Sturmwinde weggeführet werden, man lange Bretter gelegt und diese mit Steinen beschweret hat. Und als eine würdige Zugabe zu solcher Holzverschwendung kan man die Einschliessungen der Aekker und Wiesen annehmen, die gleichmäßig von Holz sind. Dies gehet so bis Lucern fort. Doch scheinet hier, in diesem Canton, mehr Waldung zu sein, als in den übrigen, so ich bisher gesehen: vielleicht daher, daß man keine Weinberge hat. Etwa 1½ Stunden vor Surſee liegt, linker Hand, ein besonderer und vielleicht 60 Fus hoher Felsen von festem Sandstein, der Länge nach wol 200 und mehr Fus fortlaufend in einer fast geraden Linie, wie eine regelmäßige Mauer, worin jedoch einige Spalten und Lükken sind, aus welchen Bäume und Gebüsche herab hangen. Hinter und schräg auf dieser Felsenwand erhebet sich ein steiler Berg, der blos auf sie sich stüzet, und, daß er nicht umstürzet, nur durch sie verhindert zu werden scheinet.

Die Aekker hierherum haben teils ein thoniges, teils ein steinigtes Erdreich. Ich sah hier mit sehr schwerem Pfluge pflügen, bei die 2 Fus tief, und es waren nicht weniger als 6 Ochsen und 2 Pferde vorgespannet. Wie abhängig und steil in diesen Gegenden die Aekker zuweilen liegen, kan man sich kaum vorstellen; und so ist, außer dem Mann der die Tiere leitet, noch einer nöhtig, der hinten den Pflug regieret, und noch einer, der des Pfluges Umfall verhindert, und zur Seite desselben gehet. M

---

(a) Gries, heißet in der Schweiz, Grien, sonst Kies. — J.J.

(*) Dies geschiehet nicht das ganze Jar hindurch; sondern nur im Herbst, und meistens nur bey nasser Witterung, oder wenn die Wiesen zu feucht sind. (J. S. W. 1775.)

Die Ziegen, auch wol die Schweine, daß sie nicht durch die Umzäunungen der Aekker und Wiesen brechen, suchet man hier, damit zu verhindern, daß man ihnen drei Stäbe um den Hals befestiget, jeden etwa 2 Fus lang, den unteren horizontal, und die beiden obern schief und so darauf gelehnet, daß sie einen fast gleich winkligten Triangel formiren, und den Hals umfassen.

Surſee (b) iſt ein artiges, aber Volk-armes Städtchen, und hat eine zierliche noch neue Kirche. Ich sah hier an einem Hause ein Spalier von Birnen, das 30 Fus Höhe und Breite hatte, und eines von Pärsch von 25 Fus Höhe und 15 Fus Breite.

Hinter Surſee, dießeits nemlich, liegt der See gleiches Namens. Er hat keinen merklichen Ausflus, und iſt ziemlich groß. Treffliche Krebse fängt man aus demselben. Man läſſet ihn zur linken liegen, und siehet ihn eine Stunde und länger; sein Waſſer iſt sehr klar und grünlich. Das gegenseitige Ufer erhebet sich sanft zu einer ziemlichen Höhe. Unten aber liegt das Städtchen Sempach (c), wo eine bekante Schlacht vorgefallen iſt. Nun fangen wieder vorzüglich gute Wege an.

¾ bis ½ Stunden vor Lucern paſſiret man ein kleines, aber wildes und sich oft so weit ausbreitendes Waſſer, die Emme, daß man, eine Brücke darüber zu bauen, sich genöthigt gesehen, die eine Länge von wenigſtens 300 Fus hat. Sie iſt verdekt und von Holz.

¼ Stunde weiter, komt man auf einmal an die grüne klare Reuß, die aus dem Lucerner See herflieſſet. Hier hat man an dem Ufer eine Mauer heraufgezogen, und einen neuen Weg angelegt, deſſen Grund lauter Fels iſt. Rechter Hand ſtehet derſelbe noch ſteil in die Höhe, und man siehet noch die Spuren der Bore, die man vormals zur Sprengung desselben hineingetrieben hat, darinnen. Dieser so mühsam angelegte als koſtbare Weg gehet wol ¼ Stunde in einem fort, und machet den Lucernern Ehre. O wie viele dergleichen groſſe Werke siehet man überall in diesem Lande ausgeführet! Warum wol so wenige ähnliche in — andern?

Der eben erwähnte Feisen, der unter dem Wege zur rechten in die Höhe ſtreichet, hat an einigen Stellen Riſſe und Höhlen, und in diesen siehet man Keile und Klumpen von schon oft erwähnten Kieselmaſſen wie eingeschoben ſtekken. Welch eine faſt wol allgemeine Zerſtörung muß vormals hier gewütet haben, die dergleichen Zerrüttungen und Verschüttungen hat zu Wege bringen können!

Von Surſee bis hier habe ich übrigens so vorzüglich gutes, fettes und schweres Land bemerket, als ich bisher in der Schweiz noch nicht gesehen.

Lucern (d), mein Herr, das viel Baumwolle, Reis, und andere italienische Waaren ziehet, und nach Basel und sonſten schikket, hat viel artige Häuser. Das vornehmſte

(b) Herrl. Top. S. 290-293. Taf. 160. Von Surſee und dem See, Zofingen, Aarburg, nebſt dem Prospect der Schneegebürge, ſ. Basel. Merkw. 218r und die Wiesen überschriebene Tafel.
(c) Merc. Helv. 142. 143. Herrl. Top. S. 333 - 335. Taf. 235.
(d) Merc. Helv. 101. und Taf. Scheuch. It. Alp. 5. pag. 359 — 367. mit der Kupfertaf. Scheuch. Salzer. 2 Th. S. 213 — 219. Herrl. Top. 191 — 199. Taf. 167. 168.

unter seinen Gebäuden ist das Jesuitercollegium, das leicht 2 bis 300 Fus lang und recht schön ist. Die Kirche desselben ist prächtig, und der Haupt-Altar darin, nebst den Säulen der Seiten-Altäre sind größten Teils von Marmor. Vor dem grossen Eingang lieset man zu einer Seite der Thüre  S. P. Q. Lucernensis

munificentia coeptum. 1667.

und zur andern

Piorum subsidio et liberalitate
conditum. 1673.

Die Kirche in der einen Vorstadt, genant zu Sanct Leodigarius, ist auch schön von Bauart, hat aber Altäre vom älterem Geschmacke.

Der Brücken, die diese Stadt hat, muß ich noch erwähnen. Ich habe die mittlere, welche die durch die Reuß getheilte Stadt wieder zusammen verbindet, und die allein auch zum Ueberfahren der Wagen eingerichtet ist, 30 Fus breit und etwa 200 Fus lang befunden. Der Flus fliesset hier so strenge, wie bei Zürich die Limmat.

Die unterhalb dieser, und nur für Fusgänger angelegte Brücke, welche die vordere Stadt mit einem Ende der Hauptstadt verknüpfet, habe ich nur 10 Fus breit, aber 400 Fus lang gefunden. Sie ist bedekt und mit kleinen Gemälden ausgezieret, deren von 10 zu 10 Fus immer zwei vorhanden sind, die, im Geschmakke des Todtentanzes zu Basel, die Sterblichkeit der Menschen von allen Ständen und Altern, jedoch ziemlich schlecht, vorstellen; ihrer sind also auf 80.

Noch beträchtlicher ist die dritte Brücke, welche, oberhalb der mitleren oder Farbrücke, der Länge nach und schräg durch die von Sanct Gotthard kommende und den Lucernersee durchfliessende Reuß gehet, und so den einen Teil der Hauptstadt mit dem andern vereiniget. Diese ist wiederum auch 10 Fus breit, allein ganzer 1000 Fus lang; übrigens ebenfalls bedekt, und mit Gemälden, von weit besserer Art, woburch die vormaligen grossen Thaten der Eidgenosen denen Vorübergehenden beständig gleichsam gepredigt werden, versehen, 200 etwa an der Zahl.

Dan gehet man durch eine sehr kurze Strasse, da schon eine vierte Brücke, oder bedekte dritte Brücke, anfängt, die vor dem Lucernersee vorbei läuft, und die Hauptstadt mit der hinteren Vorstadt von dieser Seite in Zusammenhang bringet; denn weiter hinten haben beide schon Gemeinschaft zu Lande. Diese Brücke nun ist, bei 10 Fus breit, 1380 Fus lang, und, wie die vorigen beiden, nur für Fusgänger. Der darin befindlichen wiederum viel schlechtern Gemälde, so biblische Geschichte vorstellen, werden 276 sein.

Gereichet eine so wichtige Anlage, wie diese Brücken erfordert haben, nicht abermals der Stadt zu einer ansehmenden Ehre?

Lucern, wie vielleicht die meisten Städte der catholischen Cantons, scheinet einen ziemlichen Mangel an Inwonern zu leiden, ungeachtet ihrer so vortheilhaften als angenehmen Lage; ja, diese fasset alles in sich, was man gros und unvergleichlich nennen kan. Besonders machet der Pilatusberg, Mons Pilati oder pileatus, ein sonderbares Ansehen. Sein Rücken von einer Seite ist sehr steil und hat sehr starke treppenförmige Absäze. Er hatte diesen Nachmittag sein spiziges Haupt in Wolken verhüllet, und nur zuweilen öfnete sich hin und wieder der Vorhang ein wenig, so daß man etwas von ihm entdekken, aber niemals ganz ihn sehen konte.

Von Weinbergen ist um Lucern keine Spur mehr; doch komt die Rede gut genug fort: wie ich denn in der Stadt ein Haus gesehen habe, das bei nahe ganz damit bewachsen war, und zwar bei die 40 Fus hoch, und dichter und schöner, als ich sonst irgendwo beobachtet. Von so geschüzten Stökken ist indeß freilich nicht auf solche zu schliessen, die im Freien stehen würden. Beiläufig gesagt, so stehet nicht weit von hier, auser der Stadt, auch eine so schön gezogene Linde, wie bei Liechstahl ist.

Dreierlei ist mir sehr unangenehm und eben so sehr wieder meine Hofnung, hier nicht geniessen zu können. Das erste, den Herrn Kappeler kennen zu lernen, der Ihnen, mein Herr, aus seinem Cristallographiae prodromo, Lucern 1723. (Die Cristallographia selbst ist nie gedrukt worden) bekant sein (e) wird; allein, dieser alte Mann wonet nicht mehr in der Stadt. Das zweite ist, das Cabinet zu sehen, welches das berühmte Lang, von dem die Historia lapidum figuratorum herrüret, nachgelassen, und das nun in seines Grossohnes, des D. Med. Langen, Händen ist (f); dieser kan nemlich den morgenden Tag seine Samlung nicht zeigen. Das dritte, und was ich am aller ungernsten versäume, ist aber, den Pilatusberg (g), der, nach Du Crèts Abmessung (h), 1403 französische sechsfüsige Klafter hoch ist, zu besteigen, um von den daselbst befindlichen Versteinerungen zu samlen, und die Felsen zu betrachten, die ganz von zermürseten versteinerten Seemuscheln zusammen gesezt, und auf einer Höhe, das Widerfeld genant, gelegen sein sollen; ferner, unweit davon, das Monloch zu untersuchen, welches eine 100 Klafter lange Höhle ist, worin Wasser tröpfelt, das diejenige Art seine Erde absezet, die man Monmilch, Lac Lunae, (i) heisset. Allein, da das Wetter regnigt ist, und daneben hiezu ein ganzer Tag erforderlich sein würde, so muß ich auch in diesem Puncte meine Neugierde unbefriedigt lassen (k).

---

(e) Vielleicht ist jezt, da ich dieses schreibe, die so lange gewünschte Cristallographia heraus. Ich habe wirklich die erste Kupfertafel abgedrukt davon in Händen, und zwar seit 1744, da mir der Herr Thorbert Gesner schrieb, daß vielleicht das Werk selbst, wiewol noch unvollkommen, bald in Basel edirt werden würde. — N. Z. 1774. Es sind auf dieser Tafel 56 Figuren, unter welchen ich die 47ste ganz gern dem Kupferstecher geschenkt hätte.

(f) Das Langische Cabinet ist, so viel mir bekant, in den Händen seines Sohns Med. Dr. und des grossen Raths zu Lucern. — N. Z. Gesner, 1775.

(g) Scheuchz. It. Alp. 5. pag. 397 - 400. Scheuchz. Sulz. 1 Th. S. 14 - 16. --- 2 Th. 239. 240. Auch in Sulz. Bergreise, Ecte J. G. Sulzers Beschreibung ruziger Merkwürdigkeiten, welche er in einer 1742 gemachten Bergreise in der Schweiz beobachtet hat. Zürich 1747. S. 39 - 43. und Herrl. Top. S. 11. 12. Taf. 5.

(h) Siehe: Prospect géometrique des Montagnes neigées, dites Gletscher, telles qu'on les découvre depuis le château d'Aarbourg dans les territoires des Grisons, du Canton d'Ury et de l'Oberland du Canton Berne. Fait au château d'Aarbourg en Janvier, 1755. Gravé par C. T. Lotter à Augsbourg, wobei ein Mémoire pour l'explication du Prospect, &c. vom 10 Octob. 1754. révû et corrigé le 2 Juin 1755.

(i) Car. Nicol. Lang Hist. Lap. Fig. Helv. Venetiis 1708. pag. 7. 8. Tab. 1. Scheuchzer Sulz. 1 Th. 213.

(k) Eine sehr artige Beschreibung, von einem Ungenanten, des Pilatusberges findet sich in den Melanges d'Hist.

Ich werde also Morgen früh von hier und über den See nach Altorf und auf den Gothard gehen.

Sol ich noch als eine Merkwürdigkeit dieser Gegend anführen, daß, je mehr man sich Lucern nähret, je mehr man wolgestaltete Frauensperfonen und feinere Gesichtszüge an denselben gewar wird, und daß also Lucern selbst viel gefallendes Frauenzimmer hat? Kommen Sie, mein Herr, wenn Sie wollen, selbst hieher, so können Sie sich davon, und, ich hoffe, nicht ohne alles Vergnügen, mit Ihren eigenen Augen überzeugen.

Lucern, den 13 Sept. 1763.

naturelle, Tome 3. à Lyon. 1765. pag. 273 - 313. Die zugleich getreu zu fein scheinet, bis etwa auf die Stelle nach von dem Trou aux Cerifes oder dem Kirfchenloch, fo genant weil die Raben Kirfchenfteine dahin tragen follen, von dem aber

M. A. Cappeler in Pilati montis Hiftoria. Bafileae 1757 faget: „ es finden fich dafelbft keine Kirfchenfteine, und das Loch habe vermuthlich feinen Namen von Kriechen, weil man durch daffelbe kriechen müffe, und folle alfo wol eigentlich das Kriechlich heiffen, pag. 18. Eben diefer C. fagt auch, das Lac Lunae folle eigentlich nicht Mondmilch, fondern Bergmilch heiffen; die Bewoner haben das lateinifche Moar, fo wie in dem Worte Fralmont oder Frakmunt (Mons fractus) beibehalten: fo daß man Montmilch, Lac montis, Bergmilch zu fagen habe; und eben fo von der Höhle felbft, nicht Monbloch fondern Montloch, Montis antrum, Bergloch, pag. 164. 165.

Von der Nagelflue (wie er die oft erwähnten Kiefelmaffen nennet) hat Herr C. die Muhtmaßung, daß fie, wegen der oft hagelförmigen Geftalt der Steine, woraus diefer Felfen zufammen gefetzet ift, Hagelflue heiffen folle, pag. 174.

Uebrigens ift die Befchreibung des Herrn C. ungleich volftändiger, und enthält zugleich alle SteinPflanzen- und Tier-Arten des Berges rc. als jene Franzöfifche, die man indeffen wegen ihrer Lebhaftigkeit, womit die fonderbaren und gräslichen Gegenden abgefchildert werden, mit vorzüglichem Vergnügen liefet.

Eben die angenehme Befchreibung des Pilatusberges aus den Melanges d'Hift. Nat. findet fich deutlich in unfern nüzlichen Samlungen von 1757. 4 und 5 Stük. — R. Z.

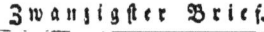

## Zwanzigster Brief.

### Mein Herr,

Hier haben Sie eine Seltenheit —: Zeilen, so auf dem Vierwaldstädtensee, oder Lucernersee, geschrieben worden. Auf dem See selber! warum dieses? Darum: die Materien zu meinen Briefen häufen sich; ich merke, daß die Riesenwerke der Natur, denen ich mich nähere, mir viel zu betrachten und Ihnen zu erzehlen geben werden; zu Wasser, wie zu Lande, werde ich derowegen, von nun an, an Sie schreiben, und zum Glük machet es der verdekte Nachen, mit welchem ich über den See reise, und der, ob gleich wankende, Tisch, der in demselben stehet, mir bequemlich genug, so gleich hier einen Brief für Sie anzufangen: warum solte ich denn diese Arbeit bis zu meinem Nachtlager versparen? Ich bin ohnedem, wie zum Sehen und Empfinden, recht zum Schreiben jezt aufgelegt, und, da durch die manigfaltigen und rürenden Gegenstände, dergleichen wie meine Sinne jemals getrofen, sie fast alle, und mit einem immer zunehmenden Reize, aufgefordert werden, zu genießen und zu fühlen: so kan ich kaum anders als so gleich zu der Feder meine Zuflucht nehmen, um Sie, mein Herr, das hohe Vergnügen theilen zu lassen, das jezt anfängt, mich außer mich selbst zu sezen. Es wird mir, in der That, diese kleine Wasserfart je länger je angenehmer, und der Anblik der vielen überaus hohen Berge, die diesen See wie ein Kranz einschließen, und über die wiederum andere noch höhere hervorragen, ist zwar mehr zum Empfinden als zum Beschreiben gemacht; indessen muß ich Ihnen doch sagen, was ich empfinde, ob gleich ich nicht zu sagen weiß, wie. Um aber jenes zu leisten, so will ich nach der Ordnung niederschreiben, was ich sehe. Folgen Sie mir, lesend und mit Hülfe der

Einbildungskraft, nach; einige Schriftsteller, die von diesem See und seinen Bergen geschrieben haben (a), können Ihnen dabei zu Hülfe kommen. Das grosse Schauspiel, das meine Augen bald zur Linken, bald zur Rechten, hinziehet, enthält folgendes. Sehen Sie, mein Herr, zuerst den stolzen Pilatusberg an, welcher da, an dem rechten Ufer des Sees, der 130 Klafter tief seyn sol (b) stehet, und als König ihn zu beherrschen scheinet. Ein Berg, von dessen Gipfel ganze Reihen Berge, gegen den See zu, herablaufen; der nicht einen, sondern verschiedene Wälder auf seinen Rücken träget, gegen seinen Fuß aber die schönsten Wiesen und die fruchtbarsten Aecker zeiget. O sehen Sie, von jener Seite her, seinen sägenförmigen Rücken! Aber jedweder Zahn dieser Säge, übertrift er nicht an Größe den größesten Aecker? Gegen seine zwei höchsten Gipfel zu, die ohne alles Gebüsche, ganz nackend, und scharf zugespizet sind, entdekt man Thäler ähnliche Vertiefungen und Klüfte, und in denselben schon izo Schnee. Aber, wo sind nun diese stolzen Gipfel, die sich noch diesen Augenblik mir zeigten? Undurchsehliche Wolken haben sie umschleiert; — und jezt wieder senken sich diese: das zwiefache Haupt des Berges scheinet sie zu durchspiessen; nun schwimmet, wo ich recht sehe, seine ganze obere Hälfte in dem schwebenden Meere der schlüpfrigen Dünste; und, siehe, unmerklich verdünnert sich dieses täuschende Dunstmeer, es zerrinnet, und der Pilatus, in seinem ganzen Umfange und in seiner ganzen Majestät, ist wieder sichtbar! —

Aber ich muß aufhören, von den Anblikken, die, wie bezaubernd, mein Auge rühren, und die mein Gemüth mit Bewunderung und Erstaunen anfüllen, weiter zu schreiben. Denn, ich merke, daß ich nicht Enthusiasterei schreiben kan, und ohne eine gewisse Schwülstigkeit, die denenjenigen misfallen muß, die nicht der Anblikke zugleich selbst geniessen, welche meine Seele berauschen.

Indeß, so lange ich in dieser Gegend schiffe, getraue ich mir nicht, in einem andern und, wenn Sie so wollen, gesetztern Tone zu schreiben. Ich lege also lieber auf einige Augenblikke die Feder nieder. —

---

Hier haben Sie, mein Herr, was ich ferner beobachte:

zur Linken                 zur Rechten

Hinterwärts der Stadt Lucern, der Lucernische Berg, der Gutsch, worauf ein schönes Lusthaus lieget.

(a) Herrl. Top. S. 216. Taf. 190. Scheuchz. Schw. 2 Th. S. 212.
(b) Bruner, 1 Buch. S. 63.

### zur Linken

Der Lucernische Muteberg, vor diesem im See eine kleine Insel, worauf ein Garten und lustiges Haus lieget.

Der halb dem Canton Lucern, halb dem Canton Schweiz zugehörige Rigiberg.

Unter demselben die Landvogtei Weckis; hinter und seitwärts welcher, an der Höhe des Berges, verschiedene hohe Wände von Felsen ins Auge fallen, deren mächtige Lagen schräg, doch algemach, herabwärts bis in den See streichen.

Stanzstade gegen über das Dorf Kisnach, oder Küßnacht (c), so in den Canton Schweiz gehöret.

Hier erscheinet auf einmal die ganze Breite des Sees.

### zur Rechten

Der Lucerneische Sonnenberg.

Unten am Pilatus treten in den See herein, 50 und mehr Fus weit, Felsen, von 20 bis 30 Fus Höhe, so theils aus Kalch- und Sandsteinen, theils aus zusammen geballenen Kieseln bestehen, und theils durchbrochen sind, theils sonst sonderbare Gestalten haben.

Der Blum-Alp, so schon nach Unterwalden gehöret.

Unter diesem

Ein kleiner Ort, so Stanzstade heisset, eine Anfuhrt von Stanz, dem Hauptort vom Canton Unterwalden, welcher ½ Stunde weiter seitwärts gelegen ist.

Der Bürge, so Lucernisch; über diesen gult hervor das Buchserhorn, so wieder Unterwaldisch.

Unten, an der Seite von dem Bürgen, siehet man eine Wiese, und auf derselben Castanienbäume von ziemlicher Grösse; er selbst aber, so stark er auch mit Tannen bewachsen ist, ist ein lauterer Fels, der zwischen den Bäumen fast immer herdurch gesehen wird, ungemein steil und fast senkrecht.

Unten am Berge ein Sennhof.

Weil es stark geregnet hatte, und noch beständig die Wolken an den Bergen hingen, so entstanden herab stürzende kleine Bäche, deren wol 20 zu sehen waren. —

Bald nähern sich nun die beiden Ufer oder die letzt genanten Berge einander, so daß die Durchfart ziemlich enge wird, etwa von nur ½ Stunde Weite. Man nennet diese beiden kleinen Vorgebürge die untere und die obere Nase. Das linke Ufer ist hier noch Lucernisch, das

(c) Merc. Helv. 94.

das rechte ſchon Unterwaldiſch. Queer vor ſich ſiehet man jezt verſchiedene Berge, und, wo ſich das Ufer wieder erweitert, iſt das gebürgigte Amphitheater von unvergleichlicher Schönheit und Pracht. Jezt zeigen ſich ganz zur Seite, rechter Hand,

**zur Linken**

**zur Rechten**

Die hinter dem Bürgen verſtekt geweſenen Berge, der Pilatus, die Blum-Alp, das Buchſerhorn, wovon zuvor nur der Gipfel zu ſehen geweſen war, und an welchem leztern das Dorf Buchs lieget. Weiter hin Bekkenried, beide Unterwaldiſch. Lucern iſt nun verſchwunden.

Weil man hier kaum die Hälfte des Weges hat, ſo zeiget ſich, daß auf dieſer Stelle die Homanniſche Landkarte, Helvetia tredecim ſtatibus liberis, quos Cantones vocant, compoſita &c. geographice delincata per Tob. Mayerum Prof. Goett. Norimb. 1751., die ich eben zu Nachſehen, bei mir füre, ganz irrig iſt. — Ferner folget:

Die kleine Herrſchaft Gerisau, die hier linker Hand liegt, und davon man nur die Berge erblikket; dieſe ſol bei die 250 Sennhöfe haben. Dies würde, im Durchſchnitt jeden zu 25 Kühen gerechnet, 6250 Stükke ausmachen. Viele von dieſen Sennhöfen ſiehet man an den Gerisauer Bergen überhaupt, wie eine Menge derſelben an dem über ſie hervorquillenden Rigiberg. Die einzelnen Häuſer oder Hütten, deren etliche an dem Gipfel ſtehen, wirken eine ſonderbare Vorſtellung. Aus obigem verſtehet ſich, daß der größte Theil dieſer Berge Wieſe ſei. Nun folget

Gerisau ſelbſt, ein Flekken (d), das wegen des hinterſtehenden überaus hohen Berges und der von demſelben herabhangenden, theils geborſtenen, theils ganz hohlen Felſen, eine ſo gefärliche als übrigens ſehr angenehme Lage hat.

Eine Reihe Unterwaldener Berge, auf deren etligt ſcharfen Gipfeln ſchon viel Schnee lieget. Den prächtigen Anblik vermag ich nicht auszudrükken. Unten liegen Sennhöfe, ſo wie, mehr in der Höhe, Alphöfe.

Gerisau gegen über, ſtehet auf unten dürren ſteinigten, oben grünen fruchtbaren Bergen, eine vielleicht 4000 Fus lange und hin und wieder über 100 Fus hohe Felſenwand, die ſich algemach, uns Farenden entgegen, in den See neiget, und an ein Paar Stellen

R

(d) Merc. Helv. 30. Scheuchz. It. Alp. 1. pag. 11. Tab. 5. 6. wo auch, nebſt einem Teile des Sees, Schwitz oder Schweiz zu ſehen iſt.

| zur Linken | zur Rechten. |
|---|---|

**zur Linken**

Der Föhneberg, und da herum die Muta, ein Flus, so ziemlich jähe herabgeflossen komt. Ferner der Muttenberg, und dicht daran und fast derselbe Berg, der Haken oder Hoken, dessen halber Gipfel herab gestürzet ist, und ein rothes Erdreich zeiget.

Unter dem Haken, der Flekken Brunnen, und weiter hinten im Lande

Schweiz (e), der Hauptflekken des Cantons gleiches Namens. Nun folget, rechter Hand zu sich ziehend.

Der Murliberg. Dieser bestehet aus lauter, selten horizontalen, meistens fallenden Felsenschichten, so fast ganz mit Bäumen bewachsen, und mit Wiesen beteppigt; gehöret in den Canton Schweiz.

**zur Rechten.**

herabgestürzet ist. Dieser Berg heisset der Seelisberg, über welchen der Niederbauer herüber siehet. Nun fängt der Canton Uri an.

Ein Wirthshaus, dicht am See, wo wegen widrigen Windes mancher Reisende zu landen genöhtigt ist, und sich zuweilen 100 und mehr Personen aufhalten.

Gleich unter dem Seelisberge.

Hier schiffet man zur Rechten und um den Seelisberg, der ganz Fels ist, dessen Schichte mehrentheils nur wenige Zolle mächtig sind, so daß ihre schiefrigte Substanz das Ansehen einer Mauer von geballenen Steinen gewinnet. Ein hievon vermuhtlich abgelöstes Stük, das einem Thurm ähnlich, heisset

Der weite Stein.

Eine viertel Stunde weiter siehet man oben auf dem Seelisberg eine Capelle und Pfarrkirche liegen; und nun zeiget sich der Fus des Niederbauers, den man vorher von der andern Seite über den Seelisberg herüber gukken sah.

Unten am Murliberge das Dorf Zisile, oder Sisigen.

Kurz vor demselben sind die Felsenschichte ganz sonderbar gelegen; sie senken sich nemlich alle nach derselben Richtung, und dan kehren sie mit einander wieder zurük nach unten, so daß sie lauter Haken (f) mit spitzigen Winkeln bilden. Und an dem entgegengesezten Ufer, rechter Hand, siehet man die

---

(e) Merc. Helv. 141. und Tafel. Herrl. Lop. S. 264. 265. Taf. 155. hat eine reizende Aussicht zwischen dem gebüraigten Seekranz und über den See selber.

(f) Der so sonderbaren Lagen der Erdschichte dieser Berge, linker Hand vornemlich, hat, nach Scheuchzer, in der Naturgeschichte des Schweizer Landes. 1 Th. S. 111—113. Taf. 1. und in Phys. sacra 1 Abth. S. 64. 65. Taf. 46. auch Gruner erwähnet, im 1 Buch S. 63.

Schichte ganz genau eben alſo geordnet. Sollten nun dieſe beiden Ufer nicht vormals ge-
ſchloſſen und an einander hangend geweſen ſein? Auch haben ſie ohne Zweifel unter dem
See noch jetzt Gemeinſchaft mit einander in einer gleichen Richtung und Wiederkehrung,
wie über dem See zu ſehen.

| zur Linken. | zur Rechten. |
|---|---|
| Der Achſeberg folget nun gleich hier, und bald die, zu des Befreiers der Schweiz, Wilhelm Tells Andenken, erbauete Capelle, worin ſeine merkwürdigſten Thaten abge-mahlet ſind. Dieſe Capelle gehöret nach Uri. | Die jetzigen und folgenden Berge, deren Namen ich nicht aufſchreiben kan, gehören, bis nach Altorf hin, alle in den Canton Uri. |

Was meinen Sie wol, mein Herr, die alte Sage von dieſem denen Schweizern ſo hoch-
geſchätzten, und den Catholiſchen Cantons bei nahe heiligen Wilhem Tell, hat ein neuer Schriftſteller, den ich Ihnen auch nennen könte (g), neulich in Zweifel zu ziehen gewagt, ja ſie
wirklich für ein Märchen erkläret, wodurch er ſich aber Verdrüslichkeiten zugezogen hat, deren Folgen er mit Mühe ausgewichen iſt. Und doch ſind alle Schweizeriſche Geſchichtbü-
cher, als von einer, ſo viel ich weiß, ungezweifelten Warheit, davon vol.

Nun komt noch, linker Hand,

Flüelen oder Flälen (h), alwo wir jetzt, Nachmittags um 5 Uhr, landen, und alſo dieſen ſchönen See, der ziemlich geſtürmet hat, und, nebſt vielen andern Fiſchen, auch Lachsforellen von 25 und mehr Pfunden beherberget, nach einer Fahrt von 6 Stunden, die mir
ſo mancherlei groſſes und bezauberndes gezeiget hat, verlaſen.

Von hier denken wir zu Fuſſe nach Altorf zu gehen.

R 2

Vom Lucerner See, den 14 Sept. 1763.

---

(g) Man ſehe davon algemeine deutſche Bibliothek. Berlin und Stettin. 1766. dritten Bandes 1 Stük, S. 266. 267.
    Im Journal Encyclopedique. Avril. 1767. wird folgender Schrift erwähnet: Guillaume Tell. Brochure in
    12mo. à Paris. 1767. die von dem Baron Zur-lauben ſein ſol, und worin, wieder obigen Schriftſteller,
    die Warheit der Geſchichte Wilhelm Tells ſol dargethan ſein. — R. Z.
(h) Scheuchz. Natur Geſch. 1 Th. 1 Taf. wo zugleich wieder ein ziemlicher Strich des Sees vorgeſtellet iſt.

### Ein und zwanzigſter Brief.

#### Mein Herr,

In der Ahndung, die ich habe, und die mir mehr und mehr zur Gewißheit wird, daß neulich die Materien zu meinen Briefen ſich mehr, als mir faſt lieb iſt, häufen möchten, fange ich ſchon wieder und zwar zu Altorf einen an, den ich aber nicht hier, ſondern vielleicht — ich weiß noch nicht wo — auf dem Gotharde vollenden werde.

Von Flüelen bis hieher, nach Altorf, dem Hauptort des Cantons Uri, zu gelangen, hat man nur einen Spaziergang zu thun, den wir auch in Zeit von einer halben Stunde zurüklegten, und um 7 Uhr Abends ſchon hier waren. Hier iſt das Land der Wunder, welches Rieſen bewonen ſolten. Welche entſezliche Berge! Altorf (a) iſt ganz von ihnen umgeben, und hat eine recht fürchterliche Lage: ein würdiger Vorhof, daß ich ſo ſagen mag, des Gothards, der über alle Berge Europens ſein Haupt empor hält! Uebrigens giebt es in Altorf recht viele artig gebauete Häuſer mit ſtark hervorragenden und deſto flachern Dächern. Die meiſten derſelben ſind mit Schindeln gedekt, welche von 3 zu 3 Fus mit ſchmahlen Latten, und dieſe mit Steinen belegt ſind, die zum Teil über einen Centner am Gewicht haben müſſen. Denn, nur ſo bewafnet, können ſie der Gewalt der Sturmwinde wiederſtehen, die hier wühten.

Man ſpeiſet in dieſem Orte ſchon auf Italieniſchem Fus, und trug für uns zuerſt Käſe und Brod darauf Wurſt, und hernach erſt die Suppe auf. Dieſe aber iſt allezeit von geriebenem Käſe begleitet. Man bekömt keine andere als Italieniſche Weine zu trinken, weiße und rohte, die ſüßlich ſind, der Zunge die Empfindung einer gewiſſen Kälte und Rauhigkeit eindrüllen, Durſt machen und ſehr erhizen. Mit groſſer Verwunderung ſehe ich jezt, da wir unſer frühes Mittageſſen halten wollen, ſehr gute Bon-chrétien-Birnen und Pfirſchen auftragen, von denen man nicht vermuhten ſolte, daß ſie hier reifen könten. Allein, dieſe und andere Früchte ziehet man hier, gleichwie Bitsbonen und allerlei Gemüſe, faſt ſo glüklich, wie bei uns. Ja, ich habe in des Landshauptmanns, Herrn Schmidts, Garten ein Birn-eſpalier geſehen, das bei nahe ſo gros, wie das von Surſee erwähnte, war, und ſein Stam hatte unten faſt einen Fus im Durchſchnitt; wie denn auch ein Pfirſigbaum daneben ſtand, der dem zu Surſee gleichfalls wenig nachgab.

Dieſen Mann, den Herrn Schmidt, habe ich um der Criſtallen willen, womit er handelt, und von deſſen Gruben er mir Nachricht geben konte, dieſen Morgen beſucht. Denn die nähere Kentnis dieſer ſchönen Steinart, die ich zu erlangen wünſche, iſt ein Hauptbewegungsgrund zu meiner Reiſe auf den Gothard. Auch habe ich bei ihm einen ziemlichen Vorraht davon angetroffen, und mir daraus etliche und zwanzig beträchtliche und

---

(a) Merc. Helv. 29. und Tafel, wo aber die Lage zu frei und offen vorgeſtellet iſt.

lehrreiche Stükke ausgesucht, die 60 Altorfische Pfunde wiegen. Sie kommen mir auf eben
so viel Gulden zu stehen. Eines dieser Stükke ist so klar, daß der Herr S. es einzeln eine
Zechine das Pfund wehrt zu sein behauptete. Derselbe besizt selbst eine Grube am Gothard, die an dem so genanten Pfaffensprunge belegen ist. Aus dieser Grube hatte er verschiedene schöne und sonderbare Stükke. Eine aus lauter grossen Cristall-Zinken bestehende
Druse war darunter, so ich ungerne nicht gekauft habe, diese ist 2½ Fus lang, 2 Fus breit,
und 1¼ Fus hoch.     Ihre obere Fläche enthält dikke und ziemlich lange Spiese von ziemlicher Klarheit, und die untere, in entgegengesezter Richtung, dergleichen kleine. Er schäzte
das Pfund zu einem Ducaten, weil jezt nicht mehr, wie vormals, so grosse Stükke gefunden zu werden pflegen: denn dieses wieget ohne Zweifel über einen Centner.

Die Berge, so um Altorf liegen, sind, so viel ich mir habe erklären lassen können,
der Gültschen, Ekke, Sonnenstok, Schlosstok, der Baule, der Arnistok, der Grünberg,
und der Tinnestok.

Als wir diesen Morgen erwachten, regnete es, wie gestern Abend, entsezlich, und
etliche der genanten Berge waren oben mit Schnee bedekt, so daß wir fast daran verzweifel-
ten, heute den Gothard besteigen zu können.

Auch suchte uns unser Wirt zu überreden, die Abreise bis Morgen zu verschieben.
Allein, da dieser Raht noch einen andern und ihm vielleicht wichtigern Grund haben kan,
als unsere Sicherheit, und das Wetter sich anfängt aufzuklären, so haben wir beschlossen,
noch diesen Mittag von hier zu gehen. Wir haben ein Pakpferd und 5 Reitpferde für uns
bestellet; schon höre ich die Strasse unter ihrem schweeren Tritte von den plumpen Hauleisen
erschallen; — jezt wil ich essen und auf Ihre Gesundheit, mein Herr, ein Glas Wein trinken; verschmähen Sie dies Opfer nicht, das Ihnen, vol Selbstverläugnung, mein Gaumen
bringet! in Zeit von 2 bis 3 Stunden wird nun der stolze Gothard die Caravane tragen,
in der sich ihr getreuer Freund befindet, dessen Name unter keinem von seinen Briefen stehet,
weil er in ihrem Gedächtnis, und, ich schmeichle mir, selbst in ihrem Herzen angeschrieben ist.

So weit

zu Altorf, Mittags um 11 Uhr.

Nach 5 Stunden, mein Herr, sind wir hier, zu Wasen, angekommen, und nun wil
ich meinen Brief an Sie schliessen. Gegen 1 Uhr, diesen Mittag, ritten wir von Altorf
weg. Gleich, da man aus dem Orte komt, erschrikt man über die erstaunliche Menge Feld-
oder Kieselsteine, womit eine Gegend von wenigstens ½ Stunde ins gevierte gänzlich bedekket
ist. Es ist ein reissender Bach, der Schechen oder der Schechenbach (und das Thal, in welchem er fliesset, das Schechenthal) genant, welcher solche mit sich von den Gebirgen brin-

get, und durch seinen plötzlichen Anlauf und ungestümen Zuschuß oft großen Schaden anrichtet. Die meisten von diesen Kieseln haben noch nicht die gewönliche Rundung; sie bedürfen, um solche zu erhalten, noch durch längere Wege herdurch gespület und gewälzet zu werden, da, zum Beispiel, in Holland der Stein, welcher in dem Rheinstrom, der am Gothard gleichsam in seiner Kindheit daher kieselt, noch rauh und hart und groß genug war, in Holland, sage ich, theils glatt, wie ein volkommener polirter Kiesel, theils, und mehr, schon zertrümmert, als Grand oder Gries, theils gar in Staub aufgelöset und als Sand erscheinen wird ꝛc.

Bald nachher verengert sich das Thal, das treffliche Wiesen enthält, aber zu beiden Seiten mit überaus hohen Bergen vol Tannen, und auch besonders zur linken, mit nakkenden schroffen Felsbergen beseset ist. Es wird dies Thal, vom See an gemessen, etwa 3 Stunden Länge, und, nach einem mittern Durchschnitt, ½ Stunde in der Breite haben. Unglaublich große Stükke sind von den Felsen herabgestürzet, und andere liegen noch an den Anhöhen zu tieferem Fall bereit. Nichts desto weniger siehet man dicht an und unter diesen Zerschmettern drohenden Steinmassen Häuser stehen, und die Bewoner derselben leben darin ruhig, und sich eben so sicher, als Fürsten in ihren Pallästen: etwas, dabei jeder anderer, der solches nicht täglich zu sehen gewont ist, erzittern möchte. So bleibt nun der Weg, aber etwas steigend, sich ähnlich bis zum Stäg.

Hier wonet ein Mann, Namens Franz Walker, der, dießseits auf den Gothard hinauf, den vielleicht beträchtlichsten Cristall-Handel hat. Denn er ist nicht nur in der Grube am Pfaffensprunge zugleich mit dem Altorfischen Landshauptmann, Herrn Schmidt, interessiret, sondern er gehet auch nach Wasen, Ursern an der Matt und Hospital, wie nicht weniger zu den Graubündtern und ins Livinerthal hinüber, um Cristallen einzuhandeln, daher ich auch aus seinem Vorrahte 6 instructive und schöne Stükke nebst 15 kleinern auszusuchen Gelegenheit hatte. Pfundweise pflegt er die recht klaren, die, weil sie meistens nach Mailand geführet, und daselbst zu Dosen, Lichtkronen ꝛc. geschlifen werden, Mailändisch Gut heissen, zu 2 Gulden zu tariren. Daß, nebst dieser Sorte, die Cristallen in noch zwei andere, nemlich das Freiburger (b), das nur zu kleinern Arbeiten, als Stok- und Handknöpfen tauglich ist, und den Roban, oder Rothan, Rottam, vertheilet werden, welches erstere kleiner und trüber, als das Mailändische, ist, lezteres aber noch schlechter und wohlfeiler, nur in die Apotheken, vielleicht auch Glashütten, verkaufet werde, hat schon Scheuchzer (c) gesagt. Die curieusen Stükke mit eingeschlossenen fremden, gemeiniglich für Strohhalmen, Moos, Haare, Fliegenflügel ꝛc. gehaltenen Dingen, die aber mehrentheils nichts an-

---

(b) Ob gleich die zweite Sortirung der Cristallen Freiburger Gut genant werden, so werden doch zu Freiburg im Brisgau keine Cristallen, wol aber Granaten geschliffen. Erkeres geschiehet in dem Städtchen Waldkirch, 2 Stunden von Freiburg. Die Granaten kommen alle aus Böhmen, und sind von sehr verschiedener Größe. — N. C.

(c) Siehe davon nur Scheuchz. Culzer 2 Th. S. 105.

anders als kießigte (und ſchörligte) Körper ſind, gleichwie die von auſſerordentlicher Gröſſe, haben gar keinen geſezten Preis; die Hize der Liebhaber beſtimmet und ſteigert ihn oft unmäßig hoch. Die eigentliche Zeit zur Einkaufung der Criſtallen iſt im Frühjare, weil man zu ihrem Aufſuchen vorzüglich den Winter anwendet; dann kommen die Kaufleute und ſuchen ſich jeder das brauchbare Gut aus. Daß dieſe aber ſie, in groſſen Partheien, nicht ſo teuer bezahlen, als andere Durchreiſende thun müſſen, die nur wenige Stükke verlangen, verſtehet ſich.

Vom Stäg ſteiget der Weg mehr und mehr in die Höhe. Die Reuß brauſet in einer Tiefe von 300 bis 500 Fus zwiſchen gewaltigen Felſenkülken unten an der Straſſe entſezlich fort; von vielen Bergen ergieſſen ſich ſchlängelnde, und, wie es in der Ferne ſcheinet, nur ſchmahle Bäche hinunter, die, wenn man ihnen näher komt, ſich zeigen, daß ſie bald aus mehreren Güſſen in eins laufen, bald wieder in verſchiedene Ströme vertheilet werden, und hin und wieder 10 und mehr Fus breit ſind. Dieſe allen Pracht der Waſſerkünſte der Fürſten weit überſteigende Cascaden kan man nicht ohne bewunderndem Vergnügen betrachten. Die ſtolze Höhe der Berge auf Bergen wächſt zuſehends; das Nakkende ihrer Eingeweide komt mehr und mehr zum Vorſchein; gewaltige und vielleicht einige hundert Fus groſſe Felſenſcheiben haben ſich davon abgelöſet und gegen den Fluß und bis zu ihm hinein geſchoben, und haben ihre dünne Raſendekke mit ſich genommen, die hie und da ſchon von ihnen ſich abhäutet; eine Menge erwachſener Tannen, zugleich mit den herabgeſchoſſenen Felſen fortgeriſſen, liegen da, über und unter dieſen, in allerlei Lagen, und ſcheinen oft kaum die Gröſſe eines Handſtabes zu haben: ſo ſehr verkleinert ſie dem Auge die Entfernung und der Umfang der mächtigen Felſen; die Wände von dieſen werden immer ſteiler und mehr vor ſich herüber hängend, drohen ihren nahen Fall, und, in ihm, Verwüſtung; kurz, der beherzteſte Mann wird dieſe Gegenden nicht, wenigſtens zum erſtenmale nicht, durchreiſen, ohne etwas zu empfinden, das der Furcht nahe komt, beſonders indem er über einige Brükken gehet, die ein ſehr niedriges, oder gar kein Geländer, unter ſich aber in einer ſchwindelnden Tiefe die brauſende und ſchäumende Reuß haben, und da vor und hinter ihm zugleich ſo viel, wo nicht Schrekken, doch einen ernſthaften Tiefſin einflöſende, Gebürge ihm den Gedanken zuwinken: wie klein, welch ein Nichts biſt du! oder, indem er gar plözlich und unverſehends aus dem buſchigten Wege in einen ganz offenen geräht, der krum um einen Abgrund füret, wo zur einen Seite herabhangende Felſen ihm drohen, in welchen ein etliche hundert Fus hoch ſtäubend-herniederrauſchender Bach ſich einen Buſen gewaſchen hat, gleich unter welchem nur eben die Straſſe noch feſt ſtehet, die dieſe Cascade unterbricht, mit der ſie überſtoſſen wird, und die nun weiter mit einer neu formirten Cascade bis unten in die tobende Reuß hinabſtürzet, ſo daß er auf dem nakkenden Rande der ſich in einen halben Cirkel krümmenden Straſſe, wo jedes ſcheue Ausweichen, jeder falſche Trit ſeines Pferdes das Leben koſten würde, ſeinen Weg fortzuſezen genöhtigt iſt: o gewiß! hier wird das Gemüht des Reiſenden von Erſtaunen und Verwunderung hingeriſſen, und unmöglich kan er ſich einer gewissen Besorgnis erwehren, die eine natürliche Folge von dem Gefühl seiner Schwachheit und Ohnmacht ist, welche er hier, und wäre er noch so sehr von dem Grosdünkel selbst eines Ueberwinders geblendet, nicht verkennen wird, nein, nicht verkennen kan.

Eine Cascade von oben beschriebener Art paßiret man zwischen hier und zum Stäg, die von einem Sturzbache, die Jellene, verursachet wird, und ein ganz besonderes Ansehen machet. Denn sie komt in der Mitte eines Bergbusens hervor, der ziemlich weit und tief, mit Bäumen umwachsen ist. Der Busen aber, oder das kleine Thal selbst, ist ganz frei von Bäumen, und stellet eine schöne Wiese dar, so daß der Plaz vollkommen einem Amphitheater gleichet.

Eine ziemlich grosse Felsenscheibe habe ich, nicht weit von hier, angetroffen, die aus ihrem Lager weit hervorgeschoben ist, und, weil sie nur noch an einer schmahlen Ecke an dem Berge haftet, längst hätte in den Weg herein taumeln müssen, wenn nicht die schwache Verbindung eines Baumes ihr, um sie in der Hize zu erhalten, zu statten gekommen wäre, dessen Wurzel nemlich halb in den Rizen des Steines, und halb noch in dem Berge fest sizet, und so, wechselsweise, das eine des andern Fall verhütet.

Diese und andere Anblikke von ähnlicher Art haben etwas gar zu grosses und ernsthaftes in sich, als daß der Eindruk, den sie machen, viel Raum in der Seele für das Vergnügen übrig lassen solte, das man sonst in einem sehr hohen Grade empfinden würde, da man einen überaus beträchtlichen Teil dieser Berge, besonders derer gegen Mittag gelegenen, auf das beste genuzet und bewonet siehet. Mitten zwischen, auf, und unter den gräßlichsten Felsen finden sich nemlich Stellen, die mit dem schönsten Rasen überwachsen sind, und nicht leicht wird vorgeschoben eine solche Stelle ohne ein darauf stehendes Haus sein. Auf diesen Stellen, wenn sie sehr hoch liegen, lässet man das Vieh, Tag und Nacht, bis in den Herbst hinein weiden, da Schnee und Frost es verjagen, und man es theils in die niedrigen Gegenden treibt, theils mit dem hier wärend des Sommers geerndeten Heu futtert. Denn man pfleget zu diesem Behuf das Gras zweimal von den Wiesen zu schneiden, nachher aber seit der Mitte des Septembers nicht mehr, da jetweder sie seinem Viehe Preis giebt, oder auch, wenn sie an der Strasse gelegen sind, an Vorüberreisende für ihr Vieh auf Stunden oder Nächte vermietet. Was für eine ungemein hohe Lage die Sommerweiden und Häuser oftmals haben, kan man sich kaum vorstellen, wohl aber, wenn man die Anzahl derselben erwäget, glaublich finden, daß diese Gegenden, die nicht zum Bewonen geschaffen zu sein scheinen, wirklich volkreich sein: wie mir denn versichert worden ist, daß blos das kleine Kirchspiel Wassen, wo ich mich jezo befinde, bei die 3000 Mann (d), die die Waffen tragen

können,

(d) Nach dem Anschlag von den sämtlichen Bewonern des Cantons Uri, in Füßlis Staats- und Erdbeschreibung der Schweiz, 2 Th. S. 143. möchte der oben erwähnten Anzahl wol etwas abgehen. — N. J.

können, enthalte, und fast waren diese alle auf jenen Sennhöfen, und in einzelnen weit umher an den Bergen zerstreueten Häusern.

Was die Gegend zunächst um Wasen anlanget, so ist dieselbe, ob gleich schon sehr über Altorf erhaben, noch milde genug, und Sie trägt Salat, Kohlrabi, etwas Kohl, Erbsen, Bonen, weisse und gelbe Rüben, ja man ziehet auch Saffran. Von Fruchtbäumen werden keine andere hier sein, als wilde Kirschen; doch hat man sonst auch welsche Nüße, nebst Aepseln und Birnen gehabt, die aber eingegangen sind. Es scheinet also den jetzigen Bewonern an Trieb und Eifer zu fehlen, um den Gartenbau noch beträchtlicher zu machen, wiewohl man, daß er nicht ungleich viel schlechter ist, schon bewundern muß.

Es wonet hier ein Landammann, der Wirtschaft treibet, und man ist ziemlich wohl bei ihm.

Der Cristallenhandel bedeutet hier nicht viel. Ich habe kaum einige Stükke können zu sehen bekommen, und nur drei des Kaufes wehrt gefunden.

Dies ist es, mein Herr, was ich Ihnen bis hier und von hier zu sagen habe, und in der That bin ich nun des Schreibens, wie von der Reise selbst, etwas müde. Glauben Sie es nicht, so wil ich es Ihnen damit beweisen, daß ich meinen Brief endige.

Wassen, oder Wasen, auf dem Gothard, den 15 Sept. 1763.

## Zwei und zwanzigster Brief.

Mein Herr;

Ich bin diesen Morgen um 8 Uhr von Wasen, oder Wasen, weg, und durch, denen gestrigen ähnliche, das ist, fürchterliche merkwürdige Gegenden in anderthalb Stunden nach Geskinen, oder Geschenen, herauf geritten. Die wenigen kleinen Gärten dieses Dorfes sind noch beschaffen, wie die zu Wasen.

Von hier erhebet sich der Weg, bis in die Schöllenen, weit steiler herauf, einer Gegend, so etwa eine halbe Stunde von der berüchtigten Teufelsbrücke anfängt und bis zu ihr füret. Hier ist die Reise am allergefärlichsten, wie denn noch diesen Sommer hier et= liche bepakte Maultiere und Pferde zu der Reuß hinabgestürzt sind. Im Winter aber ist sie noch weit gefärlicher, weil es dan erstaunlich starke Schneegestöber und herabrollende Schneeklumpen giebt, die die Schweizer Louinen, Lauwinen (a), Labinas, nennen, welche Herrliberger (b) überaus schön in Kupfer vorgestellet, und, wie sie 1478 bis 1713 verschie= denen Schaden angerichtet haben, erzählet hat. Diese aber wikeln, bekantermaßen, zuwei=

---

(a) Eben solche Schneelauwinen giebt es in Tyrol, und man nennet sie daselbst Lähnen. S. Joseph Walcher von den Eisgebärgen in Tyrol. Wien. 1773. S. 74 — 79. — N 3.
(b) Topogr. Taf. 41. 42. S. 76 — 82. s. auch Scheuchz. Sulzer. 1 Th. S. 297 — 307. und 2 Th. S. 345—350.

weilen Menschen und Tiere in sich, ohne Errettung übrig zu lassen. Ueberdem reissen so wohl Schnee- als Felsenstürze oft grosse Stükke von der Strasse mit sich fort, und ich habe dergleichen Stellen verschiedene angetroffen, wo man die entstandenen Lükken noch ganz kürzlich wieder zugemacht, und Mauern aus der Tiefe aufzuziehen sich genöthigt gesehen hatte. Ganze Strekken der Strasse sind hier, zu beiden Seiten frei liegend, durchaus aufgemauert worden, so daß sie Brükken formiren, die den Uebergang von einem Berge zum andern möglich machen, über welche mit so unglaublichen Kosten als Gefar unternommene Anlegung und Ausbesserungen man sich nicht genug wundern kan. Und eben so sehr muß man die Unerschrokkenheit bewundern, mit welcher die reitende italienische Post diese Gegend passiret. Denn, alle Gefar, selbst in dem strengsten Winter, kan ihren Lauf nicht aufhalten, und, ist der Schnee noch so dik gefallen, so lässet sie einige Bauren voran gehen und durch diese sich eine Bahn öfnen, um, auch so gar des Nachts, ihren Weg fortzusezen. Ja, man hat selbst seit dem lezten Aufstande der Liviner, den die Schweizer mit gewafneter Hand dämpfen musten, sich nicht gescheuet, dieser schmalen und gefarvollen Strasse Canonen anzuvertrauen, und sie sind glüklich hindurch gebracht.

Hier hat man nun beständig die brausende Reuß zur linken; die schroffesten Felsen stehen hinter ihr, und zur rechten, an dem oft nur 6 Fus breiten Wege stehen dergleichen, die noch dazu oberwärts hin und wieder dergestalt herüber ragen, daß man alle Augenblik ihren Einsturz zu befürchten Ursache hat, zumal da, wie auch Gruner (c) angemerket, die Steinart so weich und mürbe ist, daß man sie mit den Fingern von den Felsen abblättern und zu Staub zerreiben kan. Sie siehet übrigens perlenfarbigt aus, glänzet, ist an einigen Stellen mit kleinen Quarzen vermischet, und fettig anzufülen: folglich eine Topf- oder Spekstein-Art, und könte in lezterer Zusammensezung, ein spekkteinigter Granit heissen.

Die Anzahl der Bäume nimt hier mehr und mehr ab, und die sich erhebenden Felsen werden nakkender und rauher. Kurz, es hat hier die Natur bei nahe wol alles versammlet, was sie erschrekkendes hervorzubringen vermocht hat, und dessen höchster Stufe man nunmehr mit der Teufelsbrükke (d) zugleich sich nähert. Denn hier, fürwar, thronet die Gottheit des Schrekkens. So viele stolze Felsen, — Strasse und Brükke über die Reuß so überaus hoch erhoben, — und die mit Schaum bedekte Reuß selber, die hier eine Cascade von wenigstens 100 Fus Höhe und 300 Fus Länge machet, und welche man schon in einer ziemlichen Ferne, theils über die Brükke hinüber, theils durch ihren Bogen herdurch, sich entgegen stürzen siehet, — alles dieses, zusammen genommen, machet ein Ganzes aus, das kein empfindendes vernünftiges Geschöpf ohne Schaudern (wenigstens gewiß

O 2

---

(c) Im zweiten Buche, S. 49.
(d) Scheuchz. It. Alp. 4. tab. 5. Herrl. Top. S. 13. Taf. 7. Scheuchz. Sulz. 2 Th. S. 94. mit der Tafel. Sulz. Berg. K. S. 54. 55. Auch das Zictbild vor diesem 22 Briefe.

zum erſten male nicht,) betrachten kan. So, mein Herr, iſt die Gegend zwiſchen Geſche-
nen und der Teufelsbrücke beſchaffen, dieſe grauſe Gegend, deren ich mich künftig unter dem
Namen des Thales des Schreckens erinnern werde. Denn dieſen verdienet ſie gewis volkommen. Auch füret der Weg, nachdem man über die Brücke gekommen iſt, zur linken,
und dan auf einmal zur rechten ziemlich ſteil in die Höhe laufend, zu einem Felſen hinauf,
der, da er den Reiſenden in dieſen Ort des Verderbens einzuſchlieſen zu wollen ſcheinet, zu
der Furchtbarkeit deſſelben noch einen nicht geringen Zuſaz liefert. Doch entdekt man bald
eine Thür-ähnliche Oefnung darinnen, in welche man ſich begiebet und ſeinen Weg fortſezet:
und ſo wird dieſer Felſen, in dem, bis in die Mitte hinein, wo man einem ſchwachen Lichte
Eingang verſchaffet hat, dikke Finſternis herrſchet, zu einem würdigen Thore zu jenem Thale
des Schreckens, das man mit Vergnügen verläſſet. Ich habe die Breite, Höhe, und Länge
dieſes Felſengewölbes gemeſſen, und jene beiden 12 und 15, leztere gegen 200 Fus beträchtlich gefunden (e). In den Wänden des Felſen zeigen ſich noch die Spuren von der
Bore, die man, um ihn mit Schiespulver zu durchſprengen, gebrauchet hat. Ein abermali-
liges Denkmal der Gröſſe Schweizeriſcher Kühnheit in ſo vielen Unternehmungen, als man
auf der Reiſe über den Gothard zu bewundern Anlaß findet!

    Aber, welch eine Veränderung gehet nun vor, ſo bald man jenes finſtere Thor, das
zum Grabe zu führen das Anſehen hatte, durchwandert iſt! doch nein, dies iſt nicht eine Veränderung der Gegend, dies iſt eine ware Verwandlung, die ſo überraſchend ſchleunig, als
unerwartet und gros iſt. Hier, mein Herr, ſind nicht mehr jene tobende und brauſende Wellen
der Reuß, noch ihre zum Schwindeln gemachte Ufer, noch jene Zerſchmetterung drohende dürre
Felſen. — Hier erblikket man auf einmal ein dieſem allem faſt gerade entgegen geſeztes Bild.
Sehen Sie! Hier flieſſet mir die Reuß, klar ſpiegelnd und wie ein arcadiſcher Bach, ſanft
und ruhig entgegen; die Berge, die an wenigen Stellen mehr Felſen, ſondern den lebhafte-
ſten Raſen zeigen, entfernen ſich von einander, um das fruchtbarſte Thal zu bilden, das von
den anmuhtigſten Wieſen grünet und, ſo weit ich ſolches zu durchreiſen brauche, gegen eine
Stunde lang und eine halbe Stunde breit iſt. Ueberhaupt aber ſol es 4 Stunden Länge und
1 Stunde Breite haben, wie Gruner (f) ſaget, ob gleich lezteres mich falſch zu ſein dünket. Hier lieget nun das Dorf Urſeren, an der Matt, wo man, wie zu Waſen, und
ſonſt von unten bis oben auf dem Gothard nirgends, einen ſehr mäßigen Zoll giebt. Schweizer geben aber gar keinen, und in der Wiederkehr auch ſelbſt die Fremden nicht, es wäre
denn, daß ſie das Italieniſche betreten hätten. Gewis, eine groſſe Billigkeit, die man in
andern Ländern ſo ſelten antrift, und hier weder verlangen noch erwarten ſolte!

    Das Vergnügen nun, das man bei dem Einzuge in dieſes ſanft-lächelnde Thal em-
pfindet, komt warhaftig der Entzükkung nahe. Hier — iſt der Wunſch eines jeden, der

---

(e) Sulzer irret alſo, wenn er in ſeiner Bergreiſe, S. 55, die Länar zu 300 Schritt angiebet. Dieſer Felſen-
gang heiſſet das Urner Loch.
(f) 2 Buch, 33ſte Seite.

dies Thal zum ersten mal erblikket, — hier möchte ich wonen! Es herrschet hier eine Stille, die gefällt, und desto mehr gefallen muß, je schneller die Abwechslung von dem schreklichsten Geräusch ist, das man so eben empfunden und ganz erschüttert verlassen hat. O dies Thal ist ganz gewis der Einsamkeit und dem Frieden geheiliget; auch solte man nimmer argwonen, daß jemals das kriegerische Mordschwerdt in dasselbe eingedrungen wäre, und es mit Blutversprizung entweihet hätte. Gleichwol sol hier im Jare 1333 ein Treffen vorgefallen sein. Allein, diese Stille, so sehr sie auch im Anfange gefällt, ist wirklich zu groß, um ein lebhaftes Gemüht mit dem ihm angemessenen Vergnügen erfüllen und in seiner Zufriedenheit erhalten zu können. Man siehet nemlich gar allzu wenige Menschen hier, und diese sind auf den einsamen Wiesen zerstreuet, und ewig mit einerlei, nemlich mit Einsamlung des gewonnenen Grases, beschäftigt; und so siehet man gleichfals nur weniges Vieh an den Bergen weiden, deren dem Sonenstral blos gestellte Spizen mit Schnee bedekt sind, welches ein sonderbares Ansehen machet. Die meisten der Inwoner befinden mit dem Ueberrest des Viehes sich oben auf einem gewissen Gebürge des Thales, das man die Oberalp nennet, und das nebst seinem grossen, bei zwei Stunden langen Fischreichen See bekant ist, da denn auch die geschäzten Urseler Käse gemacht werden, welches die fettesten unter allen Schweizer-Käsen sind. Die hierin nicht Beschäftigung finden, erwerben ihr Brod durch Frachtfuren in und aus Italien, daher denn der größte Teil der Ingebornen immer abwesend ist. Mir sind auf dieser Alpenreise 50 bis 60 bepakte Pferde und Maultiere zu Gesicht gekommen, und bereits etliche Ochsen mit Schlitten, die doch sonst eigentlich für den Winter nur gebraucht werden. Man rechnet, daß ein Pferd etwa gegen $3\frac{1}{2}$, ein Maultier völlig 4, und ein Ochs über 6 Centner fortschafen könne. Nur aber blos der Durchzug dieser Güter und einiger Kaufleute ist es, was die Stille zuweilen unterbricht, in der das Urseren-Thal schlummert. Im Ernste wäre ich also nicht darauf gekenert, es bewonen zu helfen. Denn hier zu leben und ein Einsidler sein, ist so sehr nicht verschieden. Und demnach trage fortbin, so ist es mein Wille, dieses Thal den Namen des Thales des Tiefsinnes!

Uebrigens ist und bleibt es ein schönes Thal, nur enthält es zu wenig Bäume. Und dieses sind theils einige Elern, die längs einem Bache stehen, theils der Ueberrest des Tannenwaldes, der vormals den Strich der Berge hinten, zwischen den beiden Dörfern Urseren und Hospital bekleidet hat. Es hat seine Richtigkeit, daß dieser Bäume immer weniger werden, sie sterben nach und nach ab, und neue pflanzet man nicht an. Fragt man die Urseler, ob sie es versucht hätten, so antworten sie nein, versichern aber, daß es nicht angehe neue Bäume zu pflanzen. Es kan sein, daß der immer herabfliessende Regen die Oberfläche des Berges mehr und mehr ihrer Fettigkeit beraubet ꝛc. Indessen scheinet mir eine gewisse träge Gleichgültigkeit der Bewoner das Haupthindernis zu sein. Daß, wie Scheuchzer und, nebst andern nach ihm, Gruner erzählet, von den Vorfaren jene Bäume, um dadurch das Dorf von den herabstürzenden Schneelauwen zu schüzen, gepflanzet worden wären, davon wollen sie nichts wissen. Uebrigens finde ich auch das eben so wenig gegründet, was Scheuchzer von der in diesem Thal gewönlichen Küchen- und Ofenfeurung schreibt, und Sulzer (g) mit mehrern neuern, ihm nachspricht, daß dieselbe nemlich blos aus dem kleinen Gesträuche, dem Chamaerrhodendro, bestehe. Denn ich habe selber gesehen, wie, von Gesteuen oder Geschenen her, Kolen und Tannenholz herbeigetragen wird.

Der Cristallenhandel muß zu Urseren nicht viel auf sich haben, indem ich auf mein Nachfragen kein Stük davon zu sehen bekommen konte.

Daß von Altorf an bis hier, und folglich noch weniger bis zur Spize des Gothards kein Akkerland mehr anzutreffen sei, will ich nur beiläufig erwähnen. Man ziehet das nöthige Getreide theils von Lucern her, theils aus Italien. Wie die kleinen Gärten zu Wasen, so sind auch die zu Urseren noch beschaffen, und selbst noch die zu Hospital, welches Dorf ich diesen Mittag um 11½ Uhr erreichet habe.

Hier trift man abermals den Landammann als Wirt an, und, wenn man die Reinlichkeit ausnimt, so kan man mit der Bewirtung zufrieden sein, indem sie weit besser ist, als man sich es von einem so kleinen und ab- und hoch- gelegenen Orte vorstellen solte. Unsere Malzeit hat nemlich eine Suppe vom geröstetem Mehl, eingeschlagene Eier, rohtfleischigte Forellen, dreierlei Gebakkenes, italienischen Käse, und ein kleines Dessert von Rosinen, Mandeln, und Nüssen, nebst rohtem Mailändischen Wein enthalten. Belieben Sie sich zu merken, daß es heute Freitag, und folglich in diesem catholischen Canton Fasttag ist.

So hoch nun Hospital schon lieget, so hat es doch viele Berge über sich, deren aufgethürmte Stokwerke, wenn ich sie so nennen darf, das erstaunliche Felsgebäude zusammen sezen, das der Gothard heisset. Ja, von hier an fängt vielmehr der eigentlich so genante Gothard, ob man ihn gleich schon unten, bei dem Stäg, so nennet, erst an. Desselben Gipfel war uns nun noch zu sehen übrig. Ich bin daher um 12½ Uhr mit meiner kleinen Gesellschaft weiter geritten. Der Weg wird fast immer, und oftmals sehr steil, Berg an. Waren die Gegenden von Altorf bis Geschenen fürchterlich, oder fürchterlichschön, die von Geschenen bis zur Teufelsbrükke schreklich, und das sanfte und ruhige Urseler Thal, in Vergleichung der vorigen, wiederum angenehm: so ist hingegen diese gegenwärtige bis zum Spital und hospitio der Capuciner eine ware Einöde, eine steinige oder vielmehr steinerne Wüste. Hier ist kein Baum, keine Staude mehr zu finden; kaum noch 2 oder dreierlei Pflanzen, so einer Ellen hoch wachsen, und worunter das Veratrum Helleborus albus mit begriffen; das übrige ist moosigt niedriges Gewächs, das den algemeinen Hunger zu empfinden scheinet, womit die Natur diese ganze Gegend, so doch noch bei die 3 Stunden lang ist, drükket. Ja, kaum sah ich hier selbst einen einsamen Vogel mehr durch die verdünnerte Luft sich wagen, welches zu der Traurigkeit der Gegend nicht wenig beiträgt. Die gräslichen Berge zu beiden Seiten der Strasse, in der man noch immer die Reuß erblikket, die aber

(g) Bergreise. S. 55. 56.

je länger je kleiner wird, sind nichts als die schroffesten, dürresten Felsen, wovon erschreklich grosse Stükke oder vielmehr ganze kleinere Berge schon herabgeworfen sind, so daß wol kein stärkeres Bild von Zertrümmerung und Ruin möglich ist, als was hier das starrende Auge rüret. Wenn einst durch ein algemeines Erdbeben (h) der Erdball zerrissen werden und zerstükt wieder in Haufen zusammen taumeln solte, so würde er, dünkt mich, kein grauseres, kein anderes Ansehen haben, als was er hier vorzeiget. Mit einem Worte: hier ist der Wohnsiz der schwarzen Schwermuht, der, als Stathalterin dieses Reiches des Todes, dessen Gränzen Abgründe sind, die Göttin Verzweiflung von ihrem schreklichen Throne, dem in ewige Wolken gehülten Gipfel des Berges, anstatt des Scepters mit einem drohenden Dolche ihre Befehle zuwinket, Befehle, die Verderben und Untergang ahtmen, und vor deren Zauberkraft die Natur selbst starret. Ich vermag Ihnen, mein Herr, das Grause dieser Gegend nicht zu beschreiben, wie ich es empfinde. Dies Thal, — denn ein solches ist es noch immer, da die Strasse, wo sie am höchsten, doch mit Bergen noch bekränzet ist, — dies Thal heisse mir: das Thal der Verzweiflung! denn hier ist mehr als Schrekken.

Nur, da man anfängt, gegen das Capuciner-hospitium zu, den Berg hinabwärts zu steigen, welches keine halbe Stunde ausmachet, siehet man zur Linken eine etwas weniges bessere flache Gegend, wo eine ziemliche Heerde von Kühen geweidet wird, und an dem darüber sich erhebenden Berge eine Hütte stehen, wo die Hirten wärend des Sommers wonen und Käse verfertigen. Denn gegen den Winter treiben sie ihre Kühe, wohin sie gehören, ins Liviner Thal zurük.

Näher hin an das Spital habe ich etwa zwanzig Schweine gesehen, und auf einem der kleinen Seen, die sich oben finden, einige badende Enten, ein Schaz, der dem Spitalwirt gehöret.

Eine halbe Stunde vorher blikket aus einem steinernen engen Nebenthale zur Rechten der Lago di Luzendro hervor, und etwa eine viertel Stunde früher der kleine Bach, der aus demselben, gegen Hospital zu, abfliesset, und, nebst dem zur Linken von den Bergen herabrauschenden Wasser, den Grund zu der Reuß leget (i), an deren bald rechtem bald linkem Ufer, von Altorf herauf, man fast immer fortreiset, und folglich sie selbst oft passiret. Da, wo eben erwähntes Wasser von den Bergen herunter komt, da ist die Grenzscheidung des

---

(h) Daß Erdbeben zu diesen Ruinen vieles mögen beigetragen haben, ist warscheinlich genug. Wenigstens hat die Schweiz in vorigen Zeiten viele Erschütterungen erfaren: siehe davon Scheuchz. Sulz. 1 Th. S. 179-191. 2 Th. S. 360-367.

(i) Scheuchzer in It. Alp. quarto S. 260. hat die schrekliche und traurige Gegend des obern Gothards beschrieben, und nebst den Seen, die der Reuß und dem Tesinflus das erste Wasser geben, Tab. 9. vorgestellet. Auf dieser Tafel, wie andere schon bemerket haben, sind die Zahlen 1 und 2 unrecht gesetzet, und müssen mit einander umgetauschet werden. Denn, daß aus dem Lago di Luzendro die Reuß, nicht aber der Italienische Tesin herkommet, zeiget sich auf der roten Tafel deutlich, wie ich auch auf der 121ten, wo man, mit eins, so wohl dieser beider, als des Rheins und der Rhone Ursprung sehen kan. S. auch die Abbildung dieser traurigen Wüste nebst der des Capuciner-Hospitii in Scheuchz. Sulzer 1 Th. S. 97. c. Tab.

Cantons Uri und des zu Italien sonst gerechneten, nun dem Canton Uri unterthänigen Liviner Thales.   Nicht ohne Vergnügen siehet man übrigens, wo der Berg anfängt sich gegen
das Capuciner-Hospitium zu zu neigen, einige Wasser sich entgegen, andere von sich und hinabwärts, nach Italien zu, laufen.  Wir ritten hier hin und wieder schon durch Schnee.

Die Witterung in dieser hohen Gegend hänget blos von den Veränderungen des
Windes ab, die aber sehr plözlich sind.  Ich habe von Hospital bis hier viererlei Wetter er-
faren, nemlich zu erst eine empfindliche Wärme, dan Regen,  und gleich darauf stürmische
Luft, und Schnee.

Wir verfügten uns in die Wonung der zur Verpflegung der im Spital ankommenden
reisenden Kranken und vielleicht auch zur Haltung des Gottesdienstes in einigen an dem Berge
liegenden kleinen Capellen, hier lebenden beiden Capuciner, an deren Dache Eiszapfen hingen.  Der eine von ihnen war verreiset, und der andere ausgegangen, sich aus einem der
obern Seen ein Paar Forellen zu holen, womit er auch bald zu Hause kam.  Ob diese Fische im Frühjar hinein gesezet werden, oder ob sie darin den Winter hindurch leben, und
sich vermehren können, das habe ich vergessen, den Mönch zu fragen; ich vermuhte aber
das leztere, weil ja die Urseler auf ihrem, zwar nicht so hohen, Oberalp auch einen See
haben, der eine Menge Fische nähret. Dieser Mönch, welcher sich seit 3 Jaren hier befindet, hat nun allerdings wol eine der traurigsten Wonungen des Erdbodens (k). Gleichwol hat sein Vorgänger 23 Jare in derselben ausgehalten.  Der gegenwärtige ist ein Mai-
länder, redet aber ziemlich deutsch.  Er stellete uns Chocolade und Caffee an, wovon wir
den leztern wähleten, und war so wilfärig uns zu bewirten und so freundlich gegen uns, daß
wir in der That ihm recht sehr verpflichtet worden sind.  Er zeigte mir, auf gethane Anfrage: wie tief hier das Queksilber im Barometer zu stehen pflege, seine mit diesem so wol als
mit dem Thermometer seit den 9 Junius bis den 25 August 1752. gemachten Erfarungen,
und die aufgeschriebene ganze Wettergeschichte zugleich.  Da der Gothard hier zur Seite
in eine besondere Spize, so vielleicht 1 bis 2 tausend Fuß hoch ist, sich noch erhebet, so
hat der gute Capuciner auch selbst auf dieser den Stand des Queksilbers beobachten wollen, und ist, zu dem Ende, am 29sten August 1762 hinauf geklettert, wobei aber das
Queksilber in der Röre dergestalt zertheilet worden, und so viele Zwischenräume formi-
ret hat, daß es nicht wieder hat zurecht bringen, und also durchaus nicht seinen Endzwek
erreichen können.  Er hat, übrigens, die vorherigen Erfarungen an den J. J. Ott, den
Verfasser der Dendrologiae Europae mediae, Zürich 1763 gedrukt, nach Zürich mitgetheilet, welcher dieselben ohne Zweifel bekant machen wird (l).  Aeltere auf diesem Gebürge und
auf

(k) Tab. 10.
(l) Der so sehr, als ein einsichtsvoller Naturforscher und ökonomischer und mathematischer Gelehrter, als für
     einen redlichen Patrioten bekante Herr Ott, ist den 18 Nov. 1769, auch seinen Mitbürgern zu früh, in
     die Ewigkeit gegangen. - 8. J. 1769.
     Die erwähnten, von ihm selbst veranlasseten Wetterbeobachtungen habe ich durch die Gütigkeit des

auf andern Schweizerischen Bergen zc. gemachte barometrische Beobachtungen findet man in Sulzers Ausgabe vom Scheuchzer (m), aufgezeichnet bei einander. Allein, ein grosser Teil der Naturforscher nimt es nunmehr für ausgemacht an, daß die barometrische Beobachtungen, die ware Höhe der Gebürge ausfündig zu machen, nicht hinreichen. Micheli du Crêt hat sie daher auf eine gewiſſe Weise geometrisch abgemeſſen, da denn, nach seiner Berechnung (n) die Höhe des oberſten wahren Gipfels des Gothards auf 2750, so wie des nicht viel niedrigern Schreckhorns auf 2724 Klafter über dem Meere, beträgt. Weswals Gruner (o), der aus Micheli die Höhen aller Berge in der Schweiz anführet, glaubt, sie müſſen darin kaum, aber doch nur sehr wenig, von den Peruanischen Gebürgen übertroffen werden. Indeſſen nimt, beiläuſig gesagt, Sulzer (p) die Richtigkeit der barometrischen Abmeſſungen, nach Maasgabe der Daniel-Bernoulliſchen Hydrodynamic, wiederum an, welchen Streit niemand weniger als ich auszumachen im Stande iſt. Ich wende mich derowegen zu andern Materien.

Donnerwetter sind oben auf dem Gotharde sehr selten, und an seinem Fuſſe nur gemein. Wenn sie aber kommen, so sollen sie unbeschreiblich furchtbar sein, und selbſt auf der Erde fortzuwühlen scheinen. In gegenwärtigem Jare hat der Capuciner derselben zwei erlebt.

So wenig hier eine Spur von Bäumen iſt, so wenig wächst auch hier Gartengewächs. Ich sagte dem Capuciner, daß es gleichwol der Mühe wehrt sein würde, Versuche damit anzuſtellen; er hielt aber den Erfolg für unmöglich, es möchte denn sein, daß etwa wenige Rüben gerieten.

Ich habe mich sehr gewundert, daß von dem, wegen seiner Dauerhaftigkeit im Feuer und sonstigen Güte berühmten, bei Cläven oder Chiavenna brechenden, und in der Gegend Plurs verarbeitet-werdenden Lapide ollari, Lebetum, Lavezenſteine (q) nicht überall in der Schweiz Geschirre angetroffen werden. Allein, weil sie etwas schwer sind, so kommen sie fast nie anders, als Zufallsweise, in die Schweiz herüber, ja am Gothard selbſten sind sie selten; nur habe ich in des Capuciners Küche ein Paar davon gesehen. Wie gern hätte ich den Bruch dieses Steines selbſt besuchet, um zugleich die traurige Gegend von Plurs zu betrachten, das ein ansehnlicher Ort gewesen, aber, bekanntermaſſen von dem plötz-

P

vortreflichen Johan Gesnern erhalten, und wil sie am Schluß dieses Briefes meinen Lesern liefern, wie nicht weniger noch Barometrische Neuere, so ich demselbigen verehrungswürdigen Manne zu danken habe, und die erſt im verwichenen Sommer der geschikte Schafhauſiſche Mathematicus, Herr Jezler, auf eirnem höhern, ſonſt noch nie beſtiegenen Felsen des Gothardgipfels, welche gar weit über dem Capuciner-hoſpitio erhaben sind, angestellet hat. J. v. 1765.
(m) Scheuchz. Sulz. 2 Th. nach der 315ten Seite. §. 1. 2.
(n) In dem in meinem 19ten Briefe erwähnten Prospect geometrique des montagnes neigées, &c.
(o) Im dritten Bande. S. 23 – 28.
(p) Bergreise. S. 64. 65. 66.
(q) Scheuchz. It. Alp. 2. pag. 103 – 106. Tab. 9.

lich eingestürzten Berge Conto verschüttet worden, und nun größtentheils mit Waſſer (r) bedeckt iſt! Allein, die flüchtige Zeit, und die es mir jezt ſo algu ſehr iſt, wil mir ſolches nicht
verſtatten.

Eine mit dem Lavenzenſteine verwandte Steinart hat man indeſſen ſchon am Gott-
harde, und davon, zur Seite am Wege hieher, eine halbe Stunde von Hospital gebrochen
wird; dieſe füret hier den Namen Gildſtein. Es iſt derſelbe von ſchwärzlicher oder ſchwarz-
grüner Farbe, hie und da wie körnigt, welches aber ſchiefe und unvollkommene Lamellen
ſind, die bald etwas unreif- amiantartiges, bald eine halbe Durchſichtigkeit, bald etwas ſpie-
gelndes glimmerähnliches zeigen. Wan er aus der Erde komt, iſt er ſehr weich, milde, und
gut zu verarbeiten, übrigens fettig anzumühlen, folglich eine Art des Talcs. Was Cron-
ſtedt in ſeiner Mineralogie §. 30. ſqq. Steatites viridis nennet, und zwar die eigentlich da
angefürte Art von Svarvik in Darlecarlien, komt, bis auf den dieſem, wie es ſcheinet,
eingeſprengten Kies und mehrere Härte und Feſtigkeit deſſelben nach, ſehr mit dem Gildſteine
überein. Auch ſehe ich in dem Schwediſchen nichts körnigtes noch durchſichtiges. Aus ſol-
chem Gildſteine nun ſind die groſſen Oeſen gemacht, womit die Zimmer geheizet werden, und
ich habe, von Altorf bis zur Wonung der Capuciner herauf, keine andere geſehen. Ein
Ofen von dieſer Steinart beſtehet aus 7. 8. 9 Stükken: ſo groſſe Stükke hauet man davon
aus, die denn einer Fauſt dik ſind. Bekommen ſie Riſſe, ſo kittet man ſie wieder zuſammen, und verſtreicht die Riſſe mit Leimen. Man rühmet von ihnen, daß ſie ſehr dauerhaft ſind, und gehizt lange heiß bleiben, ohne es jemals ſo ſehr zu werden, daß die Kleider daran verſenget werden könten. Ein gewis ſehr nüzlicher Stein für die Gotharder!

Da es zwiſchen hohen Gebürgen früh dunkel wird, ſo eilte ich nun, nebſt meiner
Geſellſchaft, den guten Capuciner zu verlaſſen, deſſen melancholiſcher Aufenthalt durch nichts
aufgeheitert und erträglich gemacht wird, als durch den täglichen Vorbeizug der Reiſenden,
deren beſſer Teil bei den Mönchen vorzuſprechen pfleget. Da ihre Ordensregeln ihnen ver-
bieten, zu verkaufen und Geld für etwas gegebenes anzunehmen, ſo läſſet man unbemerklich,
wan man fortgehet, auf dem Tiſche zur Erkentlichkeit etwas liegen. In dem Spital oder
der Herberge aber bezahlet man für ſich und ſeine Pferde das da Genoſſene; dieſes iſt denn
auch von mir geſchehen. Um 4½ Uhr traten wir unſern Rükweg an, da verſchiedene zuſammen gelaufene kleine Wäſſer, die vor ein Paar Stunden noch ſüſſig waren, ſich ſchon
mit Eis überzogen hatten; und, wegen der ſehr abhängigen Wege, mehr gehend als reitend, und nicht ſo wol gehend als laufend oder vielmehr herabfallend, ſind wir, durch das
Thal der Verzweiflung, in Zeit von 2 Stunden, zurük hier zu Hospital angekommen.

Nehmen Sie, mein Herr, mit dieſer Erzählung von dem, was ich auf dem Gotharde

---

(r) Scheuchz. It. Alp. 2. pag. 106. 107. c. Tab. Herrl. Top. S. 165 — 190. Taf. 107. Scheuchz. Helv. 1 Th.
    S. 379 — 313. 2 Th. S. 29 — 30.

gesehen, fürlieb. Aus dem Scheuchzer und Gruner (1) können Sie die Reise selbst sich sehr gut vorstellig machen. Ich schliesse hier meinen Brief, nicht weil ich ihn, von hier aus, an Sie abschikken wolte, sondern weil er schon so lang ist.

Hospital, auf dem Gotharde den 16 Sept. 1763.

---

(1) Die Scheuchzer von Altorf bis oben auf den Gothard sie gemacht hat, ist in It. Alp. 4. pag. 210 — 214. zu lesen, wo die von mir genante und noch andere Oerter, die man zum Teil nur siehet und nicht passiret, beschrieben werden. Scheuchz. Sulz. 1 Th. S. 45. 46. 2 Th. S. 90 — 147. S. 145. c. Tab. geogr. Sulz. Bergreise S. 47 — 60. Auch zeiget den Lauf dieser Reise sehr schön, in erst angeführtem It. Alp. 4 die 10te Tafel, und die vornehmsten stehen Wasserfälle der Reuß sind auf der 9ten, wie auch auf der kleinen 11ten Tafel zu sehen. Siehe auch Gruner im 2ten Bande S. 17—53. Eilfmal muß man über die Reuß.

Die
im vorhergehenden Briefe versprochenen

# Witterungs-Beobachtungen,

angestellet

von denen beiden Capuzinern

### Fr. Pio de Milano und Fr. Serafino

## auf dem St. Gothardsberge

im Jare 1762.

---

**Anmerk.** Das hiebei gebrauchte Barometer ist von der gemeinen Art mit angebogener Röhre.

Das Thermometer ist das von Micheli du Cret.

| | | |
|---|---|---|
| d. G. | bedeutet | dichtes Gewölke. |
| s. d. G. | —— | sehr dichtes Gewölke. |
| L. G. m. N. | —— | leichtes Gewölke mit Nebel. |
| Neb. | —— | Nebel. |
| d. Neb. | —— | dünner Nebel. |
| Reg. | —— | Regen. |
| st. Reg. | —— | starker Regen. |
| Schn. | —— | Schnee, |
| | | jedesmal die vorher ausgedrukte Zahl oder Witterung. |

P 2

# Im May-Monat.

| Tag. | Stunde. | Thermometer. | | Barometer. | | | Witterung. |
|---|---|---|---|---|---|---|---|
| 3 | 6 | 11 | 5 | 21″ | 10½ | /// | d. Neb. |
|  | 1 | 9 | 6 | .... | 11 | 5 | ... |
|  | 9 | 10 | 5 | .... | ... | 6 |  |
| 4 | 6 | 10 | ½ | .... | 11 | 6 | Neb. |
|  | 12 | 9 |  | .... | .... | .. | l. G. m. R. |
|  | 3 | ... |  | .... | .... | .. | Reg. |
|  | 9 | ... |  | .... | .... | .. |  |
| 5 | 6 | 8 | ½ | .... | 11 | 5 | Neb. |
|  | 12 | ... |  | .... | 10 | ½ | ... |
|  | 6 | 7 | ½ | .... | .... | 6 | ... |
|  | 10 | 8 |  | .... | .... |  |  |
| 6 | 6 | 8 | ½ | .... | 9 | ½ | d. Neb. |
|  | 12 | 6 | .. | .... | .... | 6 | l. G. m. R. |
|  | 3 | ... | 5 | .... | .... | .. | Neb. |
|  | 9 | 7 | .. | .... | .... | 5 |  |
| 7 | 6 | 7 |  | .... | 9 | 5 | Neb. |
|  | 12 | 5 |  | .... | .... | .. | l. G. m. R. |
|  | 9 | 5 | ½ | .... | .... | .. | f. Reg. |
| 8 | 7 | 7 | ½ | .... | 9 | 5 | Schn. |
|  | 12 | 6 | 5 | .... | .... | .. | l. G. m. R. |
|  | 4 | ... |  | .... | .... | 6 | Neb. |
|  | 9 | 7 | 5 | .... | .... | ½ |  |
| 9 | 5 | 9 | .. | .... | 9 | .. | Neb. |
|  | 11 | 7 | ½ | .... | .... | .. | l. G. m. R. |
| 13 | 11 | 8 | 5 | 22 | ⅛ |  | Neb. |
|  | 2 | 2 | 7 | .... | 1 |  | l. G. m. R. |
|  | 10 | 10 | 7 | .... | 2½ |  | Neb. |
| 14 | 6 | 8 | 5 | .... | .... |  | d. Neb. |
|  | 11 | 6 | 6 | .... | 3 | 5 | Neb. |
|  | 7 | 5 | 5 | .... | .... | .. | d. Neb. |
| 15 | 6 | 6 | 5 | .... | 3 | 5 | Neb. |
|  | 10 | 4 | .. | .... | .... | .. | d. Neb. |
|  | 4 | ... | .. | .... | 2 | ½ | l. G. m. R. |
|  | 9 | ... | ½ | .... | .... | .. | Neb. |
| 16 | 6 | 5 |  | .... | 1 | ½ | ... |
|  | 11 | ... |  | .... | .... | .. | Reg. |
|  | 3 | ... |  | .... | .... | .. |  |
| 17 | 5 | 7 | 5 | .... | 1 | ½ | d. Neb. |
|  | 12 | 4 |  | .... | .... | .. | ... |
|  | 4 | 3 | 6 | .... | 2 | 5 | ... |
|  | 8 | 4 |  | .... | .... | .. | Reg. |

| Tag. | Stunde. | Thermometer. | | Barometer. | | | Witterung. |
|---|---|---|---|---|---|---|---|
| 18 | 6 | 5 | | 22 | 2 | 6 | l. G. m. N. |
| | 10 | ... | 1/2 | .... | .. | .. | d. G. |
| | 2 | ... | | .... | .. | .. | l. G. m. N. |
| | 9 | ... | 5 | .... | .. | .. | st. Reg. |
| 19 | 6 | 4 | 1/2 | .... | 2 | 1/2 | l. G. m, N. |
| | 11 | 3 | | .... | .. | .. | ... |
| | 8 | 4 | 5 | .... | 3 | 5 | ... |
| 20 | 11 | 3 | 1/4 | .... | .. | .. | d. Neb. |
| | 5 | ... | 5 | .... | .. | 5 | ... |
| | 11 | 4 | 1/4 | .... | .. | .. | ... |
| 21 | 8 | 4 | 5 | .... | 3 | 5 | d. Neb. |
| | 12 | 2 | 1/4 | .... | .. | | l. G. m. N. |
| | 4 | ... | | .... | 2 | 1/2 | ... |
| | 9 | 3 | 5 | .... | .. | | st. Reg. |
| 22 | 6 | 4 | 5 | .... | 3 | 5 | d. Neb. |
| | 11 | 2 | 1/4 | .... | 2 | 1/2 | l. G. m. N. |
| | 4 | 3 | | .... | 2 | 1/2 | st. Reg. |
| | 8 | 3 | 1/2 | .... | .. | .. | Neb. |
| 23 | 5 | 4 | 6 | .... | 3 | 5 | l. G. m. N. |
| | 11 | 3 | 5 | .... | .. | .. | d. Neb. |
| | 7 | ... | 1/2 | .... | .. | .. | st. Reg. |
| 24 | 5 | 5 | 1/2 | .... | 3 | .. | d. Neb. |
| | 10 | ... | .. | .... | .. | 5 | ... |
| | 8 | ... | .. | .... | .. | .. | d. G. |
| 25 | 10 | 4 | .. | .... | 2 | .. | d. Neb. |
| | 12 | 3 | .. | .... | .. | .. | ... |
| | 3 | 2 | 1/4 | .... | .. | .. | ... |
| | 9 | 4 | .. | .... | .. | .. | Neb. |
| 26 | 6 | 5 | | .... | .. | .. | ... |
| | 10 | 4 | | .... | .. | .. | l. G. m. N. |
| | 2 | 3 | 1/2 | .... | .. | .. | ... |
| 27 | 6 | 5 | 5 | .... | .. | 5 | l. G. m. N. |
| | 11 | 3 | | .... | .. | .. | ... |
| | 2 | 2 | 1/2 | .... | .. | .. | d. Neb. |
| | 9 | 4 | | .... | .. | .. | Neb. |
| 28 | 10 | 4 | 5 | .... | 1 | 1/2 | d. Neb. |
| | 2 | 3 | | .... | .. | .. | ... |
| | 10 | 5 | | .... | .. | .. | ... |
| 29 | 6 | 6 | 1/2 | .... | 1 | 1/2 | d. Neb. |
| | 1 | 4 | | .... | .. | .. | ... |
| | 9 | 6 | | .... | .. | .. | ... |
| 30 | 6 | 8 | 6 | .... | 1/2 | | Schn. |
| | 1 | ... | 5 | .... | .. | | d. G. |
| | 10 | 12 | 5 | .... | .. | .. | Schn. |
| 31 | 6 | 13 | 6 | .... | 1/2 | | d. Neb. |
| | 3 | 9 | 1/4 | .... | .. | | ... |
| 1 | 9 | 11 | 6 | .... | .. | | ... |

# Im Junius.

| Tag. | Stunde. | Thermometer | | Barometer. | | | Witterung. |
|---|---|---|---|---|---|---|---|
| 1 | 6 | 11 | 6 | 22 | $\frac{1}{2}$ | | h. W. |
| | 10 | 8 | $\frac{1}{2}$ | . . | . | | l. W. m. R. |
| | 9 | 10 | 6 | . . | . . | | h. W. |
| 2 | 6 | 10 | $\frac{1}{2}$ | . . | . . | | ... |
| | 11 | 8 | 6 | . . | . . | | l. W. m. R. |
| | 8 | 9 | $\frac{1}{2}$ | . . . | . . | | Neb. |
| 3 | 6 | 11 | | . . | . . | | l. W. m. R. |
| | 12 | 9 | $\frac{5}{2}$ | . . | . . | | h. W. |
| | 9 | 7 | $\frac{1}{2}$ | . . | . . | | Neb. |
| 4 | 7 | 11 | | . . | . . | | ... |
| | 12 | 8 | 6 | . . | . . | | l. W. m. R. |
| | 9 | 7 | $\frac{1}{2}$ | . . | . . | | Neb. |
| 5 | 9 | 10 | | 22 | 0 | | h. [Neb. |
| | 12 | 8 | | . . | . . | | .. |
| | 8 | 7 | | . . | . . | | .. |
| 6 | 7 | 9 | | 21 | 11 | 6 | h. W. |
| | 12 | 8 | | . . | . . | .. | .. |
| | 9 | 9 | 6 | . . | . . | .. | ... |
| 7 | 5 | 9 | | . . | 11 | 6 | Schn. |
| | 12 | 7 | $\frac{1}{2}$ | . . | . . | .. | h. W. |
| | 10 | 9 | | . . | 12 | 5 | |
| 8 | 6 | 9 | 5 | . . | 12 | 5 | l. W. m. R. |
| | 12 | 7 | .. | . . . | . . | .. | .. |
| | 8 | 6 | $\frac{1}{2}$ | . . . | . . | .. | h. W. ... |
| 9 | 7 | 7 | | . . . | . . | .. | h. R. |
| | 11 | 5 | 5 | . . . | . . | .. | l. W. m. R. |
| | 4 | 4 | .. | . . | . . | .. | Neb. |
| 10 | 6 | 6 | 6 | . . . | . . | .. | h. W. |
| | 12 | 5 | 5 | . . . | . . | .. | .. |
| | 8 | .. | .. | . . . | . . | .. | .. |
| 11 | 5 | 6 | $\frac{1}{2}$ | . . . | . . | .. | Neb. |
| | 11 | 5 | | . . . | . . | .. | h. W. |
| | 9 | .. | $\frac{1}{2}$ | . . . | . . | .. | .. |
| 12 | 6 | 6 | 5 | . . . | . . | = | Neb. |
| | 11 | 4 | $\frac{1}{2}$ | . . . | . . | .. | h. W. |
| | 2 | .. | - | . . . | . . | .. | l. W. m. R. |
| | 10 | 6 | 5 | 22 | $\frac{1}{2}$ | .. | Schn. |
| 13 | 5 | 6 | 6 | . . | 1 | 5 | h. Neb. |
| | 1 | 4 | .. | . . | . . | $\frac{1}{2}$ | l. W. m. R. |
| | 10 | .. | $\frac{1}{2}$ | . . | 2 | 5 | h. W. |

| Tag. | Stunde. | Thermometer. | | Barometer. | | | Witterung. |
|---|---|---|---|---|---|---|---|
| 14 | 5 | 5 | | 22 | ... | .. | d. Neb. |
| | 10 | 4 | | .. | .. | .. | ... |
| | 2 | 3 | ½ | .. | .. | .. | l. G. m. N. |
| 18 | 6 | 4 | ½ | .. | 2 | 5 | ... |
| | 12 | 3 | | .. | .. | .. | d. Neb. |
| | 8 | .. | 6 | .. | .. | .. | d. G. |
| 19 | 8 | 4 | ½ | .. | .. | .. | ... |
| | 1 | 3 | 5 | .. | .. | .. | l. G. m. N. |
| | 8 | 3 | ¼ | .. | .. | .. | Neb. |
| 20 | 6 | 4 | .. | .. | .. | .. | d. Neb. |
| | 12 | 3 | | .. | .. | .. | l. G. m. N. |
| | 6 | 3 | ½ | .. | .. | .. | d. G. |
| 21 | 5 | 6 | | .. | 1 | | f. Reg. |
| | 10 | 4 | | .. | ½ | 5 | l. G. m. N. |
| | 9 | 9 | | .. | ½ | | d. G. |
| 22 | 5 | 4 | ½ | .. | 1 | 5 | Schn. |
| | 10 | .. | .. | .. | ½ | | d. G. |
| | 9 | 9 | | .. | .. | | Neb. |
| 23 | 6 | 9 | | .. | .. | | Schn. |
| | 11 | 3 | ½ | .. | .. | • | d. G. |
| | 1 | .. | .. | .. | .. | | |
| | 10 | 9 | 5 | .. | 1 | | Neb. |
| 24 | 6 | 9 | | .. | .. | 6 | ... |
| | 12 | 7 | | .. | .. | ½ | d. Neb. |
| | 3 | 6 | • | .. | 2 | 5 | l. G. m. N. |
| 25 | 6 | 8 | ½ | .. | .. | .. | d. Neb. |
| | 11 | 6 | | .. | .. | ½ | l. G. m. N. |
| | 7 | 5 | ½ | .. | .. | ½ | f. Reg. |
| 26 | 7 | 7 | 6 | .. | 1 | 5 | ... |
| | 11 | 5 | ½ | .. | .. | .. | l. G. m. N. |
| | 7 | 8 | 5 | .. | ½ | | Neb. |
| 27 | 7 | 8 | ½ | .. | .. | | Schn. |
| | 12 | 7 | | .. | .. | | ... |
| | 5 | .. | ½ | .. | 1 | 5 | l. G. m. N. |
| | 9 | 8 | 6 | .. | .. | .. | Schn. |
| 28 | 6 | 8 | ½ | .. | .. | | ... |
| | 11 | .. | 6 | .. | .. | 5 | l. G. m. N. |
| | 3 | 6 | ½ | .. | .. | .. | f. d. G. |
| | 9 | 7 | | .. | .. | .. | ... |
| 29 | 6 | 8 | ½ | .. | .. | | d. Neb. |
| | 11 | 5 | | .. | .. | | l. G. m. N. |
| | 2 | .. | 5 | .. | .. | | f. d. G. |
| | 6 | 6 | | .. | .. | | ... |
| 30 | 6 | 6 | ½ | .. | .. | | d. Neb. |
| | 11 | 5 | 5 | .. | .. | 5 | l. G. m. N. |
| | 6 | 6 | | .. | .. | .. | f. Reg. |

# Im Julius.

| Tag. | Stunde. | Thermometer. | | Barometer. | | | Witterung. |
|---|---|---|---|---|---|---|---|
| 1 | 6 | 7 | | 22 | 1 | 5 | d. Neb. |
| | 12 | 4 | $\frac{1}{2}$ | .. | .. | .. | l. G. m. N. |
| | 8 | 6 | 5 | .. | .. | .. | Neb. |
| 2 | 7 | 6 | | .. | .. | .. | l. G. m. N. |
| | 12 | 4 | 5 | .. | .. | .. | d. Neb. |
| | 7 | .. | ... | .. | .. | 6 | Neb. |
| 3 | 7 | 6 | 6 | .. | .. | .. | d. Neb. |
| | 11 | 4 | | .. | .. | .. | l. G. m. N. |
| | 3 | 3 | 6 | .. | .. | .. | ... |
| | 7 | .. | 5 | .. | .. | .. | d. G. |
| 4 | 7 | 5 | | .. | .. | 5 | d. Neb. |
| | 12 | 2 | | .. | .. | .. | l. G. m. N. |
| | 2 | .. | 5 | .. | $\frac{1}{2}$ | | ... |
| | 9 | 4 | $\frac{1}{2}$ | .. | $\frac{1}{4}$ | | d. G. |
| 5 | 5 | 6 | 6 | .. | .. | | Neb. |
| | 12 | 4 | | .. | .. | | l. G. m. N. |
| | 5 | 6 | 6 | .. | .. | | ... |
| 6 | 6 | 6 | $\frac{1}{2}$ | .. | 1 | 5 | d. Neb. |
| | 11 | 4 | 5 | .. | .. | .. | ... |
| | 2 | 3 | | .. | .. | 6 | l. G. m. N. |
| | 7 | 4 | 5 | .. | .. | | ... |
| 9 | 7 | 7 | .. | .. | 2 | 6 | ſ. Reg. |
| | 11 | 6 | 6 | .. | .. | $\frac{1}{2}$ | ... |
| | 7 | 5 | | .. | .. | .. | ... |
| 10 | 6 | 4 | $\frac{1}{2}$ | .. | .. | 6 | Reg. |
| | 11 | .. | 5 | .. | .. | .. | ... |
| | 3 | 3 | $\frac{1}{2}$ | .. | 3 | 5 | d. G. |
| | 10 | 4 | 5 | .. | .. | .. | ſ. Reg |
| 11 | 7 | 4 | $\frac{1}{2}$ | .. | .. | | Neb. |
| | 11 | 2 | 5 | .. | .. | | d. Neb. |
| | 3 | 1 | 6 | .. | .. | | ... |
| | 8 | 2 | $\frac{1}{2}$ | .. | .. | | ... |
| 12 | 7 | 4 | 6 | .. | 3 | 5 | ... |
| | 11 | 2 | | .. | .. | .. | ... |
| | 2 | $\frac{1}{2}$ | | .. | .. | .. | ... |
| | 9 | 2 | | .. | .. | .. | ... |
| 13 | 5 | 3 | | .. | .. | .. | ... |
| | 12 | 2 | | .. | .. | 6 | ... |
| | 9 | .. | | .. | .. | .. | Neb. |
| 14 | 6 | 2 | $\frac{1}{2}$ | .. | 3 | 6 | d. Neb. |
| | 11 | 1 | | .. | .. | .. | ... |
| | 1 | $\frac{1}{4}$ | | .. | .. | .. | ... |

Tag.

| Tag. | Stunde. | Thermometer. | | Barometer. | | | Witterung. |
|---|---|---|---|---|---|---|---|
| 18 | 7 | 4 | $\frac{1}{2}$ | 22 | 2 | | d. Neb. |
| | 11 | 1 | | .... | .. | $\frac{1}{2}$ | .... |
| | 3 | $\frac{1}{2}$ | | .... | .. | .. | .... |
| 19 | 6 | 2 | $\frac{1}{2}$ | .... | .. | .. | .... |
| | 11 | 1 | | .... | 3 | .. | .... |
| | 2 | $\frac{1}{4}$ | | .... | 4 | 5 | .... |
| | 7 | ... | | .... | .. | .. | .... |
| 20 | 7 | 1 | | .... | 3 | 6 | d. Neb. |
| | 11 | ... | 5 | .... | .. | $\frac{1}{2}$ | .... |
| | 3 | 2 | 6 | .... | .. | .. | .... |
| 21 | 7 | 1 | 6 | .... | 5 | | .... |
| | 11 | $\frac{1}{2}$ | | .... | .. | 6 | .... |
| | 3 | 1 | 6 | .... | .. | .. | .... |
| | 9 | ... | | .... | .. | .. | .... |
| 22. | 6 | ... | | .... | .. | .. | .... |
| | 11 | ... | | .... | .. | .. | .... |
| | 5 | 2 | | .... | .. | .. | .... |
| | 9 | $\frac{1}{2}$ | | .... | .. | .. | .... |
| 23 | 6 | 1 | 5 | .... | .. | .. | .... |
| | 11 | 2 | | .... | .. | .. | .... |
| | 2 | ... | $\frac{1}{2}$ | .... | .. | .. | .... |
| | 10 | 1 | 5 | .... | .. | .. | .... |
| 24 | 5 | 0 | | .... | 5 | 6 | .... |
| | 11 | 1 | $\frac{1}{2}$ | .... | .. | .. | l. G. m. N. |
| | 3 | 2 | | .... | 4 | $\frac{1}{2}$ | .... |
| | 9 | 1 | 5 | .... | 6 | | .... |
| 25 | 6 | ... | $\frac{1}{2}$ | .... | 3 | $\frac{1}{2}$ | d. G. |
| | 11 | ... | .. | .... | .. | 6 | d. Neb. |
| | 3 | ... | $\frac{1}{4}$ | .... | .. | .. | d. G. |
| | 4 | 3 | 5 | .... | .. | .. | .... |
| 26 | 5 | ... | $\frac{1}{8}$ | .... | .. | .. | .... |
| | 11 | 1 | | .... | .. | .. | d. Neb. |
| | 3 | ... | $\frac{1}{2}$ | .... | .. | .. | .... |
| | 9 | ... | 6 | .... | 5 | | .... |
| 27 | 5 | 2 | | .... | 2 | $\frac{1}{2}$ | Reg. |
| | 12 | $\frac{1}{2}$ | | .... | 6 | | l. G. m. N. |
| | 3 | 0 | | .... | .. | | .... |
| | 9 | 1 | 5 | .... | 5 | | .... |
| 28 | Morgens um 6 | 2 | $\frac{1}{2}$ | .... | 1 | 6 | .... |
| 29 | 12 | 1 | 5 | .... | .. | $\frac{1}{2}$ | .... |
| | 10 | 1 | 4 | .... | .. | .. | .... |
| 30 | 6 | 2 | 6 | .... | .. | .. | .... |
| | 12 | $\frac{1}{4}$ | | .... | .. | .. | .... |
| | 5 | $\frac{1}{2}$ | | .... | .. | .. | .... |

# Im August.

| Tag. | Stunde. | Thermometer. | | Barometer. | | | Witterung. |
|---|---|---|---|---|---|---|---|
| 1 | 8 | 2 | | 22 | 2 | 8 | d. Neb. |
| | 12 | 1 | | .. | .. | .. | l. G. m. R. |
| | 4 | .. | 5 | .. | .. | 6 | ... |
| | 9 | .. | ½ | .. | .. | 3 | 1 |
| 2 | 5 | 2 | | .. | .. | .. | d. Neb. |
| | 12 | 2 | 5 | .. | .. | | ... |
| | 3 | 1 | ½ | .. | .. | | ... |
| | 9 | .. | ½ | | | | |
| 3 | 6 | 1 | 5½ | .. | 2 | 6 | Reg. |
| | 11 | .. | 5½ | .. | .. | 5 | ... |
| | 2 | .. | | .. | 1 | ½ | ... |
| | 9 | .. | | .. | .. | | |
| 4 | 6 | 6 | | .. | 2 | 6 | Reg. |
| | 11 | 5 | ½ | .. | .. | 5 | ... |
| | 2 | 4 | .. | .. | 1 | ½ | ... |
| | 9 | 3 | 7 | .. | .. | | |
| 5 | 6 | .. | .. | .. | .. | | ... |
| | 4 | 4 | 6 | .. | .. | | l. G. m. R. |
| | 3 | 3 | .. | .. | .. | .. | d. G. |
| | 9 | 4 | 5 | .. | .. | .. | |
| 6 | 5 | .. | 6 | .. | .. | .. | ... |
| | 11 | 3 | | .. | .. | ½ | d. G. |
| | 3 | .. | .. | .. | ½ | | |
| 7 | 11 | 4 | 5 | 21 | 11 | ½ | d. Neb. |
| | 4 | .. | .. | .. | .. | .. | |
| | 9 | 5 | .. | 22 | | | Neb. |
| 8 | 6 | 6 | | .. | .. | | d. Neb. |
| | 11 | .. | 5 | .. | ½ | | ... |
| | 2 | .. | 6 | .. | .. | | ... |
| | 9 | 7 | ½ | .. | 1 | | ... |
| 9 | 6 | 6 | | .. | .. | | Neb. |
| | 4 | .. | 5 | .. | .. | | ... |
| | 3 | .. | 6 | .. | .. | | ... |
| | 9 | 7 | ½ | .. | 6 | | ... |
| 10 | 6 | 8 | | .. | .. | ½ | d. Neb. |
| | 11 | 6 | | .. | .. | .. | l. G. m. R. |
| | 9 | 5 | | .. | .. | .. | Neb. |
| 11 | 6 | 5 | 5 | .. | 2 | 5 | Neb. |
| | 3 | 3 | 5½ | .. | .. | .. | l. G. m. R. |
| | 9 | 4 | | .. | .. | .. | |
| 12 | 6 | 5 | 6 | .. | .. | .. | Neb. |
| | 11 | 4 | ½ | .. | .. | | Reg. |
| | 10 | .. | .. | .. | 1 | 6 | ... |

| Tag. | Stunde. | Thermometer. | | Barometer. | | | Witterung. |
|---|---|---|---|---|---|---|---|
| 13 | 6 | ... | 7 | 22 | | | Reg. |
| | 11 | ... | 6 | .... | .... | 6 | .. |
| | 3 | ... | 5 | .... | .... | | ... |
| | 10 | 3 | ¼ | .... | .... | 5 | .. |
| 14 | 6 | .. | .. | .... | .... | .. | d. G. |
| | 11 | ... | .. | .... | .... | .. | Reg. |
| | 3 | ... | .. | .... | .... | .. | ... |
| | 10 | ... | .. | .... | .... | .. | Neb. |
| 15 | 11 | 3 | ½ | .... | .... | .. | ... |
| | 2 | ... | | .... | .... | .. | f. d. G. |
| | 6 | 4 | 5 | .... | .... | .. | ... |
| 16 | 6 | 5 | ½ | .... | .... | .. | Neb. |
| | 11 | 4 | | .... | .... | .. | ... |
| | 9 | 6 | 6 | .... | .... | .. | ... |
| 17 | 6 | 7 | | .... | .... | | ... |
| | 12 | 5 | ½ | .... | .... | | d. Neb. |
| | 4 | 6 | | .... | .... | 6 | l. G. m. R. |
| | 10 | 7 | 5 | .... | 2 | 5 | |
| 18 | 6 | ... | 6 | .... | .... | | d. Neb. |
| | 1 | 4 | 5 | .... | .... | .. | ... |
| | 11. | 5 | .. | .... | 1 | ½ | |
| 19 | 6 | ... | | .... | .... | | Neb. |
| | 1 | 4 | | .... | .... | 5 | l. G. m. R. |
| | 10 | ... | 5 | .... | ½ | | |
| 20 | 6 | 5 | 6 | .... | .... | | d. Neb. |
| | 11 | 3 | | .... | 1 | 3 | ... |
| | 2 | 2 | ½ | .... | | .. | Neb. |
| | 9 | 3 | | .... | .... | .. | ... |
| 21 | 6 | 4 | 6 | .... | .... | 6 | l. G. m. R. |
| | 12 | 3 | | .... | 2 | 3 | ... |
| | 9 | ... | | .... | 1 | ½ | ... |
| 22 | 6 | 4 | ½ | .... | 3 | 5 | d. Neb. |
| | 11 | 3 | | .... | 3 | 6 | ... |
| | 4 | 4 | 5 | ... | ½ | | ... |
| 23 | 6 | ... | ½ | .... | | | ... |
| | 11 | 3 | | .... | 4 | ½ | |
| | 2 | 2 | 1 | .... | | .. | |
| | 11 | 3 | | ... | 3 | | |
| 24 | 7 | 4 | | .... | 2 | 4 | ... |
| | 2 | 2 | 6 | .... | | 6 | ... |
| | 9 | ... | 5 | .... | 3 | ½ | ... |
| 25 | 6 | 3 | ½ | .... | 1 | .7 | ... |
| | 12 | 1 | | .... | .... | 4 | ... |
| | 4 | ... | | .... | .... | 6 | ... |

# Beobachtungen

## des Herrn Jezlers von 1765.

| Im August. Tag. | Stunde. | | Höhe des Barometers Paris. Zoll. | Linie. | Höhe des Michelianischen Thermometers. |
|---|---|---|---|---|---|
| | | | ″ | ‴ | ° |
| 24 | 4 Nachm. | in Altorf, da der Himmel mit etwas Wolken bedekt, . . . . . . . . . . | 26 | 11 | 7 Cal. |
| 25 | 2 Nachm. | in Wassen, bey hellem Himmel . . . . . | 25 | $6\frac{1}{2}$ | 9 |
| | 10 Ab. | in Urselen . . . . . . . . . . | 24 | $\frac{1}{4}$ | $5\frac{1}{3}$ |
| 26 | 9 Vorm. | auf dem Gothard bey den Capuzinern, bey hellem Himmel, . . . . . . . . . | 22 | 2 | $4\frac{1}{3}$ |
| | 11 Vorm. | auf einer Alp gegen dem Liviner-Thal, . . . | 21 | $10\frac{1}{3}$ | $4\frac{1}{3}$ |
| | 4 Nachm. | auf dem Gothard auf der Stolle . . . . . Bald nach dieser Wahrnehmung stiegen Nebel auf. | 20 | $6\frac{1}{3}$ | 10 |
| 27 | 4 Nachm. | in Urselen, da der Himmel Gewitter drohte, . . . . . . . . . . . . . . | 23 | $10\frac{1}{2}$ | 5 |
| | $6\frac{1}{2}$ Ab. | oberhalb Urselen, gegen dem Gletscher, während dem Ungewitter . . . . . . . . | 22 | 4 | $1\frac{1}{2}$ |
| 28 | 3 Nachm. | in Altorf, bey hellem Wetter, . . . . . | 26 | $8\frac{1}{2}$ | 10 |
| 29 | 10 Vorm. | in Schweiz . . . . . . . . . . | 26 | $5\frac{1}{4}$ | 8 |
| | 8 Ab. | auf dem Haken, da es anfieng zu blizen, | 23 | 11 | 5 |
| 30 | 2 Nachm. | bey trübem Wetter . . . . . . . . . | 25 | $4\frac{1}{4}$ | $8\frac{1}{2}$ |

Anmerkung. Das Barometer, dessen sich Herr Jezler bedienet, ist von ihm zu bequemern Gebrauch auf Reisen eingerichtet, in der Hauptsache aber mit demjenigen übereingekommen, das Herr J. G. Sulzer in dem dritten Vol. der Act. Helv. Phys. Mathem. &c. (Basileae 1758) pag. 259. Tab. 9. fig. 1. bekant gemacht hat. Eine Beschreibung desselben, nebst Beobachtungen, die er damit auf den Appenzeller Gebirgen und an andern Orten gemacht hat, wird in dem dritten Theile der Abhandlung der physicalischen Gesellschaft zu Zürich erscheinen.

### Drei und zwanzigster Brief.

#### Mein Herr,

Haben Sie wol im Scheuchzer gelesen, daß es bei Hospital oder Urseren vier ganz verschiedene Landstraßen giebt? Die eine füret nach Altorf, woher ich gekommen bin, die andere nach Bündten oder Graubündten, die dritte gehet über den Furca (a) nach Wallis, und die vierte über das Livinerthal nach Mailand und so weiter in Italien hinein (b). Welch eine Verlegenheit, mein Herr, für einen aus lehrbegierde Reisenden, wenn er unter diesen vier Straßen sich eine wählen sol! aber welch ein Herzeleid, wenn ihm, nach Neigung zu wählen, versagt ist; wenn, da er noch die übrigen drei alle zugleich gern einschlagen möchte, ihn das Joch seiner Umstände in die vierte, die er schon gemacht hat, wieder hinein zwinget, und, mit einem Wort, wenn es ihm so ergehet, wie es mir ergangen ist? Warum, o warum war es mir nicht erlaubt, die Straße zu verfolgen, auf der ich bei dem Capuciner-Hospitium mich befand, die Straße, deren beschwerlichster Theil ich bereits zurük geleget hatte, die mit tausend merkwürdigen Annehmlichkeiten, zu denen sie füret, meinem Herzen und Verstande so reizend zuwinkte, daß ich mir die bitterste Gewalt anthun mußte, meinem Triebe, ihr zu folgen, zu widerstehen: die, denken Sie nur, in dasjenige Land leitet, das zu sehen ich begierig bin, in Italien, und zu erst ins Mailändische und zu dem Lago maggiore, oder di Locarno, in welchem die beiden bezauberten, oder vielmehr bezaubernden borromäischen Inseln, die Isola Madre und Isola Bella liegen, von denen Keysler in seinem 35sten Briefe die Beschreibung und von letzterer eine so schöne Abbildung geliefert hat! Ach, beklagen Sie mich, mein Herr, nicht, daß ich hier, anstatt den Berg nur weiter hinabzusteigen, wie ich zu thun bis zu dem Hospitium wirklich schon angefangen hatte, meinen Schrit verändern, das gelobte Land, das so nahe vor mir lag, wie ein anderer Moses, nur mit den Augen meiner Einbildungskraft, hofnungslos ansehen mußte, aber nicht hinein durfte, sondern genöthigt war, ihm den Rükken zuzuwenden, und, woher ich gekommen, nemlich nach Hospital zurük zu wandern? Wie einer ins Elend verwiesener aus seinem Vaterlande mit langsamen unwilligen Schritten zaudernd fortwankt: nicht anders, mein Herr, Sie können es mir, auf mein Wort, glauben, verließ ich die Gränze Italiens, das mich jezt mein Vaterland zu sein dünkte; denn so sehr zog mich meine Neugierde dahin. Seufzend bin ich also umgekehret, seufzend in Hospital wieder angekommen.

---

(a) N., nach Michelli du Crét. 2669 Klafter hoch ist. — Vielleicht ist von N. nur des eigentlichen Furca Höhe so bestimt, nicht aber die des ungleich höheren Gipfels, oder wie die Innoner es nennen, Horns. — J. J. F. 1769.

(b) S. Scheuchzers 1te Reise, 1ste Tafel, welches eine Karte dieser Gegend ist. — Auch Scheuchz. Sulz. 2 Th. S. 145. und Tafel.

Aber ich würde noch gern zufrieden gewesen sein, hätte ich nur von hier über den Furcaberg ins Walliserland gehen können, denn dies zu thun, hatte ich mir doch in allem Ernste vorgenommen. Ich wolte nemlich das Leuker Bad (c) besuchen, dessen fürchterliche Lage am Fuße des Gemmiberges (d), über welchen ein so sonderbarer, nemlich ganz schmaler und geschlängelter Weg, zwischen Abgründen herdurch, hinein füret, so sehr gesehen zu werden verdienet. Allein, auch diesen Vorsaz bin ich, theils wegen des auf dem Furca schon gefallenen vielen Schnees und Regens, theils weil ich, nun hernachmals in die Eisberge oder Gletscher des Grindelwaldes rc. zu gelangen, zweimal Bern passiren und also zeitkostende Umwege würde nehmen müssen, genöhtiget gewesen, faren zu lassen.

Und, endlich, nach Bündten hinabzugehen, dies hat mir noch weniger diese leztere Betrachtung erlauben wollen. Ursachen derowegen über Ursachen, und Nohtwendigkeit genug, um das zu thun, was ich gethan habe, um nach Hospital und von da nach Altorf zurük zu wandern, und zur Sätigung meiner Neubegierde ferner noch allein die Schweiz zu nuzen, so gut als möglich sein wird. Wohlan denn, so lasset uns sehen was wir sehen können, und nicht, was wir nicht sehen sollen, wollen! lasset uns bei dem Guten, das wir entbehren müssen, an das denken, das wir haben! Ich wil jenes vergessen, und fortfaren Ihnen Schweizerische Merkwürdigkeiten zu erzehlen, und jezt noch was ich seit gestern auf dem Gotharde noch gesehen oder gethan habe.

In Hospital gehet es besser, als zu Ursern, mit dem Cristallhandel. Ich habe hier von diesen Steinen einen starken Vorraht gefunden, und daraus für meine Samlung eine grosse braune Druse und einen weissen, sehr klaren, platten Liviner-Cristall ausgelesen.

Diesen Morgen um 7 Uhr bin ich, mit meinen Freunden, von Hospital abgeritten. Ein Paar unserer Pferde hinkten, welches zu bedauern, aber freilich nicht zu verwundern war. Häßliche Pferde, wenn es irgendwo häßliche giebt, und die in der Häßlichkeit mit dem Rosinante des Don Quixotes um den Vorzug streiten, aber getreue und geschikte Thiere, solch eine Reise zu thun, wobei man mit denen best-zugerittenen unsrigen sehr zu kurz kommen und manchen gefärlichen Sturz machen würde. Wieder die Gesese der Reitschule, überläßt man diesen Pferden völlig den Zügel, der, wegen ihres sehr niedergedrükten Halses ziemlich lang zu sein bedarf. Ungerne gehen sie aus der getretenen Bahn, und ist diese gleich zuweilen am Rande der Abgründe, so braucht man doch nicht sehr besorgt zu sein. Denn, bei jedem Tritte, denn sie thun, ist ihr Fuß wie fest geklammert und wanket nicht, wozu sie viel zu steif sind: dennoch klettern sie muhtig die Höhen hinan und herab mit der grösten Sicherheit. Dagegen hält es schwer, sie auf den Ebenen in den Trab zu bringen und zu erhalten, als welches ihre Steifigkeit kaum zuläßet.

---

(c) Scheuchz. Nat. Hist. S. 371 - 383. ejusd. It. Alp. 4. p. 316. Tab. 13. 7. p. 485 -487. Scheuchz. Euk. 2 Th. S. 191. 192. und Tafel.
(d) So nach Mich. du Cret, 2421 Klafter hoch ist.

Wir sind durch das stille Urseler Thal, wiederum Urseren, an der Matt, vorbei-
passiret, den finstern Felsengang herdurch, die Teufelsbrücke herüber, weiter durch die fürchterliche Schöllenen, und haben um 7 Uhr das Dorf Geßinen, das sie Geschenen auszusprechen pflegen, und wo ich von dem schönen rohten Flußspath, dessen ich gegen Sie aus dem
Geßnerischen Cabinet erwähnet, und von dem bei Urseren auch sonst am Gotharde brechenden Gesteine, woraus man hier Kalch brennet, Proben einzusammeln Gelegenheit fand, um
10½ Uhr aber Wasen erreichet, da wir eine kurze Mittagsmalzeit hielten, und wiederum Forellen, und zwar zweierlei, nemlich weis- und rothfleischigte, die so wol theils gebraten als ab-
gekocht und säuerlich zubereitet waren, angerichtet fanden. Von da haben wir uns gegen
1 Uhr weggebegeben, sind die Brücke über dem Pfaffensprung und diesen selbst passiret, um
4½ Uhr zum Stäg und, endlich, da es schon dunkel war, um 7½ Uhr alhier zu Altorf glüklich und vergnügt angelanget.

Nun muß ich Ihnen, mein Herr, noch sagen, daß ich die berüchtigte Teufelsbrücke
gemessen habe. Sie ist über die Reuß wenigstens 50 Fus, sonst aber, den Theil, der auf
dem Ufer stehet, mitgerechnet, wol 3 mal 50 Fus lang. Ein einziger Bogen machet jene
Länge aus. Ihre Breite wird etwa 16 Fus betragen, aber ihre Höhe macht schwindeln.
Mit Hülfe eines an einen Faden befestigten bis an die Reuß hinunter gelassenen Steines,
habe ich diese 68½ Fus zu sein befunden. Das bekante Mährchen von des Teufels wunder-
barer Erbauung dieser Brücke, dessen Scheuchzer (e) erwähnet, erzählet hier niemand mehr.
Eine abermalige Probe von der überall schwindenden Kraft des Aberglaubens und der dagegen mehr und mehr sich ausbreitenden Herrschaft der Vernunft: deren hell lodernde Fak-
kel bald alle noch übrige Finsternisse der Vorurtheile erleuchten und endlich vernichten wolle!
Amen!

Man bemerkt, übrigens, wirklich unterhalb der Teufelsbrücke noch Ueberbleibsel einer
älteren, die doch ohne Zweifel eben so wol ein Werk von Menschenhänden gewesen sein wird,
als die gegenwärtige, so kühn auch ihr Bau zu sein scheinet.

Die unterhalb Wasen am Pfaffensprunge belegene Brücke ist so gar noch beträchtlicher, in Ansehung des Unternehmens, als jene. Denn, ich habe ihren Bogen 86 bis 90
Fus hoch befunden. Welche Werke, mein Freund, solche Brücken, solche an Abgründen
heraufgemauerte Straßen, solche durchbrochene, durchsprengte Felsen! welche Werke, sage
ich, die der Schweizer Arbeitsamkeit und Muht verewigen! Haben wir viel ähnliches auf-
zuzeigen?

In meinem vorigen Briefe beschrieb ich Ihnen einigermaßen die Fruchtbarkeit der
Gegenden zwischen dem Stäg, besonders Wasen, und dem Thore des Todes, oder dem
Felsengauge oberhalb der Teufelsbrücke. Solten Sie es wol glauben, daß ich diese Gegen-
den nun auf der Rückkehr, wo nicht mit Vergnügen, doch gewis ohne alle Bedenklichkeit,

---

(e) In seiner 2ten Reise.

ohne Schwermuht, paßiret bin? Gleichwol ist dies geschehen. — Warum? — Lesen Sie nur noch einmal was ich Ihnen von dem höchsten Rüken des Gothards, von dem Thale der Verzweiflung geschrieben habe. Nachdem ich dies kennen gelernet, dies steinerne Thal, und seine Thürme von nakkenden, und immer einförmigen Ruinen, die Europens Krone sind, (welch eine traurige Krone für dies im Ganzen so schöne Welttheil!) so hat mein Herz etwas von der Zärtlichkeit seines Gefühls verloren, und ist gegen diese vielfache Schrekken, deren Abwechslung für mich nun eine Art einer Zerstreuung, eines Vergnügens, war, minder empfindlich geworden. Aus dieser Verschiedenheit des Eindruks, den ich erfaren, nehmen Sie ab, mein Herr, wie überwiegend schreklich es dort oben aussehen mußte! doch genug hievon.

Zum Etäg habe ich noch einmal den Cristallvorraht des Franz Walkers durchgesucht, und mir daraus einige, für mich schäzbare, Stükke gekauft. Eines derselben, ob gleich es nur ein Bruchstük von der Pyramide eines, aber sehr grosen, Cristalles ist, war nicht unter einem Schildlouisdor zu haben. Aber es ist so ausserordentlich klar, als man es wol jemals gefunden, so daß es mir den Ausdruk der Dichter, da sie das Wasser cristallklar nennen, und der mir immer etwas Uneigentlich zu sein vorgekommen ist, in der That zu rechtfertigen scheinet.

Vom Cristall überhaupt, und einem Paar seiner Gruben die ich besehen, hab ich Ihnen, mein Herr, noch vieles zu sagen. Aber ich verspare dieses für ein andermal.

Altorf, den 17 Sept. 1763.

Vier-

## Vier und zwanzigſter Brief.

#### Mein Herr,

Aus einem angenehmen Thale, das aber das Unglük gehabt, durch die von den Bergen herabſtürzende Bäche und die hoch aufgeſchwollene Aare, welche daſſelbe durchflieſſet, ein Paar Jare nach einander dergeſtalt überſchwemmet zu werden, daß die durch das Thal zer-ſtreueten Bewoner kaum ihr Leben haben retten können, — wo die ſchönen Wieſen mit ei-ner Lage von Sand und ſchweren Kieſeln bedekt ſind, ja die Kirche von dem Hauptfleken ſelbſt, bis an die Kanzel hinauf, damit angefüllet worden iſt, — aus dieſem ſonſt fruchtba-ren und anmuthigen Thale ſchreibe ich Ihnen gegenwärtigen Brief.

Den 18 Sept. Morgens um 9 Uhr habe ich Altorf verlaſſen, und, von einem Poſt-pferde begleitet, mich mit meiner Geſellſchaft zu Fuſſe nach Flüelen begeben. Ein Boot mit einem Verdek nahm uns hier ein; ich hatte alſo noch einmal das Vergnügen, den Lucerner-ſee zu befaren, jedoch dieſes mal mit einer Richtung nach der Linken. Denn, nachdem wir um 1 Uhr vor dem freien Geriſau vorbei gekommen waren, gieng die Fahrt auf Stanzſtadt oder Stanzſtade (a) zu. Um 6 Uhr aber landeten wir zu Alpnach (b), einem Dorfe, am Fuſſe des Pilatusberges, wo es an Pferden mangelte, und wir genöhtigt waren, unſer Gepäke den Schultern zweier Bauern aufzubürden, und den übrigen Weg bis Sarnen, welches der zweite Hauptfleken, dem Range nach, im Canton Unterwald iſt, zu Fuſſe zu thun. Dieſes erforderte 2 Stunden. Von Alpnach bis Sarnen kömt man durch zwei oder drei Dörfer, deren Inwoner, gros und klein, alt und jung, die Gewonheit haben, die durchkommende Fremde haufenweiſe zu begrüſſen und ſie um ein Stükchen Geld anzuſprechen. Und dieſes geſchiehet gewis nicht aus Armuht: wenigſtens waren die alle, die auf uns herzu gelaufen kamen, wol gekleidet, wol genähret, und hatten das Anſehen des beſten Wohl-ſtandes. Weit entfernet alſo, von dem Betteln einen ſo niedrigen Begrif zu haben, als wir in unſern Gegenden davon hegen, ſo ſcheinen ſie daſſelbe vielmehr für eine Art von Ehren-bezeugung zu halten, ſo ſie den Vorübergehenden ſchuldig ſeien. Aus keinem andern Grunde wüßte ich ſonſt ſolch ein ſeltſames Betragen zu erklären. Uebrigens iſt, unter den Kindern, die Weiſe ſich etwas auszubitten, und desfalls den Kutſchen in oftmals nicht geringer Anzahl nachzulaufen, in der Schweiz ſehr gemein, und habe ich ſie in allen Dörfern und kleinen Orten, durch die ich bisher gereiſet bin, zu meiner groſſen Verwunderung ſo gefunden.

Zu Sarnen traf ich im Wirtshauſe einen nicht ſehr wol gekleideten Mann an, der

R

---

(a) S. Scheuchz. It. Alp. 7. wo eine Karte vom Canton Unterwalden und einem Theil des Lucernerſees, Stanz, Alpnach und der Garner See, nebſt Sarnen ſelbſt; auch Merc. Helv. 30. wo eine Karte von dem See und der Gegend von Stanzſtade bis Alpnach.

(b) Scheuchz. It. Alp. 5. pag. 400.

ein Durchreisender zu sein schien, und sich eben mit einigen kleinen in die Augen fallenden phy=
sischen Versuchen amusirte, als mit Lycopodium, Springgläsern, ꝛc. Er redete von Kräu=
tern, und daß er, um Pflanzen zu sammeln, jezt auf der Reise wäre. Kurz, dieser Mann
war kein anderer, als um welchen kennen zu lernen und sein und seines Bruders berühm=
tes Naturaliencabinet zu sehen, ich mir eine eigentliche Reise nach La Ferriere im Arguel
zu thun vorgenommen hatte: es war der Herr Gagnebin, Medico-Chirurgus, und zwar
der ältere der Gebrüder, selber. Seine Stärke, mein Herr, in der Botanic ist Ihnen be=
kant.

　　Ich habe zu Sarnen die Nacht zugebracht, und in einem sehr hoch stehenden Bette
geschlafen, zu dem man mit 4 oder 5 Tritten hinauf steigen muß. Aber nicht umsonst stand
es so hoch, sondern, um in dem zu kleinen Zimmer noch ein zweites Bette haben zu kön=
nen, war es so gestellet. Dieses andere Bette war nemlich unter jenes eingeschoben, das
man daher beim Schlafengehen, wie aus einer Commode eine Schieblade herauszuziehen
brauchte, und so sich desselben eben so bequem bedienen konte, als des obern. Eine nicht
üble Erfindung!

　　Mehr weiß ich Ihnen, mein Herr, von Sarnen nicht zu erzählen. Heute Mor=
gen bin ich von da weggegangen, und zwar über den Sarner See, so etwa eine halbe Stun=
de breit sein mag, die reizendsten Gegenden zur Seite habend, und mit den fruchtbarsten
Bergen umgeben, von nicht so schwindelnder Höhe, als die waren, die ich erst gestern ver=
lassen. Ich bin nach 1½ Stunde bei einem Zollhause gelandet, so zu Gischweil gehöret, wo
unser Gepäcke einem Pferde aufgeleget wurde, und ich, mit meinen Gefärten, zu Fus durch
Gischweil, und, um einen zweiten kleinen See, den Berg, der Kaiserstuhl genant, hinan=
wanderte, der ziemlich steil ist und ½ Stunde zum Ersteigen erforderte. Hier wachsen vor=
treflische Büchen, dergleichen ich nirgendswo bessere gesehen zu haben mich erinnere. Da
man herab zu steigen anfängt, wird man eines mit Schnee bedekten und ein oder zwei scharfe
Spizen habenden Berges vor sich gewar, der das Jungfernhorn heisset. Unten am Kaiser=
stuhl liegt wiederum ein kleiner See, der Lungerer See (c), welcher ungefär ½ Stunde breit
sein wird, dessen umgebende Berge auch sehr fruchtbar, ob gleich wol nicht wie die des Sar=
ner Sees, sind, und ebenfalls etliche Bäche von sich ergiessen. Zwei Weibsleute ruderten
uns über die Breite des Sees, da ein Paar hundert Schritte vom Ufer das Dorf Lungern
lieget, wo wir unser Packpferd wieder antrafen, und eine kurze Mittagsmalzeit hielten. Von
Gischweil bis Lungern haben wir überhaupt etwa 3 Stunden zugebracht, von Lungern aber
bis hier, zu Oberhasili, noch 3½ Stunden, um nur den einzigen zwischenliegenden Berg,
den Brüning zu übersteigen, der an vielen Stellen überaus steil, und, da keine zur Hand=
lung gebahnte Strasse hier befindlich, der Weg überaus hokkerig und gar viel schlechter,
als der über den Gothard, ist. Viel schöne Bäume bekleiden diesen Berg, besonders sehr

_____

(c) Vom Kaiserstuhl, dem Lungerer See und Lungern selbst siehe Scheuchz. It. Alp. 7. pag. 478.

ſtarke Ahornbäume, auch traf ich den Cratægus Aria Linn. hier an. Der Anblik iſt überaus angenehm, wo man anfängt, von dem Brüning herabzuſteigen, und aus dem Unterwald-
ner Gebiete in das Berniſche trit: denn hier erblikt man auf einmal das in der Tiefe liegende Haſlithal (d), wovon ich Ihnen, mein Herr, im Anfange meines Briefes ſchon etwas geſagt habe. In dieſem Flekken aber gedenke ich mich Morgen ein wenig umzuſehen,
weil ich jezt zu müde dazu bin. Indeß wil ich den Ueberreſt des Abends dazu anwenden,
Ihnen von den geringen Beobachtungen, die ich auf dem Gotharde von den Criſtallen und
ihrem Wachstum gemacht, und in einem meiner Briefe nachzuholen verſprochen, Rechenſchaft
zu geben. Aber, ich habe ſie an ſo verſchiedenen Stellen gemacht, und der Faden derſelben
iſt mir ſo oft abgeſchnitten worden, daß ich nicht weiß, wo ich ihn wieder zuſammen knüpfen
ſol, um Ihnen eine Erzählung davon zu machen, die nicht ſo gar verwirrt ausſehe, und
durch ihre Unverſtändlichkeit vom Leſen abſchrekke. Dazu kommen noch die von den meinigen ſo ſehr unterſchiedenen Begriffe, die ich von der Entſtehung dieſer ſchönen Steinart
im Bourguet (e) und bei Bertrand (f) ꝛc. antreffe, und die mich vielleicht zu einer Weit-
läufigkeit nöthigen werden, die ich gern vermeiden möchte. Doch ich wil mein beſtes thun,
ſie kurz zu faſſen, und doch zugleich in einige Ordnung zu bringen, und verſtoſſe ich dennoch hie und da wieder dieſe, ſo werden Sie mich entſchuldigen.

Ich leſe, bei dem Bourguet, der die Entſtehung der Criſtalle aus Triangeln zu erklären ſich bemühet, page 51. daß Leeuwenhoek, deſſen Werke ich niemals ganz durchzu-
blättern Gelegenheit gehabt, dafür gehalten, die Criſtalle wüchſen aus kleinen Theilen zuſammen, die alle für ſich ſchon dieſelbe 6 ſeitige priſmatiſch-pyramidale Geſtalt hätten,
welche die groſſen volkommen ausgewachſenen Criſtalle zeigen. Bourguet verwirft dieſe Meinung, weil, wie er glaubet, ſolche kleinſte ſchon volkommene Criſtalle wieder aus ſeinen
kleinern gleichſeitigen Triangeln zuſammen geſezt worden ſein müßten; und ich glaube dieſe
Leeuwenhoekiſche Meinung auch nicht, aber aus einem andern Grunde.

Nun ſuchet Herr Bourguet ſeine eigene Meinung an jener Stelle zu ſezen, und un-
terſtüzet ſie mit Vernunftſchlüſſen und, aber nur ſehr wenigen Erfahrungsſäzen.

So heißt es, page 52, die Criſtalle beſtünden, wie ſchon erwähnet, aus kleinen
Triangeln, wie man ſolches theils mit bloſſem Auge, theils durch das Vergröſſerungsglas
deutlich an den 6 Seiten der Pyramidalſpize derſelben ſehen könne. Dieſe, in gehöriger
Menge vereinigt, bildeten nemlich die groſſen Triangel, deren Grundflächen, welche durch
das ſie umgebende Flüßige ſich in einer Ründung einander zu nähern gezwungen würden,
ſelbſt auch noch das ſechsſeitige Priſma hervorbrächten; und von jedem der 6 Triangel der
Pyramide liefen auf den Seiten des Priſma Querlinien herab, mehr oder weniger ſichtbar,

R 2

(d) Scheuchz. It. Alp. 5. pag. 404. Scheuchz. Suiz. 2 Th. S. 246. 247.
(e) Lettres philoſophiques ſur la formation des Sels et des Cryſtaux &c. par Mr. Bourguet. à Amſterdam. 1762.
(f) Dictionnaire univerſel des Foſſiles &c. à la Haye. 1763.

und zwar an den Criſtallen, die ohne eine zweite Spize, (Grundſpize, baſi pyramidali,) am Felſen feſt ſizen, bis dahin, an den Felſen, — in denen aber mit einer zweiten Spize verſehenen bis da, wo dieſe anfängt, und immer in einer queer‑durchſchneidenden Richtung; ſ. die 18te Figur ſeiner Kupfertafel.

Da, page 53‑55, wegen verſchiedener Urſachen, dieſe ſehr kleinen Triangel nicht an jedwedem Criſtall ſichtbar ſeien, wie insgemein auch an den Criſtallen mit zwei Pyramidalſpizen nicht, ſo müſte man ſie an mehreren Exemplaren ſuchen. Herr Bourguet hatte einen mit einer gelben oder röthlichen Erdart durchwachſenen Criſtall, deſſen groſſe Triangularflächen der Pyramide ſchichtweiſe auseinander lagen, die durch jene Erde einigermaſſen getrennet waren.

Was die Zugabe der zweiten Pyramidalſpize, die an einigen befindlich iſt, anlanget, ſo glaubt Herr Bourguet, pag. 57. 58., daß ſie in ihrer flüſigen Auflöſung ſelbſt noch ſchwimmend gebildet, und durch mit dieſer vermengt geweſene Erde oder Sand ſo lange im Schwimmen erhalten worden bis ſie ſich gebildet gehabt. Und deren Geſtalt ſol davon entſtanden ſein, daß ſich gleich im Anfange viele kleine Triangel, in mehr oder wenigerer Anzahl, an ihren entgegen geſezten Grundflächen vereinigt gehabt.

Merken Sie ſich mein Herr, daß Herr Bourguet blos und nur allein von den Seiten der Pyramidalſpizen der Criſtallen die, nach ſeiner Meinung den ganzen Criſtall bildenden kleinen Triangel geſehen hat, an dem Prisma aber dergleichen erblikket zu haben nirgendswo zu verſichern waget.

Nun ein Wort von Herrn Bertrand! Ich leſe in ſeinem Buche (g), wie von der Criſtalliſation überhaupt, ſo von den Criſtallen ins beſondere, eine umſtändliche Abhandlung. Er nimt von der Bildung der leztern die Bourguetiſche Hypotheſe an, ja er ſpricht von ihr als von einer ſchon ausgemachten Warheit. Ich habe alſo von ihm, was die Bildung der Criſtalle anlanget, nichts weiter zu ſagen, wol aber etwas in Abſicht auf einige Nebenumſtände die den Criſtall angehen.

Es läſſet ſich der Criſtall, heiſt es Tom. 1. pag. 174. leicht ſchmelzen. In dieſem Irtum hat er Gulzern (h) zum Vorläufer, der, wie Tom. 2. pag. 150. auch Herr Bertrand, eben dieſes vom Quarz verſichert: welches aber, in ſo fern er rein und mit metalliſchen ꝛc. Theilen unvermiſcht iſt, nimmermehr (es möchte denn in dem ſtärkſten Sonnenfeuer ꝛc. geſchehen,) geſchiehet.

Tome 1. pag. 175. ſagt Herr Bertrand, man finde oft Criſtallen in Quarz, worin ſie ſchienen aus alkaliſchen Theilen gebildet zu ſein, ꝛc. — Ach! alkaliſche? — Indeſſen ſollen ſie doch ſehr vom Quarz unterſchieden ſein. — Ich möchte wiſſen: wie? wenn der Quarz rein iſt.

---

(g) Diction. univ. Tom. 1. pag. 167 — 182.
(h) In ſeiner Bergreiſe. S. 51.

Eben der Quarz sol, Tom. 2. pag. 150. gebrant, sich zu einem Drittel bis zur Hälfte in concentrirten Säuren auflösen lassen, wie hingegen so gar mehr als zur Hälfte die Kiesel. — Eine sehr neue Entdeckung in der That! — Daß sie durch das, was den Säuren entgegengesezt ist, durch Langensalz bezwungen werden, das nur, und nicht das Wiederspiel, ist bisher bekant gewesen (i).

Der unter den Quarz-arten mit aufgeführte sogenante fette Quarz scheinet mir, beiläufig gesagt, mehr den Feuersteinen anzugehören. Vielleicht findet sich auch kaum ein einziger fetter Quarz am ganzen Gotharde.

Warum die Cristallen, nach Tome 1. page 175, eben hangend an den Gewölben der Gruben wachsen sollen, sehe ich nicht ein. Unsere Sternberger Cristallmütter, die sich zerstreut in den Aeckern finden, enthalten Cristallen nach allen Richtungen, die rund umher an der Wand der kleinen Höhle fest sizen. Die so genanten Melonen vom Berge Carmel oder Libanon, und so viele andere cristallschwangere Klumpen, dergleichen Herr Bertrand selbst, Tome 1. page 175, aus Frankreich kennet und anführet, des Wuchses der Drusen nicht zu erwähnen, hätten ihn von dem Gegentheil belehren sollen.

Die trübe staubigte Rinde einiger Cristallen, die man desfalls gehenidete oder gehemiete nennet, mag freilich wol, wie Herr Bertrand pag. 178. sagt, zuweilen vitriolisch oder eisenrostig sein; aber weit öfterer ist sie spekkelnigt 2c.

Darin, daß die für vegetabilische oder gar animalische Körper ausgeschriebene Dinge, die man zuweilen in dem Cristall eingeschloßen findet, nicht solche seien, Tom. 1. pag. 181., pflichte ich ihm völlig bei; allein ich halte sie öfter für vitriolische Ausprossungen, als für Amiant, und, wenn die Figuren spießigt sind, lieber für Braunstein, Magnesia, als für Spießglas (k), welches, wo überhaupt, wol kaum in diesen Gebirgen zu finden.

Zu leichtgläubig hat endlich, Herr Bertrand, Tom. 1. pag. 175., des Neri und anderer Angabe, die Cristalle nachdem sie geglüet worden, durch Ablöschung in vegetabilischen Tincturen färben zu können, für war angenommen. Sie zerreißen ja durch und durch, wenn sie so gehandhabet werden, so daß die ganze Operation ein Kinderspiel ist.

Doch genug vom Herrn Bertrand.

Was Sulzer, den ich schon angeführet, in seiner Bergreise (l), vom Cristalle und

---

(i) Ist wol ich wol, daß sich vom Cristall und eben so vom Quarz etwas in Säuren auflösen läßet. Aber dies auflösbare sol doch wol nicht alkalischer Natur sein? Wäre es das, so brauchte gewis der Stein vorher nicht gebrant zu werden. Ganzer sieden mal habe ich Cristall und Quarz geglüet und in Waßer abgelöscht, und da hat sich endlich etwas ganz weniges in Vitriolsäure aufgelöset und Allaun gezeben. Das Brennbare des Feuers machte hier die Kiesel-Erde auflöslich, ohne daß sie darum für alkalisch anzunehmen ist. Ja ich halte es für möglich genug, daß durch Zusaz eines gröbern brennlichen Wesens die ganze Substanz des Cristalles oder Quarzes auflöslich in Säuren gemacht werden könne. Beaumé in seiner Abhandlung vom Thon, mit Börners Zusäzen, giebt über diese Entstehungsart einer Alaun-Erde vortresliche Erklärungen. — R.Z.
(k) Ist lieber für Schörl. — R.Z. —
(l) S. 50 — 53.

deſſen Wachstum ſaget, wil ich nun noch mit wenigem berüren : das meiſte davon iſt ſchon von andern geſagt geweſen.　Seine Meinung gehet dahin, daß die Anziehungs- oder Anſtoſ-ſungs-Kraſt ihn hervor und zum Stande bringe.　Er ſuchet dies mathematiſch zu demonſtri-riren, und durch die auf ſeiner Kupfertafel befindliche zweite Figur zu erläutern.　Ob er dadurch allen Stein des Anſtoſſes aus dem Wege geräumt, und ob ſeine Erklärung mehr, als die Bourguetiſche, ein Genügen thue, überlaſſe ich andern zu beurtheilen ; ich wünſchte aber, daß diejenigen, ſo darüber nachzudenken Luſt haben möchten, nicht blos Mathemati-ker, ſondern zugleich Phyſiker wären !　Indeſſen würden auch vielleicht ſchon jene in der Un-regelmäßigkeit der Seitenflächen, die man an ſo vielen, ja an den meiſten Criſtallen bemer-ket, Anlaß genug zum zweiſeln finden.

Herr Sulzer glaubt übrigens, daß die Criſtalle nicht auf einmal, ſondern nach und nach entſtanden ſeien, wie der Augenſchein in den noch rauhen Criſtallen zeigen ſol, da man, ſagt er, deutlich ſiehet, wie ſich die Materie nach und nach Blätterweiſe angeſetzt hat, wel-ches auch eben Scheuchzers (m), ja ſchon des Steno Meinung geweſen iſt : die Materie ſei nemlich Tropfenweiſe, oder auch in Dünſten, in die Höhle des Quarzes und inſonderheit an den Wänden derſelben herunter geſtoſſen, und habe Anfangs ganz kleine Criſtallen formi-ret; als dieſe Materie feſt war, und nach und nach mehr davon zufloß, in welcher denn gleiche Regeln der Bewegung waren, wurde auch der Criſtall nach und nach größer ꝛc.

Dieſe Entſtehung nun der Criſtalle nach und nach, — doch ich wil lieber davon hernachmals reden, wann ich Ihnen, mein Herr, meine eigenen geringen Beobachtungen vorlegen werde.　Denn, in der That, ich befürchte, Sie ſchon zu lange mit Büchern un-terhalten zu haben, deren Inhalt Ihnen eben ſo bekant ſein kan, als mir.　Ich konte dieſe indeſſen nicht mit Stillſchweigen übergehen, weil Ihnen ſonſt die Anmerkungen, die meine ſind, theils gar zu unvolſtändig, theils zu kurz gefaßt, und eben deswegen vielleicht dunkel ſcheinen möchten.

Die Unwiſſenheit derjenigen, die faſt ſelbſt an und zwiſchen den Criſtallgruben wonen, in Abſicht auf das Phyſiſche dieſer Steinart, iſt ſo gros, als ihre Neubegierde, ſich durch Beobachtungen zu belehren, klein iſt.　Ich habe ihrer etlichen verſchiedene dahin abzielende Fragen gethan, aber niemals genugthuende Antworten erhalten.　Z. E. Ob noch heutiges Tages Criſtall wachſe ? Davon hatte Niemand Erfarungen, ſondern die meiſten glaubten vielmehr das Gegentheil.　Und eben ſo ſol der Criſtallgräber in Savoien (n) denken, der ſich darin auf die Bemerkung ſtützet, daß, wo der Criſtall einmal ausgebrochen worden, kei-ner wieder hervor komme, obgleich die Mutter dazu noch genug vorhanden.　Allein,

---

(m) It. Alp. 4 pag. 257.
(n) S. An Account of the Glacieres or Ice-Alps in Savoy, in two Letters &c. London. 1744. pag. 23., wo es heiſſet: we muſt obſerve, that when once the Criſtal is taken away, there never comes any other, al-tho' the matrix be left in the ſame place, where it was found. And this has made ſome people think that the Criſtal was formed from the Beginning of the world.

so richtig auch diese Bemerkung sein mag, so wenig entscheidet sie doch die Frage überhaupt. Sie zeiget weiter nichts, als daß auf der Stelle kein Cristall wieder wachse. Hievon aber möchte die Ursache zu errahten wol nicht schwer sein. Der freie Zutrit des Regens und Schneewassers, ja der Luft und der Sonnenstralen, machet die neue Erzeugung unmöglich. Denn was auch neu hervorzuschiessen im Begrif sein möchte, das wird von ersterem wieder weggewaschen, oder von lezteren ausgetroknet, verwittert, in Staub verwandelt. Wäre es möglich, dergleichen Höhlen genau wieder zu verschliessen, wie sie zuvor die Natur verschlossen hatte: mich dünkt, man würde, nach Jaren, eine frische Erndte von Cristallen halten zu können, sich wol versprechen dürfen. Ich wünschete, daß man einmal diesen Versuch anstellete, oder etwa durch Kunst sich einige Höhlen und Klüfte in dem Cristallfelsen machte, diese wol verschlösse, und dan der Natur überliesse, zu einer gewissen Zeit aber, um das zehnte Jar zum Exempel, sie öfnete und untersuchte; ja, im Fall auch eines Menschen Leben nicht hinreichte, eine Veränderung in diesen Höhlen zu erfaren, daß man alsdan für die Nachkommen Nachrichten niederlegte, die sie von der gehegten Absicht belehreten und zu der fortzusezenden Beobachtung aufmunterten. Ich, meines Theils, versichere mich, daß man auf diese Weise, durch augenscheinliche Erfarungen, die Sache ausser Zweifel zu sezen sich endlich im Stande finden würde. Ich wünschte aber dergleichen Beobachtungen nicht allein, in Absicht auf Cristalle, am Gotharde angestellet zu sehen, sondern auch auf unserm Harzgebürge in Absicht auf die Drusen, ja auf Metalle etc. Wer weiß, wie manches bisheriges Geheimnis der Natur auf diesem Wege aufzudekken sein, und wie manchen Zusaz unsere Erkentnis dadurch gewinnen würde! Wonete ich in solchen Gebürgen, ich würde, Versuche von dieser Art zu machen, mich nicht enthalten können.

Wegen dessen, was dem entstehenden Cristall Wesen und Körper giebt, der Mutter, habe ich mich auch bei den Cristallgräbern erkundigt. Sie zeigten einmüthig auf den Quarz, und in so fern mit Recht, als aus Quarz ohne Zweifel Cristall wird. Allein, woher komt diese erstaunliche Menge Quarz, die zu so vielen Cristallen, als der Gothard geliefert hat und zu liefern fortfäret, erfordert wird? Solche und so viele Massen reines Quarzes entdekket man hier nicht. Der hiezu hinlängliche Vorraht davon findet sich aber in einem gewissen Gesteine, das man hierum Geisberger Stein nennet. Aus diesem Gesteine bestehet so gar der gröste Theil der Felsen, vom Stüg an bis auf den Gipfel des Gotthardes hinauf. In Cabinetten hatte ich davon noch nichts angetroffen, aber auf dem Gebirge sah ich es fast überall. Dies ist ein aus Körnern verschiedener Steinart zusammen gesezter Stein, davon der gröste Theil Quarz, der andere Spekstein oder etwas Glimmerigtes, oder, nebst Thon, beides zugleich ist. Oft sind die Spekstein-Körner weis, öfters haben sie eine gelbliche oder grünliche Farbe, noch öfter sind sie schwärzlich. Vielleicht ist dies des Cronstedts gelber und auch dunkelgrüner Spekstein: wie ich denn Stükke Geisberger mit dunkelgrünen Körnern, der mit einer auch dunkelgrünen Haut von einer Seite ganz überzogen ist, gefunden habe, an deren Schlüpfrigkeit man im Anfülen deutlich warnimt, daß es ein Spek-

ſtein ſei. Oder, es könte eine Spielart des fettigten Steines ſein, den man Topfſtein nennet, des Wallerii Ollaris durior vix pinguis nigro-griſeus, particulis talcoſo micaceis
majoribus diſtinctis, - - Ollaris durus (o).

Jn den Felſen des Grimſels ſiehet, nach Gruner (p), der Geisbergerſtein weisgrün
aus, und der Quarz iſt grobkörnigt eingeſprengt, mit durchſchneidenden weiſen Quarz-
adern; in den Felſen des Urſerenthales (q) bläulich.

Ueberhaupt beſchreibt er ihn (r) als einen quarzartigen Fels, der aus einem harten
und groben, zum Theil durchſichtigen, zum Theil aber bläulich und grünlich ſchwarzen
Korne in einem weiſen quarz-artigen Grunde beſtehe, und er meinet, er komme dem von
Linnaeus unter den Saxis concretis angeführten Saxo micaceo-corneo granulis puculato,
und andern auch von Linnaeo characteriſirten ähnlichen Saxis concretis nahe.

Und endlich ſagt er noch (s), auf den allerhöchſten Alpen, z. E. dem Gotharde, ſei
dieſer Stein mit ſchwarzen, auf den etwas niedrigern aber meiſtens mit rothen und grünen,
oft auch mit blauen Glimmertheilen vermiſchet.

Sehr ähnlich und faſt gleich dem Schweizeriſchen wird der Savoiſche Geisberger (t)
nun ebenfalls beſchrieben, ja, man giebt ihn ſchlechterdings für des Criſtalles Mutter, wie
er auch wirklich iſt, daſelbſt aus. Und hiemit ſtimmet Gruners Bemerkung überein, der,
ſolcher zufolge, ſaget : wo Geisberger-Stein, nur da iſt Criſtall (u), und (v) wo kein
Geisberger-Stein, da auch kein Criſtall.

Ob mir alſo alle Schweizeriſche Arbeiter und Criſtallhändler, ſo ich gefraget, ob
nicht dieſer Stein die wahre Mutter des Criſtalles ſei, gleich mit Nein geantwortet haben,
ſo iſt er es dennoch. Er iſt eine ewige Quelle für den Criſtall, woraus dieſer ſeine Materie, den Quarz, ſchöpfet. Auch nimt in ihm ſelbſt der Quarz oft an Menge dergeſtalt
zu, daß ich ihn klumpenweiſe darin verwachſen, ſchon im Vorbereiten, entdekket habe;
ja ſelbſt kleine Criſtallen habe ich daraus hervorgeſproſſet geſehen. Oft hat ſich der Quarz
in lange Adern ausgedähnet, oft von den Geisberger Felsſtükken, die herabgeſtürzet waren,
durch die Erſchütterung von ſelbſt ſchon abgelöſet, und könte in Menge hie und da aufgeſammelt werden. Und eben dieſer ſchimmernde Glanz, den er, noch an dem Felſen feſt
ſizend, ſchon in einer Entfernung von ſich ſtreuet, giebt den Arbeitern Anlaß, auf ſolchen
Stellen nach Criſtallen zu ſuchen, zu welchem Kennzeichen ſie den hohlen Ton noch mit zu
Hülfe

(o) Walleri Mineralogiae. Cl. 2. Ordo 3. §. 61. IV.
(p) 1 Th. 54. 55. S.
(q) 2 Th. 39. S.
(r) 3 Th. 8. 9. S.
(s) 3 Th. 10. S.
(t) Jn dem Account of the Glacieres &c. wo es pag. 23. heiſſet : the Cryſtal is found in the very ſubſtance
     of the Rock, &c. It ſticks to a kind of Stone of an irregular Shape, which is a kind of Root to it, par-
     taking of the nature both of Rock and Cryſtal, of a blue, white, black, and brown colour, extremely
     hard an heavy; this Stone is called the Matrix.
(u) 1 Th. 54. 55. S. 2 Th. 29. 32. 39. 51. S. 3 Th. 9. 190 - 191. S.
(v) 2 Th. 163. S. 3 Th. 11. 191. S. unten.

Hülfe nehmen, den ſolche und andere Oerter von ſich zu geben pflegen, wenn ſie hart ange-
ſchlagen werden, wie Scheuchzer, und, nach ihm, viele andere erzählen, auch der Verfaſſer des ſchon angefürten Account of the Gl. pag. 8. von den Savoiarden erwähnet.

Oefnungen zu ſolchen Gruben, neuer wie alter, ſiehet man auf dem Gotharde ziemlich viele, und oft in einer unglaublichen Höhe, die man kaum ohne Schwindeln betrachten
kan. In dieſen haben ſich die Criſtallgräber an den nakkenden ſchroffeſten Felſen mit Seilen
hinan ziehen laſſen; da, über Abgründen ſchwebend, haben ſie Löcher eingeboret, dieſe mit
Schiespulver gefüllet, angezündete Lunden daran gehänget, und darauf ſich wieder herunter
gelaſſen, um von dem Schuſſe (x) nicht beſchädigt zu werden. Ein höchſt gefärliches Stük
Arbeit, dazu ſich aber noch immer Waghälſe finden, weil es allen Bewonern dieſer Gegenden frei und erlaubt iſt, wo es ſie gut dünket, einzuſchlagen und ihr Glük zu verſuchen,
ohne daß ſie befürchten dürfen, daß, wenn ſie das angefangene Werk eine Weile liegen laſſen,
ein anderer die Frucht von ihrem Schweiſſe zu erndten unternehmen ſolte. Denn, an ſolche
von andern geöfnete Stellen Hand anzulegen, iſt hier ſtraffällig, es wäre denn, daß der erſte
Sucher ſeit Jar und Tag von der Arbeit abgeſtanden wäre.

Aber, mein Herr, dieſer Brief iſt ſchon 1. 2. 3. — 8 — und mehr Seiten lang. Ich
wil lieber Morgen einen neuen für Sie anfangen, und dieſen hier ſchlieſſen.      S

Ober-Haßli, den 19 Sept. 1761.

(x) Durch die Erſchütterung von dem Schuſſe entſtehen vermuthlich manchmal in Criſtallen Riſſe, oder es können dieſelben wenigſtens dadurch trübe werden. Der gelehrte und verdienſtvolle Herr Landvogt Engel ſchrieb
mir 1769, daß man hin und wieder groſſe Felſenſteine gefunden habe, mit einem Criſtallkerne in der Mitte;
wenn von dem Steine groſſe Stükke ohne die gehörige Behutſamkeit und durch wiederholte ſtarke Schläge
losgemacht werden, ſo wird oftmals der klare Quarzkern trübe, welches ſie erſchrekt nennen. — Ich glaube,
meinen Leſern einen Dienſt zu erweiſen, wenn ich ihnen von dieſen ſchönen Criſtallkernen in Felſenſteinen
noch eine weitere Nachricht mittheile, die aus der Feder eben des vortreflichen Mannes iſt.

„In la Cote findet man hie und da, bei Bearbeitung der Weinberge, kleine glänzende Steine, ſo
die Innwoner Diamanten nennen, und den Juwelirern verkaufen. Man findet auch zuweilen in den Bächen kleine Kieſelſteine, die oft, wenn man ſie gegen das Obr rüttelt, anzeigen, daß ein ſolch Steinlein
darin enthalten. Man nennt ſie pierres de la Cote, und arbeitet ſie wie Diamanten zum Schmuk. Sie
ſollen von mehrerer Feinheit und Härte ſein, als die Criſtallen. Vermuthlich ſind die gleichen, die pierres
de la Cote genannt werden, auch in dem Rhein zu finden, und durch unſere Aar, eben wie das Gold, dahin geflöſſet worden; denn, in Paris ſetzt man deren in Ringe ꝛc. wo ſie Cailloux du Rhin heiſſen.

Vor ungefehr 50 Jaren fand ein angeſehener Herr, auf einem Spaziergange von ſeinem Landgute,
Leute, die einen etliche hundert Centner ſchweren Kieſel ſprengten, um die Stükke zu einem Gebäude zu
gebrauchen. Sie zeigten ihm ein Stük, einer Melone ähnlich, ſo in der Mitte des groſſen Steines geweſen, und wovon ein Stüklein abgeſprengt worden, daß man ſeinen glänzenden Inhalt ſehen konte. Der
Herr verſchafte ſich das Stük durch ein Trinkgeld, und überließ dem Stein an ein noch lebendes Glied der
Regierung, welcher dieſen Schweizerdiamant, von 15 Pfund ſchwer, noch beſitzt. Er hat ihn dem Juden
vorgewieſen, welche alsbald 100 Louisd'or dafür geboten, aber umſonſt — — —.

Ich habe ſeit langen Jaren mich bemühet, dergleichen zu finden. Nur vor wenig Jaren iſt es mir
geglükt, ein Stük, zwar viel kleiner, und unregelmäßiger Form, zu erhalten, welches auch in der Mitte
eines ſo groſſen Kieſels gefunden worden. Ein Juwelierer, ſo es mir abkaufen wollte, ſagte, es ſei nur ein
ſauberer Criſtall, — (für welchen und nichts weiter auch ich es halte, und alſo Juden, die viele Louis-
d'or für dergleichen bieten wegen, ihre Gefart laufen laſſe, A.) denn in der That hat er ein ungemein
helles Waſſer. Ein anderer aber verſicherte, er ſei weit feiner, und in der Qualität dem gelben Diamant
ähnlich, ſo Jargon genennet wird. Von dergleichen Steinen glaube ich gänzlich, daß ſich die Feuchtigkeit
in die Mitte eines ſo groſſen Steines gezogen, filtrirt - - - habe." 1769.

## Fünf und zwanzigster Brief.

### Mein Herr,

Seitdem ich den Luzernersee verlassen, ist mir kein so sonderbarer Anblick zu theil geworden, als der ist, welchen ich jezt vor meinen Augen habe, und selbst aus meinem Fenster, wo ich gegenwärtiges an Sie schreibe, genießen kan. Dieses sind zwei Wasserfälle, welche von den Bergen herunter kommen und ein ausserordentliches Schauspiel abgeben. Der eine derselben, den sie den Alpbach heissen, stürzet in 3 Absäzen herab, deren oberer etwa 40 bis 50, der mittlere 60, und der untere auch noch so viel Fus hoch sein mag. Den obern siehet man nur, wenn man ihn von der Seite her betrachtet, von vornen nicht, weil er gerade vor sich ein Stük von dem Felsen hat, der ihn verbirget, und also in einer Kluft, wie verstolen, daher fliesset. Die beiden untern Absäze fallen desto freier in die Augen, rauschen mit dem grösten Ungestüm die rauhen Felsen herüber, und stäuben Regen um sich her. Die Lenkung, übrigens, des dreifach unterbrochenen Falles ist ohngefär, wie neben stehend:

So gros nun das Geräusch und die Heftigkeit ist, mit der dieser Alpbach hernieder stürzet, so sanft und mit so grosser Stille hingegen geschiehet das herabströmen des zweiten mir zum Schauspiel dienenden Wasserfalles, welcher dem Alpbach zur Seite stehet. Hier, mein Herr, bemerket man kaum das Wasser als fliessend oder in einiger Bewegung; die schleichende Flut scheinet still zu stehen, und bildet einen flüßigen Spiegel, dessen Folie der glatte Felsen ist, über welchen das Wasser, wie ein klarer Flor ausgespannet, gleichsam da lieget, und an ihm fest zu kleben das Ansehen hat. Was deucht Ihnen, mein Herr, von einem Paar Wassergüssen, die so verschiedener Art, und doch Nachbaren sind? Muß man auch auf den Einfall gerathen, die Natur haben hier beides, Vergnügen und Erstaunen, zu erregen, sich aber selbst in diesem so auffallenden Contrast bewundern zu lassen, recht eigentlich zur Absicht gehabt? Doch, dies ist etwas, das sich besser mit dem Pinsel, als mit Worten ausdrükken läßet, und ein Gemälde davon, wie das gegenwärtige, dessen Züge aus Buchstaben bestehen, kan nicht anders, als unvollständig und matt ausfallen.

Von dem Flekken Oberhaßli kan ich Ihnen nichts merkwürdiges erzehlen, doch ist es ganz artig. Ich habe diesen Morgen den hiesigen Pfarrer, Herrn Sprüngli, besuchet, der mich mit einigen Schiefern beschenkt hat, von theils rother, theils grüner Farbe. Sie finden sich auf Joch, der zwischen den Cantons Bern, Unterwalden, und Uri gelegen ist.

Herr S. erwähnete, daß man im Haßlithale hieherum bisher vergeblich nach Cristallen gesuchet habe: welches kein Wunder, da sich hier kein Geisbergerstein antreffen läßet. Giltstein aber bricht in diesen Gegenden, wie am Gotharde, und bedienet man sich seiner, eben wie dort, zu Oefen, auch Treppenstufen, und sonst zum Bauen.

Es ist angenehm der Verwandschaft und allmäligen Ausartung und Wiederannäherung der einen Steinart zu der andern, wenn man eine gewisse Menge und Mannigfaltigkeit derselben vor seinen Augen hat, ein wenig nachzudenken. Der Thon erscheinet unter so vielerlei Gestalten, daß es kein Wunder ist, wenn er hin und wieder unter der angenommenen und so oft verwechselten Larve unkentlich wird. So, glaube ich, mein Herr, bringe er, mit Eisen zusammen geronnen, Bolus; — vom Wasser aufgespület, und daraus wieder in Scheiben niedergesetzt, und mit Sand, oder mit Kalch-Erde, oder Metall, oder Erdpech vermenget, Sandschiefer, oder Mergelschiefer, oder metalische Schiefer, oder Steinkohlen; — wenn in einen staubigten Teig oder festen Stein zusammen gegangen, und Kalch-Erde darunter gerahten, gemeinen Mergel, alsdan aber noch mit Eisen bereichert, den Leimen; — wenn aber in einen feinern Staub aufgelöset und in eine wie geflossene Maße verhärtet, und mit Eisen, auch vielleicht Kupfer geschwängert, Jaspis; — wenn darunter noch Sand, den größten Theil unserer Pflastersteine, die gemeinen Kiesel; — und, wenn dazwischen noch Feldspaht eingestreuet ist, Porphyr hervor. Erhärtet er mit einem körnigten Gewebe, und ist rein und unvermischt, ausgenommen, daß er vielleicht mehr Erdpech in sich gesogen, so wird er als Speckstein; — dieser mit Hülfe eines metallischen Zusatzes, als Serpentin, und Lavezen- oder Topfstein; — und wiederum dieser, wenn mit wenig Quarz durchzogen, als Gültstein; — endlich aber dieser, mit mehrerem Quarz, als Geißbergerstein erscheinen. Hat er aber sich schuppigt zusammen gegeben, so wird er sich als Talc darstellen, wofern er nichts fremdes in sich genommen, — wo aber Eisen und ein breunbares Wesen, als Nierenstein, L. Nephriticus. — Und eben so, da sich seine Schuppen in Blätter ausdehnen, wird er in mehrerer Reinigkeit (und nach einiger erlittener Auflösung) Glimmer, Moscowitisch Frauenglas; — von Eisen aber, in jenem Zustande, getränket, Kazensilber, Kazengold, liefern. Oder, wenn seine Cristallisation länglichte faden-artige Anschüsse gebildet, Asbest, und Amiant, — mit eingestäubtem wenigem Sand oder feinem Quarz aber, auch vermuthlich etwas Eisen, Faulsberg aus ihm werden. Mir wenigstens ist diese Metamorphosé des Thones gegeben, so vermuthlich etwas Eisen, überaus warscheinlich. Es fehlet uns zwar noch an Erfarungen, die dieselbe durchgehends als war darthun und beweisen könten (a); wir haben aber doch schon einige solcher, die dazu wenigstens einen glücklichen Anfang gemacht, und die Bahn gebrochen haben, auf der wir dereinst ohne Zweifel zu dem Ziel gelangen werden. Vielleicht habe ich einmal das Glük, nach meinen wenigen Kräften, mit hiezu behälflich zu sein.

G 2

<hr />

(a) Seit der Hervortretung der vortreflichen Morgräfischen Schriften über das Grundwesen der Speksteinarten, und eben derselben und der Baumeischen über die Bestandtheile des Thones wissen wir des, und in wie fern jene und dieser verschieden sind. Jetzt, also, würde ich nicht mehr dieselbe Metamorphose schreiben, die ich oben gewagt; und sehr leicht wird sich nun eine richtigere entwerfen lassen. R. J.

Verzeihen Sie mir diese Ausschweifung. Ich lasse Ihnen gar zu gerne alles wissen, was ich denke. Ich finde ein Vergnügen darin, wenn ich hoffen kan, Ihnen Anlaß gegeben zu haben, gemeinschaftlich mit mir über dergleichen nachzudenken. Ihre Gedanken aber sind mir hernachmals Belehrungen, bei denen ich gewinne. Allein, nun wil ich mich eiligst wieder zu den Cristallen wenden, wovon ich Ihnen in meinem vorigen Briefe nicht alles gesagt habe. Der größte Theil seines Inhalts behandelte so gar blos Irrtümer, oder was mir als Irrtümer vorgekommen ist. Wird denn nun aber, was ich jezt über diese Materie sagen werde, lauter Warheit, lauter Gewißheit sein? Ich wünsche es.

Ich hatte mir vorgenommen, die berühmte, und unter vielen die größte, Cristallgrube, welche, oberhalb und seitwärts, zwei Stunden von Gestinen gelegen ist, und der Sandbalm genant wird, auf meiner Rükkehr dahin zu besehen. Hier hat man, vor ohngefär 20 Jaren, 900 Stük Cristallen gefunden (b). Allein, die Witterung, da es so viel geregnet und geschneiet, wodurch die Beschwerlichkeit hinanzusteigen, und die Gefar wieder herunter zu klettern sehr vergrößert war, hat mich davon abgehalten. Ich habe also meine Neugierde darauf einschränken müssen, die unterhalb dem Pfaffensprung belegene Grube, welche, wie Sie schon wissen, dem Altorfischen Landeshauptman, Herrn Schmidt, größtentheils zugehöret, zu besichtigen. So habe ich auch überdem ein paar kleine Gruben oder vielmehr Anbrüche in der Schöllenen (c) angetroffen, die mir von jener größern, in welcher doch auch keine Cristallen mehr vorhanden sind, schon eine Idee gemacht. Diese Anbrüche liegen etwas weniger hoch und steil, und man hat hier noch die Bequemlichkeit, sich einiger Büsche, die aus den Rißen der sonst ziemlich nakkenden Felsen hervorgewachsen sind, zu Handhaben zu bedienen, um sich daran fest zu halten, welches um so viel nöthiger ist, da sehr tief unten die tobende Reuß daher brauset, wovon der Anblik leicht Schwindel verursachen könte. Sonst liegen diese kleinen Gruben nur an dem Felsen über der Straße etwa 8 bis 10 Klafter erhoben. Sie stellen ein vertieftes Wandgewölbe, Niche, vor, das überall mit milchigtem Quarze eingefasset ist, und dieser hat hin und wieder, vermuthlich von der Ausbrechung der Cristallen verursachte, Riße, daraus beständig Wasser tröpfelt. Von den abgesprengten und hinunter gefallenen Stükken sammelte ich eines auf, das halb Geisberger, halb derber Quarz war, und ein anderes, das zugleich abgesondertes glim-

---

(b) Die, nach dem Scheuchzer, Gruner erzählet, 2 Th. 62 S. Doch ist diese reiche Grube noch von einer andern um ein vieles übertroffen worden, welche aber bisher auch das schönste und ergiebigste Cristallgewölbe in der Schweiz und vielleicht auf dem ganzen Erdkreis gewesen ist. Dieses Gewölbe war in dem Vorder-Zinkenstok, im Canton Bern, vor etwa 40 Jaren entdekket, und 20 Klafter tief, und an einigen Stellen 3 Klafter weit. Es hat bis die 1000 Centner Cristall gehalten, die auf 30000 Thaler geschäzet worden, und jezo weit mehr gelten würden. Viele unter diesen Stükken wogen über 1 Centner, etliche 4 bis 5 Centner, und einer wog gar 8 Centner: alle vollkommen rein und ohne Febler S. Gruner 2 Th. 54. 55. S. und Tafel vom Zinkengletscher oder der Eiswand des Lauter-Aargletschers.

(c) Ein Beispiel des Reichtums der Gruben auch dieser Gegend giebt, nach Gruner 2 Th. 51. S., eine derselben ab, die für 15000 fl. Cristall geliefert hat.

merigtes Wesen enthielt, aus welchem ich Jhnen schon gesagt habe, daß ein großer Theil der Felsen hieselbst, wenigstens ihre äußere Fläche oder Bekleidung, bestehe.

Die Grube am Pfaffensprunge lieget rechter Hand der hinabfließenden Reuß an einem Berge, der mit Gras und oberwärts mit Tannen bewachsen ist. Man muß wol eine halbe Stunde und oft sehr jähe steigen, bis man zu ihr hinauf komt. Eine viertel Stunde gehet fast darauf hin, um bis an ihr Ende hinein zu gelangen, und man muß fast immer tief gebükket fortwandern. Ohne brennende Lichter würde man nichts darin sehen können, da sie der Tag nicht erleuchtet. Sie wird eigentlich die Waßener Grube genant. Die Cristallen welche sie geliefert, waren auch schon heraus genommen. Inwendig siehet man Geisbergerstein mit Quarz-Adern durchzogen, die oft einen großen Flek einnehmen; auch Geisberger mit rhomboidalischem Spahte oben aufsitzend, so wie auch dergleichen Kalchspaht alleine und in abgesonderten Adern und Nestern. Daß dieser Spaht, wenn er klar ist, so gut die dadurch gesehenen Sachen dem Auge verdoppelt, wie der desfalls berühmte Isländische, fälschlich so genante, Cristall, hat Sulzer (d), und, wo ich nicht irre, auch schon Scheuch-zer, angemerkt. Und ein Theil unsers Clausthaler Spahtes hat dieselbe Eigenschaft. Star-ke Riße und kleine Klüfte erscheinen in diesen Gesteinen, durch welche immerhin Waßer schwizet und tröpfelt; in diesen Rißen aber sizet eine schlüpfrige Materie, die mit etwas scharfem vermengt und von braungrauer Farbe ist. Je genauer ich diese betrachte, — und sie verdienet eine genaue Betrachtung, — je gewißer scheinet es mir, daß sie dem Geisberger-gerstein ihren Ursprung zu verdanken habe, und daß sie nichts anderes sei, als der zerfalle-dene, zermürsete und halb aufgelöste Glimmer, nebst einem übrig gebliebenen ihm noch an-hängenden Theile von dem Quarze, der in dem Geisbergstein befindlich gewesen. Dieser Stein aber ist verwittert, und seines meisten Quarzes, zu Hervorbringung der Cristallen, beraubet worden. Eine Anatomie des Geisbergers, die der Kunst vielleicht niemals ge-glükt sein würde, die Natur aber mit ihrem uns unsichtbaren Zergliederungsmeßer zu be-werkstelligen gewußt hat! Hier kan man nun diesen Stein in 3 oder 4 Theile zerleget vor sich sehen. Der eine davon und meiste ist ein bläulichgrauer Letten; ein ohngefähr $\frac{1}{25}$ ein brauner vermuhtlich eisenschüßiger Mulm, vol von einem sehr feinen und zarten, theils wei-sen, theils gelblichem Glimmer, mit einem geringen Ueberreste des sonst fast gänzlich heraus-gespülten Quarzes, daher auch ohne Zweifel die Schärfe kommet, die im Ansülen vorher zu bemerken war. Den Letten und Mulm kan man durch abschlämmen leicht von einander scheiden.

Nach meiner Meinung wird es also bei der Entstehung des Cristalles nur darauf hauptsächlich ankommen, daß sich in den Felsen des Geisbergersteines, Riße, Klüfte, oder Höhlen befinden, in die keine Sonnenstralen dringen, auch weder Zug-Luft noch Regen.

(d) Sulzers Bergreise. S. 50.

Dergleichen Höhlen sind in diesem Felsen gewiß in Menge vorhanden, oder entstehen noch täglich durch das almälige Herabstürzen der höhern Gipfel, oder Verschiebung großer Feldstükke, deren Erschüttern genug solcher Risse und Klüfte hervorbringen kan, rc. Alsdan wird das Regen- und Schneewaffer von der Höhe herunter sich eine Bahn dahin verschaffen, und, nachdem es durch viele Haufen des Geisbergersteines hindurch gezogen, und sich mit dessen Quarze bereichert, endlich das inwendige der Cristallwerkstätte erreichen; hat dan der Zufall diese so geordnet, daß dies Waffer nur einzudringen anfangen kan, so wird dasselbe, mit Hülfe vielleicht der Luft, das thon- und glimmer-artige Wesen des Geisbergersteines, daraus die Wände der Höhlen bestehen, erweichen, lokkerer machen, und nach und nach durch den davon entstandenen unvollkommenen Leiten den Quarz, den es schon mitgebracht, nebst dem des Geisbergers, den es aufs neue noch hier antrift, hindurch füren, dieser Quarz aber aus seiner mit der Zeit zu satt gewordenen Auflösung (e), welche nachznahmen vielleicht der Kunst auf ewig unmöglich bleiben wird, wieder zusammen rinnen, und diejenigen mehr oder weniger regelmäßigen Pyramidal- prismata bilden, die wir Cristall nennen. Im Nassen und aus einer Art von Lauge, deren Zubereitung nur der Natur bekant ist, entstehet also der Cristall; die Aehnlichkeit, die er in Ansehung seiner Figur mit Salzen hat, und diejenigen Stükke desselben, die fremde Körper eingeschloffen halten, und da zuweilen, scheinbar oder wirklich, wol gar ein Cristall in dem andern, wie ein Degen in seiner Scheide stekket, beweisen dies zur Gnüge. Und bin ich also hierin Scheuchzers (f) Meinung. Ob, ätrigens, bei dem Anschusse des Cristalles ein gewisses verstektes Salzwesen mit ins Spiel trit und solchen befordern helfe, das begehre ich nicht zu entscheiden, ob es gleich aus der regelmäßigen Gestalt nicht unwarscheinlich ist, und Linnäus (g) so gar zu beweisen glaubt, daher er denn auch den Ausspruch thut: Ergo Cryftalli lapides compofiti per Salia. Sinnlich hat indessen dieses Salzwesen noch niemand dargethan, man möchte denn das bekante Anschwallen im Feuer der Quarzkiesel mit Laugensalz als einen Beweis von demselben annehmen wollen.

     Daß die ewige Kälte, welche in diesen finstern und feuchten Höhlen herrschet, der

---

(e) Mit der Frage wie diese Auflösung des Quarzes durch Waffer geschehen könne, wünsche ich verschonet zu bleiben: ist doch die Beantwortung alles wie in der Naturlehre äußerst schwer und lautere trokkene Muhtmaßung. Indessen, so wie wir aus neuern Erfarungen wissen, daß Quarz- oder Kiesel-Erde mit Hülfe des brennbaren Wesens auflöslich in Säuren ist, und mit Vitriolsäure zu Alaun r.rd: so id es vielleicht nicht widersinnig, zu vermuhten, daß die Quarz- oder Kiesel-Erde durch eben das brennbare Wesen zur Auflöslichkeit in bloßem Waffer geschikt gemacht werde, welche blos wäßerichte Auflösung dan Cristall gebe. Daß es in diesen Gebirgen hier an brennbarem Wesen nicht mangele, zeiget genugsam die Gegenwart des Thones in dem Geisbergerstein, und wenn dasselbe ja in dem Cristalle selbst, in dem weissen Cristalle, nicht mehr vorhanden ist, so kan es ihm durch irgend einen uns unbekanten Umstand, während seinem Anschiessen entzogen sein, und in den braunen und schwärzlichen Cristallen ist es offenbar noch vorhanden. — R. J.
(f) It. Alp. 4. pag. 256 — 258.
(g) In der Diff. de Cryft. generatione publ. examini submiffa a Mart. Kähler. Upfaliae. 1747. pag. 14. §. VII. die sich auch in den Amoenitatibus Academicis befindet.

Criſtalliſation behülflich ſeie, dieſes bin ich geneigt zu glauben. Denn, ſo viel ich weiß, bringen niedrige Gegenden, wo die Kälte niemals ſo anhaltend iſt, keine ſo groſſe Criſtallen hervor. Der Verluſt der Schnellkraft der Luft oder vielleicht und vielmehr der Luft ſelbſt, in dieſer Steinlauge, den ſie bei ſo langem Stillſtehen und ſo langer Einſchlieſſung vermuthlich erleidet, trägt zur Vollendung des Werks vielleicht auch etwas bei.

Sie wiſſen, mein Herr, daß es, auſſer den weiſſen Criſtallen, auch gefärbte giebt, und daß man davon durch alle Stufen der Farbe, vom hellbraun bis zum tiefſten dunkelbraun, antrifft. Ich habe vermuthet, dieſe Criſtallen hätten ihre Farbe dem Eiſenweſen zu danken, das in denjenigen Glimmerkörnern einiger Geisbergerſteine zu ſtecken ſcheinet, die bläulich oder braun ausſehen. Auch finden ſich, obgleich zuweilen mit weiſſen Criſtallen braune in einer und derſelben Höhle vermiſcht angetroffen werden, welches alsdan auch der Fall der verſchiedenen Arten des Geisbergerſteines iſt, dieſe braunen Criſtalle doch vornemlich nur in den allerhöchſten Gegenden des Gotthards, da wo vorzüglich und am meiſten die mit dunkeln Glimmerkörnern durchwachſene Art des Geisbergerſteines zu Hauſe iſt, wie mich verſchiedene Criſtallgräber verſichert haben, und auch Gruner an ſchon angefärtem Orte erzählet. Allein, ich habe hierin nun ſchon meinen Irrtum erkant: denn, wäre Eiſen der Grund dieſer Farbe, ſo würden die braunen Criſtalle ſich im Feuer noch dunkler oder röthlich brennen. Aber, dies thun ſie nicht, ſondern verlieren vielmehr im Glüen alle ihre Farbe, und werden weis, und, wie das ſchönſte Glas, klar, welches, da ich von ohngefär einen ſolchen braunen Criſtall ins Feuer legte, und dieſer bei einem ſtets zunehmenden ſpiegelnden Glanze zuſehends erblaßte, mir ein ergötzendes Schauſpiel gegeben hat. Am warſcheinlichſten iſt es mir demnach, oder vielmehr gewis, daß blos das brennbare Weſen die braune Wolke in denſelben ausgebreitet hat, welches nun das Feuer geſchwinde verzehret und verjäget. Es iſt übrigens Schade, daß bei dieſem Weisbrennen der Criſtall ſelbſt zu Grunde gehet, indem er tauſend unordentliche Riſſe bekomt, und wol gar ganz auseinander ſpringet.

Man bemerket an den meiſten Criſtallen, daß ſie, gegen ihre Spize zu, reiner und heller ſind, als in dem Theile, mit welchem ſie an dem Felſen feſt gewachſen geweſen. An einem gewiſſen Orte wolte ein gewiſſer Liebhaber der Naturgeſchichte mich verſichern, daß dieſes daher rüre, weil ſie allezeit aus dem obern Gewölbe der Gruben, und alſo hängend, hervor wüchſen, da denn das ſteinigte Waſſer nach und nach durch die Filtrirung reiner und alſo die Spize der Criſtallen nohtwendig klärer werden müßte, als ihr Fus. Allein, auſſer dem daß das erſtere falſch iſt, ſo findet in den Criſtallen keine Durchſeigerung ſtatt. Vielmehr glaube ich, daß die Pyramidalſpize der Criſtallen mit einer vorzüglichen Eilfertigkeit und Zuſammenſchnürung, Conſtriction, ſich bilde, und daß ſodann ihr Druk und Stos nach unten zu die ſtaubigten fremden Theile ſich zu entfernen zwinge, die nun in dem Prisma des Criſtalles und oft tief hinunter in demſelben trübe Wolken ziehen und erſtarren. Ich ſtüze dieſe meine Muhtmaſſung auf drei Stükchen Criſtall, die ich erkauft habe, in deren jedem bei dem erſten Anblik ein vollſtändiger kleinerer eingeſchloſſen zu ſein ſcheinet, indem man in zweien

derselben deutlich die innere Pyramide siehet, deren Seitenflächen denen äusseren der Spize parallel sind (h). Beider innere Pyramide ist um so viel sichtbarer, als die des einen von einem grauen, die des andern aber von einem grünen Staube gemahlet ist, so daß man glauben solte, es seien hier wirklich zwei Cristalle in einander geschäftet. Allein, bei näherer
Betrachtung wird man gewar, daß kein inwendiges Prisma da ist; hier ist die Quarzmaterie augenscheinlich zusammen geflossen, und hat einen einzigen einfachen Körper gebildet.
Wodurch anders nun kan diese Erscheinung solcher Pyramide hervorgebracht sein, als durch
eine gewaltsame und eilige Zusammenschnürung der plözlich entstehenden waren Pyramide des
Cristalles, wodurch ein Druk verursachet ward, der, da er von allen Seiten gleichmäßig
stark war, auch von allen Seiten gleich stark das staubigte Wesen aus sich wegdrängte und
niederwärts stieß: da denn der Wiederstand des vielleicht schon zu sehr verhärteten mittlern
und untern Theiles verhindert hat, daß sich dieser Staub nicht durch den ganzen Körper
des Prisma mehr hat ausbreiten können, sondern da stehen geblieben ist, wo man ihn jezt
siehet? Ja, was noch mehr ist, so ist in meinem dritten Exemplare dieser nicht gemeinen
Spielgattung die scheinbare inwendige Pyramide nicht einmal ganz zum Staube gekommen;
es scheinet in diesem Cristall weder genug Staub vorräthig, noch derselbe durch und durch
gleichmäßig ausgetheilet, sondern mehr an der einen Seite des werdenden Zinkens in der Steinlauge hingesunken gewesen zu sein: denn, wie schon gesagt, so ist das Bild der scheinbaren inwendigen Pyramide nur zur Hälfte da, und der Umfang, wo die andere Hälfte hätte erscheinen sollen, ist von Staube rein, und machet, wie das Prisma, durch und durch nur einen
einzigen sich überall gleichen und derben Körper aus (i). Was dünket Sie, mein Herr,
von dieser Sache, können Sie mir wol Ihren Beifall verweigern? (k)

Daß indessen gleichwol Cristalle gefunden sind, die einen vollkommenen kleinern warhaften Cristall eingeschlossen gehalten haben, und daß diese den Grund zu denen höchst seltenen und von mir nie gesehenen Zinken abgeben, die eine prismatisch und pyramidale Höhle
zeigen, das wil ich darum nicht in Abrede sein. Aber, ich glaube, daß bei Entstehung dieser, nur eben die Umstände einzutreten, nur eben die Bewegungen des Quarzes und Staubes
vorzugehen brauchen, als bei obigen; daß aber mehr und so viel von diesem leztern eingeschlossen vorhanden sein müße, als hinlänglich sei, das inwendige Theil des Cristalles, das

er

---

(h) Dieß sind sie, und zwar dergestalt, daß jede Fläche der innern genau der ihr antwortenden Fläche der äussern gleich ist, genau derselben Abschnitte oder Abstuzungen eben so und eben da anfangen und sich endigen
wie und wo die der äussern: nur daß die innere Pyramide nicht in gerader senkrechter Linie unter die äussern in dem einen dieser drei schäzbaren Stükke stehet, wie Tab. 11. fig. F. zu sehen. Hier ist also die innere Pyramide nicht von der äusern mit gleichem Dikke umschlossen, sondern einige ihrer Flächen sind es
mehr, andere weniger. — N. B.
(i) Tab. 11. fig. G.
(k) Ist verweigere ich ihm mir selber, in dem, was die Bildung der innern Pyramide betrift, wie die folgende Anmerkung zeigen wird, schlechterdings; und auch schon einigermaßen, was die vermuthete Ursache von
der mehrern Klarheit der Spize des Cristalles und der wenigern seines Fußes anlanget. — N. B.

er umwickelt, von dem Äußeren völlig zu trennen: folglich würde der Ursprung dieser gedoppelten Cristalle aus eben den Gründen zu erklären sein, als der obigen nur so scheinbaren ihre, und nichts anders beweisen, als was diese (l).

Es giebt, wie Ihnen, mein Herr, wol bekant ist, Cristalle, die sich mit Figuren zeigen, welche eine Aehnlichkeit, mit Moos, Haaren, Stroh und dergleichen haben. Ich habe, da ich mit Ihnen von dem Herrn Bertrand sprach, schon darüber meine Meinung geäußert. Es ist in den Gruben, wo Cristall entstehen kan, keine Spur von allen diesen Dingen, und wenn gleich ein Linnäus (m) sagt: ejusmodi Vegetabilia, praecipuecque Lichenes, Quarzo et Spatho inclusa in Museis Curiosorum non raro inveniuntur, so hat meinen Augen sich doch kein dergleichen Stük darstellen wollen, was mich von einem solchen Wunder zu überzeugen vermocht hätte. Wer da weiß, wie vielerlei Gestalten der gemeine Eisenkies, wenn er verwittert und in Vitriol übergehet, annehmen kan, und wirklich sehr oft annimt der wird gewis keinen Augenblik bei sich anstehen, die meisten von solchen im Cristall erscheinenden Vegetabilien und Animalien ähnliche, Figuren auf dessen Rechnung zu schreiben, und um so mehr, da sich in den Cristallgruben ziemlich oft, Nesterweise Kiese finden lassen, und manche Cristalle das Moos- und Haar-ähnliche, das in andern völlig verwachsen ist, noch auf sich auswendig sizen haben, da man es denn offenbar für Kies erkennen muß (n). Hievon kan ich Ihnen dereinst ein Paar artige Exemplare vorweisen.

T

(l) Und solte auch der große Haufen der Schriftsteller sich meiner schämen, so kan ich doch meine Gewissenhaftigkeit nicht verläugnen und mich hier einmal nicht selbst wiederlegen. Wenn die innere Pyramide der vier erwähnten drei Cristalle blos scheinbar wäre, blos, wie ich mich oben ausgedrükt, von dem farbigten Staube gemalet wäre, blos aus der plözlichen Zusammenschnürung der werdenden äußern oder, wie ich sie auch genant habe, wären Pyramide und derselben von allen Seiten mit gleich starkem Druk dem farbigten Staub nach unten- zu pressenden Bewegung entstände, so müßte, dünkt mich seit, die innere Pyramide (oder, wo sich solcher findet, der innere ganze Cristall) vollkommen in der Mitte der äußern Pyramide, (oder des äußern Cristalles,) stekken. Daß dieses aber nicht immer der Fall sei, zeiget mein schon angeführter Cristall Tab. II. fig. F. — Ferner wird es sich schwerlich erklären lassen, wie und warum der fremdartige Staub, den die Materie der werdenden äußern Pyramide aus sich weg, und nach dem Prisma zu, zu stossen gesagt wurde, in der Gestalt einer Pyramide zusammenbäuren ließ, ohne daß schon eine wahre cristallische innere fertig vorhanden gewesen wäre, an welche sie sich fest besten sonnte. Denn, entweder war der prismatische stumpfe Theil des Cristalles schon erhärtet, als die äußere Pyramide entstand, oder es entstanden und erhärteten beide zugleich. In dem erstern Falle könte der fremdartige Staub wol schwerlich auf das kumpfe Prisma als eine Pyramide sich auflegen, sondern er würde sich ganz flach darauf niedergelegt haben; in dem andern Falle würde er durch die ganze Masse des Cristalles, mehr und weniger gleich, verstreut worden sein, oder, nach dem Jus zu, sich niedergesenket folglich den obern Theil rein und klar gelassen haben. — Diese Umstände wol erwogen, glaube ich also an jene, durch eine plözliche Zusammenschnürung des Cristalles in seine Pyramide bewirkt zu werden geseate, innere Pyramiden- malerei, wobei der fremdartige Staub zur Farbe diente, nicht mehr: sondern ich glaube, daß, wo dergleichen erscheinet, schon ein fertiger vollständiger Cristall da gewesen sei, um welchen nachmals ein neuer Cristall, oder zum Theil, der farbige Staub sich anlegte, worauf, in der Folge, da neue Steinlanze den so beschaffenen Cristall überschwemmete, dieser einen Ueberzug bekam, dessen Flächen den Flächen seines Kernes gleich zu sein pflegen, und in meinen drei Exemplaren es sind. — N. Z.

(m) in Diff. de Gen. Cryst. §. 9.

(n) Von eben dem Freunde, dessen Feder meine neuen Zusäze schon mit verschiedenen sehr lesenswürdigen Beobachtungen bereichert hat, habe ich, auf befragen, einige Anmerkungen über diese Materie erhalten, die ich

Als ich vom Gotharde wieder herunter kam, zeigte mir der Cristallhändler, zum Stäg, einen bräunlichen Cristall, in welchem eine Fliege, oder doch ein vollkommenes Bild einer Fliege, zu sehen sein sollte. Was thut doch die Begierde, etwas zu sehen, nicht! Er

hier einzurütteln um so mehr für meine Pflicht halte, da sie meine oben in dem Briefe, geäußerte Meinung theils einschränken, theils bestreiten. „Der Kies, saget er, findet sich allerdings bei, unter, und über den Cristallen, er scheinet auch in selbige wol eingedrungen zu sein. Aber mich dünket, dies sei nur ein Schein. Ich vermuthte, daß er erst entstanden, nachdem der Cristall fertig war. Nun wißen Sie, wie viele Cristallen, besonders die gebuchtelten, wie angefreßen aussehen. In diese Vertiefungen legt sich der Kies an, und nun glaubt man, daß er mit und in selben gewachsen sei. Kurz: ich habe unter vielleicht Millionen Cristallen manchem gesehen, der außen und in sich, Amianth, Glimmer, Thon, Basalt, oder auch Kies, trage; aber mit Kies-Verwitterungen ist mir keiner zu Gesicht gekommen. Dies ist, freilich, noch kein Beweis, aber ich sehe selbst noch keine Warscheinlichkeit, wie diese vitriolische Kiesverwitterungen in einer geschloßenen Cristallmine, und besonders schon zur Zeit der Geburt der Cristallen, haben entstehen können. Dieses beweiset zwar ebenfalls noch nicht, daß durchaus hiebei keine Kiesverwitterungen statt finden; aber es beweiset doch — daß ich ein rechter Recensent sei, der nicht alles gleich gewonnen giebt. Ich vermuthe, übrigens, immer ebender, daß der Basalt die Ursache an den hoblen Röten, die man in einigen Cristallen findet, sei. Ich habe wirklich dergleichen Basalt oder Schörl in selben und außer selben gesehen. Aber, werden Sie sagen, wie kömt der Basalt in diese Gruben? Wie kömt der außgelangte Thon und Glimmer (deren ich in der Beschreibung der Grube am Pfaffensterange erwähnet: A.) hinein: werde ich Sie fragen. Unter uns gesagt, ich halte den Basalt für cristallisirten Thon, und die Granaten (ich auch: A.) für cristallisirten Glimmer, und diesen wieder, wie den Asbest, für ein Kind des Thones, so wie es von dem Serpentinstein (nach dem Margaraf. Erfarungen entstehet dieser nicht aus Thon. A.) so ziemlich erwiesen ist, in welchem, wenn ich's sagen darf, noch unreifer Glimmer lieget. Nun, kan sich der Quarz in so feine Theilchen in dem Waßer auflösen, daß er zu einem durchsichtigen Steine daraus anschießet, so kan es wol vermuthlich auch ein Theil des Thones; und solte dieser sich nicht auch nach seiner Art cristallisiren? Ich habe einen Vorrath von Beobachtungen, woraus ich es vermuthe. (Und Sie, mein verehrter Freund, machen sich in meinen Augen, und in den Augen aller derjenigen, die Ihren Beobachtungsgeist kennen, eines Hochverraths an der Mineralogie schuldig, wenn Sie nicht einst, nicht nur ihre bisher gehörigen, sondern auch alle Ihre mineralogischen Beobachtungen öffentlich mittheilen. A.) Der Sternbasalt auf dem Gotthard, der in einem glimmerigten Gestein nebst Millionen Granaten lieget, und ein anderer sehr niedlicher grüner von denen Waliser Gebirgen, werden mir bei nahe zu Beweisen. Dieses zum voraus gesetzt, so ist es wol zu begreifen, wie Basalt zugleich mit dem Cristall habe entstehen und verwachsen können. Wie es komme, daß er zuweilen heraus falle und eine hoble Röre zurück laße, dieses können Sie sich vielleicht durch Ihre Bemerkung von den Sternberger Cristallkugeln (s. den Schluß meines Briefes: A.) beantworten. Es ist sehr warscheinlich, daß Anschüße von zweierlei verschiedenen Erdarten nicht gleich dicht anschießen, und also können sie auch nicht leicht fest einander anhängen. Man siehet dieses wenigstens an der Außlösung und Cristallisirung zweier nicht so sehr verschiedenen Salze, dem Allaun und Vitriol. (Der Kunst ist es freilich wol sehr schwer, den Allaun und Vitriol in eine und dieselben Cristallen zu vereinigen, aber doch kan es die Natur, wie man an dem im Rammelsberge und den Gruben zu Ibria vorjußnhenden, die langsußerigen sehr feinen Amianth habenden und wie Seide glänzenden allaunhaft-vitriolischen Cristallisationen, dem Halautriche des Scopoli, siehet: A.) Dies sind meine Gedanken noch zur Zeit von dieser Materie; aber man ist bei mir kein Ketzer, wenn man nicht eben so druket." v. B. 1767.

Was die in den Cristallen zuweilen befindlichen kleinen Spiele oder Stacheln anlanget, so hat Luidius solche in den Bristoller Steinen doch wirklich Eisen-artig angetroffen, aber jedoch in Bristoller Eisengruben selbst. „Iris vulgaris Bristoliensium vulgo dicta, in ferrifodinis Bristoliensibus copiose invenitur haec Cristallus. Aculeos, quos continet. (ER Cristallus utrinque pyramidata aculeos in medio continens a communi centro undiquaque sparsos) nihil aliud esse quam ferri mineram existimo, cum hujusmodi capillamenta percussu magnes continuo caferat." Indeßen glaube ich nunmehr vollkommen, daß dergleichen Spiele oder Stacheln in den Gotthardischen Cristallen, wo nicht immer, doch fast immer, Basalt, dergleichen ich übrigens lieber Schörl nenne, sind. A.

Auf eine Anfrage von mir, wegen der Beständigkeit der Gestalt des Basalts, antwortet mir derselbe Freund, von dem Vorhergegangenen ist, im Mai. 1767. „Die Basalt-arten, so viel ich ihrer noch zu sehen Gelegenheit hatte, sind, bei einer genauen Untersuchung, alle aus kleinern oder größern, oben und un-

sah diese Fliege, ich nicht. Und daher war mir der Preis von zwei neuen Louisd'or, den er darauf gesezt hatte, zu hoch; auch glaube ich versichert zu sein, daß das in diesem Cristall zu finden sein sollende, einer Fliege gewis nicht sehr ähnliche Bild entweder ein Blättchen Glimmer, oder eine blosse leere Queerspalte, zum Grund hat. Ein mit diesem verwandtes Stük, worin eine solche Spalte ist, und die nach dem man sie in eine gewisse Richtung gegen das Licht bringet, einen bald Regenbogenfarbigen, bald spiegelnden Schimmer von sich wirft, besize ich selbst.

Einige Cristalle, die man für die vollkommensten anzunehmen hat, sind an dem einen so wol, als an dem andern Ende mit einer Pyramidalspize versehen. Was Bourguet von der Wachstumsart derselben glaubet, habe ich schon berüret. Es kan sein, daß einige auf die von ihm vermuthete Weise, angenommen, daß sie in einem Sand-oder einem Thon-schlamme halb schwimmend einige Augenblikke ruhen, zur Wirklichkeit kommen. Vielleicht! ich weiß es nicht. Ich habe hiebei nur den Scrupel, wie in einem solchen Schlamme der Cristall es wol anfange, daß er einige Klarheit erlange. Lieber wolte ich also glauben, daß diese Cristalle, wie die übrigen, wachsen, und wärend ihrer Entstehung eben so wol eines festen Ruhepunctes zu geniessen haben. Und ich halte, ferner, dafür, daß dieser Ruhepunct nicht immer eine einzige bestimte Stelle habe, sondern, daß er bald an einer der Seitenflächen des Prisma, bald aber an der Pyramidalspize des Cristalles hingesezet sei. Ich habe drei solcher an beiden Enden zugespizter Cristallzinken, deren einer sehr regelmäßig angeschossen, einen trüben Ueberzug, und, gegen ohngefär 5 Zoll Länge, 1⅓ Zoll Breite hat (o). Der andere ist, bei mehrerer Klarheit und Unregelmäßigkeit, etwa 5 Zoll lang, und dagegen bei 4 Zoll dik. Der dritte, so auch ganz weis, vermisset sein Prisma fast gänzlich, und scheinet, beim ersten Anblik, aus blossen Pyramiden zu bestehen (p). Dan habe ich noch solcher zwiefach gespizter, theils weisser, theils brauner Cristalle, deren gleichfarbigte viele dergestalt sich an einander gefügt haben, daß sie, wie die Pfeifen einer Orgel neben einander stehen, auf einander liegen, eine der Prisma-flächen des einen an eines des andern stoßet, und so ganze Reihen derselben in einander geflossen sind, welches ein überaus artiges Ansehen machet. An beiderlei dieser Arten, den einfachen sowohl, als den zusammengesezten, sehe ich nun Spuren von der Stellung ihres vormaligen Ruhepunctes, bald an einer Seitenfläche ihres Prisma,

T 2

unten gleich diesen cylindrischen Säulen zusammen gesezt. Ich sage: nach einer genauen Untersuchung. Denn, z. B., der Sternbasalt scheinet aus vielen aus einem Mittelpunct auslaufenden Fäden, wie Spiesglas, zusammen gesezt zu sein. Diese Fäden aber, einzeln betrachtet, sind wirkliche cylindrische Säulchen, die, besonders in den hellgrünen Arten, sehr glasartig und zerbrechlich sind. - - - v. B.

(o) Tab. II. Fig. e. Dieser Cristall zeiget, durch den noch ausstehenden Quarz an einer seiner Pyramidenfüß, daran, ziemlich klar, daß hier sein Ruhepunct gewesen.

(p) Ich muß hier beiläufig erinnern, daß ich mich noch gar nicht von dem Dasein solcher Cristalle überzeugen können, die aus den blossen beiden Pyramiden beständen. Alle so scheinende, die ich noch gesehen, haben wirklich ein Prisma, ob gleich ein sehr kurzes zuweilen, das zwischen den beiden Pyramiden die Gränze abgiebt, und mit ihnen offenbar einen Absaz machet.

bald aber an ihrer Pyramidalſpize. Ich finde mich alſo genöthigt, das Verfaren der Natur hierin nicht auf eine einzige Weiſe einzuſchränken, ſondern die eine, wie die andere erwähnte, für möglich, ja wirklich, zu halten.

Bei dieſer Gelegenheit muß ich etwas von unſern Sternberger Criſtallen, deren ich ſchon gedacht zu haben meine, und welche Ihnen, mein Herr, ſonſt wol nicht bekant ſein werden, ſagen. Es finden ſich darunter einige, die mehr ins ſchwärzliche ſpielen und einen vorzüglichen Glanz von ſich werfen. Dieſe ſind ſo dik als lang, und neigen ſich gegen das untern Ende, um daſelbſt auch eine, der oberen gleiche, Pyramidalſpize zu bilden, die aber nur an denen nicht völlig zu Stande gekommen iſt, die mit einer der Flächen ihres Priſma eines andern Criſtalls Priſmafläche oder ſonſt einem Ruhepuncte anhangen. Denn da, wo ihr kurzes Priſma den Abſaz zu der zweiten Spize gemacht, und ſchon ſich zu verdünnern angefangen hat, da verbirget ſich der übrige Theil der werdenden Spize in einen mürberen Quarz, der milchigt ausſiehet, und dergleichen die ganze kleine Criſtallhöhle incruſtirt zu haben pfleget. Dieſer hat hier ein nicht zum Criſtall mit gehörendes beſonderes Priſma gebildet, das mit dem des Criſtalles nicht gleich-ſtarke Dikke hat (q), ſo daß das Ganze das Anſehen einer erkigten Blumenknoſpe gewinnet, die noch auf ihrem Stiele ſizet. Aus dieſem gehet nun vermuthlich die Spize des Criſtalles oft glüklich und unbeſchädigt los, und ſodan iſt der gedoppeltpyramidirte Stein vollkommen ; und, wenn das Gegentheil geſchiehet, unvollkommen, welches der Fall der meiſten. Haben wir hier, mein Herr, nicht eine ziemlich klare Anzeige, und mehr als einen bloſſen Wink, auf was Weiſe, wo nicht immer, doch ofte, es mit dem Wachſe der zwiefach oder an beiden Enden geſpizten Criſtalle zugehe?

Oberhaßli, Vormittags, den 20 Sept. 1763.

---

(q) Tab. 11. fig. a. b. c. d. (vergröſſert in aa. bb. cc. dd. )

    Es ſei hier von mir erinnert, daß das Priſma, das hier den Criſtallen zum Fußgeſtelle dienet, in den Figuren zu dik ausgedrükket iſt. — Der Criſtall a hat eine von den übrigen etwas verſchiedene Bildung, und er iſt mit einer der Schärfen ſeines Priſma ſeinem aufrecht ſtehenden prismatiſchen Fußgeſtelle eingemachſen: übrigens einfach oder ein einzelner Anſchuß. — b ein zweifacher, der aufrecht auf ſeinem Fußgeſtelle ſtehet. Doch nur der eine derſelben ſtelt mit ſeiner untern Spize an dem Fußgeſtelle; der andere hat ſich mit einer der Flächen ſeines Priſma an einer der Flächen des Priſma des erſtern feſt geheftet, und ſeine untere Spize iſt daher faſt vollendet und frei zuſehen. — c. Ein einfacher der auch aufrecht, ſo wie der erſte von b, mit der Spize ſeiner untern Pyramide in ſeinem Fußgeſtelle ſtellet. — d Ein dreifacher Anſchuß, ebenfalls in ſenkrechter Stellung gegen ſein aufrecht ſtehendes Fußgeſtell ſich befindend. Der kleinſte Criſtall dieſer Anſchüſſe ſtelt und zwar mit ſeiner unteren ganzen Pyramide in dem Fußgeſtelle ; die beiden andern ruhen mit einer der Flächen ihrer unteren Pyramiden auf der Pyramide jenes niedrigern kleinern, und hangen unter ſich mit einer der Flächen ihres Priſma zuſammen. — Dieſe ſehenreichen Criſtallchen finden ſich, wie ich vielleicht ſchon geſagt, in dem, unter Königlich. Churfürſtlicher Cammer jezt ſtehenden, hirniſchen Amte Sternberg, in und auſſer ihrer kleinen beweglichen Höhle, in Neſtern. — K. Z.

## Sechs und zwanzigster Brief.

#### Mein Herr,

Wie ich gestern Abend und heute Morgen, wärend der Beschäftigung an Sie zu schreiben, das reizende Schauspiel von zwei sehr abstechenden Wassergüssen genoß: so zeigt sich jetzt in einer halben Dunkelheit ein anderes sehr verschiedenes und mir noch fremderes meinen suchenden Augen. Denn, einer der Eisberge oder Gletscher des Grindelwaldes, in welchem ich so eben angelanget bin, stehet gerade dem Wirtshause, wo ich zu schlafen gedenke, gegen über; und seine gewaltige Eisschollen glänzen mit ihrem weissen Schimmer durch die Finsternis der Nacht noch hell genug herdurch, um für das, was sie sind, erkant werden zu können. Ich habe den einen und den andern, wärend des Untergangs der Sonne, aus einiger Ferne zwar schon deutlicher gesehen, wil Ihnen aber jezo nichts mehreres davon sagen, sondern solches bis Morgen aufschieben, da ich den nächsten derselben etwas näher betrachtet haben werde. Und, nun endlich einmal meine Erzählung und Gedanken vom Cristall zu schliessen, wil ich auch lieber bis Morgen Abend versparen, Ihnen von meiner Reise aus dem Haßlithale bis hier Rechenschaft zu geben.

Ich wil nun versuchen, die Art und Weise einiger massen zu entwickeln, wie der Cristall wachse. Versuchen wil ich dieses; es wirklich zu leisten, mein Herr, verspreche ich Ihnen nicht: denn meine Briefe sind und helfen keineswegs Lettres philosophiques. Ich habe, sie so zu nennen zu dürfen oder zu mögen, weder Autorität nach Stolz genug. Erwarten Sie derowegen nicht zu vieles.

Um chronologisch zu verfaren, doch ohne zu weit zu alten Schriftstellern hinaufzusteigen, so hat Scheuchzer (a), nach dem Steno, dafür gehalten, die Cristallen wachsen und vergrößern sich vermittelst scheibenähnlicher Anlagen; Bourguet aber, vermittelst kleiner Triangel (b). Und dieses sind, nach der Leeuwenhoekischen, die beiden vornehmsten Hypothesen, die ich kenne, und mit denen allein ich es aufzunehmen gedenke. Jene des Scheuchzers hatte ich zu der meinigen gemacht und bisher für wahr gehalten. Verschiedene Cristallen, die ich in Cabinetten angetroffen, nahmen mich für sie ein. Allein, nunmehr habe ich viele Zweifel dawieder.

Ich finde mehr und mehr, daß diese an vielen und doch nicht an allen Cristallen zu sehenden Anlagen, so wenig wie die von Leeuwenhoek geglaubten, als vollkommene Cristalle schon gebildete, den größern zusammensezende kleine Theile, den regelmäßigen Anschus nicht gebildet haben können. Sie haben sich nur dem schon entstandenen Cristall noch überhin an-

---

(a) It. Alp. 4. pag. 257.
(b) Eben der Meinung ist Bonnet. s. Contemplation de la Nature par C. Bonnet. à Amsterdam. 1764. Tome. 1. p. 238. — R. J.

gelegt, und sind daran für überflüssig und zufällig zu halten. Oder aber, indem der Körper des Cristalles zusammen geronnen, hat es ihm hie und da an genugsamer Materie gefehlet, um seine Seitenflächen auszufüllen und ausgefüllet glatt darstellen zu können, da denn Lükken übrig geblieben sind, deren Vertiefung nun eine Art einer regelmäßigen Cristallisation angenommen, so daß sie mit dem daran sizenden erhobenen Theile den Schein einer besondern Anlage gewinnen, die einen zuweilen zwar prismatischen mit einer Pyramide versehenen Cristall vorstellen, der jedoch mehrentheils abgestumpft und ohne Spize ist, und das Prisma selbst aber platt gedrükt erscheinet, eine Gestalt die der einer der Gestalten des Natri wie es Linnäus nennet, und in seinem Natursystem und der schon angeführten Diss. de Cryst. generatione mit verschiedenen Abänderungen abgezeichnet hat, nahe kömt.

Wie solte, überdem, aus scheibenförmigen Anlagen ein so regelmäßiger Körper, als der Cristall ist, erwachsen sein können? Begreift man ja einiger maßen, wie dieselbigen ein sechsseitiges Prisma zu bilden vermögend gewesen seien, so wird doch die Einbildungskraft bei der Pyramidal-endigung still stehen, und den Mechanismus der Bauart, den die Scheiben hier hätten beobachten müssen und können, nimmermehr ausfindig machen. Wenigstens ist die meinige zu schwach, einzusehen, was für eine Kraft es war, die diese Scheiben zwang, sich in eine Pyramidalspize zusammen zu schmiegen, und die Ursache, warum sie nicht lieber die vorhandene noch übrige scheibigte Materie dazu gebrauchte, das Prisma gerade hin weiter fortzuführen und zu verlängern, da denn eine abgestumpfte Figur daraus geworden sein würde, wie die Andreasbergischen Kalchspahtprismen sind. Wolte man aber sagen, diese Zusammenschmiegung des Prisma in eine Pyramidalspize sei eine natürliche Nohtwendigkeit gewesen, und von dem von allen Seiten gleichmäßigen Druk der den Cristall umgebenden Steinlauge, der Luft, des Aethers, oder was man sonst wil, verursachet worden: so muß man mir erst erklären, warum denn nicht eben dieses bei dem Andreasberger Spahte geschehen sei. Und den Grund dieser Verschiedenheit anzugeben, das wird, vermuthe ich, wol unmöglich sein und bleiben. Außerdem ist es klar, und an den blätterigten Anlagen von tausend Cristallen sichtbar, daß sie nichts weiter thun, als sie nur unregelmäßiger, ja oft ganz ungestaltet zu machen.

Auf umgekehrte Art scheinet mir aber Bourguets Zusammensezung der Cristalle aus Triangeln eben so unrichtig zu sein. Man sei auch noch so geneigt, diesen kleinen Triangeln das Vermögen zuzutrauen, die Pyramidalspize mit der sich jeder Cristall endigt, zu bauen: so wird sich alsdan hier die Schwierigkeit erheben, wie es zugegangen sei, daß sie von dieser ihrer Arbeit abgestanden, und sich dahin vereinbaret, um auch ein Prisma hervorzubringen, und solches der fertigen Pyramidalspize anzufüllen. Oder sollen sie etwa beide zugleich fertig gemacht haben, so frägt sich, durch welchen Trieb der eine Theil der kleinen ursprünglichen Triangel bewogen worden sei, in eine grosse Pyramidalspize, der andere Theil derselben aber, in ein Prisma zusammen zu eilen. Zu geschweigen, daß die Art ihrer Vereinigung in einen innerlich so festen und äußerlich so glatten Körper höchst schwer zu begreifen ist. Werden Sie mir es also übel nehmen, mein Herr, wenn ich so wenig nun zu des Herrn Bourguets Meinung übergehe, als bei der Scheuchzerischen oder Stenonianischen, der ich sonst zugethan war, bleibe? Aber nun komt es darauf an, ob ich eine gegründetere auf die Bahn bringen, und Sie zu meinem Anhänger werde machen können.

Die Herren, in deren Schriften ich mich bisher nach Unterricht von dem Wachstum der Cristallen umgesehen habe, thun, als ob nur eine einzige, als ob nur blos die Gothardische Art der Cristalle in der Welt wäre. Wenigstens erinnere ich mich nicht, von den folgenden beiden Arten, die ich Ihnen nun beschreiben wil, etwas bei ihnen gelesen zu haben. Die eine davon ist die aus dem Runkerthale im Livinerthal, deren ich schon gegen Sie erwähnet habe; die andere aber die Savojische, so sich in der Baronie Faucigny, in den so genanten Montagnes maudites, findet. Beiläufig gesagt, so weiß ich nicht, ob in dem Livinerthale noch ein anderes kleineres Thal gelegen ist; und vielleicht ist der mir so vorgesagte Name des Runkerthales irrig: denn im Scheuchzer ꝛc. finde ich daßelbe gar nicht genant. Dem sei indeßen, wie ihm wolle, so wil ich fortfaren, diese Cristalle die Runker Cristalle zu nennen. Zuerst aber hören Sie, was ich Ihnen von den Savojischen zu sagen habe.

Diese sind nicht volkommen prismatisch, wie die Gotharber, sondern conico-prismatisch, das heißet, sie werden almälig und fast unmerklich, von ihrer Grundfläche an bis an den Absaz, wo die Pyramide anfangt, schmähler, und sind gemeiniglich länger und geschlankter, als ein Kegel sein muß. Sie haben eben die Querstreifen auf den Flächen ihres Prisma, und zwar regelmäßiger und noch etwas tiefer, als die vom Gothard: ja, man siehet solche, obgleich sehr selten, selbst wol auf einer der Flächen der Pyramide, die sonst gemeiniglich volkommen glatt und glänzend sind; auf noch so vielen aber, die ich betrachtet, ist niemals eine Spur von den Bourguetischen Triangeln zu sehen gewesen. Die Flächen des Prisma sind sehr von einander verschieden, und niemals, wie die an vielen Gothardischen, einander ähnlich. Bald wechseln sie mit drei breiten und drei schmählen ab; bald sind nur zwei einander gegen-über stehende breiter, und die vier übrigen schmähler; bald wechseln wieder dergestalt die Flächen mit einander ab, daß die eine gegen die Pyramide schmahl und gegen ihren Fuß breiter, die folgende aber umgekehrt so beschaffen ist. Zuweilen, wie es scheinet, aber nur selten, verlieret sich auch wol eine der Flächen in die benachbarte: wie ich denn ein Stük gefunden habe, wo so gar zwei solcher Flächen kaum mehr zu bemerken sind, daß man den Cristall selbst fast für uur vierseitig halten muß. Die eine Fläche seines Prisma ist 1 Zoll breit, und die andere, so jener parallel stehet ⅓, hingegen die andern beiden, so nicht parallel sondern schief sich gegen-über stehen, etwa ½ Zoll, so daß der Cristall das Ansehen der Hälfte eines andern gemeinen regelmäßigen Cristalles dieser Art hat, der mit größter Genauigkeit, der Länge nach, durchspaltet wäre. Nur blos an der Schärfe des spizwinklichten Randes der breitesten Fläche ist, Links und Rechts, eine sehr kleine Spur gleichsam einer vormaligen Bemühung der Natur zu sehen, als hätte sie die beiden fast fehlenden sie und Sie Fläche noch hervorzubringen oder vielmehr zu volfüren verfucht gehabt (c). — An einem andern, mit abwechfelnden drei breiten und drei fchmahlen Flächen, hingegen, find diefe leztern von ⅓ bis zu 1 ganzen Zoll kürzer als jene, daher denn der Criftall in eine dreifeitige Spize ohne Abfaz fich endiget, die eine gerade bloffe Fortfezung jener drei breitern Flächen, und keine befondere Pyramide ift, mit der fonft die übrigen gekrönet find, oder, vielmehr der ganze Criftall ift, von unten auf, eine ohne Unterbrechung fortlaufende fehr fchmahle Pyramide (d). Die Pyramiden aber an allen andern, die ich gefehen, haben Flächen von fo mannigfaltiger Geftalt, Lage, und Länge, daß ich es fchlechterdings für unmöglich halte, fie vollkommen zu befchreiben. Ich wil nur diefes fagen, daß man fie von 3. 4. 5. 6 Winkeln fiehet; die gewöhnlichften aber find von 3 und 5 oder 6 Winkeln, und zwar mehrentheils abwechfelnd. An den meiften habe ich gefunden, daß die 3 winklichten denen breitern, die 5 oder 6 winklichten aber denen fchmählern Flächen des Prióma gegen-über ftehen. An einem nur einzigen habe ich das offenbare Gegentheil beobachtet, fo wie an einem andern über der einen breiteften Fläche eine 5 winklichte und über der entgegen ftehenden eine 3 winklichte Pyramidenfläche. Und eine derer 5 oder 6 winklichten Pyramidalflächen pflegt denn unter den übrigen bei weitem die größte zu fein. Niemals, hingegen, find fie, wie an den meiften Gothardifchen, alle 3 winkligt, noch bilden fie jemals, wie folche, eine regelmäßige Spize. Uebrigens zeigen fich daran am öfterften zwar 5 oder 6, doch auch nicht felten weniger und mehr Flächen. Auf diefer oder jener Fläche des Prióma liegen zuweilen überaus kleine Criftällchen, wie aufgeklebt, fefte, niemals aber folche natröfe Anlagen, als auf den Gothardifchen fo gemein find, und die, wie fchon erwähnet, dem Scheuchzer, nach dem Steno, Anlaß zu glauben gegeben haben, die Criftalle entftünden aus lauter folchen an einander fich befeftigten Anlagen. — Trübe Criftallen habe ich unter diefen kaum gefehen. Vielmehr find mir faft lauter ganz klare und durchfichtige vorgekommen, worin fie das Wiederfpiel von den Gothardifchen find. Nur in einem der meinigen zeiget fich etwas zart-ftaubigtes gegen die Spize zu, das einiger maßen die Vor-

ftellung

---

(c) Tab. II. fig. h. kk. kkk. — (f. Anmerkung.)

    Ein fchlimmer Umftand für Sulzers Demonftration würde fein, wenn es durch fünffeitige Querpriftalle gäbe. Ich, meines Theiles, habe deren nie gefehen, und, wenn einer meiner Criftalle, — der in eben angeführter Figur, — welcher, der Länge nach, an einem andern anfchlieffet, beim erften Anblik nur vier bis fünf Flächen zeiget, fo fon doch der fcharffichtige Unterfucher, der ohne Uebereilung anzufehen fich gewöhnt hat, zar wol die fechfte Fläche entdeken. Und dies halte ich für den Fall bei allen, oder doch faft allen angeblich fünffeitigen Criftallen. Nicht ohne Anwandlung einiges Unglaubens lefe ich demnach, in den Voyages en France, en Italie, & aux Isles de l'Archipel, en 1750 &c. ouvrage traduit de l'Anglois. Tome. 4me. à Paris 1763. page 24. von, auf dem Berge Iba fich befinden-follenden, mit zwei fünffeitigen Pyramiden verfehenen, fünffeitigen, weißen, gelben, und bräunlichen Criftallen; ja, auf der Stelle gefunden follen alle fo gebildet gewefen fein, Hat diefer Reifebefchreiber wirklich, recht gefehen? Doch die Möglichkeit der Sache, wer darf folche läugnen! — N. J.

(d) Tab. II. fig. i. Es verlieren fich allmälig, gegen das obere Ende, die drei fchmahlen Flächen des Prióma, fo daß wirklich nur die drei andern dafelbft übrig bleiben, und fo gar in eine Spize auslaufen, ohne, wie gewöhnlich, in eine unterfchiedene Pyramide abzufezen.

stellung eines inwändig befindlichen zweiten Cristalles machet. — Braune Cristallen dieser Art habe ich nicht angetroffen, und auch eben so wenig mit Kiesstaube oder Spekstein überzogene so genante gehembelte (e). — Endlich, so befinden sich zwar zwei, der Länge nach an einander stehende, Cristalle in meiner Samlung, deren einer derjenige ist, der aus nur 4 Flächen zu bestehen scheinet, und den ich oben beschrieben habe (f). Allein, Drusen davon, wie von den Gothardischen so häufig zu finden, sind mir noch nicht zu Gesichte gekommen (g). Ob sich zum Schluß, an beiden Enden zugespizte von dieser Art nicht auch antreffen lassen, kan ich ebenfalls zwar nicht sagen; aber gesehen habe ich keine, und, ohne ihre Möglichkeit zu läugnen, ist mir doch aus ihrer fast conischen Figur sehr unwarscheinlich, daß sie exstiren.

Nun, mein Herr, so kurz, als thunlich sein wird, etwas von den Runkerthaler oder Runker-Cristallen. Diese sind keilförmig mit sechs Flächen an ihrem Keil-ähnlichen Prisma, so aber nicht so regelmäßig, als die der Gotharder Cristalle, ja überhaupt niemals es sind. Einige der Flächen nähern sich nur in etwas einer übereinstimmenden Breite; andere wechseln mit schmahlen und breiten Flächen ab; andere haben einander gegen-überstehende zwei breite und dagegen vier schmahle Flächen, und selten sind diese Flächen nach einer geraden Linie gezogen, sondern sie pflegen, wie ihr Rand, verbogen und schief zu sein. Und ihre Pyramiden anlangend, so sind, wegen der merklichen Verdünnerung der Prismen, gegen die Pyramiden zu, dieselben, in Vergleichung mit denen der Gothardischen

U

(e) Ich habe zwar zwei 1 Zoll etwa lange, den Savoischen gleiche, Cristalle auch aus Schweden, und zwar von Jermland, die ebenfalls völlig klar und ohne allen Uebergang sind; aber einer von dieser selbigen Art und Grösse, den ich aus Cornwallis besize, samt seiner innern Klarheit unbeschadet, an, gehembelt zu werden, denn an eine der Flächen, seines Prisma hat sich ein grüner Staub angesezt. Eben so möglicher Weise also mag es auch solcher Savoischer geben. — N. J.

(f) Ich habe ihn oben vorher so beschrieben, als ob er nur ein einzelner Cristall wäre, ob er gleich ein gepaarter, oder ein kleinerer zweiter ihm angewachsen, ist; ich habe aber des kleinern dort nicht erwähnet, weil nur an dem Grösseren dasjenige vorhanden, was ich davon erzählet habe. Die Figuren h. hh. hhh. der 1sten Tafel, auf welche ich dort verwies, stellen also diesen Cristall ganz richtig vor. In h ist er mit seiner vordern breitern, oder nicht breitesten Fläche, als welche hinten und jener gegen-über ist, zu sehen. In hh siehet man denselben Cristall von derjenigen Seite, wo der kleinere zweite angesehet; und in hhh zeiget er sich von der gegen-über befindlichen, wo man allein den Grössten vor sich siehet und des angewachsenen kleinern nicht gewar wird. Vier Flächen sollen demnach an dem Prisma dieses Cristalles, ohne Bemühung, in die Augen; die fünfte aber ist überaus klein und schmahl, nimt, von unten hinaufwärts, in ihrer Breite ab, und würde, wenn auch der Cristall hier nicht beschädigt wäre, wie man mit Grunde urtheilen kan, kaum eines Zolles Länge erhalten haben. In h die Figur hat man sie folglich zu vollendet aus, gebildt, und so, wie man sie vielleicht wünschet, nicht aber, wie sie ist; und die noch schmählere Fläche, die sechste, so jener gegen-über stehet, ist fast gänzlich von dem, anstehenden Nebenmetall bedeket.

(g) Ich habe auf einer Stelle oben, in der Beschreibung dieser Savoischen Art und Ab-arten von Cristallen gesagt, daß eine herre 5 oder 6 wünklichten Flächen der Pyramide unter dem übrigen bei weitem die gröbste zu sein pflege. Dies und wie solche tiefer, als die übrigen, das Prisma abschneidet, kan man an Tab. II. fig. h. ersehen. Zugleich muß ich erinnern, daß ich unter den gesehenen Savoischen Cristallen wol die meisten überhaupt so beschaffen gefunden, wie der hier vorgestellte ist.

und Savojischen, überaus klein, ja zuweilen kaum einmal zu ersehen. Ihre Flächen find bald 4, bald 5, bald 6 winklicht, ohne in ihrer Lage und Vertheilung eine mir entdekbare Ordnung zu beobachten, so daß diese Cristall-art die unregelmäßigste unter den dreien ist. — Ich habe einstmals einen solchen Cristall, der mir allerdings ein Runkerthaler zu sein scheinet, unter dem Namen eines Topases erhalten, der gelblich ist; sonst sind alle, die ich aus den Magazinen auf dem Gotharde auslesen können, gänzlich weis, von ungemeiner Klarheit, und haben daneben einen silberfarbenen Schimmer, welcher vermuthlich von den tiefen Queerfurchen herrüret, womit diese Runkerthaler auf den Flächen ihres Prisma gezeichnet und davon ganz runzlicht sind. Diese Queerfurchen haben, der Länge durch, vielfältige Riße, welches ihnen das Ansehen giebt, als ob sie von scheibenförmigen Anlagen, von welchen sie auch nicht ganz frei sind, überdelt wären. Natürös, wie die an den Gothardischen, sind diese aber niemals gestaltet, sondern entweder ohne bestimte Figur und Schuppen ähnlich, oder aber rautenförmig, oder quadrat, welche jedoch, wie schon erwähnet, von den Rißen herkommen, die die Queerfurchen erlitten haben. Desto glätter, hingegen, und frei auch von Bourguetischen Triangeln sind die Flächen ihrer Pyramiden. — Gehörndete, übrigens, und an beiden Enden zugespizte habe ich auch nicht unter ihnen gefunden, und zweifle ich auch an dem Dasein der leztern (h), aus dem Grunde ihres so gedrungenen keilförmigen Wuchses, noch mehr, als an solchen unter den Savojischen. Drusen aber möchte es unter ihnen wol geben; wenigstens habe ich ein Paar zwiefache Zinken davon, deren schiefe Zusammenwachsung an ihrer Grundfläche auf Drusen deutet. Aus allem nun, mein Herr, was ich bisher von den mir bekant gewordenen dreierlei besondern Arten des Cristalles gesagt habe, werden Sie derselben Unterschied hinlänglich erkennen. Das Gemälde, so ich unternommen, zu vollenden, brauche ich nur noch wenige Striche hinzuzufügen.

Die Gotharder Cristalle sind an einem Ende, oder an beiden, mit Pyramiden, sich endigende Prismen, und haben an den Prismen, wie an den Pyramiden, sechs beinahe gleiche Flächen. Seltener unter ihnen sind die mit abwechselnden 3 breiten und 3 schmahlen, noch seltener die mit 2 breiten und 4 schmahlen Flächen versehenen. Mit den Savojischen, welches der Kegelgestalt sich nähernde Prismen sind, und den Runkerthalern, die man Keile nennen kan, verhält sich dieses umgekehrt, und jede Fläche der leztern, an sich, pfleget höchst unregelmäßig zu sein.

Drusen von Cristallen finden sich auf dem Gotharde oft genug; in den Montagnes maudites in Savojen und im Runkerthale vermuthlich selten.

Einzelne so wohl, als mit den Prismen von der Seite zusammen verwachsene, an

---

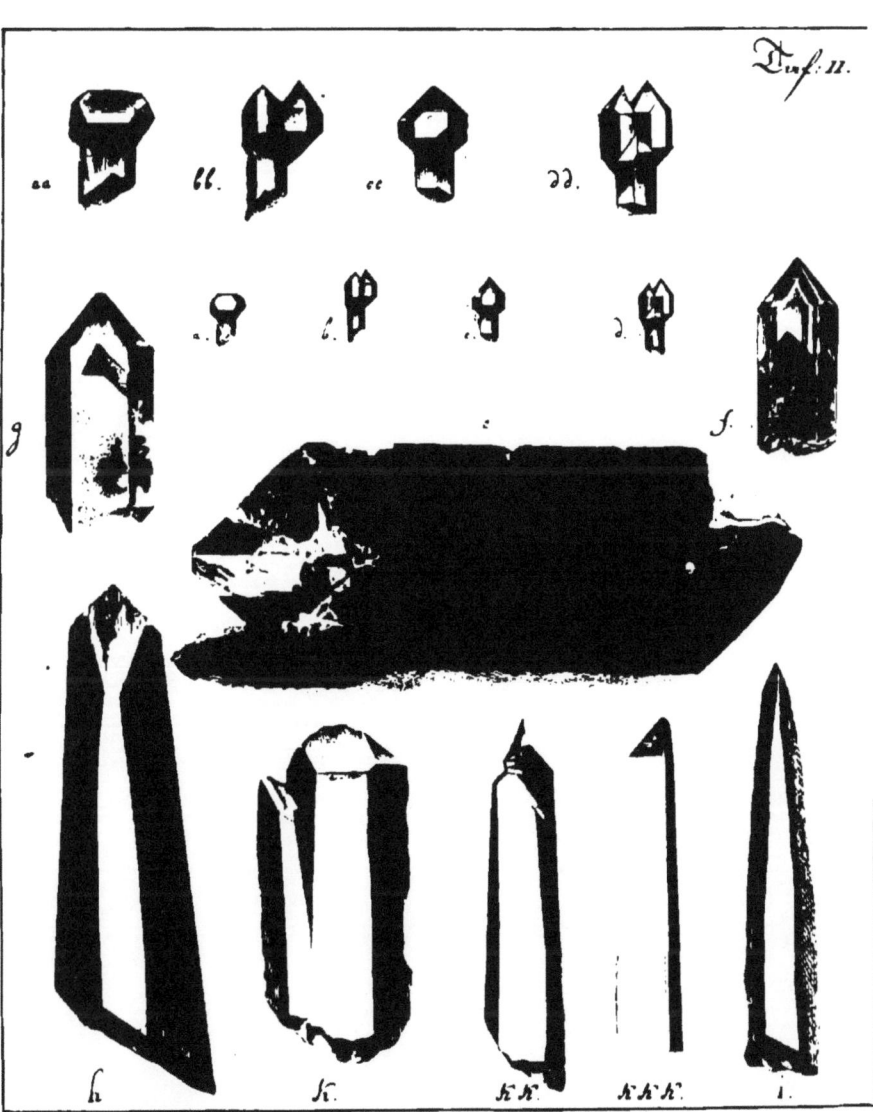

beiden Enden zugespizte Cristalle bringt der Gothard hervor; die Montagnes maudites und das Runkerthal, wie mir warscheinlich ist, gar nicht.

Die Gothardischen sind oft gehembet, und oft genug bräunlich gefärbt; die Savojischen, wie ich glauben solte, ersteres nur kaum, oder doch selten, und lezteres vielleicht niemals; die Runkerthaler vielleicht nur lezteres, und als etwas ausserordentliches (i).

Die Gothardischen haben auf den Flächen ihrer Prismen gemeiniglich matröse Anlagen; die Runkerthaler haben keine dergleichen, aber andere; die Savojischen ganz und gar keine.

Auf den Pyramidenflächen weniger Gothardischer Cristalle zeigen sich einige Bourguetische Triangel; auf den beiderlei andern kan ich sie nicht entdekken.

Die Cristallen vom Gotharde sind etwa 2 bis 3 mal so lang als breit; die Runkerthaler die ich gesehen, nur 2 bis 2½ mal; hingegen die Savojischen gewis 5 bis 6 mal.

Der Gothard liefert Cristallen von ungemeiner Kleinheit, bis zu Stükken von etlichen Centnern schwer. Der kleinste Runkerthaler, den ich besize, ist, bei der Breite von ¼ Zoll, ohngefär 1 Zoll lang: da der grösste, den ich davon zu sehen Gelegenheit gehabt, derjenige ist, welchen ich Ihnen aus dem Lavaterischen Cabinet von Zürich angezeigt habe; dieser aber hatte, bei zwei breiten und vier schmahlen Flächen, 1 Fus Länge und 5 Zoll Dikke. Der kleinste und grösste von meinen Savojischen hingegen, haben jener ½ Zoll Breite und 3 Zoll Länge, dieser ¾ Zoll Breite und 4 Zoll Länge.

Aehnlich aber sind alle drei Gattungen einander darin, daß sie auf den Flächen ihrer Prismen in die Queere mehr oder weniger Furchen haben, welche also der Gestalt jeden Cristalles wesentlich anzugehören scheinen; und daß sie auf dem Bruche nicht das geringste zeigen, das eine Zusammensezung aus regelmäßigen kleinern Theilen andeutete, sondern vielmehr, als ein volkommen geflossenes Glas, in glatte scharfe Scherben zerspringen.

Aber, mein Herr! verzeihen Sie es der Müdigkeit, die ich von der Reise empfinde, daß ich nicht mein Wort halte, und meine flüchtige Abhandlung von den Cristallen mit gegenwärtigem Briefe schliesse. Ich kan, diesen Abend, nicht weiter schreiben.

Aus dem Grindelwald, den 20 Sept. 1763.

U 2

---

(i) Ob ein Cristall gehembelt oder auch gefärbet sei oder nicht, ist wol das Werk des blosen Zufalles, je nach dem der Fels der Cristallhöhlen beschaffen und mit denjenigen Theilen, die das eine und das andere bewirken können, versehen ist oder nicht. Gehembelt und gefärbt sein, oder es nicht sein, das kan also nie zu einem wesentlichen Unterscheidungszeichen unter den Cristallen dienen; dieses findet sich allein in der Gestalt, und sonst nirgends. — N. Z.

## Sleben und zwanzigster Brief.

#### Mein Herr,

Ich bin schon wieder an einem neuen Orte, und saß in demselben Zustande, worin ich gestern Abend war, als mich der andringende Schlaf zwang, meinen Brief zu endigen. Jedoch ich muß und will einmal aufhören, von den Cristallen zu schreiben, und so ergreife ich mit Muht die Feder, um diese weitläuftige Materie, wie ich gerne schon eher gethan hätte, zu schliessen. Was ich von der Entstehungsart dieses Gesteines nicht glauben konnte, das haben Sie bereits umständlich gelesen; und so lesen Sie denn noch dasjenige, was ich davon glaube.

Daß natrös-gestaltete Anlagen auf einigen Cristallen erscheinen, das habe ich zwar zugegeben; aber, da nicht alle Cristalle und die Savojischen niemals damit beleget sind, dieselben auch weder durch zerschlagen, noch im Feuer durchs zerspringen, aus dem innern des Steines im geringsten nur zum Vorschein kommen wollen: so halte ich diese Anlagen, und wie ich glaube mit Recht, für blos zufällig, und entsage ein für allemal der Meinung, daß die Cristalle daraus zusammen gewachsen sein könten; wie aber diese Anlagen auf den Cristallen entstanden sein möchten, davon habe ich Ihnen meine Muhtmassung gesagt.

Und eben so gehet es mir mit den Bourguetischen Triangeln, von denen ich eingestanden habe, daß sie auf den Pyramidenflächen einiger weniger Gotharder Cristalle freilich zu sehen wären. Ich habe hierin dem Herrn Bourguet müssen Gerechtigkeit wiederfaren lassen, da ich unter einer nicht geringen Anzahl Gotharder Cristalle, die ich selbst besitze, doch wirklich einen einzigen heraus gefunden habe, der, auf seinen Pyramidenflächen, mit einigen, ob gleich unordentlich verstreueten Triangeln bezeichnet ist. Nur ein solch regelmäßiges Gitterwerk von denselben, als Bourguet abgebildet hat, und auch Herr Bertrand gesehen zu haben scheinet, kan ich nicht entdecken. Es mag aber drum sein, daß auch dieses zuweilen da sei! Was wird dies sonderlich beweisen? Ist es doch nicht auf allen und nur so höchst selten da, daß es eben dadurch alle Wichtigkeit verlieret. Auf einigen unserer Harzdrusen, die nur aus blossen an einander stehenden Pyramiden, ohne freie Prismen, zusammen gewachsen sind, erinnere ich mich zwar, ähnliche Triangel gesehen zu haben, besonders auf einem Paar Stollbergischer, auf denen sie, wegen eines rothen eisenglimmerigten Thones, der der einen, und wegen einer gelben Ocher, die der andern eingesprengt ist, sehr deutlich sichtbar sind. Und ich habe einen an beiden Enden zugespizten etwa zwei Zoll langen Gotharder Cristall, der gleichsam angefressen, und sehr löcherigt ist. Dieser zeiget kleine Pyramiden in seinen Höhlen und auf seinen Spizen. Und ein anderer, so auch vom Gotharte, der aber nur eine unvollkommne Gestalt eines Zapfens hat und gar nichts regelmäßiges verstellet, zeiget ganze Reihen kleiner Figuren, die Keilen ähnlich sind, in verschiedenen Schichten über einander. Allein erstlich, die Triangel jener Stollbergischen Drusen schließen gar nicht zusammen, sondern bringen mit einander sehr schuppigte, höckerigte Oberflächen auf den großen Pyramiden hervor. Die beiden erwähnten Gotharder Cristallen aber haben, wie es scheinet, während ihrem Wachstum, in den Felsen ihres Geburtsortes einen gewissen Wiederstand gefunden, oder sie sind in einem Schlammer von Thon ic. erzeuget worden, der auf eine ungleiche Art der Quarzmaterie des werdenden Cristalles ausgewichen, und dadurch der erstere löcherigt geworden, in den Löchern selbst aber eine neue Cristallisation von neu eindringenden Tropfen der Steinlauge vorgegangen ist, die denn so manche kleine Pyramide oder Keile, als hier zu sehen, hat bilden können. Aus der Zusammensetzungsart des letztern aber nimt man schon deutlich genug war, daß daraus nimmermehr ein regelmäßiger Cristall geworden sein würde. Ich halte derowegen dafür, daß die Bourguetischen Triangel und andere regelmäßige kleine Körper, aus denen man die Zusammensetzung des Cristalles herzuleiten Lust haben möchte, ganz und gar zufällig sind. Es sind Bemühungen der Natur, da, wo es ihr an genugsamer Materie zu etwas großem gefehlet, etwas kleines zum Vorschein zu bringen, das, für sich, ein Ganzes wäre, und mehr oder weniger, nach Beschaffenheit der eingetretenen Hindernisse, einem vollkomnen Cristalle davon ähnlich wird. Aber, stehet es, in Ansehung der Bourguetischen Triangel, bei dem zerschlagen des Steines mit dem Hammer, und bei seinem zerspringen wenn er geglüet wird, anders, als in Ansehung der scheiben-ähnlichen Anlagen des Scheuchzers unter eben diesen Umständen? Ach, nein! keine Spur von ihnen wil durch diese Gewaltthätigkeit zum Vorschein kommen. Und doch zerspringen gewisse andere Steine, gestoßen, geworfen, oder in der Glut, in regelmäßige Stükke, deren jedes dem Ganzen, aus dem es losgesprenget worden, gleich siehet, und das also offenbar mit andern seines gleichen zusammen getreten ist, um jenes Ganze zu bilden. Von dieser Art ist der blätterige Gyps, den man gewöhnlich Marienglas nennet, und der rhomboidalische Kalchspaht. Diese bestehen sichtbar aus Theilen, die dem Ganzen gleich sind. Und das Ganze hat durch und durch, und innerlich wie äußerlich, ein und dasselbe Gewebe, eine und dieselbe Gestalt: mehrerer Steine und diesen ähnlichen Erze, als da ist der würflige Kies und der Bleiglanz, nicht zu erwähnen. Alle diese sind nun aber, so wie sie in großen Stükken vorkommen, nicht für einen einzelnen Körper oder, für ein Ganzes, wie der Cristall ist, anzunehmen, sondern für eine Menge einzelner kleiner Steine, die hier in eine blätterigte, oder eine würfeligte Masse sich zusammen gehäufet haben, nicht in eins zusammen geflossen sind, noch zusammen fließen konten, zu halten: daher denn auch die daraus gewordenen großen Stükke auch dieselbe Figur zeigen die den Theilen oder vielmehr kleinen Ganzen, woraus sie zusammen gehäufet worden, ist, dieselbe einfache Figur, sage ich, keine zwiefache und andere. Allein, kan man denn wol eben dieses von den Cristallen sagen? Ist nicht die Gestalt derselben offenbar zwiefach? Ein Prisma und eine Pyramide? So wenig aber durch das Feuer und sonsten diese in regelmäßige

Theile zergliedert werden können : eben so wenig , dünket mich , ist die Zusammensezung ihres zwiefach-gestalteten Körpers aus einerlei regelmäßigen , ja nur überhaupt aus regelmäs-
sigen Theilen , zu begreifen oder für wahrscheinlich zu halten.

Ich weiß sehr wol , daß Freunde der Hypothese von der geschehenden Zusammenhäufung des Cristalles aus regelmäßigen Körperchen , aus den microscopischen Beobachtungen,
die Leeuwenhoek , Baker , und noch kürzlich Ledermüller über den Anschuß einiger Salze gemacht , Folgerungen zu ziehen sich können einfallen lassen , die derselben vortheilhaft scheinen möchten. Es giebt nemlich Salze , deren kleinste Stäubchen aus der Auflösung in einem
einzigen Tropfen Wasser mit derselben vollkommenen Gestalt heraus- und wieder an-schießen,
die der Anschuß eines großen Salzcristalles von derselben Art zeiget und , als ihm eigentümlich,
behauptet. Beispiele davon geben das Küchen- (a) das Ammoniac-Salz (b) , der Salpeter (c) , das Seignettische Salz (d) , und der Alaun (e) ab. Aus dem Betragen dieser Salze
wird man gerne schließen wollen , ein jeder auch ihrer großen und vollkommenen Cristalle sei
aus kleineren von gleich vollkommener Figur zusammen gesezt. Ein Saz , den sie hernach
auch auf die Steincristalle auszudähnen geneigt sein werden ! Allein , es ist Schade , daß eben
der für den Saz schon angeführte Alaun (f) , nebst dem Quecksilber sublimat (g) wie auch
dem Glauberischen (h) und dem Sedativ-Salze (i) , hinwieder diese Lieblings-Hypothese
wankend machen. Ich fordere nemlich die lebhafteste Einbildungskraft irgend eines Sterblichen kühnlich hiemit auf , aus den kleinen Salzanschüßen , die hier abgemalet sind , Körper
zusammen zu träumen , die den vollkommenen Salzcristallen derselben Art , so wie diese sich
im großen uns zeigen , ähnlich , geschweige dann , gleich wären. Nimmermehr werden aus
so unendlich verschiedenen kleinen Salzgestalten , als hier zum Vorschein kommen , und deren
Beschreibung , da sie bald Dolche , Schwerdte , Pfeile , Zakken , Spieße , Stangen , Stäbe,
Dornen und Disteln , Sonne , Mond , und Sterne , und was weiß ich mehr ! vorstellen,
ins unendliche fortgehen würde , — nimmermehr , sage ich , werden daraus so regelmäßige
Anschüße zusammen wachsen können , als die Cristalle dieser Salze im großen immer und
unveränderlich darzeigen. Und so , mein Herr , ist es eben auch mit den Leeuwenhoekischen (k)
und Bakerischen (l) Beobachtungen beschaffen , die nicht mehr und nicht minder , als die Le-

(a) L. M. F. Ledermüllers microscopische Gemüths- und Augen-Ergözungen , herauszugeben , vermuthlich , zu
　　Nürnberg , 1761. 7 Taf. 1, 2. b;.
(b) Desselben Werkes 23 Taf.
(c) 31 Taf.
(d) 50 Taf.
(e) 57 Taf.
(f) 52 Taf.
(g) 69 Taf.
(h) 47 Taf.
(i) 3 Taf. 2te fg.
(k) A. à Leeuwenhoek Opera omnia. Lugd. Bat. 1722. pag. 119 — 124.
(l) H. Bakers zum Gebrauch leicht gemachtes Microscopium ins deutsche übersezt von J. L. St. Zürich. 1756.
　　Taf. 12. — auch , H. Bakers Beiträge zu nützlichem und vergnüglichen Gebrauch und Verbeßerung des Mi-
　　croic. &c. ins Teutsche übersezt Augsburg. 1754. Taf. 1 — 9.

dermüllerischen, erweisen, was sie erweisen sollten. Sie alle zusammen genommen, verneinen warhaftig den Say mehr, als sie ihn bejahen. Man sei aber allenfals noch so geneigt, die geschehen-sollende Bildung der Salze aus ähnlichen oder doch regelmäßigen Theilchen betreffend, sich auf die bejahende Seite zu lehnen, so wird es darum doch noch nicht ausgemacht sein, daß es mit den cristalisirten Steinen, die, wie der Bergcristall, mit einem durch und durch gleichmäßigen, wie geschlossenen und in kleinere regelmäßige Theile nicht anzulösenden, und noch dazu zwiefach gestalteten Körper begabt sind, eben die Bewandnis haben müsse oder könne. Vielmehr glaube ich, hievon das Gegentheil, wo nicht erwiesen, doch sehr warscheinlich gemacht zu haben. Denn, das beste und einzige, was ich aus den gedachten microscopischen Bemerkungen schlußweise ziehen kan, ist dieses: daß auch die kleinsten Stäubchen, vielleicht aller, aber gewis einiger Salze eben die Kraft und Neigung haben, einen, ihrer Art eigentümlichen, regelmäßigen Anschuß im kleinen zu bilden, als ein vorhandener weit grösserer Vorrath ihrer Materie im grossen zu bilden pfleget. Und dazu, daß ein grosser Anschuß zum Stande komme, wird keine neue, keine andere Zusammensetzung vonnöhten sein, als die jener allerkleinster Anschuß erfordert; es wird nur auf der wenigeren oder mehreren Materie beruhen, ob ein kleiner oder aber ein grosser Anschuß entstehe.

Und eben dieses, mein Herr, glaube ich nun von den Steincristallen, die eigentlich der Gegenstand meines Briefes sind. Auch der allergrößte derselben komt vermuhtlich nicht schwerer, ja vielleicht nicht einmal langsamer zum Stande, als der allerkleinste. Es ist mir gleichgültig, wie man die Kraft, in ein pyramidirtes sechsseitiges Prisma zusammen zu rinnen, die der Cristall-Materie, dem Quarze, eigen ist, und die sie, wenn in Wasser aufgelöset, ausübet, — es ist mir ganz gleichgültig, ob man sie eine anziehende, ausstossende, magnetische, oder wie man sie sonst nennen wil. Der Name thut wenig zur Sache; genug: sie ist da, diese Kraft; und sie äußert sich, wie die den aufgelösten Salzen anklebende, die selbst Herr Bertrand (m) für schnell wirkend erkennt, ohne Zweifel eben so plötzlich. Wenigstens sehe ich nicht, warum man die Aeusserung dieser Kraft nicht der, die die Salze zeigen, gleich halten wolte: ist doch die Materie des Cristalles weit erdigter und von weit grösserer Schwere, als die der Salze. Wie solte sie denn nicht eben so geschwinde, ja noch viel geschwinder, aus ihrer Auflösung heraus sinken und in Cristalle zusammen faren, als die weit lockerere zärtere, und folglich um so viel leichter in der Auflösung flüßig zu erhaltende Materie der Salze? (n)

---

(m) im Dict. univ. Tome 1 page 173.
(n) Allerdings gehet es mit dem Anschiessen der Salze aus ihrer Lauge geschwind zu, wenn diese eine gewisse Stärke hat, das heisset, wenn sie mit Salytheilen übersätiget ist. Eine nicht übersätigte Lauge, hingegen, die einen Ueberflus an Wasser hat und von diesem durch eine nur langsame Ausdünstung befreiet wird, wird auch langsam genug die Salze in Cristallen darstellen. Eben so denke ich nun von der Steinlauge. Viele Quarzcristalle werden aus ihrer Lauge mit einer ziemlichen Geschwindigkeit anschiessen können, und viele vielleicht, wegen der vielleicht zu jäce verschlossenen Höhle, und deßfalls sehr trägen Verdun-

Hier haben Sie also nun meine Meinung über die Wachsthumsart der Cristalle. Sie wissen die Gründe, die mir zu glauben gebieten, daß sie aus einer ungestalten Masse und zwar (oft) in einem einzigen Ausfluß und vermuthlich plözlich fertig geworden sind. Sie wissen hingegen, auch die Gründe, die mir nicht erlauben wolten, zu glauben, daß sie aus regelmäsigen kleinern Theilen, und zwar nach und nach, zusammen geleset wären. Jedes dieser regelmäsigen kleinern Theile würde dan ja aus dergleichen noch kleineren wieder bestehen müssen, und so weiter. — Endlich aber würde es doch auf eine Zusammenrinnung von Quarzstäubchen ohne Gestalt, in den allerkleinsten und allerersten Körper mit Gestalt, hinauslaufen; ich sehe also nicht, was man durch diese Erklärung gewinnen würde, da eines noch so grossen, nicht organischen Körpers Entstehung aus einer ungestalten Masse, wo ich nicht sehr irre, eben so leicht zu begreifen ist, als die Entstehung eines solchen allerkleinsten Körpers aus derselben. Daß dieser oder jener ins Dasein komme, kostet der Allmacht nur einerlei Wink, so wie es ihr selbst nicht mehr Mühe kostet, das Bein eines Elephanten, als das Beinchen einer Mücke, hervor zu bringen.

Solte ich nun wol, mein Herr, ihrer Neugierde wegen der Cristalle, durch meine so weitläuftige vier Briefe ein Genüge gethan haben? Ich weiß es nicht, aber ich wünsche es, ohne es sehr zu hoffen; aber Ihrer Erwartung doch vielleicht wol? Das solte ich denken. Habe ich Ihnen doch auch nicht die Entwickelung von Geheimnissen versprochen, die vermuthlich immerhin Geheimnisse bleiben werden. Die Ursachen der Dinge zu ergründen, Ach! mein Herr wie wenig weit haben wir es darin gebracht!

> Es ist! — das ist gewis; — auch magst du halb errahten
>
> Aus welchem Stof es ward. — Allein, was weist du mehr?
>
> Wie ward es? Warum ward es so, warum nicht anders? —
>
> Hier staunt die Weltweisheit und träumet Wissenschaft!

Unterseen, den 21 Sept. 1761.

---

Anhang

# Anhang
### zu dem sieben und zwanzigsten Briefe.

Mein Freund v. B. hat mir auch über den Wachstum der Cristallen einige Beobachtungen mitgetheilt, die ich hier herzusetzen mich verpflichtet glaube. Er schrieb mir nemlich: „ Nun habe ich Ihre Briefe von den Cristallen durchgelesen, mit vielem Vergnügen — habe ich sie durchgelesen. Ich kan es Ihnen nicht läugnen, ich wunderte mich, daß ich so viel richtiges darin gefunden habe. - - - - Dem ungeachtet will ich Ihnen meine Meinung von der Entstehung des Cristalles, und einige Beobachtungen überschreiben, die Sie ohnmöglich machen kouten, und die, so viel ich weiß, noch gar nicht bekant sind. — Ohne mich daran zu kehren, was Sie und andere von der Entstehung des Cristalles gedenken, will ich nur das niederschreiben, was ich davon halte.

Der Cristall ist der reinste Quarz, so wie der Spaht der reinste Kalchstein ist. Beide sind aus ihren Stam-Arten entstanden, nachdem selbige zu einer gewissen Vollkommenheit gelanget sind. Von dem Spaht, können Sie tausend Versteinerungen, wenigstens das innere derselben, und noch besser die verschobenen und mit Spaht wieder ausgefüllten Rizen der Kalchsteinarten, z. B. des Altorsischen Ammoniten-Marmors, überfüren. Eine ganz gleiche Beschaffenheit hat es mit dem Quarz und dem Cristall: tausend Beispiele sind mir Zeugen davon. Wenn sich in einem Kalchgebürge eine bequeme Höhlung z. B. in den darin eingeschlossenen Muscheln findet, so daß die reine Kalcherde nur durchsintern muß: so entstehen Kalchspahtcristallen, und eben so Bergcristall in den Quarz-artigen Gebürgen. Daß das Wasser die herzuzuführende Materie in sich enthalte, hat man schon längst gesagt, und von den Kalchstein genugsam bewiesen: denn, wem sind die Tuffsteinwasser unbekant, die sich in allen Kalchgebirgen vorfinden! das Wasser, welches Kieselerde in zärtesten Theilen in sich schwimmen hat, ist auf den Schweizerischen Alpen, und besonders in den Gletschern des Gothards, gar keine Seltenheit. Oft ist es ganz milchigt davon, und man trinkt es, ohne Kröpfe davon zu bekommen, und so viel ich weiß, ohne sonstige Unbequemlichkeiten. Freilich hält der unbekümmerte Landmann dieses Wasser für Kalchsteinwasser; aber der nach der Verdünstung zurückgebliebene Bodensaz überführte mich eines andern, und daß er wirklich eine Kieselerde, oder vielmehr ein aufgelöster Geisbergerstein sei. Sie kennen diese Steinart, und ich habe also Ihnen nicht nöthig zu sagen, daß er dem größten Theil nach, aus milchigtem Quarz, dan etwas Glimmer und noch etwas Thonartigem zusammen gesezt sei. Eine chymische Untersuchung dürfte darin vermuthlich auf den nicht gar zu hohen Gebirgen, auch etwas kalchartiges entdecken. Ich habe Ursachen, dieses zu vermuthen. Dieses Wasser zuvoraus gesezt, wird uns leicht auf die Erzeugung des Cristalles leiten.

Ich will mit Ihnen eine Cristallmine besehen, die Sie selbst schon gesehen haben; ich wähle daher, aus einer Menge anderer, den so genanten Pfaffensprung. Sie wissen,

X

daß die dortige Grube auf einer fast horizontal liegenden Quarz-Ader, (wie alle Cristall-gruben, die Richtung der Ader ausgenommen) angelegt sei. Ich war gegenwärtig, als man eine frische Höhlung mit Cristallen traf; diese will ich Ihnen beschreiben.

Die Höhlung war nicht sehr beträchtlich, aber dieses thut nichts zur Sache. Sie war rings herum mit Cristallen bewachsen. Die größten haben auf dem Boden, und die hellesten gegen oben gestanden. Die untersten waren mehrentheils mit einer weissen, gar feinen Thon-erde, die die Cristallgräber Heerd nennen, bedekt, und daher alle Milchigt, ausgenommen die größesten, welche mit ihrer Spize aus dieser thonartigen Schicht hervorragten, und diese Spizen allein waren hell, und von den eigentlichen Cristallen, welche Scheuchzer Rasi albicante nennet. — (Wenn das sich beständig so finden solte, daß die trüben Cristalle unten, und die klärern oben an-getroffen würden, so wäre meine sehr kunstmäßige Erklärung, in dem 25sten Briefe, von der mehreren Klarheit der Spize des Cristalles ein nichts bedeutendes unnüzes Geschwäze, das ich, auf den Fall, ohne Anstand selbst dafür hiemit erkläre. A.) — Ueber dieser Thonschicht war eine an einigen Stellen dikere, an andern dünnere, grün licht-glänzende blätterigte feine Erde, die man so wol durch ein geübtes Auge, als durch chymische Untersuchung für glimmerigt erkennen mußte. Die hierin stekenden Cristalle waren meist von selbiger überzogen, und von der Art, die man gehemdte nennet. Ich hatte das Vergnügen, einige an der Seite von dieser Schicht anstzende Cristallen zu entdekken, die diese grüne Erde in sich eingeschloffen hatten, sonst aber ganz hell waren. Ich fragte einen Cristallgräber, was dieses Eingeschloffene wäre, und sie belehrten mich, daß es Moos sei. Ob schon ich ganz eines andern überfüret war, so habe ich doch einen solchen Cristall entzwei geschlagen, und selbst meine ungläubigen Lehrer auf meine Seite gebracht. Ueber dieser Schicht fanden sich einige, obschon nicht beträchtlich grosse Cristalle, die sich an beiden Enden in eine Pyramide endigten, die die hellesten waren, und ganz zerstreuet umher lagen. Die von den Cristallen entkleideten Wände der Höhlung hatten Rizen, wodurch etwas Wasser drang, welches wirklich Kieselerde aufgelöset hatte. (*) Hier

---

(*) So sehr ich selbst glaube, daß in dem Wasser, welches sich in Cristallhöhlen findet, Quarz aufgelöset enthalten sei, es wäre denn, daß er sich daraus schon abgesezet hätte: so hat der Mangel an vorderigen Erfahrungen hierüber mich doch bewogen, dem Herrn v. B. wieder die seinige einige Zweifel zu eröfnen, die mir einke-ten. Er hat mir darauf folgendes geantwortet:

„Ihr Zweifel wegen des Quarzes in dem Gletscher-Wasser wird bei mir selbst zu einem kleinen Zweifel. Denn ich habe den durch die Verdünkung erhaltenen festen Rüstand nicht anders untersucht, als zwischen meinen Zähnen, die ich das kieseligte wol spürte. (Und freilich läset sich auch der feinste Quarzsand von vielleicht jedem andern Wesen durch sein besonderes Knirschen wol unterscheiden. A.) Indessen ist keine Frage, daß nicht viel thonigtes mit unter sei. Das Zusammenschmelzen mit vielem Allkali, und die dann ent-stehende Art eines Liquoris silicum, dürfte uns vielleicht auch nicht alle Zweifel heben, indem der Liquor aus verglasetem Thon oder aus verglasetem Kiesel, ziemlich einerlei sind: und zwar wird der meiste Kiesel bei dieser Arbeit so verändert, daß er mit Vitriolsäure etwas Allaun giebt, dessen Grundrobe man doch mir im Thon zu suchen pfleget. — v. B. — Endes Febr. 1767.

Vor mehr als 10 Jaren habe ich Untersuchungen über die Thon- und Kiesel-Erde angestellet, die Auf-löslichkeit der ersten, wie der leztern, in Wasser, nachdem sie vorher mit Allkali geschmolzen, gefunden, und so Spuren wargenommen, daß sie und die Quarzerde eine und dieselbe sein möchten. Geschäfte haben mich gehindert, meine Untersuchungen fortzusezen, die nun durch die vom Herrn Baumé bekant gemachten völlig überflüsig geworden sind. J. 1772.

haben Sie die Beschreibung eines meiner vergnügtesten Tage, so kurz, als ich sie geben konte, und sagen Sie mir, habe auch ich nicht Gründe genug vor mir, wenn ich den Cristall aus dem aufgelösten Geisbergerstein entstanden zu sein glaube? Die Natur hatte seine ganze Zergliederung (wie auch ich sie, nach meinem 25sten Briefe, gefunden, A.) in dieser Höhle so niedlich niedergelegt, daß man eben so dum, wie die Cristallgräber, sein müste, wenn man nicht weiter schliessen wolte. Ich wil Ihnen mein Urtheil hierüber nicht beisetzen. Ich wil Ihnen nicht sagen, warum die untersten Cristalle mit einer Schicht Thon, der aber nichts zusammen hangendes hatte, bedekt, — warum sie milchigt, — warum darüber eine Schicht zermalmter Glimmer, und viele darin befindliche Cristalle gehembelt waren, — und, mit einem Wort, ich wil Ihnen gar nichts mehr sagen, als daß ich eine starke Flasche mit dem aus dem Felsen fliessenden Wasser gefült und 1 Klafter tief vergraben habe. (**) Komme ich wieder in die Schweiz, so wil ich nach diesem Schaz mit vielen Ceremonien suchen, und vielleicht bin ich so glüklich, den Cristall volkommen kennen zu lernen: welches mir vielleicht eher glükken wird, als mit seinem Bruder, dem Achat, welchem zu liebe ich eine Reise das Zweibrüttische auf Oberstein that, ihn dort häufig fand, viele wieder sprechende Beobachtungen machte, und endlich mich, mit Hagedorn, überzeugte, (auf viele andere, nur nicht auf meinen Freund anwendbar: A.) daß nicht das viele Reisen die Dummen klüger macht.

Von der Figur der Cristallen mag ich gar nichts schreiben. Genug, daß ich denke, daß der Natur des Kiesels eine solche Figur wesentlich sei, so wie dem Meersalz die cubische wesentlich ist; und genug, daß ich weiß, daß tausend Nebenursachen seine Gestalt verändern können. Lesen Sie nur, wenn Sie noch nicht genug gelesen haben, was Cronstedt §. 137. von dem Aphronitro schreibt. " — v.B. Jan. 1767.

Wenn hier, bei dem völligen Beschluß dieser Materie, einige meiner Leser bemerken sollen, daß ich meine Erfarungen und Gedanken darüber in einer bessern Ordnung hätte vortragen können, und daß ich ein Paar meiner Meinungen, von älterem Datum, die ich selbst wiederrufen, lieber gänzlich hätte weg lassen und dafür meine jezigen mehr berichtigten hinsezen sollen: so belieben sie, was den ersten Punct anlanget, zu erwägen, daß mein Plan nicht gewesen, über den Cristall eine systematische Abhandlung zu schreiben, sondern daß ich Briefe schrieb, und daß ich meine Beobachtungen folglich so mittheilete, wie ich sie gemacht hatte. Den andern Punct aber betreffend, so werden aufmerksame Leser (um die nicht aufmerksamen bekümmere ich mich so sehr nicht) mit Hülfe der beigefügten Noten leicht finden, was ich, bald nach Schreibung meiner Briefe, für war hielt, und jezo dafür halte; ich war aber zu wenig eitel, es ihnen verbergen zu wollen, daß auch ich, wie so viele andere, einmal geirret habe, und ich bin so falsch nicht, mir bessere Erfarungen und Gedanken früher anzudichten, als ich sie wirklich gehabt habe. A. — N. Z. X 2

(**) Diese Flasche mit Cristallwasser ist, leider! verloren gegangen, in dem die Stelle, wo sie eingegraben war, von ohngefär verschüttet worden. — N. Z.

### Acht und zwanzigſter Brief.

#### Mein Herr,

Von meiner Reiſe aus dem Haſlithale bis in den Grindelwald wolte ich Ihnen ſchon ehe-geſtern eine Erzählung machen, konte aber, wie ſelbſt geſtern noch, für allem Geſchwäze von den Criſtallen, nicht dazu kommen. Indeſſen bin ich nun einen ziemlichen Strich wei-ter gewandert und habe daher vieles, o recht vieles! nachzuholen.

Nach einer kurzen Mittagsmalzeit, habe ich den 20ſten dieſes, und zwar um 11½ Uhr, Oberhaſli verlaſſen, um über den Scheidegg, oder Scheidek, der ein ſehr hoher Berg iſt, zu den Grindelwald zu gelangen.

Es gehet von Haſli an, wärend ¼ Stunde allmälig, dan aber ſehr ſteil, Berg-auf. Ich weiß nicht, ob ich ſchon, bei Gelegenheit des Brünigs, eines ziemlich ſtäubenden Waſ-ſerfalles gedacht habe, deſſen man beim Herabſteigen von dieſem Berge, mit dem Haſlithale zugleich gewar wird. Dieſem Waſſerfalle komt man nun nahe vorbei, und ſchon oben auf dem Berge iſt er ein ſtarker Bach; man nennet ihn den Riechenbach. Man läſſet ihn zur rechten Hand liegen, und ſteigt indes immer höher, indem man faſt beſtändig das ſo genante Jungfernhorn vor ſich ſiehet. Dieſer hohe mit Schnee ewig bedekte und mit Wolken gemei-niglich umhüllete Berg heiſſet, ſonſt eigentlich das groſſe Wetterhorn, ſo, nach Micheli du Crêt Beſtimmung, 2496 Klafter über dem Meere erhoben (a), und nicht mit dem noch nie erſtiegenen Jungfernhorn im Lauterbrunnthal (b) zu verwechſeln iſt, deſſen Höhe, nach Micheli, 2670 Klafter beträgt, und von welchem, wie Gruner erzählet, Herr W. Chri-ſten, in ſeiner Deſription des Glacieres ou Montagnes glaciales de la Suiſſe Mſpt. ge-ſagt hat: c'eſt le pucellage le plus grand, le plus vieux, le plus frais, & le plus fier, qui ſoit au Monde.

Rükwärts von dem Scheidegg fällt die Tiefe des Haſlithales ungemein ſehr in die Au-gen, desgleichen mir bisher noch nie zu Geſichte gekommen iſt. Etwa um 1 Uhr kam ich, mit meiner Geſellſchaft, einem zur rechten liegenden Waſſerſturz gegen-über, der, theils flieſ-ſend, theils ſtäubend, wenigſtens 500 Fus hoch herunter fällt; und um 2½ Uhr, dem bloſ-ſen Anſchein nach, ziemlich nahe an den erſt erwähnten Schneeberg, das Jungfern- oder Wetterhorn, nachdem ich kurz zuvor am Wege einen vielfarbigten Marmer angetroffen hatte, den man aus dem Bruche ſelbſt hervorzuholen nicht nöthig hat, weil ſo viele Felſenſtükke davon hier umher zerſtreuet liegen, die nach und nach ſich ſelbſt von dem Gebirge los-gemacht haben und herunter geſtürzet ſind. Auch ſol man (c) zu dem Bruche nicht einmal

(a) Gruner 1 Th. 69 S.
(b) Gruner 1 Th. 109 S. Titellupfer, fg. a. b.
(c) Nach Gruner 1 Th. 75. 76. S.

kommen können, weil er wegen des Schnees unzugänglich ist. Ein Stükchen, so ich von diesem Marmor aufgelesen, ist vorzüglich schön, und zeiget seinen, dem des Schiefers ähnlichen, gehabten Wachstum im Nassen an. Es bestehet nemlich aus sehr unterschiedenen Lagen, die sich gewiß nicht auf einmal, sondern nach und nach angesezet haben, von ganz ungleicher Dikke, manche für sich, manche in der folgenden in eins, und hie und da wellenförmig zusammen gestoßen. So bemerke ich nemlich zuerst eine Schicht von körnigt-cristallischem weißen Spaht ½ Zoll dik; ein Paar dünnere Scheiben thonigtes oder spekstelnigtes Wesens von grüner Farbe; ⅛ bis 1 Zoll sehr feinen Kalches mit röthlichen Wolken durchzogen: unter und in diesem wieder von der grünen spekstelnigten Materie, die nun, bis auf eine Dikke von noch 3 Zoll, bald mit röthlichem, bald mit bläulichem Kalch, auf eine unbeschreiblich mannigfaltige Weise, abwechselt, verschiedene Schichte machet, aber nicht mehr die Härte und Glätte, noch die vorige Farbe des Spekstelnes mehr behauptet, sondern grün-gelb aussiehet, mürbe wird, und sich der Natur des gemeinen Thones oder des Leimens nähert. Die behauenen Blökke werden auf Pferden, oder auch, so weit her von hier es möglich, auf Karren bis zu dem Neuenhaus, oben am Thunersee, und von da auf dem Wasser nach Bern geschaffet.

Auf einer der schönen Wiesen, deren auf dem Scheidegg viele sind, sprachen wir bei einem Bauer ein, der, wie viele tausend andere auf den Gebürgen, in einer elenden Hütte sein Leben damit zubringt, daß er Käse und Butter machet, Käse und Butter speiset, Milch dazu trinket, und, ohne daß ihn dabei einmal sehr nach Brod verlangen solte, alle übrigen Narungsmittel, deren wir gewohnt sind, gern entbehret. Wir genossen von seinen einfachen Gerichten mit vielem Apetit, und wurden dadurch nicht wenig erquikket. Kaum aber vermochten wir den in seiner Armuht reichen Bauer zu bewegen, daß er dafür eine Erkentlichkeit annahm.

Haben Sie wol eher, mein Herr, etwas von einem Käse-Calender gehöret? Den können Sie in den Alphütten finden. Stellen Sie sich die Bücher in Ihrer Bibliothek so aufgesezet vor, daß das erste zehende aus Sedezbänden, das zweite aus Duodezen und so weiter, bis zu den Folianten hinauf, bestünde, dan aber von diesen durch die Quartanten ꝛc. bis zu den Sedezen die Reihe wieder hinab liefe: sehen Sie, so haben Sie die richtige Abbildung von einem Käse-Calender. Denn, eben so an Größe zu- und wieder abnehmend sind die Käse hier aufgestellet; und da, Tag für Tag, so lange diese Leute sich hier aufhalten, aus dem jedesmaligen ganzen Tagsvorrahte der Milch nur ein Käse gemacht wird, so dienet Ihnen die Verschiedenheit der Größe derselben zu einem Calender, wornach sie die Länge der Tage und die Zu- und Abnahme der schönen Jarszeit abmessen können. Und ich versichere Sie, daß ein solcher Calender ein sehr artiges Ansehen hat.

Ich habe hier unter den Kräutern vielfältig das Aconitum Napellus Linn. bemerket, und noch häufiger, als dieses, die unvergleichlich schön blühende Gentianam Asclepiadeam Linn.

Wir sahen nun, hiernach, bald das Wetterhorn, zu unserer Linken, in der Nähe. Vor demselben liegt ein kleiner Gletscher, der Schwarzwaldgletscher (d), dessen grüne Eissäulen, obgleich durch die Höhe noch sehr vom Auge entfernet, ein sonderbares Schauspiel machten. Von oben auf dem Scheidegg gelanget man auf den Grindelwald, oder vielmehr den Theil des Berges, der zum Grindelwalde gehöret. Um diese Gegend stehet viel Chamaerrhododendron, aber es blühete nicht mehr; ich kan also nicht sagen, ob nicht vielleicht die Azalea Alpina L. eine Spielart davon ist (e). Hier war noch ein Ueberbleibsel eines Schneelauwe von diesem Frühlinge: ein ganzer Plaz mit Schnee bedeckt, der flach da lag und ziemlich weit in die niedrigere Wiese hervorgeschoben war.

Nach fast sechsstündigem Aufsteigen, um 5¼ Uhr nemlich, fingen wir dan endlich an, den Berg abwärts zu gehen. Wir höreten hier zu verschiedenen malen, nicht ganz ohne Schrekken, ein fürchterliches Gerassel, daß das Echo der Eisberge vielfach wieder gab, und dergleichen zwischen diesen Gebärgen sehr gemein, und den Ingebornen etwas gewohntes ist. Es entstehet solches von herabstürzenden Stükken Eis, die über anderes Eis und dessen Schollen und Zakken in die Tiefe hin schmettern (f). Aber, es ziehet sich mit diesem Hinabsteigen von dem Berge sehr in die Länge. Denn, der Grindelwald ist ein überaus langes Thal, und die Häuser der Inwoner machen kein eigentliches Dorf aus, sondern sind durch die ganze Fläche, ja bis gegen die Gipfel der Berge hinan, so weit diese nur noch grün sind, zerstreuet. Erst um 7½ Uhr, da es schon dunkel war, kamen wir also durch einen schmuzigen, steinigten, und, fast ganz hin, abhängigen Weg in ein Haus, wo wir unter den übrigen die beste, obgleich noch immer sehr schlechte, Bewirtung hoffen konten. Blize, die am Himmel glänzten, haben uns bis dahin zu Fakkeln gedienet: denn jenseits der zur rechten liegenden Gebürge

>Da zischten Blize: Es ist Gott!
>Und Donner brüllten: Zebaoth! —

Aber, ohngefär eine Stunde vorher habe ich noch eines ausserordentlichen Anblikkes genossen. Der ganze hohe Scheidegg ist aus Schiefer zusammen gesezt, der gegen den Gipfel zu, wie mich dünkte, immer eisenschüßiger wird. Beiläufig gesagt, so habe ich unter den abgelösten Stükken hie und da platt-abgerundete gefunden, an deren einem kleine Glimmerfluttern sassen; zwei aber, die ich zerschlug, enthielten Eisen-ocher in ihrem inwendigen, als einen Kern, die sonst nur andern sich flekweise angesezet hatte. Sagen Sie mir doch, mein Herr, woher nimt der Schiefer so gerne diese platte abgerundete oder eiförmige Figur an? Ist etwas, nachher verwittertes, kiesiegtes daran Schuld? Aber in unsern Mausel-

(d) Gruner 1 Th. 69. S. nebst Kupfertafel.
(e) f. Hallers Enum. Stirp. Helv. — Ledi primam speciem. ( Es ist das Rhododendron ferrugineum Lin. Spec. plant. edit. II. p. 562. und von dessen Azalea lapponica verschieden. v. Linn. Mantiss. II. p. 301. — Gessner 1775. )
(f) f. von diesen und andern Ursachen solches Getöses, Gruners 3 Th. 139. S.

dischen Schiefernießen, die weit härter und steinigter, als obige, sind, und sehr oft Abdrücke
von Fischen in sich haben, da sinde ich doch keine Spur von Kießnießen: da hingegen diese,
davon ich ich Ihnen nur eine flüchtige Anzeige thun wolte, offenbar eisenschüßig sind; so
wie man auch an dem Wetterhorne selbst Eisensteine gefunden und ehedem zu Eisen geschmolzen (g) hat. Nun halte ich die Höhe des Scheideggs derjenigen ohngefär gleich, die das
Urserenthal auf dem Gotharde hat, da seine Länge zugleich auf etwa sechs Stunden gerechnet
wird (h). Und ein solcher ansehnlicher und hoher Berg ist doch aus bloßem Schiefer aufge-
wachsen! ein bloßes Flözgebürge! Ist irgend eines von allen unsrigen wol mit diesem zu vergleichen? — Je höher nun den Berg hinan, je dünn-blätterigter wird der Schiefer, und
er machet, wan ihn der Regen angefeuchtet, den Weg sehr schlüpfrig, und an einigen abhangenden Stellen sehr gefärlich, daraus deutlich erhellet, daß seine Grunderde Thon sei.
Mit einem bewundernden Vergnügen siehet man denn auch hier eine solche Verschiedenheit und
immer abwechselnde Mannigfaltigkeit in den Lagen oder Schichten des Schiefers, die, bald
allmälig, bald plötzlich, von der wasserrechten zu der senkrechten übergehen, daß es in der
That unmöglich fällt, sie zu beschreiben. So gleichet selbst die oberste Spize des Gebürges
der Gestalt eines Rükkens, und wird daher auch der Eselsrükken (i) genant. Er hat, übrigens, eine schwärzliche Farbe, dieser Schiefer, und man erblikket in demselben, beim
Herabsteigen von dem Berge, zur Rechten eine nicht geringe Kluft, durch welch ein wilder Bach
hinunter brauset, der sich mit einem andern, zur Linken unter dem Obergrindelwaldgletscher
hervorkommenden, vermenget, darauf durch das Eiswasser, welches der weiter hin gelegene
Untergrindelwaldgletscher hergiebt, verstärket, und dan den Namen der schwarzen Lütschinen
(k) erhält: sehr mit recht der schwarzen; denn, von dem abgerißenen Staube des Schiefers,
den dieser Bach mit sich fortfüret, siehet er beinahe ganz schwarz aus. Ich habe daher Lust,
ihn den Höllenfluß, den Styr, zu nennen. Die Tiefe aber des vorliegenden auch schiefe-
rigten und zum Theil schwarzen Thales, nebst den Abgründen zur Seite, und der an vielen
Stellen sehr steile und oft kaum 5 oder 4 Fuß breite, Weg, so mit losen Steinen bestreuet
und oft überaus schlüpfrig ist, nebst dem Geräusche des schlängelnd dahin stürzenden Baches,
— alles dieses, zusammen genommen, hat in der That etwas fürchterliches in sich, wovon
man nicht ungerüret bleiben kan; wie denn ausserdem die ganze Reise über den Scheidegg
so schlim und beschwerlich ist, daß damit die über den Gothard ganz und gar in keine Vergleichung komt. Denn, fängt man sie gleich Reitend an, so siehet man sich doch oft genöhtigt,
zu Fuße zu gehen, und man kan sich hin und wieder nicht zu sehr hübken, daß man
zwischen den Aesten der an der Seite des Berges stehenden Bäume, die man passiret, nicht

---

(g) Gruner 1 Th. 16 S.
(h) Gruner 3 Th. 102 S.
(i) Gruner 1 Th. 74 S. — 3 Th. 102 S. Und mehrere hohe Berge in der Schweiz bestehen aus bloßem Schiefer, wie z. E. der Pfeifers: Gruner 1 Th. 169 S., und andere: Gruner 3 Th. 103 — 106. S.
(k) Gruner 1 Th. S. 78. 79. 104. Gruners Eise der Gletscher im Grindelwald. Lit. Y.

mit dem Kopfe hången bleibe, oder wol gar eines der Beine an einem scharfen Felsen streife und zerquetsche, da das Thier, das man zum Reiten erhålt, gewönlich ein steifes Pakpferd ist, das ungerne aus der gebahnten Spur trit.

Nun fügen Sie, mein Herr, zu diesem allen noch ein gleichsam in Wellen sich erhebendes Meer von Eis, den Obergrindelwaldgletscher, hinzu, der hier bald, von der Spize des Scheideggs, sichtbar wird, und der mit seinem weissen Schimmer um so viel stårker das Auge an sich ziehet, da er auf einem Vorgrunde von schwarzem Schiefer stehet, und also gleichsam schwarz umsåumet ist. Welch ein erhabenes grosses Bild! das durch das Gehör so wol, als durch das Gesicht, die Seele erschüttert!

Den zweiten im Grindelwald befindlichen, oder unteren Gletscher (l), den man im Vorbeireiten, ehe man das Wirtshaus erreichet, auch noch zu sehen bekomt, habe ich nun, nach genossener kurzen Nachtruhe in einem Wandschranke, gestern Morgen, als am 21sten, besuchet und in der Nåhe betrachtet. Um zu ihm zu gelangen, muß man sich gefallen lassen, erst einen steinigten und von zermürseten, schon halb aufgelösten, Schiefer sehr glatten Weg, worin Wasser rinnet, etwa ¼ Stunde lang hinabwårts zu gehen. Dan steiget man ohngefår ½ Stunde in die Höhe, bis man an eine Art eines Steinwalles geråht, den das von dem Gletscher zuweilen herab rinnende Wasser dahin gespület zu haben scheinet; er wird etwa 20 Fus hoch sein. Wan man aber diesen überklettert hat, so kan man des freien Anblits des Vordertheils des Gletschers geniessen. Allein, mein Herr, ich werde mich wol hüten, mich in die Beschreibung der Lage, der Größe, und der so vielfachen Gestalt der Eishaufen dieses Gletschers (m) einzulassen. Dies Unternehmen würde mich in eine Weitläuftigkeit ziehen, die ich zu scheuen Ursache habe, und ich kan ihrer mit so viel ruhigerem Gewissen überhoben sein, da Gruner von diesem Gletscher und seinen Brüdern so vortreflich geschrieben hat, daß es mir fast zu einer Pflicht wird, zu schweigen. Ich wil Ihnen daher nur wenige nicht zusammenhangende Anmerkungen davon mittheilen.

Der eine, wie der andere, Grindelwaldgletscher siehet den Scheuchzerischen Vorstellungen (n), so wie auch der untere dem Abriß des Altmanns (o) jezt nicht mehr åhnlich.

Unten am Mettenberge (p), der zwischen den beiden hiesigen Gletschern lieget, und, nach Micheli, 2274 Klafter hoch ist, sol, laut Nachrichten (q), ein sehr schöner bunter Marmor stehen. Der Grund oder die Felsart der Eisgebürge ist sonst (r) am meisten

Glasartig;

(l) Gruner 1 Th. 30. 31. S. mit der Kupfertafel.
(m) Sehr åhnlich sind den Schweizerischen Eisbergen überhaupt die Eisberge in Tyrol. f. des Jesuiten Josephs Walcher 1773. in Wien, mit 5 Kupfertafeln und etlichen Zierbildern, herausgekommene Nachrichten davon. — R. Z.
(n) It. Alp. 4 pag. 289. & Tab. — It. Alp. 7. pag. 482. c. tabulis 2.
(o) Herrl. Top. 1. S. 155 — 162. Taf. 5.
(p) Gruners Tafel von der Aussicht der Grindelwaldgletscher.
(q) Gruner 1 Th. 39 S.
(r) Gruner 3 Th. 5 S.

glasartig; noch öfter, und hauptsächlich die der höchsten, von Geisbergerstein; seltener talch=
oder schieferartig. Ich habe hier ein Paar Steine unter den Eisschollen hervorgesuchet,
die ein mit spatsteinartigen Theilen durchzogener, und daher einer blätterigten Zusammense=
zung sich nähernder, Fels waren, darin, wie das Microscop zeiget, den größten Theil der
Quarz ausmachet, der bald als Körner, bald als Adern, oder in Klumpen zusammen ge=
laufen, darin zu sehen ist. Daher es denn komt, daß Säure, z. E. die des Kochsalzes,
ihn nicht angreifen wil. Indessen zweifele ich darum an dem Dasein des Marmors nicht;
denn man sagt, daß der Gletscher den Bruch jezt bedekt halte. Vielleicht wird er einmal
bei einem sehr heißen Sommer wieder von ihm befreiet werden, vielleicht auch nicht, in=
dem manche behaupten wollen, die Gletscher breiteten sich mehr aus, als sie abnehmen (s),
welches freilich nicht unmöglich ist, da ein Theil von dem nach und nach abschmelzenden Eis,
wasser wol wieder gefrieren, sich an die Klumpen, von welchen es abgeflossen, wieder anse=
zen, und so die Gränzen des Gletschers vielleicht almälig weiter ausdähnen kan, indeß, daß
der von oben auf den Gletscher fallende Schnee zugleich die mit der Zeit abnehmende Höhe
wieder ersezen mag, ꝛc. Jedoch glaube ich, meines Theils, nicht viel von dieser Ausbreitung
der Eisberge überhaupt; mich dünkt vielmehr, es gehe wol damit, wie mit dem vorgedachten
Anwachs der See=Küsten zu, die, was sie in einer Gegend etwa gewinnen, in einer an=
dern vermuthlich wieder hergeben müssen. Alle Eisgebürge, derowegen, mögen zwar frei=
lich wol zuweilen hie und da augenscheinlich zunehmen und wachsen; aber eben so augen=
scheinlich, wie ich glauben solte, werden sie auch wieder auf andern Stellen eine Abnahme
zeigen.

Die Meinung des gemeinen Mannes von dem periodischen, um das 7te Jar gesche=
hen sollenden, Vorwärtsrükken und Zurüktreten der Gletscher, die wollen wir, denke ich,
mein Herr, ihm zu eigen überlassen, ohne uns weder daran zu ärgern, noch zu erbauen (t).

Daß die Lage des Eises und Schnees in einer gewißen beträchtlichen Höhe einen
Grund ihrer Erhaltung gegen die Sonnenstralen abgebe, das ist, dünket mich, wol war=
scheinlich genug. Denn, hier ist nicht, wie in den Thälern, eine solche Menge von Sei=
tenwänden, die die Stralen hin und wieder beugten, zurük würfen, und also die Brenn=
puncte vervielfältigten, dadurch denn der Grad der Wärme entstehen könte, den wir da und
auf dem platten Lande empfinden; hingegen schweben fast unaufhörlich, Schleier von Dün=

D

(s) Gruner 3 Th. 141 — 157 S.
(t) An das 7 järige periodische Vor= und zurük=treten der Gletscher glaubt der Verfaßer der Nachrichten von den
Tyrol. Eisbergen so wenig, wie ich. Daß aber das Eis zuweilen sehr weit hervor rükte, daß solches von
erschrecklichen Eisthürmen, vom Früiare bis zur Herbstzeit 1770, im Rosenthale bis über 100 Klaftern er=
hoben sei. — ja, manche Woche zu mehr als 25 Klaftern herab, und endlich zwei ganze Thäler da=
von angefüllet worden: das erzählet er selbst S. 36. 37. — Dieses gewaltige Hervortreten des Eises war ver=
muthlich die Wirkung von einem mächtigen fortschiebenden Druk des obern Theiles deßelben, welcher bis
zur Herstellung des Gleichgewichtes fortdauerte. — R. J.

ſten und nebelnde deckende Wolken um die höheren Berge herum, und verhindern die ſchmel-
zende Wirkung der Sonnenſtralen. Was aber ja das wegſchmilzet, das wird, theils ſelbſt
im Sommer, theils und am meiſten aber im Winter, der neu herzu fallende Schnee wieder
erſetzen. Und ſo iſt das Vorgeben von dem ewigen Eiſe der Gletſcher ein leeres Geſchwätze,
und nichts mehr, als ein Wortſpiel, ſo daß, wenn es beim Keyßler (u) heißet. „Die Glet-
„ſcher des Grindelwaldes ſollen an Eiſe immer zunehmen und niemals ſchmelzen ", man dafür leſen ſolte: niemals ganz oder auf einmal wegſchmelzen. Denn, wol iſt die Stelle
ewig vol Eis, nicht aber das Eis ewig. Von dem immerfort abſchmelzenden Eiſe
giebt die erwähnte ſchwarze Lutſchine, die daher einen gröſſen Theil ihres Waſſers erhält,
einen klaren Beweis ab: und bin ich doch ſelbſt unter einer der ungeheuren Schollen, des
mit unzählbaren Säulen und Zakken prangenden Gletſchers (v), die hohl auf der Erde lag,
und eine Art eines Gewölbes (w), unter welchem man tief zu dem übrigen Eiſe hinblikken
konte, hinein gekrochen geweſen, wo ich es deutlich geſehen und an meinen Kleidern empfunden habe, daß dies ſogenante ewige Eis beſtändig darauf arbeite, ſeine Ewigkeit weg zu trö-
pfeln (x). Indeſſen habe ich hier, unter und an dem Gletſcher, die Kälte, die der herüber-
ſtreichende Wind herzu wehete, zwar empfindlich genug, doch lange nicht ſo heftig angetroffen, als ſie, bei uns, im ſtarken Winterfroſte auf der Ebene zu ſein pfleget. Es kan alſo
wol ſein, daß noch eine andere mächtigere Urſache, als die bloſſe Höhe der Gebürge und

---

(u) In ſeinem 19ten Briefe.

(v) Daß, bei allem Fürchterlichen, die Gletſcher auch ihr Schönes haben, das läſt ſich ſehr angenehm beim
Grimer leſen, im 3 Th. 15 — 17. S.

(w) Dergleichen Eisgewölbe giebt es in Tyrol auch. Eines derſelben, das ſich in gerader Linie 50 Klafter in
das tiefſte Thal berab erſtrekte, und durch welches ein Bach, der ſich dieſen gewölbten Weg ſelbſt ausgearbeitet hatte, hindurch floß, wird S. 20 erwähnet. Einige ſolcher Gewölbe dienen Menſchen und Vieh
zu Brükken, und der Verfaſſer iſt (S. 21.) ſelbſt zwal über eine ſolche Eisbrükke gegangen, jedoch allezeit
ohne Gefar, nur daß die Sache das letztere mal etwas fürchterlicher ſchien, weil in das Gewölbe ſchon einige Löcher geſchmolzen waren. - - - -

(x) Von den Alpen in Lapland, mit ewigem Schnee, ſagt Dan. Tilas, in ſeinem Entwurf einer Schwediſchen
Mineralhiſtorie, in einer den 6 Febr. 1765. gehaltenen Rede - - , überſetzt von J. Beſmann, Leipzig 1767.
S. 95. 96. „Aber, ich ſage ewigem Schnee: ich bitte um Vergebung, daß ich dieſen gemeinen Ausdruk gebrauche;
ich weil mir gerne etwas abdingen laſſen, und nicht mit einige Dutzend Jarhunderte; ja,
ich glaube, daß wol wenigſtens innerhalb des Sererbergsfrüllens der geringſte Theil von dieſem zuſammen ge-
triebenen Eisbergen eines Menſchen Alter viel übertreffen wird. Dies bedarf einer Erklärung. Alle Schnee-
bauien werden zwar jährlich vermehrt, aber ſie werden auch ſärlich vermindert, das eine Jar mehr, das andere
weniger, jedoch nie oben ſo ſehr, als unten, wo ſie Erde und Stein berIren. Gott weiß, was das für eine
Wärme ſein müſſe, die mehr von unten als oben wirkete, (die ßünde, dünket mich, doch noch wol
zu errahten, und aus mehr als einer Urſache. A.) wovon ich große Beweiſe habe, aber nur einen anfüren
will. Als ich die Gränzen bereiſete, ſties ich mit meinem Gefolge — auf ein Eisgebürge, worüber man
nicht ohne einen Umweg von vielen Meilen kommen konte; aber die Leppen zeigten uns einen andern Weg,
der ſelbſt unter dem Gebürge durchging, woran ein kleiner Bach herunter kam, der ſich in einer Entfernung von etlichen Faden unter dies Gebürge hinunter ſtürzte, und daſelbſt ein ſo vortreffliches Gewölbe,
als nur die höchſte Kirche haben kan, machte. Aus Neitenben verſchanſete es einen ſo ſchönen Weg, als die
ebenſte Landdraſſe hätte ſein können: nur daß das Waſſer den Pferden gerade bis über die Hufe gieng. Hin und
wieder giengen kleine Oefnungen zu Tage aus, aber auch ohne ſie war Licht genug in dieſem ſonderbaren Eis-
keller, welcher aber uns alleſamt eine blaue Farbe gab, ſo wol unſern Geſichtern und Händen, als Kleidern am mehrſten aber unſerm Leinenzeuge, welches wie ganz blaues Leinwand ausſah. - - - "

ihre Lage abgiebet, vorhanden ist, wodurch dem sonst vielleicht weit geschwindern und stärkern Wegschmelzen des Eises Einhalt geschiehet: zumal, da selbst oft, wie an dem gegenwärtigen zu sehen, über dem untern Theil der Gletscher noch Erdreich empor stehet, das
von dem schönsten Rasen grünet. Allein, welche Ursache nun diese eigentlich sei, das mögen tiefsinnigere Naturforscher, als ich bin, entdekken. Ich habe ihr vergeblich nachgedacht,
so wie man gemeiniglich über die lezten Ursachen der Dinge vergeblich grübelt. Aber

So wirkt ein Gott, deß Finger Welten mißt.
Er denket nur: Es sei! — Er denkts nur, und Es ist.

Der ganze Zusamenhang, übrigens, der Sweizerischen Eisberge, Eisthäler, Eiswän-
de, Eisschründe, und Gletscher, welche alle, als unter so vielen verschiedenen Gestalten
erscheinende Abänderungen des Eises, man unter dem einzigen Namen, Eis- oder Schnee-Ge-
bürge, begreift, ist von einem überaus grossen Umfange, und machet von Osten gegen We-
sten eine Kette aus, die, gerade gemessen, bei die 66 Stunden beträgt, von Süden gegen
Norden aber eine Krümmung deren längster Arm 36 Stunden in der Länge hat (y). Welch
eine ungeheure Masse erstarreten Wassers!

Aber, daß sogleich am Fusse dieser so ewigen Eisbehälter die schönsten und mit den
gewöhnlichen Wiesenkräutern, worunter doch auch die Carlina acaulos L. ist, versehenen Wiesen, und an fast jedem der hier zerstreueten Bauer- und Hirten-Häuser kleine Gärten liegen,
worin Erdtuffeln, Bonen, römische Beta, Rüben, und dergleichen mehr gezogen werden,
wer kan das ohne Vergnügen ansehen? Ueber den Wiesen hin stehet dan noch eine Menge
Tannen, Weiden, Eschen, Ahorne, Serbis, Mehlbeerbäume, Haselnüsse, wilde Kirschen,
und von diesen, wie ich ein gleiches auch von dem Grase bemerkt habe, viele höher hinauf,
als selbst der Fus des Gletschers. Das übrige Thal aber, das überhaupt von einer Seite
mit Gletschern und von beiden mit lauter hohen Bergen eingefasset ist, ist so weit man es
von hier übersehen kan, die Fruchtbarkeit selber. Seine Wiesen sind unvergleichlich, und
die wilden, bei uns Quisselbeeren genanten, Kirschbäume tragen reichlich, wovon ich noch
selbst gepflükket habe. Wie denn Gruner (z) saget: es gebe im Grindelwalde schöne Kirschen und Erdbeeren; Gerste, Korn, Gras, Hanf, reife hier zugleich; und 2000 Stük
grosses nebst 2600 Stük kleines Vieh gehe hier zur Weide. — Muß man nicht, mein Herr,
erstaunen, daß selbst da, wo alle Regung und Bewegung der Natur aufzuhören, wo sie,
wie in einem tiefen Todesschlaf versunken, selbst halb vernichtet erscheinet, daß sie, gleichwol da, von dem Rande ihres Grabes her, so belebt und belebend, so wirksam, und so

Y 2

(y) Gruner 1 Tb. 17. S.
(z) Im 1 Tb. 45. S.

geschäftig Segen umher zu streuen, wieder hervorblikt; daß sie Wunder mit Wundern verbindet, die so sehr von einander abstechen, und davon jene tiefes Schrekken und Grauen, diese hingegen hohes Entzükken strömen! — Wo ist der denkende Sterbliche, der fühllos genug wäre, hier nicht anbetend und dankend seine Knie zu beugen und der Gottheit Opfer der Bewunderung und Erkentlichkeit darzubringen? Besonders wenn er selbst dem Nuzen nachsinnet, den unsere Erdkugel von jenen, dem Ansehen nach, verderbenden Eiswüsten erndtet! —

Du gütiger Schöpfer, dem nichts unmöglich, als das Wohlgefallen am Bösen, ist! durch welche mächtige Mittel hast du den grossen Zwek, uns diesen Erdboden bewonbar zu machen, erhalten! dort lässest Du saftige Thäler Wolken gebären, Dein Hauch erhebet diese bis an die Gebürge, und da muß Deine Sonne sie zu Thaue und Regen brüten. Da diese aber unaufhaltbar verfliessend, dem Naß, nach welchem unsere Fluren dürsten, eine zu unstäte Quelle waren, so legte Deine Weisheit dem See, wie dem Bache, noch Vorraths-keller an, die nie versiegeten, und Du gebotest dem Wasser: „ Häufe dich und stehe! “ und, siehe da: Es thürmete sich und stand; und da waren Eismeere und Gletscher. — — O fürwar mein teurster Freund,

> Nur Eines ist der Almacht zu vergleichen;
>
> Nur Eines darf Ihr nicht an Gröhe weichen;
>
> Nur Eines wirkt gleich stark auf mein Gemühle:
>
> Das ist der Gottheit unumschränkte Güte. —

Doch, ich muß meine Betrachtung schliessen, weil ich mich nicht länger in dem Grindelwalde verweilen kan; ein prächtiger Wasserfall, der prächtigste vielleicht der Schweiz, rufet mir, die Reise ins Lauterbrunnenthal zu thun, und es ist beschlossen, sie sogleich anzutreten. — Verzeihen Sie es der Lebhaftigkeit meiner wie berauschten Einbildungskraft, daß ich hier von dem geschehenen als geschehend rede, und mich in Gedanken so weit wieder zurük verseze, da ich wirklich schon zwei Tagereisen jezt weiter bin.

Thun, den 22 Sept. 1763.

## Neun und zwanzigster Brief.

### Mein Herr,

Es komt mir vor, als ob ich in einer neuen Welt wäre, denn ich befinde mich auf einmal von den Gebürgen entfernet, in denen ich so viele Tage eingeschlossen gewesen bin, und die mir so vielen Stof zu meinen Briefen gegeben haben, daß ich auch noch einen Rest davon nachholen muß. Ich übernehme aber diese Nachholung um so viel lieber, als sie mir den nur zu kurzen Aufenthalt, welchen ich daselbst genossen, gewisser massen verlängern wird. Aus Bern empfangen Sie nun dieses.

Es war, wie Sie wissen, am 21sten, da ich aus dem Grindelwalde abgehen wolte. Wir waren von dem Besuche des Gletschers schon um 9½ Uhr Morgens in unserm Wirtshause zurük gekommen, wo wir ein Frühstük von Brod und Butter und Erdtuffeln und Honig vorfanden. Zum Glük hatten wir 2 Pferde aus dem Haßlithale noch bei uns; sonst würde wiederum, wie da geschehen ist, der größte Theil unserer Gesellschaft haben zu Fuße wandern müssen. Denn es kostete uns viel Mühe, eine Art eines Fuhrwerks aufzutreiben, dessen wir uns mit zur Reise bedienen konten. Dieses hatte die Gestalt eines Artilleriewagens, worauf man Bomben führet, und war so schmahl, daß nicht mehr als, in der Breite, eine Person sizen konte. Zwei Pferde, von eben so viel Knechten geritten, zogen, vor einander gespannet, den kleinen Wagen, und ein dritter Knecht, der auf den schlimsten Stellen des Weges bald an diese bald an jene Seite lief, um den Wagen zu stüzen und sein Ueberschlagen zu verhindern, hatte sich noch hinten angesezt. So sah man also in einer Reihe 6 Personen hinter einander sizen, welches einen ziemlich lächerlichen Aufzug ausmachte, und um so mehr, da der Wagen so überaus niedrig war. Ich aber, und noch einer aus der Gesellschaft, wir ritten die beiden stolzen Palpferde von Oberhasli. Sehen Sie, mein Herr, in welchem ansehnlichen Zuze nun unsere Abreise um 11 Uhr vor sich gieng.

Ich habe das, von dem Wirthshause ab, noch wol 2 Stunden lange Thal überall sehr fruchtbar befunden, und dem vorigen Theile ähnlich. Ausser den wilden Kirschbäumen kamen gegen das Ende noch Aepfel- Birn- und Zwetschen-Bäume zum Vorschein. Um 1 Uhr pasireten wir den traurigen Styr, die schwarze Lutschine, die nun schon einen kleinen Flus ausmachte, und bisher beständig vor uns zur linken hingekossen war; nach einer halben Stunde aber einen ähnlichen reissenden Bach, der jedoch nicht schwarz ist, und die Weisse Lutschine heisset. Dieser komt aus den Eisbergen des Lauterbrunnenthals (u) her, und brauset, der Reuß fast gleich, mit Ungestüm durch Felsen. Hier liegt ein Dorf, unterhalb

---

(u) s. Gruner 4 Th. 124 S. und 3 Th. 164 S. Dennoch saat Hr. G., sich wiedersprechend, (im 1 Th. 10 B. und zeiget auf der Tafel, die den Grundriß der Grindelwald leichter veraekestet Lit. Z an, daß er unter dem Untergrindelwaltgletscher hervorrinne, welches aber ohne Zweifel falsch ist.

welchem sich beide Bäche vereinigen, und das daher den Namen Zweilütschinen (b) erhalten
hat. Vereinigt stießet dan beider Wasser der Aare zu. Dieser lezten Brükke zur rechten vorbei gehet nun der Weg nach Interlachen und Unterseen, zur linken nach Lauterbrunn, und
diesen nahmen wir jezt. So floß uns also das die Lauterbrunnenthal durchrinnende weiße
Lütschine ganz bis dahin (c) gerade entgegen, wo wir denn, sie immer zur linken behal-
tend, um 2½ Uhr ankamen. Von der Brükke bis hier ist die Gegend waldigt.

   Herr Gagnebin hatte mir zu Sarnen gesagt, daß zu Lauterbrunn eine Cristallgrube
wäre. Sie können, mein Herr, leicht gedenken, daß ich die Gelegenheit, sie zu sehen,
nicht versäumen wolte. Allein, wie wunderte ich mich, als ich die Gegend erblikte! denn,
hier war keine Spur vom Geisbergerstein; und hätte ich es wol verschmerzen können, wenn
die Ueberzeugung, die ich einmal hatte, von der nohtwendigen Gegenwart dieses Gesteines
in allen Cristallgruben, hier durch den Augenschein des Gegentheils über den Haufen gefallen
wäre? Verschiedene Leute indessen, die ich wegen dieser Cristallgrube befragte, wußten mir
davon keine Nachricht zu geben. Ich sah aber aus dem Wirtshause, an den zur linken gelegenen Bergen, einen Flek, der in der Ferne einem Cristallanbruch, wie man auf dem
Gotharde so viele siehet, ähnlich war. Ich sezte mich also dahin unverzüglich in Marsch,
durch einen sehr schmuzigen und zum Theil sumpfigten Weg, da die Grube dan immer er-
kennbarer ward, die ich etwa ½ Stunde von dem Wirtshause entfernet, ihre Lage aber am
Berge viel höher befand, als ich geglaubt hatte: indem ich nun mit Steigen noch ½ Stunde
zubringen muste, bis ich sie erreichen konte. Je mehr ich aber mich ihr näherte, je mehr
wuchs mein Muht, bei meinem liebgewonnenen System beharren zu können, und mein
Unglaube nahm nun überhand, hier Cristall anzutreffen. Und so wolte sich denn auch wirklich nicht einmal eine Spur davon zeigen. Lauter Spaht in schrägen Würfeln, nichts anders, als rhomboidalischer Kalchspaht, war hier, und der Fels, in welchem dieser geni-
stet, war ein bloßer grober Schiefer. Wäre es also nicht um der neuen Bestätigung des
angenommenen Sazes willen gewesen, so hätte ich mich die angewandte vergebliche Mühe
fast verdrießen lassen sollen: denn, es ist überaus beschwerlich und nicht ohne Gefar, den
Berg hinauf und wieder herab zu steigen, besonders das leztere, da man auf dem oben her-
umliegenden losen Gesteine keinen festen Stand hat, sondern mit ihm zuweilen einen guten
Schrit weit herunter schurret, so daß man gar sehr eines des kletternd gewohnten Geleits-
mannes, den ich von ohngefär auch hier antraf, benöhtigt ist, auf dessen Schultern man
sich stüzen könne. Die Aussicht, übrigens, von der steilen Höhe hinab in die Tiefe und zu
den verschiedenen Wassergüssen hin, die die, theils zur Seite, theils gegen-über stehende,
Berge von sich speien, und deren Menge ohne Zweifel dem Thal seinen Namen gegeben

---

(b) Gruner 1 Th. 91. S. Tafel vom Grundrisse der Grindelwaldgletscher. Lit. L.
(c) Gruner 1 Th. 99. 122. S.
    Herrl. Top. 1. 386 S. 356 Taf.

hat, ist überaus rürend. Keiner aber unter denselben ist prächtiger und stärker, als der so genante Staubbrunnen (d), dessen Wasser von einem jähen Felsen, vom Pletschberge (e), ohne Absaz, vielleicht 1000 Fus hoch (f), und dergestalt zertheilet herabstürzet, daß es, bekantermaßen, zu lauter Staub wird (g). Von der Seite her, da wir nach Lauterbrunn gekommen, fällt er am schönsten in die Augen; wenn aber des Morgens die Sonne gegen-über stehet, machet er mit seinen Regenbogenfarben (h) ein unvergleichliches Schauspiel. Zwei aus meiner Gesellschaft feuerten in der Gegend an diesem jähen Felsen ein Paar Flinten los: hievon hörete ich, auf der Zurükkehr von der Spahlgrube, ein so starkes und nachtönendes Geprassel, daß ich es für Donner hielt.

Nach einer kurzen Malzeit von Milch und Eiern, wobei der herrliche Anblik des Wasserfalles die Stelle des Desserts vertrat, eilten wir, noch Unterseen abzureisen. Ich bin, im Vorbeireiten, noch bei dem hiesigen Pfarrer eingesprochen, bei welchem wir eine bessere Malzeit gefunden haben würden, wenn wir uns eher zu ihm versaget hätten, indem er gern Fremde aufnimt. Dieser Mann versicherte mich nun, daß man hier zwar wol nach Cristallen gesuchet, aber niemals welche gefunden habe. Er verehrete mir ein Paar Stükke so genantes Frauenglas, so ein ob gleich etwas hellerer Kalchspaht, wie jener aus der erwähnten Grube, und, bei mehrerer Klarheit, ohne Zweifel der Scheuchzerische Androdamus ist. Dieser findet sich in Bergen jenseit dem Staubbach. Eisenstein trift man auch in dem Thale an, auch wol Steinkolen; und Kiese, davon ich bei dem Herrn Pfarrer einige gesehen habe, bringet der Bach zuweilen mit sich hernieder.

Nun war es 4½ Uhr, da wir völlig abzogen, und zwar wieder bis an die Brükke, die nach dem Dorf Zweilütschinen füret, zurük, und dan den Weg, längs der vereinten Lütschine, die im Anfange hier noch schwarz erscheinet bald aber weisser und klärer wird, hin, durch Interlachen, nach Unterseen (i) zu. Da, mein Herr, war es gleich bei meiner Ankunft um 8 Uhr Abends daß ich mich hinsezte, um Ihnen den Rest von meinen Cristall-Anmerkungen zu überschreiben.

Bis hier stehet man immer wieder hölzerne Häuser, wie ich zuerst im Canton Lucern angetroffen. Viele derselben dieser Gegend, in der Nachbarschaft von Bächen, stehen hoch über der Erde auf Pfählen.

---

d) Gruner 1 Th. 104. 105. S. und das Titelkupfer Lit. g., auch der Tafel vom Grundrisse der Grindelwaldgletscher Lit. m.
Herrl. Tov. 2. S. 253 — 255. Taf. 150.
e) Gruner 1 Th. in der Tafel vom Grundrisse der Grindelwaldgletscher sub Lit. i. der Staubbach, — und auf einer eigenen ihm gewidmeten Tafel sub Lit. B.
f) Nach Heerliberger 1100 f.
g) Auch in Tyrol giebt es solche Bäche, wie der Staubbrunnen hier, siehe Jos. Welchers Nachrichten von den Eisbergen in Tyrol. S. 57.
h) Gruner Tafel vom Staubbach. Lit. e.
i) Wagner Merc. Helv. S. 154. 155.
Scheuchz. It. Alp. 7. pag. 382.

In Unterseen, welches ein kleiner schlechter Ort ist, habe ich keine andere Merkwürdigkeit, als die an einer Linde angetroffen, deren Stam nemlich, von der einen Seite 5, von der andern 8 Jus, im Durchschnit hatte. Eine stärkere wüste ich nirgendswo gesehen zu haben.

Gestern, als am 22sten, um 8 Uhr Morgens bin ich zu Fus von Unterseen nach dem am Thunersee gelegenen Pathause, das neue Haus, gegangen, welches kaum ½ Stunden entfernet ist, um mich daselbst nach Thun einzuschiffen. Drei nicht zarte Frauenzimmer kamen uns schon ziemlich weit entgegen, uns ihre Dienste zur Ueberfahrt anzubieten. Wer kan dem schönen Geschlechte etwas abschlagen? Auch trugen wir nicht lange Bedenken, uns ihren dienstwilligen Händen anzuvertrauen. Vor 9 Uhr giengen wir also schon mit einem Nachen ab. Der Thunersee ist, nach Scheuchzer (k), bei ½ Stunde Breite, 5 Stunden, nach Gruner aber (l) 6 Stunden lang. Wie letzterer, nach einer alten Saze und Anzabe verschiedener Autoren, erzählet, so hat der See einstmals und entweder im Jare 604 oder oder 615, ohne Zweifel von unterirdischen Feuern erhizet, dergestalt zu sieden angefangen, daß eine Menge Fische tod und gesotten ans Land geworfen worden. Sie glauben dies, mein Herr, oder nicht, so werden Sie mir doch Glük dazu wünschen, daß diese Begebenheit sich nicht zu der Zeit ereigget hat, da ich auf dem See war.

Durch die Kraft der Ruder unserer musculösen Schifferinnen gelangten wir gegen 10 Uhr an einen uns zur rechten befindlichen schönen Wasserfall, gleich hernach an einen kleinern, und dan an einen dritten, der ganz zart und schmahl herab floß. Dieser heisset das Jungferbrünnlein, wie jene beide, oder doch einer von ihnen, der Bartlibach, eigentlich der Bartolomäibach; von einer vormals hier gestandenen Kirche, dem Heiligen dieses Namens gewidmet. Um 10 Uhr schiften wir eine etwas weite Felsenkluft vorbei, die kalte Kindbette, mit vielem Rechte, genant, wo anders es mit der Erzählung seine Richtigkeit hat, nach welcher einstmals eine Frau, welche über den See wolte, genöthiget gewesen ist, sich hier aussezen zu lassen, nur zu gebären. Eine, in der That, ausserordentliche Wochenstube! die, von hier etwa ¼ Stunde weiter hin, befindlichen hohen Felsen schienen mir kalchigt zu sein, und ihre Schichte laufen alle abwärts, und streichen in den See herein, welches gefärlich aussiehet. Das Ufer gegen über, nemlich linker Hand, ist viel fruchtbarer, und vol von Wiesen. Es läuft flach in die Höhe, und dan stehen dahinter die hohen Berge des Bernischen Oberlandes. Um 10½ Uhr landeten wir auf einen Augenblik zu Meerlingen, welches rechter Hand lieget. Hier zeiget sich der erste Weinberg wieder, und auf dem gegenseitigen Ufer, wo nun bald die Baronie Spiez lieget, sind dergleichen andere. Um 12 Uhr kamen wir Oberhofen, einem Landgute, und gleich nachher der Landvoigtei, selbiges Namens,

(k) It. Alp. 7. pag. 454. Scheuchz. Schwz. 2 Th. 196 S.
(l) 1 Th. 3. C.

mend, vorbei: eine sehr angenehme Lage mitten in Weinbergen, welche nun an dieser rechten Seite bis nach Thun fortlaufen, an der linken nicht. Jezt folgte gleich Hilterfingen,
auch dicht am See. Um 1 Uhr schiften wir das Schlos Schadau, linker Hand, vorüber,
wo sich des Sees Ufer verengert, sein Wasser in einen stärkern Strom fortbewegt zu werden anfängt, und nun wieder die Aare heisset, die unter dem Grimselgletscher hervorgekom-
men ist, und den Brienzersee schon durchflossen hat. Je weiter nach Thun, je mehr nimt
die Höhe zur linken ab. Akkerland fand ich hier noch nicht. Ganz bis hier siehet man sonst
noch immer das mit Schnee bepuderte Jungferhorn hinter sich. Um 1½ Uhr bin ich endlich zu

Thun (m) ans Land gestiegen. Diese Stadt ist nicht gros, schlecht bewouet, und
hat nur etliche wenige neue artige Häuser. An vielen alten habe ich noch grössere und stärker hervorragende Dächer beobachtet, als sonst irgendwo, von wol 20 Fus nämlich. Das
Vordertheil einiger Häuser stehet, zum Durchgehen, auf Schwibbögen, nach Bernischer
Weise. Weil weder Pferde, noch Wagen, zu bekommen waren, so haben wir die Nacht
zu Thun zugebracht, zu wieder unsere Absicht, und sind erst diesen Morgen um 9½ Uhr
hier angekommen. Von dem müßigen Nachmittage habe ich indeß den Vortheil gezogen, daß
ich Ihnen einen langen Brief schreiben konte.

Desto früher heute, nemlich schon um 5½ Uhr Morgens, haben wir uns von dannen
auf den Weg gemacht, der unvergleichlich eben, mit Gries überfaren, und, unter diesen,
an morastigen Stellen, aus dem Grunde aufgemauert ist. Hier nimt nun, mit den hohen
Bergen, die Aussicht an Schönheit ab; die platter werdenden Gefilde, hingegen, nehmen
an Fruchtbarkeit, oder, vielmehr, leichter Nuzbarkeit zu. Uebrigens ist der Boden, wie
der um Basel, steinigt; man findet hier dieselben Steingruben und steinigte Erdschichte,
aber, so wie da, ebenfalls keine Feuersteine.

Daß, diese ganze Gegend herdurch, noch die hölzernen Häuser geduldet werden,
wundert mich, und lässet sich mit der Oeconomie der Berner nicht reimen.

Bis 8 Uhr, da wir in ein kleines Gehölze einfuhren, konten wir noch Schneeberge
und Gletscher sehen, und zwar in einer langen Kette queer hinter uns, welches einen pracht-
vollen Anblik machte.

Bern, den 23 Sept. 1763.

**3**

---

(m) Merc. Helv. 151. S.
Scheuchz. It. Alp. 9. pag. 604. 605. c. tab.
Herrl. Top. 1. S. 181. 182. Taf. 25. 26.
Scheuchz. Sulz. 2 Th. 195. 196. S.

### Dreißigster Brief.

#### Mein Herr,

So bin ich denn freilich in dem schönen Bern (a), wo ich mich etliche oder so viele Tage aufzuhalten gedenke, als ich es mit Vergnügen und Nutzen werde thun können, und als es mir meine sehr eingeschränkte Zeit erlauben wird. Ich wil Ihnen nun erzählen, was ich gestern und heute hier angemerkt habe.

Die sehr bequemen Bogengänge, die sich auf den vornehmsten Gassen dieser Stadt vor den Häusern, oder vielmehr vorn unter dem ersten Stokwerke derselben befinden, und die des Abends mit Laternen erleuchtet werden, sind Ihnen und jederman schon bekant. Allein, wie sehr jetzt Bern überall an Schönheit zunimt, das wissen Sie vermuthlich nicht. Fast in allen Gassen wird unaufhörlich gebauet, und in einem Paar derselben, an deren Verschönerung der Stadt am meisten gelegen ist, werden die Häuser, wo nicht neu aufgeführet, doch mit neuen Vorderwänden oder Façaden versehen; und von diesen, nebst einer steinernen Treppe, so in den Häusern anzulegen ist, trägt die Stadt die Kosten.

So viele Reihen neuer Häuser fallen nun allerdings einem Fremden sehr in die Augen, da sie gleichsam so viele redende Zeugen von dem Flor und dem Reichtum der Republik sind. Sie gefallen aber zugleich durch den guten Geschmak ihrer Bauart, da wenige mit überflüsigen Zierrahten beladen sind, viele aber mit einer edlen Einfalt prangen, alle schön sind. So ist die Wonung des Schultheissen, Herrn von Erlach, ein überaus schönes Gebäude: es ist mit zwei Flügeln versehen, und hinter demselben liegt ein artiger Garten mit einer sehr hohen Terrasse, von der man die vortreflichste Aussicht hat.

Ein öffentliches Gebäude aber, und welches der Stadt in der That Ehre machet, habe ich gestern auch noch gesehen, nemlich das Hospital, das ausserhalb der eigentlichen Stadt ist, und zur Ueberschrift hat:

Christo

in pauperibus.

1 7 4 1.

Dies ist ansehnlich gros, von vier gleichen Seiten, hat seinen Hof eingeschlossen in der Mitte, mit einem schönen Springbrunnen darinnen und umlaufenden Bogengange. Hinterwärts liegt noch ein besonderes Gebäude, das zu einem Zuchthause für ausschweifende junge Leute vom Stande dienet.

---

(a) Scheuchz. It. Alp. 4. pag. 323. und dazu gehörige Tafel. — It. Alp. 9. pag. 598 — 604.
Scheuchz. Suß. S. 201 — 206.
Herrl. Top. 2. S. 205 — 214. Taf. 175. 176.
Merc. Helv. 48 und Taf.

Vor dem Hospitale ist eine artig angelegte Waserschwemme, so aus der Erde aufgemauert, durch welche Reisende und Fuhrleute mit ihren Pferden und Wagen durchzuwah-
ten pflegen, um den anhängenden Schmuz nicht mit in die Stadt zu schleppen. Wünschten
Sie nicht, mein Herr, auch dergleichen vor den Thoren unserer Stadt zu sehen?

Es ist Schade, daß das schöne Gebäude des Hospitals den so schädlichen Fehler der
Feuchtigkeit hat, besonders unten, und daß man demselben nicht abzuhelfen weiß. Allein,
dies möchte auch wol nicht geschehen können: denn, wie ich glaube, so liegt zwar die Ursache zum Theil in der Dikke der Mauern, zum Theil aber, und noch mehr vielleicht, in
der Steinart selbst. Denn, an dieser wird man oft gewar, daß sie abblättert, und gleichsam krebßgt wird, welchen Schaden die Bauleute hier die Galle nennen, und solche dem
darin vorhanden sein-sollenden Salpeter zuschreiben, diesen aber dem Umstande, wan der
Stein aus einer feuchten, der Sonne nicht blos gesezt gewesenen, Stelle genommen worden.
Solten wol nicht seine Riese eingesprengt sein, die, wenn der Stein an die Luft komt,
zerfallen und verwittern? Oder solte, wie es eben so warscheinlich, wo nicht noch mehr so
ist, etwa ein eingemischter Thon, der gern das Waser an sich hält, jene Feuchtigkeit der
Mauern, und wenn er ganze Adern und Nester im Steine ausmacht, wegen seiner Auflös-
lichkeit im Regen, das Abblättern und Schwinden des Steines verursachen? Ich solte dies
glauben (b). Der Stein ist nemlich ein feiner Sandstein, dessen Körner ohne Zweifel durch
Thon zusammen geklebet sind, und mit diesem und mit wildem Marmor bauet man hier.
Nur habe ich an einigen Thurmgewölben wol auch Tuffstein gesehen.

3 2

---

(b) Unser sehr gelehrter Herr Hofrath Michaelis schrieb mir, von Göttingen, im Januar 1766. „Er habe
in der Kirche zu Eisleben, in welcher Docter Luther getauft ist, an politrtem Marmor so eine Art Krebs
gesehen; Grabsteine, die noch nicht 50 Jare alt waren, habe Er so zerfressen gefunden, daß die Inschriften nicht mehr leserlich gewesen; er käme aber, so viel er sich erinnere, es nicht blos ein Abblättern,
sondern auch ein Auskrümeln nennen. Einige ältere Steine waren, sagt er, unversehret: allein, sonderlich
ein Grabstein von, wie es schien, sehr gutem Marmor, ich weiß nicht ob im Chor, oder nahe am Chor,
hatte am meisten gelitten. Mir fiel damals ein, ob die Krankheit der Gebäude, die Moses Aussaz der Häuser nennet, eben das sei, davon ich auch in meinen Arabischen Fragen (s. J. D. Mich: Fragen an eine
Gesellschaft gelehrter Männer, die — nach Arabien reisen. Frankfurt am Main 1762. No. 12. gehandelt habe."
      In meiner Antwort hierauf bezog ich mich, die mutmaßliche Ursache des Eislebischen Stein-
krebses anzugeben auf das was ich wegen der des Bernischen gemutmaßet, und erwähnte zugleich,
daß der zerfressene Stein zu Eisleben vielleicht nicht ein Marmor, der jedoch, aus gleichen Ursachen, gleich-e
Zerfressung erfaren könte, sondern nur ein Alabaster, der weicher und noch zerstörbarer, als Marmor, ist,
sein möchte, weshalb ich gewünschet hätte, mit mehrerer Gewißheit zu urtheilen, ein Stükchen davon zu haben
wünschte. Was aber die Stelle im 3 Buche Mosis, Cap. 14. V. 34 — 48 seqq. anlangte, so wünschte ich,
daß die Art Steine möchte bestimmet werden können, aus welchen im Lande Canaan die aussäzigen Gebäude
aufgeführet gewesen. Sie möchten aber, welcher Art sie wolten, gewesen sein, so schiene der 37 V. der
von gelben und röthlichen Grüblein spricht, den Ursprung dieses Aussazes, aus Kiesen nemlich, zu verrathen. Denn, daß diese, man sie verwittern, gelbe, auch wol rothe Erde zurük lasen, oder die anlie-
gende Erde so färben, sei bekant, wie besonders der Rammelsberg an seinem Misi und Sory zeige.
      Ich erhielt hierauf zur Antwort: daß von welcher Steinart die Cananitischen Gebäude gewe-
sen seien, sich historisch nicht bestimmen lasse. - - - Von dem Eislebischen Stein würden vielleicht Proben
überkommen — " Diese Proben sind jedoch nicht erfolgt.

Von dem Sandstein bemerke ich zweierlei Arten. Die eine ist dunkelgrau, die andere weisgrau. Jene zeiget glänzende weisliche und schwärzlich grüne, diese aber nicht so deutlich von Farbe zu unterscheidende Quarzkörner, als welche durch den zu viel eingemischten Thon beschmuzt und überzogen worden zu sein scheinen. Auch zeigen in jener Art sich wenige, in dieser mehrere Glimmerstitschern. Man bricht, oder vielmehr, man schneidet mit Sägen den einen wie den andern, in der Entfernung kaum einer halben Stunde von der Stadt, aus der Erde, und zwar finden sich beide Arten beisammen, so daß der weisliche zu oberst, der dunkelgraue zu unterst stehet. In der Grube sind sie sehr weich, und können also überaus leicht und sauber bearbeitet werden; nachher werden sie durch Zeit und Luft härter. An Kirchen habe ich davon geschnittene Säulen gesehen, die in einem Stükke 20 Fus Länge hatten. Die Nachbarschaft und anfängliche Weiche des Steines ist nun den Bernern von unendlichem Nuzen: denn sie finden sich dadurch in Stand gesezet, so wol geschwinde als wohlfeil zu bauen, wie denn die mit Bildhauerarbeit ausgezierte ganze façade eines mittelmäßig grossen Hauses von 100 zu 200 Thalern, das Kluster nemlich, jedoch das Leere in den Fenstern mit gemessen, nicht höher als 16 Thaler zu stehen komt. Nur ist es verdrüslich, daß man nicht sicher sein kan, daß nicht hie und da ein Stük mit eingemauert werde, das nachmals krebsigt wird, und dan ein übles Ansehen gewinnet, wiewol so viel gewis ist, daß die dunkelgraue Art diesen Fehler niemals, oder doch sehr selten zeiget. Auch habe ich Häuser angetroffen, die 100 und mehr Jare alt waren, und doch noch ganz glatte Mauern hatten, da hingegen manches neuern Hauses Mauern wie geschunden aussehen.

Was nun den wilden Marmor anlanget, so bedienet man sich desselben hauptsächlich nur zu Eksteinen und zu Unterlagen von Säulen und Thürpfosten. Denn, er ist überaus hart, und läßet sich etwas schwer poliren. Man solte ihn für Kiesel halten, welches ihm auch wol dem Namen eines wilden Marmors mag zugezogen haben. Denn, ein Marmor, ein Kalchstein ist er dennoch, und wird von Salzsäure stark angegriffen. Von Farbe ist er schwärzlich mit weissen Adern, welche Spaht sind. Ich habe mich gewundert, daß, ungeachtet seiner ungemeinen Härte, er doch, dem Schiefer ähnlich, gern nach blätterigten Richtungen zerbricht. Er findet sich, übrigens, ebenfalls in der Nähe der Stadt, z. B. da, wo der neue Weg, nach Solothurn zu, gemacht ist, und der wol verdienet, daß ich Ihnen ein Wort von ihm sage.

Die Einfahrt in die Stadt, von Solothurn und auch Thun her, ist sonst sehr steil und schlim gewesen. Es war ein warhaft grosses Unternehmen, diese zu verbessern, und in den Stand zu sezen, worin sie sich jezo befindet. Allein, dabei hat man auch nichts gesparet. Man hat dazu eigends eine schöne neue Brükke gebauet (c), dan den Berg zwiefach

_____

(c) Die Brükke ist nicht neu erbauet, sondern nur ausgebessert, und um etwas erhöhet worden. — J. J.

durchſtochen, dan die im Wege geſtandenen wilden Marmorfelſen ꝛc. weggeſprengt, das
Einſtürzen durch angelehnte treflihe Mauern verhindert, wodurch die Gegend vor der Brüke
das Anſehen einer Terraſſe erhalten, welche man dan zur Zierde noch mit langen Reihen
von Lindenbäumen bepflanzet, endlich auf der Höhe dieſer ſchönen Straſſe ein ſteinernes Denkmal geſezet hat, auf deſſen marmornen Mittelſchilde folgende Worte zu leſen:

*Civibus et peregrinis gratum opus*
*relicta veteri via*
*per loca praerupta ,*
*quo natura videbatur negare*
*Iter.*
*Factum atque munitum.*
*Incept. 1750. Abſolut. 1758. (d)*

Eine Arbeit, mein Herr, von 8 Jaren! die alſo gewiß von Erheblichkeit war. Mit
welcher inniger Luſt muß man nicht ein ſolches Denkmal von einer ſo gemeinnüzigen Arbeit anſehen! wie angenehm-abſtechend von ſolchen, die durch Menſchenblut errungene Siege
und Verheerungen vormals glüklicher Länder der Nachwelt überliefern!

In den beiden Tagen, die ich hier geweſen bin, habe ich ſchon zweimal einen Garten beſucht, der einem Berner Edelmann, oder Junker, wie man hier ſagt, dem Herrn
von Tavel, zugehöret. Sie werden daraus abnehmen, daß er mir gefallen haben müſſe.
Er liegt in der Gegend des erwähnten Hoſpitals, und war vorher ein wüſter Plaz, den
Herr von T. gekauft hat (e). Dieſer hat, wie es ſcheinet, Zutrauen genug zu ſeiner Theorie und Erfarung vom Garten- und Landbau gehabt, den ſehr groſſen Plaz mit einer Mauer
einfaſſen zu laſſen; und ſein Unternehmen iſt ihm auch, in ſo fern, wol geglükket, daß ungeachtet der Garten noch in ſeiner Kindheit iſt, doch ſchon die Mauern von den ſchönſten
Spalierbäumen grünen. Alles in dieſem Garten zielet blos auf den Nuzen ab. Daher wird
man auch darin keines einzigen ledigen Flecks gewar. So gar, ſtehet zum Zuwachs, zwiſchen
jedem Paar der Spalierbäume überall ein kleinerer, den man ſo bald wegnehmen wird,
als jene durch ihre Ausbreitung es erfordern werden. Durch die ganze Fläche des Gartens aber ſind, lauter Reihen von rund und ganz niedrig gezogenen Obſtbäumen gepflanzet, und
dazwiſchen iſt das Land bald mit Klee, Lucerne, Eſparcette für das Vieh, bald aber Gemüſe und Indianiſcher Hirſe beſezet. Miſtbeete ohne und mit Fenſtern habe ich hier gefunden, worauf Melonen gezogen werden, und hin und wieder verſchiedene Erfindungen von
Bienenkörben und Häuſern, welche leztern aber blos zu Proben und Verſuchen dienen ſol-

d) ſ. Herrl. Cop. 2. S. 113. der neue Weg.
(e) Für etwa 10 oder 11 tauſend Fl. Er hat dem Garten den Namen Monbyon (nicht vielleicht Monbijou? A.)
gegeben. — J. J.

len. Eine Art Trauben, so nicht viel über ½ Zoll dik und 1½ Zoll lang und fast spindelförmig sind, sind mir auch in die Augen gefallen, die ich nicht kenne; man sagte mir, daß sie aus Spanien oder Portugal wären. Kurz, dies ist ein Muster eines Haushaltungsgartens, und der, ob er gleich erst vor 8 Jaren angelegt ist, schon mehr als die Zinsen des angewandten Capitals eintragen sol: welches ich indessen dahin gestellet sein lasse.

Mitten im Garten ist ein grosser Hügel von Steingries, womit vorher fast der ganze wüste Plaz angfüllet gewesen ist. Dieser wird jezo noch weggeräumet. Unter solchem liegt Sand, auch läßt Herr v. T. selbst den Steingries sichten, um das Feinste davon im Garten zu behalten, und unter dem Sande scheinet Leimen zu liegen. Durch Vermischung dieser beiden Erdarten entstehet aber, bekanter massen eine dritte oder mittlere, die fruchtbar ist. Ausserdem hat' dieses durch Düngen zu befördern, Hr. v. T. eine grosse tiefe Grube im Garten aufmauern lassen, in welcher er von der rohen magern Erde, und von abgefallenem Laube, und Holzsplittern, auch Mist, Schichte aufhäufen, und von Zeit zu Zeit Wasser dazu hinein läßet.

Aber, ich habe Ihnen, mein Herr, oben die Indianische Hirse genant, die ich hier angetroffen. Diese kennen Sie vermuhtlich nicht, ob Sie gleichwol in botanischen Gärten gesehen haben können. Es ist solches die Melica sive Sorgum Dod:, das Milium arundinaceum subrotundo semine, Sorgo nominatum C. B., und beschrieben und abgemalet beim Morison. in Hist. plant. 3. pag. 196. Sect. 8. Tab. 5. Milium, 7., kurz der Holcus Sorgum Linn. Wo irgend eine Getreidart verdienet im Grossen gebauet zu werden, wie Herr v. T. hier, vermuhtlich zuerst, den Versuch gemachet, so verdienet es gewis diese Hirse, denn sie kömt, wie der Boden des Gartens zeiget, in der schlechtesten Erde fort, erfordert wenig Düngung und Arbeit, hat vom Diebstahl der Vögel nichts zu fürchten, trägt ausserordentlich vielfach, und scheinet doch den Boden, in Vergleichung mit der Erndte, die man davon zu gewarten hat, nicht sehr auszusaugen. Mehr will ich Ihnen von dem Bau und Nuzen derselben jezt nicht sagen. Her v. T. wird davon vermuhtlich selbst wol Erfarungen bekant machen. Was meinen Sie, wollen wir nicht versuchen, diese Hirse in unserm Vaterlande gemein zu machen? In der That, wir müssen es. Ich wil mich bemühen, Samen davon zu erhalten, und Ihnen solchen mitbringen. Und dan wollen wir allen denen davon mittheilen, die Lust und Patriotismus genug haben werden, uns unsern Zwek erarbeiten zu helfen (f). Schreiben Sie unter meinen Brief, den ich nun schliessen wil, so-

_____

(f) Da in dem Bernischen Calender, oder hinkenden Boten, von 1764. eine weitere Nachricht von der Indianischen oder Mohrenhirse erschien und mir zu Händen kam, so theilte ich dieselbe im Jan. 1765. zum Abdruk dem Intelligenzcomptoir in Hannover mit; und schon vorher hatte ich, zur Austheilung an Liebhaber, eine Parthei Samen von dieser Hirse eingeschikt. Erstere wurd abgedrukt, und letzterer vertheilet. Ich wil aber jene hier nicht hersetzen; ich wil, was ich über ihre Cultur in meinem Garten - - angemerket und im April 1765. bekant gemacht habe, hier nicht wiederholen; ich wil vielmehr freimühtig hiemit erklären, und offenherzig gestehen, daß ich unser Clima der Cultur dieser Hirse nicht angemessen glaube: worin auch unser vortreflicher Professor der Oeconomie, Herr Beckmann, in Göttingen, zufolge seinen in dem ôcom. Uni-

gleich die Namen der Personen wieder, deren Bereitwilligkeit zu dergleichen Ihnen im voraus bekant ist. Der Raum, den ich hier übrig lasse, wird doch dazu nicht zu enge sein? Er ist ja, sehen Sie nur, fast ¾ Zoll breit.

Bern, den 24 Sept. 1763.

---

verständigarten gemachten Erfahrungen, mit mir übereinstimmet: denn, nicht nur meine damaligen Versuche, sondern auch die nachherigen von mir und andern, an die ich wiederum und zwar 4 lb. frischen Samen ausgetheilet hatte, vorgenommene haben klärlich gezeiget, daß unser Herbstfrost zu früh komt, um den Samen reifen zu lassen. Nur ein Theil davon hat seine Schwärze und Reise erlanget, der ungleich größere ist weislich und unreif geblieben. Es scheinet derowegen diese Indian. Hirse wärmern Himmelsstrichen, als der unsrige ist, gewidmet zu sein: welches freilich zu bedauren, da ihre Vervielfältigung, wie ich erfahre, überaus beträchtlich ist, ja, in der Schweiz, laut Nachrichten daher, der unermüdete Bernische Oeconome, Herr Tschiffeli, 1764 so glücklich mit ihrem Anbau gewesen ist, daß Er von nur 6 lb. Einsaat 1300 lb. Hirsen gewonnen, folglich eine mehr, als 120 fältige Erndte das mal gehabt hat. — R. Z.

Von dem Bernischen Calender, dem hinkenden Boten, dessen ich, zu Anfang dieser Erwähnung gethan, muß ich noch sagen, daß derselbe, schon gewöhnlich, Aufsätze enthält, die die Erweiterung und Verbesserung des Feldbaues, zur Absicht haben. Eine gewiß vortresliche Einrichtung! denn, welches Vehiculum ist wol so bequem, etwas, das man zur Belehrung für den gemeinen Mann bestimmt hat, vor seine Augen zu bringen, als Calender? Andere und größere Schriften erreichen diesen Zwek nicht. Solte es denn nach nicht vortheilhaft für den niedrigern Theil unserer Landwirthe sein, wenn wir in unsere Calender auch Nachrichten einrückten, die ihm zuverlässig neue wären. Entdeckungen bekant machten, und ihn, über dießfalls Versuche, anzustellen, ermunterten? Die dem gemeinen Manne so schätzbaren kleinen Hißbüchern, um deren willen er oft ausländische Calender kaufet, wolte ich darum eben nicht ganz verdränget wissen: aber ich wünschte, daß die Auswahl derselben nicht blos der Willkühr des Calenderschreibers, sondern Männern anvertrauet würde, die hinlängliche Einsicht und Geschmak haben, solche Erzählungen auszusuchen, welche sowol eine eindringende Moral darbieten, als an sich unterhaltend sind. So befindet sich z. B., in dem Bernischen hinkenden Boten, von diesem Jare, die Geschichte des unglücklichen Calas, die gewiß niemand, auch der Unempfindlichste nicht, ohne Rührung lesen wird; und die von Annette und Lübin, aus dem Marmontel, — Es verstehet sich, daß alle dergleichen Aufsäße und Erzählungen nicht in einem zu gekünstelten, sondern solchem Styl geschrieben sein müßten, der, bei der möglichsten Kürze, doch faßlich und für diejenigen verständlich genug wären, deren Unterrichte man sie bestimmet hätte. — NachE: v. 1765.

Meine Wünsche sind nicht vergeblich gewesen, sondern, zum Theil, wirklich schon in Erfüllung getreten. 1765 sind bei uns zwei neue Calender erschienen, nemlich der Haushaltscalender, und der Arzneicalender, beide zu Lauenburg, wo bisher auch die weniger nützlichen Calender gedrukt wurden, herausgekommen. In beiden ist verschiedenes belehrendes, und beide werden so fortgesetzt werden.

Möchten doch diese unsere, und die künftigen noch mehr verbesserten Calender, eben die glückliche Wirkung auf unsern Landmann haben, als ich hier von den neuern Baßlern Calendern zu erwähnen im Begrif bin: Ein Freund, von dorten, schrieb mir im Maj 1764 „Auch der Baseler Calender ist, seit diesen 2 Jaren mit Aufsäzen, zur Aufname der Agricultur, gemeinnüziger versehen, und, was, leider! nicht immer dieselbe Folge zu sein pfleget, so ist schon ein und anderer Vorschlag in Ausübung gebracht worden. Es ist nun nichts seltenes, an den unfruchtbarsten Hügeln, wo vorher weder Holz noch Gras gewachsen, die allerschönste Esparcette zu sehen. Selbsten in diesigen sind deren zu sehen, welche Verwunderung erwekken, indem der Eigentümer, seit der Besßung mit Esparcette, einen so mal größern Nuzen ziehet, als vorher, da es Weide oder Feld gewesen."

Ein gewisser angesehener Mann, in der Schweiz, wünschte, daß nicht so wol in Calendern, die der Bauer, der doch die mit Mährchen angefüllte saufte, oder die öconomischen, wenn auch gesauft, verwürfe und vergäße, — als in besondern wenigen Bogen, und zu einem niedrigen Preise, öconomische Aufsäze, in einem ihm faßlichen Stiel, wie zu Zürich geschehe, mitgetheilt würden. Auf diese Weise würde der Bauer eine kleine landwirthschaftliche Bibliothek sammeln. Allein, der unsrige müßte, glaube ich, solche Bogen alle und jedes mal umsonst haben; kaufen würde er sie. selbst um ein Branntweingeld, nicht. A. — R. Z.

Jezt, beim Abbruk dieses, haben sich die Umstände, die mir den Schlus des obigen Briefes gleichsam in die Feder dictiret, zum Vortheil unsers Landes, sehr verändert, so daß ich mich einer Ungerechtigkeit schuldig machen würde, wenn ich solches hier nicht anzeigte. Die Zusammentretung einer öconomischen Gesellschaft, und die Bemühungen eines Herrn vom ersten Stande, der den Hausvater schreibt, davon hier am Ende des vorigen Jares das 1ste Stük herausgekommen ist, beweisen es. Diese Erinnerung gilt auch für den Schlus des folgenden 33sten Briefes.

Hannover im Januar. 1765.

Ein

### Ein und dreißigster Brief.

Mein Herr,

Ich habe gestern Vormittag den Herrn Elie Bertrand, Prediger bei der französischen Kirche hieselbst (*), kennen gelernet. Er ist derselbe, der die Mémoires sur la structure intérieure de la Terre, das Dictionaire Oryctologique, und mehreres geschrieben hat. Herr B. hat die Gefälligkeit gehabt, mir seine Naturaliensamlung sehen zu lassen. Diese bestehet in einer Anzahl mittelmäßiger Conchylien, etwas Corallen, etwas Erzen, am meisten aber Marmoren, Felssteinen seiner Art, und dergleichen; auch sind einige Cristalle da, und ein grosser Theil Versteinerungen. Unter diesen habe ich gleichwol keine vorzüglich seltene Stükke beobachtet. Ein Paar grosse Ammoniten, und ein dergestalt durchbrochener, daß man die offenen Kammern darin sehen kan, der aber nur eine Hälfte war, machen vielleicht vom Ganzen das vornehmste aus. Die Samlung von einfachen und zusammen gesezten Rädersteinen habe ich sehr mangelhafte gefunden, und kein Encrinus ist da.

Man siehet übrigens, bei dem Herrn B. noch verschiedene Modelle von ökonomischen Maschinen. Z. B., die (a) zu Ausreissung von Baumstämmen aus der Erde; Schwedische Pflüge; eine Cäemaschine; Arten von Bienenhäusern, die, zum Theil den Vorzug haben sollen, daß man, wo ich nicht irre, beim Ausnehmen des Honigs ꝛc. nicht nöthig habe, Bienen zu tödten. Allein, dieser Grausamkeit kan man bei den gemeinen Körben auch überhoben sein, so wie man mich versichert hat, daß man im Baseler Gebiete sie auch wirklich nie tödte. Was unter diesen und den übrigen Werkzeugen sich in der That nützlich beweisen wird, das werden dereinst die hiesigen ökonomischen Schriften deren Abdruk in Zürich angefangen ist, und nun in Bern fortgesetzt wird, erzählen.

Weit mehr Aufmerksamkeit, als des Herrn B. Samlung, verdienet das Naturaliencabinet, welches sich zu Stettlen, einem Bernischen Dorfe befindet, das nur 1 Stunde von der Stadt entlegen ist. Der Eigentümer desselben ist der Pfarrer, Herr Daniel Sprünglin, ein Einsichtvoller Natur ꝛc. Gelehrter (**). Ich bin gestern Nachmittag zu Ihm gefaren. Ich finde eine Ehre in der Bekantschaft dieses Mannes, und sein Briefwechsel wird mir zu einer besondern Genugthuung gereichen. Seine sehr schön aufgesezte Samlung enthält eine ausgesuchte Parthei von Versteinerungen, schöne Cristalle, viele andere Steine, besonders Marmore, worunter ein ganzes so genanntes Studium von Italienischen und alten

N a

(*) Herr Bertrand ist schon seit vielen Jahren nicht mehr zu Bern, sondern haltet sich nun nicht weit von Yverdun auf seinem Landgute auf. J. S. W. 1775.
(a) Von dieser s. den 1sten Band der Berner ökonom. Saml. — S. Z.
(**) Herr Sprünglin hat nun seine Pfarrey verlassen, um sich auf sein nahe bei Bern gelegenes Landgut zu bearbeiten, woselbst er, wegen seiner schwachen Gesundheit, sein Leben in der Stille nun zuzubringen gedenket. J. S. W. 1775.

befindlich ist, dergleichen man in Italien für 30 Zechinen erkauft, und allemal 120 Arten in sich begreifen sol. Der Vorrath von Erzen ist gleichfalls beträchtlich, und enthält die meisten von denen Stüffen, die Knorr besessen und abgemalet (b) hat. Die vorhandenen Coburgischen jaspidäischen Hölzer sind auch schön, und noch schöner der größte Theil der gesammelten Conchylien, worunter ich ein Paar Ober-Admirale und einen Admiral von Oranien bemerket, und ein verkehrtes Buccinum (c). Endlich, und welches ich für das Schäzbarste von allem halte, so pranget hier, hinter Glas verwaret, eine Menge der schönsten ausgeköpften Vögel, die, da alle bisher bekante Bestreuungen und sonstige Mittel, zur Abhaltung der nagenden Würmer, unzulänglich sind, Herr G. wieder diese glüflich, aber mühsam, dadurch sichert, daß er sie alle Sommer aufs neue in einem Ofen dörret.

Es erstreffet sich aber diese Samlung allein auf die Schweizerischen Vögel, die entweder beständig sich in diesem Lande aufhalten, oder nur des Sommers sichtbar sind und hier brüten, oder die blos zur Frühlings- und Herbstzeit ihren Zug durch die Schweiz nehmen, dergleichen die meisten Sumpfvögel sind, die häufig und von grosser Mannigfaltigkeit hier durchziehen.

Dieser Schweizerischen Vögel hat Herr G. gegen die 200 Gattungen zusammen gebracht, und nach der Erfarung, die er davon hat, dürften nur noch bei die 25 Gattungen mangeln: so wären alle bei einander, die die Grenzen der Schweiz betreten.

Unter diesen 200 Gattungen sind einige hier selten, in andern Ländern aber nicht, und im Gegentheil sind andere hier gemein, anderswo aber selten anzutreffen. Einige hat die Schweiz mit den nordlichsten Ländern gemein, andere sind eigentlich Bewoner der wärmern Erdstriche; und wie die Schweizerischen Alpgebürge mit den nördlichsten Pflanzen prangen, also hat Herr G. auf denselben einige Gattungen von Vögeln entdeft, die man bis dahin in dem kalten Norden allein zu Hause geglaubt. Von allen diesen hat Herr G. die Güte gehabt, mir einige der merkwürdigsten schriftlich aufzuzeichnen, und zwar nach den Namen des Brisson (d). Mit einem grossen Vergnügen, mein Herr, theile ich also Ihnen nun dieses Verzeichnis mit, und zwar in den eigenen Worten des Herrn G.

1) Aus dem Genere der *Lagopodum* besitze ich, sagt Er, den Urogallum majorem, minorem, Attagen, und Lagopogum oder Schneehuhn, in seiner ganz weissen Winter- und in seiner braungeffekten Sommer-Kleidung. Diese Schneehühner befinden sich in einer sehr grossen Anzahl in den Schneegebürgen, und werden järlich eine grosse Menge derselben erlegt.

2) Aus dem Genere *Perdicum*, die Perdix graeca, bei uns Pernise; ist ziemlich gemein in den mittelmäßigen Gebürgen.

---

(b) in Deliciis Naturae selectis — herausgegeben von G. W. Knorr. Nürnberg 1754.
(c) das Bucrin unique des Dargenville, in seiner Conchiliologie Tab. 12. fig. G.
(d) l'Ornithologie par Mr. Brisson. à Paris in 4to. 1760.

3) Aus dem Genere *Aquilarum*, der Aquila simpliciter; ziemlich gemein auf den mittelmäßigen Gebürgen.

4) ex Gen. *Vulturino*, der Vultur aureus, der mit ausgedähnten Flügeln 9 Schuhe in der Breite hat; ist aber noch nicht von den größten, und giebt es deren, die bis 12 Schuhe haben (e).

Dieser Vogel ist unsern höchsten Gebürgen eigen, aber viel seltener, als der Adler. Er thut dem Wilde grossen Schaden, und schonet der Lämmer und Geisen nicht, daher er bei uns Lämmergeier heisset. Die Erzählungen, so von durch diesen Vogel geraubten Kindern öfters gemacht worden, sind meistens erdichtet.

5) ex Gen. *Emberizarum*, der Hortulanus, und Hortulanus nivalis, oder Emberiza nivalis, Linnaei. Letzterer ist ein seltener Vogel, außer in dem kältesten Norden und auf unsern Schneegebürgen, wo er ziemlich gemein ist. Bis dahin wußte man nicht, daß er auch der Schweiz eigen sei.

6) ex Gen. *Certhiarum*, die Certhia muralis. Dieses schöne Vögelein ist häufig bei uns, aber nur im Winter sichtbar, da es zur Sommerzeit vielleicht die unbewonten höhern Gebürge suchet.

7) ex Gen. *Picorum* sind 7 Gattungen vorhanden, darunter der Picus viridis Norvegicus, und der Picus tridactylus Linn., welcher letzterer in unsern mittelmäßigen waldigten Gebürgen nicht selten angetroffen wird, da man sonsten dafür hielt, als wenn er nur in Schweden, Sibirien, und bei der Hudsonischen Meerenge vorhanden wäre.

8) ex Gen. *Apiastri*, der Apiaster simpliciter; ist selten bei uns, so oft er hingegen in den mehr gegen Mittag gelegenen Ländern gefunden wird.

9) ex Gen. *Numeniorum*, der Numenius viridis; wird zuweilen Frühlings- und Herbstzeit beim Durchziehen geschossen.

10) ex Gen. *Ardearum* sind 8 Gattungen vorhanden, darunter die merkwürdigsten Ardea candida, oder Arbardeola, und Ardeola oder le Blongios. Die Menge Fischweiher, Seen, Flüsse, und Bäche unsers Landes, ladet auch viele Reiger zu uns ein, deren die meisten Arten aber im Winter verschwinden.

11) ex Gen. *Phalaropi*, der Phalaropus cinereus; ist sehr selten bei uns.

12) ex Gen. *Colymborum* sind 4 Gattungen vorhanden. Der Colymbus simpliciter; komt im November in unsere Landsee, und ziehet Anfangs März wieder weg. Bei Grandson auf dem Neuchateller See werden alle Winter eine ziemliche Anzahl geschossen, theuer verkauft, und zu Frauenzimmermuffen etc. angewendet. Der Colymbus cristatus und Col. cornutus besuchen uns auch zuweilen.

14) ex Gen. *Merganseris*, der Merganser simpliciter, welcher nebst andern Gattungen, in herber Winterkälte uns besuchet.

14) Der Avocetta zeiget sich auch zuweilen auf unsern Landseen.

Aa 2

1ſ) Der Himantopus, und Haematopus.  Erſteren habe ich lange nicht erhalten
können, weil er ſehr ſelten bei uns iſt.

Dies kurze Verzeichnis iſt nun, dünkt mich, hinlänglich, um daß man ſich daraus
einen Begrif von dem Wehrte der ganzen Samlung machen kan.  Denn, es ſind ſonſt noch
verſchiedene merkwürdige Vögel da, die Hr. S. übergangen (f).  Um deſto mehr wünſche
ich aber, daß Er dereinſt einen ausführlichen Catalogum der Schweizeriſchen Vögel zuſammen
ſchreiben möge, und ich habe Urſache zu hoffen, Er werde es thun.  Von der Bibliothek
dieſes Mannes wil ich Ihnen nichts ſagen, als daß ſie weniger zahlreich, als wol gewählet iſt, und ſie enthält viele der zur Naturhiſtorie gehörigen beſten Werke.

Abends um 7 Uhr bin ich von Stettlen wieder in Bern gekommen, ½ Stunde von
wo, zu beiden Seiten des Weges, ein ſtarker Anbruch des beſchriebenen Sandſteines zu ſehen iſt, den man hier zum Bauen gebrauchet.

Dieſen Morgen hat mich ein Freund in die ſo genante Inſel geführet.  Dies iſt
ein neues Hoſpital, und ſelbſt in der Stadt gelegen: ein ſehr groſſes prächtiges Gebäude.
In dieſes Hoſpital nimt man arme Kranke umſouſt auf; ſie werden darin nach Möglichkeit
geheilet, überaus gut verpfleget, und ſehr reinlich gehalten.  Jedweder Kranke hat für ſich
ein eigenes Bette mit grünen Umhängen: daher die Anzahl der Aufgenommenen gewöhnlich
nur ſo iſt.  Eine abermalige, der Stadt zu groſſer Ehre gereichende Stiftung (g)!

_____

(e) (f) ſ. den beſondern Anhang zu dieſem Briefe.
(g) das Krankenhaus, die Inſel, ward auf der Stelle eines ehemaligen Beguinen-Nonnenkloſters aufgeführt.
     Das ganze ſehr räumliche Gebäude iſt glatt von gehauenen Steinen erbauet, und allein zu einem Wund-
     ſpital beſtimmet, da, theils durch den nahe anwohnenden Wundarzt oder Operatorn und durch übrige von
     der Obrigkeit beſoldete Stadtwundärzte, die Schnitte und Wundbeſchäftigungen vorgenommen werden.  Die
     Kranten, ſowol Männer als Weiber, haben beſondere geräumige Zimmer, jeder Kranke ſein eigenes Bette,
     und hiezu beſtellten Wärter und Wärterinnen, auch einen im Hauſe wohnenden Geiſtlichen.  Es werden hier
     noch für plötzliche Unglücksfälle beſondere Bette vorrätig gehalten, um die etwa herzebrachten Verwunde-
     ten und Beſchädigten ſogleich aufzunehmen.  Die Bedienung des ganzen Hauſes durch Wund- und Stadt-
     ärzte, die Wartung und die gänzliche Beſorgung der Kranken, nach ihren Umſtänden, in Nahrung, Heil-
     anitteln, Verband, Wäſche, geſchiehet auf Obrigkeitliche Koſten, und ohne einige Anfoderung an jeman-
     den.  Nach der Heilung wird der Patienten mit derſelbe dem geſamten Collégio medico und chirurgico, unter
     Vorſiz einer Magiſtratsperſon, vorgeſtellt; der Wundarzt für jede glückliche Heilung, nach einer beſtimmen-
     den Vorſchrift, beſonders belohnet, und der Geneſene ſo dan, nach Bedürfnis, mit Kleidern und Geld
     beſchenkt, nach Hauſe gelaſſen, oder mit einem Reiſegeld noch einem Geſundbrunnen oder Bad geſchikt.
     Einige Zimmer in der Inſel werden auch, aber nur für Bürger, aufbehalten, welche, wenn ſie kränklich
     oder ſchadhaft ſind, ſich um ein billiges auf Lebenslang hinein kaufen können.  Somit aber werden zur Hei-
     lung und Verpflegung, in dieſes Haus Bürger, Handwerker, Bediente, alle Unterthanen und Bauers-
     leute, auch, auf einige Anempfehlung, Fremde, ohne Entgeld und alles auf der Regierung Rechnung auf-
     genommen. —
          Das andere groſſe Krankenhaus, ſchlechtweg Spital genant, welches eigentlich auſſerhalb der
     Stadt, doch naherts dem Wall und zwiſchen den Thoren ſtehet, iſt ſowol zu Aufnehmung und gänzlicher
     Verpflegung der kranken Bürger und Unterthanen, zu Beherbergung aller armen Durchreiſenden, welcher
     Religion ſie immer ſeien, als zu einem Zuchthauſe beſtimt: da in dem äuſſerſten Theile deſſelben verwahrte
     Zimmer liegen, in denen man liederliche, oder wegen einiger Verbrechen einzeſezte Bürgersleute gefunden
     hält.  Zu Beherbergung der armen Durchreiſenden, ſind zwei groſſe Paſſaguerſtuben; das übrige des Hauſes
     iſt zu den Krankenzimmern, für die Capelle, den Verſammlungsſaal der obrizeitlichen hohen Direction, für

Nachher haben wir die Funkische Werkſtätte, wo Marmor aus dem Grindelwalde, von Oberhaßli, und von Roche, ꝛc. ins Feine verarbeitet werden, beſehen. In groſſen Stüffen fallen manche ſehr ſchön aus.

Der von Oberhaßli, worunter der Marmor verſtanden wird, der ſich von Oberhaßli bis oben hinauf an dem Scheidegg findet, von welchem leztern ich, in meinem Briefe von Thun, ein rohes Stük angefüret habe, hat oft eine klumpenartige Zuſammenſezung aus mancherlei gefärbten Stüffen, mit bald höherer, bald blaſſerer röthlicher Grundfarbe. Ein anderer iſt, durch und durch, angenehm purpurröthlich mit ſchwärzlichen Flekken. Ein anderer iſt weißlicht mit röthlichen ſehr kleinen, in dergleichen gröſſern liegenden, Flekken, vol von Riſſen, die mit grünlicher und grünlichgelber Materie angefüllet ſind. Und, endlich, ſo iſt ein anderer wiederum ganz und gar weis.

Der aus dem Grindelwalde hat eine bleichrothe Grundfarbe mit einigen grünen Flekken, und mit vielen zarten Riſſen, in die ſich eine grünliche und ochergelbe Materie geſezt hat. Dies iſt der Marmor aus demjenigen Bruche, der jezt mit dem Eiſe des Gletſchers bedekt ſein ſol.

Den Marmor von Roche übergehe ich jezt: denn ich werde dieſen bei Roche ſelbſt noch näher zu betrachten Gelegenheit haben, und Ihnen dan eine Anzeige davon thun.

Der Marmor von Bären iſt, höher oder blaſſer, gelblich, mit oft eingeſprengten dunklern roſtfarben Flekken.

Der von Belpberg, ſchwarz mit weiſſen Flekken und Adern.

Der von Merligen ſchmuzig ſchwärzlich mit aſchgrauen unordentlich gefloſſenen concentriſchen Kreiſen, wo ſolche nicht vielleicht von kleinen Muſcheln ihren Urſprung haben.

Der ſogenante Marmor von Blyp, der weis ausſiehet, iſt kein Marmor, ſondern ein Alabaſter.

Man ſchikket von allen dieſen verarbeiteten Marmoren nach Frankreich, Deutſchland, England: ja, neulich iſt davon gar nach Rußland gegangen.

Sie können leicht gedenken, mein Herr, daß ich nicht verſäumet habe, von den ge-

---

die Wohnung des Spitalverwalters, des Wundarztes, und des Geiſtlichen eingerichtet. In der Mitte des Gebäudes iſt ein geraumer Hof, mit einem marmornen Brunnen gezieret, da die von ihrer Krankheit hergeſtellten zuvi ändern und ſpazieren mögen. Die Beſorgung dieſes Spitals geſchiehet durch die obrigkeitlich-beſoldeten Stadtphyſicos, nach einer feſtgeſezten Inſtruction: und die gänzliche Verpflegung der Paſſagiers und der Kranken im Hauſe, die Reiſekoſten der erſtern, die Mittel und Narung der übrigen, werden auf der Regierung-Unkoſten frei, und ohne einige Zurükforderung, bezeichnet. In dieſem Hauſe werden, um ein billiges Tiſchgeld, auch wol Herrſchaften und bürgerliche Perſonen vom Stande aufgenommen, welche als unglükliche Wahnſinnige eine gewiſſe Verwarung erfordern. Vor Erbauung dieſes groſſen neuen Spitals war ein altes mitten in der Stadt, das man für die nöthig erachtete weitläuftigere Beſtimmung zu klein befand.

Es ſtehet dieſes Gebäude gänzlich frei und ſtöſſet an kein anders an. Es iſt vor 40 Jahren erbauet, und die Baukoſten allein haben ſich über 350000 fl. belaufen. ⸺

⸺ Aus Bern mir mitgetheilt im Febr. 1777.

samten Arten einige kleine Mustertafeln mitzunehmen; man verkauft sie aber nicht wohlfeil.
Etliche Stükke Italienische habe ich zugleich mit bekommen.

Die Mühle, wo diese Marmore gesäget oder geschnitten werden, liegt an der Aare,
und hat von Erfindung nichts besonderes.

Um 11 Uhr habe ich die Stadtbibliothek gesehen. Die Anzahl der Bücher, die sie
enthält, ist so beträchtlich nicht, wol aber die der Handschriften, deren etliche 100 sind, und
darunter einige selbst aus dem siebenten Jahrhundert. Es ist kürzlich davon der Anfang eines
Catalogi in Druk gekommen (h).

Unter den hieher geschenkten Büchern fand ich die Antiquitates Herculanei.

Die Bildnisse der meisten Schultheißen von Bern sind hier, und eines von unserm
Georg dem Ersten zieret den Saal.

Ein Paar grosse Stralen Cristall, aus dem Haßlithale am Grimsel, die auf der
Bibliothek liegen, kan ich nicht unerwähnet lassen. Der eine derselben hat 2 Fuß Länge
und ⅔ Fuß Dikke; der andere noch mehr, und jeder können sie nicht viel leichter, als einen
Centner, wiegen. Ein Paar sehr schäzbare und seltene Stükke, heutiges Tages!

Der Kopf vom Wallroß, und eine Parthei verschiedener Naturalien wollen nicht
viel bedeuten, und sind von schlechter Beschaffenheit. Nur verdienet das Beingerippe eines
gedoppelten Kindes betrachtet zu werden, davon das eine mit dem andern blos durch das
Brustbein zusammen hält. Der Herr von Haller hat es der Bibliothek geschenkt, und, bekanter massen, öffentlich beschrieben (i). Die Handschrift davon ist hier.

Der kostbarere Theil dieser Bibliothek hat zwei Unfälle erlitten. . Aus der verhande-
nen Münzsamlung hat nemlich ein junger Mensch, der Zutrit zu ihr hatte, nach und nach
eine Anzahl der seltensten und kostbarsten entwendet (k). Und ein Paar Foliobände mit alter Mönchsschrift haben die vor den verschiedenen Kapiteln und Abschnitten des Textes prangenden maßivos Gold zu sein scheinenden, Anfangsbuchstaben dadurch verloren, daß gewiße

(h) Catalogus Codicum Bibliothecae Bern. edidit J. R. Sinner, Bibliothecarius. Tom. 1. Bernae 1760. —
— Herr Sinner gleichet nicht so vielen andern Bibliothecarien, die so gern ihren Manuscripten
ein höheres Alter beylegen, als sie wirklich haben, und ich habe Ursache, einige der Bernischen älter zu
glauben, als er sie ausgiebet. Es ist anzumerken, daß die Bernische Bibliothek einß durch die Bongarsische Bibliothek vermehret worden, indem sie von des Bongarßii Erben, Herrn Graviset, dahin verehret,
Er aber dagegen zum Bürger von Bern angenommen worden. Dennoch haben alle Gelehrte, durch Baile
verführet, geschrieben, diese so berühmte Bibliothek sei in die Heidelbergische verkauft und mit selbiger in die
Vaticanische gebracht worden. Allein, da die Heidelbergische Bibliothek erst 1621 dem Babst verehret, Graviset
aber schon 1612 zum Bürger von Bern angenommen wurde, so siehet man klar, daß damals die Bongarsische
Bibliothek schon in Sicherheit war, und nicht nach Rom gesandt werden konte. Jener Irrtum hat auch zu
vielen andern Irrtümern Anlaß gegeben, z. B. daß des Joh. Damasceni Glossarium graecum in der Vati-
canischen Bibliothek befindlich sei: allein, dieß so unschäzbare Werk befindet sich in der Bernischen und in
keiner andern. Man findet sich hier Mspt. Eusebii Chronicon, im Jar 700 geschrieben. — F. J. 1764. E.
(i) A. Haller Descriptio partus bicipitis unicorporei secti in Theatro Bernensi. 1735. Auch beschrieben und im
Kupfer vorgestellet in dessen Opusc. anatomicis Goett. 1751. pag. 150 — 254 Tab. 1 — 6.
(k) Die entwandten Münzen sind also bald wieder ersezt, theils durch eben dieselben, theils durch andere, so
daß itzt eine grössere Anzahl antiker Münzen, als vorher, vorhanden. — F. J. 1769.

Kinder Mittel gefunden, den Schlüssel zu dem Schrank, worin die Bücher verwaret wurden, habhaft zu werden, und dan die prächtigen Buchstaben zu ihrem Vergnügen, ohne Barmherzigkeit, mit der Scheere daraus weggeschnitten haben. Sind das nicht ein Paar hämische Streiche, die hier dem Apoll der leichtfertige Mercur gespielet?

Doch nichts mehreres hievon! Ich wil Ihnen lieber etwas von der Vorrahtskammer des Mars erzählen. Das Bernische Zeughaus ist zu berühmt, als daß ich es zu sehen hätte versäumen dürfen, so wenig auch meine Neugierde auf alte Härnische und Schwerdte, ja selbst auf neuere Waffen, gehet. Hier haben sie, in wenig Worten, das Wenige, so ich davon angemerket.

Eine Menge von Harnischen, o eine rechte grosse Menge! — das verstehet sich. — Und nun eine Parthei alter wunderlicher, jedoch sehr künstlich mit Helfenbein eingelegter Flinten: 120 bis 150 mögen es sein, die den Bernern wol völlig so angenehm und schäzbar, als ihre Harnische, sein können. Denn, Sie sollen wissen, mein Herr, daß solche ein Andenken von der Niederlage der Leibgarde des geschlagenen Herzogs Carl von Burgund sind. Indessen, was mir in dem Zeughause am merkwürdigsten geschienen, das sind die Kriegsgeräthe von heutiger Brauchbarkeit. Denn, außer mancherlei Gerüste dieser Art, befinden sich hier Flinten und Degen für, wie man sagt, 40000 Mann, und überaus schönes Geschüz von Metall, wovon so gar der größte Theil neu ist. Ich habe, so gut ich im Vorübergehen konte, die Stükke gezählet, Mörser, Haubizen, ½ Carthaunen, und grosse und kleine Canonen, und die Zahl 260 zusammen gebracht. Ein mächtiger Kriegsvorraht, in der That, den die weise Republik vermuhtlich nicht mit der besten Bildergalerie zu vertauschen geneigt sein würde!

Die Stadt unterhält auch ein Reithaus, das aber etwas klein ist, und daneben, zu ihrem Gebrauch, einige schöne Reitpferde. Ich habe 10 oder 11 gesehen.

Im Rahthause, welches schon alt ist, sind die Versamlungszimmer nach einer altväterischen Bauart angelegt, sonst aber schön genug. Besonders hat der Siz für den Schultheissen das Ansehen einer gewissen Hoheit. Ob sehr schiklich ein grosser Plan des Schlosses zu Versailles in dem einen dieser Zimmer hänge, das habe ich mich wol gehütet, zu fragen. Ich weiß nicht, ob der Himmel eine republicanische Seele in mich gehaucht hat, aber fast solte ich es denken; und vielleicht werden Sie, mein Herr, mir sagen, daß ich mich eines republicanischen Enthusiasmus verdächtig mache, wenn ich Ihnen gestehe, daß mir auf der Stelle der Plan nicht gefallen hat.

Mehr sonderbares hat mir dies für die Versamlung des innern Standes bestimte Haus nicht gezeiget. Vielmehr ist mir das für den äussern Stand aufgeführte weit merkwürdiger vorgekommen. Die Berahtschlagungen die hier gehalten werden, sind zwar nicht von der unmittelbaren Wichtigkeit, wie jene des Innern Standes, ja, ich möchte sagen, nicht einmal von Wirklichkeit: denn sie haben keinen gegenwärtigen Einfluß auf den Staat. Dem ohngeachtet sind sie höchst schäzbar, wegen ihrer entfernten Folgen: denn, alle Handlungen, die hier vorgenommen werden, haben allein die Prüfung und Uebung geschulter Jünglinge zur Absicht, die hier, auf eine blos idealische Weise, Aemter von Schultheißen, Senatoren, Landvögten, ꝛc. (l) bekleiden, und so allerlei dergleichen Sachen, als beim Innern Stande vorfallen, unter sich ausarbeiten und entscheiden (m), damit sie die Fähigkeit erlangen, künftig dem Staate im Ernste zu dienen, und, wenn sie zu der Last der Regierung nun gerufen werden, so gleich als Männer ihre Schultern derselben darbieten können. Welch eine ruhmwürdige und weise Veranstaltung!

Dies Gebäude, übrigens, des Aeußern Standes ist von mäßiger Größe und Schönheit, und noch neu. Und das sonderbare allegorische Denkzeichen, das der Stand füret, ist an dem Vordergiebel des Hauses in Stein vorgestellet, das Bild nemlich eines Affen, der auf einem Krebse reitet. Die Denkmünze, die er sich gewählet oder für ihn gewählet worden, hat auf der einen Seite eben diese Vorstellung, und zwar auf einem kleinen Schilde, der einem Globo cœlesti aufgehäftet ist; über dem Schilde stehet der Bär des Cantons, auf welchen, da der Bär auch ein Himmelszeichen ist, die beigeschriebenen Worte: hoc sidere gaudet, deuten. Der andern Seite der Münze sind im Meer segelnde Schiffe aufgepräget, mit der Umschrift: dexteræ gubernationis spes. Sie, mein Herr, sind ein Münz- und Medaillen-Kenner; ich wil mir Mühe geben, diese für Sie zu erhalten, und vielleicht bringe ich Ihnen auch einige Hedlingerische mit.

Hätte ich heute noch so viel Zeit gewinnen können, eine kleine Reise von 2 Stunden zu thun, so hätte ich ein wahres Meisterstük der Bildhauerkunst, in der ich sonst ein ziemlicher Fremdling bin, sehen und Ihnen beschreiben können, das sich in der Kirche zu Hindelbank (n), einer Herrschaft des Schultheißen, Herrn von Erlach befindet, und, wie ich höre, von Kennern bewundert wird. So aber muß ich mich damit begnügen lassen, es in einem kleinen Modell von Thon, welches von dem Marmorfabrikanten, Herrn Funk, verfertigt worden, betrachtet zu haben. Ich weiß in der That nicht, welcher von beiden, der daran verwandten großen Kunst, oder aber der Erfindung, ich den Vorzug zuerkennen sol. Fällen Sie, statt meiner, das Urtheil. Es bestehet nemlich, dis schöne Stük in einem Grabmalsteine, unter welchem die Leiche einer Kindbetterin, Gattin des Pfarrers Langhans, begraben lieget, die nebst ihrem neugebornen Kinde am ersten Ostermorgen gestorben war. Der Gegenstand des Festes hat nun dem Künstler die Allegorie an die Hand gegeben, nach welcher er den Stein, der das erhobene Grab bedekket, so gebildet hat, als ob er zerborsten wäre, und als ob er von der Bemühung, die der eingeschlossene, jezt wieder belebt-

(l) s. Scheuchz. It. Alp. 9. pag. 596. 598.
(m) 1773 sind zu Bern herausgekommen: patriotische Reden, gehalten vor dem Hochlöbl. Außern Stande der Stadt Bern. Es werden hierin die edlen Thaten der Vaterländischen Helden erzählet und angepriesen. — N. J.
(n) Herrl. Top. 1. S. 111. 112. Tab. 63.

lebt-werdende, Körper anzuwenden scheinet, in die Höhe und von einander gehoben würde; und durch den Riß siehet man die Erblaßte liegen, die ihr Kind in den Armen hält. Ich versichere Sie, mein Herr, daß das Ganze dieser Vorstellung so etwas trauriges und grauenvolles in sich hat, daß kein fühlender Mensch es ohne Rührung wird betrachten können. Welch eine Verbindung zwischen Tod und Leben, die den Anschauer unendlich interessiret, deren erste fürchterliche Hälfte, als schon heran-eilend, er ohnfehlbar sich zu gewarten hat, die andere erquickende und tröstende Hälfte aber, als sehr weit entfernet, und als eine langsam anbrechende schwache Dämmerung, nach einer schon hereintretenden tausendjährigen Nacht, nur wünschend hoffen darf! dies treffliche Grabmal, das Werk des berühmten Nahl, ist, übrigens, mit einem Denkvers aus der Hallerischen Feder versehen worden (o).

Mein Herr, wenn es das sonderbare des Zufalles ist, das hier die Hand des Künstlers begeistert und in Bewegung gebracht hat, um dieser erblaßten Person eine Art der Verewigung zu verschaffen: mit wie viel größerm Rechte wird denn ein Todter, der dies sonderbare in sich selbst einschloß, der im Leben sich, mit Beistimmung der ganzen Welt, eine ruhmvolle Ewigkeit erworben hat, — mit wie viel größerm Rechte wird der auf ein Grabmal Ansprache machen können, das seiner Asche einiger massen anständig sei! Ich weiß einen Todten von dieser Art, und Sie wissen ihn auch, wenn ich ihn nenne, dem diese Ehre — nein nicht Ehre, — dem diese Gerechtigkeit, diese schwache Genugthuung noch nicht wiederfaren ist. Wird sie, solte sie ihm wol niemals wiederfaren? O mein theuerster Freund, ich habe zu viel Zutrauen zu dem edlen Stolz meiner Landsleute, als daß ich glauben solte, sie würden es versäumen, diesem großen Menschen solch ein Denkmal zu setzen, das ihnen selbst, das uns zu einer Ehre gereichen wird: diesem Manne, der anstatt daß andere einiger massen durch ihr Grabmal verewiget werden, das seinige durch sich verewigen würde. Aus diesem Grunde nun aber müßte dasjenige, das wir ihm dereinst errichten werden, von der größesten Simplicität, aber edel und schön sein. Es müßte kaum etwas mehr als anzeigen, daß hier

B b

---

(o) Wieland, (in seinen poetischen Schriften. Zürich. 1762. S. 32. und Zürich. 1770. S. 62.) hat dies Meisterstük folgendermassen besungen:

„Sieht, wie vom Donnerton des Weltgerichts erweckt,
durch den zerrißnen Fels, der dieses Wunder dekt,
die schönste Mutter sich aus ihrem Staub erhebet!
wie den verklärten Arm Unsterblichkeit belebet!
Wie lebt vor seinem Stoß der leichte Stein zurük!
Wie glänzt die Seeligkeit schon ganz in ihrem Blik!
Ihr triumphirend Aug', in heiligem Entzükken,
scheint den enthüllten Glanz des Himmels zu erblikken,
der Seraphinen Lied rürt schon ihr lauschend Ohr;
ein junger Engel schwebt an ihrer Brust empor,
und dankt ihr itzt zuerst sein theur-erkauftes Leben:
Der Wandrer siehts erstaunt, und fromme Thränen beben
aus dem entzükten Aug'; er siehts und wird ein Christ,
und fühlt mit heilgem Schaur, daß er unsterblich ist." — N. E.

der Leichnam von einem L. läge. Ein buntmarmornes Wandschild, zum Exempel, mit einem davor stehenden Fußgestelle und einer schwarzen Urne darauf, nebst dem Sinnbilde der Ewigkeit, und der Inschrift: Manibus L - - sacrum, oder sonst einer so kurz als möglichen, würde hinlänglich, würde vielleicht sehr schicklich sein. — Wäre ich reich, und hätte ich das Ansehen, das mich zu der Ausführung eines solchen Werks berechtigte: jedem andern würde ich es mißgönnen, daran Theil zu nehmen. Ich allein würde — Verzeihen Sie meinem Stolze diese Ausschweifung! Bei der gegenwärtigen Verfaßung meiner Umstände, würde derselbe schon darin seine Befriedigung finden, wenn mir nur beschieden wäre, an dieser, glücklichern Menschen vielleicht vorbehaltenen, Unternehmung einen kleinen Mit - antheil zu haben. Welch eine Zierde, mein Herr, würde zugleich dies so merkwürdige Denkmal dem Tempel unserer Neustadt Hannover geben! Denn, da ruhet der berühmte Todte. Ist es nun noch nöthig, daß ich seinen Namen herschreibe? O Sie errathen es gewis schon, daß ich Leibnitzen meine (p).

Bern, den 26 Sept. 1763.

MAN: LEIB: S

(p) Ein Freund, auf dessen Freundschaft ich mir recht stolz sein kan, der heutige Tyrtäus und Anacreon, der der meine Schweizerbriefe las, belebte mich, durch ein Schreiben vom 11 Mai, 1765, daß auch in seiner Gegend andere berühmte Todte das Schicksal Leibnizens haben. „Ich war, sagt Er, im vorigen Jare zu Halle, und suchte das Grabmal des großen Baumgarten in der dasigen Schulkirche. Der Rector Miller, der Verfasser von der Schule des Vergnügens, ein vortrefflicher, ein liebenswürdiger Mann, — begleitete mich, und ließ mich lange mit Millen suchen, bis ich an die Erde niedersah, und auf zweien schlechten

## Anhang (von 1775)

### zu dem ein und dreißigsten Briefe.

Nachdem ich die von der Gütigkeit des Herrn Sprüngli erhaltene Zeichnung von dem Vultur (der in der Schweiz der Lämmergeier heißet,) in Kupfer hatte stechen laßen, fand ich, nicht ohne Mißvergnügen, daß Kenner verschiedenes daran zu tadeln hatten. Ich ergrif also mit Begierde die Gelegenheit, welche sich mir darboht, eine andere Zeichnung von diesem Vogel, die von Herrn Füeßli, unter der Aufsicht des großen Naturkundigen Joh. Geßners, in Zürich, nach einem dortigen Original gemacht worden, in Kupfer stechen zu laßen, und da diese selbst von einem Mann, den ich mir auch nie ohne Verehrung, noch Bewunderung gedenken kan, von einem Linné, gut geheißen ist, so finden meine Leser hier diese Zeichnung auf der zwölften Tafel. Die umständliche Beschreibung des Vogels zu Stedilen, welche aus der Feder des Herrn Sprüngli ist, will ich nun zuerst mittheilen; und darauf sol eine andere folgen, die ich der Gewogenheit des Herrn Geßners zu danken habe, und für deren Schätzbarkeit der Name ihres Verfassers hinlänglich Bürge ist. Es ist diese leztere so nervigt als kurz: wie hingegen jene erstere noch neben bei verschiedenes von der Lebensart ꝛc. des Vogels enthält - - -, das zu Aufklärung seiner Geschichte beiträgt. Man wird sehen, daß, in dem Wesentlichsten, beide Beschreibungen genugsam übereinstimmen, um ihre beiderseitigen Glaubwürdigkeit nicht zu schaden; und wo etwa, in Nebensachen, einige Verschiedenheit zu bemerken ist, wird solche ihren Grund blos in der Verschiedenheit des Adlers ꝛc. der beiden Originale, wornach die Beschreibungen verfertigt sind, ihren Grund haben: denn beide Vögel sind gewiß eine und dieselbe Art, nemlich der Vultur barbatus Linnaei.

B b 2

---

Flatterskeinen Hand, auf deren einem ein großes B, auf dem andern ein großes W eingegraben war. Dieses sind, sprach er, die Grabmäler der beiden großen Leute. Genug, sagte ich, wenn die Buchstaben in einem prächtigen Marmor stünden! Baumgarten starb arm. Wolf hinterließ einem einzigen Sohn, und, vielleicht, mehr als eine Tonne Goldes. Aber dieser Sohn —

Der große unsterbliche Leibniz, die Ehre nicht der Deutschen, sondern der Menschen, liegt nun, Ihrem 21sten Briefe zufolge, eben auch ohne ein Grabmal. Die Aegyptier, oder vielmehr die Griechen, hätten ihm eine Pyramide gebauet ꝛc. " — M. C.

Ein Beispiel von einem vernachläßizten großen Todten kan ich auch aus Italien anführen. Ein Reisender (s. Nouveaux Mémoires ou Observations sur l'Italie traduits — „ ce - qui est faux " - du Suedois. Tome second. à Londres. 1764. page 31.) erzählt von der Grabstätte des berühmten Fra Paolo Sarpi, welchem die Republik Venedig so viel zu danken hat: La premiere fois que j'allai aux Servites, je demandai à voir sa sepulture. Elle est sans doute mozaïsche, dis - je servite qui me conduisoit. Pour un tel homme, me repondit - il, tout où rien; & on s'en est tenu au dernier.

## Sprünglische Beschreibung.

Der erste merkwürdige Vogel, dessen Beschreibung wir hier mittheilen wollen ist der Goldgeier, Vultur Aureus vel barbatus Authorum. Selbiger ist zwar seit des Bellonii und
Geßners Zeiten den Naturkundigern bekant, aber von keinem vollständig beschrieben worden;
alle haben nur den Geßner ausgeschrieben, welcher einen vollkomnen Balg in den Händen
gehabt, und nach demselben seine kurze, aber, in allem, was er davon angemerkt, nach
seiner Gewohnheit getreue Beschreibung verfertigt hat; seit demselben aber hat keiner, die
neuesten Ornithologen nicht ausgenommen, das Glük gehabt, diesen Vogel selbst zu sehen,
und das Mangelhafte zu verbesern, als vielleicht der scharfsichtige und kunstreiche Edwards,
wenn ja sein Vultur barbatus, unser Geier ist, wie ich mit Linnæo dafür halte.   Weil
aber auch die Beschreibung desselben zu kurz gerathen, und wie mich dünket, nach einem jungen gemacht ist, so wird es den Ornithologen nicht unangenehm seyn, eine voll-
kommnere, nach der Natur mit aller Genauigkeit gemachte, hier zu finden.

Der Goldgeier ist noch grösser als der Goldadler, Aquila Chrysaetos, die Länge von
der Spize des Schnabels bis zum Ende des Schwanzes beträgt 4 Schuh, der Schnabel von
den Winkeln des Mundes bis zum Anfange des Hakens ist lang 3 Zoll 10 Linien, der Haken
bis an die Spize 2 Zoll 5 Linien; der Schwanz 1 Schuh 9 Zoll; der mittlere Zähen samt
der Klauen 4 Zoll 6 Linien; die Klaue allein 1 Zoll 2 Linien, der innere 1 Zoll 9 Linien,
seine Klaue gleich der ersten; der äußere 1 Zoll 1 Linie, die Klaue 1 Zoll; der hintere 1½
Zoll; die Klaue gleich. Von dem einen Ende seiner ausgebreiteten Flügel bis zum andern hab
ich gemessen 8 Schuh 9 Zoll, und die zusammen gelegten Flügel reichen bis an ⅓ des Schwanzes. Er wog 11 Pfund war aber nicht von den größten, weil man deren getödtet hat, ob wohl
sehr selten, die bis auf 12 Schuh im Flug hatten, aber niemalen bis 14 Schuh, wie einige durch falschen und alles vergrössernden Bericht des Pöbels verleitet, haben vorgeben
wollen.

Der Schnabel ist anders gebildet, als bei den Adlern. Vom Kopf bis an den Haken gehet er gerade, dieser aber fängt nicht nach und nach an, sondern erhöht sich zuerst
auf einmal, ehe er sich krümmet, so daß er als ein besonderer Theil an den übrigen Schnabel angesezt zu seyn scheinet. Zu beiden Seiten des Hakens zeigen sich 2 Furchen, eine oben
zunächst am Rüken, die andere in der Mitte, welche beide mit der Krümmung des Hakens parallel laufen.   Diese besondere Bildung ist ziemlich gut vorgestellt auf der 106 Tafel
der Historie der Vögel des Edwards.   Die Farbe des Schnabels ist sonst grau, mit etwas
röthlichem vermischt: die Cera wie auch das Inwendige des Mundes blau; die Nasenlöcher
sind oval, groß, mit schwarzen steifen borstenähnlichen Federn bedekt; gleiche Borsten umgeben auch den Schnabel an den Seiten, und unten, welche leztern 2½ Zoll lang sind und einen
steifen Bart bilden, welcher nach vornen sich gerade hinaus strekt, bei einigen aber hinunter hängt. Geßner hat diesen Bart schon angemerkt, welcher unsern Geier von allen übrigen

Gattungen unterscheidet, und selbigen deßwegen für den Vogel Harpe und Oſſifragum gehalten, welchem die Alten einen deutlichen Bart zuschreiben.

Der Kopf iſt ganz mit kleinen Federn bedeckt, welche oben und zur Seite weiß ſind,
und mit einigen ſchwarzen vermiſcht; die Augen umgeben ſchwarze, die ſich von denſelben etwas nach hinten erſtrecken, und eine kurze Baude oben und eine unter dem Auge machen; die Augenbraunen beſtehen auch aus ſchwarzen Borſten und ſind ſehr deutlich.

Der Hals hat eben ſo wenig eine nackende Stelle als der Kopf, und iſt ganz mit
langen, ſchmalen, zugeſpizten, röthlichen Federn bedeckt. Von gleicher Roſtfarbe iſt die
Bruſt, der Bauch, die Seiten und Beine, bis auf die Zähen; doch iſt ſelbige dunkler an der
Kehle und der Bruſt, an den Seiten aber ſehr ſchwach und mehr weiß. Nach Verſchieden-
heit des Alters und Geſchlechts ſind ſie entweder röther oder bleicher.

Auf dem Rücken ſind die Federn graubraun, ſchwarz geſäumt, mit weißen Kiel und
von der Wurzel bis auf den halben Theil alle weiß.

Alle Schwungfedern, Remiges, an der Zahl 28, ſind glänzend aſchgrau, an der
innern Fahne heller, die äuſſere ſchwarz geſäumt, und die Kiele weiß; die längſten ſind 2
Schuh 9 Zoll lang. Die Deckfedern oben und auf dem Flügel ſind überhaupt gleich, doch
mit dem Unterſchied daß das Graue brauner wird, je kleiner ſie werden, und daß einige
Reihen von den kleinſten an der Spize einen weißen Fleck haben, welcher ſich dem Kiel
nach hinauf ziehet. Die groſen Deckfedern unter dem Flügel ſind hellgrau, die übrigen den
obern gleich.

Der Schwanz hat 12 Federn, Rectrices, alle ſind in der Mitte grau, am Raude
krum, und ihr Kiel weiß. Die Mittelſten ſind 1 Schuh 9 Zoll lang, die äuſſerſten aber
viel kürzer, ſo daß der Schwanz gerundet wird. Die Deckfedern unten ſind weiß, an der
Spize braun gefleckt.

Er hat groſe Augen, zu äuſerſt mit einem faſt 3 Linien breiten Zinnoberrothen Ring,
nach welchem ein gelber viel breiterer folgte, welcher den ſchwarzen Stern umgabe (*), dieſe
ſtehen aber nicht wie bei den Adlern, unter einer hervorragenden beinernen Bedeckung, ſondern der Fläche des Kopfes gleich, oder vielmehr etwas hervor.

Die Beine ſind dick gefedert bis auf die Zähen, welche blaugrau; die Klauen ſchwarz,
ſtark, weniger gebogen als beim Adler, an der Spize ſtumpf und abgeſchliffen, von den Felſen wo ſie ſich aufhalten. Der ganze Leib iſt dicht, mit weichem weisröthlichtem Flaum bedeckt; die Oefnung des Mundes ſehr groß; die Geſtalt des Kopfes weniger rund gewölbt als
beim Adler, und gegen den Schnabel merklich in die Länge ausgezogen; der ganze Leib
plump und unedel geſtaltet.

---

(*) Da im Anfang des Jahrs 1775. ein lebendiger Vogel dieſer Art zu Bern geweſen, ſo hat man die Augen
deſſelben und ihr Feuer ſehr deutlich beobachten können.

Der Goldgeier bewohnt die grosse Alpkette, welche die Schweiz von Italien scheidet, und zwar vorzüglich die höchsten Gebürge derselben, als den Gotthard, die Furke, den Crispalt, Grimsel ꝛc. wo er in aller Sicherheit, leben, rauben, und sich fortpflanzen kan. Vermuhtlich wird er auch in den höchsten Tyrolischen Gebürgen, welche nur eine Fortsetzung unserer Alpen sind, sich aufhalten; ich schliesse solches aus einer Stelle beim Aldrovand T. 1. p. 120, de Avibus, als welche auf unsern Geier vollkommen paßt. Daß er aber auch in der Barberey zu Hause sei, scheinet mir ungläublich zu seyn, und dürfte wohl das Vaterland des Bartgeiers beim Edwards unrecht angegeben worden seyn.

Sein Nest macht er in die Felsenhöhlen, wohin kein Mensch kommen kan. Die Zahl seiner Jungen sind gewöhnlich 3, auch zuweilen 4, welches man wissen kan, wenn die Alten sich im Herbst mit ihren Jungen von den Gebürgen in die Thäler herunter lassen und selbige zum Raub anführen.

Er nähret sich gewöhnlich von lebendigen Thieren, welche mit ihm die Alpen bewohnen, als von Gemsen, weissen Haasen, Murmelthieren, Schneehühnern, auch Geissen und Lämmern, unter welchen er eine grosse Verwüstung anrichtet, besonders wenn er Junge zu ernähren hat. Er verachtet aber auch die Äser nicht, und hat es sich schon öfters zugetragen, daß er durch diese Lokspeise gefangen worden. Daß er auch Menschen angreife, und zuweilen gar Kinder weggeführet habe, könte ich nicht bekräftigen, obwol ich die Möglichkeit nicht läugnen will: denn nach aller angewandten Mühe nur ein einziges zuverläßiges Beispiel aufzubringen, so war doch alles vergebens und endlich ein blosses von den Alpbewohnern erfundenes Märchen, ihre Kinder damit zu erschrekken. ●

Gewisser bezeuget ist dieses Vogels Weise zu Jagen. Glaubwürdige Augenzeugen berichten, daß sie denselben gesehen sich eines Lammes mit seinen Fängen zu bemächtigen, dasselbe an den Rand eines Abgrundes schleppen und sich hernach mit dem in den Klauen gehaltenen Raube in denselben sachte herunter zu lassen, oder aber, wie der Geier, mit seinen Flügeln, in welchen er eine sehr grosse Stärke besizet, das Gewild von einem Rand in den Abgrund geschlagen habe, damit er dasselbe in mehrerer Sicherheit verzehren könte. Da dieser Vogel kurze Beine und sehr lange Flügel hat, so erhebt er sich kümmerlich von der Erde, auch wann unbeladen; desto weniger aber würde ihme dieses möglich seyn, wenn er einen schweren Raub mit sich führen solte, darum die Nothwendigkeit denselben diese Weise zu Jagen gelehrt hat.

Da andere von dem Geiergeschlechte meistens in grossen Truppen zu fliegen pflegen, so siehet man diese Gattung zwar nicht so einzeln, als der Adler, aber doch nur in kleiner Gesellschaft: gewöhnlich besteht diese nur aus den Alten und ihren wenigen Jungen.

Es wäre noch verschiedenes von diesem merkwürdigen Vogel anzumerken; allein dieses kan für dies mal genug seyn, und wollen wir noch zum Beschlus einige Folgen daraus ziehen, die in der Geschichte desselben einiges Licht geben können.

Es erhellet 1) aus allem, daß der Goldgeier eigentlich, weder Geier noch Adler, sondern ein Mittelding zwischen beiden sey: nicht ein Geier, weil sein Kopf und Hals ganz mit Federn bedekt ist, weil er ein herzhafter und muthiger Jäger ist, und sich meistens von lebendigen Thieren nähret; aber auch kein Adler, weil die Bildung des Kopfes, des Schnabels und die Stellung des ganzen Leibes Geierartig ist, wie nicht weniger sein Hunger nach Aas, seine Gewohnheit in Gesellschaft zu fliegen, u. s. w.

2) Daß derselbe keine bloße Abart von dem Grisan des Buffon seyn könne. Wer nur die Mühe nehmen will, die Beschreibung beider mit einander zu vergleichen, der wird bald vom Gegentheil überführet seyn, und unsern Geier nicht nur für einen Vogel einer besondern Gattung, sondern sogar eines eigenen Geschlechts halten müssen: und ich zweifle nicht, wenn der Herr von Buffon, dessen Scharfsinnigkeit und Gründlichkeit in Beurtheilung dunkler Fällen in die Zoologie ich allezeit bewundere, unsern Geier selbsten gesehen, oder aufs wenigste eine genaue Beschreibung desselben gehabt hätte, so würde er niemals auf diese Muthmaßung gerathen seyn. Endlich

3) folget daher, daß der so genante Schweizerische Lämmergeier eben so wenig der berüchtigte Peruanische Condor seyn könne, wie selbiges der gleiche Herr von Buffon weitläuftig zu beweisen suchet. Denn jener und der Goldgeier sind ein und derselbige Vogel unter verschiedenen Namen, und bis dahin ist niemand auf den Einfall gerathen diesen zum Condor zu machen, weil ihr Unterschied jederman allzu deutlich in die Augen fällt. Woher weis ich aber die Identität des Gold- mit den Lämmer-Geiern? Dieses haben mich die Erfahrung und die Alpbewohner unsers Cantons gelehrt, bei welchen der Name Lämmergeier anfänglich allein im Gebrauch gewesen, bis daß unter den Gelehrten Altmann der erste sich desselben in der Beschreibung der Eisberge p. 213. und aus diesem Bomare und de Buffon sich bedienet haben. Nun wird von denselben dieser Name ohne Unterschied allen großen Raubvögeln, welche ihren Ziegen und Lämmern großen Schaden zufügen, vorzüglich aber dem Goldgeier als dem größten und stärksten gegeben, und wann ich bey denselben einen Lämmergeier bestellte, so empfieng ich meistens keinen andern als diesen, zuweilen auch den Aquilam Melanaetam. Auch unter den 3 Gattungen der Lämmergeier welche Altmann l. c. anführet, ist der Goldgeier der erste, als welcher gelblich und der größte seyn soll; sein zweiter aber, welcher ganz schwarz ist, der Melanaetos, und der dritte graue und kleinste eine Abart von diesem, wie mich die Erfahrung nach vielem Nachforschen gelehret hat. Hätte Altmann seine 3 Geierarten deutlicher beschrieben, und sich nicht allein dabei aufgehalten, die übertriebenen Erzählungen der Alpbewohner von ihrer ungeheuern Größe und grausamen Räubereien zu wiederholen, so wäre auch der Condor niemalen aus Peru auf unsere Alpen versezt worden. "

## Geßnerische Beschreibung.

Ao. 1747. Febr. VULTUR aureus GESN. Av. 78. Jonſt. Av. 8. Foemina: capta circa Lacum Rivarium apud Glaronenſes, cum capram praedabatur. Dimenſiones in pedibus, pollicibus et lineis Pariſinis.  I. II. III.

| | I. | II. | III. |
|---|---|---|---|
| Longitudo Avis à roſtro ad extremam caudam. | 6. | 6. | — |
| à roſtro ſuperiore adunco ad roſtrum inferius canaliculatum. | — | — | 4''' |
| ab eodem ad medium narium oblique ellipticarum. | — | 2. | — |
| ab eodem ad rictum oris et oculos. | — | 4. | — |
| Diameter orbitae. | — | — | 8. |
| Latitudo Rictus oris. | — | 4. | — |
| Longitudo à roſtro ad capitis verticem. | — | 5. | — |
| eadem ad aures. | — | 5. | — |
| Longitudo colli vel collaris candido obſoleti ad pectoris ſummitatem. | — | 4. | — |
| ——— Dorſi ad uropygium. | 1. | 2. | — |
| ——— à ſinu pectoris ad uropygium. | 1. | — | — |
| ——— ——— ad femur. | — | 6. | 6. |
| ——— Femoris. | — | 4. | 6. |
| ——— Femoris ſecundarii. | — | 6. | — |
| ——— Cruris ad articulos digitorum. | — | 4. | — |
| ——— Digiti medii à tarſo ad extremitatem unguis. | — | 4. | — |
| Latitudo Avis ab extrema ala ad alteram. | 8. | — | — |
| ——— ad alarum flexuram. | — | 2. | 4. |
| ——— baſeos capitis. | — | 4. | — |
| ——— colli plumoſi. | — | 8. | — |
| ——— corporis. | 1. | — | — |
| ——— roſtri extremi ſuperioris. | — | — | 5. |
| ——— ——— inferioris. | — | — | 4. |

Roſtrum ſuperius ultra inferius per 4 ''' exporrigitur, et in acutum aduncum apicem ſemipollicaris longitudinis inflectitur. Color roſtri corneus, ſubnigricans. Roſtrum ad pollicis longitudinem nudum, dein ſuperne tegitur pilis plumoſis denſis, quibus ſetae craſſae nigrae breves ſunt intertextae. Verſus verticem hae plumulae longiores nec ſetis intertextae, albo et nigro variegatae. Super oculos ſupercilium denſum prominens ex pilis denſis brevibus nigris compoſitum. Inde pili longiores ſetacei ad latera roſtri utrinque excurrunt nigri exporrecti, nares operientes.

Oculo-

Taf. 12.

Mth. Pfeninger Sculp. Tiguri

Tab. 12. b.

Oculorum Iris rufo-crocea.

Mentum plumis rufis.

A Vertice ad pectus collare magnum plumosum obsolete candidum, versus inferiora magis rufescens, plumarum extremitatibus versus pectus ex rufo nigricantibus.

Pectus, Venter, Femora, crura densa lanugine vestita, quam laxiores majores plumae obsolete candidae, circa extremitates rufescentes tegunt.

Pedes ad digitos usque hirsuti.

Digiti pedum crassa squamosa crusta cornea teguntur: inferne cutis coriacea granulosa. Ungues adunci cinereo nigricantes.

Anteriores digiti tres, posterior unicus. Interiori et postico ungues crassiores, articulus unicus. Medio et longissimo tres longiores exteriori tres multo breviores.

Alarum Remiges 24. gradatim à secunda minores, caeteris longiore, ex rufo et fulvo nigricantes. Interna alarum facies tota fulva, densa lanugine tecta; plumulae subalares fusco-nigrae, in exortu et extremitates albicantes, scapo candido.

Longitudo extremae pennae remigis 19''. latitudo 1½''. Calami longitudo vix ultra 3''. Secundae longitudo 22''. latitudo 3½''. longitudo calami 6''. Diameter calami 4½'''.

Dorsi, alarum et caudae color fuscus ad nigrum vergens scapi pennarum candidi. Alas secundarias tegunt plumae breves subalalares concolores versus extremitates linea albo lutea longitudinali pictae, quae colorem alarum superiorum et laterum egregie variegatum exhibent. Pennae dorsi ex fusco rufescunt scapo albo.

Rectrices caudae 12: totae pullae ex fusco rufo nigricantes Remigibus concolores 18''. longae, ultra 3'' latae.

{ an exteriores longiores? }
{ an cauda rotundata? }

### VULTUR barbatus, S. Nat.

Dieses habe aus dem Ao. 1747. in meine Adversaria eingetragenen Verzeichnis dessen was an dem Goldgeier bemerkt habe, ausgezogen; damit es mit Herrn Pfarrer Sprünglin seiner Beschreibung, und mit der von Herrn Rahtsherrn Fueßli gemachten Abbildung, nach welcher Herr Pfenninger die Tafel gestochen, des Vogels könne verglichen werden.

So weit von dem Lämmergeier. —

Der zweite Vogel, von dem ich hier das Vergnügen haben kan, eine umständliche Beschreibung zu liefern, ist bisher von den Ornithologen so sehr übersehen worden, daß er vermuthlich für einen ganz neuen Beitrag zu der Klasse der Vögel gelten kan: denn, selbst unserm grossen Naturgeschichtslehrer in Schweden war er bis jezt gänzlich unbekant. Als ich im September des vorigen Jares eine colorirte Zeichnung von diesem Vogel nach Upsal gesandt hatte, kam eben in die Hände des vortreflichen Mannes, aus England, unter an-

C c

dern Vögela, zugleich einer, unter dem Namen eines Sturni collaris Scopoli, der in allem mit meiner Zeichnung übereinstimmend war. Nach einigem Zweifeln, zu welchem Geschlechte derselbe mit dem größten Rechte zu zählen sei, hat, nach wiederholter Untersuchung, der scharfsichtige Gelehrte entschieden, daß er am allernächsten den Fringillis angehöre; und ein Wink von ihm berechtiget mich, ihn mit dem Trivialnamen, *Fringilla gularis*, zu bezeichnen: welchem Winke ich denn gern Folge leiste, obgleich ich, wenn ich nicht befürchtete, dem Herrn Scopoli dadurch unrecht zu thun, ihn lieber Fringillam Sprunglii genant haben würde. Ob Conrad Geßner diesen Vogel gekant und unter der Benennung Avis Kyburgensis wirklich angezeiget habe, lasse ich dahin gestellet sein. In der Ausgabe, die ich von Geßners Ornithologie besitze, finde ich meine Nachfrage darnach nicht, und meine Nachfrage darnach in Göttingen ist ebenfalls vergeblich gewesen. Es heisset derselbe sonst, in der Schweiz, die Flüelerche. Man sehe seine Gestalt auf der dreizehnten Tafel. Und nun wil ich, ihn näher kentlich zu machen, seinen Besitzer zu Stedtlen, den Herrn Sprüngli, selbst reden lassen.

## Beschreibung der Flüelerche.

„Der zweite Vogel, welcher eine vollständigere Beschreibung verdienet, gehöret zu den kleinern, und ist den meisten Ornithologen unbekant. Unser Conrad Geßner, die Zierde unsers Vaterlandes, hat zwar denselben schon gekant, in dem Anhang seiner Ornithologie p. 725. Edit. Francofurt einize Nachricht davon gegeben, und mit der Aufschrift Avis Kybergensis, zwar schlecht, doch noch keunbar genug abgebildet. Nach diesem herschet ein allgemeines Stillschweigen von diesem Vogel, auch selbst bei Brisson, welcher mit so grossem Fleiß alles aus seinen Vorgängern gesammelt hat, bis daß Scopoli desselben, dem Namen Sturnus collaris in Ann. 1. Hist. Nat. p. 131. und Manetti in der neuen Ornithologie die zu Florenz heraus komt, unter dem Namen Fringilla seu Passer in Etruria Sordone dicta, wo auch Tab. 338. fig. 1. eine ziemlich schlechte Abbildung stehet, Meldung gethan haben, und auch ganz neulich Daubenton eine wohlgerathene Abbildung von denselben auf der 668 Tafel seiner ausgemahlten Vögeln unter dem Namen Fauvette des Alpes geliefert hat. Weil aber auch diese nur kurz von diesem Vogel reden, so wird es einigen nicht unangenehm seyn, hier eine vollkommene Beschreibung desselben zu lesen.

　　An Grösse übertrift er etwas den Haussperling. Der Schnabel ist 7 Linien lang; seine Bildung wie bei den Fliegenstechern, aber der Rand beider Kiefern zu beiden Seiten etwas hineingedrükt. Nahe am Kopf ist er gelb, doch mehr der untere Kiefer, die Spize braunschwarz. Die Zunge ein wenig gespalten. Der Augenstern schwarz; der Regenbogen dunkelgelb, die Beine und Zähen hellbraun, die Kralen schwarz, die am hintersten Zähen die längste, doch nicht so lang wie bei den Lerchen.

Von den 18 Schwungfedern sind 1—4 an der äussern Fahne braungrau mit hellerm Saum, und an der innern hellgrau; 5—14 gleich, doch an der Spize gelbweis, und der Saum der äussern Fahne wird röthlich bei den hintern: die hintersten schwarz mit rothem Saum. Die erste Reihe der Dekfedern braunschwarz, ihre Spize weis; eben so die zweite Reihe, daher auf den Flügeln 2 parrallel Reihen weiser Flekken stehen: die kleinsten sind grau.

Der Schwanz ist ein wenig gespalten und hat 12 Federn, welche alle schwarzgrau, an der äussern Fahne grüngrau gesäumet, und an der Spize der innern Fahne mit einem weißröthlichen Flek gezieret sind.

Der Kopf, Hals und obere Rükken sind aschgrau, der untere Rükken braun gefelt. Die Kehle weis, mit schwarz klein gesprenkelt, Brust und Bauch grau, bei einigen mit dunklern schwachen Queerstreifen; die Seiten Rost-farbe.

Der Magen ist stärker und mehr muskelhaft, als bei den blos von Insekten sich nährenden Vögeln.

Er ist ein Berg- doch kein Alp-Vogel, und hält sich auf den an die Alpen gränzenden Mittelgebürgen auf, nistet daselbst auf die Erde, oder auch in den Rizen und Löchern der Felsen, daher er bei uns, obwol unrecht, Flühelerche heisset. Auf diesen Weidereichen Viehebergen ist er im Sommer sehr zahlreich, fast so häufig als die Feldlerche auf den Getreidefeldern. In schneereichen Wintern aber nehmen sie ihre Zuflucht in die Thäler und gelindern Gegenden, nähern sich, bald einzeln, bald in kleinen Scharen, den Dörfern, fliegen in die Scheuren und Häuser um Nahrung zu suchen, wo sie den öfters ziemlich häufig weggefangen werden, weil sie eine sehr niedliche Speise sind und den Ortolanen gleich geschäzt werden. Einige machen diese Vögel zahm, und behalten sie wegen ihrem angenehmen sanften Gesang in Käsigen auf, wo sie mit gebrochenem Hanffaamen, anderm Gesäme, auch mit Insekten, besonders den sogenanten Ameiseneyern ernähret werden; sie leben aber eingesperrt nur wenige Jare. Sie tragen ihren Leib schön, bewegen im Hüpfen öfters den Schwanz, wie auch die Flügel. Es dürfte schwer seyn, diesen Vogel zu classificiren und unter ein bekantes Geschlecht zu bringen: am wenigsten aber wolte ich denselben den Sturnis oder Passeribus zugesellen, viel lieber hingegen den Ficedulis.

Es wäre noch verschiedenes von diesen Vögeln zu bemerken, aber vielleicht ist dieses schon zu weitläuftig gerathen. "

Cc 2

## Zwei und dreißigster Brief.

Mein Herr,

Diesen Morgen ward auf der Gasse, wo mein Wirtshaus gelegen ist, Markttag gehalten. Welch ein Getümmel! einen Markt von solcher Stärke habe ich noch in keiner Stadt, wenigstens nicht so bei einander auf einer Stelle, gesehen. Ich glaube nicht zu viel zu sagen, wenn ich die Anzahl der verkaufenden Bauern auf 1000 oder 1200 seze. Nicht nur Käse und Butter, sondern auch Spek, und allerlei Gemüse in ungemeiner Menge, ja auch wollene Tücher, die in den Dörfern gewebet werden, verkaufen sie. Und dieses geschiehet alle Diensttage. Zu Basel ist es eine schlimme Verfassung, daß man genöthigt ist, fast alles Gemüse aus dem Französischen Gebiete her zu nehmen, und so, mit beständigem Verlust, den fremden Landmann bereichert.

Ich bin mit grossem Vergnügen über diesen Schauplaz des Segens, womit der Höchste dies freie Land beglücket hat, gegangen, um mich nach einem Hause zu verfügen, das angelegt ist, dem gemeinen Wesen, wo nicht den Ueberfluß des Nothwendigen, das es einmal hat, zu versichern, doch wenigstens es gegen den Mangel desselben zu schüzen: ich meine das hiesige Kornmagazin. Dies ist ein grosses, auf Säulen und Bogen ruhendes, sehr schönes Haus, unter welchem der Stadtweinkeller lieget. Oben aber ist eine Dörrmaschine nach du Hamelischer Erfindung, doch mit einer gewissen Verbesserung, aufgerichtet, von der ich mich gebunden halte, etwas umständlich zu sein. Ein hölzernes kleines Modell davon habe ich, den Tag vor meiner leztern Abreise aus Basel, daselbst bei dem Herrn d'Annone gesehen. Das darin zur Probe, gedörrte Getreide hatte Herr d'A. in seinem Zimmer eine Zeitlang der freien Luft blos gelegt, ohne daß es von Insecten den geringsten Schaden gelitten; da hingegen das dabei gelegene ungedörrte Getreide indessen fast gänzlich zerstört worden und verdorben war. Eben so augenscheinlich ist nun der Nuzen der Maschine im Grossen. Wer wird sich daher enthalten können, zu wünschen, daß solche algemein eingeführet werden möchte!

Ich habe hier, mein Herr, ein Paar Haufen Korn liegen gesehen, die nicht gedörret waren. Welch einen Abgang hatten diese nicht durch den Wurm erlitten! ein halber Eimer vol Würmer war durch Waschen davon abgespület worden. Welch ein ekkelhafter Anblik! dahingegen, wie auch die obige kleine Probe gezeiget, das gedörrete Korn, wenn es völlig vor der freien Luft bedekt ist, der Verfolgung des Wurms gänzlich entzogen, wenn aber, wie es hier geschiehet, die Luft noch einigermaßen dazu kommen kan, blos der obere Theil des Korns, und doch nur sehr dünne und von wenigem Gewürme, angetastet ist.

Roggen, Weizen, und Spelz (Zea), werden in diesem Magazine gedörret und aufgeschüttet. Weizen am wenigsten: denn man bauet in der Schweiz an dessen statt lieber den

Spelz, obgleich man aus beiden, wie auch aus Roggen Brod backet, aber am meisten aus dem Spelz das gewönliche weisse (a).

Man heizet die Maschine zu beiden Seiten, und auch, und zwar am stärksten, in der Mitte mit Holzkolen. Jedes erste mal, das sie angeheizet wird, muß das Getreide 24 Stunden darin bleiben. Man lässet dan alle 6 Stunden einen Theil davon unten heraus‐ laufen, und schüttet solchen oben wieder hinein ꝛc. Auf diese Weise erhält der ganze Haufen, durch und durch, einerlei Grad der Trokne. Zu Bestimmung der nöthigen Wärme be‐ dienet man sich eines Paares Thermometer; sie muß die des siedenden Wassers sein. Alle Kosten, die das Dörren selbst, und dan die Erhaltung der Maschine ꝛc. erfordert, betra‐ gen auf den Scheffel nicht mehr, als einen halben Kreuzer; und man hat sogar die Be‐ quemlichkeit, wenn man eine Parthei gedörret zu haben wünschet, nicht auf das Dörren warten zu dürfen, sondern kan, sobald man das Ungedörrete liefert, sogleich dagegen Gedör‐ retes zurük erhalten und damit wieder nach Hause faren.

Die Maschine, zu der man von der zu Genf das Model genommen hat, sol nur etwa auf 1000 Rthlr. zu stehen kommen, und seit 3 Jaren hat man sich ihrer schon bedie‐ net. In Lucern sol eine dergleichen sein ꝛc. Dem Herrn Manuel, dem Sohn, Aufse‐ her über diese Maschine, habe ich obige Nachrichten und die ganze Erklärung der Zusammen‐ sezung der Maschine zu danken.

Sie haben, ohne Zweifel, mein Herr, schon manches von dieser nüzlichen Erfin‐ dung gelesen, auch füre ich sie Ihnen nicht als eine Neuigkeit an. Aber der dadurch erreichte und zu erreichende Zwek ist von so grossem Einflus in das gemeine Beste, daß ich Ihnen noch wol etwas davon sagen zu dürfen glaube, und ich thue dieses mit der Bitte, daß Sie es dazu anwenden wollen, wozu es sich gleichsam von selbst bestimmet, nemlich zur Aufmun‐ terung für unsere Landsleute, das Beispiel, das uns in einer so weisen Veranstaltung hier gegeben worden ist, nicht unbefolgt zu lassen. Ich weiß, mein Herr, daß Sie diese Wir‐ kung davon, wie ich, wünschen.

Ausser den Nachrichten, die man, von der so vortheilhaften Erfindung der Getreide‐ Darre, in verschiedenen periodischen Schriften und, vorzüglich, in dem Discorso della per‐ fetta conservazione del grano, di Bartolomeo Intieri, dem Urheber derselben, in Na‐ poli 1754. lesen kan, findet sich davon eine kurze Erzählung in dem 59sten Stük der Han‐ növerischen nüzlichen Samlungen von 1756, welcher eine Vorstellung der Maschine in einem Kupferstich beigefüget ist. Eine hieher gehörige neuere Schrift aber verdienet, daß ich Ih‐ nen aus derselben jezt einen Auszug liefere, ob gleich ihr Inhalt auch in den Züricher Abhandlungen 1. Band. 151 – 158ste Seite, zu finden ist: denn, durch dieselbe hat sich die Obrigkeit in Zürich bewogen gefunden, sich ebenfalls zur Erbauung einer dergleichen Darre

_____

(a) Die Beller laufen und verbrauchen am liebsten gedörretes Getreide, weil es viel Mehl abwirft, und die‐ ses, wegen anmendenden mehreren Wassers mehr Teig, und also auch mehr Brod ausgiebt. — F. J.

zu entschließen. Beiläufig gesagt, so enthält eben der Band der Zürichschen Abhandlungen auch eine vortreffliche Schrift über die verschiedenen Arten das Getreide zu bewaren und derselben Auswahl, welche denn auf das Dörren fällt; nebst einer Beschreibung und den Abbildungen der fünf Gewürme, die unserm Getreide so nachstellen, s. daselbst die 231 – 320 Seite, 1 Tafel. Die Urkunde aber zu meinem versprochenen Auszuge, der so kurz als möglich sein sol, ist 1759 zu Bern herausgekommen, in hochobrigkeitlicher Druckerei, unter folgendem Titel: Abhandlung über eine neue Weise das Getreide lange Jare ohne Verderbnis und Abgang zu erhalten. Diese (b) sezet den Nuzen des Dörrens, und die Bequemlichkeit der Maschine, womit das Dörren verrichtet wird, durch Berechnungen und Erfarungen in das allerhelleste Licht. Sie beweiset die Nohtwendigkeit grosser Kornvorrähte überhaupt; rühmt der Stadt Zürich Fürsorge fürs gemeine Beste, indem sie allein ein beständiges Magazin von wenigstens 300 tausend Maas oder Mäs (ich glaube, das Mäs fasset 1 Cubic-schuh) Kernen unterhält, welches also ungleich reicher, als das bis dahin zu Bern unterhaltene, ist, aber auch schon mehrmalen in Ansehung des niedrigern Kornpreises seinen vorzüglichen Nuzen gezeigt hat: indem noch Ao. 1758. durch den Frühling und Sommer, so bald das Korn auf einen gewissen Preis gesteigert wurde, die Zürcher Obrigkeit der Vertheurung durch Eröfnung des Magazins Einhalt that, die Bäcker in den Stand sezte, das Brod um den bisherigen gewonten Preis zu verkaufen, und, indem zu Bern das Mäs auf 24 Bazen gestiegen, die Bürger zu Zürich solches hingegen um 16½ Bazen, und folglich fast um ⅓ weniger haben konten. — Es zeiget diese Abhandlung, daß das, was Obrigkeiten abhalte, dergleichen grosse Vorrähte anzulegen, nicht so wol die Grösse der vorzuschiessenden Geldsumme, als vielmehr die Verderblichkeit des angeschaften Getreides, sei; daß diese Verderblichkeit von Gewürme, woran übrigens nun niemand mehr zweifelt, herrüre, dessen zwischen dem Korn verstreute Eier zerstöret werden müssen, so daß das Insect daraus zum Leben zu kommen verhindert werde; daß dieser Zwek am leichtesten und ehnschlbar durch ein gehöriges Dörren des Getreides zu erlangen stehe ꝛc. Sie beweiset, daß diese Schlüsse und die sich darauf gründende Erfindung nicht blos speculativ und eine leere Curiosité sei, weil Herr Intieri, von dem sie herkomt, nicht etwa die Absicht hatte, sich einen eiteln Ruhm damit zu erwerben, oder bei irgend einem Fürsten sich in Gunst zu sezen, oder eine fremde Belohnung zu erhaschen, nein, sondern daß er sie zu seinem Gebrauch anwandte: welcher einzige Umstand schon keinen Zweifel wegen ihrer Nuzbarkeit mehr übrig lässet, indem Herr Intieri ein Pachter von den Kornzinsen des berühmten Hauses Corsini, im Neapolitanischen war, und, da dies Korn von der geringsten Güte, in feuchtem

(b) Aus der Feder des Herrn Landvogts Engel. Durch sie und durch weitere Bemühungen ist die Erbauung der Kornbarre glüklich bewirket worden. — J. Z.
    Man hat diese gründliche Abhandlung werht befunden, sie in unserm Hannöv. Magazin von 1765 ganz abzudrukken. Da ich vermuten muß, daß dieselbe recht mehr, als damals, bekant sein werde, so werde ich sie hier nicht wiederholen, und mit dem obigen Auszuge daraus mag es genug sein. — R. Z.

Grunde gewachsen, und daher, wegen der in Italien herrschenden Hize, der Verderbnis am meisten unterworfen war, um des willen er auch eine desto niedrigere Pacht dafür zahlete, um seines eigenen Nuzens willen etwas auszufinden suchte, wodurch solch Getreide zu einer eben so guten Eigenschaft, als anderes, gebracht, und gleich hoch verkauft werden könte, mithin der daraus fliessende nahmhafte Gewinn ihm zur Belohnung seiner scharfsinnigen Erfindung, wie billig, dienen solte, welches ihm denn auch gelungen: inmassen er und seine Erben sich hierdurch merklich bereichert haben. — Sie erzählet, daß man zuerst in Genf sich diese Erfindung zu Nuze gemacht, und sie daselbst eingeführet habe, jedoch nicht schlechterdings so hin, auf die blossen Versicherungen des Herrn I. Es habe vorher einer ihrer würdigsten Bürger, der Herr Du Pan, mit einer Mühe und Vorsicht, über welche man erstaunen müsse, Nachforschungen angestellet, so wol über den Nuzen des Dörrens des Getreides selbsten, als auch über die hin und wieder dazu gebrauchte Maschine; seinen eingezogenen Nachrichten zufolge, dörren in Liesland die sonst noch ziemlich dummen Bauern ihr Korn, und sie haben gefunden, daß dies, ja so gar anderes, worunter nur ⅓ Gedörretes untermischet ist, sich besser und länger halte, als gänzlich ungedörretes oder mit gedörretem unvermischtes. Auf königl. Französischen Befehl seien zu Lille, Straßburg, und Colmar Korndarren errichtet worden, und die Wirkung habe sich eben so gut erzeigt, als anderer Orten; wozu noch obiges von Herrn I. selbst erzähltes komt; und der Herzog von Gromilles, der Marggraf Rinuccini, Herr Centelano ein Edelmann, mußten bezeugen, daß ihre Nachahmung allen erwünschten Erfolg gehabt; ja, endlich mußte Herr Iurine alles persönlich untersuchen, theils durch Nachforschungen, theils durch selbst eingenommenen Augenschein: und dieser bestätigte die Warheit der vorgegebenen Nuzbarkeit oft-ermeldeter Erfindung und Darre. Erst nach allen diesen mit allem Bedacht und Vorsicht eingezogenen Nachrichten, ja nach selbst gemachter Probe mit einigem, auf eine langsamere Art, gedörreten Weizen, hat Genf sich dergleichen Maschinen verfertigen lassen, und der übrigen Schweiz das rühmliche und nachahmungswürdige Beispiel gegeben. — Doch, dieser Auszug wird mir unvermerkt weitläuftiger, als ich ihn zu machen gedachte; ich wil nur noch hinzu fügen: — der Verfasser dieser Abhandlung machet sich selbst, um hernach seine Leser desto volkomner zu überzeugen, allerlei Einwürfe wegen der Kostbarkeit des Gebäudes, der Feurung, der Aufseher, ꝛc. und beantwortet und hebt sie auf das gründlichste.

Je mehr ich dem Inhalt dieser Schrift nachdenke, und solches mit der Erinnerung dessen, was die Maschine in Bern selbst mir gezeiget, verbinde, desto mehr bin ich für diese Erfindung eingenommen worden, so weit, daß ich auch Lust bekommen habe, mir ein Modell von der Maschine verfertigen zu lassen, und solches mit zunehmen, in der schmeichelhaften Hofnung, daß einst vielleicht mein Vaterland davon Gebrauch machen könte. Indessen, da es mir gleichwol nicht rathsam scheinet, wegen der Unbequemlichkeit des Ueberschiftens dieses auf Grahtewol so gleich zu wagen, so habe ich mich zuerst damit begnüget, einen Bernischen Tischler, dessen Geschiklichkeit man mir recht rühmet, und auch dazu genuzet hat, daß man ihn zu der Untersuchung und Nachahmung der Genfischen Maschine gebraucht hat, folgende Fragen zu thun: .

In wie ferne gehet die im Kornmagazine zu Bern befindliche Dörrmaschine in ihrer Einrichtung von derjenigen ab, welche du Hamel oder vielmehr Intieri erfunden?

Gleichwie auch von der in Genf erbaueten?

Hat sie Vorzüge vor beiden, und was denn für welche?

Kan man eine Zeichnung davon haben, nebst einer Erklärung, so hinreichend ist, eine ähnliche darnach bauen zu können?

Oder ist es nöthig, ein Modell von Holz machen zu lassen?

Wenn das sein muß, wie klein

und um welchen Preis

kan denn ein solch Modell verfertiget werden?

Hier ist seine Beantwortung dieser meiner Fragen.

„ In Genf sind schon vor 3 Jaren drei solcher Korndarren aufgerichtet worden, eine im grossen Magazine, eine im Spital, und noch eine von einem Privat-Herrn. Sie sind alle 3 überhaupt nach einem Modell gemacht, unter der Aufsicht des Herrn Rahts Du Pan, auser daß die eine nur den halben Theil, und die andere nur ⅓ von der grossen begreift. Ich glaube, sie sind alle 3 nach des Herrn du Hamel Modell gemacht. Die hiesige ist nach dem Genfer Modell gemacht, aber in etwas vermehret, und, in Ansehung der Zusammensetzung, viel verbessert worden. Die zu Freiburg ist nach der hiesigen gemacht worden. Die Solothurner und Baseler haben ihr Modell auch von der hiesigen genommen. Die Züricher haben etliche andere Modelle machen wollen, es ist aber noch nichts rechtes zum Vorschein gekommen. Wir haben noch bei der hiesigen ein eisernes Thermometer angebracht, welches allezeit die rechte Wärme zeiget, und von gutem Nuzen bei der Dörrung ist.

Einen Riß von unserer Maschine könte ich wol machen, er würde aber schwerlich von denen Arbeitern begriffen werden. Wir hatten hier auch Risse, aber noch keinen völligen Begrif davon, ehe wir die Genfer Maschine selbst gesehen hatten.

Viel rahtsamer wäre, ein Modell zu machen, weil in solchem alles deutlicher vorgestellet werden kan, und die Arbeiter viel leichter einen Begrif davon nehmen können. Man würde auch einen hinlänglichen Bericht mit beifügen, sowol von der Arbeit und allen Theilen derselben, als auch von der Methode, das Korn wirklich zu dörren.

Es wäre nicht rahtsam solches Modell viel kleiner zu machen, als daß es ohngefär 8 Cubic-Schuh Plaz einnimt.

Den Preis dafür kan ich nicht eigentlich bestimmen, es kömt darauf an, wie es gemacht wird. Billig sollen alle Theile desselben nach dem Maasstab angedeutet werden. Es würde etwan 3 oder 4 neue Dublonen zu stehen kommen. Wolte man aber alles aufs sauberste gearbeitet haben, so könte es wol noch mehr kosten.

Unsere

Unsere Darre hält ohngefär 18 bis 20 Mütt oder 120 Cubic-Schuh. 1 Cubic. Schuh wiegt bei 36 Pfund. Anfangs brauchet man zum dörren 24 Stunden, wenn aber die Maschine einmal erwärmet, 18, auch zuletzt nur 12 Stunden Hitze.

Ein Mütt hat hier 12 Mäs; ein Mäs zu dörren kostet ohngefär 1 Kreuzer. " —

Ich hoffe, mein Herr, Sie werden obiges, auch wenn es Ihnen zum Theil schon bekant gewesen, doch nicht unwürdig gefunden haben, mit Aufmerksamkeit zu lesen. Verschaffen Sie, daß auch andere dies thun mögen, und verzeihen Sie mir die Weitläuftigkeit, deren ich mich vielleicht schuldig gemacht, um der guten Absicht willen, die ich dabei gehabt habe.

Bern, den 27 Sept. 1763.

## Anhang

### zu dem zwei und dreißigsten Briefe.

Zum Hohn aller der in Genf, Bern — nun schon gemachten unläugbaren günstigen Erfarungen, von dem großen Nutzen der Korndörrmaschinen, von der Vorzüglichkeit des gedörreten Korns vor dem ungedörreten zum Brodbakken und zum Aufbewaren, von der Ersparung an Miete für so viele Böden zum Aufschütten, und an Arbeitslohn für das öftere Umstechen, welches bei dem gedörreten Korn nicht nöthig ist — 2c. zum Hohn, sage ich, der Erfarungen von allen diesen Vortheilen hat die Erbauung einer Korndarre in Basel sehr starke Wiedersprüche gefunden. Endlich aber ist sie doch zu Stande gekommen, und selbst mit einigen kleinen Verbesserungen, die ich hier doch zu erzählen nicht nöthig erachte. Folgende zwei Briefe, hierüber, und die Antwort darauf, halte ich für werth, gelesen zu werden, weil sie Beispiele enthalten, was für eine Aufname oft den besten Vorschlägen wiederfäret, und wie wenig sie zuweilen genuzt werden.

„ Ich hoffete, — schrieb im Dec. 1769 von Basel Jemand an anderswo Jemand, — daß ich Ihnen jetzt eine Nachricht von dem Gebrauch unserer Darre solle mittheilen können; allein, ich habe es vergebens gehoffet. Es sind zwar einige Versuche damit gemacht worden, allein zu der unbequemsten Jarszeit, im Januar 1768, da das Wärmemaas auf 20° unter dem Gefrierpuncte stand, da wir die größte Kälte hatten, deren sich die ältesten Leute bei uns zu entsinnen wissen. Es war also ganz natürlich, daß diese Versuche kostbar ausfallen mußten. Es wurden ohngefähr 200 Säkke Getreide gedörret; es fiel ganz gut aus, und hat sich bis dahin wol erhalten. So beträchtlich aber nun der Aufwand war, so dienen diese Versuche (wenn man von denselben die Kosten abziehet, welche erfodert wurden,

D d

um der in der Darre eingeschloßenen Luft nur denjenigen Grad der Wärme zu geben, den sie im Frühlinge oder Sommer schon von Natur hat, und die in dem noch nicht genug ausgetrokneten Gebäude steckende Feuchtigkeit auszujagen ꝛc.) dennoch zu beweisen, daß das Dörren vortheilhaft sei. Seitdem ward immer von einer Zeit auf die andere verschoben, ein mehreres Dörren zu unternehmen; künftiges Frühjar aber sol es mit Ernst vorgenommen werden, und da hoffe ich Ihnen vergnügendere Nachrichten davon geben zu können. — "

   Indeßen lautete es, vom Dec. 1771, wie folget:

     „Mit dem größten Vergnügen würde ich Ihnen von der endlich bewährten Nuzbarkeit unserer Korndarre, sogleich auf ihr erstes Begehren, Nachricht ertheilt haben, ohne mich zum zweiten male darum bitten zu laßen; allein, können Sie es glauben? (Siehe die nachstehende Antwort.) Seit den erstern Versuchen, von denen ich ehedeßen Ihnen geschrieben, ist, bis auf diese Stunde, kein weiterer Gebrauch von unserer Darre gemacht worden. Von Zeit zu Zeit gab man Hofnung, daß die Sache wieder sollte vor die Hand genommen werden, und immer ward es unterlaßen. Sie beklagen sich über die Langsamkeit, womit neue Erfindungen bei Ihnen angenommen und nachgeahmt werden; was werken Sie aber davon denken, daß man bei uns von einer Erfindung nicht Gebrauch machet, deren Nuzen man nicht etwa blos aus der Ferne kennet? wo der größte Aufwand, so dazu erfordert wird, schon gemacht ist? Wo eine Darre, eine aufs beste eingerichtete Darre wirklich da stehet? Doch, ich gebe die Hofnung zu deren Anwendung noch nicht auf. Indeßen sezet mich dies außer Stand, Ihnen gegenwärtig mehreren Bericht über die Vorzüge derselben zu geben; irre ich nicht, so habe ich ehedeßen schon angemerkt, daß einer derselben in den, auf beiden Seiten angebrachten kleinen Oefen bestehe, wodurch die Hize aller Orten mit mehrerer Gleichheit ausgebreitet wird. — — "

### Antwort von 1772.

Oja! ich kan es gar wol glauben, daß es mit Ihrer Korndarre so gehet, wie es gehet, und ohne alle Verwunderung beinahe kan ich es glauben, obgleich der Fall etwas außerordentlich ist. Eine gewiße schlafsüchtige Gleichgültigkeit, die uns meisten Menschen die Flügel der Thätigkeit lähmet, wan von gemeinnüzigen Unternehmungen die Rede ist; oder Privat-eigennuz; oder beide zugleich — machen die nicht die meisten Entwürfe von Wichtigkeit, es mag auch ihr Erfolg so gewis sein als er wolle, rükgängig? Die an dem Staatsruder sizen, haben die besten Absichten von der Welt: sie mögen aber das Wohl des Ganzen noch so eifrig wollen, so finden sie Schwierigkeiten wieder sich aufgelehnt, die oft ein bloßer Dunst sind, aker so künstlich ausgemahlt, daß er ihnen als wirkliche Schwierigkeiten scheinen muß. Die Fruchtdarre, z. B., anlangend, die bei Ihnen ein so seltsames Schik-

sal erkläret, so ward diese auch sonst irgendwo, wegen ihrer Vortreflichkeit, mit dem größten Nachdruk angepriesen; man sah und durchsah, bei ihrem Lobredner, die Zeichnungen,
die volständigsten Beschreibungen und selbst ein artiges Modell von der Maschine, und, in
so fern, nicht ohne Wirkung: denn man lies jene copiren, und nach diesem lies man ein anderes zur Versendung an einen andern Ort, verfertigen, wo man davon, zum Besten eines Kornmagazins, das daselbst beständig unterhalten werden muß, im Großen Gebrauch
machen wolte. Allein, daselbst glaubte nun Jemand, ein besseres Dörrgebäude erfinden zu
können, und — nun lies man es so dabei bewenden. Ich wundere mich aber hierüber ganz
und gar nicht; habe ich doch noch viele andere Gegenstände, die eben, wie es die Errichtung
von Kornbarren ist, der öffentlichen Aufmerksamkeit würdig wären, aber, in Absicht auf
die erforderliche Anlage zu einigem Bedenken nicht einmal die Möglichkeit übrig ließen, vernachläßigt und vergessen, ob gleich zuvor gebilligt, gesehen. Ein Beispiel mag die in einem
gewissen beliebten Wochenblatte befindliche, aus einer warmen Brust geflossene, Aufforderung
an woldenkende Männer abgeben, den Zusamentrit einer freiwilligen kleinen Gesellschaft anlangend, die wie Ihnen bekant ist, einen gewissen sehr nützlichen Zwek zum Gegenstande haben solte. Der Aufsaz davon und der Entwurf dazu, haben das Glük gehabt, nicht ohne
algemeinen Beifall gelesen zu werden, und dabei ist es noch nicht geblieben; nein, es haben
sich wirklich einige edeldenkende Personen gefunden, d'e ihre Namen eingeschikt, und sich zu
Mitgliedern einer solchen Gesellschaft anbohten. Unter diesen sind selbst einige von dem höhern Stande-gewesen. Aber hier ist nun die Sache still gestanden. — Der Urheber des
Vorschlages lies zwar in dem folgenden Jare, um dem glüklichen Keim zu seiner völligen
Entwikkelung zu verhelfen, einen neuen kurzen Aufsaz in das Wochenblat des Ortes einrük-
ken, und hoffete nun — was doch nicht erfolgt ist. War denn mein verehrter Freund,
war denn die vorgeschlagene Sache unnüz? war etwa ihre Ausfürung schwer? war sie
kostbar? Nein! — So hatte sie Schwierigkeiten? Wenn Sie welche errathen können, so
sagen Sie sie mir. Ich weiß keine. Aber, genug, sie ist nicht zu Stande gekommen. Und,
sehen Sie, durch dergleichen Erfarungen unterrichtet, verwundere ich mich nunmehro über
Ihre Nichtnuzung Ihrer, obgleich schon erbaueten, Kornbarre eben nicht. Aber, der sie
dorten und — dorten anpries, die haben doch beide das ihrige gethan?

D b 2

### Drei und dreißigster Brief.

Mein Herr,

Die Denkmünze des Aeußern Standes von Bern, der so ruhmwürdigen großen Staats-
schule dieser Republik, wovon ich Ihnen einen kurze Beschreibung gemacht, habe ich von
der Freigebigkeit eines verbindlichen Freundes wirklich erhalten, und ich kan nun mit Gewisheit versprechen, sie Ihnen mitzubringen. Allein die Hedlingerischen Medaillen sind,
wie ich finde, ihren Beßizern so angenehm, daß ich alle Hofnung aufgeben müßen, Ihnen
davon Probestüke zu verschaffen. Nehmen Sie derowegen mit einer Beschreibung und zwar
von nur dreien derselben fürlieb, so gut ich Ihnen solche liefern kan, das heißt: ziemlich
unvollkommen, weil ich nur ein natürlicher und kein kunstmäßiger Liebhaber von schönen
Münzen bin.

Die große Medaille von der Hand diesen großen Künstlers, welche die Stadt Bern
fremden an sie abgeschikten Ministern bei ihrem Abschiede zu verehren pfleget, übergehe ich,
weil sie Ihnen vielleicht längst bekant ist. Aber nicht so bekant und noch kunstreicher dünket mich diejenige von eben dem vortreslichen Hedlinger zu sein, die etwa 1½ Fl. Schwere haben wird, worauf das Brustbild eines alten Mannes zu sehen, auf dessen Gesichte die Adern
so natürlich ausgedrüket sind, daß alle Beschreibung dabei zu kurz komt. Hierbei findet sich
die Umschrift:

*Nicolaus. Kederus. Holmiensis.*

*Hedlinger F.* 1728.

auf dem Revers ist allegorisch die Zeit vorgestellet ꝛc. und der Spruch hinzugepräget

*Profert Antiqua in apricum.*

an dieser allegorischen Figur bewundert man mit Recht die Vorstellung des einen Fußes, dessen Untertheil zu sehen ist. —

Eben so schön sind die zwei folgenden Medaillen, mit dem Brustbilde von Hedlinger
selbst und der Umschrift:

*Iohannes. Carolus. Hedlinger.* 1730.

auf dem Revers der einen stehet ein Tisch mit einem darauf aufgerichteten Spiegel, und der
Ueberschrift:

*Ne dissimula ne Lusinga.*

auf dem Revers der andern aber die Wachsamkeit in dem Sinnbilde einer Eule, mit Helm,
Schild und Speer versehen; und hierbei stehen die fünf Griechischen Buchstaben

ΛΑΓΟΜ.

welche das Schwedische Wort Lagom ausdrüken sollen, das so viel, als recht, billig,
oder auch wol mittelmäßig bedeutet. Das ganze Gepräge dieses lezten Stükkes, und be-

sonders seines Randes, hat, nach meiner geringen Kenntnis, ein so antikes Ansehen, daß, wenn man nur allein den Revers betrachtet, man leichtlich wird verleitet werden können, die Medaille für eine antike zu halten: ein Irrtum, in den auch einstmals (a) ein Kenner verfallen sein sol.

Diese und noch viele andere geprägte Meisterstücke, in Silber sowol, als in Kupfer und Zinn, wie auch eine lange Reihe von Abdrükken in Gyps, habe ich hier bei meinem Wirt im Falken, dem Herrn Fersen, einem Teutschen, dessen vollkommen gute und zugleich billige Bewirtung jedem seines gleichen zu einem Muster dienen kan, zu sehen die angenehme Gelegenheit gehabt.

Eines noch nicht vollendeten Medaillons auf unsern, in einem zwar ziemlich hohen Alter doch immer noch zu früh für uns verstorbenen, Georg den Zweiten muß ich noch gegen Sie erwähnen, das mir, bei meinem Aufenthalte in Zürich, mein vortreflicher Freund Fueßli gezeigt hat. Hier hat Hedlinger den Monarchen, dessen Bildnis er liefert, nach einer so hohen Aehnlichkeit vorgestellet, die man selbst von den meisten Porträts an Ihm vermisset. Aus einem Mistrauen aber, ob er darin die Vollkommenheit erreichet, die er sich vorgesezet und wirklich erreichet hat, hat er bisher die Ausarbeitung des dazu gehörigen Reverses unterlassen, von dessen Erfindung mir nun nichts bekant geworden ist. Herr Fueßli hat mir indessen, auf meine Versicherung von der grossen Aehnlichkeit des geprägten Bildnisses mit dem in meiner Vorstellungskraft unauslöschlichen Original, versprochen, den, nur für seinen Ruhm und die Kunst arbeitenden grossen Künstler zu der Vollendung dieses Medaillons aufzumuntern, und ich werde stolz darauf sein, wenn es mit Erfolg geschiehet, etwas durch meine Ueberredungen dazu beigetragen zu haben (b). Es wird, übrigens Ihnen, mein Herr, wol bekant sein, daß der vortrefliche Mann nun schon in dem Winter seines Lebens ist, daher man nicht vieles mehr von seinen Händen hoffen darf; allein, er hat schon mehr als genug geleistet, um seiner Ewigkeit gewis zu sein. Hätte ich die Gepräge von

---

(a) In Joh. Cafpar Füeßlins Geschichte der besten Künstler in der Schweiz, nebst ihren Bildnissen, drittem Bande, Zürich 1770. heisset es, auf der 22sten Seite: „Um diese Zeit (1730) verfertigte er (Carl Hedsinzer) dasjenige seiner Werke, an welchem unser Künstler selbst mit Bergnügen gedenket, nemlich sein Bildnis, mit der Ueberschrift. ΑΑΓΟΜ. In diesem Stük erreichte er in der That den höchsten Grad der möglichsten Vollkommenheit in seiner Kunst. — Eine Festigkeit im Umris ohne Härte: eine Rundigkeit im Fleisch ohne Weichlichkeit: der freie ungezwungene Fall der Falten, — die (Gott sei Dank) aller, modernen Zierlichkeit zuwieder sich wie krause Wellen an seinen Gewändern schlagen, und von seiner Stirn und Scheitel sich erheben, machen den Character dieses unnachahmlichen Kopfes aus. Dieses Stük gab er zuerst mit dem Revers einer mit dem Helm, Aegide, und der Lanze der Minerva bewafneten Eule heraus; und es währete gar nicht lange, bis es der algemeine Stof der Feder und des Scharfsinnes der Altertumskenner ward, welche es für ein Werk der griechischen Kunst hielten. — Hedlinger ließ diese Leute lange Zeit herum lauen; und endlich zeigte er ihnen, wie sehr vergebene Mühe sie sich gegeben hätten, in einem Schwedischen Worte ein Griechisches zu finden. ΑΑΓΟΜ bedeutet schlecht und recht. Es war sein Wahlspruch: und sein Leben bewies, daß er es aus Wahl war —. " N. J.

(b) Ist, nach J. C. Füeßlins Geschichte der erwähnter Geschichte - - S. 102. würklich vollendet worden. Die Aufschrift Georgius II. D. G. Magnae Brit. Fr. et Hib. Rex. und der Revers, ein die mächtige Insel vorzeigender Globus, mit der Ueberschrift: Incomparabilis. Einen Abdruk davon besitze ich nun selbst. — N. J.

ihm, die ich hier gefunden, alle in Zürich schon gesehn gehabt, ich würde gewis nicht, wie ich, leider, gethan habe, den etwa nur eine Stunde vom Ufer des Lucernersees entlegenen Flekken Schweiz oder Schwyz vorbeigerudert sein, ohne den Mann besucht zu haben, der seinem Vaterlande zu so grosser Zierde und Ehre ist. Denn in Schwyz wonet derselbe. Wenn Sie einmal, mein Herr, dies sehenswürdige Land Durchreisen solten, und der Greis, wovon ich rede, lebet noch, so folgen Sie nicht meinem nachläßigen Beispiele; doch nehmen Sie auch einen grössern Vorraht von Zeit mit, als mir zur Reise zugemessen ist!

Das Verlangen, einige der Hedlingerischen Medaillen, und besonders der drei oben beschriebenen, habhaft zu werden, hat mich noch Ehegestern zu dem Nachkömling des hiesigen berühmten Bildschnitzersteckers Mörikofer geführet, doch ohne daß ich, wie Sie schon wissen, meinen Zwek erreichet hätte. Indessen habe ich diesen Besuch doch nichts weniger als zu bereuen, Ursache. Denn, ausser einer Menge Hedlingerischer Abdrükke, die ich bei Herrn M. fand, habe ich hier eine, ob gleich nicht vollständige, Samlung Abdrükke von den Arbeiten des Genfischen Medailleur Dassier gesehen, und gewis nicht ohne grossem Vergnügen. Ich habe, unter den übrigen, insonderheit und vorzüglich die auf den Cardinal Fleuri, welche bekant genug ist, und die auf Pope und Montesquieu geprägten bewundert. Die Vorstellung dieser grossen Leute in ihrem Alter ist meisterlich gerahten, und, so viel ich mich erinnern kan, so kommen hier ihre Gesichtszüge mit denen sehr überein, die man in ihren Kupferstichen siehet. — Nun genug von diesen reizenden Werken der Kunst, die ich liebe, ohne von denselben ein Kenner zu sein. —

Es sind 2 sehr angenehme Spazierpläze in Bern, und ein dritter von ausnehmender Schönheit ist vor dem Thore. Dieser hat eine drei oder vierfache Allee von Linden, zu welcher ein langer Gang zwischen hohen Hekken füret, der sich in einem weiten Plaz verbreitet, worin allerlei Hekkenzüge, Durchschnitte und Cabinette mit Bänken befindlich sind: das meiste von allem diesem von Tannen gezogen. Die Aussicht nach der Stadt, und zu den fernen prächtigen Eis- und Schneegebürgen hin, ist hier vortreflich. Wo man, linker Hand, aus dieser langen Promenade hinaus komt, findet man 2 bis 3 mit Bäumen bepflanzte Strassen zum Faren für die Kutschen, 2c. Queer über und längs durch diese gehet man durch einen mit verschiedenen erhobenen Sizen, von welchen man auf die überaus krum laufende Aare sehr tief hinaussiehet, versehenen und mit geschnizten niedrigen Tannenhekken gezierten Plaz in einen Tannenwald, der nicht klein ist, 2c. — Ich, meines Theils, erinnere mich nicht, noch bei irgend einer Stadt dergleichen schön angelegte und anmuhtige Spaziergänge angetroffen zu haben. Allein, Bern, nachdem es hinlänglich für das dauerhafte wesentliche Wohl seiner selbst gesorgt hat, fügt nun das angenehme hinzu, schaffet seinen Bürgern Ergözlichkeiten, und bei den Fremden sich Ansehen, als welcher Augen überall von dem edlen Pracht gerüret werden, womit die Stadt von innen und aussen glänzet.

Der kleinere der beiden Spazierpläze in der Stadt ist gleich an dem Kornhause gelegen, und recht artig; der grössere aber ist noch hübscher, und lieget an der Hauptkirche ober dem Münster. Auf diesem stehen so gar zwei Lusthäuser, recht über der Aare. Die zum Ausruhen der Spazierenden umhergesezten Bänke sind von schönen gehauenen Steinen, und mit Holz überleget: durchaus der Anblik der Grösse und des Reichthums dieser Stadt. Von hier siehet man hinunter auf die untere Stadt und die Aare, beide sehr in der Tiefe. Es füret eine Treppe dahinab, die über 180 Stufen hoch ist. Und nun diesem Plaz Festigkeit zu geben, hat man eine Mauer daran herauf ziehen müssen, die ohne Zweifel 100 bis 120 Fus hoch haben wird. Gleichwol ist einstmals ein Mensch mit einem Pferde daselbst hinab gestürzet, ohne den Hals zu zerbrechen. In der über der Erde etwas erhöheten Mauer siehet man, zum Andenken dieser ausserordentlichen Begebenheit, in einem Marmor folgendes eingegraben.

„ Der Allmacht und wunderbaren Vorsehung Gottes zur Ehr, und der Nachwelt zum Gedächtnus, stehet dieser Stein alhier, als von dannen Herr Theobald Weinzäpfll den 25 Maj. 1654 von einem Pferd hinunter gestürzet worden, und hernach, nachdem er 30 Jahr der Kirche zu Kerzerz als Pfarrer vorgestanden, ist er den 25 Nov. 1694 in einem hohen Alter seeliglich gestorben. “

Sie werden sich hierbei, mein Herr, eines ähnlich- glüklich-ablaufenden Zufalles erinnern, da vor etwa 10 Jaren, in unserm Hannover, ein Mensch von seinem tollen Pferde von dem ziemlich hohen Ufer der Leine am Königlichen Marstalle in einem Saze und unbeschädigt auf das niedrige gegenseitige Ufer hinüber gebracht ward.

Ueber der Hauptthür der Münsterkirche ist in Stein das jüngste Gericht vorgestellet, und, so gothisch die Auszierung ist, so muß man dies Stük doch bewundern, da wenigstens 3 bis 400 menschliche Figuren darauf zu sehen sind.

Zwei noch in Bern befindliche Naturaliensamlungen habe ich ungerne zu sehen versäumet. Die erste ist die des Herrn Schmidt, dessen Dissertation für les Oolithes ich Ihnen angefüret habe, und der, wegen seiner grossen Einsicht in die Altertümer als ausserordentlicher Professor nach Basel berufen und daselbst mit dem Bürgerrecht beschenkt worden war, jezt aber im Begrif stehet, unter dem Character eines Hofsahls, als Gouverneur des jüngern Marggräfl. Prinzen, nach Carlsruh zu gehen. Diese Samlung nun stehet verschlossen, und wird villeicht künftig nicht mehr hier, sondern in Carlsruh zu suchen sein.

Die andere ist des Herrn Gruner, Verfassers des Buchs von den Eisgebürgen, dessen Person ich zugleich kennen zu lernen sehr gewünschet hätte. Allein, da er eben in Veränderung seiner Wohnung begriffen ist, so hat mir auch dieses nicht glüken wollen. (*)

Ausser diesen beiden Samlungen sol aber auch der hiesige Gewürzhändler, Herr Ulrich, eine besizen, welche zu besuchen mir endlich die Zeit fehlet.

Zum Schlus des Artikels von Bern wil ich Ihnen nun noch ein Paar Anmerkungen

---

(*) Herr Gruner hat nun seine Samlung von Mineralien an einen Bürger von Genf, den Herrn Killet, verkauft. J. S. W. 1771

mittheilen. Denn, meine Abreise ist fest gesetzet, und ich verlaße diese schöne Stadt, wo ich einen alten Freund aus Deutschland angetroffen (den Apotheker, Herrn Muschklappe) der mir manche nützliche Nachrichten von Bern auf das verbindlichste gegeben, und sonst andere noch zu geben versprochen hat, Morgen ohnfehlbar.

Ich habe Ihnen schon erzehlet, was für gute Landstraßen man hier und fast überall in der Schweitz antrift, wozu Bern den rühmlichen Anfang gemacht, und den übrigen Cantons das erste Signal auf eine Art gegeben haben soll, die sie nachzufolgen genöthigt.

Es stehet hier, nahe vor der Stadt, eine dergleichen Waage, auf welcher die Farzeuge der Frachtfürer gewogen werden, deren Last, wie ich Ihnen schon gesagt, nicht 50 Centner übersteigen darf. Ich habe daran folgendes beobachtet. Das Haus, worin die Waage befindlich, hat zwei einander gegen-über stehende weite Thüren, und die sich einander entgegen stehende beiden Wände sind ein blosses Gitterwerk. Die Waage selbst oder Waagschale, die fast die Gestalt einer ziemlich flachen Fähre hat, womit man Kutschen ꝛc. über Flüsse überzusetzen pfleget, ruhet auf der Erde, und kan hernach, wan der Frachtwagen hineingefaren ist, an 6 starken Ketten in die Höhe gezogen werden. Oben über dem Boden aber ist ein Balken mit Gewichten, von der Einrichtung, wie die Römischen Schnellwaagen. Nach geschehenem Wägen füret man denn zu der andern Thüre wieder hinaus.

Ausser dieser zu ihrem Zwek sehr nützlichen Maschine, hat man eine Art, die Räder zu sperren, verordnet, die auch viel zu der guten Erhaltung der Landstraßen beiträgt, und jeder Fuhrmann, auch Kutscher, befolgen muß. Wenn man sonst nemlich von einer Höhe herunter füret, so pflegt das auf die gemeine Weise gesperrete blosse Rad den Weg sehr tief einzuschneiden, und verderbt ihn durch das gewaltsame Reiben augenscheinlich. Allein, hier muß man entweder gar nicht sperren, oder ein gewisses ausgehöltes länglichtes Stük Holz mit sich füren, welches man denn, an dem Wagen fest gehängt, dem Rade unterlegt, das in die Höhlung des Holzes so weit hinein passet, daß es nicht daraus weggleiten kan. Alsdan schleifet das Rad, wie auf einem Schlitten, die Höhe sicher und sanft hinunter. Das Holz ist etwa 2 Fus lang, ½ Fus breit und dik, und denn, der Länge nach, oberwärts ausgehöhlt, nach Maasgabe der Stärke des Rades. Sehen Sie, mein Herr, wie man hier alles mögliche zusammen genommen hat, um den Zwek zu erreichen, beständig gute Wege zu haben: den Zwek, dessen man in so vielen andern Ländern verfehlet, weil man die Sache nicht angreift, wie man sollte, und Kleinigkeiten ganz aus der Acht läffet, die doch auch nicht versäumt sein wollen!

Nun auch ein Wort von der hiesigen ökonomischen Gesellschaft (c). Sie genießet eines Vorzugs, der nicht gering ist, und nohtwendig gute Folgen haben wird, dieses nemlich: daß

sie

---

(c) Von deren Errichtung hat Herr Tschiffeli den ersten Gedanken gehabt, und hernach gemeinschaftlich mit dem Herrn Engel alles geordnet. — J. J.

sie nicht nur verschiedene geschickte, sondern daß sie auch bemittelte Mitglieder hat. Es ist gewiß, daß der Ehrgeiz als eine hinlängliche Triebfeder für Geister der edlern Klasse sich beweiset, sie zu Unternehmungen anzuspornen, die Mühe und Unverdrossenheit erfordern; allein, es ist auch eben so gewiß, daß die weit grössere Hälfte der menschlichen Seelen eben nicht zu dieser Klasse gehören, sondern sich durch den auri sacram famem, der nach ihm angemessener Sättigung gieret, characterisiren. Man thue die wichtigsten Vorschläge von der Welt, Vorschläge die noch so sehr auf das allgemeine Beste abzielen und mache derselben Thunlichkeit so warscheinlich als man wolle: es wird wenig oder nichts fruchten, wofern man das hinzuzufügende Versprechen baarer Belohnungen versäumet. Ich, z. B., habe in unsern gelehrten Anzeigen von 1754 den Anbau des Sibirischen Buchweizens, und in den nützlichen Samlungen, ich glaube, von 1758 den der kleinen Märkischen Rüben angenehm und leicht zu machen gesucht; ich habe einen ziemlichen Vorraht des beiderlei Samens zugleich mitgetheilt, der auch angenommen und vermuhtlich gesäet worden ist. Allein, was ist die Folge von den damit gemachten Versuchen gewesen? Unvolkommene Nachrichten? Oder Zweifel wieder die Nuzbarkeit des Anbaues? Oder Wiederlegungen desjenigen, was ich davon geschrieben? O nein, keines von allen diesen, ein gänzliches Stillschweigen! Solch eine schlafsüchtige Gleichgültigkeit ist nun keine schmeichelhafte Erwiederung eines Vorschlages, der von allem Eigennuz entfernet ist, und die untadelhafteste Absicht zum Grunde gehabt hat. Die Bernische ökonomische Gesellschaft schlägt also, nach dem Exempel jener grossen patriotischen Gesellschaft in Grosbritannien, ob gleich bei weitem nicht auf so nachdrückliche Weise, den rechten und, wo ich nicht irre, den einzigen Weg ein, gute Vorschläge in Ausübung zu bringen, indem sie für diese, zur Belohnung, järlich gewisse Preise austheilet, deren manche ziemlich hoch steigen (d).

Mein Herr, bringen Sie doch auch unter uns eine dergleichen Gesellschaft zum Stande, die nicht blos Verbesserungen ausdenke, aufsuche, bekant mache und schriftlich anpreise, sondern die durch Ducaten die Ueberzeugung wirke, mit Gold zu überreden den Willen und das Vermögen habe! sonst versichere ich Sie, daß, ohne dieses leztere, alle ihre noch so sauber gedrukte und mit Kupfern ausgezierte Werke wol ungelesen, wenigstens unbefolgt größten theils bleiben werden. Auf was für Dinge hätten wir nun aber vorzüglich Ursache, Preise zu sezen? Auf die Einrichtung kostbarer und einen grossen Vorschus erfordernder Fabriken? — O nein: nur auf die Vervolkommung derer, die bei uns schon zu finden, und zum Theil von selbst entstanden, aber nur noch nicht in der blühenden Verfassung sind, worein sie vielleicht gesezt werden könten; und dan auf gewisse andere Werke des Fleisses, deren Erhaltung weder schwer noch kostbar ist. Dies würde für uns zuerst genug sein. Wenn

C c

(d) In der gedrukten Ankündigung derer für das Jar 1765 bestimten Preise habe ich deren 24 und mehrere gefunden, die, überhaupt, gegen 110 Ducaten ausmachen. — N. E.

wir, zum Exempel, Belohnungen versprächen für das feinste oder meiste gewebte Leinwand; für die vollkommenste Bleichung desselben, für die wir jezt das Geld nach Holland schikken; für den schönsten Drell; für das beste Sommer- und Wintertuch; für den Anbau der weißen Maulbeerbäume, die so gar in dem schwedischen Schonen ziemlich gut fortwachsen: einge, schlossen die Gewinnung der Seide; für das beste Papier, für die Nachahmung des soge- nanten Türkischen und des Goldpapiers; für die glättesten und schönsten Spielkarten; für die zum Spinnen und Färben geschikteste Wolle; für den feinsten Zwirn; das beste Bleiweis; die Verfertigung der rothen Mennige, die von Natur unserm Harz zuzugehören scheinet; für die meisten, besonders an den Landstraßen und Aekkern, angepflanzten Obstbäume; den be- sten Wein, Eßig, und Brandwein aus Obst; die meisten welschen Nußbäume und das Oehl aus ihren Früchten, das von so mannigfaltigem Nuzen ist; die volkommenste und wohl- feilste Nachahmung der Engländischen Ale, welche wir so gerne trinken und so theuer bezah- ten; die Auffindung guter Waller- und Pfeifen-Erden; das Verfertigen solcher irdenen Ge- schirre, die, zu trokkenem und nassem Gebrauch recht feuerfeste wären; endlich, um einmal zu schliessen, für die feinste gestikte Arbeit, worin es unsere Frauenzimmer von selbst schon so weit gebracht haben, daß wir uns, durch darauf gesezte mäßige Preise, versprechen dürften, sie bald zu dem Grad der Volkommenheit erhöht zu sehen, daß wir dabei den Tand der kost- baren Brabändischen Spizen oder Kanten entbehren könten —— 2c.

     Was meinen Sie, mein Herr, sind dies Entwürfe, die sich nicht ausfüren lassen? Sind dies in die Luft gebauete Schlösser, die keinen Grund haben? Ich solte es nicht den- ken. Unternehmen Sie es kühnlich, eine Gesellschaft von etlichen Kunstverständigen und von viel Patrioten zusammen zu bringen, die sich diese und dergleichen Dinge zum Ziele sezen! (c). Ich wil ungenant, wenn gleich nicht ihr stärkster, doch Ihr erster Subscribent sein, und wir wollen und werden tausend Gutes kisten. Leben Sie wohl! Ich bin, ohne die Glükseligkeit zu beneiden, deren fremde Länder genießen, so sehr auf diejenige, die uns möglich ist, gesteuert, als die Ergebenheit aufrichtig ist, mit der Ich, mein Herr, Ihnen auf immer zugethan bin.

      Bern, den 28 Sept. 1763.

---

(c) Wir haben nun eine ökonomische Gesellschaft, und zwar in Zelle, deren Bemühungen und Schriften, auch auswärtig sich schon Achtung erworben haben. — N. Z.

## Vier und dreißigster Brief.

**Mein Herr,**

Heute Morgen um 7 Uhr ist meine Abreise von Bern vor sich gegangen. Sie wissen, daß zwischen Bern und hier, zu Friburg, die Einsiedelei zu St. Maria Magdalenen lieget, die wegen ihres sonderbaren Baues berühmt ist. Denn, andere Häuser sind aus Steinen zusammen gesezet, da diese Einsiedelei von einem Menschen auf eine entgegengesezte Art zum Stande gebracht worden, die ein Meisterstül von Geduld ohne Beispiel heissen kan: sie ist nemlich ganz und gar aus einem zusammenhängenden Sandsteinfelsen ausgehöhlet worden, und also nicht ein Gebäude aus Stein, sondern in Stein zu nennen.

Um 11½ Uhr erreichte ich, mit meiner Reisegesellschaft, das Dorf Ueberweil, wo ich mich nach der Lage der Einsiedelei und dem Weg dahin erkundigte. Der Capellan, welcher bei der Capelle zu Ueberweil die heiligen Dienste verrichtet und daselbst wonet, erschien uns hier, und erbot sich, uns nach St. Magdalenen zu füren. Wir nahmen sein Anerbieten an, und kamen, über Castella, Ballisweil und Räsch, durch mehrentheils waldigte, hohle, und sehr enge Wege, um 1½ Uhr bei der Einsiedelei an. Es ist, unter andern, nach Scheuchzer und Herrliberger (a) bekant, daß ein gewisser Pater, Joh. du Pré, von

E e 2

(a) Scheuchz. It. Alp. 5. pag. 417. 418.
Herrl. Top. 1. S. 9. 10. Taf. 3.

Grierts oder Gruyeres gebürtig, ob gleich mir sein Name Molitor genant ward, sie erbauet, und nicht weniger, als 30 Jare, darauf zugebracht hat; er sol dabei nur die Hülfe eines jungen Burschen gehabt, und hernach sein Leben, unglüklicher Weise, in der Sahne geendigt haben. Denn, diese fliesset unten an dem Hügel vorbei, zwischen Waldungen und Wiesen, welches die Lage der Einsiedelei sehr angenehm und ruhig machet. Jezt wonen 2 Leute, sogenan'te Waldbrüder, darinn. Einer dieser war nur zu Hause. Ich fragte ihn, mit was er sich daselbst beschäftigte, erhielt aber hierauf nichts zur Antwort, und das war ganz recht so: denn, die Beschäftigung der Leute von dieser Art ist doch auch in der That gemeiniglich nichts, ausser, daß hier, neben der Wonung, ein kleiner Garten liegt, den diese beide Herren selbst bauen, das heisset, aus Armuht zu bauen genöhtigt sind. Ich hörte auch, daß der gegenwärtige Waldbruder 7 Jare in Spanischen und 3 Jare in Französischen Diensten als Musketier gestanden hatte: eine nicht sehr vortheilhafte Ankündigung von der Ehrwürdigkeit des einsamen Heiligen, oder, vielmehr, in einer heiligen Unthätigkeit hier gähnenden Zweisiedlers!

Die Einsiedelei übrigens, welche etwa vor 70 Jaren erbauet worden, ist aber in der That vollkommen sehens wehrt. Unten befindet sich zuerst ein Holzstall, ein kleiner Keller, und dan der Eingang nebst der Treppe, die zu der Wonung und Capelle führet. Jene bestehet aus 2 oder 3 Zimmern und einer Küche, und, wenn man von hier etwan 20 Fuß tief eine kleine Treppe hinunter steiget, so kömt man in einen grossen und gewölbt scheinenden Keller, in welchem ein schöner Quellbrunnen lieget. Die geräumige Capelle hat eine Sacristei neben sich, und über sich eine schornsteinähnliche Höhle, der ihr statt eines Thurms dienet, worin 2 Glokken hängen. Dieser gehet bis oben zu dem Berge hinaus, und Keysler (b), wie Sie sich erinnern werden, giebt die Höhe desselben zu 54 Fuß an. Nach meinem Augenmaß möchte sie wol 70 Fuß betragen. Die Länge des ganzen Gebändes wird etwa 300 Fuß machen. Und alles dieses ist, wie ich schon gesagt, aus dem ganzen Felsen heraus gehauen worden; welch eine unsägliche Arbeit und, wie einige sagen: welch ein Wunder! Doch schwindet dies Wunder um ein vieles, wenn man die Art des Felsens betrachtet. Denn, es ist derselbe nichts härter, ja kaum einmal so hart, als der in Bern zum Bauen angewandte mürbe Sandstein. Ich habe so gar von dem innern so wol als von den äussern Wänden ganze Stükke spielend abbrechen können, auch scheffert der Stein hin und wieder von selbst schon ab, so daß ich daher für die Ewigkeit dieses Wunders sehr besorgt bin. Wir gaben dem Waldbruder eine Kleinigkeit zum Geschenk, und verfügten uns, zurük über Bal, lisweil, auf den Weg nach Friburg, wo wir nun diesen Mittag um 2½ Uhr angekommen sind.

Der Weg von Bern bis hier ist hier nur im Anfange und gegen das Ende gut, und

(b) In seinem 20sten Briefe.

nen gemacht. Der mittlere Theil ist bisher unausgebessert liegen geblieben, aus einem Mißverständnis zwischen den beiden Cantons. Die Gegenden sind mittelmäßig und die Aussichten auch. Die vorkommenden Steinbrüche oder sichtbaren Steinlagen sind derselbe lockere Sandstein, dessen ich eben erwähnet. Das übrige bestehet aus Gruben oder Schichten von Steingries. Von Bern bis auf etwa die Hälfte des Weges siehet man etwa unter dem Gries doch einige Quarzkiesel, aber Feuersteine noch immer nicht.

Der Sandfels, worauf die obere Stadt Friburg oder Freiburg (c) über dem Ufer der Sahne stehet, ist ungemein mürbe, und man bemerket ganze Striche und grosse Flekken darin, die schon ausgefallen sind, welches denen Häusern kein gutes Omen zu sein scheinet. An den eingemaurten Steinen vieler alten Häuser zeigen sich ähnliche Stellen; ja, einige haben das Ausehen, als ob sie eingeschmolzen und ausgestossen wären. Dennoch habe ich ein Haus, von denselben Steinen erbauet, hier gesehen, das schon 200 Jare gestanden hatte. Die ganze Schicht Steine über der Erde, (vielleicht auch so, tiefer unter der Erde,) sehe ich, daß sie, unter den neuern Häusern, zusammen gebakkene Kieselmassen sei, oder Tufstein, den man nicht gar weit von hier aus einer Ebene bricht. Ganze Treppen von Kieselmassen legt man hier, sie brechen aber gerne aus. Durch die Unterlage von Tufstein glaubt man die Erhaltung des Hauses zu befördern. Vielleicht ziehet sich aus den obern Steinen die Feuchtigkeit dahinein, rc. Uebrigens bauet man hier jetzt, wie zu Bern, nach einem guten Geschmakke.

Die Münsterkirche siehet der Bernischen sehr ähnlich, und über der Hauptthür ist ebenfalls das jüngste Gericht vorgestellet, doch nicht so schön, auch nicht so ernsthaft. Ein Maler, der Lust hätte, burleske Teufel zu malen, könte hier zu copiren finden. Denn, diese unsaubern Herren zeigen sich mit den mannigfaltigsten Frazengesichtern: einer darunter ist mit einem Schweinskopf, und beschäftigt sich ein Paar Verdammten, in einem Korbe auf dem Rakken, in einen Kessel zu tragen, worin schon mehrere liegen, die da in Pech gebraten zu werden scheinen, und von denen nur noch die Köpfe zu sehen sind; ein anderer Teufel aber rüret die Gesellschaft in dem Kessel fleißig durch einander — — — (d).

Verschiedene Kirchen und Capellen zeigen ein und anderes Stük der schönen Baukunst und Malerei, besonders die Altäre in der Kirche der Jesuiten. Nirgendswo habe ich so schönen von Gyps nachgeahmten Marmor gefunden. Unter den Capellen habe ich keine, wie man doch in Büchern lieset, finden können, die de la Salutation heisse, wohl aber eine de la Visitation angetroffen.

---

(c.) Scheuchz. It. Alp. 5. pag. 418. et Tab.
    Herrl. Topr. 2. S. 297 — 319. Taf. 224—226.
    Merc. Helv. 72. und Taf.
(d) Dies Stük ist doch wegen seines Alters auch merkwürdig: denn, wie ich von fremder, aber sicherer Hand, weis, ist es schon 1283 errichtet worden. — Eine Abzeichnung davon siehet man in dem Zierbilde vor gegenwärtigem Briefe.

Es giebt hier artiges Frauenzimmer; aber die Höflichkeit der Innwoner gegen Fremde gehet so weit, daß man alle Augenblicke auf den Gassen genöthiget ist, den Hut abzuziehen.

Dies ist alles, mein Herr, was ich Ihnen von Freiburg erzählen kan. — Da mir durch die Gewonheit, an Sie zu schreiben, die Müßigkeit bei nahe unmöglich geworden ist, so wil ich das Leere der Abendstunden, die ich noch vor mir habe, dazu anwenden, mit Ihnen etwas Chymisch zu plaudern.

So wie bei uns ohngefär das Seidlizer Salz im medicinischen Gebrauche ist, so bedienet man sich zu Bern jezt eines Salzes, dem man dem Namen eines Alpensalzes, Salis Alpini, gegeben hat. Man giebt es für natürlich und wirklich an den Alpen ausgegraben aus: nur müßte man, sagt man, es durch die Kunst gereinigt werden. Aus der Beschreibung solte man vermuthen, daß dies Salz eben dasselbe sei, dessen der Bernische Arzt, D. Langhans (e), in seinem Buche vom so genanten Gletscherspiritus, unter dem Namen des Gletschersalzes, erwähnet, da Herr L. sagt, §. 3. 4. „Das Gletschersalz, welches den vor= „nehmsten und kräftigsten Theil von diesem Mittel (von seinem Gletscherspiritus) anma= „chet, ist ein säurlich und anlösendes Salz, das mit einem Theile alkalischen Salzes ver= „bunden ist. Bis dahin hat man es noch an keinem andern Orte, als im Berner Ge= „biete, nahe an den Eisgletschern gefunden, allwo es aus einer schwarz=sandigten Erde, „worauf vor Zeiten grosse Eisgletscher gestanden sind, die aber nach und nach von Ver= „mehrung der Hize in diesen Gegenden, von deren man glaubt, daß sie von Jar zu Jar „zunehme, geschmolzen sind, ausgegraben, und hernach ausgelauget wird. An Farbe, (an Farbe? — aber auch an Figur? — dies möchte ich wissen,) „ist es gleich einem reinen „Salpeter, und an Geschmak säurlich und flüchtig, " (dies trift bei dem Alpensalze nicht zu.) „In dieser Erden wo das Gletschersalz ausgegraben wird, muß schon vorher eine „salpeter=artige Erde gewesen sein, welche desto bequemer war, das Saure der Luft in meh= „rerm Masse anzuziehen, als eine andere Erde, die entweder allzu trocken oder allzu naß „ist. "

„Dies Gletschersalz muß nohtwendig von grosser Kraft sein " ꝛc. — (Freilich muß es das, und schon darum allein, weil es ein Ingredienz eines Gletscherspiritus ist!) Und ist es Ihnen, mein Herr, bisher schon bekant gewesen, daß man die Farbe zu einem Unterschei= dungszeichen unter den Salzen anzunehmen habe? Doch jezt nichts weiteres von dem Glet= scherspiritus, sondern erst ein Wort von dem Alpensalze.

Ich habe verschiedene Fragen wegen desselben an einen Laboranten, der es nach Bern zum Verkauf bringet, ergehen lassen, um von seinem Ursprunge gewisser zu werden. Aber er hat noch nicht darauf geantwortet, und nur weiß ich davon aus eines Freundes Erzäh-

---

(e) Beschreibung von der Natur und Kräften des Schweizerischen Gletscherspiritus in den gefärlichen und langwierigsten Krankheiten, nebst dem Zeugnisse über gemachte Proben von Herrn Hofrath von Haller. Durch Daniel Langhans, Stadtphysicus zu Bern. Zürich. 1752.

lung dies einzige, daß es in den hohen Gebürgen und Schöpfen, des Wallislandes, wohin keine Nässe käme, insonderheit in der Fleischkühe, gefunden werden sol. Ich kan nicht läugnen daß ich hiebei an die so genanten Salzlükinen, oder an die Stellen auf den höchsten Alpen in der Schweiz, gedacht habe, an welche die Gemse zuweilen lekken sollen. Allein, daß solche Stellen wirklich salzig seien, hat man vielleicht ohne genugsame Erfarung, und nur daraus geschlossen, weil die Gemse sie lekken. Conrad Geßner aber hat schon gesagt, und Scheuchzer scheinet zu bekräftigen, daß diese Thiere nur das Sandigte der Felsen durch ihr Lekken abzureiben suchen und dan verschlingen, um dem Magen bei dem Geschäfte der Verdauung zu Hülfe zu kommen. Uebrigens, so sei das Sal Alpinum officinale natürlich oder künstlich, so ist es doch nichts besser, und nichts anderes, als ein Epsonisch oder Sedlizer Salz. Denn, mit wenigem viel zu sagen, so verhält es sich eben so, wie diese, auf dem Feuer, im Geschmakke, in der Auflösung; es zeiget eben dergleichen Cristallen, und es lässet mit Laugensalz gleichfals eine Magnesiam aus sich niederwerfen. Mehr werden Sie nicht verlangen zu wissen, um berechtigt zu sein, dies so betittelte Alpensalz für ein bitteres Brunnensalz, das nicht eben ein Werk der Natur zu sein brauchet, zu erklären; mit diesem, ist es daher meine Willensmeinung, daß es künftig in der Rangordnung der Salze einen und denselben Plaz haben solle.

Aber, ich habe oben, bei Gelegenheit des Langhansischen Gletschersalzes, das nun doch mit dem Alpensalze nicht einerlei ist, des Gletscherspiritus erwähnet, durch welchen, wie durch Helvetische Tropfen und andere dergleichen, wo nicht höchst wirksame, doch dem Erfinder sehr einträgliche Arzneien, Herr Langhans sich, und mehr auswärtig als zu Hause, bekant gemacht hat. Denn, der Herr Doctor ist ein Freund von Arcanis. Sind Sie nicht neugierig, seinen Spiritus etwas näher kennen zu lernen? Ich glaube es. — Hätte ich zu Bern Zeit und Gelegenheit gehabt, ihn chymisch zu analasiren, so könte ich Ihnen jezt vielleicht gründlich das Geheimnis aufdekken. Ich habe indes einige Gläser vol davon gekauft, um damit, wan ich wieder in Hannover bin, Proben anzustellen. Für jezt nehmen Sie also mit folgendem fürlieb!

In dem Buche des Herrn Langhans, welches dies grosse Geheimnis ankündigt, vorangesezten Zeugnisse des Herrn von Haller, über gemachte Proben, das Herr L. auf dem Titel mit anzuzeigen nicht vergessen hat, müssen Sie nicht denken, daß die Rede von selbst gemachten Proben sei; sondern Herr v. H. sagt nur, daß Herr L. ihm Kranke vorgestellet habe, die durch dieses Mittel gesund geworden seien; wie auch, daß das ganze Arzneimittel, dessen Zusammensezung Herr L. ihm offenbaret habe, nicht nur aus keinen schädlichen, sondern sehr heilsamen Stükken bestehe.

Herr L. selbst aber fängt im §. 1. also an: „ Dieser Schweizerische Gletscherspiritus „ ist ein durchdringendes und außlösendes Arzneimittel, welches aus keinen hizigen Sachen „ gemacht wird, sondern nur aus blossem Eiswasser und verschiedenen temperirenden, auf- „ lösenden und flüchtigen Salzen, welche alle unsere Säfte wieder die Fäulung schüzen, rc. "

Und im 6. §. sagt er: „Daß sein Mittel 3 Theile vom reinesten Luftsauer, 1 Theil
„Alkali, und 1 Theil von einem flüchtigen und höchst durchdringenden Geist in sich enthalte,
„welches mit stärkenden Mitteln in dem allerreinesten und leichtesten Wasser von den Eis-
„bergen aufgelöst und unter einander verbunden ist. “

Im 7. §. „Daß der etwas unangenehme Geruch dieses Mittels und der durchdrin-
„gende Geist desselben von der Zumischung des Salmiac zu jenen Salzen herrüre. Damit
„aber auch das Mittel in Krankheiten, die zum Theil ihren Ursprung von einer Schlappig-
„keit und Schwachheit der Nerven haben, nüze, so habe er, zu dem Ende, es noch mit
„den dienlichsten Sachen verstärkt, damit es vermögend sei, — — zc. “

Wie vielerlei Salze, mein Herr, stellen Sie sich nun hier in diesem Spiritus wol
vor? Man solte muhtmassen, daß gewis nicht weniger aber wol mehr als 3 verschiedene
Arten derselben darin sein müßten; und mich sol wundern, wie viele sich wirklich mir bei
künftiger Untersuchung zeigen werden. Ferner muß das Ingrediens auch wol keinen unbe-
trächtlichen Theil darin ausmachen, das auf die Stärkung der schlappen Nerven abzielet.
Wir wollen sehen, was uns die Erfarung demnächst lehren wird. —

Ich muß Ihnen aber im voraus anzeigen, daß ich von einigen Zweifeln geplagt werde, indem ich die Beschreibung des Herrn L. mit demjenigen zu vergleichen suche, was mir
meine Sinne sagen, oder indem ich mich bemühe, mir von dem Spiritus nur aus der Beschreibung selbst einen Begrif zu machen.

Erstlich, bin ich sehr ungewis darüber, ob die Versicherung im 2. §. , daß das
Gletscher-Eis etwas von dem reinen Luftsauer, und mehr als ein anderes Eis oder Wasser
davon, enthalte, ihre gute Richtigkeit habe: denn, es wollen mich die davon angeführten
Gründe noch nicht überzeugen. Ist dem aber gleichwol also, so wird dieses Luftsauer doch
wol nichts anders sein, als das Sauer des Salpeters und des Küchensalzes, dergleichen
Herr Marggraf (f) auch aus dem Regen- so wol als Schneewasser unserer plattern Gegenden gezogen hat. Man braucht also das Eis wol nicht von den Alpen herzuholen, ja
auch nicht einmal das darin steken-sollende so hoch erhobene Luftsauer aus Schnee oder
Eis heraus zu klauben, indem man dasselbe mit weit wenigern Umständen und Unkosten in
Menge haben kan und hat. Uebrigens ist dies vielleicht eben jenes grosse Geheimnis, das
der Herr von Ravenstein (g), unter dem Namen eines Luftsalzes anpreiset, aber noch nicht
deutlich bekant zu machen für gut befunden hat.

Ferner,

---

(f) Im Examen chymique de l'Eau, in der Histoire de l'Acad. roy. des sc. & belles L. de l'Année 1751 à
Berlin. 1753.
(g) In der Samlung seltener Begebenheiten in der Natur, zc. von D. J. F. Ravenstein. - - Zweibrüllen und
Strasburg. 1755. in welchem Buche, wie in dem des Herrn Langhans, eine Vorrede des Herrn von Haller das, bei weitem, unerwartetste ist.

Ferner so macht mich die Beschreibung etwas sehr unschlüßig, zu entscheiden, ob der Spiritus laugenhafter oder saurer Art sei. Für laugenhaft muß ich ihn halten, wan Herr L. sagt, der Geruch desselben rüre von dem, mittelst des Alkali, aus dem Salmiac entbundenen flüchtigen Laugensalze her; für sauer, hingegen, muß ich ihn annehmen, da Hr. L. erkläret, der Spiritus enthalte, bei 1 Theile flüchtigen Geistes, und 1 Theile Alkali, 3 Theile Luftsauer. Eine sonderbare Zusammensetzung, in der That, die zugleich sowol laugenhaft als sauer ist, in der von zweien entgegen gesetzten Dingen das eine wie das andere, das Laugensalz sowol als das Saure, die Oberhand hat! Kennen Sie, mein Herr, solch ein Kunststük schon? Es ist mir leid, wenn Sie etwa einen Wiederspruch darin finden solten, doch können Sie sich an meinem Beispiele trösten, da es mir nicht anders gehet. Denn, fürwar, was alkalisch riechet, pflegt nicht sauer zu sein, und, umgekehrt, was sauer oder doch größten Theils sauer ist, da pflegt der etwa vorhandene alkalische Geist gefesselt zu sein, und kein Hauch von ihm zur Nase zu steigen. Dieser Hauch aber ist bei diesem Spiritus bemerklich genug, und er riecht deutlich wie ein schwacher Salmiac-Geist. Sie werden es derowegen mir wol zu gute halten, daß, vor Anstellung chymischer Untersuchungen, ich so frei bin zu sagen: der säurlich sein-sollende Spiritus sei etwas der Säure entgegengeseztes. Der Sin des Geruchs beweiset es, und der des Gesichts fügt sein Zeugnis davon hinzu, indem der blaue Violenspirup dadurch in Grün verändert wird, und Vitriolsäure mit dem Spiritus aufbrauset; der Geschmak aber ist alkalisch-salzig und scharf, übrigens seine Farbe bräunlich.

Was Sie mehrers, mein Herr, davon zu wissen verlangen möchten, das muß ich Ihnen jezt schuldig bleiben.

Freiburg, den 29 Sept. 1763.

# Anhang

### zu vorhergehendem vier und dreißigsten Briefe.

#### 1) Versuch der Analisirung des Gletscherspiritus.

In einem der Gläser, wie Herr Langhans sie verkauft, finde ich 4 bis 5 Quentlein Spiritus.

Zu sehen: ob etwa ein Stäubchen Eisen darin befindlich wäre, habe ich Blutlauge, und, da diese keine Veränderung, wie sonst hätte erfolgen müssen, hervorbrachte, zur Sätigung des überflüßigen Alkali, Vitriolsäure dazu getröpfelt; aber, weder hiedurch, noch

F f

durch Galläpfel hat ſich die geringſte Spur von Eiſen zeigen wollen. Das, was den Spiritus gefärbet hat, iſt alſo kein Eiſen, ſondern vielleicht ein vegetabiliſches Extract oder Aromaticum. Ich bin derowegen, ſelbiges mit dem Salzweſen zugleich zu entdekken, mit meinen Verſuchen zwei verſchiedene Wege eingeſchlagen. Der erſte iſt dieſer:

### §. 1.

Drei Quentlein Gletſcherſpiritus haben 50 Gran, oder auch ohngefär ſo viel Tropfen,
gereinigter Salzſäure zu ihrer Sätigung erfordert. Der Spiritus ſah nun noch eben ſo
bräunlich, wie vorher, aus, mit vielem aufſtehenden Schaume.

Zu dieſem, ſeines Geruchs nun völlig beraubten, Mengſal gleichviel, nemlich 3
Quentl. 50 Grane reines diſtillirtes Brunnenwaſſer gegoſſen, und davon aus einem Kölbchen 20 Grane abgezogen, die ich a nenne, blieb eine bräunliche Flüßigkeit, 4 Quentl. und
15 Gran ſchwer, zurük, welche ich mit b bemerke.

Das abgezogene a war reines gemeines Waſſer, und bewies ſich als ein ſolches durch
den Geruch, den Geſchmak, Alkali, Säuren, und Violenſyrup.

Der Rükſtand b ſchmekte faſt wie Salmiac. Es ſchwam darin etwas bräunlich-
trümeligtes, welches ohne Zweifel dasjenige iſt, wovon der Gletſcherſpiritus ſeine Farbe hat.
In etwas verdunſtet, ſchoß ein weiſſes ſtumpf- und ſehr klein - würkligtes Salz heraus, ſo
durch ſeinen Geſchmak, und Verlaſſung ſeines flüchtigen Alkali durch zugegoſſenes feuerfe-
ſtes, anzeigte, daß es, gewis zum Theil, Salmiac war. Allein, es war doch nur das
wenigſte davon Salmiac. Denn, einmal deutete der Geſchmak weit mehr auf Kochſalz,
und auf Kolen blieb auch das meiſte davon unbeweglich liegen, wie ſelbſt, wenn in einem
Löffel geglüet, da denn nachher daraus, mit feuerfeſtem Alkali, keine Spur von einem
flüchtigen mehr herauszubringen war. Es wird mir daher erlaubt ſein, dieſen erſten Anſchuß, der 9 Grane weg, für lauter Kochſalz auszugeben, dem nur eine Kleinigkeit von
Salmiac, deſſen ein anſehnlicheres Theil in dem zweiten Anſchuß zum Vorſchein kommen
muß, anhängt. NB. Dies Kochſalz war noch feucht, ich wil es be bezeichnen.

Die hievon zurükgebliebene Lauge, die bräunlich ausſah, etwas verdunſtet, gab ganz
ſedrigte Criſtallen, welche getroknet, das wärend dem Troknen ſich abgeſonderte braune Weſen mit eingeſchloſſen, 21 Gran wogen. Sie mögen bd heiſſen. Das Salz ſchmekte wie
Salmiac, floz aber nicht gänzlich auf Kolen weg, und war, in umgekehrten Verhältnis,
das vorhergehende, Salmiac nemlich mit einem Anhange von Kochſalz.

Die von dem Anſchuſſe bd übrig gebliebene Lauge, völlig verdunſtet, gab eine Salz-
cruſte, die gelblich - weis war, wie Salmiac ſchmekte, doch auch nicht ganz durch das Feuer
verflüchtiget ward. Sie wird alſo ebenfalls Salmiac, mit wenigem Kochſalz vermiſchet,
ſein. Ihr Gewicht war 37 Grane; ich wil ſie be nennen.

Ob nun gleich alle vorhergehende Bemühung nur hauptſächlich darauf gehet, das in
dem Gletſcherſpiritus befindlich ſein - ſollende Aromaticum zu entdekken; ſo habe ich doch noch
von den Salzen bd und be mit Gewisheit wiſſen wollen, ob es und wie viel es Salmiac ſei,

oder nicht. Ich habe also von dem unter bd sich gesezten braunen Wesen das oben liegende Salz, so viel thunlich, abgehoben, und bd zu be gethan, weil beide einerlei zu sein geschienen. Dann in ein Glas geschüttet und Feuer gegeben, um zu sehen was und wie viel sich davon verflüchtigen und was und wie viel sie davon zurük bleiben würde: hat sich das meiste davon sublimiret und war reiner Salmiac; 8 Gran aber sind zurük geblieben und waren reines Kochsalz. Dies leztere sah bräunlichgrau aus, ohne Zweifel von noch anhangendem unverkohlten braunen Wesen. Denn davon schwam, als ich das Salz in Wasser auflösete, etwas wie Stäubchen herum, wolte aber selbst sich nicht mit auflösen lassen.

Das von bd zurükgebliebene braune Wesen aber, dem freilich noch etwas von dem Salze anklebet, habe ich, zu weiterer Untersuchung, zurük gesezt, ohne mir viel Licht von ihr zu versprechen. So viel hat die oben angefürte Destillation des mit Salzsäure gesättigten Gletscherspiritus aber schon von diesem braunen Wesen angezeiget, daß es kein Aromaticum sei, noch wesentliches Oehl enthalte. Denn, das Abgezogene war blosses, reines, und unschmakhaftes, unriechbares Wasser. Es muß also etwas fixes sein. Wenn ich weiter noch etwas davon zu sagen Anlaß finden solte, so werde ich, um der Kürze willen, es bf betiteln.

Ich wende mich zu dem Reste meiner Versuche, da ich

## §. 2.

Eine Unze Gletscherspiritus, für sich und unvermischet, aus einem Kölbchen abgezegen, und davon a. 6 Quentl. 50 Gran Feuchtigkeit erhalten, und b. 1 Quentl. 5 Gran Rükstand.

a roch und schmekte wie ein wässeriger Salmiacgeist, brauste mit Salzsäure auf, und nahm von demselben, bis er gesätigt war, 97 Gran zu sich, wodurch denn aller flüchtiger Geruch verschwand, oder unterdrükket ward, und ein reiner Salmiac entstand, der, nach der Abrauchung der Lauge, 25 Gran schwer war. Dieser sei mit aa bezeichnet. Der Rükstand b sah schmuzig - bräunlich aus, und zeigte würfliche Cristallen, oben auf Salmiac - Cristallen. Diese davon gewaschen, blieb zurük.

Der erste Anschus von lauter Kochsalz bc, so noch feuchte, 1 Quentl. schwer.

Die abgespülten und dadurch wieder aufgelösten Salmiac - Cristallen sezten sich, so bald das Wasser erkältet war, wieder an, und wogen, getroknet, 23 Gran; diese sind also der zweite Anschus des Ganzen, und bd zu heissen.

Die übrige Lauge die bräunlich aussah, und etwas körnigtes braunes nieder gesezt hatte, verdunstet, gab dritten Anschusses be 30 Grane.

Unter dem ersten Anschus bc sas etwas braunes, dasselbe, offenbar, davon der Gletscherspiritus seine Farbe hat. Ich werde suchen, es von dem Salze abzusondern.

Unter dem zweiten Anschus bd hatte sich nichts gesezt, nur war das Salz selbst ein wenig gefärbet.

Der dritte Anschus be war, durch und durch, zwischen seinem weissen Salze mit braun durchgezogen.

Ff 2

Die drei Auschüße bc. b.l. be. zusammengeschüttel, und mit kaltem Waſſer aufgelöſet, iſt das braune Weſen völlig geſchieden in Kernern zu Boden geſunken. Die Salz-
Auflöſung verdunſtet und ſublimirt, iſt der Salmiac in die Höhe geſtiegen, zurük geblieben
aber Salis communis regenerati, oder Digeſtivi Sylvii ein halbes Quentl.

Das braune Weſen anlangend, ſo etwa 5 Gran ſchwer ſein mochte, ſo hat ſich ſel-
ches im kalten Waſſer nicht auflöſen wollen ; nur iſt dies durchs Kochen davon gelb gefärbet
worden. Indeſſen wolte der Geſchmak es nicht kentlich machen, weil noch Salz anhieng,
das vorſchmekte. Ja, Weingeiſt, auch ſelbſt der ſtärkſte, hat, weder heis noch kalt, auch
mit Hülfe des Reibens in einem ſerpentinernen Mörſel, und mit Zugießung Waſſers, es
aufgelöſet; und, für ſich allein auf die Zunge genommen, war es ganz; und gar ohne Geſchmak: Eine nicht groſſe Beſonderheit, da mehrere und noch ſo ſchmakhafte Dinge, wenn ſie
mit Salzen verbunden geweſen, dadurch ſo ausgemergelt werden, daß man ſie nachher im
Geringſten nicht mehr, für was ſie ſind, erkennen kan! Ich geſtehe alſo gerne und mit
Freimühtigkeit, daß ich nicht weis, was das ſei, womit Herr L. ſeinem Spiritus die braune
Farbe gegeben hat. Doch, ob er ihm dadurch groſſe Kräfte beigebracht, daran zweifle
ich ſehr, und alle diejenigen werden daran zweifeln, die mit mir zu erwägen belieben wollen,
wie gering und unerheblich der Betrag deſſelben in dem Spiritus ſei. Ohne behaupten zu
wollen, daß es dieſem Mittel, wie vielen andern ſolchen Gepräges, gehe, denen man eine
Schminke, zum Exempel von dem pechigten Weſen, das bei Verfertigung der Vitriolnaphta
entſtehet, ꝛc. anſchmieret, um ihre natürliche Geſtalt zu verlarven, und ſie den neugierigen
Käufern unkentlich zu machen: ſo iſt es mir doch, in Betrachtung der Wenigkeit des braunen Ingredienz, warſcheinlich genug, daß der Erfinder es nur, oder doch hauptſächlich nur,
um der Farbe willen hinzugethan habe, und daß das Mittel, ohne dieſe Zugabe, von denſelben Kräften ſein würde, die es jetzt hat und irgend ein ammoniacaliſcher und Koch-
und flüchtiglaugenſalziger Liquor haben kan. Ich wil alſo, zu der etwanigen etwas näbern
Kentnis des ſo oft genanten braunen Weſens, dies einzige hinzufügen, nemlich, daß es
auf glüenden Kolen einigermaſſen angenehm, und ohngefär ſo wie Gummi Ladannm oder
wie Peruvianiſcher Balſam, gerochen hat, aber nur im Anfange; denn, hernach roch es
branſtig.

Aus den Verſuchen §. 1. 2. zeiget ſich alſo, daß in dem Spiritus

1) Das flüchtige Alkali herrſchet; daß er überdem noch

2) unzerſtörten Salmiac und, aus dem durch zugethanes fixes Alkali zerſtörtem Salmiac entſtandenes

3) Kochſalz enthält; endlich aber

4) etwas weniges harzigtes oder fixeres bituminöſes, das ohne weſentlichen deſtillab-
len Oehl zu ſein ſcheinet, und den Spiritus gefärbet hat. —

Nun noch einige Erläuterungen zur Anwendung auf die Weiſe den Spiritus zuſammen zu sezen, der, wo nicht durch alle Stäubchen derselbe mit dem Gletscherspiritus, doch völlig ihm zu vergleichen und um nichts schlechter sein wird, als er.

Das alkalische Destillatum §. 2. a. hat doch 97 Gran Kochsalzsäure zu seiner Sättigung erfordert. Ich habe also 97 Gran Salzsäure genommen, und mit flüchtigem Alkali gesätigt, und habe gefunden, daß dazu 16 Grane erfordert wurden. Ich schliesse hieraus, daß das Destillatum §. 2. a. eben so viel, nemlich 16 Grane flüchtiges Alkali enthalten habe.

Diese 16 Grane flüchtiges Alkali sind in dem Gletscherspiritus durch zugeseztes fixes Alkali los gemacht worden, welches dann mit der im Salmiac vorhandenen Salzsäure eine künstliche Kochsalz-Art hervorgebracht hat. Da nun, wie ich auch versuchend erfaren, 97 Grane Salzsäure 22 Gr an fixes Alkali zur Sätigung nöthig haben: so hat Herr L. zu einer gewissen Quantität Salmiac nur 22 Grane fixes Alkali zu mischen dürfen, um in einer Unze seines Spiritus 16 Gran flüchtiges Alkali und damit zugleich ein halbes Quentlein Kochsalz hervor zu bringen. Wie stark nun aber die Quantität des noch übrigen unzerstörten Salmiacs in dem Spiritus sei, das zeiget sich durch die der erhaltenen Anschüsse §. 2. bd. b=., die nemlich, getroknet, etwa 53 Gran betragen hat. Doch, da alle Anschüsse insgesamt nicht völlig einen gleichen Grad der Trokkenheit gehabt, so ist das Facit der Berechnung ihres Gewichts nicht völlig richtig, und überhaupt machet dieser Umstand bei Versuchen von dieser Art die höchste Genauigkeit unmöglich. Ich habe indessen, um mich dieser, so viel thunlich, zu nähern, folgende Weise noch angewandt:

§. 3.

a. Ich habe 2 Quentl. Gletscherspiritus mit Salzsäure gesätigt, und solches mit 22 Gran desselben bewerkstelligt. (Im §. 1. haben 3 Quentl. aus einem andern Glase 50 Gran Säure erfordert. Der Spiritus ist also nicht immer gleich stark alkalisch, welches, wegen der Flüchtigkeit des verhauchenden Salmiacgeistes, auch nicht zu verwundern ist, aber hier angemerkt zu werden verdienet.)

b. 22 Gran Salzsäure, mit fixem Alkali gesätigt, bringen nicht mehr als 7 Gran Kochsalz hervor.

c. Verdunstet und getroknet, hat jenes Mengsal 32 Gran vermischtes Salz gegeben.

d. In einem Glase geglüet, hat dies 19 Gran verloren, welches also Salmiac gewesen.

e. Und zurükgeblieben sind fast 13 Grane Kochsalz und braunes Wesen durch einander, wovon das Kochsalz ganz braun war.

f. Nun haben, laut b., in 2 Quentl. Gletscherspiritus durch die zugesezte Salzsäure nicht mehr, als 7 Grane Kochsalz hervorgebracht werden können, und diese sind also wirklich zu dem Rükstand e befindlich: und so wären denn

g. Auf das braune Wesen zu rechnen, noch übrig 6 Grane.

Wer derowegen nun von diesem so hoch gerühmten Mittel Gebrauch zu machen, noch Zutrauen und das Geheimnis nachzuahmen noch Lust hat: der wird sich nicht betrigen noch seinen Zwek weit verfehlen, wenn er 30 Grane Salmiac mit etwa 8 Granen fixes Laugensalzes in 80 Granen Wasser auflöset, und dan wohlverkopfet verwaret. Und dazu mag er, wenn er will, noch 6 Gran eines Extracts mischen, das seiner Absicht nicht wieder-spricht, und den Spiritus braun färbet. Ist das Mittel ihm aber so zu wohlfeil, so kan er, statt des gemeinen Wassers, Eiswasser dazu nehmen, und solches von einem Gletscher aus der Schweiz überkommen lassen, wodurch das Ding so wenig schlechter als besser werden wird. Uebrigens kan ich mich kaum enthalten, ein feierliches Gelübde zu thun, mich durch den pompösen Titel irgend keines Arcani jemals zu der Untersuchung eines solchen wieder ver-leiten zu lassen. Dies gegenwärtige ist nicht das erste, wo meine Neugierde Edelgesteine und Gold, ich meine, wichtige Dinge, anzutreffen gehoft, aber, an deren statt, nur Spreu und nichtigen Staub erhaschet hat.

Hannover, im Febr. 1765.

---

2.) Etwas näheres von dem Ursprunge und der Heimath des Alpensalzes.

Ich hatte bisher gezweifelt, ob dieses Salz von der Natur hervorgebracht, oder, ob es nicht vielmehr ein Werk der Kunst sei, und, um von dem einen oder von dem andern gewis zu werden, hatte ich an den Laboranten, der dies Salz in die Apothecken nach Beru liefert, verschiedene Fragen ergehen lassen. Auf diese hat derselbe nun zwar nicht geantwortet, da-gegen aber doch die verlangten Proben überschikt, die hinlänglich sind, mich glauben zu ma-chen, daß dieses Salzes Ursprung natürlich, und sein Geburtsort wirklich in dem Berge sei. Die kurzen Nachrichten, so der Mann hinzugefügt hat, wünschte ich nur, daß sie nicht in so undeutschen Worten abgefaßt, und nicht so unleserlich geschrieben wären. Indes-sen kan ich daraus, und aus den Proben selbst folgendes mittheilen.

Die erste Probe ist ein ziemlich fester Klumpen weisses Salz, so mit schleferigten grauen Scherben zusammen gebaken ist. Späle ich von diesen das Salz ab, so erscheinen sie mit einem silberigten Glanz, und zeigen, daß sie ein thonigtes, gleichsam talkigtes Wesen zum Grunde haben. Einige Stükke von dem Salz, so etliche Tage in einer warmen Stube gelegen, haben äusserlich ihre Klarheit verloren, und sind staubigt-weis geworden. Es sollen sich diese salz- und thonigte Schieferklumpen in den Klüften der Felsen, der Flühe, finden, aus welchen sie herausgeschwizt scheinen.

Die zweite Probe bestehet aus kleinern Stükchen und Krümchen röthlich-grauen Sal-zes, so zuweilen, einen halben Schuh tief, unter jenen angetroffen werden.

Die dritte bestehet wieder aus grössern Stükken, aber von gleicher Farbe als die zweite, von denen die Nachricht erzielet, daß sie sich auf der Erde erzeugen, da, wo der

Schweis (vielleicht der Thau) von den Alpen hinfällt (vielleicht das Salz vom Waßer hingespület wird).

Die. vierte und lezte hat das Ansehen einer grauen Erde, von der der eigentliche Lagerort nicht angegeben wird. Ich glaube, daß diese Spielart alsdan entstehet, wan die Klumpen der erstern Probe der abwechselnden feuchten Luft und den Stralen der Sonne mehr ausgesezet sind: da denn nicht nur das Salz, sondern auch der graue thonigte Schiefer zu Staub verwittert.

Von der calcinirten Salzminer und dem daraus verfertigten cristallisirten Salze habe ich, endlich, auch etwas in Händen.

Nun haben zwar mineralogische Schriftsteller, so viel ich mich erinnere, bisher von einem vorhandenen gegrabenen Bittersalze in ihren Verzeichnißen nichts angemerkt (a); wird man aber darum wol deßen Möglichkeit und Wirklichkeit läugnen dürfen? Von dieser gibt wenigstens das oben gesagte ein ziemlich glaubwürdiges Zeugnis ab; und an jener wird wol derjenige nicht zweifeln, der nur weiß, daß dies Bittersalz in vielen Gesundbrunnen oder purgirenden Wäßern befindlich ist. Kan nemlich nicht vielleicht jener Berg in dem Waliserlande auch dergleichen Quelle beherbergen, die hie und da Klüfte durchrinnet und in dieselben, durch die Verdünstung, ihr Salz absezet? Ja, wer weiß, ob nicht, durch Länge der Zeit, aus einem Gyps dies Bittersalz hervor keimen kan, wenn solcher etwa durch eine Kochsalzsohle öfters getränkt worden ist, die vielleicht wol bewirken kan, daß seine Kalch-Erde zu Magnesia werde. Denn, aus dem, was die Chemisten in ihrem Tiegel augenbliklich geschehen oder nicht geschehen sehen, wird wol der Erfolg der Wirkungen der Natur, die ohne Zweifel oft Jarhunderte zu ihren Hervorbringungen anwendet, und Luft und Dünste mit zu Hülfe nimt, sich nicht so schlechterdings bestimmen laßen. Endlich, so habe ich selbst jezt einen Beweis in Händen, daß es so gar natürliches reines Glaubersalz giebt; und zwar ist dieses nicht etwa aus einem Gesundbrunnen, sondern aus einem Berge, wie das Alpensalz ist: und recht, als ob es zu meiner Ueberzeugung von des Alpensalzes steinigtem Geburtsorte bestimt gewesen wäre, ist mir dieses Stük gegrabenes Glaubersalz vor etwa erst 8 Tagen zugeschikt worden, mit einer Nachricht, der ich wol trauen darf, daß es aus dem Salzburgischen Salzwerke zu Halleyn, und zwar aus einer großen Tiefe, hergeholet sei. Das gemeinere bittere Mineralsalz wird demnach so wol, wie das feinere Glauber-Salz, künftighin den Verzeichnißen der gegrabenen Salze mit einzuverleiben sein; und solte ich etwan darin irren, wenn ich glaube, etwas neues gesagt zu haben: so erwarte ich, über meinen Irtum mit Nachsicht belehrt zu werden.

Hannover, den 3 März 1766.

(a) Was Scheuchzer von einem, dem Borax ähnlich sein sollenten, Salze, das in der Herrschaft Engelberg in einem grauen Schiefer gefunden wird, erwähnet, ist so schwankend und selbst wiedersprechend, daß ich nicht sagen kan, was er damit meinet. Denn, nach seiner Beschreibung, ist es weder Bittersalz, noch Kochsalz, noch Salpeter, noch ein anderes bekantes Salz. s. it. Alp. i. pag. 25. Naturgeschichte 3ter Theil. 179 Seite.

### 3.) Ueber eben den Gegenstand.

Herr J. R. Wyttenbach, Apotheker in Bern, hat seitdem die Gütigkeit gehabt, in einem Briefe vom 12 August dieses Jares, meine Neugierde um die Entstehung rc. dieses Salzes zu befriedigen, indem Er mir Antworten auf diejenigen Anfragen verschaffet hat, die ich desfalls gethan hatte. Und diese sind von einem Prediger zu Lauwenen, in der Landschaft Saanen, Namens Dulicker, einem, wie es scheinet, in der Naturhistorie so kundigen als aufmerksamen Manne. Hier ist sein Aufsaz.

„Von dem Namen des Salzes? — Man nennet es Gletschersalz ohne Grund: denn, bei den Gebürgen oder Gletschern, zweifle ich sehr, daß die Miner desselben gefunden werde. Vielmehr kan ich sagen, daß ich sie an Felsen angetroffen habe, die nicht nur weit von allen Gletschern entfernet sind, sondern die auch nicht einmal an solche Gebürge anstossen, auf denen sich Eisgeburten, oder beständig Schnee befinden.

Die Oerter, da es zu finden? — Ich kan mit Gewisheit sagen, daß die Miner häufig in dem Wallislande gefunden wird. Da dieses Land von Morgen gegen Abend liegt, und aus lauter Thälern bestehet, so wird es den ganzen Tag von der Sonne beschienen, und ihre Stralen concentriren sich hier mehr, und verursachen eine stärkere Hize; zudem so hat dieses Land nicht so viele Regen, wie wir in der Landschaft Saanen; alles dieses trägt zu einer häufigen Erzeugung des Alpensalzes sehr vieles bei. Im Canton Bern findet man aber dieses auch in beträchtlicher Menge, in dem Grindelwald-Thal. So trift man es, ferner, an, an denen Flözgebürgen bei Gryon, Bevieur, Bex, wo die Salzbergwerke sich befinden, und nicht weniger hier in der Landschaft Saanen, und zwar in den zwei Thälern Gsteig und Lauwenen. Die Beschreibung nun von diesem Salze wird einzig und allein eingerichtet sein nach den Beobachtungen, die am leztem Orte, neulich in dem Thal Lauwenen, gemacht worden sind.

In was für einer Steinart es gefunden werde? — Das Gestein, an welches dieses Salz sich anhänget, ist einzig und allein Schiefer, und zwar mehrentheils schwarzer, oder schwarzgrauer. Da ich einmal einen Gypsfelsen besichtigte, so bemerkte ich auch daran von dieser Miner; allein, bei näherer Untersuchung habe ich befunden, daß sie doch nicht an dem Gypsgestein selbst, sondern an einem weisgrauen Schiefer angestogen war, mit welchem der Gyps, wie mit Adern, durchwürket war.

Wie zeigt es sich an den Schiefern? — Es zeigt sich, nur aussenher, auf eine zwiefache Weise 1) In Gestalt eines Mehls oder weissen Staubes, welches sich, je nach dem die Schieferfelsen mehr oder weniger den Winden ausgesezet sind, in unterschiedlicher Dikke anhängt; und wenn dieser Staub zu einer gewissen Stärke angewachsen, so fällt er von selbsten ab, und dieses ist seine erste und natur-anfängliche Gestalt. 2) Findet man es in Zapfen und Klumpen, theils an den Schieferfelsen selbst, theils auf den etwa hervorragenden Bänken oder Schichten derselben. Allein, diese Zapfen oder Klumpen sind nicht seine ursprüngliche Gestalt, sondern sie sind aus folgenden Ursachen entstanden. · a) Oft seigert sich durch die Schiefer Quellwasser, dieses löset den staubigten Salzbeschlag auf, diese Auflösung tröpfelt über die Felsen hinab, und durch Luft und Sonne wird sie einiger maßen cristallisiret. b) Das gleiche thut der an die Felsen anschlagende Regen rc. Also kan man sagen: in seiner ersten Gestalt sei es gleich dem Salpeterbeschlage oder Kalchsalze (Aphronitro), in seiner andern sei es eine Art Sinter, so wie ich desselben hier, hin und wieder, bemerkt habe.

Wird es nicht auch in den Schieferfelsen selbst gefunden? — Es ist natürlich, zu fragen, ob sich nicht auch die Miner dieses Salzes in den Gebürgen selbst finden lasse. Als eine Antwort kan ich folgende Beobachtungen anführen: An einem Felsen, an welchem sich die Miner in Klumpen zeigte, habe ich hin und wieder etwas abgeschroten, und bis in die Tiefe von 4 Zoll bemerkt, daß der Schiefer mit einer gelbgrünen Materie angeflogen war, die eben den bittern und unangenehmen Geschmak verursachte, den das ausgelaugte Salz hat. Diese Materie war etwas fett anzufülen, sie war aber in keiner beträchtlichen Menge vorhanden; ich kan es mit nichts besser vergleichen, als daß es ausgesehen habe, wie, wan ein Maler mit seiner Farbe die erste Lage gemacht; weiter hinein habe ich nichts mehr dergleichen in dem Schiefer finden können. Dieser Felsen ist der Sonne, dem Regen und Winde blos gestellt, und daher verwittert er sehr stark: denn, er ist beständig, und das weit hinein, frucht. An einem andern Schieferfelsen, der weder der Sonne noch dem Wetter blos stehet, habe ich keine dergleichen gelbgrüne Materie finden können, noch etwas anderes, woraus ich hätte sehen mögen, wie dieses Salz in dem Felsen selbst entstehe.

Zeigt sich dieses Salz an allen Schieferfelsen obbeschriebener Art? — Da dieses Salz sich nur an die fast senkrecht-stehende Schieferfelswände, wie ein Staub, anhängt, so ist leicht zu begreifen, daß man dasselbe nicht an solchen Schieferfelsen, die das Abhangende oder Ausgehende eines Flözgebürges ausmachen, und welche keine pralle oder jähe Höhe haben, finden werde. Da aber von den Mineralogisten die Schiefer in sandigte, kalchigte, und thonigte unterschieden werden: so frägt es sich wiederum, ob denn die Miner dieses Salzes in allen diesen Schiefern ihren Sitz habe? So weit meine Kentnis gehet, so glaube ich, dieses Mehl hänge sich an alle Arten von Schiefern an. Einmal habe ich solches gefunden an einer zu Tag ausgehenden, und fast senf-recht stehenden Feldwand, welche aus vielen, nicht mächtigen, horizontal-liegenden Schichten von schwarzem Kalchsteine und schwarzen Schiefern bestand; an allen Schieferschichten war dergleichen Mehl, an dem Kalchsteine aber nicht, welcher hingegen mit einer Rinde von Sinter überzogen war, der ohne Mühe mit den Fingern von den Steinen konte losgerissen werden. Ich habe dergleichen Staub auch gefunden an solchen Schiefern, deren abgefallene und verwitterte Stükke sich, wie ein Thon, knäten liessen rc. (Scheinet nicht hieraus zu erhellen, daß die ware Matrix dieser Miner, oder dieses Salzes vielmehr, doch eigentlich allein ein Thon-Schiefer sei? A.)

G g

Was nimmt man in der Nähe solcher salzträchtigen Schiefer, und an und in den Schiefern selbst war? — Hier ist die Beschreibung von zwei dergleichen Gegenden: An dem Hangenden eines Flözgebürges, dessen Liegendes, so weit ich habe bemerken können, Schiefer ist,
befindet sich eine Erhöhung, alwo eine Gypsfluh (steiler Gypsfelsen) stehet, welche fast von
dem Ende des Hangenden bis völlig auf die oberste Höhe des Gebürges reichet; bei bemeldter
Erhöhung habe ich eine starke Auswitterung von lebendigem Schwefel gefunden: der mehreste
war bleichgelb, andere Stätte aber waren grün; er stelle Nesterweise in dem Gypssteine;
ohngeachtet alle Umstände es ergaben, daß dieser Schwefel kein Niederschlag, sondern ein
Sublimat sei, so konte man doch durch den Suchstollen und Schacht gar nichts von einem
etwa vorhanden-seienden Kiesvorrahte entdekken. Man fand nichts als Seleniten (mit Bl-
triolsäure gesätigte Kalch-Anschüsse), Marienglas, ein schmieriges gelbes Wesen, womit
an vielen Orten der Gyps selbst überzogen war. An der Sonne und Luft troknete es, und
rollete sich zusammen, faste gern Feuer; es hatte keine metallische oder besondere Schwere,
daß man es deswegen für eine Art Berg-guhr hätte halten können; man hatte auch bei der
Arbeit einen fast unerträglichen Geruch nach Schiespulver auszustehen; dan und wan fand
man versessen Wasser mit einem Niedersatze, gleich Schwefelleber. 1) Wärend der Arbeit
(des Brennens) wurde, und nachher blieb, der Gyps angeflogen mit einem ölichaften
Staube, der einen ungemein brennend-beissenden, gesalzenen, und Dinten-artigen Geschmak
hatte (doch gewis eine Anzeige vorhandener Kiese! A). Nicht weit von dieser Gypsfluh, seitwärts derselben, und niedriger als sie, quillt eine Quelle hervor, die ziemlich von Schwefel
gesätiget ist, welchen auch, doch sonst nichts, die chymische Analysis in dem Wasser zeiget.
2) Oberher zeiget sich dan eine senk-recht stehende Felswand; sie bestehet wechselsweise aus
grauem harten Kalchstein, in welchem Kiesbälle liegen (abermals Kiese A.), die geschwind
an der Luft verwittern, und aus Schiefern. An einigen dieser ist der Bergsalzstaub angeflogen, an andern, die hart an diese anstossen, nicht; wol aber habe ich zwischen den Blättern
derselben Seleniten gefunden, die schwarz aussahen; und beiderlei Schiefer auf Kolen gelegt, geben einen Schwefelgeruch von sich.

An einem andern Fluß habe ich nichts finden können, als weisse glänzende Blätlein,
so wol in dem Schiefer als in dem Kalchstein. Diese sind nur Glimmer. Aber es quillt an
diesem Felsen eine Quelle hervor, die stark von Schwefel geschwängert ist. In diese habe
ich, zu meinem blosen Vergnügen, oft Holz, Steine, Tannzapfen rc. gelegt, welches alles
in kurzer Zeit mit einer schönen pomeranzenfarbenen schweflichten Rinde überzogen ward.

Ob es lange Zeit braucht bis dieses Mehl sich erzeuge? — Ich habe einstmals dieses
Mehl von dem Gestein abgelesen, und da ich 6 Tage hernach wieder an diesen Ort kam,
so hatte sich schon wieder dergleichen angehängt.

Findet man es in der Höhe oder Tiefe? — Da sich die hiesigen Schieferfelsen so wol
in einer Höhe von zwei Stunden, als in der Tiefe, zu Tage aus, zeigen, so findet man die
Miner in der Höh: und in der Tiefe. In diesem Jare hat unser Thal-bach sein Bette nie-

driger gemacht, als es zuvor war; dadurch wurde ein, bis dahin verborgener, Schieferfelsen, der sich ganz gut mit dem Messer schneiden läßt, entblößt; an diesem habe ich, nicht
lange darnach, dieses Salz, wie Mehl angeflogen, gefunden; ja, man hat in einer Höhe
von vier Stunden an einem Felsen dergleichen Salz angetroffen, an welchem sich die Schafe
zu Tode geleckt haben. Verwundert man sich, daß die Schiefer sich an allen Orten unserer
Flözgebürge zeigen, bald die First, bald beide Hangende, bald das Liegende ausmachen: so
kan man sagen, daß sie in der That wunderbar gebauet sind. Auch wil Herrn Lehmans
Beschreibung der Flözgebürge nicht auf die unsrige passen, und kein einziges Systema Struc-
turae interioris Telluris zeiget mir, wie es bei der algemeinen Erdveränderung habe zugehen können, daß diese Gebürge so entstanden seien, wie sie heute zu Tage aussehen.

Findet man dieses Salz häufig oder wenig? — Im Wallislande wird wol am meisten gefunden, und zwar mehrentheils in Klumpen oder Zapfen, so daß ein Fabricant dieses Salzes alda wol eine geraume Zeit damit zu thun haben sol. In unserm Thale wäre
auch ein ziemlicher Theil; es ist aber schlim zu gewinnen, wegen der hohen und steilen Fels-
wände.

Seit wie lange hat man es gefunden? — Darüber weiß ich keinen volständigen Bericht zu geben. Wenn ich mich nicht irre, so hat Herr Doctor Christen solches zuerst in Gebrauch gebracht. Hier in unserm Thale ist, nach Aussage der ältesten Leute, stets dergleichen Salzstaub an den Schiefern bemerkt worden. " So weit Herr Duliker. —

Solte nun meiner geäußerten Muhtmaßung, von der Entstehung des Alpensalzes aus
Gyps, nicht noch hiedurch mehr Warscheinlichkeit zuwachsen? Aber warum ist denn nur
Thonschiefer seine Matrix? Darum vielleicht, weil, eines Theils, wol dieser am meisten in
der Nachbarschaft des Gypses vorhanden, und weil, andern Theils, er am geschicktesten ist, das
ihm zugeflossene Halb-salzwesen des Gypses in sich zu nehmen, und lange zu behalten, folglich der Sonne dem Schnee, und den Dünsten die nöhtige Zeit verschaffet, dasselbe feiner,
reiner, auflöslicher zu machen, kurz (daß ich mich so ausdrülfen dürfe!) zu einem volkommen Salze zu brüten. Weiter, wage ich nicht, meine Muhtmaßung zu treiben.

Uebrigens füge ich noch hinzu, daß Hr. J. R. Wottenbach mir zugleich eine chymische
Untersuchung des Alpensalzes, so er vor schon fast zwei Jaren angestellet, mitgetheilt hat,
die von seinen Einsichten und seiner Genauigkeit in dergleichen Arbeiten einen Beweis abgiebt. Ich lasse diese Untersuchung blos darum hier weg, weil sie der Meinigen nicht wie-
derspricht, sondern sie und das Resultat derselben, daß nemlich dies Salz mit dem Sedlizer
einerlei sei, volkommen bestätigt. Auch erhellet ebenfalls aus dieser Arbeit die Warheit dessen, daß die schieferigte Matrix desselben durchaus, und nichts anders als, thonigt sei.

Nachf: von 1765.

G g 2

#### 4) Noch über dergleichen Salz ꝛc.

Vom Sale mirabili fossili, das inzwischen wesentlich von dem Sedlicensi nicht viel unterschieden ist, weiß man, in der That, schon mehr, wie aus der Hist. de l'Acad. des Sciences de Paris von den Jaren 1724. 1727. 1732. zu ersehen ist. In den fondemens zu Bevieux (wovon in dem 35sten Briefe) hat man welches angetroffen. Ein Stückchen eines solchen Salzes, das von Salzburg ist, besitze ich, schon gesagter maßen selbst. In Schweden hat es der Admiralitäts Apotheker, J. J. Salberg, angetroffen. Derselbe erhielt (b) 1739 eine Berg- oder vielmehr Erd-Art, die ½ Meile von Umea Stadt auf einer Heide genommen war, die zu Sommerszeit überall von der Sonne Wärme weis wie Schnee ist, wodurch die salzige Feuchtigkeit der Erde zusammen gerinnet, oder cristallisiret wird. Auf der einen Seite der Heide, ohngefär ein viertel Weges davon, ist eine kleine Landsee, und auf der andern eine große Heide, unten zu verschiedene Quellen, von welchen einige süsses Wasser füren, der gröste Theil derselben aber mineralisch oder Sauerbrunnenwasser hat, so beides Winter und Sommer fliesset. Ohngefär 2 Meilen von dieser Heide lieget das Meer oder die Salzsee. Nach den angestelten Proben beweiset sich das aus der Erde gelaugte Salz als ein vollkommenes Sal Glauberi.

Mein vortrefflicher Freund, v. B., hat mir noch eine sehr lehrreiche Nachricht über ein solches gegrabenes Sedlizer oder Glauberisches Salz, und dessen Miner, auf dem Gotharde und anderswo, mitgetheilt, die ich hier meinen Lesern nicht vorenthalten darf. Sie fängt mit der Beschreibung des Gothardischen Allaunwerks an, der ich am Schlus meines 21sten Briefes erwähnet, und lautet folgender maßen:

„ Zwischen Waasen und dem Stäg lieget unser Allaunwerk. Als ich vor drei Jaren eine Reise durch die Schweiz nach Italien that, so zogen, rechter Hand des Weges, zwischen dem Stäg und Meitschlingen eine Menge hervorragender Felsenspizen und großen Steine, die von unten ganz ausgehöhlet waren, meine Aufmerksamkeit auf sich. Ich besah selbige, und ein weisser wollichter Beschlag, der ganz saner war, überzeugte mich, daß diese Steine Allaun-Erze seien. Bei fernerem Nachsuchen fand ich beträchtlich grosse Stükke Feder-Allaun. Nach nochmaliger Besichtigung und gemachten Proben, habe ich, in Gesellschaft zweier Freunde, eine Allaunhütte mit Zubehörde angelegt, welche diesen Sommer vollends zu Stande kommen wird. Hier haben Sie die kleine Geschichte von der Entdekkung dieses Werks. Die Allaun-Erze sind in dieser Gegend äusserst häufig, sie stehen überall zu Tag aus an, und ganze, sehr hohe, von der ungestümen Reuß durchschnittene Felsen sind daraus zusammen gesezt. Sie sind eigentlich ein perlgrauer oder auch blaulichter Stein, der unter die Thouschiefer zu zählen ist, ob schon er sich nicht leicht in ordentliche Scheiben theil-

(b) Laut seiner, in den Abhandlungen der königl. Schwed. Academie der Wissenschaften auf die Jare 1739. 1740 — (die teutsche Uebersetzung, Hamburg 1749. 1 Band, S. 290—294.) — befindlichen Beschreibung eines Schwedischen ꝛc. Salis Natron.

len läſſet.  Nicht ſelten ſißet ſeiner Schwefelkies darin eingeſprengt.  Wenn dieſe Steine etwan 1 Schuh tief, vom Tag an, friſch aus der Erde kommen, ſo haben ſie gar keinen
Geſchmak, aber die beſten derſelben ziehen in Zeit von 6 Stunden in freier Luft ſchon an,
und ſie werden bald beträchtlich ſauer.  Man hat in dieſer Gegend ſchon zu 30 und mehr
Pfund ſchwere derbe Stücke des ſchönſten weiſſen Federallauns gefunden, der (c) dem rei-
ſten Nöbel an Feinheit und Glanz der Fäden noch weit vorgehet.  Zuweilen, doch ſelten,
iſt er braun, und ſodan mit ſchön gewachſenem Eiſenvitriol untermiſchet oder vielmehr durch-
wachſen.  Er kömt am gemeinſten in ausgewitterten Höhlen und Klüften der allaunſteinigten
Gebürge vor, in welchen man auch die ſchönſten anydartigen ſelenitiſchen Gewächſe findet; ſo
ſchön habe ich ſie noch nie geſehen: die Feinheit ihrer Bäumchen und ihres Gewebes übertrift
alles, was ich davon ſagen kan.  Gedachter reiner Federallaun giebt ohne einen alkaliſchen
Zuſaz niemals einen waren Allaun, und doch habe ich in verſchiedenen Gegenden einen waren criſtalliſirten Allaun gefunden.  Sie müſſen aber hieraus nicht ſchlieſſen, daß zu Erzeugung dieſes und alles Allauns kein künſtlicher alkaliſcher Zuſaz nöthig wäre; man findet dieſen
Allaun nur an Orten, an welchen ſich die weidenden und vor Regen und Sonne flüchtigen
Ziegen verſammeln, und nun werden Sie den alkaliſchen Zuſaz bald errathen.  (d) Man findet von dieſem Allaunerze und von dem Federallaun noch in einer ſehr groſſen Höhe auf dem,
unſerm Werke gegen-über liegenden, Berge, den man den Briſtenſtok nennet, und der einer der hohen Gebürge des Cantons Uri iſt; dieſer Berg enthält ſonſt noch Kupfer- Blei- und
etwas Silbererz, nebſt vieler Blende.  Unſere Allaunerze werden zuweilen von horizontal-
ſtreichenden Quarzadern durchſchnitten; ſolche haben nicht ſelten ſchöne, wenigſtens lehrreiche
Bergcriſtallengewächſe in ſich; aber, was iſt das in einem Lande Wunder, in welchem ich
ſehr wenige Quarz-artige Steine geſehen habe, die nicht wenigſtens einige Neigung zur Cri-
ſtalliſirung gezeigt hätten!

Merkwürdiger ſcheinet mir zu ſein, daß zwiſchen dieſen Allaunſchiefern eine etwa 3
Schuh mächtige Lage von einer Art Mittelſalzes vorkomt, das man, um vielleicht demſelben eine beſondere Ehre zu bezeigen, Gletſcherſalz genant hat; aber es iſt in der That nichts
anderes, als ein wares Sal mirabile.  Hat dieſe Salzart nicht viele Anſprüche auf nichts
bedeutende Titel? und muß man ſich daher nicht wundern, daß ſeine ware Geburtsörter
und ſeine ware Mutter ſo lange ohnerkant geblieben iſt.  Ich meine ſein Erz, welches ich
noch in allen Mineralogien vergeblich geſucht habe; höchſtens ſagt man in dieſen Lehrbüchern,

(c) Man ſehe, was ich in der Anmerkung n zu dem 25ſten Briefe von ähnlichen Salzen erwähnet, nach, gegen
    das Ende derſelben.
(d) Auch ohne ein ſolches erwähntes zufälliges Hülfsmittel ſcheinet doch die Natur (wofern der gleich anzufüh-
    rende nicht doch etwa bloſſer Feder-Allaun geweſen iſt) criſtalliniſchen Allaun zum Stande bringen zu kön-
    nen: wie denn auf der Inſel Milo im Archipelägo, und zwar in dem Theile der Inſel, welchen man,
    wegen der vielen Eiſenminern, Sidero-Joannes nennet, ſich am Gebäude eine Höble findet, die mit Allaun
    überzogen, und kaum ein Theil criſtalliniſch glänzend ſein ſol.  - f. Voyage en France, en Italie, et aux
    Iſles de l'Archipel en 1750 &c. Tome 4me. à Paris. 1763. pag. 121. 125.

daß es in einigen Waſſern gefunden werde. Aber dieſes iſt nicht ſeine ächte Mutter, und aus was komt ſelbes in die Waſſer? Dies iſt die Frage, eine Frage, die mir nicht mehr ſchwer zu beantworten iſt, weil ich das Erz dieſes Salzes ſchon verſchiedentlich und häufig geſehen habe. In Piemont, gegen dem Meere zu, bedekket es ganze Felder, und bei St. Jean in Savojen bekleidet es eine ganze Gegend, indem es auf einem ſchwärzlichen Thon, oder vielmehr Mergel, auswittert. Auf dem Wege, wo man, von Bevieux aus, nach denen Berniſchen Salzwerken les Fondemens gehet, linker Hand über dem Avancon, ſizet es häufig auf einem grauen ſchuppigten Gypsſteine, in der Nachbarſchaft des ſchönſten gewachſenen Schwefels (c). In dem Canton Schwyz wittert es aus einem bläulichen Kalchſteinſchiefer, ohngefär 1½ Stunden von Brunnen, gegen Flülen, an denen ſteilen ſich in die See ſtürzenden Felſenwänden. In dem Canton Uri ſah ich es auf einem ſchwarzen ſchieferigten Kalchſtein, in einer ziemlichen Höhe, auf dem ſogenanten Boggi oder Boggiberg, in einer ziemlichen Lage nebſt Vitriol und Federalaun; und bei unſerm Allaunwerk iſt ſein Erz ein mit Quarz durchwachſener Thonſchiefer. Es findet ſich bei gutem Wetter in Geſtalt eines Staubes, in welchem es, wie alles Glauberiſche Salz, leicht zerfällt; aber, nach gefallenem Regen und darauf folgender Sonne habe ich es oft in Criſtallen geſehen. Sie ſehen hieraus, daß dieſe Salzart ſo äuſſerſt ſelten eben nicht ſei, und Sie werden noch mehr hievon überzeuget werden, wenn ich Ihnen ſage, daß ich ſelbes, obſchon nicht ganz rein, auch in Ihrer Gegend und zwar hier ¼ Stunde von Hildesheim entdekt habe. Mehr ſage ich Ihnen nicht davon: denn, ich hoffe, daß Sie dadurch angereizt werden ſollen, eine kleine Reiſe nach hier zu machen. Sie ſollen ſodan ſeinen Geburtsort ſelbſt ſehen. — — "

Hildesheim, März 1766. v. B.

Ich habe den Ort, wo dieſes Salz zu finden, im April 1766 beſehen, und könte, wenn ich wollte, eine ziemlich genaue Beſchreibung davon mittheilen; aber ich muß fürchten, des Ausſchweifens beſchuldigt zu werden. Es mag genug ſein, zu ſagen, daß der Ort an einem Hügel befindlich, an welchem die ſo genanten Zwerglöcher belegen, etwa ½ Stunde von Hildesheim, gegen Marienburg zu. Da ich keinen Salzbeſchlag vorräthig fand, habe ich von deſſen Geſtein oder Miner, welches ein ſchieferigter, theils thonigter, theils kalchigter, theils aus dieſen vermiſchter, nämlich mergeligter Körper iſt, mit mir genommen; die dreierlei Haupt-ſpiel-arten theils, ſo für ſich, roh, theils geglüet, der Luft ausgeſezt, nach 1 Jare ausgelauget, und ein weniges Salz daraus geſammelt. Ich habe ſo allerdings ein Salz,

---

(c) Dies iſt, vermuthlich, daſſelbe, deſſen Herr v. Haller in ſeiner Beſchreibung der Salzwerke im Amte Aelen, Bern 1765. S. 4. erwähnet.

und zwar ein Epsonsalz bekommen, welches sehr wenige mir aber, da ich versuchte, die zusammen geschütteten kleinen Portionen Salze, deren neun waren, durch eine neue Auflösung und Verdunstung zu einer vollkomnern Cristallisation zu bringen, so gut als verschwunden ist, so daß ich nun lauter in sehr kleine Würfel angeschossenes Kochsalz hatte. Vorher war dies, wie ich aus verschiedenen Erscheinungen schliessen muß, als ein Sal commune calcareo-terreum da gewesen, und daher vermuthe ich, daß durch die Umarbeitung das Epsonsalz destruiret worden, sein Vitriolsauer sich an die Kalcherde des groben Kochsalzes gehäftet, und die Säure von diesem nun mit dem mineralischen Alkali, oder Magnesia vielmehr, des Epsonsalzes zu einem saltinischen Kochsalze geworden. Aber, wie gesagt, ist dies weiter nichts als Vermuthung. — — Im Maj 1767, da ich dem Herrn v. B. um Uebersendung etwas dieses Salzes, es sei nun lauter Epson- oder auch Glaubersalz, gebetten hatte, schrieb Er mir: Er wolle mir gern davon schikken; allein ein etliche Tage zuvor gefallener sehr heftiger Gewitterregen sei durch die Schichte in die Höhle gedrungen, und habe alles weggewaschen, so daß er jezt beim Suchen fast gar kein Salz gefunden, so viel er auch etwa 14 Tage zuvor darin angetrofen gehabt. Zu selbiger Zeit habe es an verschiedenen Stellen, über Zoll hoch, in schönen haarigten Cristallen ausgewittert gestanden. Er könne also gegenwärtig nicht davon verschaffen, zweifle aber nicht, wan ich zu Ihm wieder hinüber kommen würde, mit mir wiederum neues zu finden. —

N. Z. A.

### Fünf und dreißigster Brief.

#### Mein Herr,

Um 6½ Uhr, gestern Morgen verlies ich Freiburg, um mich nach Bex zu begeben, und hier die berühmten Salzwerke zu sehen. Lesen Sie, wofern Sie noch lesen mögen, was ich von dieser kleinen Reise zu erzählen habe.

Um 9 Uhr bemerkte ich, rechter Hand am Wege, hohe und starke Lagen von Sandschiefer, oder vielmehr von demselbigen Steine, den man in Freiburg zum Bauen gebrauchet, nur daß er dünner-schieferigt ist. Die Schichte streichen alle gegen Mittag schief in die Tiefe hinein, und haben hie und da, zwischen sich grosse Klüfte, so mit gewaltigen Kieselmaßen ausgefüllet sind. Eine halbe Stunde hernach findet man in einem Dorfe, das man pasiren muß, ungemein grosse Haufen von schon sehr erhärteten solchen Kieselmaßen über der Erde hervorstehen, wo auf einem derselben man ein Crucifix gesetzet hat. Rechter Hand, auf dieser Strasse, welche, von Freiburg an, sehr gut gemacht ist, sind Anhöhen oder pla.te Felder; zur Linken aber sehet man beständig ein sehr schönes Thal, dahinter Hügel, und in mehrerer Ferne ganz hohe Gebürge mit Schneebergen oben darauf.

Um 10½ Uhr kamen wir zu Bulle an. Weinberge, deren etliche an einer Seite bei Bern noch vorhanden, finden sich, von da bis Freiburg und bis hier, nicht mehr. Nachdem wir um 1½ Uhr von Bulle abgegangen, kamen wir um 4½ durch Chateau St. Denys, und so erreichten wir Abends um 6½ Uhr.

Biviẞ oder Vevay (a), bis wo der Weg noch ziemlich gut ist. Es finden sich an vielen Stellen hieherum von den zusammengeballenen Kieseln ganz grosse Felsen, und diese machen hin und wieder selbst das Ufer der zur Linken fliessenden Vevaise aus, welche sehr reissend ist, und oft ansehnlichen Schaden bei Biviẞ thut. Eine viertel Stunde von dieser Stadt erscheinen auf einmal wieder eine Menge von Weinbergen, die gegen den Genfersee zu laufen, längs an welchem Biviẞ gelegen ist. Der Stadt gegen-über liegt ein hoher Berg, welches der erste der hinter dem See weiter fortstreichenden Savojischen Gebürge von Chablais ist; die nach der Linken sich erstreckenden gehören zum Walliserlande. Dieser Ort enthält verschiedene artige Häuser, und darunter ein Paar, die sehr ansehnlich sind.

Man bedienet sich daselbst zum Bauen eines härtern Steines, als der zu Freiburg ist, und zu Treppen, Unterlagen und Eksteinen des harten wilden Marmors, den man auch zu Bern hat. Ausserdem habe ich eine Treppe gesehen, die von schönfarbigem glatten Marmor gemacht war, der, wegen der Nachbarschaft, nicht kostbar sein kan. Die hölzernen Häuser und Zäune, statt welcher leztern man doch auch schon um Bulle angefangen hat, Hekken von Weißdorn zu pflanzen, verlieren sich um Biviẞ gänzlich, wo die Häuser von Stein und an und um den Wiesen und Weinbergen Wände aufgemauert, oder aber von zusammengelegten Kieseln nur aufgehäufet sind. Ich

(a) Scheuchz. It. Alp. 7. pag. 457.　Merc. Helv. 154.

Ich habe Ihnen, mein Herr, und, wo ich nicht irre, von Schinznach her, die tuffsteinigte Art eines Brunnens zu Bivis bekant gemacht. Vielleicht stehet dieser ganze Ort auf Tuffstein: wenigstens stekt derselbe in den benachbarten Bergen überaus häufig. Von Mautreux bin ich eines überaus schönen spahtigten habhaft geworden, von corallenartiger Gestalt, und dessen Röhren mit unordentlichen sehr kleinen Spahtcristallen ganz überzogen sind.

Wir haben die Nacht in Bivis zugebracht, und sind heute Morgen um 7 Uhr weiter gereiset. Zur Rechten zeigte sich nun bald, und fast beständig, der prächtige Genfersee, und dahinter die Savojischen Gebürge, und einige kleine Oerter von Chablais vor ihnen. Zur Linken stehen an dem Wege Felsen von Marmor, deren Zwischenklüfte einen schiefernden Thon enthalten. Eine halbe Stunde von Bivis fliesset von dem Berge herab ein Bach, der erstaunlich viele Steine mit sich bringet, womit er schon eine weite Gegend bedekt hat, die der hinter Altorf sehr ähnlich siehet. Dieses sind theils Kiesel, theils, und mehr noch, Stükke Marmor und etwas Tuffstein. Hier liegt das Chateau de Blonay (b) an dem Berge, an dessen Höhe eine Tropfsteinhöhle befindlich. In dieser entstehet, aus dem beständig herabtröpfelnden Wasser, ein feiner, sehr weisser, wie Porcellan glatter Tropfstein, in theils ekkigten, theils ründlichen, theils länglichten Körnern, von Grösse wie Hirse, Linsen, Erbsen. So sind nun nämlich die Stükke beschaffen, die ich davon erhalten. Die Oberfläche von einigen ist durchlöchert; sie sind hart und kaum mit den Zähnen zu zerbeissen, haben keine sichtbare schaalichte Zusammensetzung, sondern sind inwendig dicht, wie Quarz glänzend: kurz, halb zusammen geronnene, halb cristallisirte Kalchspahtklümpchen, deren verschiedene Figur und Grösse vielleicht aus der Verschiedenheit der Grösse der spahtschwangern Wassertropfen, die in die Höhle triefen, zu erklären stehet. Einige sehr kleine und unvollkommen cristallisirte Spahtdrüschen entstehen hier ebenfalls.

Ein zweiter Bach von Beschaffenheit wie der obige, komt nun auch bald, zur Linken, herunter, und nicht lange hernach komt man dem, dicht am See liegenden, Schlosse Chillon vorbei. Hier waren wieder Marmorfelsen.

Um 8¼ Uhr passirten wir Neuenstadt, oder Villeneuve (c), wo mir ein starker Feigenbaum, und ein Kirschlorbeer (Laurocerasus) in die Augen fielen, die im freien Lande in einem Garten standen. Gleichwohl waren keine Weinberge hie herum mehr.

Um 9 Uhr kamen wir nach Roche (Rosche), einem Bernischen Landschlosse, und der jetzigen Wohnung eines der grösten Gelehrten unserer Zeit: des Herrn von Haller, meine ich. Nachdem, wie Sie wissen, derselbe 3 Jare Rahthaus-Ammann zu Bern gewesen, ist ihm hier die Aufsicht über die wichtigen Salzwerke zu Bevieux ꝛc. anvertrauet worden, die Er nun, unter dem Titel eines Salzdirectors, Directeur des Salines, füret. Um Michaelis wird das 6te Jar, da Er hier stehet, verflossen, und also die bestimte Zeit seiner Verwaltung geendigt sein. Alsdann kan Er, durch die wollende Mehrheit der Stim-

H h

men, dem kleinen Raht von Bern einverleibet werden, bis dahin, aber nicht länger, Er seinen jetzigen Titel fortfüret, indem, nach den Gesezen der Republik, die Bernischen Herren nur ein Amt auf einmal bekleiden können. Die Einsamkeit, worin der Herr von Haller hier lebt, hindert, wie Sie leicht gedenken können, Ihn nicht, mit Geschäften überhäuft zu sein. Indessen habe ich auf einige Augenblicke des Vortheils, mich mit demselben zu unterreden, genossen; doch glaube ich solchen nicht so wol der Eigenschaft eines neugierigen Fremden, als, vielmehr dem Auftrage zu verdanken zu haben, den ich bei Herrn von Haller von wegen eines Mannes auszurichten hatte, dessen Andenken und Freundschaft Er verehret: eines Mannes, der (mein Vaterland ist stolz auf Ihn) unser ist, und der — doch, was braucht Er es, daß ich mehr von Ihm sage? — Werlhof (d) heisset! —

(d) Er ist dahin! — der Menschenfreund, der Weise!     So dort der Fremdling, der Ihm Weihrauch brante,
      Er, dessen Leben Wohlthun war!                    noch ist ihm Lorberkränze baud.
   Er ist dahin! — so seufzen unsre Greise;           Die, die, durch Ihn, nicht Witwen sind, sonst wären, —
      so schluchzet ihrer Enkel Schaar.                   Die Bäurin bis zur Königin: —
   So klagt der Arme, der Ihn Vater nante,           Was fühlt, was denkend fühlt, das weiht Ihm Zähren,
      und mehr als Vater an ihm fand;                    und klagt mit mir: Er ist dahin.

Ich befragte mich bei dem Herrn Salzdirector wegen der Beschaffenheit des Walliser Bades zu Leuk, am Fuße des Gemmiberges, welches, wo möglich zu sehen, noch immer mein heißer Wunsch war, und von dem ich wirklich hier nicht über 2 Tagreisen entfernet bin. Allein, der Herr von Haller zweifelte, ob es, wegen der dort frühzeitig strengen Witterung, nicht schon verlassen sei; auch sol das Badewasser bereits ziemlich genau untersucht und vitriolisch-eisenschüßig sein.

Von dem sonderbaren angeblichen Erdbrande, der in der Gegend von Roche in dem Sommer 1762 vorgefallen ist, werden Sie, mein Herr, wol gehöret haben. Der Herr von Haller belehrte mich, daß er bei die 12 Tage lang gedauret, von dem an dem Berge häufig wachsenden Moose, Hypnum, genähret, und dadurch die Gegend von 2 bis 3 hundert Morgen Landes in Glut gesezet gewesen sei; daß man von seiner Veranlaßung keine Gewisheit habe, und nur sich erinnere, daß die damalige Witterung ausserordentlich heis war. Man ist genöhtigt gewesen, von Roche hinauf, Waßer auf den Berg hinauf zu schleppen, und Leute die mit Seilen an Bäumen gehängt waren, mußten es ausgiessen, damit man wenigstens verhinderte, daß nicht die auf der gegen-übersthenden Seite eines andern Berges befindlichen Bäume mit ergriffen würden, von denen gleichwohl eine Anzahl wirklich entzündet gewesen, jedoch der übrige Wald gerettet worden ist.

Von dem als eine kräftige Arznei angerühmten Stoerkischen Schierlingskraute, hat der Herr von Haller noch keine grosse Wirkungen gesehen. Hingegen hoffet Er in dem hieherum, und fast durch die ganze bergigte Schweiz, so häufig wachsenden Helleboro foetido eine anthelmintische Tugend gefunden zu haben, und suchet davon jezt durch Erfarungen gewis zu werden.

Seine vorhabende neue Ausgabe der Enumerationis Stirpium Helveticarum wird so bald noch nicht erscheinen. Denn, die Vollendung seiner Physiologie nimt noch alle seine übrige Zeit weg. Man wird sich wundern, wie ungemein viel mehr Pflanzen in dieser Enumeration vorkommen werden, und wie sich darunter so viele, die man in der Schweiz nicht vermuhtet haben solte, z. E. der Feigenbaum, der Jasmin, das Abutilon, der Cotinus ec. befinden. Eine Flora von so zahlreichem und weitläuftigem Inbegrif, den zusammen zu lesen gewis die Kräfte eines einzigen, mit so vielen andern Sachen beschäftigten Mannes nicht zulänglich sind, ist nun vielleicht in der Schweiz zum Stande zu bringen möglich, wo Männer, wie Scheuchzer, Gesner, Stähelin, Zwinger, Gagnebin, und so viel andere Kräuterkenner gelebt haben, und zum Theil noch leben, die alle wetteifernd gearbeitet haben, oder noch arbeiten, die vegetabilischen Schäze ihres Vaterlandes aufzuforschen: daher man denn mit Recht an dieser neuen Enumeratione etwas in seiner Art sehr vollkomnes erwarten darf. So habe ich bei dem einzigen Herrn Lachenal, Doctor der Arzneikunst in Basel, eine Anzahl von wohl 3000 Schweizerpflanzen gesehen, die Er in einer für den Herrn v. H. gethanen Reise größtentheils mit eigenen Händen zu sammeln, Fleis und Glük genug gehabt hat.

H h 2

Wenn dazu nun alle übrige Beiträge (e) und des großen Botaniker eigene Erndten kommen, so kan es nicht fehlen, daß nicht diese Flora an Reichthum mit den größesten, die wir besitzen um den Vorzug streiten werde. Hatte doch Herr Lachenal bloß aus dem Canton Basel, den er vollends im künftigen Sommer zu durchreisen gedenket, schon bei 1700 Pflanzen zusammen gefunden, von welchen und den noch zu findenden Er vielleicht ein besonderes Verzeichnis, eine Floram Basileensem drukken lassen wird.

Eine halbe Stunde nach 9 Uhr setzte ich von Roche meine Reise fort, und sah bald darauf, an der Linken, den bekanten dasigen Marmor, dessen auch Gruner (f) erwähnet, in seinen Felsen. Er wird, wie ich Ihnen schon gesagt, in Bern verarbeitet; aber auch bei Roche ist dazu eine eigene Mühle. Ich habe mir daselbst verschiedene Trebeplatten bestellet, um sie auf meinem morgenden Rükwege mitzunehmen. Die Säge in dieser Mühle bestehet nur aus 4 Klingen, und schneidet also auf einmal nicht mehr, als 3 große Platten. Das auströpfelnde Wasser, mit Sand vermischet, befördert, wie man an andern Orten dies auch siehet, das Zerschneiden, welches jedoch so langsam gehet, daß ein Blek von etwa 2 bis 2½ Fus nur erst binnen 8 Tagen durchschnitten wird.

Eine halbe Stunde von Roche fangen wieder Weinberge an, und überhaupt wird die Gegend wieder schöner, indem man unter dem Anblikke immer fort mit jenen abwechselnder Wiesen, wovon viele mit Lucerne bewachsen sind, Gemüseselder, Baumgärten, und, darüber, Wälder, bis

Aelen oder Aigle (g) herreiset. Hier, wo die meisten Häuser, nebst Thür- und Fenstersteinen, von wildem Marmor erbauet, die Mauern aber von Kieseln zusammen geklebet und mit Kalch überzogen sind, kamen wir um 10½ Uhr an. Die Spitze der mit Schnee bedekten Kette von Gebürgen, die hier ziemlich in der Nähe zu sehen ist und, von Fuß aus, beständig zu erblikken war, nennet man la Dent du Midi. Es scheinen diese Gebürge bis in Savojen hinein zu streichen. Bei Aelen ist eine Salzkohte, deren die Schweiz lange nicht genug hat. Das Wasser wird durch hölzerne Röhren 1½ Stunde, und aus einer andern Quelle 2 bis 3 Stunden weit hergeleitet, und ist arm: denn, es hält etwa nur 1½ Pfund im Centner, muß daher grabiret werden, und giebt dann etwa aus dem Centner 19 Pfund Salz, da es mit Holz in eisernen Kesseln zu gute gekocht wird. Die Grabler-reiser überziehen, wie gewönlich, sich mit einer Kalch- oder Spaht-rinde.

Man hat hier Oefen von Stein, wie im Canton Uri, den man, etwa eine Stunde

---

(e) Herr de Coppet, erster Pfarrherr zu Aigle, der alle Jar etliche Reisen auf die Alpen in selbiger Gegend und auch in Wallis thut, hat auch dem Herrn von Haller eine große Menge Pflanzen geliefert, sonderlich ihm seine Samlung von Orchis, Ophris, Satyrion &c. vollständig gemacht, und färet fort mit dergleichen Beiträgen. — F. J. 1769.
(f) Im 1 Th. 190 S.
(g) Merc. Helv. 28.

von hier, aus dem Walliserlande holet: vermuhtlich eine Art Gillstein, nur daß er mir rauher und nicht so schlüpfrig, wie jener, zu sein scheinet.

Nach 2 Stunden kamen wir von Aelen hier, zu Bex, an, durch sehr fruchtbare Gegenden, die hin und wieder an der linken Seite, und oft auf hohen Felsen, Weinberge zeigen.

Da es noch so früh war, und St. Moriz nur ½ Stunden von hier lieget, so habe ich meiner Neugierde, das Walliserland, le Valais, zu sehen nicht wiederstehen können, und, wenigstens einen Blik hinein zu thun, mir das Vergnügen verschaffen wollen. St. Moriz, oder St. Maurice (h) ist nur ein Flekken, aber dieseits der einzige Paß in das Walliserland: daher auch Scheuchzer gesagt hat, daß durch das Thor von St. Moriz das ganze Land verschlossen werden könne. Ueberdem hat es an seiner Brükke, welche über die Rhone gehet, eine Merkwürdigkeit, da sie aus einem einzigen Bogen von 130 Fus Länge bestehet, dessen Höhe, wie ich mit einer mit einem Steine beschwerten Schnur gemessen, 55½ Fus ist. Die Rhone, die von dem Furca koimt, die ganze Länge des schmahlen Landes durchfliesset, und sich nicht weit von hier in den Genfersee ergiesset, giebt hieselbst die Gränze zwischen Bern und Wallis ab.

Ich bin über die Brükke in den Ort selbst hinein gegangen. So bald man den Brükkenthurm hindurch ist, zeigt sich rechter Hand der Weg, der, nach Savojen zu, zu dem Genfersee hinläuft. Die Strasse aber, linker Hand, füret durch den, zwischen einer Reihe hoher und mehrentheils marmorner Felsen und der Rhone eingeklemmten, schmahlen aber etwas langen Flekken hindurch, worin wenig gute Häuser, und auch die besten aus Kieseln, wie die zu Aelen, zusammen geklebet sind, mit Grundsteinen von wildem Marmor. Diese Kieselwände, wenn sie nicht auseinander fallen sollen, müssen beständig wohl unterhalten werden. Der in den Felsen stekkende rechte Marmor ist von schwarzer Farbe mit weissen Adern, und aus schimmernden Körnchen zusammen gesezt. Seitwärts hinter dem Flekken lieget, hoch an einem Felsen, wie angeklebt, eine Capelle, und nun nicht mehr bewohnte Einsiedelei de Nôtre Dame du Cex (von Saxum vermuhtlich) genant. Ihre Lage macht ein sehr sonderbares Ansehen.

Die Gegend hinter diesem Walliser Flekken hat schöne Wiesen, wie die zwischen Bex und der Rhone sind; aber Weinberge, wie doch um Bex, habe ich nicht gesehen.

Süsse Castanienbäume wachsen, bekantermassen in dem ganzen Lande genug, wie um Bex gleichsalls. Bald nach 6 Uhr waren wir wieder hier (i) zurük, und denken diese Nacht hier zu schlafen, Morgen aber die Salzwerke bei Bevieux zu besehen.

Hier, mein Herr, wolte ich schliessen; aber, es fällt mir aus dem Walliserlande noch

---

(h) Merc. Helv. 132.
  Scheuchz. It. Alp. 7. pag. 437 und 691. nebst Tab. so Fig. 4. bezeichnet ist, welches eine Carte des Walliserlandes und der Rhone, von St. Moriz bis Leuk. — s. auch Scheuchz. Sulz. 2 Th. 239 S.
(i) Merc. Helv. 53.

eine Merkwürdigkeit ein, die ich glaube, Ihnen anzeigen zu müssen. Was meinen Sie, muß nicht oft für den Gehalt mancher Münze das bloße Gepräge Ersaz thun, und wird nicht fast Jederman, ausser dem Wardein und Wardeins-Gleichen, durch dasselbe hintergangen? Sind die von moralischer Dürftigkeit erstehelen und von politischer oder unpolitischer Gunst bewilligten amtlosen Character etwas anderes, als solche Gepräge? Würde es uns, ohne durch diese zurecht gewiesen zu werden, möglich sein, den Rang so vieler, in der thätigen Welt eine genaue Neutralität beobachtenden, Menschen leichter zu errahten, als den sein-sollenden Wehrt Gehalt-mangelnder Münzen? O dieses schöpferischen Characters! Dieses schöpferischen Gepräges! das aus Nichts Etwas zu schaffen vermag! Wie bewundere ich desselben Erfindung! Denn, gesezt auch, das von ihm geschaffene Etwas sei noch so sehr ein Nichts, so wird darum dieses Nichts doch immerhin ein Etwas scheinen. Und solten dadurch auch die Wardeine (die Moralischen meine ich) etwa nicht befriediget werden, so giebt es ja dieser so gar viele nicht. -- Jedoch ich weiche aus meinem Geleise, und es war über den Character eigentlich nicht, daß ich Ihnen etwas sagen wolte: Es war über seine Schwestern, die Titulaturen. Nun, an diesen zwar hat unser Teutschland auch eben keinen Mangel; aber was schadet das? Man kan des guten nicht zu viel haben. Sie werden es daher, mein Herr, immer als ein Geschenk von Wichtigkeit annehmen, wenn ich Ihnen hier eine Titulatur mittheile, die sich durch ihre sonorische Vorzüglichkeit und, in Rüksicht auf uns, durch ihre Neuheit zu der günstigen Aufnahme empfielet, sie möge auch, dem Lande zum Troz, wo sie einem wirklichen Amte angehöret, unter uns einst beigeleget werden, wem sie wolle. Ich bin, übrigens, ganz zufälliger Weise, zu der Kenntnis derselben gelanget: da nämlich, in meinem Wirthshause zu Bern, eine obrigkeitliche Person aus dem Walliser Lande sich, wie man mich versicherte, immerfort damit begrüssen ließ, ich meine, mit Ihro schaubare Grosmächtigkeit. Was dünket Sie von dieser Titulatur? Verdienet sie nicht, weiter eingeführet zu werden?

Ich, mein Herr, ich bin nun mit ob gleich grosser Ohnmächtigkeit, doch dagegen mit allem schaubaren guten Willen, unter allen Ihren, selbst schaubaren, Freunden, der Ihnen

ergebenste.

Bex, den 1 Octob. 1763.

### Sechs und dreißigster Brief.

#### Mein Herr,

Seit lange, oder vielleicht niemals, hat sich irgend ein Element so feindselig gegen mich bezeiget, als es, diese Nacht und heute Morgen, das stürmende Element der Luft gethan hat. Denn, einmal habe ich gar nicht schlafen können: solch einen Lärmen hat der Wind an den Fenstern meiner Kammer gemacht, und denn so hat er die Absicht einer Freundin vereitelt, die sich vorgenommen hatte, mit mir nach Bevieux zu reiten, um die merkwürdigen Salzwerke zu sehen, wohin sie sich aber, um seinetwillen, nicht hat wagen dürfen. Sind dies nicht Ursachen genug für mich, über den Sturmwind misvergnügt zu sein? O ich bin ihm so böse, daß ich kein Wort mehr von ihm sagen mag.

Gegen 9 Uhr, diesen Morgen, habe ich mich nach Bevieux hinverfüget, welches unten an dem Berge lieget, aus welchem die Sole, etwa auf eine Stunde weit, hergeleitet wird, die man denn hier findet (a). Man nennet die unterirdischen Grüfte, aus welchen sie quillet, les fondemens, und findet sie hinter Bevieux bald. Man hat von Bex kaum 1½ Stunden nöthig, um bis zu ihnen zu gelangen. Denn um 10½ Uhr war ich, mit zweien meiner Mitreisenden, durch einen Weg, der, fast die Hälfte, immer steil in die Höhe läuft, oben. Zur Rechten lieget einer von den höchsten Bergen dieser Gegend, so bis an den Gipfel mit Reben bepflanzet ist. — Das Gebärge erscheint schon bei Bevieux gypsigt, und dieselbe salzige Erd-Art streichet fast den ganzen Berg hinauf, bis zu dem Eingange der Fondemens. Ein Theil dieses Gypses ist vortreflich und schneeweiß; ein anderer aber mit grauen Adern durchgewachsen, und schieferubbrüchig. Dieser leztere ist ganz untauglich, weil er nicht binden will, und durch das Brennen vielmehr sandigt wird. Man findet hier auch, zerstreut, viele Kalchsteine von blaulichter Farbe. Diese geben, was man hier fetten Kalch nennet, und hat der Kalch aus denselben, zum Gebrauch an feuchten Orten, einen Vorzug; dahingegen sie einen sogenannten magern Kalch, der an troknen Orten besser thut, aus einer weislichten und unserer Lindenschen näher kommenden Steinart brennen, die gleichfalls in zerstreuten Stüfen sich hinlänglich findet. Die Gipfel der umliegenden Berge müssen also ganz aus dieserlei Steinen zusammen gesetzet sein; gewis aber ist ihr Grund, und so weit man hier steiget, auch ihr mittlerer Theil, Gyps (b).

Wir begaben uns, mit Bergmanns Kitteln angethan, hinein in den Berg, um die Salzquellen zu sehen. Der Eingang dazu ist gleich bei dem Hause des Aufsehers, der uns in einen Stollen fürete, dessen Anlagen, wie des ganzen Werks Ausführung, dem Canton

---

(a) Von den Salzwerken überhaupt in dem Amte Aelen hat in einer, nachher, zu Bern 1765 herausgekommenen Beschreibung der Herr von Haller umständlich gehandelt, und ich werde einige seiner Anmerkungen jezt mit anfüren. — R. Z.

(b) Das Salzgebärge hat überhaupt einen Harnisch von Gyps. Haller, Seite 6.

Bern Ehre machet. So weit wir bis zu den Quellen zu gehen nöthig hatten, das machet eine 2700 Fus lange Strekke aus, welche zweimal zu durchwandern über 1¼ Stunden erforderte. Um aber durch alle Nebenstollen, die man zu Aufsuchung neuer Quellen getrieben hat, zu gehen, erfordert, wie sie versichern, bei die 4 Stunden. Die Tiefe des Schachtes, der auf den Stollen getrieben ist, beträgt 368 Fus, und hier ist nun ein im Durchschnit 35 Fus haltendes Rad und ein Haspel, wodurch die Sole aus einer Tiefe von 70 Fus, wo sie eigentlich quillet, bis in den Stollen heraufgeschafet wird, und in die hölzernen Röhren läuft, die sie aus dem Berge, und dan weiter bis nach Bevieux führen. Es sind diese Röhren ausserhalb dem Berge mit einer Art eines Daches von Brettern versehen, unter welches man Moos gestopfet hat, um die Sole vor dem Gefrieren zu schützen. Wan aber der Frost zu stark wird, und die Witterung das Gradiren zu Bevieux verhindert, so höret man auf, Sole dahin lauten zu lassen, und behält sie zurük in dem Berge, zu welchem Behuf eine Höhle verfertiget ist, die, so viel in 4 Monaten zufliesset, halten kan. Aber, sie hat auch, bei einer ziemlichen Höhe, eine Länge von 100 und Breite von 60 Fus stark.

Noch ein Paar andere Höhlen sind hier, worein man das süsse oder wilde Wasser aufsänget, welches denn in einer mit Brettern überlegten Rinne in den Stollen selber aus dem Berge hinausgeleitet wird. In diesen Höhlen höret man, wenn man ein Getöse machet, einen sonderbaren und angenehmen, nicht wiederholenden, aber zitternden und lange fortdauernden Wiederhall.

Die erste Steinart, welche man in dem Stollen antrist, ist Gyps, mit schwarzen Körnern und Flekken, so ich für thonschieferigt ansehe. Die folgende ist ein schwarzer Kalchstein, der Risse hat, so oft etliche Zolle mächtig, mit schönem weissen Kalchspahte darinnen. Näher nach den Quellen zu, habe ich aber Fels gefunden, der mir ein sandigter Quarzfeld zu sein scheinet. Dieser ist an einigen Stellen, besonders in der Nachbarschaft des Rades so mürbe, daß man die Wände hat bemauren müssen (c). Dies Rad, beiläufig noch gesagt, wird von Wasser getrieben, das oben von dem Berge auf dasselbe geleitet ist.

Ausser

(c) Der Hauptstof des Felsen, der vermuthlich der Grund der ganzen salzigen Gegend ist, ist Sandstein mit vielen Spiegelchen von Talk (nicht Glimmer? A.) und mit Spahtklüften, oft auch mit Salz verkeilt. Er ist hart, dicht, und lagenweise, die sich in die Tiefe einwärts gegen den Berg versenken, aber keine Klüfte lasen. Haller S. 9.

In der Berg-Gegend sind noch gemein, verschiedene trichterförmige, tiefere oder untiefere Löcher, die auf ein Morgen gros, oder auch weit kleiner. Da der Gres von Wasser aufgelöset wird, und auch von sich selbst zerfällt, so mögen unterirdische Quellen unter diesen Trichtern den Gyps weggefressen haben. Ihrer ist sehr viel um Chézieres, auch einige zu Joroxne, gleich über dem Salzberge; und die weissen Pyramiden gehören auch dahin, da sie mit lauter Gruben durchschnitten sind. Haller. 9.

Unter Chamosaire trieb man 1755 einen Stollen, fand viel Grand, Letten, letztern Schiefer, wie im Fondement, und einiges hartes mit Talk oder Glimmer durchsprengtes Gestein, das aber bald abbrechselte. - - - Endlich mengte sich etwas von Gyps wechselsweise ein. Im vordern Querschlage fand man würfelartiges, spiessigtes, druhsigtes Salz, auch gediegenes Bergsalz in grauem mit Spaht durchsprengten und dem grauen Steine im Fondement ähnlichen Felsen. Man hat 1760 daselbst auch natürliches und vollkommenes Glaubersalz in den Ritzen der Felsen angetroffen. Haller. S. 7.

Unser oberwähnten Merkwürdigkeiten der Natur und Kunst sind nachfolgende zwei hier zu beobachten, deren Betrachtung mir gestern der Herr von Haller besonders anempfohlen hatte. Dies sind noch zwei Wässer, deren eines ebenfalls eine Sole ist, und durch eigene Röhren nach Bevieux geleitet wird, obgleich es mit einem starken Schwefeldunst vergesellschaftet ist (d). Da die Röhren im Berge hie und da eine Oeffnung haben, die ein Stöpsel verschließet, so braucht man einen solchen nur auszuziehen, um des Dunstes gewahr zu werden. Hält man nemlich ein brennendes Licht daran, so entzündet er sich im Herausfaren, und brennet von einer halben zu einer ganzen Minute und länger, je nach dem sich eben in dieser Gegend wenig oder viel des Dunstes über dem Wasser gesammelt gehabt hat. Wir ließen ihn fast eine Minute brennen, und die Flamme war überaus lebhaft, und zischete recht, von 2 bis 3 Fus Länge, da wir sie dan durch das Verstopfen der Röhre wieder auslöscheten. (e) Man hat zu Bevieux ein besonderes Gradierhaus für diese Sole, und sie verlieret im Sieden allen Schwefelgeruch, und giebt so reines Salz, wie die andere.

Die zweite vorzügliche Merkwürdigkeit ist das Wasser, das wie Schwefelmilch stinket, faul schmecket, waren Schwefelstaub mit sich füret, und doch sonst vollkommen klar ist. Dies fließet, rechter Hand, in der Dikke eines Federkiels beständig hervor, wo um die Oeffnung herum sich der Schwefel, wie ein Sinter, an die Felsenwand anlegt, dergleichen Schwefelblumen auch auf einer andern Stelle, linker Hand, anzutreffen sind. Der, unter dem vermuthlich falschen Ort-Namen, bekante schöne fast durchsichtige Schwefel von

J i

(d) Von dem anzündlichen Dunste, Haller, S. 7.
(e) In den Mélanges d'Hist. naturelle Tome 4. à Lyon, 1764. page 90 – 93. findet sich die Beschreibung einer Fontaine brulante près de Boseley dans la province de Shrop, Shropshire, die vor etwa so Jaren hervorgebrochen seyn sol, und, mit einem durchlöcherten Deffel überlegt, von einem an das Loch gehaltenen Lichte sich entzündet, so oft man wil. Fleisch, in einem Topfe mit Wasser, über dies Loch dan gehalten, siedet so geschwend gahr, als bei dem lebhaftesten Heerdfeuer. Das Wasser dieser Quelle ist an sich, wie anderes Wasser, kalt. Wird bei Deffel abgehoben, so erlöschet, von dem Zutrit der freien Luft, die Flamme augenblicklich. Der erste Ausbruch geschah mit einem Erdbeben, da ein Mann so beyhaft war, sich dem Orte, wo das gröste Getöse war, (denn, in der Nacht hatte das Getöse viele Leute aus dem Schlafe aufgewecket) zu nähern, und mit einem Messer eine etliche Zoll starke Oeffnung in die Erde zu machen. Da sprang das Wasser mit solchem Ungestüm, 6 bis 7 Fus hoch, heraus, daß der Mann davon zu Boden geworfen ward. — (Ohne Zweifel ist der brennbare Dunst dieses Wassers einerlei mit dem des Salzwassers in den Fondemens zu Bevieux, ein fertiater Schwefeldunst nämlich. A.)

Zu Wieliczka in Pohlen, in der berühmten großen Salzgrube, beißt (nach dem Guettard in seiner Abhandlung über die dasigen Salzwerke, so, aus den Mém. de l'Acad. des Sc. de Paris vom Jahre 1762, in der Mineral. Belustigung 4ten Theil, Leipzig 1769 übersetzt. S. 194 S. 15. zu lesen ist,) zuweilen aus gewissen Höhlen, die in den Salzbänken befindlich sind, ein erstickender Dampf hervor, der sich entzündet, wenn ihm ein ohngefär ein Licht entgegen komt. — So wie in der Hist. de l'Ac. des Sc. de Paris. v. 1699, à Paris. 1718. page 23. 24. Erwähnung geschiehet einer Fontaine brulante fort fumeuse, qui est dans le Dauphiné, à quatre heures de chemin de Grenoble. St. Augustin, scheint es daselbst, en a parlé & paroit l'avoir traitée de merveille surnaturelle. Cité de Dieu. L. 11. Ch. 7. — — Aber, sagt man ferner, la fontaine brulante n'est point une fontaine; c'est un petit terrain de six pieds de long sur trois ou quatre de large, où l'on voit une flamme legere, errante, & telle qu'une flamme d'eau de vie, attachée à un rocher mort, d'une espece d'ardoise pourrie, & qui se fuse à l'air. — Hier brennet also nur die Oberfläche des Erdbodens, und mast des Wassers, so wie zu Wieliczka der frei-schwebende Dunst. N. Z.

Koche wird, ohne Zweifel, hieherum in den Ritzen des Gypsfelsen (f) zu finden seyn, wobei ich mich des ähnlichen Schwefels erinnere, der in unserm Amte Lauenstein bei Weensen, in seinem klar-körnigtem weißen Gypse nistet. Steinkohlen, die sonst die natürlichen Nachbaren (wie denn das Amt Lauenstein daran sehr reich ist) der Salzsolen (die wir da ebenfals haben) zu sein pflegen, haben sich hier noch nicht gefunden, doch hat man auch in der Tiefe noch nicht darnach geschürfet. Ich setzte, beim Hineingehen, eine Flasche unter den Ausfluß dieses Schwefelwassers, die, als ich wieder zurük kam, längst vol war. Ich habe diese Flasche mit mir genommen, um das Wasser chymisch zu untersuchen, welches ich mir auch mit dem Schwefel-sinter vorgesetzt habe. Was ich darin entdekken werde, sollen Sie mit der Zeit hören. Es sol kein Kochsalz enthalten, und darum lässet man es, mit dem übrigen wilden Wasser, aus dem Berge verlaufen.

Wer nicht Lust hat, braucht nicht denselben Weg durch den Stollen wieder zurük zu gehen; denn, es ist eine Treppe in den Felsen ausgehauen, die von dem Rade ab, bis oben aus dem Berge, herausführet, und die ist so schön und regelmäßig, daß man keine Bedenklichkeit haben kan, sie zu steigen. Die Stufen sind etwa 2 Fus breit und 1 Fus hoch, und es sollen ihrer überhaupt etwa 450 sein.

Nach Aussage der Bergleute, passiret man zweimal auf dieser unterirdischen Straße einen Strich, über welchen der von den höhern Bergen herabstürzende Bach, la Gryonne, hinfliesset (g).

Die Hauptsalzsole sol im Centner bei die 12 Pfund, und, nachdem sie gradirt worden, ohngefär 25 Pfund Salz halten. Uebrigens findet sich hier, und zwar etwa 700 Fus tief, noch eine andere Salzquelle, die fast noch eins so reich ist, und besonders in ein gewisses im Thal gelegenes Haus geleitet, von da aber in Tonnen nach Bevieux geführet wird.

In der Gegend dieser reichesten Quelle, nistet zuweilen auch derbes Salz, wie Steinsalz, theils in würfelähnlichen Stükken, dergleichen mir zur Probe der Aufseher mitgegeben hat.

Wenn man dieses prächtige und kostbare Werk mit Stollen und Schachten weiter forttreiben solle, so ist wol kein Zweifel, daß man nicht auf noch mehrere Solen treffen werde, eine Sache, daran den Schweizern natürlich viel gelegen sein muß. Denn schon der jezige reine Ueberschuß, den sie davon haben, sol sich auf 84000 Rthaler belaufen.

(f) Der gewachsene Schwefel findet sich ohnweit Bevieux und eine halbe Stunde von den Fondemens über der Gironne (nicht, wie der Herr von Haller schreibt, Gryonne?) in Gesellschaft des Sedlizersalzes, wovon ich Ihnen schon ein andermal gesagt habe. — v. B. 1767.

(g) Ein sehr langer und gerader Hauptstollen gehet von der Westseite zur Radstube, und führt zur großen Treppe, zu den Sammellästen, und zu allen Quellen. Dieser Stollen gehet unter dem Bette der Gryonne, eines schädlichen Waldwassers, durch, dessen Sicherheit der graue Stein ausmachet; und dennoch dringt oft an einer Stelle etwas vom Strome in die alten und obersten Stellen. — Haller. S. 25. 26.

Nach 12 Uhr machten wir uns auf den Rückweg. Die erdigten Ueberziehungen der Reiser in den Gradierhäusern zu Bevieux geben ein artiges Schauspiel ab, doch haben sie, aus beiden Häusern, nichts vor denen aus andern gradirten Salzsolen voraus; sie sind kalchspahtigt (h). Die Art, zu sieden, ist hier mit der zu Aelen einerlei.

Sollte der Name Bevieux nicht von Bex vieux herkommen? Verzeihen Sie, mein Herr, diese Frage meiner geographischen Unwissenheit. Im Gruner und Scheuchzer (i) können Sie übrigens von diesem großen Salzwerke etwas umständlicheres lesen, auch beim leztern eine Abzeichnung finden. Ich, für meinen Theil, bin mit dem, was ich hier gesehen, überaus sehr zufrieden.

J 12

---

(h) Der Tophstein an den Reisen des Gradierhauses zu Bevieux ist mehr spoßigt (als der zu Aelen). Haller, S. 66

In Kasten, (wo man das Wasser zur Probe von selbst hat verdunsten lassen) sezet sich der Gyps auch an, und zwar zuerst an den Boden. Er schwimmet, wie bei dem Sieden, und die Haut sinkt nach und nach zu Grunde. Nach dem Gyps folget das Salz, und eine fette Lauge bleibt übrig, in welcher, nebst etwas Kochsalz, dieses bittere Salz ist. — Haller, S. 90.

Bei einer durch die Sonne bewerkstelligten Abrauchung hat man selenitische schmallose Schuppen erhalten. Haller, S. 87.

Auch in dem schon gradirten Wasser steket noch etwas Gyps. — Haller, S. 103 104.

Aus einem Hannover benachbarten Salzwerke habe ich das Incrustat des Gradierhauses untersucht, und gefunden daß dasselbe kaum etwas Kalchspaht und hingegen fast lauter Gyps enthielt. Vermuthlich bezeigen sich viele andere ähnlich, wenn auch nicht völlig gleich, und so führen ohne Zweifel die meisten Salzsolen eine beträchtliche Menge Gyps bei sich. (Beiläufig erwähnet, so löset sich wirklich von dem Gyps des Incrustats ein Theil in Salzsäure auf, und schießet durch einige Verdunstung nachher in febrilte Cristallen an. Eben so verhält sich das Marienglas. Auch ist den beiden Cristallisation durch Laugensalz wieder auseinander zu stoßen —.) Es ist bekannt, daß in den Bergen, an deren Fuß Salzsolen quillen, oft, wie wir besonders auch zu Bevieux bemerkt haben, viel Gyps steket. Sollte dieser obgleich so beträchtliche Vorrath an Gyps nicht ein bloßer Absaz und den Salzsolen sein? L.

Ich muß hier noch einer Stelle aus der Hallerischen Beschreibung erwähnen, die sich daselbst S. 57 findet: „Nur die Pancy-Quelle, sagt der Herr von Haller, ist den Strangen, oder langen Wurzeln unterworfen, die von irgend einem benachbarten Baum, durch ein Astloch oder eine Fäulung, und manchmal durch harte Felsen, sich einen Weg in die Röhre öftern, und in unendlich kleine Aeste, die wie Besen aussehen, sich vervielfältigen. Dillenius hat dieses Gewächs für eine Conferva beschrieben: sie ist aber waren Holz und bloß zufällig. "

Ich weiß, daß selbst unser vortrefflicher Linné der Meinung ist, dies den Besenreisern ähnliche, aber oft etliche Ellen lange Gewächse sei nichts anders, als Wurzeln von einem Baume. Allein, ich habe dasselbe in den Brunnenröhren unsers Achburger Bades angetroffen, die ganz frei an den Boden eines ziemlich tiefen Stollens lagen, wo keine Spur von Baumwurzeln zu sehen, noch zu erwarten war. Eben so habe ich sie in den neuern Stollen unsers Laurensteinischen Kolmbergwerks zu Osterwald gesehen, wo Wasser von den Seiten herab in den Stollen drang, durch welches, weil es Kalch-erde mit sich herausbringet, dies Gewächs mit einer ziemlich dikken Spahtrinde überzogen worden war, und ein fast völlig coralliches Ansehen gewann hatte. Die Stelle war viele Klafter unter der Fläche des Berges, wodurin wol eben so wenig, als in die von allen Seiten frei liegende Brunnenröhren zu Achburg Wurzeln von irgend einem Baume zu bringen vermögend sind. Dies Gewächs scheinet mir also, wenn gleich keine Conferva (denn, bolzigt ist es wirklich) doch eine ware Pflanze, eine unterirdische Wasserpflanze zu sein, deren Bürgerrecht in dem Pflanzenreiche und gegründeter Anspruch auf einen eigenen Namen so viel ich es beurtheilen kan, seinem Zweifel unterworfen ist. N. J. A.

(i) Gruner 1 Th. S. 181 - 189. Scheuchz. im 2 Th. der Nat. Gesch. — Den Grundriß der Bern. Salzw. zu Bevieux und der Quelle zu Pancy. Tab. V. Auch in It. Alp. 7. pag. 493 - 495, wo diese Tafel Exquisita Salinarum Bern. delineatio heißet. Und Scheuchz. Suiß. 2 Th. S. 190 - 191.

Um 1½ Uhr war ich mit meiner Gesellschaft wieder zu Bex, und verließ diesen Ort wieder um 3, um noch vor Nacht zurük nach Bivis zu kommen. Bei Aelen ist ein Bruch von dem bläulichen Kalchstein, dessen ich bei den Fondemens zu Bevieux erwähnet. Zu Roche holete ich nun meine bestellten marmorne Proberplatten ab, und ich kan aus denselben Ihnen folgende kleine Beschreibung machen: Er artet sich aus schwarz in bunten Marmor aus, und ich finde Stükke, die ganz schwarz sind, mit durchlaufenden, wie Zwirn, dünnen geschlängelten und starken Adern und Flekken, — dunkler und heller aschgrauen mit wenigen schwarzen Streifen, viel mehr weißen Flekken und Adern, und dessen Grundfarbe unmerklich gelb-roht und rostfarben wird ꝛc. —

Von Aelen nach Roche stehen an der Straße weiße Maulbeerbäume. Der Herr von Haller, den ich nun heute noch einmal gesprochen habe, sagte mir, daß zu Bex und Aigle etwas Seide gezogen werde, und zu Bevai mehr. Ich habe eine Ahndung, mein Herr (k), daß wir den Aufenthalt dieses grossen Gelehrten einmal wieder nach unserm Göttingen versetzt sehen werden, und fast hoffe ich es schon. Fragen Sie: aus welchem Grunde? so kan ich Ihnen sagen, daß der Herr von Haller zu diesem Musensitz, an dessen Flor er so viel Antheil gehabt, noch immer eine grosse Neigung heget.

Gegen 8 Uhr bin ich nun hier wieder angekommen, um Morgen auf Lausanne zu gehen. Da, hoffe ich, über Basel ein starkes Päkkel Briefe von meinen deutschen Freunden vorzufinden, und darunter wenigstens ein oder zwei Briefe von Ihnen.

Bevai, den 2 October 1765.

---

(k) Welche doch nicht eingetroffen ist.

# Anhang

### zu dem vorhergehenden fechs und dreißigften Briefe.

#### von

### den Schwefelblumen, und dem Schwefelwaffer,

#### aus den *Fondemens* bei *Bevieux*.

Diefe Schwefelblumen find mit einer weiffen Erde vermifchet, daher fie auch fehr blaß ausfehen. Ueberdem ftellet etwas bituminöfes darin. Denn, in einem Medicinglafe mit kurzem Halfe geglüet, fteigt davon der Schwefel nicht gelb, fondern braun, auf, und floß oben, wo die Hize freilich auch empfindlich genug war, in Klümpchen zufammen. Diefe waren, wie ein jeder Schwefel in einem gewiffen Grad der Wärme ift, klebrig anzufühlen, aber fie waren es auch noch, da das Glas fchon kalt war, welches wol von dem Oehl des Erdpeches herkomt, das hier, wärend der Sublimation, zu einem hepate oleofo den Schwefel gemacht hat.

1 Quentlein diefer unreinen Schwefelblumen, fo wie das Waffer fie mit fich fpühlet, lieffen in der Glüung 50 Gran feften Wefens zurük, das grau ausfah, und aus weiffen und braunen Theilchen zu beftehen fchien. Roh, und vor dem Glüen, zeigte das Microscop darin gelbliche Klümpchen, und mehr hellweiffe Cruften, wie ein Weinftein, doch ohne regelmäßige Eriftallen. Dies von der Calcination aber zurükgebliebene graue Wefen zeigte unter dem Microfcop weiffe und, mehr oder weniger, braune Körnchen, auch ohne regelmäßige Geftalt. Dies brâufet mit Salzfäure fehr, doch nicht ganz fich auflöfend, auch nach einer neuen Glüung nicht; es roch, wärend dem Aufbraufen, noch ftinkend fchweflig, und ließ nun weiffe Körner und Klumpen zurük, die ohne regelmäßige Figur waren. Diefe mit Alkali gekocht, haben fich als Gyps verrathen, indem fie dem Alkali die inhaftende Vitriolfäure abgetreten, und nun vollkommen kalchigt und in Salzfäure auflösbar waren, bis auf etliche Sandkörnchen nach.

Den 25 Januar 1764 habe ich von dem Schwefelwaffer die mitgenommene Flafche eröfnet. Wie Schwefelmilch roch es nun nicht mehr, vermuthlich, weil die inhaftende flüchtige Vitriolfäure fich mit der Kalch-erde, fo das Waffer enthalten mag, nun fchon verbunden hatte. So und aus demfelben Grunde verlieren alle fogenante Faulbrunnenwaffer ihren Geftank, fo bald man fie über dem Feuer aufwallen läffet. Was dan aber im Augenblik und vollkommen gefchiehet, das ift hier bei diefem Waffer durch die Länge der Zeit, und zwar einigermaaßen nur, gefchehen. Denn, einen etwas ähnlichen Geruch, wie

vorher, aber nur sehr wenigen, äußerte es noch; so war auch der Geschmak des Schwe=
felwesens noch empfindbar.

Mit denen mir gewöhnlichen Reagentibus hat das Wasser fast gar keine Verände=
rungen geäußert, daraus sich auf die Bestandtheile eine Folgerung ziehen ließe: außer,
daß es mit Alkali flaumig geworden, ohne eine Erde fallen zu lassen, und mit Salmiacgeiste
ist dies kaum einmal merklich gewesen. Nur sind Blei und Silber, aus der Auflösung in
Salpetersäure von dem Wasser niedergeschlagen worden, jenes milchigt, dieses mit bräun=
lichen Flocken, und beide ins schwärzliche schielend. Ein Blat Silber ist nicht mehr davon
angelaufen.

20 Unzen davon bis auf etwa 6 Drachmen abgeraucht, ist es milchigt=trübe ge=
wesen; unten lag wie eine gypsigte Erde, und oben schwammen blinkende kleine Cristallen,
vermuthlich, von Küchensalz. Bis zur Trokene abgeraucht, wog alles 14 Gran. Das
Salzige davon gewaschen, blieb zurük — Erde 4 Gran.

2 Gran hievon waren kalchigt, und ließen sich durch Salzsäure auflösen, welche
Auflösung, da ich sie abrauchte, bräunlich aussah, vermuthlich von einem inhaftenden Bi=
tuminoso, und nun eine fedrigte Art Cristallen bildete, deren viele, aus einem Mittelpunct
in ziemlich gleicher Entfernung von einander sich verbreitende Sternchen, von sehr artigem
Ansehen und etwa 4 Linien im Durchschnit haltend, vorstelleten. Die übrigen 2 Gran
Erde, so die Salzsäure nicht bezwingen können, aber auch etwas bräunlich aufsahen, mit
Alkali gekocht, haben sich als Gyps bewiesen: denn nachher lösten sie sich völlig in Salz=
säure auf, bis auf etliche gelbe Flocken noch, so vielleicht das Bituminöse sein mag.

Das Salz, so in den 20 Unzen Schwefelwasser gestekket, und abdünstend herausge=
schieden worden, beträgt 10 Gran. Es schmekt salzig, wie Kochsalz, giebt auch einen
weißen Dampf mit Vitriolöhl ꝛc. und knistert auf Kolen.

Allein, da es bei seiner Wenigkeit eine wiederholete Auflösung und Verdünstung aus=
stehen müssen, so scheinet es nun halb zerstöret worden zu sein. Denn, es hat keine or=
dentliche Cristallen mehr zeigen wollen; und von dieser alkalisicirenden, terrisicirenden De=
struction rühret denn wol auch der Nebengeschmak einer gewissen Schärfe her, die es äußert,
und die dem Kochsalze, so ordentlich cristallisiret worden, nicht eigen ist.

Man kan also, auf obige Proben gestüzt, wohl annehmen, daß 20 Unzen dieses
Wassers, klar abgegossen, nichts weiter noch mehreres enthalten, als:

       10 Gran Kochsalz, und

       4 Gran Kalch=erde, davon die Hälfte, mit Schwefeldunst gesättigt, als
       Gyps aus dem Wasser erhalten wird.

Hannover, den 1 März 1765.

## Sieben und dreißigster Brief.

### Mein Herr,

Was hätte mir angenehmer sein können, als das Päckchen Briefe, das ich hier, über Basel, vorgefunden habe, und darin sich wirklich ein Schreiben von Ihnen befunden hat, wodurch ich von Ihrer Gesundheit Nachricht erhalte, und zugleich zu der Fortsetzung meiner oft langen Briefe aufgemuntert werde! Allein, meine Reise neiget sich zu Ende, und Sie werden also nicht vieles mehr von mir zu lesen bekommen.

Sie sagen mir, daß Sie aus meinem Briefe von Zofingen ersehen haben, daß ich vorher, von Basel aus, und zwar vom 10 September an Sie geschrieben habe; und dieser Brief ist nicht bei Ihnen eingelaufen. Wenn ich die Art seiner Absendung, die in der großen Eilfertigkeit, worin ich damals wegen meiner so nahe bevorstehenden zweiten Reise war, erwäge, so wundere ich mich eben über diesen Unfall nicht. Sie aber solten sich überhaupt nicht darüber wundern, daß unter so vielen Briefen, die ich an Sie geschikt, einmal einer verunglükt ist; und noch weniger solte Ihre Neugierde so hizig diesen Brief aufs neue von mir fodern, recht, als ob Sie wüßten, daß ich eine Abschrift davon hätte. Indessen, was geben Sie mir, wenn ich Ihnen, wie Sie zu sagen belieben, den Verlust erseze? Vielleicht ist es mir möglich, Ihrem Verlangen ein Genüge zu thun; und wenn es mir möglich ist, so muß es auch freilich, so weit es von mir abhängt, wirklich werden.

Der Herr von U. gieng einstmals, und zwar zu Hamburg, in einen Buchladen, einige Bücher zu kaufen; der Herr des Ladens aber war nicht zu Hause.

Er gieng wieder zu dem Buchhändler, den dritten Tag darauf, um die Bücher zu besehen, welche Er aus dem Catalogus ausgezeichnet gehabt; allein, sie waren nicht alle bei Handen.

Und abermals den dritten Tag nachher, eilete Herr von U. wieder zu seinem Buchhändler, um mit demselben einmal wegen der Bücher zu handeln; Er fand ihn aber so unbillig, und die Bücher zum Theil so übel conditioniret, daß alle bisherige Mühe vergebens war und aus dem Handel nichts wurde (a).

Ueber ein so widriges Schiksal, mein Herr, brauche ich mich gegen Sie, in meinen merkwürdigen Reisen, nicht zu beklagen, da mir dasselbe nicht begegnet ist. — Ich gieng vielmehr, und zwar zu Baden, in einen Buchladen, einige oder vielleicht keine Bücher zu kaufen; der Herr des Ladens war zu Hause.

Ich hatte also nicht nöthig zum zweiten, noch weniger zum dritten male wieder hin zu gehen; denn, ohne allem Catalogo, waren hier alle vorräthige Bücher, wie es schien,

---

(a) S. Herrn J. C. von U. merkw. Reisen ic. S. 16, 19. 103.

auf einmal zu sehen und beisammen. Ich sah eine Predigt, die mich sonderbar zu sein dünkte, und das hauptsächlich wegen einer Stelle in derselben, die einen großen König, der nicht von der Kirche des Verfassers der Predigt ist, angehet.

Ich fand den Buchhändler billig, und die Predigt gut genug conditioniret; ich kaufte sie also: ja! das that ich. —

Beklagt und abermals beklagt sei aber von mir, wegen der fehlgeschlagenen ähnlichen Bemühung, der Herr von U.! Mein Glük macht mich gegen eines andern Unglük nicht unempfindlich.

Mein lieber Freund, diese Predigt, so der erst neulich geschlossene Friede veranlasset hat, solten Sie lesen! O gewis es würde Sie nicht gereuen. Allein, sie ist so stark, daß ich sie Ihnen, von hier aus, nicht überschiffen kan; aber einen Auszug? Ach, was für eine bittere Arbeit für mich, sclavisch auszuschreiben, zu copiiren! und noch dazu zum zweitenmale, da mein ersterer Schweis vergebens gewesen, verloren gegangen ist! Ja nun süle ich das schon gefülete zehnfach, wie wenigen Beruf nämlich ich zur Autorschaft habe. Doch, da ich es schon so weit gebracht, daß ich, wie ein Autor citiren kan, so muß ich auch Muht genug haben, einen Schrit weiter zu thun, und — aus- und ab-schreiben, jedoch so kurz abermals, als möglich. — — Aber ein verdrüslicher, ein recht sehr verdrüslicher Zufall, mein lieber Freund! — So wenig Sie aus meinen Briefen jemals einen Auszug, dessen dieselben ohnedem vielleicht nicht fähig sind, werden machen können, wenn Sie sie nicht selbst vor sich liegen haben: so wenig, und das beklage ich mit innigem Verdrusse, kan ich Ihnen nun den Auszug aus der Predigt liefern, zu dem ich Ihnen doch noch diesen Augenblik Hofnung gemacht. Und, warum nicht? — Können Sie es nicht errahten? Ich sehe, daß ich die Predigt nicht bei mir habe: sie liegt in Basel. Wollen Sie wol nicht Geduld haben, bis ich wieder dahin zurük komme? Ich kan mir warhaftig nicht helfen: denn, keinem Sterblichen hieselbst traue ich es zu, daß er ein Exemplar von dieser Predigt besize. Höchst ungerne habe ich, auf die Weise, Ihre Neugierde, anstatt sie zu stillen, vergrößert; ich bitte Sie desfalls um Verzeihung. Inzwischen muß Ihnen meine ganze unnüze Schreiberei, von heute, selbst zu einem Beweise von meinem unläugbar guten Willen dienen; und diesen guten Willen nehmen Sie nun, nach ihrer gewonten Billigkeit, für die That an! Ja, thun Sie dies! ich bitte Sie.

Ich wil Ihnen dagegen geschwind erzählen, was ich von Vivis, von wo wir, bei einem starken Plazregen, diesen Morgen um 7½ Uhr abgefaren sind, bis hier, zu Lausanne, angemerkt habe. Dies ist aber nichts mehreres, als daß der Weg höchst angenehm ist; daß die Aussicht über den See vortreflich sein sol, daß wir aber ihrer, wegen des nebelnden Regens, nicht genießen können; daß man fast immer zwischen niedrigen Mauern reiset, womit die zahllosen Weinberge eingeschlossen; daß zwischen St. Saphorin und Cuilly rund hervorstehende, 50 bis 60 Fus hohe, Felsen von blossen zusammengebakkenen Kieseln sind;

sind; daß von den Bergen sich rauschende Bäche mit trübem leimigtem Wasser ergossen, die bei dem gestrigen trockenen Wetter nicht flossen; daß auf diesem Wege, zur Rechten, Clarens liegt, wo Rousseau gedichtete, vielleicht, und warum nicht, auch wirklich gewesene, Madame d'Orbe wohnte (b); daß der Mauern um und, zu Aufrechthaltung des steilen Erdreichs, in den Weinbergen so viele sind, daß man sich wundern muß, wie diese die Kosten tragen können; daß man, um den Vorüberreisenden das Abreißen der Trauben schwer zu machen, die Mauern mit Dornsträuchen belegt, und überdem noch gesucht hat, ihnen den Apetit dazu zu benehmen, indem man den Trauben, durch Besprizung mit Gyps, ein ekelhaftes Ansehen gegeben: doch sol man hiebei weniger den vorzubeugenden geringen Verlust der Trauben, als vielmehr die Erhaltung des Stokkes selbst, der durch das eilfertige Abreißen der Früchte beschädigt werden könte, zum Augenmerke haben. —

Lausanne, (c) mein Herr, hat viele schöne Häuser, aber, wie die zu Bern und Freiburg, von dem sehr mürben Sandstein erbauet: daher denn viel neue Gebäude, hin und wieder, wie geschunden aussehen, viele alte aber, als ob sie die Sonnenstralen nicht leiden könten, und wegzuschmelzen angefangen hätten.

Die Berg- und Thal-ähnliche Lage der Stadt ist etwas, das sie nicht angenehm macht. Die Promenade vor dem Thor aber, und noch mehr die bei der Hauptkirche gelegene, über alle Beschreibung schöne, Terrasse gereichet ihr zu einer großen Anmuthigkeit. Was kan man sich für eine prächtigere Aussicht gedenken, als die man hier über la Côte und den Genfersee, der hier bei nahe seine stärkste Breite hat, — ferner in das, von dem See ab, sich sehr sanft in die Höhe erhebende Land von Chablais hinein, das mit lauter hohen Bergen umkränzet ist, genießet! Man muß dieß gesehen haben, wenn man das Bild in seine Vorstellung fassen wil. Aber, sie liegt auch sehr hoch, diese Terrasse, indem man nicht nur durch die Straßen dahin almälig Berg-an gehen, sondern außerdem noch einige Treppen hinaufsteigen muß, die über 140 Stufen haben.

In der Mauer der Kirche siehet man, an einer Seite, hinauf- und wieder herunterwärts laufende sehr starke Risse. Ob diese von Erdbeben entstanden sind, weiß ich nicht; denjenigen Riß aber, von welchem eine fabelhafte Erzählung angiebt, daß Er von dem Erdbeben entstanden sei, und jemand versichert habe, derselbe sei so weit gewesen, daß, da Er als Knabe mit seines gleichen auf der Terrasse gespielet, er oftmals seinen Mantel hineingestekt, und daß dieser Riß durch den sehr glüklichen Stos eines neuen Erdbebens sich von selbst zugeschlossen —, diesen Riß habe ich nicht finden können. Das Erdbeben muß also mehr Geschiklichkeit, als der beste Mauermeister, gehabt haben, oder die abentheuerliche Geschichte muß nicht war sein.

K f

---

(b) s. la Nouvelle Heloise.
(c) Scheuchz. It. Alp. 7. pag. 497. und Grundriß dieser Stadt. Merc. Helv. 73. und Taf.

Ich will nicht hoffen, mein Herr, daß Ihnen die folgende auch etwas bedenklich vorkommen werde: wenigstens ist sie mir für war erzählet. In dem heißen Sommer des vorigen Jares sind in hiesiger Gegend verschiedene Feuersbrünste gewesen, und darunter eine zu Schloß Molan, da bei die 35 Häuser in die Asche geleget worden sind. Das ist nichts unglaubliches. Nein! und daß es an Wasser gemangelt? — Dies auch nicht. Aber, daß man das Feuer nun mit Wein gelöschet? — Das ist mir möglich, als glaublich; ob auch wirklich: das verlange ich nicht, eidlich zu versichern, doch will ich es darum nicht für Unwar schelten, noch von Ihnen gescholten haben. Der Vorraht des Weines muß hie herum gewis erstaunlich groß sein; und was thut man in der Noht nicht!

Lausanne, den 3 October 1763.

## Acht und dreißigster Brief.

Mein Herr,

Sie vermuhteten ohne Zweifel von mir einen zweiten Brief aus Lausanne, da freilich eine Stadt, wie diese, einen längern Aufenthalt, als den von einem Nachmittage, verdienet. Allein, so handelt das Schiksal mit mir! Nicht zufrieden, meine bisherige Reise durch die Schweiz so übereilet haben, so jagt es mich durch den Theil, der mir noch zu sehen übrig ist, nun wie einen Postillion hindurch. Und deswegen schreibe ich Ihnen gegenwärtigen Brief von Genf.

Bei einem gewaltigen und fast immer anhaltenden Platzregen und Sturme habe ich schon um 4½ Uhr gestern Morgen und noch in der Dunkelheit Lausanne verlassen, mit Kummer verlassen, weil ich daselbst ohne Zweifel einige Hauptmerkwürdigkeiten (a) versäumen müßen, worunter die persönliche Bekantschaft mit dem grosen Arzte gehörte, der hier

Kk 2

(a) Beiläufig sei hier angezeigt, daß in Lausanne bei Erpan sehr feine Pastellfarben verfertiget werden. Ein gros Assortiment, so, durch alle Schattirungen hindurch, vollständig ist, und 153 Stängel enthält, kostet 23 L. 10 s. Ein zweites von 76 Stängeln 17 L. 15 S. und ein drittes von 50 Stängeln 14 L. 40 Sols machen 1 Pfund oder 1 Franken, und 16 Livres oberFranken 1 neuen Louisd'or, folglich 1 L. 1 und ein halb L. französisch.

wonet, und von dem ich Ihnen wol kaum zu sagen brauche, daß er Tissot heißet. Doch, was hilft das Klagen über verlorene Vortheile, deren Erlangung unmöglich gewesen!

Ich bin also von L. abgereiset, da ich denn um 6¼ Uhr durch Morsee oder Morges (b) gekommen bin, um 7¼ Uhr aber durch Alaman. Dieser Ort hat in seiner Nachbarschaft ein sehr angenehm gelegenes Schloß, das, wegen seines ehemaligen und gegen das Ende seines Lebens verarmten Beßers, der der berühmte Reisende, Tavernier, war, merkwürdig ist, Aubonne (c) meine ich. Um 8¼ Uhr war ich zu Rolle oder Role (d), von wo ich, nach einem Viertelstündigen Aufenthalt, weiter gieng, und um 11 Uhr Nevis oder Nion (e) erreichte.

Es giebt hieher 2 verschiedene Wege, von welchen der untere (f), wegen des zu hoch stehenden Sees, nicht zu paßiren war, daher ich den obern gewählet. Gleichwohl muß man eine Strecke durch jenen faren, wo indeß das Waßer niedriger ist. Der See stellte in der That, mit seinen auf das Land zufarenden Wellen, ziemlichermaaßen die Flut des Oceans vor, welches, da man fast beständig über und längs dem See herfäret, mir und meiner Gesellschaft ein ergözender Anblick war. Das Wetter hatte die Höflichkeit sich nach und nach aufzuklären, da wir dan deutlich die gegen-über liegenden savojischen Oerter, und so gar Wiesen und Felder derselben sehen konten. Diese haben ein sehr fruchtbares Ansehen; die almälige Erhebung des Landes ist derjenigen des Pays de Vaud, das wie nun, der ganzen Länge nach durchfuren, völlig gleich: nur daß hinter jenem hohe mit Schnee bedeckte Berge erscheinen, wovon, gedachtermaaßen, der erste bei Bivis stehet, und an welchen sich eine Kette ähnlicher Berge anschließet, die wir jezt fast ununterbrochen tief in Savojen hineinlaufend sehen konten. Dagegen ist in der Länge hinter dem Pays de Vaud solch hohes Gebürge nicht; aber, gerade vor uns und schräg nach Genf zu, der gestrekte Jura, der ebenfalls, und zwar nicht auf der Spize nur, sondern auch schon ziemlich tief herunter, Schnee zeigte.

Die Schweizer laßen ihr Vieh auf und an den hohen Gebürgen Tag und Nacht weiden, bis Kälte und Schnee sie verjagen. Nachher treiben sie es in die Wiesen des platten Landes oder der Thäler, den Rest vom Grase und Klee zu verzehren, das man schon im Sommer ein oder zweimal abgemähet und für den Winter getroknet hat. Es kam uns, daher, eine ziemliche Anzahl Kühe, von ungemeiner Größe, zu Gesichte, die im Pays de Vaud zu Hause gehöreten und das Gebürge verlaßen hatten. Sie hatten alle Glocken, von verschiedenem Tone, am Halse, und eine unter ihnen trug den einfüßigen Melkstuhl

---

(b) Merc. Helv. 109.
(c) Merc. Helv. 34. Herrl. Tag. 1 S. 110. 113. Taf. 64.
(d) Merc. Helv. 127.
(e) Merc. Helv. 117.
(f) Bald nach ihrer Durchreise, — ward mir 1769 geschrieben, — ist die untere Straße bei Nion geändert, und man ohngefär 30 Klafter beßer hinauf gesezt worden, so daß man solche immer treten siehet, und bei dem höchsten Waßer gebrauchen kan.

des Hirten umgekehrt auf dem Kopfe, eine andere aber etwas weniges Gerähe, oder dem Hirten zugehöriges Gepäcke; auf die Weise komt alles mit einander, ohne alle Umstände, von dem Aufenthalte in der Fremde, welcher dem Eigenthümer der Heerde so einträglich gewesen, auf einmal wieder zu Hause. Ein sehr vergnügender Anblik, in der That!

Es giebt Bauern oder Sennen, die viel Vieh, und doch weder Alphöfe, Senn-höfe, noch Wiesen zum Eigentum haben. Diese behelfen sich damit, so gut sie können, daß sie welche mieten, und lassen, wärend ihres Aufenthalts auf den Bergen, von den etwa im platten Lande gemieteten Wiesen das Gras, zum Futter für den Winter, durch an-dere Leute einsammeln. Oder, in Ermanglung dessen, ziehen sie wärend des Winters mit ihren Heerden von einem Dorfe zum andern, erkaufen das nöthige Heu, und erhalten so, bei beständiger Wanderschaft, sich ihr Vieh, bis daß sie es gegen den Sommer wieder auf die Berge treiben können.

Die im Canton Bern gewöhnliche wechselweise Veränderung der Aecker in Wiesen ꝛc. ist hier nicht eingeführet.

An statt unsers Weizens ziehet man hier, wie in dem größten Theil der übrigen Schweiz, Spelz (g); das daraus gebakkene Brod ist vortreflich. Auch bauet man Buch-weizen, der um Basel ganz fremd ist. Er stehet, so sandigt und voller Steine auch das Erdreich ist, viel höher als bei uns; 3 Fus Höhe ist ganz gewöhnlich, die zuweilen bis an 4 gehet.

An den Wegen und an und auf den Feldern sind eine grosse Menge Nußbäume und süsse Castanien gepflanzet. Die leztern sind voller Früchte und tragen, wie man sagt, indge-mein so häufig, daß man bei dem inheimischen Verbrauch noch zum Versenden übrig hat. Von den Nüssen machet man mit Brandwein einen Liqueur, Eau de Noix, der hier so gäng und gebe ist, wie in der übrigen Schweiz das spirituöse Kirschwasser.

Morges und Role sind ein Paar angenehme kleine Oerter. Sie haben, wie fast alle Oerter dieses Landes, überaus artig angelegte Promenaden, und treiben viel Verkehr

(g) Ich kan hierin geirret haben: Man hat mir nämlich 1769 geschrieben: „Der Spelz ist im Pays de Vaud unbekant. Das Getreide zum Brod brüchet in Weizen und Mischelkorn, das ist, bald Weizen halb Rog-gen. Diese Getreidearten werden gebauet bis ohngefär Freiburg, Murten, und Aarberg. Von da, gegen Bern u. s. w., fängt der Spelz oder Dinkel an. Ueberhaupt ist die Lebens- und Land-Art, im deutschen und französischen Theil des C. Bern durchaus verschieden, ja in den verschiedenen Provinzen jedes desselben schon verschieden, sonderlich in den deutschen." —

Bei dieser Gelegenheit wird es nicht schaden, daß ich noch etwas wegen des Spelzes erwähne, das unsern Oeconomen vielleicht noch nicht bekant ist. Ein Freund in Basel sagte mir nämlich: „der Spelz wird, wie andere Winterfrucht, im Herbst, in wohl gebauet oder wohl gedüngtes Land gesäet, das drei-mal vorher gepflüget werden sein muß. Es muß etwas hart und lettigt sein, und je besser und fetter es ist, je dünner muß gesäet werden. Durch eine besondere Maschine, zu der viel Wasser erfodert wird, wird der Spelz ausgetörnet. Sie ist, wie eine Mühlmühle, bestehet aus zwei grossen Mühlsteinen, zwi-schen denen die Spelzkörner gedrüllt werden, daß der Kern herausspringet, und die Sprew werden durch den Wind, welcher von der geschwinden Wendung der Räder und der Mühlsteine entstehet, davon geson-dert. Man brauchet fliessendes oder fallendes Wasser zu diesen Maschinen, die noch mehr und stärker Was-ser haben sollen, als eine Mühlmühle. "

mit Genf, doch am meisten thut dies wol Nion.   Ich habe da einen grossen Vorrath von Brenn- und Bau-holz, auch Ziegel- und Mauersteinen, und ein mit Fässern vol Gyps beladenes Schif angetroffen, das nach Genf bestimmet war.   Diese und dergleichen Dinge schiffet man beständig hieher.

Es befaren Schiffe von mittelmäßiger Grösse und mit 2 Masten den prächtigen See, dessen Länge, an der Seite wo ich gereiset bin, etwa 20 Stunden ausmachen wird.   Wie, mit andern, Keßler in seinem 21sten Briefe erwähnet, so sol er, nach einer geraden Linie gemessen, 8, in seiner Krümmung aber 10, und innerhalb seinem kürzern, das ist savojischen, Gestade 7 deutsche Meilen enthalten, da seine größte Breite, so bei Role ist (h), 5 Stunden stark sein sol.

Der See scheinet mit dem Beherrscher Savojens in einem geheimen Bündnis zu stehen, und das Schweizerische Ufer, zwischen Lausanne und Genf, wiederum Savojisch machen zu wollen.   Er bekrieget dieses mit seinen klatschenden Wellen, und füret es, verstohlner Weise, dem gegen-über stehenden zu, zu welchem es vor Zeiten gehörete.   Denn, bei der erstaunlichen Menge kleiner Kiesel, die er aus seinem Schoose dem schweizerischen Ufer anzulegen scheinet, spület er doch nach und nach es merklich genug weg, und jene und andere aus der Erde hieherum hervorgesuchte Steine, durch die man ihm Gränzen zu sezen sich bemühet, sind zu leicht, ihm zu wiederstehen; eine andere dauerhaftere Art Dämme ihm entgegen zu sezen, mag aber vielleicht zu kostbar und nicht thunlich sein.

Der eigentlich in Côte genante Strich Landes, der so vielen und feurigen Wein (i) liefert, fängt etwa 1 Stunde dießeits Lausanne an.   Den rothen Wein, welchen ich hier trinke, kan ich ihm gar nicht an die Seite sezen.   Gleichwohl hält man unter den Weinen, die in der Nachbarschaft von Genf wachsen, den rothen für den besten und bauet ihn auch am meisten.

Zu Mittage gestern habe ich zu Nion Malzeit gehalten, und bin von da in 3½ Stunden hier zu Genf angekommen.   Daß man so nahe von Genf sich auf einmal ausserhalb dem Gebiete der Schweiz befindet und Französisches zu passiren gezwungen ist, das ist einem jeden Reisenden unangenehm.   Denn, an den französischen Zöllen hält man scharfe Nachfrage nach Tobak und dergleichen contrebanden Waaren, und dies verursachet immer einen verdrüdlichen Aufhalt, wovon man in der freien Schweiz keine Erfarung gehabt.   Ich weiß nicht, durch welch eine Staatszauberei der so kleine und schmahle Strich Landes, das Pays de Gex, unter französischer Bohtmäßigkeit stehet.   So klein das Ländchen ist, so wichtig war es doch für die gesamte Schweiz und besonders für Genf, daß es, was es durch das Schwerd geworden — daß es Schweizerisch blieb.   Denn außer dem, daß seine Frucht-

(h) Die größte Breite des Sees ist bei Morges, und wird 3 bis 4 Stunden gerechnet. — J. J.
(i) Der La-Côte-Wein ist zwar treflich und feurig, sonderlich wenn er alt, komt aber dem in La Vaux, oder Roßthal, nicht bei, besonders dem in Desalay, der von wenig andern Weinen übertroffen wird. — J. J.

barkeit ihm einen Wehrt giebt, und es der Stadt Genf gar sehr an Gebiete fehlet, so wird sie dadurch gänzlich von dem Bernischen abgeschnitten, indem das Pays de Gex bis an den See reichet. Wenn nun dies einem Fremden unangenehm ist, wie viel mehr muß es solches für jeden patriotischen Schweizer sein?

Was ich heute hier gesehen, ist folgendes:

Genf oder Geneve (k) streitet an Reichtum an Inwonern ohne Zweifel mit den größten Städten Europens um den Vorzug, nach dem Verhältnis seines Umfanges nämlich. Es ist ein warer Bienenkorb, so wohl in Betrachtung der hohen Häuser, deren die meisten 5 bis 6 Stokwerke haben, als der Geschäftigkeit derer, die sie bewonen. Alles ist hier Handelsmann oder Fabricant, die Häuser sind auf die Dächer hinan des Abends erleuchtet, und die Gassen wimmeln von Menschen. Die Menge der Uhrmacher ist bekant, so wie die Schönheit der von vielen gerühmten Rue neuve. In dieser und andern Straßen haben die neuen Häuser selten Dächer, die über 2 Fus weit vornen hervor ragten; sie sind daneben sehr flach, nach Italienischem Geschmak. Man liebet hier Gebäude mit Flügeln, aber an vielleicht allen ist der Vorhof zu klein; auch ist es Schade, daß man keinen festern Baustein hier hat, der nämlich noch weicher und lokerer, wie der Bernische, Freiburgische Lausannische ist, daher die sonst schönen Häusern sehr verwundet aussehen. Man trift zwar, außer diesem, noch gewisse gelbe und weiße Steine von weit größerer Härte an, die ich für eine Art Marmor halte, aber selten und wenig.

Der bekante Spazierplaz la Treille ist höchst angenehm, und zwar nicht weniger wegen seiner Anlage selbst, als der freien Aussicht nach den stolzen Gebürgen in Savojen. Ich habe hierum eine ungemein starke Weinranke gesehen, die an einer Mauer hingezogen und über 60 Fus lang ist.

An die so genante alte Kirche hat man in dem edlen Geschmakke des Altertums eine neue Façade gebauet, mit 6 runden, sehr hohen und diken marmornen Säulen ꝛc. so ein prächtiges Ansehen machen.

Von dem Genfer Rahthause, mein Herr, weiß ich nichts merkwürdiges niederzuschreiben, und das Zeughaus hab ich nicht sehen wollen. Auf einem dazu gehörenden Plaze lagen sehr gute Canonen und Mörser von verschiedener Größe, etwa 110 an der Zahl.

Den größten Theil dieses Nachmittages habe ich dazu genuzet, eine Samlung natürlicher Merkwürdigkeiten zu betrachten, die allein schon verdienet, daß man eine Reise nach Genf thue. Es ist die derer Herrn de Luc, Gebrüder, Negociants, und hat in der Schweiz, an Auserlesenheit wol kaum ihres gleichen. Hier haben Sie einen kleinen Abriß davon.

Außer verschiedenen schönen Corallen, und in England von den Bessern selbst gesam-

---

(k) Merc. helv. 74. und Taf.

mehren saubern Lithophyten und einigen Conchylien, unter welchen ein Ostreum Mater perlarum voller Pholaden ist, die sich in die Schale gebohret haben und noch darin sind, habe ich folgende Sachen vorzüglich bemerkenswerth befunden:

35 oder 36 Arten See-Krebse und Krabben.

4 Arten ware See-Terebrateln, die an einer Madrepora ramosa, vulgo Corallium album, fest geklemmet sind.

Lava von 3 Bulcanen, so der eine Herr de L. selbst gesammelt; nämlich 1) vom Vesuv, und zwar diese in viererlei Gestalten. a) Die gemeine, feste, dünn geflossene; b) die, so im Fließen eine Hinderniß gefunden, und sich dergestalt gewandt hat, daß sie ein ausgeschnittenes Stük aus einem Zirkel vorstellet, und sich schäumend aufgebläet hat; c) ein Stük, so stärker geschäumet und ganz locker ist. Dies Stük hat Herr de L. wie er mir sagte, selbst aus dem glüenden Munde des Berges herausgezogen, und der Eindruk von dem dazu gebrauchten Werkzeuge ist noch daran zu sehen; endlich d) ein spindelförmiges und, wie's, dicht geflossenes Stük etwa 1 Fuß hoch und 4 Zoll dik, welches eben damals der Vesuv ausgespien haben sol. — 2) Lava vom Aetna, so der obigen ersten, aus dem Vesuv, ziemlich ähnlich ist, übrigens noch wie quarzigte Körner in sich zeiget. — 3) Und welche die seltenste ist, Lava von einer unbewohneten der Aeolischen Inseln, der Insel Lipari, die Herr de L. gleichfalls selbst besuchet hat. Diese ist verglaseter, als die vorhergehenden, welche mehr das Ansehen einer Eisenschlakke haben. Uebrigens ist die Farbe von allen dieselbige, nämlich schwarzgrau.

Mit der leztern Lava hatte Herr de L. auch loffern Schwefel aufgesammelt, den ebenmäßig der noch rauchende Bulcan ausgeworfen.

Die Versteinerungen dieses Cabinettes machen den beträchtlichsten Theil desselben aus.

Calcinirte Conchylien von allen Arten, theils aus Frankreich, theils aus Italien, theils aus England sind hier, und unter solchen eine Parthei von 100 Arten, die in einer papiernen Kapsel so nur ohngefähr 6 Zoll lang und 4 Zoll breit ist, bequemlich Platz haben: so ungemein klein sind sie.

Die wirklich versteinerten, die ich als vorzüglich schön und selten angemerkt habe, sind folgende: der Trochus Voiturier, auf welchem ein sauberes Buccinum sizt; — das Buccinum Anus, la Grimace, davon auch eines, von Turin, im Besiz des Herrn Gesners ist; — eine Mittelgattung der unächten und ächten Wendeltreppe, davon das Original noch nicht bekant ist (1); — ein 9 Zoll großes Ostreum, aus Piemont, mit beiden Schalen: an diesem ist selbst das knorpliche Ligament mit versteinert; — ein Ostreum spinosum et denticum, di Val d'Andona, worauf noch viele von den kürzern Stacheln erhalten geblieben sind; — 2 Pectines, überaus vollkommen, in und auf Feuerstein, aus Kent, — eine ½ bis

½ zöllige

---

(1) Tab. 14 Fig. 2.

½ zöllige Terebratula, dergleichen ich noch nie gesehen, die in der Mitte tief eingebogen, und der Rücken gegen-über eben so stark wieder auswärts gebogen ist, die Seiten aber ein Paar besondere Lappen vorstellen, so daß die Figur der ganzen Muschel einiger maaßen ein Herz bildet, (m) aus England; — — Ammoniten von ungemeiner Schönheit und Gröſe ſind auch hier, und, aus der Genfer Nachbarschaft, ein Nautilus, der 1¼ bis 1⅓ Fus im Durch-schnitt hält, und über 100 Pfund wiegen ſol, ganz vollkommen; — ferner ein pyritöser, von der Jnsel Sheppey, von etwa 10 Zoll im Durchmeſſer, (dergleichen undurchsäget, ich auch beſitze) welcher durchsäget, und inwendig von einer so vollkommenen Beschaffenheit iſt, daß man auf das deutlichſte alle seine Kammern sehen kan, die nämlich mit klarem Spaht ausgefüllet, die Wände selbſt aber von glänzendem Kies ſind: dies iſt ein herrliches Stük; — Tubuli vermiculares von Sheppey; — ein vortreflicher Seekrebs von der Art, die man angustos nennet, und wovon die Herrn de L. auch ein Original besitzen, ganz von Kies, etwas verſtümmelt, 5 bis 6 Zoll lang, eben daher; — eine Vertebra dorsi piscis cu-jusdam, von 4 Zoll im Diameter (n), nebſt vielen kleinern, auch aus Kies und von Shep-pey; —endlich, selbſt einen Kopf, mit einem noch anſitzenden Theil des Halſes und wohl zu unterscheidenden Schuppen, etwa 3 Zoll dik, 4 Zoll hoch, und 5 Zoll lang, von einem Fiſch, eben daher und auch von Kies, so ein Herr de L. selbſt da gefunden. An diesem Stük ſie-het man die Kiefen, die eingesunkene Augenhöhle, und in dem offenen Maule ſitzt oben 1 Zahn und unten 4 Zähne noch feſte, 2 aber liegen in dem Maule noch darinnen; — — der Eindruk eines Schildkrötenschildes, so jedoch nicht gar vollkommen, iſt freilich noch merk-würdig, — — und ein Corallium Organum marinum dict. iſt so schön verſteinert, daß die einzelnen Röhren faſt alle noch besonders zu-sehen, und aus dem feinſten glänzenden Quarz (o) zusammen geſetzet ſind, — ein Corallium faviforme aber, so die Dikke von 8 Zoll, wie vorhergehendes, hat, iſt ganz zu Chalcedon (p) geworden, so die schönſte Politur angenom-men diese beide Stüffe aus England. — — Etliche Lithoxyla, aus Jtalien, habe ich auch gefunden, deren Schönheit über alle Beschreibung iſt. Eines davon zeiget nicht nur an dem polirten Ende die ringförmigen Jarwächse, sondern auch selbſt, an dem nicht polirten Um-fange, die zarteſten Fasern des Holzes. —

Endlich, zum Schlus, und als die Krone des vortreflichen Cabinettes, will ich noch

Ll

---

(m) Tab. 14. Fig. b.
(n) Tab. 14. Fig. c.
(o) Der Quarz, in seinem rohen Zuſtande, scheinet mir wenig geschikt zu sein, Petrefacten hervorzubringen, wohl aber, wenn er, als Thon, das zu petrificirende empfängt. Waren dieses Kalch-artige Körper, so läſſet ſich gedenken, daß diese ihm das, was ihn hauptsächlich zu Thon gemachet, sein Vitriolsauer nämlich, durch die Länge der Zeit rauben, davon zum Theil oder ganz zerfreſſen werden, und nun nach und nach von dem frei hergeſtellt werdenden, noch geschmeidiger, höchſt feinen Quarz, einen, ihrem vor-der Kalch-artigen, ähnlichen neuen Körper erhalten. — N. Z.
(p) Aus ähnlichem Grunde vermuthlich.

eines fast kreidigten See-Igels erwähnen, welchen nicht zu bewundern, so viel, als gar kein Kenner von Versteinerungen zu sein, helffen würde. Es ist dieses ein Echinita mammillaris, so auf Feuerstein sitzet und mit Feuerstein ausgefüllet ist, aus England, wo der eine Herr de L. ihn aus einer Auction erkaufet hat. Was ich lange zweifelnd gewünschet, nämlich durch den Augenschein überzeuget zu werden, daß die Lapides Iudaici, melones dicti, auch cucumeriformes ware Stacheln eines Echini wären, das ist mir endlich hier gewähret worden. An diesem Schinite sizen nämlich diese Judensteine noch fest, und zwar ihrer 8. Sie sind von ungleicher Dikke und Länge, in Betrachtung ihres runden Kopfes und mehr oder minder langen Stieles zugleich, welches leztern Fus genau auf eine der brustförmigen Warzen passet, die im Meere insgesamt dergleichen sonderbare Stacheln vermuthlich getragen haben. Der grösseste derselben hat einen Kopf von ½ Zoll Länge und einen fast zölligen Stiel, der in der Mitte gegliedert zu sein scheinet; er war niederwärts zu der kreidigt-feuersteinigten basi hingebogen, worauf der Schinite ruhet. Jedoch eine umständlichere Beschreibung und genaue Abbildung des ganzen Schinites so wohl, als der Stacheln, wird nächstens öffentlich in den Mémoires étrangers erscheinen, indem die Herren de Luc solche an die Franzöf. Academie roy. des Sciences (q) eingeschikt haben. Ich füge nur noch hinzu, daß einige dieser Stacheln noch hin und her beweget werden können.

Was sagen Sie, mein Herr, von diesem lehrreichen und unvergleichlichen Stükke? Ist Ihnen schon ein ähnliches bekant? Schiniten mit Ueberbleibseln von kurzen Stacheln, die man Nadeln, Aciculas, nennet, trift man freilich hin und wieder an, und kan ich Ihnen selbst dergleichen aus meiner Samlung zeigen. Allein, mit Stacheln von jener Art wirklich noch versehene, das ist etwas aufserordentlich seltenes. Jedoch, wie wir zu der völligen Einsicht des Reiches der Natur überhaupt uns mit sehr langsamen Schritten nähern, so ist es auch in Absicht auf diesen Theil gegangen, der nun anfängt aufgeklärt zu werden. Und so kan ich Ihnen aus der Erzählung eines Reisenden zur Nachricht sagen, daß in dem Cabinet eines Liebhabers in London, der ein Schauspieler ist, sich noch ein Paar Schiniten finden, die mit dem oben beschriebenen gleich merkwürdig sind, und deren einer noch Stacheln auf sich liegen hat, von der Art, die man gurkenformige nennet. Aber, ich muß hier schliessen. Sollte ich in dieser Stadt nun nichts mehrers zu sehen bekommen, als was ich aus dem Cabinet der Herrn de L. Ihnen erzählet habe, so kan und werde ich schon vollkommen zufrieden sein; Sie werden nun nicht daran zweifeln, daß, wie ich schon gesagt, dieß Cabinet allein, eine Reise nach Genf verdienet.

Genf, den 5 October 1763.

(q) Der de Lucquische Schinit ist in den Mémoires des Sçavans étrangers abgebildet, auch in dem 4ten Theile der Mémoires de Mathématique & Phyf. préfcentés à l'Acad. roy. des Sc. à Paris. 1763. pag. 467. Tab. 12. Fig. 1. 2. Dennoch wil Herr von Linné die lapides judaicos, in der neuesten Ausgabe seines Mineralsystems S. 164. noch nicht für radiolos echinitarum annehmen. — §. 3. 1768.
Ich habe von diesem seltenen Schiniten zu Genf nach dem Originale eine Zeichnung nehmen lassen, und theils dieselbe in Tab. 14. Fig. 4. jezt mit. A.
Man sehe noch, eines ähnlichen wegen, den kurzen Anhang zu gegenwärtigem Briefe noch.

# Anhang

## zu dem acht und dreißigsten Briefe.

Ich glaube bei meinen Lesern Dank zu verdienen, wenn ich ihnen hier das Dasein noch eines dem de Lucquischen verwanten Schniken bekant mache, welcher nun seit einiger Zeit in dem Cabinet des Herrn Amman zu Schafhausen sich befindet. Es ist dieser ganz vortreffliche Schnike vom Randberge, und einige seiner gurkenförmigen Stacheln oder, wie man sie nennen will, Füße sizen ebenfalls noch auf ihren Warzen feste, indeß daß ein Paar andere lose daneben liegen. Wird man nicht gerne auch von diesem Stükke eine getreue Abbildung sehen? Hier ist sie, und mit größter Genauigkeit nach dem Original, unter der Aufsicht des Herrn Chorherrn Geßner, verfertiget: s. Tab. 15. Fig. a.

Für eine nicht unwürdige Gesellschafterin dieses Ammannischen Schniken halte ich diejenige Kröte, von welcher mir Herr Geßner 1771 schrieb: „Die Kröte, die der Herr Zunftmeister Lavater vor weniger Zeit aus dem Steinbruch von Oeningen bekommen hat, verdienet, als ein sehr seltenes Stük, eine genaue Abbildung. Es zeigen sich an ihr nicht nur der Umfang und die äußern Gliedmaaßen, sondern selbst noch Flekken und Warzen der Haut, samt dem meisten Theil des Beingerüstes, welches Herr Füeßly mit vieler Sorgfalt, unter meiner Aufsicht und Vergleichung mit einem Gerippe einer Kröte, gezeichnet hat. ‟

Es erscheinet also dieses überaus schäzbare Stük ebenfalls hier. Tab. 15. Fig. b.

— R. Z. A.

## Neun und dreißigster Brief.

Mein Herr,

Wenn irgend einer meiner Briefe Ihrer neugierigen Aufmerksamkeit ein Genüge gethan hat, so ist es gewis derjenige, den ich Ihnen gestern geschrieben. Eignen Sie, rechnen Sie einen Theil seines Inhalts dem heutigen zu, so wird Ihnen auch dieser nicht misfallen, der sonst jenem sehr ungleich scheinen muß. Könte ich Morgen noch hier bleiben, so würde ich bis dahin aufschieben, an Sie zu schreiben, und dan mich im Stande befinden, Ihre Erwartung besser zu erfüllen. Aber, ich muß nach Basel zurük eilen, weil die mir erlaubte Abwesenheit von Hannover fast schon ihr Ziel erreichet hat. Nun beklagen Sie mich noch einmal wegen der Kürze der mir zugemessenen Zeit! Sehen Sie hier abermals ganz Savojen vor mir offen! Es sind nicht Meilen, es sind nur Schritte zu thun, mich hinein, und dan hindurch in Italien zu füren. Und sehen Sie von jener andern Seite, wie sich, nach dem angränzenden Frankreich, der Weg so einladend mir zeiget, den ich selbst einen nahen Verwandten und bisherigen Reisegefährten nehmen sehen muß, ohne ihn begleiten oder nachfolgen zu dürfen! lebt denn wohl, blühet beglükt, unter dem Schatten des Friede verkündigenden Oehlzweiges, ihr von mir nicht gesehenen, diesmal nicht gesehenen Länder! – doch, was sol dieses diesmal? Habe ich etwa Hofnung, euch ein andermal zu sehen? Es ist, nein! es ist nicht Hofnung, es ist Wunsch. Hinweg aber mit dem Wunsche, dessen Befriedigung so wenig in meiner Gewalt stehet! ich wil lieber jezt nichts wünschen, auser Ihrer Freundschaft, mein Herr, und die habe ich ja.

Empfangen Sie denn nun den Rest meiner hiesigen Bemerkungen.

Die Bibliothek der Stadt Genf ist sehr beträchtlich. Ein besserer Bücherkenner, als ich bin, würde darin auf viele Tage lang eine vergnügende Beschäftigung finden. Ich kan Ihnen nicht vieles, und nur folgendes davon sagen. Sie stehet auf einem sehr grossen Saale, oder, wenn man wegen einer Absonderung wil, auf zweien Sälen; und in einem Nebenzimmer findet sich noch eine besondere kleinere, aber auch doch ansehnliche Bibliothek, die ein Genfischer Professor, dessen, wie anderer, Bildnis hier zu sehen ist, der Stadt verehret hat. Diese enthält allein Werke der Kirchenhistorie. Man liest über derselben die Aufschrift:

Ex Munificentia Amadei Lullin.
1756.

Die grosse Bibliothek anlangend, so ist dieselbe mit den kostbarsten Werken, die mehrentheils in Franzbänden gebunden sind, angefüllet. Die Englischen Philosophical Transactions sind hier vollständig. Die Altertümer des Herculanei und von Palmira suchet man nicht vergebens; desgleichen die treflichsten Kupferstiche, und darunter den grössesten Theil derer Rembrandischen. Ueberhaupt wird die Bibliothek 30000 Bände reich sein.

Die wenigen, so ich von den seltensten, die Handschriften eingeschloßen, angemerket, sind folgende:

Eine vortreflich gedrukte Bibel in 2 Folio Tomis von 1669, durch Daniel Elzevir.

Eine 1588 zu Genf, und ebenfalls höchst sauber gedrukte Bibel, in Folio, so für Henri quatre zu einem Geschenk bestimmet gewesen, aber wegen seiner eben damaligen Religionsveränderung zurük behalten worden ist.

Die 1540 zu Paris gedrukte Bibel, in Folio, ex Off. Roberti Stephani Typographi regii, der seines korrecten Drukkes so gewis war, daß er sich anheischig machte, für jedweden zu findenden Drukfehler eine Geldstrafe zu erlegen, und gleichwohl in diese Anzeige selbst einen groben Drukfehler hat einstießen laßen.

Ein Buch von 1478 betitelt: Livre des Anges & de la Sapience. Dies ist das erste Buch, so man in Genf mit beweglichen Buchstaben abgedrukt hat. Die Officia Ciceronis auf Pergament gedrukt, und mit goldenen und schönfarbigen großen Anfangsbuchstaben, von 1465. — Ferner

Eine auf Pergament geschriebene Folio-Bibel, nach der lateinischen Uebersetzung des heiligen Hieronymi. Da diese schon 1050 von dem Genfer Bischoffe Friederich an die Cathedralkirche verschenkt worden ist, so vermuhtet man, daß sie etwa im 9ten Seculo geschrieben sei. In dieser Bibel stehen die bekanten beiden Sprüche, in der Epistel Johannis, von den dreien Zeugen, in einer umgekehrten Folge.

Auf Pergament geschriebene Annotationes in Acta Apostolorum et Epist. Joannis, aus dem 10ten Seculo, von Beda, aus welchen der vornehmste jener beiden Sprüche ausgelaßen ist.

Ein auf Pergament geschriebener Sallust, aus dem 13ten Seculo ohngefär, vol Vignetten, die das lächerlich-sonderbare haben, daß alle vorgestellte Personen in keinen andern, als Mönchskleidungen, erscheinen.

Ein geschriebener Terenz ist auch hier auf Pergament, der aus dem 10ten Seculo vermuhtlich. Endlich

Predigten des heil. Augustinus, auf ägyptisches Papier geschrieben, aus dem 6ten Seculo. Und, zum Schlus, noch ein sehr seltenes Stük, nämlich

Ein Buch, das aus 6 hölzernen Tafeln bestehet, die mit schwarzem Wachs überzogen, und die Buchstaben mit einem Stylo geschrieben sind, von der Hand Philippi pulchri. Der Inhalt ist seine Geldausgabe 6 Monate hindurch.

Die wenigen Naturalien, so in einem zweiten Nebenzimmer befindlich, wollen nicht viel bedeuten. Unter den Amphibien, welche ein Geschenk sind, war ein Göze oder Fetisch des Königreiches Juda, der Serpens Cynocephalus. — Ein Horn, oder hornartiger Zahn von einem Einhornfisch, der etwa 9 Fus Länge hat, — und dan die berühmte große Tafel von Florentiner Marmor, die, wo ich nicht irre, vom Tavernier herstammet. Sie verdienet nicht, daß man so viel Wesens davon mache, denn, es ist nichts weiter, als ein mit

mit verschiedenen Stücken dieses Marmorschiefers belegter Tisch, davon das mittlere und beträchtlichste etwa 2 Fuß lang und 1 bis ½ Fuß hoch oder breit sein mag. Keyßler hat auch ihrer erwähnet, in seinem 21sten Briefe.

Unter verschiedenen vortreflichen Porträts, womit die Bibliothek gezieret ist, behauptet das von dem berühmten Arzte Mayerne wol den Vorzug, welches Rubens gemalet.

Der verbindlichen Gefälligkeit des Herrn Pictets Miniſtre, welcher der Bibliothecarius ist, kan ich gegen Sie nicht unerwähnet lassen, da derselbe sich die Mühe gegeben hat, die Bibliothek außerordentlich zu eröfnen, und eigentlich vom Lande darum in die Stadt hereingekommen ist.

Um der Aussicht über diese Stadt und ihre Gegenden zu genießen, bin ich heute Nachmittag auf den höchsten der hiesigen Thürme gestiegen. Welch ein reizender Anblik über das Pays de Vaud, Pays de Gex, das sehr kleine Genfer Gebiet, über den See und die Rhone, nach dem Jura, und weiter zur Linken über das Chablais nach den Savojischen Gebürgen zu! In der That, wo ich nicht sehr irre, so ist die Lage dieser Stadt die schönste der übrigen, so ich in der Schweiz gesehen. Allein, ihre Aussichten würden, wie die des Pays de Vaud, zu einförmig schön sein, und das Auge des bewundernden Anschauers vielleicht bald aufhören zu beschäftigen, wenn nicht die hohen, zum Theil mit Schnee bedekten, Gebürge in der Ferne um sie herum erschienen. So aber hat hier die Natur das Grosse mit dem Schönen gepaaret, und dadurch ein Ganzes gemacht, desgleichen ich in keiner andern Gegend gesehen, und dessen Anblik nicht blos Ergötzen, sondern auch Erstaunen wirket.

Daß in dem Genfer Gebiete der Dichter Frankreichs ein kleines Gut besitzet, welches er les Delices genant, das wird Ihnen, mein Herr, bekant sein. Man kan dasselbe, von dem Thurme herab, sehen, weil es nur eine halbe Stunde von der Stadt entfernet ist. Die größte Merkwürdigkeit desselben ist sein grosser Besitzer, der, wie man mir sagt, jetzt abwesend sein sol: vielleicht auf einer der beiden Herrschaften, die ihm auch zugehören, und im Pays de Gex, 3 bis 4 Stunden von hier, gelegen sind. Ich habe nun weder genug Neugierde noch Zeit, die Delices zu besehen.

Bei einer außerhalb der Stadt gemachten Promenade, habe ich einen schönen grünen Spazierplaz, zwischen dem Thore de la Rive und der Porte neuve angetroffen, wie auch eine angenehme Allee. Dan ist noch ein dergleichen Plaz vorhanden, le plein Palais genant. Ich habe, bei dieser Gelegenheit gesehen, daß Genf starke Festungswerke, besonders an der Savojischen Seite hat, und man unterhält sie auf das sorgfältigste.

Mein Logis, aux Balances, welches unter die besten in der Schweiz gehöret, hat mir, so oft ich an das Fenster getreten, das mich sehr reizende Schauspiel verschafet, das jeder Menschenfreund mit Vergnügen genießet, wan er in einer volkreichen Stadt die Geschäftigkeit der Inwoner siehet. Gerade vor diesem Hause ist eine Brükke über die Rhone, und, wenige Schritte weiter hinunter, eine zweite: diese sind doch fast unaufhörlich mit Menschen angefüllet.

Aber, erlauben Sie mir wol, einen Augenblik der nach Frankreich hinein eilenden Rhone in Gedanken nachzufolgen? Es sol nicht gar weit sein: nur auf 7 Stunden von hier. Solte ich wol nicht Verlangen tragen, meine Augen dort an ihr zu weiden, wo sie sich eine Weile unter die Erde verlieret, und dan auf einmal wieder aus ihr hervorkomt? Es ist bekant, daß diese Stelle zwischen Fort Ecluse und Mont Credo ist, und, Beschreibungen zufolge, sol sie 80 bis 100 Schritte unter der Erde fortfließen, so daß man sich die Vorstellung machen solte, als ob der Flus mit einer natürlichen Brükke von grünem Rasen daselbst überdekt wäre. Allein, ich weiß nun, daß die Sache, zur Stelle, das Wunderbare verlieret, das sie in der Ferne hat. Denn, zu beiden Seiten des Flusses stehen hohe Berge: von diesen sind grosse Felsenstükke herabgestürzet, haben sich übereinander gelegt und gegen einander gelehnet, wodurch eine unvollkommene Art eines Gewölbes entstanden ist, unter welchem die Rhone sich fortdränget. Ueberdem, so beträgt diese felsigte Dekke nicht 80 bis 100, sondern ohngefär nur 10 bis 20 Schritte, und das ist das ganze Wunder.

Die Reuß, auf dem Gotharde hat ein so felsigtes und aufgethürmtes Ufer, daß man vielleicht nicht zu viel waget, wenn man ihr prophezeihet, daß sie über etliche Jarhunderte eben dergleichen Gewölbe, wie jetzt die Rhone, und vielleicht an mehreren Stellen zeigen werde.

Ich bin die Stadt mit ziemlich neugierigen Augen, und mehr als einmal, durchgewandert. Man solte glauben, daß hier ein beständiger Jarmarkt wäre: so viel Kramläden findet man. In einem derselben habe ich von ohngefär Cristalle aus den Montagnes maudites angetroffen, deren Gestalt ich Ihnen schon beschrieben. Man verkaufte sie mir unter dem Namen von Cristaux des Montagnes du Dauphiné au delà de Grenoble. Ich habe für das Pfund 6 französische Livres bezahlt.

Ein Lieblingsspiel in Genf ist das, den Federball zu schlagen. Gegen Abend sihet man überall in den Strassen, Paare, auch wohlgekleideter junger Leute, sich damit belustigen, und viel Fertigkeit darin zeigen: ja, selbst alte Leute nehmen Theil daran.

Aber auch einen Lieblingsvogel, doch gewis zum Singen nicht, scheinet Genf zu haben, und wissen Sie, was für einen? den wälschen Hahn, das wälsche Huhn. An keinem andern Orte habe ich solche zahlreiche Triften davon gesehen. Man treibet sie bei hunderten herzu, und alle, die mir begegnet, waren schwarz.

Etwas Unangenehmes ist es hier, daß den Wirten nicht erlaubt ist, ihren Gästen selbst Caffee oder Thee zubereiten zu lassen. Diese Freiheit haben die Caffeeschenken gepachtet: daher man, bei sehr kleinen Portionen, diese Getränke gemeiniglich nicht warm erhält. Aber, die Stadt, der es an Einkünsten überhaupt sehr fehlet, hat alles, was sie gekont, verpachtet, worunter selbst die Fischerei in dem See begriffen ist, und desfalls die Fische auch teuer sind. Die ausserordentlich grossen Lächse, oder Lachsforellen, die man hier, in einem besondern Behälter, zur Schau verwaret halten sol, habe ich nicht können zu sehen bekommen. Niemand wußte davon etwas, außer, daß zufällig zuweilen wol von ziemlicher Größe diese Fische zu haben sein sollen.

Meine Abreise von hier ist auf Morgen festgesetzet: darum muß ich, sehr wieder meinen Willen, versäumen, noch ein schönes Cabinet zu besuchen, das einem gewissen Herrn Gaussen gehöret (a). Es enthält Conchylien.

Gerne hätte ich mir auch die persönliche Bekantschaft zweier Gelehrten erworben, die kein Reisender vorbeigehen solte. Der eine ist der Herr Jallabert, Professor der Experimentalphysik (nunmehriger Staatsraht), dessen grosse Einsichten in diesen Theil der Naturlehre algemein bekant sind. Ich würde Ihm nicht unwillkommen gewesen sein, da mir an Ihn eine Empfehlung von unserm gelehrten französischen Prediger zu Zelle, dem Herrn Roques de Maumont, aufgetragen war. Der andere ist der vortrefliche philosophische Beobachter der Geheimnisse der Natur, Bonnet, von dem es mir so gar erst jetzt, und also zu spät, einfällt, daß Er hier wonet.

Genf, den 6 October 1763.

---

(a) Hr. Paul Gaussen hat in der That ein schönes Cabinet auf seinem Landgute zu Bourdigni, anbei die kostbarsten Engl. Bücher mit gemahlten Pflanzen und andern Naturalien. — F. J. 1769.

Vierzig⸗

### Vierzigster Brief.

Mein Herr,

Das schöne, das volkreiche, das mit so angenehmen und prächtigen Gegenden prangende Genf, habe ich also verlassen. Gestern Morgen um 9 Uhr gieng ich ab von da, und zwar, bis etwas weiter als Morges, denselben Weg zurük, den ich gekommen war. Ich habe also bis dahin nicht viel Neues angemerkt.

So wie in der deutschen Schweiz der algemeine Baum, den man an die Strassen pflanzet, der wilde Kirschbaum ist, indem nur hin und wieder ein wilder Apfel- oder ein Birn-baum stehet, so ist es bei Genf und durch das ganze Pays de Vaud, das sie auch Wälschland nennen, der Nusbaum. Nicht nur findet man die Nusbäume an den Wegen, sondern auch selbst auf den Aeckern, etwa 40 Fus weit von einander gepflanzet, aber nur auf den schlechten, wie die zwischen Genf und Morges sind, welche aus leimigtem Sande und vielen Kieselsteinen bestehen. Denn die Bäume bringen an Früchten mehr ein, als das Land an Getreide. So stehen auch diese Bäume, hier und weiter hin, auf Wiesen; und so schädlich man bei uns solche in Absicht auf das Gras hält, so sehe ich doch hier nicht, daß es schlechter unter seinem Schatten wachse (a), als anderswo.

Der vielen Castanienbäume, die in diesem Wälschlande ebenfalls gezogen werden, habe ich schon erwähnet. Und an weissen Maulbeerbäumen fehlet es auch nicht.

Von nicht fruchttragenden Bäumen, so gepflanzt worden sind, habe ich keine häufiger gesehen, als die gelbe Weide, deren junge Zweige zum Binden gebraucht werden. Und eben hiezu bedienet man sich auch der, nicht weniger bei uns wachsenden, Clematis Vitalba L., die in den lebendigen Zäunen stehet, und mit ihren so zähen als biegsamen Ranken sich mit der Schlehe, Rheinweide (Ligustro), dem Weisdorn, und der luxurirenden Brombeer, die das meiste ausmachen, zusammen geschlungen hat.

Um Nion, wo wir um 12 Uhr passirten, habe ich in diesen Zäunen viel Buxbaum gesehen. Kurz nach 2 Uhr kamen wir durch Rolle, von da wir um 4½ Uhr wieder ab-gingen, und um 7 Uhr Abends zu

Morges eintrafen, wo wir geschlafen haben. Es war mir gesagt, daß in eines hiesigen Assessors Charbonnier Garten ein ausserordentlich starker Rosmarinbusch sein solte, der also von dem hiesigen gelinden Clima zeugete, wofern er, welches ich nicht weiß, beständig im freien Lande aushält. Allein, dieser Garten ist eine Stunde weit von Rolle entlegen. Sonst sind hie-

M m

---

(a) Das Gras wächst recht sehr stark und dichter, besonders, unter den Nusbäumen, aber es hat einen wäs-serigten und vielleicht gar üblen Geschmak, daher es das Vieh nicht gern geniesset, und der schweizerische Landmann verachtet es unter dem Namen Schattengras. — F. J.

herum in den Gärten die Roſmarinbüſche freilich gemein genug; aber einige nur kommen glüklich durch den Winter, da andere erfrieren (b).

Um 7 Uhr, dieſen Morgen, haben wir unſern Stab weiter geſezt, und kamen um 8 Uhr über die Brüke von Eſchandan; gegen 11 Uhr dem, zur Linke n auf einem Hügel lie- genden, dem aus Freiburg gebürtigen (als Franzöſiſcher Geſandter im Haag ſtehenden) Grafen von Affri zugehörenden, Schloſſe Goumoens vorbei, und um 11¼ Uhr nach dem Dorfe Goumoens. Wir ſind hier bis 12¼ geblieben, haben etwa eine Stunde nachher die in einer ſehr angenehmen Gegend, unten am Jura, gelegene Stadt Orbe ſehen können, und befinden uns nun, ſeit 3 Uhr, zu Yverdun. Von Morges bis hier findet man nach und nach wenigere, und endlich gar keine Obſt- und Nußbäume mehr auf den Aekkern; die Gegenden werden denen Unſrigen immer ähnlicher; je weiter man ſich von dem Genferſee ent- fernet, je mehr komt die lange Kette der Schneeberge des Berniſchen Oberlandes wieder zum Vorſchein, die nun ganz weiß ſind. Den beſchneieten Jura hat man immer zur Linken, er trägt aber nur erſt auf ſeinem Gipfel Schnee. Kieſel ſind hieherum in Menge, aber zu- ſammengebakkene Kieſelmaſſen nicht.

Yferten, oder Iverdun, Iverdon (c) iſt ein Ort, etwa wie Morges, und hat, wegen der vorbeiſfließenden Orbe und des Neuburger Sees, und wegen der Ausſicht hinüber nach Grandſon und in die Ebene unter dem Jura, eine überaus anmuthige Lage. Es lie- gen in dieſer Ebene oder dieſem Thale ſehr viele Herrſchaften und Landgüter, die größten- theils Frem den zugehören: ſo wohnen, z. E., ſelbſt in der Nachbarſchaft von Yverdun, ein Curländiſcher Herr, ein Holländer, ein Engländer, und ein Franzoſe.

Der Springbrunnen, welchen dieſe Stadt hat, erhält ſein Waſſer von einem Hügel, und auf eine Viertel Stunde weit; es wird durch bleierne Röhren herein geleitet, die ſelbſt unter der vor der Stadt vorbei in den See fließenden Orbe liegen. Die neue Kirche iſt ar- tig, und hat ein ſchönes Frontiſpice, das aber für das Gebäude viel zu groß iſt.

Es giebt hier viele kleine, ſo genante, Academien (d) für junges Frauenzimmer, und die Aeltern aus einem groſſen Theile der Schweiz haben die Gewohheit, ihre Kinder hieher zu ſchikken, hauptſächlich um der franzöſiſchen Sprache willen.

Wenn man aus der Steinart, die man in den Städten zum Bauen gebrauchet, auf diejenige ſchließen darf, die in der Erde liegt, ſo kan man annehmen, daß der ganze Strich Landes von Bern, Freiburg, Lauſanne und Genf, auf lokkerem Sandſtein ruhe. Bis Yverdun zurük ſtreichet er aber nicht: denn hier habe ich keinen einzigen Sandſtein geſe-

---

(b) Zu Morges und in La Cote werden freilich Granaten, Lorbeern, Roſmarin, im freien Lande erhalten, aber nicht ſo gut und ſicher, als in La Vaux, auch bei Roche, Aigle &c. — F. Z.

(c) Mere. Helv. 171. 173. Herrl. Luſtr. 1. S. 131 — 138. T. 143. Herrl. 2. S. 218. L. 188. 189.

(d) Zu Yverdun finden ſich freilich verſchiedene Koſthalter für junges Frauenzimmer und auch junge Leute männ- lichen Geſchlechts, gleichwie in allen Städten des Pays de Vaud, Lauſanne, Vevry, Morges, Nion u. ſ. f. Sie Academien heiſſen, iſt etwas ſchmeichelhaft. — F. Z.

hen. Es iſt ein Kalchſtein, deſſen man ſich zum Bauen bedienet. Ich habe davon 2 Arten beobachtet. Die erſte iſt grünlich, und ſcheinet die härteſte zu ſein: denn, dieſe hat man
überall zu Grund- und Eckſteinen genommen. Die andere iſt gelb. Sie ſind aus lauter kleinen Spahtkörnern zuſammengeſetzet, welche in der erſten Art am ſichtbarſten ſind. Dennoch ſolte
ich glauben, daß beide aus einem und demſelben Bruche herkommen; denn, ich habe, aus dem
Abgehauenen, Stücke aufgeleſen, die, ſo klein ſie ſind, beide Arten in ſich vereiniget haben.

Mehreres mein Herr, habe ich Ihnen von Iverdun und meiner Reiſe von heute
und geſtern nicht zu erzählen. Ich würde alſo hier ſchließen, wenn ich mir nicht einbildete,
daß Sie nicht gerne mehr kurze Briefe von mir leſen, da ich Sie unvermerkt zu weit längern
gewöhnt habe. Ich wil alſo etwas Fremdes hinzu thun, und das die Schweiz nicht angehet, dennoch Ihnen angenehm ſein kan, weil es Ihrer Aufmerkſamkeit nicht unwürdig iſt.

Wir haben uns mit einander darüber unterredet, wie ſo ſehr aufs Gerathewol man
bei uns, und vielleicht überall, bei den Krankheiten des Viehes zu Werke gehet, wie ſeichte
oder vielmehr gar nichts der Grund iſt, worauf ſich die Cur derſelben ſtützt, und wie Pfer-
demäßig oft diejenigen beſchaffen ſind, die man mit den Pferden unternimt.

Haben denn die Thiere gar keinen Anſpruch auf das kluge Mitleiden der Menſchen
zu machen? Haben denn die Menſchen ihre Scharfſinnigkeit blos dazu von dem Himmel
empfangen, um ſolche, Ausſchließungsweiſe für alle übrige Geſchöpfe, die doch ihnen dienen und ihnen tauſendfachen Nutzen leiſten, allein auf ſich und ihre Erhaltung und Bequemlichkeit anzuwenden?

O mein Freund, wenn es nicht die Menſchlichkeit iſt, ſo ſolte es die Klugheit, und
ſelbſt der Eigennutz ſein, die uns bewegten, darüber nachzuſinnen, wie wir dem hülfloſen
Vieh ſein Elend erleichterten, wie wir es auf eine vernünftige Art in ſeinen Krankheiten
pflegen, und wie wir den Seuchen, die es oft haufenweiſe hinraffen, Einhalt thun könten.
Alles dieſes iſt und bleibt aber unmöglich, ſo lange wir dies Geſchäfte in ſolcher Leute Händen laſſen, die nicht die mindeſte phyſiologiſche und pathologiſche Einſicht in die Körper der
Thiere haben, deren Cur erfordert wird.

Allein wir können uns nunmehr endlich mit der Hofnung ſchmeicheln, daß die auf
Unterſuchungen und Vernunft gegründete Arzneiwiſſenſchaft zum Beſten unſerer Hausthiere
(und, mittelbar, unſerer ſelbſt) einen Seitenſchrit thun werde, der, ohne die Sorgfalt
von uns abzulenken, die wir auf uns wenden, ſie nur für andere Geſchöpfe, weiter ausdähnen wird, an deren Erhaltung uns ſo viel gelegen iſt.

Sie werden, mein Herr, vielleicht ſchon von einer Art von Academie gehöret haben,
die in dieſer Abſicht kürzlich, unter dem Titel Ecole Veterinaire in Lyon errichtet iſt. Der
Mann, der Unternehmer eines ſo groſſen als löblichen Werks, der Herr Bourgelat, muß
nun für den Schöpfer einer ganz neuen Kunſt angeſehen werden, und kan ſich mit Gewißheit auf ewig das dankbarſte Andenken der Nachwelt verſprechen. Denn, auſſer daß die

Unternehmung selbst ihm dieses schon versichert, so besitzt, ohne Zweifel, Herr B. alle die Geschicklichkeiten, die solche auszufüren erfodert werden, und die ihm die Ehre verschaffet haben, ein Correspondant de l'Academie roy. des Sc. de France zu sein. In dieser Academie nun werden junge Leute allen Unterricht finden, der sie zu vernünftigen Aerzten der Thiere machen kan. Anatomie und Physiologie, und Botanic und Materia medica, so weit diese leztern für die Apotheke der Thiere nöthig sind, werden hier gründlich und deutlich gelehret werden. Ja, man hat wirklich damit schon den Anfang gemacht. Der ankündigende Plan davon ist mir von einem Freunde aus Frankreich versprochen worden; so bald ich ihn erhalte, werde ich Ihnen ihn mittheilen (e).

Was dünket Sie, mein Herr, verdienet eine so gemeinnüzige Einrichtung, wie die der Bourgelatischen Academie, nicht einen allgemeinen Beifall? Zweifeln Sie, daß man sich selbige zu Nuze machen, daß man ihr nicht von allen Seiten Schüler zusenden werde? So viel kan ich Ihnen sagen, daß schon verschiedene Fremde da sind, worunter, wo ich nicht irre, ein Schwede, ein Paar Dänen und ein Preuße ist. Bald werden Hannoveraner ihre Zahl vermehren (f), und wer weiß, wie viele andere Deutsche.

Jverdun, den 8 October 1763.

---

(e) Die Sache ist jezt zu wenig neu, zu wenig unbekant mehr, als daß ich, was ich damals noch weiter davon erzählet, gegenwärtig nicht weglassen solte. — R. Z.

(f) Man war wirklich im Begrif, von hier einen jungen Menschen nach Frankreich zu schiffen, um in der Ecole vétérinaire die Vieharzneikunst zu studiren, als uns von Reisenden angezeigt wurde, wie wenig noch die, an sich rühmliche, Veranstaltung das schon sei, was sie, dem Entwurf zufolge, sein solte. Man zog also vor, selbst einmal, bei uns, ein Institut dieser Art zu errichten, und Göttingen war der Ort, der gewählet wurde, zuerst die dieser Wissenschaft sich eigentlich widmenden und auch andere lehrbegierige junge Leute einen gründlichen Unterricht darin finden solten. Unser bisiger Professor, der Herr Erxleben, vereinigte in sich, mit der Neigung zu diesem Geschäfte, alle diejenigen physischen und medicinischen Kenntnisse, die zu einem glücklichen Erfolge desselben nöthig sind; und Er ist es, der man seit etwa drei Jahren, darüber so wohl praktischen als theoretischen Unterricht giebet. Er that vorher, zu seiner eigenen Belehrung, eine Reise nach Frankreich ꝛc.; unterließ nicht, das Gute wie das Mangelhafte der Pariser neuern so wohl, als Lyoner ältern Schule zu bemerken, wovon das 13te Stük unsers Hannover. Magazins von 1772 eine umständliche Nachricht enthält; und so ist (daß ich die von Ihm über diese als Wissenschaft betrachtete neue Kunst herausgegebene Schriften nicht anfüre,) bei dem verzublenden Eifer, womit dieser Mann seine Bemühungen fortsezet, kein Zweifel, daß nicht unter fortgeseztem Vorschub unserm Lande ein Institut werde versichert werden, welchem an Nüzlichkeit vielleicht kein anderes dieser Art es zuvorthun wird. — R. Z.

## Ein und vierzigſter Brief.

Mein Herr,

Nachdem ich um 7 Uhr dieſen Morgen Jverdun verlaſſen, ſo habe ich eine Viertel-
ſtunde nachher ein Paar der fremden Beſitzungen geſehen, davon ich in meinem geſtrigen erwähnet, das dem Curländiſchen Baron zugehörende Schloß Chamblon nämlich, das auf
dem Hügel lieget, von welchem nach Jverdun das Brunnenwaſſer geleitet wird, und dahinter das Schloß Chanvant, wovon ein Franzoſe Eigentümer iſt. Nun wandten wir uns
bald rechter Hand an den Neuenburger See, der hier viel neues Land anſetzet. Linker Hand
zeigte ſich eine lange Strecke vor dem Jura hinlaufender Hügel, die vol Reben ſtehen.

Um 7¼ Uhr kamen wir durch Granſon, Granſee oder Grandſon (a).

Gegen 8 Uhr verloren ſich dieſe Hügel, und wir kamen dem Jura näher, der gleichfalls viele Reben hat, auch Aecker, und höher hinauf Wieſen mit Sennhöfen, zwiſchen und
über welchen Waldungen befindlich.

Etwa um 9 Uhr kamen wir über eine ziemliche Höhe, ſo ein Theil des Jura iſt, da
ſich zur Rechten am See die Abbaye de la Lance zeigte. Bald hernach erweiſet ſich der
Berg ganz felſigt, und ſein bald heller, bald dunkler gelbe, mehr oder weniger ſchieferigte,
Kalchſtein ſtreichet herabwärts zu dem See. Dieß iſt dieſelbe Steinart, welche man in
Jverdun zum Bauen gebrauchet.

Von Jverdun bis ½ Stunde vor St. Aubin, welches wir um 10½ Uhr erreichten,
ſiehet man nur weiſſe Trauben, dan fangen rohte an. (b) Die Gegend aber überhaupt, ſeit
der Abbaye, wechſelt mit Waldung, Wieſen und Weinbergen ab, und dieſe letztern hat
man bald über, bald unter ſich, bald zu beiden Seiten. Um Jverdun ſol es zwar vielen,
aber ſchlechten Wein geben.

Nach einer Stunde gingen wir von St. Aubin weiter. Hier hingen an den Reben
bald weiſſe, bald rothe Trauben. Durch Bevaix, Boudri, wo hinter eine anſehnliche Cat-
tunsfabrike (c) lieget, Colombier, Auvernier und Serriere, ſind wir um 3 Uhr dieſen Nachmittag hier, zu

Neufchatel, Neuburg oder Neuenburg (d) angelanget, in beſſen Nachbarſchaft
die am Wege wachſenden weiſſen Trauben, wie im Pays de Vaud, mit Gyps beſprenget
waren.

---

(a) Merc. .lelv. 52,
(b) Rohte Trauben finden ſich zwar ſchon vorher, zu Vaux marcux, deren Menge aber nimt zu durch Bevaix,
Boudri, Cortaillod, und theils Colombier, weil zu Boudri und Cortaillod die beſten Sorten wachſen, welche
dem ächten Burgunder wenig nachgeben. Hernach bis Neufchatel finden ſich wieder nur weiſſe Trauben, alda
aber und bis St. Blaiſe &c. ſind wieder viel rohte, und die Qualität iſt gut. — Z. Z. 1769.
(c) Um Boudri herrum finden ſich wol 4 Cattunsfabriken : daher die Arbeiter zu dem Wein- und Ackerbau faſt
nicht um Geld zu haben. — Z. Z. 1769.
(d) Merc. Helv. 116 und Caf. Scheuchz. Zulz. 256. 257. und 293.

Daß es hier viele beträchtliche Cattunfabriken giebt, obgleich nicht in der Stadt selbst, wird Ihnen, mein Herr, bekant seyn.

Der See hat hier eine Bucht oder kleinen Hafen, worin viele Barken liegen können, die mit einem Maste fahren.

Man machet hier Tischlerleim.

Neufchatel hat verschiedene schöne Häuser, von demselben schimmernden spaht-körnigten, theils grünlichen, theils ochergelben Kalchstein, wie der Iverdunische ist, erbauet; die meisten, wie selbst das von dem Preußischen Gouverneur bewonte Schlos und die französische Kirche, welches schon alte Gebäude sind, von dem gelben. Diese Kirche und das Schlos liegen sehr hoch, indem die dahin führenden Strassen nach und nach in die Höhe steigen, und dan noch Treppen hinauf gehen, die über 100 Stufen haben. Von der Terrasse da oben, hat man nun eine vortrefliche Aussicht über die Stadt und den See (e), und bis zu den Schneegebürgen, deren prächtige Kette von der Linken zu der Rechten durch das Walliser Land in Savojen läuft.

Hinter der Stadt siehet man an den Bergen, mit Reben umgeben sehr häbsche Landhäuser, so daß die Gegend für eine der schönsten zu halten, und volkommen angenehm seyn würde, wenn nur hin und wieder Schatten anzutreffen wäre. Allein, man findet fast gar keine Bäume, und die Wege sind mit Mauern eingefasset, über die man kaum hinsehen kan, welches zum Spazierengehen nicht einladet, indessen wegen der Weinberge sehr gut ist.

Ich habe hier artige Wagen gesehen, deren man sich bei Lustfarten bedienet. Sie sind sehr niedrig, und haben, der Länge nach, eine Bank, auf der 3 Personen dergestalt sitzen können, daß sie, nach Belieben, abwechselnd entweder nach der rechten oder linken Seite das Gesicht haben: und zu diesem Ende ist die Bank beweglich. Oben darüber ist ein kleines Verdek. Man nennet diese Wagen Chars à banc.

Meine Hofnung, Ihnen aus Neufchatel Anzeige von einer langen Reihe natürlicher Merkwürdigkeiten zu thun, die sich in Cabinetten finden sollen, ist mir, leider! sehlgeschlagen. Das Cabinet der Gebrüder Sandoz sol sonst die seltensten Stükke enthalten, die man, wegen ihrer ausserordentlichen Sauberkeit und Volständigkeit bewundert. Diese Herren sind nicht in der Stadt.

Von denen Sachen, die, laut gedrukten Nachrichten, ein gewisser Herr Magnet de Formon, und ein Herr Stadler besitzen sol, kan man mir nicht sagen, ob sie noch hier sind. (f)

So sollen sich auch in der Nachbarschaft von Neufchatel noch Samlungen befinden, die gesehen zu werden verdienen, nämlich die des Herrn Cartier, Pasteur à la Chaux du milieu; die des Herrn Sandoz, Maire des Roches, au Lockle; und die derer Herren

---

(e) Scheuchz. Schw. 2 Th. S. 256. und 294.
(f) Bei Neufchatel finden sich viele Versteinerungen.

Gagnebin, à la Ferriere dans le Pays d'Arguël. Allein, woher ſolte ich die Zeit nehmen, noch dieſe verſchiedenen Oerter zu beſuchen? Mit geflügeltem Fuße eilet meine Wanderſchaft zu Ende, und es muß mich nicht befremden, daß ſie aufhöret, wie ſie angefangen hat. Morgen gehe ich alſo auf Biel, um Uebermorgen zu Solothurn und, den Tag darauf, in Baſel zu ſein.

Aber, eine noch ſchmerzlichere Verläugnung, die meine Neugierde erfahren muß, iſt, daß mir das Glük die perſönliche Bekantſchaft eines Mannes verſaget, den ich hier anzutreffen gehoft hatte, deſſen gegenwärtiger Aufenthalt aber 6 Stunden von Neuſchatel entfernet, nämlich zu Motier in dem Val de travers iſt. Dieſer außerordentliche Mann, dieſes große, unter noch ſo großen andern nicht zu mißkennende, Genie: wie würde ich zu Ihm geeilet ſein, ohne darauf ſtudieret zu haben, Ihn mit Complimenten zu beſchweren, die einem Philoſophen von Seiner Art ſo wenig angenehm ſein können, als Er ihrer bedarf, — nein, nur um Ihm mit einem Worte zu ſagen, daß mein Vaterland größere Leute hat, als ich bin, die Ihn bewundern —, nur um Ihn zu ſehen, und einmal reden zu hören! Doch bin ich überzeugt, daß ich nicht mit unbereicherter Seele würde von Ihm gelehret ſein. So wenig Er im Umgange lebhaft und Wortreich ſein ſol, ſo zeigen doch ſeine Schriften, die ſo viele kleine und auch etliche große Wiederleger gefunden haben, die überall geleſen, aber nicht überall verſtanden werden, — ſo, ſage ich, zeigen doch ſeine Schriften, wie groß und mittheilend der Geiſt ſein müſſe, der in einem Rouſſeau wonet.

Es war, wärend meines Aufenthalts in Genf, daſelbſt eine heftige Gärung zwiſchen dem größten Theil der Bürgerſchaft dieſer Stadt und dem Magiſtrate, wegen der Beurtheilung des Emile &c. des Rouſſeau, und wegen der Verdammung ſeines Verfaſſers zum Gefängnis, falls Er im Genfer Gebiete ſich ſolte finden laſſen: einer Strenge, welche der Magiſtrat der Aufrechthaltung der von ihm beſchwornen Geſeze ſchuldig geweſen zu ſein behauptet, die Bürgerſchaft hingegen Uebereilt und Unrechtmäßig nennet! Das Wiederſprechende in dieſem Zwiſt aufzuklären, hat ein Ungenanter 3 kleine Briefe bekant gemacht, die in einem benachbarten Savojiſchen Orte verkauft wurden, und, ohne des Druk-orts zu erwähnen, den bloßen Titel haben: Lettres écrites de la Campagne. Da Ihnen die Streitſache längſt bekant ſein kan, ſo wil ich Ihnen nur aus dieſen kleinen Briefen etliche Stellen mittheilen, die mir die ſtärkſten zu ſein ſcheinen, der Bürgerſchaft rühmlichen Eifer für Ehre und Freiheit, und Herrn Rouſſeaus Charactere Gerechtigkeit wiederfaren laſſen, und gleichwohl, wo nicht beweiſen, doch zu beweiſen ſcheinen, daß die Obrigkeit bei der Sache ſo verfaren habe, als ſie habe verfaren müſſen.

Es heiſſet, bald im Anfange: Mr. R. ſe croyant flétri par le jugement porté contre ſes Livres, a cru ne pouvoir conſerver avec honneur ſa qualité de Citoyen. Il l'a reſignée. Ses amis affligés de le perdre, n'ont cru pouvoir le conſerver qu'en obtenant la réparation d'un jugement, qu'il regardoit comme une injure. Ils l'ont formellement demandée. Mais Mr. R. fidèle au devoir du Citoyen, dans le tems même, qu'il en réſignoit les Droits, n'a pas voulu, qu'à ſon occaſion le repos de ſa patrie ſut troublé. Il a declaré hautement, que ſon abdication étoit ſans retour. Il s'eſt engagé par ſerment à ne jamais rentrer dans cette patrie, à laquelle il avoit cru devoir s'arra-cher : ſa fermeté, ſa conſtance à tenir ſes engagemens ſont des choſes connues. Dès-lors le redreſſement des jugemens en queſtion eſt devenu un objet indifférent. On s'eſt borné à demander, qu'ils ne puſſent être cités en exemple. Et peut-être que, ſi Mr. R. eut pu s'expliquer plûtôt, toutes ces queſtions ne ſe ſeroient pas élevées. — — (g).

    Wollen Sie das pro und contra noch umſtändlicher wiſſen, mein Herr, ſo müſſen Sie ſich gedulden, bis ich Ihnen die oben erwähnten ſo meiſterlich geſchriebenen 3 Briefe, die auſſerdem wol kaum in Ihre Hände fallen möchten, ſelbſt mittheilen kan. Ich kan Ih-nen alsdan auch eine Abſchrift von dem Briefe vorlegen, den Herr R. an den Profeſſor Montmollin, Paſteur zu Motier-Travers, wovon in jenen Briefen die Rede iſt, geſchrie-ben hat. Ich glaube, Sie werden auch dieſen gerne leſen, da ein Mann, wie Sie, auf alles, was einen ſo auſſerordentlichen Geiſt, wie Rouſſeau iſt, angehet, nicht anders als aufmerkſam ſein kan. Iſt es aber wol befremdend, daß dieſer Schriftſteller, der unter ſei-nen Leſern ſo viele Bewunderer zählet, die vielleicht mehr zu vertheidigen übernehmen, als Herr R. vertheidigt zu ſehen ſelbſt verlangen mag, — iſt es Wunder, daß der auch viele Tadler und hizige Feinde habe? Wenn es nicht ſofern dieſer leztern, oder um des Zweifels wil-len wäre, wie Sie ſelbſt gegen Ihn geſinnet ſein mögen: ſo wolte ich Ihnen einen Vers mit-theilen, den ich in einer (h), ich weiß nicht mehr welcher, der vielen Schriften, die als Wiederlegungen, einzelner philoſophiſchen Stellen aus den Rouſſeaniſchen Werken, heraus-gekommen ſind, gefunden habe. Ich kam von ohngefär, zu Genf, auf das Zimmer eines Fremden, das ich aus Irtum für das meinige angeſehen hatte, und durch dieſen Zufall ward mir dieſer Vers bekant. Doch es ſei darum! ich wil Ihre Neugierde nicht martern, aber ich muß auch ſuchen, zugleich meiner ſelbſt zu ſchonen. Hier iſt der Vers: ich ſchreibe ihn auf ein beſonderes Papier. (i) Da ich nicht ſofern kan, daß er Ihnen gefallen ſol, und noch weniger weiß, ob er Ihnen gefallen werde, ſo können Sie, im widrigen Fall, das Papier zerreiſſen oder verlieren, wie Sie belieben. Ich bin auf dieſe Weiſe doch geſichert, daß nicht mein Brief daſſelbe Schikſal erfäret.

        Neufchatel, den 9 October 1765.

---

(g) Von den vormals ausgezogenen Stellen, füre ich nur jene einige hier an, weil ſie Rouſſeaus Entſagung ſeines Bürgerrechts, wie ich glaube, in ihr wares Licht ſezt: zur Beſchämung, wenn es möglich wäre, aller derjenigen, die ſich nicht geſcheuet haben, dem groſſen Manne dazu Beweggründe anzudichten, die ſeinem Herzen gewiß ſehr fremd ſind. Alle übrige Stellen laſſe ich jezt weg, da die ganze Sache den Reiz der Neubeit nicht mehr hat, welche ſie damals hatte, es mag auch dadurch mein Brief an Länge und Matens verlieren, ſo viel er wolle. Lieber wil ich wenig Waare einmal liefern, als verlegene. — R. Z.

(h) Es war aber nicht in der vortreflichen Offrande aux Autels & à la Patrie des Herrn A. J. Rouſtan: denn, dieſe iſt erſt 1764 bekant geworden; und unmöglich hätte in dieſe auch der eifrigſte Freund des Rouſſeau ſolch einen Vers einzuſchreiben Muht gehabt. — Hannover. 1765.

(i) Gold iſt doch Gold, wenn gleich mit Staub beſchmuzt. — Reibt, reibt es noch ſo ſcharf! Es wird Gold bleiben. — Der Lumpen, der es treibt, erdeutet nur, im Reiben, den Schmuz, den er geſucht; und ſelbſt mit obern(?)ut färt er dahin auf den gebäuſten Klumpen, zu ſeines gleichen — Lumpen!

## Zwei und vierzigster Brief.

### Madame!

Sie haben zu viel Ursache, mit dem Inhalte meiner, bisher zwar nicht an Sie gerichtet gewesenen, Briefe unzufrieden zu sein, als daß ich den Verweis, den Sie mir desfalls zu geben beliebet, für ungerecht halten könte. Ich habe denselben vollkommen verdienet, und muß, selbst wieder das Einreden meiner Eigenliebe, die Rache billigen, womit Sie mich dadurch bestrafet haben, daß Sie meine Briefe nicht lesen wollen. Indessen kan ich es nicht ausstehen, von Ihnen ganz und gar nicht gelesen zu sein, und wil daher die Ehre haben, Ihnen zu sagen, daß ich längst darauf bedacht gewesen bin, wie ich mir dieses Glük verschaffen könte, daß ich aber von Tage zu Tage befunden, daß dazu ungleich mehr Nachsuchungen und Zeit erfordert werde, als mir so viele Briefe an Ihren Gemahl gekostet. Ich habe erst bei nahe die ganze Reise durch die Schweiz thun müssen, ehe ich die gehörigen Materialien zu einem einzigen Briefe für Sie beisammen schaffen konte; und erst izo, da ich im Begrif bin, meine Reise zu schliessen, darf ich es unternehmen, Ihnen schriftlich aufzuwarten. Hier haben Sie nun einige Neuigkeiten, die Ihrer Aufmerksamkeit nicht ganz unwürdig sein werden. Ich kan damit nicht bis Morgen warten, da ich nach meinem Ruheplaze, nach Basel, komme. Nehmen Sie dies als einen Beweis an, wie sehr mich verlanget, mit Ihnen ausgesöhnt zu sein, und mir Ihre Gewogenheit wieder zu erwerben.

In Basel herrschet eine gewisse Barbarei, die sehr weit gehet. Wie vielleicht unsere Urältermütter gekleidet einhergegangen sind, eben so einförmig, und nach demselben Zuschnit gekleidet, gehen die jüngsten Mädchen hier noch einher. Keine Frisur, durch deren monatliche neue Anordnung sich unsere Friseurs von vier zu vier Wochen unsterblich machen, und wodurch sie die ihnen anvertrauten Häupter mit immer neuen Gesichtern zu versehen wissen — ach! keine solche Frisur siehet man hier. Das schönste Haar wird glatt aus dem Gesichte zurük, und unter eine goldene oder silberne Haube hingekreiset, die nicht grösser ist, und fast so aussiehet, wie die platten runden Müzen unserer Bauern, und wie die Römischen Geistlichen unter ihrem Huthe zu tragen pflegen. Kurz, eine im Ganzen so wenig vortheilhafte Tracht, daß sie selbst ächten Schönheiten Abbruch thut!

Dazu komt noch, daß man, ausser in Ringen, keine Juweelen tragen darf, ja, welches eben so traurig ist, auch nicht einmal Brabantische Spizen.

Allein, was denken Sie, Madame, von dem Gebrauche, daß weder Piquen iques noch Masqueraden in Basel gehalten werden dürfen, und daß so gar in besondern geschlossenen Gesellschaften, in seinem eigenen Hause, zu tanzen schlechterdings nicht erlaubt ist? Erlaubt ist solches allein bei Hochzeiten, und bei noch zwei Gelegenheiten. Aber, bei was für zwei Gelegenheiten? Beim öffentlichen Freischiessen in dem durchsichtigen gemeinen Saale der Schüzen, oder auf dem Plaze selbst unter dem freien Himmel, in dem klaren Sonnenscheine; und dan, zum Gegensaz, damit ein jeder nach seiner Empfindung wählen könne, wiederum im strengsten Winter, wohl zu merken, nach Schlittenfarten. Jene wärmere erstere Gelegenheit haben nun aber, ausser Leuten von der gemeinen Classe sich zu Ruhe zu machen, nur sehr wenige Lust; und diese leztere Gelegenheit bekomt man freilich nicht oft in seine Gewalt. Allein, es falle alsdan hier so wenig Schnee, als es wolle, so ermangelt man nicht leicht, eine Schlittenfart anzustellen, und wäre sie noch so unbequemlich: und nachher tanzet man ohnfehlbar gewis. Warum? weil der Beruf dazu so rechtmäßig, und von dem Himmel und der Obrigkeit selbst gutgeheissen ist.

Wer indessen noch einen Seitenberuf zum Tanz bei sich verspüret, wie man an vielen jungen Leuten oft wargenommen zu haben versichert, der bedienet sich eines gewissen ausserordentlichen Mittels, zu seinem Zwek zu gelangen. Er färet nämlich nach der benachbarten französischen Festung Hüningen (a): denn hier hat die Obrigkeit einem jeden Baseler zu tanzen, und sein Schweizergeld zu verthun erlaubt.

---

(a) Hier habe ich geirret. Man sehe in dem Anhang zu diesem Briefe.

Aber, welche Umstände, werden Sie sagen! Freilich, welche Umstände, Madame! Heil unserm Vaterlande, daß bei Ermanglung anderer entbehrlicher Freiheiten, doch dem Tanzen seinen freien Lauf läßt! Heil, rufen Sie mit mir, Heil unserm Vaterlande! —

Bern ist zwar in Ansehung der Kleidertrachten weit glücklicher, und mit allen möglichen französischen Moden gesegnet. Allein, in Absicht auf den Tanz, stehet es daselbst eben so sclavisch aus. Doch darf man schon nahe vor den Thoren in den daselbst gelegenen Wirtshäusern tanzen, wenn es nur nicht etwa aus Hochmuth geschehe. Daß dies aber nicht sei, diesen Argwohn kann man dadurch von sich ablehnen, daß man sich nicht hinausfahren lasse, sondern zu Fuße hin bemühe. Hier hat man also nicht so sehr für nöthig erachtet, das üppige und wohllüstige Wesen, als den Hofart und Stolz zu unterdrücken, und zwar den Hofart und Stolz in Ansehung des Tanzens, und nicht, wie in Basel, in Ansehung der Kleidertracht. —

Ich habe Ihnen, Madame, von denen Baselerinnen gesagt, daß dieselben sich nicht dürfen mit Diamanten sehen lassen, außer an den Fingern. Hieraus aber sollen Sie nicht folgern, daß diesen unglücklichen Schönen ganz und gar das Vergnügen benommen wäre, auch Hals, Stirn und Ohren zuweilen damit zu verherrlichen; nein, Madame, hiezu alle Gelegenheit ihnen abzuschneiden, ist gleichwohl die Tyrannei des obrigkeitlichen Eigensinnes nicht voraussehend genug gewesen. Denn, das Gesetz erstrecket sich nicht bis auf das Innere der Häuser, wo keine Frau ein Verbot kennet, Juwelen zu tragen, wie und wo sie will. Nur ausserhalb der Peripherie ihrer Wohnung und der Sphäre einer Wirtin, will das Gesetz, daß sie darauf Verzicht thue. Doch ist, um selbst über diese Clausel hinauszugehen, so gar ein Mittel übrig und im Gebrauch; ein Mittel, das so wenig unangenehm als schwer ist, nämlich dieses: daß man in ein fremdes Bad verreise, wo es durchaus aufhöret, strafbar zu sein, in dem vollständigen Schmucke und selbst gewählter Kleidung sich zu zeigen, und wo man öfters Schweizerisches Frauenzimmer gesehen haben will, das, in allem diesem, dem Frauenzimmer unsers Vaterlandes ganz ähnlich gewesen, welchem daher es auch am Geschmak keinen gewissen Vorrang zuzugestehen Willens ist. Und dieses letztere gilt auch von meinem Geschlechte hieselbst: denn, in der Fremde sind die zu Haus verbotenen und verächtlichen sammetne und ganz seidene Kleider gleichfalls den jungen Männern weder verboten, noch verächtlich; sie wissen sich so gar sehr wohl darein zu schicken, und Gold und Silber stehet ihnen vortrefflich. Aber, weit davon entfernet, daß diese Verkleidung ihrem angeerbten Hang zur edeln Einfalt Eintrag thun solle, so machen sie dieses nur so mit, weil es die Mode in den fremden Ländern ist, die sie bereisen, und es hat nicht den geringsten Einfluß auf ihre nachmalige Kleidung, wann sie wieder zu Hause kommen. Ja, so gar Söhne reicher Bauern aus einigen Cantons sollen, so bald sie von ihren Reisen in ihr Dorf zurück kommen — mit Vergnügen, ohne Zweifel, — ihre Bauerkleider wieder anlegen.

Doch, Madame, Sie verlangen wol eben nicht etwas von uns Mannspersonen zu wissen. Ihr Hauptaugenmerk schränket sich auf Ihr eigenes Geschlecht ein. Und das ist sehr löblich. Sonst wäre hier der Ort, wo ich eine galante Abhandlung über die Bärte schreiben könte, die die alten Landleute im Berner Gebiete tragen, und die denen der Schwarzwälder völlig gleich sind. Aber, ich schweige davon, weil ich sonst wieder von meinem Geschlechte reden müßte, und ich mich ohnedem entsehe, Sie mit etwas, wie der Bart, zu unterhalten, und das jezt, wie es vermuthlich auch in alten Zeiten so war, fast ohne alle moralische Bedeutung ist.

Als ich in Bern kam, hätte ich mir bei nahe eingebildet, ich sei in die Türkei versezt worden. Denn, daselbst haben alle wohlgekleidete Damen, dem prophanen Blik der Mannspersonen ihr Antliz zu entziehen, daselbe mit einem flohrenen Schleier bedekt. Zum Glük bemerkte ich bald, daß die Mannspersonen keine Turbans, sondern gewöniche Hüte trugen, und dies half mich noch geschwind genug aus meinem schrekkenvollen Jrtume. Da diese Schleier nicht nur gegen die Sonne schüzen, sondern so gar auch gegen die Luft, die ein schönes Gesicht mit Recht scheuet, und, was eben so wichtig, gegen die bösen Mükken und Fliegen: so hätten Sie, Madame, Gelegenheit, sich um das gemeine Beste verdient zu machen, wenn Sie diese orientalische Tracht auch in den Theil des Occidents einzuführen belieben wolten, da unser Vaterland lieget. Wenn mich nicht mein Geschlecht ausser Stand sezte, hiezu durch mein eigenes Beispiel das erste Signal zu geben, ich gestehe es, Madame, meine Ruhmsucht würde, selbst Ihnen einen Wink von dieser Art zu geben, sich wohl gehütet haben. —

Da es in Sachen der Mode erlaubt ist, von dem einen äussersten zu dem andern überzugehen, so werden Sie es mir zu gute halten, daß ich in meinem Vortrage von dem Haupte zu den Füßen plözlich herabsinke. Doch habe ich Ihnen von diesen nicht vieles zu sagen; blos wolte ich anfüren, daß es hier Schuhe giebt, die nichts weniger als den Fus bedekken: denn, fast alles, was nicht zur Sohle und zur Befestigung mit der Schnalle gehöret, schiet über dem Fuße, oder ist sehr künstlich und dergestalt weggeschnitten, daß die hochfarbigten Strümpfe herdurchprahlen, bis etwa Regen und Staub sie verbleichen, da man sich aber durch Anschaffung neuer helfen kan. Man scheinet hier, wie bei uns, davon überzeuget zu sein, daß ein Kleidungsstük nicht eben nach seiner eigentlichen Bestimmung brauche eingerichtet und getragen zu werden: unsere Sonnenhüte, zum Exempel, die wir hinten und vornen dergestalt aufsträmpsten, daß der Sonnenschein frei darunter auf Gesicht und Nakken treffen könte; die Hüte, meine ich, die unmittelbar vor den jezt herrschenden algemein waren, deren lezterer Erfindung man vielleicht einem Reisenden vor mir zu danken hat, der sie von den Dächern (b) der ältern Baselischen Häuser copirte: es wäre denn, daß schon

_____

(b) S. den 4ten Brief.

unsere Urältermütter dergleichen Hühle getragen , und also den Baumeistern damit zu einem Muster für ihre Dächer gedienet hätten. Nehmen Sie von dieser zwiefachen Muthmaaßung, welche Sie wollen, an: sie wird Ihnen immer eine brauchbare Anecdote in dem Artikul von den heutigen Sonnenhühten sein, so wie sie ein abermaliges Beispiel abgiebet, daß immer eine Kunst der andern die Hand biete.

Ich weiß nicht, was für ein Flattergeist mich jezo beseelet! Ich bin unvermerkt wieder von den Füßen zu dem Haupte hinauf gerathen. So vernehmen Sie denn, Madame, noch einige Veränderungen, die ich in der Auszierung — bald hätte ich gesagt Bedekkung — desselben angemerkt habe.

Im Canton Basel zeigen sich lauter bloße Köpfe mit einem geflochtenen langen Haarzopfe. In Baden wunderbar-breite Hauben, mit wie geschwollenen Ohren. Von Thun bis Bern tragen Ihre Geschlechtsverwandte niedergeschlagene schwarze Mannshühte. Im Canton Freiburg kleine artige Strohhüte. Von Roche bis Aigle sehr große Strohhühte mit gethürmten Kipsen. Im eigentlichen Pays de Vaud bis Genf, und nach Neufchatel hinzu, ein recht wohl kleidendes, mit französischer Nachläßigkeit zusammengenähetes oder gefaltenes Leinwand. Im Canton Solothurn endlich, wie in einem Theil des deutschen Berner Gebietes, kleine artige Strohhühte, aber, wie eben daselbst, wieder mit dem langen Zopfe aus dem Canton Basel. Doch, obiges gilt nur von dem ländlichen oder geringern Theile des weiblichen Geschlechtes. In Zurzach aber, auf der Messe, da habe ich von dem bessern Stande alles beisammen gesehen, was der feinere Geschmak der ganzen Sie-Schweiz ausgedacht und geltend gemacht hat. Welch eine Mannigfaltigkeit von Trachten, die jeden Menschen, der Welt genug hat, den Wehrt des Vorzugs einzusehen, um den die Modesabrikken mit einander kämpfen, schlechterdings bezaubern muß! Um nicht ins Unendliche zu schreiben, übergehe ich das Ganze der Kleidungen, und begnüge mich mit dem bloßen Kopfpuz nur mit einem Worte zu berüren. Schmahle, breite; erhobene, platte; kurze, lange; schlichte, gekräuselte; weiße, schwarze, oder bunte; sehr kleine, sehr große; beblümete, befiederte, und gebändelte; seidene, silberne, goldene, ꝛc. offene und schleier-ähnliche Haupt-Aufsäze hätten Sie, Madame, hier bewundern können: lauter glänzende Beweise von dem unerschöpflichen Erfindungswize des schönen Geschlechtes hier, das, wie in so vielen andern Dingen, (ich sage es Ungerne) auch hierin unsern deutschen es gleich, wo nicht zuvor thut!

Was meinen Sie davon, wenn wir in unserm Vaterlande getreue Copeien von allen diesen Trachten hätten: solte nicht vielleicht in den unsrigen, so viel Vollkommenheit sie auch zu haben scheinen, noch eine und andere Lükke übrig sein, die durch dieses Mittel sehr glüklich ausgefüllet werden könte? An einer alsdan zu treffenden klugen Auswahl der einzelnen vorzüglichen Stükke darf ich nicht zweifeln: denn, hiezu fehlet es uns warhaftig an Fähigkeit nicht. Wie, wenn ich Ihnen, Madame, nun diese Copieen verschaffen könte? Bisher ist, wie alle Künste pflegen, die Mode bei uns stufenweise gestiegen; sie kriechet wirklich zur Vollkommenheit; aber, ich wiederhole es seufzend, sie kriechet doch nur. Durch jenes Hülfsmittel, hingegen, würde sie einen Sprung thun, und auf einmal, (ich kan nicht ohne Entzükkung daran denken) würden wir die Gesetzgeber, die Schiedsrichter in Angelegenheiten der Mode — für Deutschland? — nein, selbst für jenes stolze Reich, für Frankreich, sein, das diese Gewalt bisher über uns usurpiret hat. Was dünket Sie hievon? Ach! und die Masqueraden, wie viel würden nicht auch die dabei gewinnen! Dies Glük, dieser Triumph nun ist in meinen Händen, und durch die meinigen in den Ihrigen. Befehlen Sie, Madame, so ist die Sache schon so gut als ausgeführet.

Nur eine Schwierigkeit findet sich dabei, die wir aber leicht übersteigen können. Durch die Güte einer Freundin hieselbst ist es nämlich, daß ich zu so viel verschiedenen recht sauber verfertigten Puppen, als verschiedene Trachten im Original sind, gelangen kan: aber unter der Bedingung, daß ich meiner Freundin auf die gleiche Weise die feinen Moden unsers Frauenzimmers mittheile. Dies bin ich nun zu leisten, für mich, nicht im Stande, wohl aber wäre ich es durch Sie, Madame. Lassen Sie mir also, so bald als möglich, so viel Musterpuppen von unserm Zuschnit hieher übermachen, als Sie für gut befinden; (denn, einige Lieblingsmoden können wir wol für uns behalten, damit wir — doch dies im Vertrauen — uns des Vorzugs versichern;) und dan dürfen Sie nicht zweifeln, daß ich Ihnen alle diejenigen von hier mitbringen, oder nachgeschikt erhalten werde, die Sie zu Ihrem und meinem Zwek nöthig haben. Diese Bedingung meiner Freundin wird Ihnen übrigens nicht unbillig scheinen: denn, für Etwas muß Etwas sein, und Sie ist allzu patriotisch gesinnet, als daß ihr nicht in einem so wesentlichen Puncte der Aufnahme auch ihres Vaterlandes am Herzen liegen solte. Ob Sie, bei dieser ihrer Foderung, die Masqueraden zu ihrem Augenmerk habe, das kan ich nicht sagen. Noch hat zwar die Schweiz keine. Aber, da ich meiner Freundin oft genug von den Unsrigen erzählet habe, so wird sie wol nicht ermangeln, weiter davon zu erzählen, und so kan ich nicht Bürge sein, ob nicht der Reiz dieser hohen Lustbarkeit noch einst auch den Schweizern in die Augen leuchten werde. Doch, das braucht uns, als eine so zweifelhafte und wenigstens noch weit entfernte Sache, keinen Kummer zu machen.

Zum Schlus, endlich, wil ich noch einer Mode erwähnen: die unter allen angeführeten die einfachste und sonderbarste ist: O der vielleicht vollkommensten Mode! Ohne Falten und Kräuseleien, ohne überflüßige, ja ganz und gar ohne alle Verzierungen, und, was noch mehr ist, selbst ohne Nähte, und ohne daß man sich einiger Zeuge dazu bedienete: — es ist die wahre Mode der Natur. — Jedoch an nur einem einzigen Orte habe ich hievon eine Probe gesehen, nämlich hinter Siblingen, am Fuße des Randberges, und zwar an einem fünf- bis sechs-järigen überaus artigen kleinen Mädchen. Ich kan nicht läugnen, daß mich diese Mode in Erstaunen gesetzt hat; sie war mir eine zu grosse Seltenheit; auch will ich, ohne sie eben hier getadelt zu haben, dieselbe zur Nachahmung anpreisen: nur daß ich sie Ihnen nicht verschweigen durfte, da sie doch den übrigen allen zur Grundlage dienet, und folglich sie alle insgesamt krönet. —

Ich bin mit grösster Ehrerbietigkeit,

Madame,

Solothurn, den 11 October
1763.

Dero — — —

# Anhang

## zu dem vorhergehenden Briefe.

Es ist doch, fürwar! eine traurige Sache, daß die besten Absichten, die man gehabt, und die man deutlich zu Tage gelegt zu haben glaubte, nicht immer gerechte Dolmetscher finden. Man lese nur nachstehenden Brief, der mir vom 30 Maj. 1766 aus Basel geschrieben ward, und man wird sehen, welch ein unerwartetes Schiksal mein 42ster Brief daselbst erfaren hat; aber, ich muß bitten, daß man mich darauf nicht ungehört verdamme, sondern auch zugleich dasjenige lese, was ich, in den Noten zu dem Baseler Briefe, zu meiner Verantwortung gesagt habe.

Es heisset nun, von Basel: „Ihr 42ster Brief hat all unser Frauenzimmer gegen Sie aufgebracht (a): Man findet, daß folgendes könte geändert werden. Wenn Sie die Gemälde von unsern Vorältern (b) einsehen könten, so würden Sie sehen, daß es weit entfernt sei, daß man noch, wie sie, gekleidet sei; und, in der That, Leute vom Stande sind in der Woche fast immer französisch gekleidet, allein am Sontage muß die Baseler Tracht und zwar schwarz getragen werden. Es ist aber nicht mehr die von den Vorältern, als welche gewis nicht mit langen Mantillen, wie iezo geschiehet (c), in die Kirche gegangen.

Was die Frisur unserer Frauenzimmer anlanget, (von Herren ist iezo keine Rede, als welche einen festgesezten Briefwechsel darüber mit den berühmtesten Petitmaitres in Paris zu unterhalten scheinen) so ist war, daß sie sich nicht überhaupt frisiren lassen, doch thun es wirklich viele, und die unter 15 Jaren (d) sind es alle, die nämlich vom Stande. Vielleicht

sind

---

(a) Gegen mich aufgebracht? Gegen mich, Ihren Vertheidiger? der ich gesucht, sie an der Tyrannei zu rächen, unter der sie, Kraft der Reformations-Ordnung (Reform. Ordnung, welche in löbl. Stadt Basel von E. E. und wolweisen Raht zu Pflanzung der Eberkeit und Ausreutung allerhand eingeschlichenen Mißbräuchen, Dero Büegern, Angehörigen, und unter dem Schuz stehenden von neuem vorgeschrieben worden. 1750. Folio.), verdamt sind, zu frisiren. Nein, unmöglich! das kan nicht sein. Ihre Tracht habe ich mit der Tracht unserer Urältermütter verglichen: unserer, das bemerke man wohl; nicht ihrer, und die Vergleichung noch dazu mit einem vielleicht eingeschränkt. Unter dem Worte unserer kan ich aber die von ganz Teutschland verstanden haben, und ich habe nur das Recht nicht vergeben, aus ganz Teutschland, welche Provinz ich will, zu wählen, um daraus

(b) Die Gemälde hervorzusuchen, mit denen ich die vielleicht Warheit meines Sazes am leichtesten bewersen kan. Mit den langen

(c) Mantillen, die iezo (1766) wol mochten getragen werden, kan ich mich nicht einlassen. Ich habe geschrieben, was ich 1763 gesehen.

(d) Den Articul von der Frisur anlangend, so kan ich, mich zu rechtfertigen, wie am leichtesten besten, wenn ich erkläre, daß ich nur ein einziges Frauenzimmer gesehen, welches Französisch frisiret war, nach Frauenzimmer aber unter 15 Jaren gar nicht gesehen habe.

find Sie neugierig, den Artikul vom Frisiren in unserer Reformationsordnung zu wissen. Es ist dieser ( und er stehet auf der 10 Seite, §. XIII. ): — da auch der durch das Frisiren einreissende Pracht in einen höchst verderblichen Misbrauch erwachsen, so haben wir männiglich hiemit kund thun wollen, daß wir die seit einiger Zeit aufkommende Gewonheit der Weibspersonen, sich durch Mannspersonen frisiren zu lassen, als der Anständigkeit und der Ehrbarkeit höchst zuwiederlaufend, ansehen, und dahero verhoffen, daß, auf eine solche Erklärung, sich alle wohldenkende Weibspersonen, aus tragender Liebe zur Ehrbarkeit und den guten Sitten, dieses Misbrauchs enthalten werden — — — ꝛc. — Aus diesem Grunde lassen sich viele Frauenzimmer nicht frisiren.

Was die Masqueraden betrift, so sind solche wirklich noch immer verbotten; allein Bälle und unmaskirte Tänze dürfen so viel gehalten werden, als man wil, und zwar jezo in der Stadt (e), wie denn seit einem Jare deren wöchentlich etliche gehalten werden, worüber zwar viele Patrioten vergebens eifern.

Was den Artikul von der Französ. Festung Hüningen betrift, so sind Sie ganz falsch berichtet (f) worden: denn, kein einziges Frauenzimmer wird jemals, tanzen halber, dahin faren; ihr guter Name würde viel zu viel darunter leiden, und wenn jemand deswegen dahin färet, so sind es junge Herren, und zwar junge Wüstlinge. Allein, nach Klein Hüningen, einem Dorf im Canton Basel, färet man oft zu tanzen, nachdem sich vorher eine Gesellschaft in der Stadt zusammen gethan hat. Nun aber geschiehet solches seltener, da man in der Stadt, so oft man wil, tanzen kan und darf.

Was Sie von den Baseler Mannspersonen gesagt, wünschte ich nebst vielen Patrioten, daß es für jezo war wäre (g). Allein, ich versichere Sie, daß die jungen Herren allein Pracht ergeben sind, und, ohngeachtet der löblichen Reformationsordnung, Mittel genug erdenken, in einer Woche mehr zu verthun, als ihre Väter in einem Jare verthan haben, vielleicht darf ich noch sagen, eingenommen haben. Mit einem Wort: der Luxus steigt täglich höher, und alle Verordnungen sind nicht vermögend, demselben zu steuren ; und wie

O o

---

(e) Desto besser! — Aber, beiläuftg, sollt es einem gedrukten Schriftsteller, wie ich bin, und der, wie ich es gethan habe, eins der Tanz-freiheit das Wort geredet, sollte es dem wol zu verargen sein, wenn er, von der Kraft seiner Beredsamkeit überzeuget, hier geschwind behauptete, die erfolgte Erlaubnis, kein in der Stadt Bälle zu halten, sei sein Werk? Es ist eben nicht aus Danksucht, daß ich dieses frage: denn, so danksüchtig bin ich nicht: aber aufgebracht gegen einen solchen Schriftsteller, selbt wenn sein Verdienst um diese grosse Revolution auch noch unerwieslich wäre, sollte doch das Baselische Frauenzimmer nicht sein können.

(f) Wegen der französ. Zeitung Hüningen bin ich also wirklich eines Irtums schuldig! Ich habe zu viel Gerechtigkeitsliebe, meinen Irtum nicht bekennen zu wollen, und um dafür noch vor der Nachwelt, und so lange von meinem vor der Vergänglichkeit, leider! nicht ganz gesichertem gazen Briefe noch ein Stükchen unvernichtet übrig sein wird, zu büßen, habe ich, in dem gegenwärtigen neuen Abdruk, unverändert meinen Irtum stehen gelassen.

(g) Was ich von Basler und andern Schweiz. Mannspersonen gesagt, mag doch auf die Art, wie ich es gesagt, noch immer noch war genug sein.

traurig ist es für uns, daß die Geschichte aller Völker bemerken, daß dieser allemal der Anfang zum Verfall einer Republik gewesen.

Sie sagen, im Canton Basel zeigen sich lauter blosse Köpfe ꝛc. Dieses ist nicht (h). Denn in unserm Canton tragen alle Bauermädchen Hauben, worüber das Haar künstlich ein-eingeflochten ist; sondern es trift den Canton Solothurn, jenseit des Hauensteins. "

---

(h) Und so hätte ich, bei den blasen Köpfen im C. Basel wiederum geirret? Ey, ich dächte, es hieße seiner schriftstellerischen Unfehlbarkeit schon genug vergeben, wenn man sich die Gewalt angethan, einen begangenen Fehler öffentlich zu geben, und das habe ich ja. Wie, wenn Sie mir aber gar in einem neuen Briefe, vom 24 Octob. 1766 nämlich, (den ich auch desfalls als eine Urkunde aufbewahre, die leicht so viel mehrt sein mag, als die meisten sonstigen Urkunden) geschrieben hätten: „Die Basler Wälder-mädchen, als deren unzählige sich hier aufhalten, geben den Sommer öfters (ich hätte wohl Lust, dies öfters in immer zu verwandeln) ohne Hauben, da sie ihre Strohhüte an das Fürtuch büßten? " Denn ich in dem, was ich einmal hierüber gesagt oder geschrieben, doch gern Recht haben möchte, werden Sie mir denn verdenken, wenn ich diese wichtige Stelle aus Ihrem Briefe für mich und wieder Sie gebrauche? Wir von der Kritik geplagten Schriftsteller, wir suchen, wenn wir Feuer nöthig haben, auch in der tobschimmernden Asche darnach, und finden wir darin, zufällig, ein obgleich kaum nur noch glimmendes Kolenschreibchen: geschwind Schwefelfäden und Zunder her! und da ist Flamme. ——

Sollte inzwischen Ihr Frauenzimmer so eifrig für das Alterthum und die löbl. Reform. Ordnung eingenommen sein, daß es für meine, gleichwohl zu ihrem Besten, gewagte Spöttelei, über die ihren Reizen so nachtheiligen Trachten, Rache forderte: so machen Sie sich geschwind auf den Weg zu mir; ich will Sie in Gesellschaften und auf Promenaden führn. Merken Sie dann sich unsere Trachten, und finden Sie darin nicht das übelstehende Alte, des ich in Ihrer Vaterstadt an den Ihrigen gefunden zu haben meinete, so finden Sie vielleicht desto mehr Neues, das Ihnen von der Seite der Lächerlichkeit so wohl als des Uebelstandes ins Auge faren wird. Schreiben Sie, zu Ihrem beliebigen Gebrauch, so viel davon auf, als Sie nur wollen; ich will Sie daran nicht hindern. Nur, hoffe ich, Sie werden nicht verlangen, daß ich Ihnen dabei helfen solle: Ich habe mich an dieser Materie schon Mübe geschrieben, und meine Leser —— gelesen?

## Drei und vierzigster Brief.

### Mein Herr,

Hier sehen Sie mich wieder in Basel zurük, vergnügt über meine so weit glüklich, obgleich mit zu grosser Eilfertigkeit, abgethane Reise, aber nicht ohne einige Schwermuth, da ich nun in wenig Tagen dieses Land, mit welchem mein Herz in einem geheimen Bündnisse stehet, und diese Stadt, wo ich noch mehr Freunde als Verwandte zählen kan, verlassen sol. Doch, es ist Zeit, daß ich mich des Klagens entwöhne, damit ich mir nicht von Ihnen den Vorwurf zuziehe, daß es mir wie dem Geizhalse gehe, dessen Hunger nach Schäzen mit ihrer Erlangung immer noch zunimt.

Ehegestern, als am 10ten, gieng ich mit meiner Gesellschaft, des Morgens, um 8¼ Uhr, von Neuchatel. In einer Stunde kamen wir durch St. Blaise. Bei diesem Orte stehen 2 grosse Cattunfabriken; die Reben verlieren sich, und es kommen Aelker zum Vorschein. Die auf dem Jura liegenden Alphöfe sind nun verlassen, und das Vieh herunter auf die Ebene getrieben.

Um 10¼ Uhr passierten wir die Brücke über der Tiele, und hier fängt Bernerisches Gebiete an.

Es ist zu verwundern, daß man hier wiederum Reben bauet: denn das Erdreich ist ziemlich lettigt, und folglich kalt; auch sahen, obgleich schon der Weinstok fast alle Blätter verloren hatte, die Trauben noch im geringsten nicht klar aus, sondern machten eine sehr saure Mine: lauter weisse Trauben. Mit diesen Weinbergen sind oft Gebüsche, ja Waldungen vermischet.

Um 11 Uhr kamen wir durch Gampelen. Dies, wie die folgenden Bernischen Dörfer, stehet mit seinen hölzernen, mehrentheils sehr schlechten, und mit Stroh gedekten Häusern ganz anders aus, als die Dörfer im Neuburgischen. Die Häuser in dem Fürstentum N. sind von Stein erbauet, welcher daselbst nicht kostbar fällt, da ganz flach unter dem Boden Feld ist. Allen seinen Bewonern stehet man es an, daß Sie Eigentümer des Landes und glüklich sind. Dahingegen haben die Bernerischen hiesigen gar zu sehr die Mine von Unterthanen. Dort kleidet sich das Landvolk bürgerlich und, nach französischem Fus, artig. Hier kommen die verunstaltenden gefaltenen und weiten Hosen der Männer mit langen Bärten, und die bis unter die Aerme hinauf reichenden schweren Rökke der Weiber wieder zum Vorschein. Kurz, wenn man von dieser Seite her ins Berner Gebiete kömt, kan man sich keine andere, als schlechte, Idee von demselben machen. Ob die eigenen Besizungen der Bauern hier wirklich so geringe und so wenige sind, als es scheinet, das weiß ich nicht; aber ich vermuthe, daß vielleicht der grösseste Theil nur mietlingsweise in ihren Händen ist, und eigentümlich Bernischen Herren zugehöret (a). Wenigstens ist dies der Fall in dem Pays de Vaud, wo der Landmann gewonet ward, zu gut zu leben, und nach und nach die Güter von Bernischen Herren, und von Freunden, die daselbst in Menge wonen, erkauft worden sind. Daher stehet man denn dorten ein beträchtliches Landgut an dem andern liegen, die ihren reichen Besitzern um so angenehmer sind, weil sie hier in der uneingeschränktesten Freiheit nicht nur der süssen Einsamkeit geniessen, sondern auch Gesellschaften haben können, so oft es ihnen gefällt. So glüklich man also das Land selbst im Ganzen nennen kan, so wenig glüklich ist doch das eigentliche Landvolk, und, wo ich mich nicht sehr irre, so bestehet nunmehro der gröste Haufe desselben aus Taglöhnern. Nur jenseits Roche, und vornämlich um Bex bis ans Walliserland, haben die Bauern gewust, sich ihre Eigentümer zu erhalten, und sie erhalten sie sich noch mit Sorgfalt. Doch, vielleicht würde gleichwohl ihr Zustand, wie jener ihrer, sein, wenn dieser Strich Landes nicht den Bernern etwas zu weit abgelegen wäre. Indeß ist dies blos eine Muthmaaßung von mir, die ich keineswegs für Warheit ausgeben will.

Statt derer im Pays de Vaud und im Neuenburgischen gebräuchlichen Mauern, findet man nun hier, im Bernischen, wieder lebendige Zäune. Um 11½ Uhr waren wir im Dorfe Ins, wo wir bis 1 blieben. 2 Stunden nachher konten wir in der Ferne, und zwar zur Rechten, Murten nebst seinem See (b) sehen. Um der Gebeine von den daselbst erschlagenen Burgundern willen, die dort verwaret werden, habe ich eben nicht Lust bekommen, diesen Ort zu besuchen. Vermuthlich sehen sie wie Knochen von andern Menschen aus. — Daß der bekante Arzt, Herrenschwand, da wonet, der ein untrüglich sein-sollendes Mittel wieder die Würmer besizet, wissen Sie vielleicht. Das Geheimniß eines gleichen Mittels hat auch die Witwe eines dortigen Wundarztes (c).

Hier, in dieser Gegend wird das Erdreich sumpfigt, und ist vielfältig nichts anders, als Torfmoor. Bald nachher kamen wir auf eine Anhöhe, von wo man, linker Hand, den etwa ¼ Stunde von Biel entfernten Bieler See, mit vielen daran liegenden kleinen Orten und Landgütern, sehen kan, vor sich aber Nidau (d). Dies Städtchen pasireten wir, in und hinter demselben aber etliche Brükken um 4, und um 4½ Uhr trafen wir zu

Biel (e) ein. Biel, wie Nidau, hat eine ziemlich niedrige und, wie ich fürchte, un-

---

(a) Man irret sehr. Die Güter gehören eigentümlich den Bauern, und sehr wenige den Herren zu. Grosse Wörte und weite Hosen machen nicht den armen Mann aus. Ich habe deren ein Paar gekant, die 100 ja 100 tausend Fl. besassen. — Obngeachtet das Landvolk im Neuenburgischen sich französisch kleidet, so finden sich wenige, die nur gemächlich leben können, geschweige reich sind; in den Bergern aber alba hat es schon eine andere Beschaffenheit; und, welches die Muthmaassung des Herrn A. wiederleget, finden sich die reichsten Bauern 2 Stunden um die Stadt Bern herum. — J. R.
(b) Herrl. Top. 1. S. 249. 150. Taf. 100.
(c) Eine Nachricht von diesem Mittel liefert der Anhang zu gegenwärtigem Briefe.
(d) Merc. Helv. 117.
(e) Scheuch. It. Alp. 5. pag. 414. c. tab. Herrl. 1. S. 448 — 463. Taf. 153. 154. Merc. Helv. 54. und Taf.

gesunde Lage, sonst einige wenige artige Häuser, und vor den Thoren an dem Berge, der wieder ganz mit Reben bepflanzet ist, etliche noch bessere.

Die ganze Strekke herdurch, von Genf bis hier, habe ich, wie doch im Pays de Vaud und sonst noch häufig in der Schweiz, wenige kleine Kieselmassen gesehen, und grosse gar nicht, obgleich es an Griesgruben nicht mangelt. Indessen bauet man in Ins mit sehr harten Steinen, die einige wenige, wie Bonen grosse, Kiesel enthalten, sonst aber aus lauter ganz kleinen zusammengesetzt sind. Zu Treppensteinen habe ich nur die aus grössern zusammengesetzte Art gebraucht gesehen, und die ist härter als die gewöhnliche zu sein pfleget. Von jener ersten Art muß es grosse Massen geben: denn, ich habe einen daraus gehauenen Wassertrog gefunden, der von einem Stükke, und ohngefär 4 Fus hoch und breit, und bei die 12 bis 15 Fus lang war (f).

Gestern Morgen um 6¼ Uhr haben wir uns von Biel hinwegbegeben. Um 7 Uhr waren wir durch Bozingen, das meist lauter steinerne Häuser hat, und bis wohin Reben gezogen werden. Dan siehet man rechter Hand viele Rübenfelder, dan Wiesen, und linker Hand einen langen Berg vol Kalchfelsen. An und zwischen diesen wächst eine ungemeine Menge Wollkraut, Verbascum. Um 8 Uhr kamen Weinberge wieder hervor, deren Früchte sauer aussahen. Um 8¼ Uhr zu Pieterlen; noch derselbe Kalchberg, der denselben Spath-Kalch, Calcareum spatescentem, enthält der bei Baden ist. Wo man diesen Stein abbricht, und besonders wo er von selbst spaltet, — denn in mehr oder weniger Dikke Scherben zerschiefert er gerne —, da zeiget sich eine dendritische Zeichnung, wie eines einfachen Stiels mit einfachen gekrämten säbelförmigen Blättern, so wie man einen Palmzweig abzumalen pflegt, aber nicht mit einer vom Steine verschiedenen Farbe: sondern der Stein selbst, indem seine Substanz sich ein wenig erhebet, machet diese Zeichnung. — Um 8¼ Uhr kamen wir durch Lengnau, so wieder Bernisch ist, welches auch seine hölzerne Häuser anzeigen. Vor L. liegen vortrefliche Aekker von schwerem Erdreich, mit Kalchsteinen untermischet und etwas Kieseln.

Hier trit rechter Hand, die vorerwähnte Kette der Schneegebörge wieder ins Gesichte; linker Hand verliert sich das lange Geschiebe des Kalchberges, und der Jura wird wieder sichtbar. Ist aufs neue schöne Aekker, fast ohne Steine, und mäßig schwer, die schon mit Spelz wieder bestellet wurden. Um 9¼ Uhr pasirten wir Grenchen. Hier habe ich mich an einer grossen Heerde der treflichsten von dem hohen Jura herabgekommenen Kühe ergözet. Sie schienen von vornehmerer Art zu sein: denn, sie hatten, zur Fortfürung des Geräthes, einen eigenen Wagen bei sich. G. ist Solothurnisch. Unten am Jura sind einige Weinberge; überall Aekker und Wiesen; und Bäume an den Wegen, bis Solothurn hin, keine andere, als Wallnüsse. Diese Stadt, die wir schon um 11 Uhr mit der zur

---

(f) In dem so harten Gestein der Nagelflue zu Ins finden sich oft saubere Glossopetrae, von denen ich ein Paar habe. Diese Steine werden vorzüglich zu Mühlsteinen gebraucht.

Rechten dahin fliessenden Aare, erblikten, haben wir denn selbst eine Stunde nachher erreichet. Alle Zäune bis hier sind wieder von unschonenden Händen aus Holz gemacht, und nur kurz vor

Solothurn (g) ist Weisdorn angepflanzet. Diese Stadt hat verschiedene artige Häuser; des hier residirenden Französischen Ministers seines ist von einem ansehnlichen Umfange. Man bauet izt an einer prächtigen neuen Kirche. Die hier gewöhnlichen Bausteine sind der vortrefliche Spahtkalch, der an den Bergen von Bopingen bis Lengnau bricht. Mit Vergnügen habe ich seine Dauerhaftigkeit an dem, jezt mit einer Schlaguhr versehenen alten Römischen Thurme bemerket, der nämlich aus diesem Steine aufgeführet ist, und schon 450 Jare vor Christi Geburt erbauet sein sol, mit der so oft abgeschriebenen Aufschrift:

In Celtis nihil est Soloduro antiquius unis
Exceptis Treviris, quarum ego dicta soror.

Solothurn hat starke Festungswerke und ein beträchtliches Zeughaus.

Ein sehenswürdiges Cabinet von Naturalien befindet sich hier bei dem Alt-Landvoigt, Herrn Valiere. Allein, es ist mir nicht geglükt, daß ich es hätte sehen können. Der Eigentümer war nicht in der Stadt. — Daß ich hier auf einem elenden Theater ein höchst elendes Schauspiel, oder vielmehr Gaukelspiel, gesehen, das verlangen Sie wol nicht zu wissen. Wenn ich das Unglük haben solte, von Ihrer liebenswürdigen Gattin zu hören, daß Sie den Brief, welchen ich mir die Ehre gegeben, aus Solothurn an sie zu schreiben, aber erst in gegenwärtigem überschikke, mit Langeweile gelesen haben, (und in der That beunruhiget mich eine gewisse Ahndung von dieser Art) so werde ich den in S. zugebrachten Abend für doppelt unglüklich schelten müssen: aber, so bitte ich sie, mir mein mislungenes Unternehmen unter der Betrachtung zu verzeihen, daß ich im voraus schon, durch jenes Schauspiel, dafür gezüchtigt bin, und daß, wenn ich Langeweile gegeben, sie auch gelitten habe.

Um 5 Uhr, heute Morgen, bin ich von Solothurn geschieden, um 6½ durch Altißwell, so Bernisch ist, und mitten in Rübenfeldern liegt, und um 7 Uhr durch Wietlisbach gekommen. Hier stehet, bald linker Hand, auf einer Höhe das Schlos Bipp (h), und, eine Stunde weiter, ein Paar den Dieben sehr fatale Maschinen, deren eine Solothurnisch, die andere Bernisch ist, auf der Vereinigungslinie der beiden Gränzen; dan, zur Rechten, da S. blos Bechburg. Nun sind zu beiden Seiten Felsen, die sich almälig einander nähern, nach der so genannten dürren Mühle zu, wo man eine Kirche findet. Diese Felsen sind, meines Erachtens, alle kalchigt, und gehören dem Jura zu. Sie sind, wie frische Anbrüche zeigen, weißlicht, laufen aber von der Luft bläulich an. Um 8½ Uhr

---

(g) Scheuchz. It. Alp. 9. pag. 592. c. tab. Merc. Helv. 144. und Taf.
(h) Herrl. 1. S. 113. T. 70. Merc. Helv. 54.

waren wir zu Dorf und am Schloß Clus (i), das seinen Namen mit allem Rechte hat,
weil es von den Felsen gleichsam eingeschlossen ist. Oben auf diesen, zur Rechten, liegt
das Schloß. Zu demselben füret eine Treppe, die in den Felsen gehauen ist. Dieser Felsen ist ganz gewiß eine Hervorschiebung des Jura, dessen Hauptkette man auf einmal, hinter Clus, gerade vor sich siehet. Um 8¾ zu Balsthal (k). Um 9 weiter. In ¼ Stunde,
linker Hand, das auf einem hohen Felsen liegende Schloß Falkenstein (l). — Hier fängt der
Theil des Jura an, der den Namen des Hauensteins hat. Um 10½ auf der Höhe, zur Rechten
das zerstörte Schloß Alt-Bechburg (m). Hier stehet zur Linken, in einem besonders dazu erbau-
ten Hause, der Gränzstein von Solothurn und Basel. Itzt kam bald Langenbruck und das
Spital (n), ein dem Spital in Basel zugehöriger Sennhof, zu dem man von L. durch Felsen kömt, und dahin einen großen Fischweiher passiret. Um 11½ waren wir denn in Waldenburg (o).

W. hat eine Papiermühle. Seine Lage ist zwischen engen Felsen. Oben in der
Höhe lieget das Schloß W. zur Rechten. Der Boden hierherum ist lettigt. Von Solothurn
bis W. habe ich keine Reben gesehen. — Wie kümmerlich nähren sich doch manche Menschen!
Hier war ein Mann, der, mit Weintrauben beladen, bei 8 Stunden weit aus dem Marg-
gräfischen kam, und diese Früchte, welche vortreflich, zum Verkauf umher trug, bis oben
auf die hohen Schlösser.

Die Felsen zwischen W. und Falkenstein bestehen aus dem erwähnten Spahtkalch,
der hin und wieder Spalten hat, die mit körnigt-cristallisirtem Spahte ausgefüllet sind,
zum Theil aber bestehen sie aus gewaltigen Strecken lauterer Oolithen. Diese sind theils
kalchigte, oder doch trübe gewordene spahtigte, aus Schalen bestehende Kugeln, die in
gleichfalls spahtigten Zwischenwänden liegen; theils sind sie noch so ziemlich klar-spahtigt,
so wie ihre Fächer sind; an einigen Stellen siehet man sie mit sehr zarten kalactitischen Spaht-
zapfen durchmenget, auch ist hier und da der Stein dergestalt durchlöchert, daß er einem Taf-
steine ähnlich siehet.

Gegen 2 Uhr verliessen wir Waldenburg; wir sahen nun, daß wir ganz von dem
Hauensteine herab waren. Von da bis Basel her ist der Weg vortreflich. Der Rebenbau
nimt mehr und mehr wieder zu. Seitwärts unter Liechstahl, durch welches wir kamen,
liegt bei einander eine Anzahl Gebäude, die zu einer Meßing- und Eisen-Drahtmühle gehören, so ein Eigentum zweier Herren Zäslin ist. Ich habe mich gewundert, zu finden,

(i) Herrl. 2. S. 328 — 331. C. 133. 134.
(k) s. Herrl. vorher.
(l) Herrl. 2. S. 319, 321. C. 227. 228.
(m) Neu-Bechburg hat Herrl. 2. S. 231 — 233. C. 134.
(n) Bes. Merkw. 13 St. S. 1491 und 1497.
(o) Herrl. 1. S. 119. C. 76. Herrl. 1. S. 140. 141. C. 94. Bes. Merkw. 13 St. nebst einer Vos. 14 St. nebst
der Vos. von Riderdorf.

daß man hieherum die Weinlese früher hält, als in dem Pays de Vaud. Man ist bis Basel damit bei nahe schon fertig: man kelterte in den Gärten schon. Die Trauben sahen schlecht aus. —

Noch vor 6 Uhr, endlich, sind wir wieder in den Mauern von Basel, und in den Armen unserer Seylerischen besten Freunde gewesen, deren Haupt, wie Sie wissen, ein ehr- und liebens-würdiger Greis, geistlichen Standes ist, dessen Andenken meinem Herzen auf immer heilig bleiben wird.

Basel, den 12 October 1763.

# Anhang
### zu dem vorhergehenden drei und vierzigsten Briefe.

Ueber die erwähnten beiden Murtenschen Mittel wieder die Würmer ist mir von Bern im Jan. 1767 Folgendes geschrieben worden:

„ Die Herrenschwandische Arznei ist ein generales Anthelminticum und Laxans, von deren Gebrauch aber wieder die ordinären Würmer nicht mehr zu hoffen ist, als von andern gemeinen Anthelminticis.

In Taenia vera von der zweiten Gattung, nämlich wieder den breiten Bandwurm mit gleich breiten Gelenken, deren Ränder nur ein wenig ausgekerbt sind, ist dieses Medicament ein ohnfehlbares und sicheres Specificum; in Cucurbitis und Taenia cucurbitacea hilft es gar nichts. Da dieses Mittel gegen Versprechen der Verschwiegenheit ist communiciret worden, so kan die Composition davon nicht mitgetheilet werden, ohne ausdrückliche Erlaubnis des Herrn Doctors Herrenschwand, (gegenwärtig, Barons, königl. Geh. Raths und ersten Leibarztes, in Warschau.)

Herr A. glaubt, es sei das gleiche Mittel, so die Frau Rueffer in Murten hat; allein, das scheinet mir so nicht. Dieser Rueffer ihr Mann war ein Wundarzt auf dem Lande, und hat das Mittel zufälliger Weise erfunden, da er einem Bauern etwas gegeben, nicht in dieser Absicht, sondern als ein Laxiermittel. Er ist gestorben, und Sie erhält sich in Murten durch dieses Arzneimittel; sie giebt es aber Niemanden in die Hand, und Leute, so nicht zu ihr kommen können, müssen ihr die Reisekosten bezahlen, und sie ist schon öfters nach Lyon berufen worden. Es scheint indessen ein starkes Mittel zu sein, weil sie sehr viele fette Brühe nachtrinken lässet. Ein gewisser Kunstverständiger hat wissen wollen, es sei nur Gummi Gutta und Mercurius dulcis, allein es ist damit nicht erwiesen. “ — —

Weit

Weit weniger Aufmerksamkeit verdienet freilich wol das Arcanum des Herrn Langhans, (von dessen Gletscherspiritus mein 34ster Brief und dessen Anhang handelt) ich meine: die Panacea Helvetica. Man wird sich erinnern, daß ich es abgelobt, mich mit Untersuchungen von dergleichen Nichtigkeiten abzugeben, und was die Ehre anlanget, der Langhan. Panacee Zusammensezung ausfündig gemacht zu haben, so konte diese, an sich, wol keine sonderliche Reizung für mich sein. Aber, um eines hiesigen Wassersüchtigen willen, dem dieses Mittel angerühmet und dem, im Grunde nicht mehr zu helfen war, habe ich die Untersuchung desselben übernommen. Ueberdies verlangte sie ein Werthof von mir, und wie konte ich mich da weigern! Ich wil sie also, da es die Gelegenheit doch so mit sich bringet, hier mittheilen.

Und, um das Maas der von mir bekriegten Arcanums vol zu machen, wil ich auch noch die Zusammensezung eines Pulvers folgen lassen, das zwar nicht aus der Schweiz gebürtig ist, aber, so wie in vielen andern Ländern, auch daselbst ein sehr unverdientes Aufsehen gemacht hat, und ein weit stärkeres ohne Zweifel, als bei uns die hoch-ausgeschrienen Mittel des Herrn Langhans. Das Pulver, davon ich rede, ist das berüchtigte weisse Pulver, das, von Altona her, unter dem Namen des Unzerischen Pulvers verschrieben wird, das einen erstaunlichen Absaz gefunden, und seinem Erfinder oder, vielmehr, Anrühmer einen Reichtum verschaffet hat, mit dem das Verdienst der angeblichen Erfindung in gar keinem Verhältnisse stehet. Denn, die Zusammensezung des Pulvers ist so einfach, seine Bestandtheile sind so lange schon medicinisch bekant und algemein im Gebrauche, daß vielleicht kaum ein Bader zu finden, der das Recept davon nicht vielmals verschrieben, oder doch zu verschreiben gewußt hätte. Was aber hat denn diesem weissen Pulver den fast unglaublichen Abgang zu Wege gebracht? Ey! der gelehrte, der schäzbare Verfasser der vortreflichen periodischen Schrift, der Arzt, hat es als seine Erfindung angekündigt, angerühmt, auf das wärmste empfohlen. (s. des Arztes, der erstern und vermuthlich auch der neuern Ausgabe 149. 151. 152. 1628te Blat und die gedrukte Nachricht, die mit jedem Glase Pulver ausgegeben wird.) Nun sei das Ding, was es wolle: es muß verschrieben; es muß theuer bezahlet, es muß verschlukt sein! — —

die

*Panacea Helvetica Langhansii*

hat zum Grundwesen cristallisirten Weinstein, und dieser machet, in 2 Quentlein, 95 Grane aus, die vermittelst kochenden Wassers daraus zu erhalten stehen. (Vitriolirten Weinstein, Tartarum Vitriolatum, finde ich nicht darunter, dessen Beisein man mich doch, von Bern aus, versichern wollen.) Dieser Weinstein, ist von einer blassen Röhte, welche ich vermuthe daß das Pulver von zugemischtem rohten Sandelholze habe.

Aus dem von dem Wasser unaufgelöst zurükgebliebenen 25 Granen Pulver, die grauröhtlich aussahen, haben sich, durch Salzsäure, 10 Grane mit Brausen auflösen lassen.

B b

Dieſe wurden, mit Vitriolſäure nicht zu Epſonſalz, ſondern zu Selenit oder criſtalliſirtem Gyps: folglich ſind ſie keine Magneſia, ſondern eine gemeine, vermuthlich animaliſche, Kalcherde: ich denke, um nicht das ſchlechteſte zu denken, Krebsſteine. (Dieſe Erde iſt, ohne Zweifel, Urſache, daß der beigemiſcht geweſene Weinſtein nicht völlig ſo ſäurlich ſchmekket, als ein anderer Cremor, den noch keine Kalcherde berüret gehabt, ogleich er, wie ein zugegoſſenes kaliſches Salz zeigte, nichts merkliches davon aufgelöſt hatte.)

　　Was übrig war, roch, wie das unzertheilte Pulver ſelbſt, nach Kellerwürmern (Millepedis), die nun das Meiſte darin auszumachen ſchienen. Auch beſaget die darüber von Bern erhaltene Nachricht, daß dieſe, nebſt

　　Meerzwiebel (Squilla) wirklich darunter gemiſchet ſeien. Es kan aber dieſe leztere nicht viel betragen: denn, der Geſchmak der Panacee iſt kaum bitter. —

　　In folgendem Verſuche, dies Pulver zuſammen zu ſezen, hoffe ich, ſo ziemlich das Verhältnis ſeiner Ingredenzien getroffen zu haben, als welches, oben angezeigter maaßen, durch die Analyſe, von zweien derſelben ſchon mit Gewisheit beſtimmet iſt. Ich nehme nämlich, 2 Quentlein Panaceæ Helveticæ zu verfertigen,

> criſtalliſirten Weinſtein . 95 Grane,
> Krebsſteine . . . . 10
> Kellerwürmer . . . 12
> Meerzwiebel . . . . 1
> Rohtes Sandelholz oder
> 　　deſſen Extract, . 2
> 　　　　　　120 Grane, oder 2 Quentlein.

　　Dieſes Mengſal iſt, wo ich nicht, höchſt unwarſcheinlich, irre, dem Langhanſiſchen an Geruch, Geſchmak, und Farbe gleich. Ob es nicht vollkommen dieſelbe Wirkung leiſte, kan zwar die Erfahrung entſcheiden; allein, ich glaube doch, im voraus verſichert ſein zu können, daß ſie es zu meinem Vortheil thun werde. —

　　Das weiſſe, unter dem Namen des Unzeriſchen, bekante Pulver, die Analyſirung von welchem (ſie iſt abgedrukt zu leſen in dem 99ten Stük der Hannöver. Beiträge zum Nuzen und Vergnügen von 1762, auch im 7ten und 8ten Stük der Braunſchweig. Anzeigen von 1763.) man hier wol gerne mir ſchenken wird, beſtehet aus gleichen Theilen

> von Salpeter,
> vitriolirten Weinſtein, und Auſterſchalen.

Ich hatte vormals dem Pulver die Ehre angethan, zu zweifeln, ob Auſterſchalen oder aber Krebsſteine darin wären. Allein, izt weiß ich, daß es nur Auſterſchalen ſind. Von der geſchehenen feinen Zerreibung der Salze und der Auſterſchalen hängt des Pulvers geſchwinde Dämpfung im Waſſer ab, wenn man daſſelbe damit zum Einnehmen vermiſcht. —

　　　　　　　　　　　　　　　　　　　　R. Z. A.

### Vier und vierzigſter Brief.

Mein Herr,

Sind Sie nicht geneigt, die Wege, welche zu Ihrem Landgute füren, mit Bäumen bepflanzen zu laſſen?

Solten Sie dies thun, ſo werden Ihnen die darauf zu verwendenden Koſten und Mühe ſo wohl durch den nachberigen Nuzen, als ſelbſt noch durch die Annehmlichkeit vergolten werden, die dadurch Jhrer Gegend zuwachſen wird. Beides hat man davon in der Schweiz erfaren. Alle Straſſen, wie ich Ihnen vielleicht ſchon geſagt, ſind hier eine Art von Alleen, durch welche ſichs viel luſtiger reiſen läſt, als durch die an ſich ſchlechten unſrigen (a), wo man faſt Nirgends gegen Wind und Sonne den geringſten Schuz hat. Von dem Nuzen, deſſen ich ſonſt wol gegen Sie ſchon erwähnet habe, will ich Ihnen nun noch etwas ſagen.

Caſtanienbäume, ich verſtehe ſüſſe, ſchiklen ſich zwar eigentlich nur und am beſten für die wärmern Länder. Indeſſen kommen ſie doch bei uns auch fort.

Auf dem vortreflichen Münchhauſiſchen Guts Schwöbber, deſſen gegenwärtiger Beſizer (b), durch ſeine groſſe Einſichten in die Oeconomie, Naturlehre und Naturhiſtorie, wie durch ſeine edle und patriotiſche Art zu denken und zu handeln, unſerm Lande Ehre machet, unſerm Adel eine Zierde iſt, auf dieſem Gute ſind eine Menge Caſtanienbäume gezogen, welche järlich Früchte liefern. — Bei unſerm Herrnhauſen ſtehen auch ein Dujend dieſer Bäume in dem beſten Wachsthum; und ſelbſt habe ich in meinem Garten etliche aufgezogen, die aber noch zu jung ſind, um tragen zu können (c). Es kan nichts leichter ſein, als ſie zu ziehen. Man braucht nur im Herbſte die Früchte etliche Zolle tief in die Erde zu ſtekken, und über dieſe ein wenig Miſt zu ſtreuen, ſo keimen ſie gewis, und die Stämchen verlängern ſich merklich, in 4 bis 5 Jaren, wenn man durch Abſchneiden der untern Seitenzweige ihnen zu Hülfe komt. Hernach können ſie auf die Stellen verſezet werden, wo ſie ſtehen bleiben ſollen. Man hat im Pays de Vaud der Art, die kleinere Früchte träget, den Vorzug gegeben, weil man die gröſſern, die Maronen, für zärtlicher und empfindlicher gegen das Clima hält. Uebrigens umwikkele ich meine jüngern Bäume, wenn es anfängt ſtark zu frieren, mit etwas Stroh, und lege unten etwas Miſt umher: eine Vorſicht, die bei erwachſenen Bäumen unnöthig iſt.

Z y 2

---

(a) Iſt nur zum Theil noch. — N. J.
(b) Verfaſſer des Hausvaters. — N. J.
(c) Von meinen einzeln ſtehenden Bäumen habe ich doch keine vollkommene Früchte erhalten: ſie waren immer in 5, 6, und mehrere Theile geſpalten. Es ſcheinet mir für unſere Gegend nöthig zu ſein, daß man ihrer viele zuſammen oder zwiſchen andere Bäume ſeze, um ihnen gegen die kalten Winde Schuz zu geben. — 1770.

Wälsche Nußbäume aufzuziehen, ist uns nun längst etwas gewöhnliches. Man pflanzet die Nüsse, wie die Castanien, und diese bringen, wie jene, ohnsichtbar Bäume hervor, wo nicht die Mäuse, welche grose Liebhaber von beiden sind, sie in der Erde zernagen. Wir haben bei uns einen ziemlichen Mangel an Nußbaumholze: um deswillen allein verdienet dieser Baum, mehr angezogen zu werden. Die Früchte aber geben einen zweiten Beweggrund hiezu ab. Diese nämlich sind nicht nur angenehm zu essen; sie geben, überdem, ein reichliches Oehl, wobei man in der Schweiz des ausländischen Oehls, des Baumöhls entbehren kan, und auch viel Butter ersparet, wodurch denn desto fettere Käse gewonnen werden: ein Vortheil, den wir uns zum Augenmerk zu machen auch Ursache haben. Zum Verspeisen pressen sie das Oehl aus den Früchten kalt; zum Brennen ist das aus Gerösteten gut genug. Ein nicht unangenehmer Liqueur ist auch das Nußwasser, das in der französischen Schweiz oder dem Pays de Vaud so gäng und gebe, wie hier das Kirschenwasser, obgleich lange so nützlich nicht, ist. Unten wil ich Ihnen von beiden die Zusammensetzung mittheilen.

Die wilden Kirschbäume zu erzielen und zu vermehren, ist das leichteste von allen, und Jederman bekant. Gleichwohl hat ihr Nuzen selbst vor den Nußbäumen noch einen grosen Vorzug. Wenigstens würde er ihn bei uns haben. Wir haben nicht zu viel Getreide in unserm Lande, das das Brandweinbrennen nimt uns einen beträchtlichen Theil von demjenigen weg, was wir doch zum Mehl und Brod nöthig haben. Wir können daher kaum jemals der kostbaren fremden Korneinfuhr entbehren. Wie, wenn wir aus Kirschen und allerlei Obst Brandwein zu brennen anfingen, und zu dem Ende Kirschen und andere Obstbäume, von wilder oder auch zähmer Art, in Menge anpflanzten? hiezu geschikte leere Pläze haben wir ja genug. Die schlechten Aekker würden, ohne von Getreide entblöset zu sein, damit besezet werden können, und viele Meilen lange Reihen köñten wir davon haben, wenn wir auch nur für gut fänden, unsere Landstrassen damit zu bekleiden. Wo mit dem Angenehmen das Nüzliche verbunden ist, solte es uns da schwer werden, kleine Hindernisse zu überwinden, die wir so leicht überwinden können? des Nuzens, den man von dem getrocneten Obste haben kan, nicht zu erwähnen, so giebt das eine, wie das andere, Brandwein: daran wird Niemand zweifeln. Aus Kirschen aber brennet man ihn vornämlich in der Schweiz, und ersparet dadurch nicht nur den sonst zu erkaufenden Weinbrandwein, sondern auch noch den so vielen Kornbrandwein (d). Ja, Wein selbst könten wir uns, nach dem Beispiel der Engländer, aus Aepfeln und Birnen machen (e), wie nicht weniger Eßig,

---

(d) Kirschenwasser oder Geist wird bei uns, sonderlich im Oberlande, häufig destilliret; ich habe dessen ganz grose Fässer vol gesehen, und wird wegen dem Geschmak, und Gesundheit halber, dem Brandwein vorgezogen, sonderlich der von schwarzen Kirschen. — Bern. 1749.
(e) Hier machet man viel Wein aus Aepfeln, Birnen, und Kirschen. Die Träber werden dan in Zäune und Baumschulen gesäet, die aufgeschoßne Bäumchen mit der Zeit gezwigt; daher kömts, daß in der Schweiz alle Zäune vol Obstbäume stehen. — Basel. 1766.

Diesen verfertigen sich einige Schweizer so gar aus Beeren von einem Strauche, der auch gern bei uns wächst, und hier selbst wild ist, ich meine den Berberis.

Endlich, was für Alter von denen Obstbäumen keine Früchte mehr zu erhalten fähen, so beschenken sie uns doch zu guter Lezte mit etwas, daran uns abermals gelegen ist, mit Holz, nämlich zu Tischlerarbeit. — Muntern Sie, mein Herr, durch Ihr Beispiel, doch andere auf, dem Beispiel dieser Klügern zu folgen! Welch eine grosse Anzahl Obstbäume siehet man, des reichen Weinwuchses ohngeachtet, nicht in der Pfalz, und vornämlich in der desfalls berühmten Bergstrasse, ja, schon uns näher, um Frankfurt herum!

Andere Gegenden Deutschlandes werden dies ohne Zweifel nachahmen; wollen oder müssen denn wir eben immer die lezten sein?

Hier haben Sie die Art der Zusammensezung des, wegen des fremden dazu erforderlichen Brandweins, minder nüzlichen Nuswassers, Eau de Noix: man nimt die Nus, wan sie noch in der Milch ist, und sich der Kern anfängt zu bilden, oder in dem Zustande, da man sich ihrer zum Einmachen in Zukker bedienet, welches hier Anfang Augusts ist: trokret sie ab mit einem leinenen Tuch, und zerhallet oder zerstöset sie in einem steinernen Mörsel gröblich. Auf 40 bis 50 Nüsse giebt man ein Maas (f) französischen Orleaner Brandwein, lässet ihn darauf 6 Wochen lang im Schatten stehen, und rüttelt ihn alle Tage; dan durch ein Tuch gepresst, 1 Pfund zerstoßenen Zukker dazu gethan, und etwan 14 Tage lang wieder im Schatten stehen gelassen, und oft gerüttelt, bis endlich der Zukker zergangen; hernach, um den Liqueur, der dan braun aber noch trüb sein wird, klar zu machen, durch ein Löschpapier gegossen, auch nach Belieben, wol Gewürze dazu gethan, so ist er fertig. Doch folgen einige, in Ansehung des Verhältnisses der Ingredienzien, bald dieser bald jener Vorschrift. So giebt, z. E., eine, die im Pays de Vaud selbst und auch in Bern gebräuchlich, zur Vorschrift: 1 bis 1½ Pfund Nüsse (das Pfund zu 18 Unzen gerechnet) zu 1 Maasse (oder 56 Unzen) französischen Brandweins zu nehmen, ober aber zu so viel spirituösen Kirschwassers, und dan, nebst ein Quentlein Zimmet, wie oben, 1 Pfund gemeinen weissen, oder an dessen Statt so viel braunen Candiszukker dazu.

Das ungleich nüzlichere Kirschwasser, das kein Infusum, sondern ein Geist aus den Früchten selbst ist, wird auf folgende Weise meistens aus frischen, doch auch aus trokkenen gemacht. Man nimt so viel frische kleine, gemeiniglich schwarze, wilde Kirschen, als man wil, ohne Stiele, füllet damit ein Faß so weit, daß für die Gährung Raum genug bleibet. Diese Kirschen stöset man in dem Fasse mit einem großen Holze, nur in so weit, daß die meisten zerquetscht werden, und lässet solche, ohne Wasser hinzuzuthun, in dem

(f) Baseler Maas. Das alte Maas, dessen man sich auf dem Lande zu bedienen pfleget, hält 48, das Neue, so in der Stadt gebräuchlich ist, 40 Unzen. Ueberhaupt ist zu merken, daß fast in jeder Landrouterie eine Verschiedenheit in Maas und Gewicht herrschet, welches auch vom Pays du Vaud, und vielleicht der übrigen Schweiz gilt.

Faſſe gähren, oder, wie man hier ſaget, jäſen.  Die Gährung geſchiehet, nach dem das
Gefäſſe mäßig warm ſtehet, und die Parthei gros iſt, in 14 Tagen, auch 3 bis 4 Wochen.
Bei der Gährung müſſen ſolche um den andern Tag umgerüret, und die oben ſtehenden immer wieder hinunter gedrükt, das Faß auch, wärend der Gährung, mit einem Tuch und
Dekkel darüber, ſo gut als möglich, vermachet werden.  Das beſte Zeichen der vollendeten
Gährung iſt, daß es ruhig und ſtille ſtehet, das Dikke ſich zu Boden geſezet, und oben alles
klar iſt.  Hat man nun ſogleich nicht Zeit zum Brennen, ſo ſchadet es nichts, und kan man
es in dem Faſſe, doch wohl vermachet, ſtehen laſſen.  Wan man es denn aber abziehet,
ſo iſt es zu beobachten, daß man es, indem es in der kupfernen Blaſe anfängt zu kochen, noch-
mals darinnen umrüre, um das Anbrennen zu verhüten.  Was nun abgehet, hat die gehörige
Güte, ſo lange es ſchön klar kömt; das folgende, ſo man Nachbrand heiſſet, iſt ſchlecht
und ſchwach, und wird zu einer künftigen Deſtilation gethan, da es denn rectificirt übergehet, und ohngefär zur Hälfte.  Wenn man zu den gegorenen Kirſchen etwas zerſtoſene Kerne
ſchüttet, ſo erhält davon der Spiritus einen höchſt angenehmen Geſchmak.

Um aus trokkenen Kirſchen Spiritus zu erhalten, ſo brühet man ſolche, nachdem
damit ein Faß angefüllet, mit warmem Waſſer an, daß es eine halbe Elle darüber ſtehe,
und dan noch Raum genug zum Gähren bleibe.  Dies gehet nun zuweilen langſamer von
ſtatten; ſonſt erfodert es gleiche Handhabung, wie mit den friſchen Kirſchen, und eine gleiche
Art zu deſtiliren.

Aus Wachholderbeeren wird, um Bern, auf ähnliche Weiſe eine groſe Parthei Brandwein verfertigt (g), wobei man das ſchönſte Oehl noch erhält.  Hiezu werden die Beeren
gemahlen.

Dies ſind Verbeſſerungen für unſern Landhaushalt, mein Herr, die Sie nicht für
bloſſe Speculationen, ſelbſt nicht für ſchwer, geſchweige denn für unthunlich halten werden.
Der Erfolg des Verſuches, wenn wir ihn machen wollen, iſt nicht allein warſcheinlich, nein,
er iſt gewis, er kan nicht fehl ſchlagen.  Er wird ſchlechterdings von unſerm Wollen abhangen. — Der Anpflanzung der weiſſen Maulbeerbäume habe ich mit Fleis nicht erwähnet.  Die Möglichkeit derſelben haben wir längſt durch die Wirklichkeit erfaren, ſo wie ſelbſt
die Schweden in ihrer Provinz Schonen ſie erfaren haben, und wie unſere mit mehrerem
Eifer arbeitende Brandenburgiſche Nachbaren, durch die von Jar zu Jar beträchtlicher wer-
dende Gewinnung an Seide es handgreiflich beweiſen.  Nur, beiläufig geſagt, ſähe ich lie-

_____

(g) In verſchiedenen Gegenden der Schweiz verfertiget man, und zwar ebenfalls ohne Zuſaz fremden Brandweins, aus den Beeren des Brombeerſtrauchs einen Geiſt, und der Geſchmak übertrift bei den Liebhabern
den von dem Kirſchengeiſt.  Und ſo ziehet man im Canton Uri, und ſonſt hie und da, durch die bloſſe Gährung, (jedoch wie bei den Kartoffeln geſchiehet) mit hinzugegoſſenem Waſſer, aus Gentian- und Schwen-
tia-Wurzel, Spiritus.  Der Geſchmak davon iſt meinem Munde unangenehm; aber, man hält deſto für ge-
ſund, und ich glaube gern, daß ſie mediciniſche Eigenſchaften haben. — J. Z.

der, daß man, in Reihen, Büsche, als daß man hochstämmige Bäume zöge. Sie sind besser zu pflücken oder zu schneiden, und vermehren sich häufiger.

Nun genug von Bäumen! Izt wil ich noch von einem Articul mit Ihnen reden, der, mit unter diejenigen gehöret, deren nähere Untersuchung in diesem Lande ich ungerne versäumt habe. Ich meine die Verfertigung der vortreflichen Käse, womit man es hier zu einer so grosen Vollkommenheit gebracht hat, daß sie, nach meinem Geschmak, allen ausländischen vorzuziehen sind. Doch, was ich wieder Willen vernachläßigt, das hat schon Scheuchzer (h) geleistet, welcher davon umständlich geschrieben, und so gar die Gerähtschaften, deren man sich bei den dabei vorfallenden verschiedenen Arbeiten bedienet, in Kupfern vorgestellet. Dieser wird Ihnen hierin ein ziemliches Genüge thun. Ich wil Ihnen derowegen nur eine kleine Beschreibung von den 9 Arten der Käse selbst machen, die mir bekant geworden sind.

1) Die Geißkäse oder, oder Ziegenkäse; diese sind vortreflich, und von Gröffe wie unsere Schafkäse. Man macht sie hin und wieder im Lande, aber den besten im Canton Solothurn. Es ist gar nichts mageres darin enthalten, sondern alles bis in die Mitte fett, ohne fließend zu sein. Sein Geschmak ist eben nicht nach Ziegenmilch; auch sagt man, daß der meiste, ohne diese, aus Kühmilch verfertiget werde.

Dagegen wird 2) im Bernischen Oberlande ein Ziegenkäse gemacht, dessen Geschmak mir genugsam anzuzeigen scheinet, daß Ziegen die Milch dazu hergegeben haben. Dieser ist etwa 8 Zoll im Durchschnit der Breite, und 2 Zoll dik. Er ist härter, als jener.

3) Der Schabzieger, oder grüne Käse, den man schaben kan. Dieser ist etwa von Breite, wie ein Haupt-Käps, auch ohngefär so gestaltet, aber wol 7 bis 8 Zoll hoch. Er schmekt scharf, und stark nach einer Art Klee, die Scheuchzer (i) das Trifolium vel Lotus hort: odoratus C. B. zu sein angiebt, wo er die Bereitungsart lehret, und durch einen Kupferstich erläutert. Dies Kraut wird in Glaris, wo man diesen Käse verfertiget, Zugerkraut genant. Man schabt den Käse mit einem Messer, und speiset ihn, in Bern, mit Birnen, oder mit Butter, und zwar eigentlich nur des Morgens, da man ihn, und ich glaube, mit Grunde als Magenstärkend rühmet. Am Gewicht hält er etwa 9 Pfund.

4) Ein anderer Käse, der, wenn er nicht zu frisch, so hart ist, daß man ihn nicht leicht anders, als, und am besten, mit einer Stichsäge von einander schneiden kan, und dan auf einer Reibe zerreibet, ist der Saaner Käse, welcher in Saane und den Gegenden an der Saane gemacht wird. Der, den ich davon kostete, war ziemlich unschmakhaft, doch fett. Es kan aber sein, daß er durch das Alter mehr Schärfe erhält. Er hat Augen, aber nicht so viele, als der Emmethaler. Er ist, (und wol vornämlich), wan er schärfer gewor-

(h) It. Alp. 1. pag. 52 – 62. tab. 7 – 10. Scheuchz. Suisſ. 1 Th. S. 53 – 63. Taf. 2.
(i) In It. Alp. 1. pag. 123 – 125. tab. 16. Scheuchz. Suiſſ. 1 Th S. 440 – 445. Taf. 17.

den ) gut in Suppen zu essen, wie der Parmesan Käse. Dieser hat etwa 1½ Fus im Durchschnit seiner Breite , und 3 Zoll Höhe, und pflegt 22 bis 24 Pfund schwer zu sein.

5) Der Emmethaler Käse, den man gemeiniglich zwischen 40 und 60 Pfund schwer
erhält, ist unter den gros-augigen Käsen, die vorzüglich, unter dem Namen Schweizerkäse,
in fremde Länder versendet werden, der beste. Sie sind etwa 4 Zoll dik, und haben im
Durchschnit der Breite ohngefär 2 Fus. Man kan ihn bis zu 100 Pfund schwer haben,
wenn man ihn bestellet. Uebrigens fallen im Frühjar und Herbst die kleinsten, da die Kühe
nicht so viel Milch, als im Sommer, geben, und die Sennen gewonet sind, aus dem jedesmaligen Vorraht der Milch jeden Tag einen Käse zu machen. Aehnlichen guten, doch
nicht so guten, gros-augigen Käse machet man in noch vielen Gegenden der Schweiz, gleichwie schon um Basel herum.

  • 6) Wie die Ungarische Wein, der den Namen des Tokalers füret, sich an Güte vor
denen übrigen Ungar. Weinen ausnimt, so nimt sich unter den übrigen Schweizerkäsen, vor-
hergehender Art, und selbst den Emmethalern derjenige sehr heraus, den man Grierds-Käse,
Fromage de Gruyeres, nennet, und in Gruyeres verfertigt. Man erkauft ihn am besten
in Freiburg. Dieser hat viel kleinere Augen, als jener, er ist lokker und sett und schmelzet
im Munde. Er ist ohngefar so gros und schwer, wie der Emmethaler.

7) Ist der Käse berühmt, der im Urseler Thale auf dem Gothard, oder wol vielmehr an den Alpen auf diesem hohen Thale (k) gemacht wird. Diese haben ohngefür die
Figur des grünen Schibzigers, nur daß sie ein Paar Zoll dikker und höher zu sein pflegen, und vom Gewicht etwa 10 Pfund. Weil er sehr sett ist, so verschikt man ihn mit
Baumrinde umwikkelt. Man erklärt ihn für eßbar, wan er ziemlich weich, mäßig scharf,
und von einer anfangenden Fäulung durchdrungen ist, daher er auch den angefaulten Holländischen, ja selbst unsern kleinen Landkäsen, die man wol Bierhunde nennet, ähnlich,
jedoch fetter schmekt. Da er ganz umher krümlicht, und nicht ohne Leben ist , so bauet man
oben ein Loch hinein , und nimt nach und nach aus der dikken Rinde das inwendige heraus. Es gehöret schon , um diesen Käse mit Apetit als eine Delicatesse zu speisen, ein gewisser Grad der Liebhaberei dazu, den ich noch nicht erreichet habe (l). Daß sein Geruch stark sei, brauche ich wol nicht zu sagen.

    Noch machen die ächten Kenner der Delicatesse der Käse viel Wesens aus

    8) dem Fromage de Gex, der in dem an den Genfersee stossenden, und zum Frank-
reich unterworfenen Ländchen, dem Pays de Gex, gemacht wird, und freilich auch noch den
                                            Schweizer-

---

(k) Davon eine Anmerkung in Sulzers Reisereise , S. 59.
(l) Mit zunehmendem Alter verlieret sich einigermaassen die überflüssige Fettigkeit, und ist, wenigstens meinem
    Gaumen alsdan angenehmer. Den ich mit nach Hannover gebracht, hatte ich ganz vergessen, bis er mir,
    erst neulich , von ohngefär in die Augen kam. Er war wenigstens bis auf die Hälfte seiner Größe zusam-
    men getroknet und nun hart. 1772.

Schweizerkäſen zuzuzählen iſt. Dieſer Käſe iſt dem Edammer ähnlich, von etwa 10 bis 12 Pfund ſchwer. Man ſpeiſet ihn erſt, wan er halb verfaulet iſt, und ein Schimmel ihn etwas durchzogen hat. Und damit er dieſes, welches ſie zeitig-ſein nennen, deſto eher werde, ſo erhalten ſie ihn an feuchten Orten, und immer in feuchten Umſchlägen, z. E. von dünnem Weine. Ich ſehe ſo wenig ein, daß er vor irgend einem Schweizerkäſe Vorzug verdiene, daß ich vielmehr ihn ihnen allen weit nachſetze.

9) Münſterthaler Käſe, ſo im Bistum Baſel gemacht wird, von dem ich aber nichts ſagen kan, als daß er ein Kräuter-Käſe, dem Schabzieger ähnlich, und auch ſehr gut ſein ſol.

Die Erhaltung, endlich, der Käſe anlangend, ſo muß man die Ziegenkäſe nicht alt werden laſſen; den Schabzieger und den Saaner an einem nicht feuchten Orte verwaren den Emmethaler in kühlen luſtigen Kellern, und ſollen ja für Alter, da er ſehr ſcharf wird, Milben hinein kommen, ſo legt man ein zum Verſpeiſen vom Ganzen abgeſchnittenes Stük etwa eine halbe Stunde in kaltes Waſſer, dadurch dieſe Würmchen getödtet werden (m), und der Käſe ſelbſt neuen Saft und Wohlgeſchmak erhält. — Den Urſeler Käſe aber, wenn der einen zu ſtarken Geſchmak annehmen ſolte, curiret man damit, daß man alles, was die Rinde inwendiges enthält, herausnimt, und mit Rahm oder doch guter Milch in einen Steintopf einknätet.

Wo iſt ein Land, mein Herr, das ſo viele vortrefliche Käſe-Arten aufzuweiſen hätte, als die geſegnete Schweiz? Und welches gewinnet wol davon ſo ungeheure Laßen, und ziehet dafür von Fremden ſo anſehnliche Summen? Um Ihnen von dem ein und andern eine kleine Idee zu machen, ſo leſen Sie noch folgendes.

Ein Jar ins andere, im Durchſchnit von 2 bis 3 Jaren gerechnet, findet man 2300 bis 2500 Centner Käſe im Kaufhaus zu Bern angegeben, ſo nur in der Stadt Bern ſelbſt angeſchnitten und verkauft (n) worden, darunter derjenige, ſo auſſer Landes gehet, nicht zu rechnen iſt. Dies iſt mehrentheils Emmethaler, deſſen Vielheit ſich nicht wohl beſtimmen läſſet, weil ſolche gleich von den Gebürgen verſandt werden. Das Quantum muß aber ſehr beträchtlich ſein. Auf der 21ſten Seite der leztern öfonomiſchen Schriften von Bern ſtehet: daß nur der Vertrieb der Saaner und Grierzer Käſe, ſo über Genf in Frankreich giengen, ſich järlich auf 30000 Centner beliefen, da doch dieſer gegen den der Emmethaler nicht zu

Q q

---

(m) Ein befantes Mittel, in der gebürgigten Schweiz, die Käſe vor den Milben zu bewaren, iſt, daß man Birkenreiſer darein ſtekket und darüber und dazwiſchen legt. — F. Z.

(n) Man wird hier vielleicht nicht ungerne auch den Verbrauch an Käſe in der Stadt Zürich leſen, und ich kan zugleich den vom Unſchlitt, Schweineſleiſch (nebſt Schmalz), und der Anke oder Butter hinzuſetzen. Nur will ich vorläufig angezeiget haben, daß, obgleich eine Parthie Käſe und Butter wieder weggeholet wird, ſolche doch vollkommen durch andere, die bei kleineren Partheien in die Stadt hineingebracht und deswegen nicht regiſtrirt zu werden pfleget, erſetzt wird. Folglich iſt nachſtehendes insgeſamt, als in der Stadt ſelbſt verbrauchet, anzuſehen.

vergleichen. Man sagt in eben dieser Schrift, daß ein Bilan aller der ein- und ausgehenden Waaren überhaupt erscheinen werde; vielleicht wird darin vom Käse auch etwas algemeineres gemeldet werden.

Wie viel Käse im Canton und Bistum Basel gemacht werden, kan ich nicht erfaren. Die meisten aus dem lezteren gehen nach Frankreich, nicht durch Basel, sondern gleich auf Befort oder Saint Louis. Die im ersten gemachte werden meistens nach Oesterreich auf Rheinfelden ꝛc. verfüret, und also auch nicht durch Basel.

Hätten Sie es wol geglaubt, daß das Product der Käse einen so wichtigen Narungs- und Handlungs-Zweig für die Schweiz ausmachte? und solte es wol nicht der Mühe wehrt sein, daß auch wir auf Vervolkommung der Unsrigen dächten?

Basel, den 14 October 1763.

Von Neujar 1763 bis Neujar 1764
Unschlitt. 57663 lb. à 10 ß. . . . . 14365 fl. 30 ß. — Hl.
Schweine. 2990 St. gewogen 3817 C.
    oder 383700 lb. à 4¾ ß. . . . . 45348 · 13 · · 4
    (das Schmalz wird bei jedem Cent.
    gerechnet 10 lb. Also 38870 lb . Schm.)
Käse. 10636 Stük. à 35 lb.
    sind 265650 lb. à 3 fl. das Stük   31878 · — · · —
Butter. 459026 lb. à 21 bis 23 fl. der C. 100504 · 6 · · 5

                fl. 192096 · 9 · · 9

    1 Neuer Louisd'or hat 10 fl.
    1 fl. hat . . . . 40 ß.
    1 ß. hat . . . . 12 Hl. oder 1½ kr.
    1 Centner hat 100 lb.
Es ward an Butter geliefert an den beiden geringsten Markttägen ( den 21 Jan. — 2573 lb.
    an den beiden stärksten . . . . . . . . . . . . ( den 4 Febr. — 2743 ·
                               ( den 17 Jun. — 17892 ·
                               ( den 22 — — 15400 ·

                                      — R. C.

## Fünf und vierzigster Brief.

Mein Herr,

Es ist war, die Fruchtbarkeit vieler Gegenden in der Schweiz, und die Vortreflichkeit ihrer Wiesen ist etwas diesem Lande, vor unzählbaren andern, vorzüglich eigenes. Die Fettigkeit und Vielheit seiner Käse, Butter, und Milch zeigen es; und der Ueberfluß der letztern, worauf sich der der erstern gründet, erregt Verwunderung. Er fällt besonders in die Augen, wenn man im Bernischen nach Milchzukker fraget. Ihnen ist bekant, wie vielmal ein Pfund Milch man nöthig hat, um ein Pfund des Zukkers machen zu können. Haben nun aber Sie Luß, so kan ich Tonnen vol davon kommen lassen, und es wird auf Ihren Wink beruhen, wie viel hundert Pfund sie schwer sein sollen. Wer solte wol einem Ländchen, wie der Canton Glaris ist, eine solche Wichtigkeit in seinen Auskünsten zutrauen, als ihm doch sein Akker- und Wiesen-Bau und seine Viehzucht giebt? Ich kan mich nicht enthalten, hier anzuführen, was Gruner (a) davon schreibet: „Die Eisberge von Glarus — sagt Er — sind an ihrem Untertheile sehr fruchtbar. Solte es Jemand denken, daß ein Land von ohngefär 11 Stunden in der Länge und 9 Stunden in der Breite, und das, auser 2 engen Thälern, fast aus lauter Eisbergen zusammengesezt ist, bei 15000 Stuk grosses Vieh, ohne der Schafe und Geise zu erwähnen, ernähren, und doch noch 10000 Morgen Landes enthalten, und auf jeden Morgen Landes 30 Gulden Gewinst rechnen, folglich, mit Einschluß des Ertrages vom Vieh, järlich 3090000 Gulden abwerfen könne? —“

Es ist demnach war, sage ich, daß die grosse Fruchtbarkeit, wie dieses, so der meisten übrigen Cantons, ein natürlicher Vorzug ist, dessen wir uns für unser Churfürstentum nicht rühmen können. Die Lage der Ländereien und Wiesen an und unter so sehr hohen Bergen, die uns fehlen, ist ohne Zweifel der Hauptgrund davon. Allein, die Kunst, die unermüdete Arbeit, thut zugleich das ihrige, diesen Vorzug geltend zu machen, und, wo dieser fehlet, ihn zu ersezen.

Zu diesem haben demnach wir unsere Zuflucht zu nehmen, wenn wir wünschen, unserm Akkerbau ein mehreres Gewicht, und unsern Wiesen den grün-bunten Schmuk zu geben, womit die Schweizerischen prangen. Das Leztere zu leisten, finde ich 3 Mittel, die man hier mit Erfolg angewandt hat. Nämlich 1) das Besäen mit den besten Futterkräutern, worunter vielleicht die Luzerne, Luserne, der Schnekken- oder Spargel-Klee', Medicago sativa Linn. (b) und dan die Esparcette, Hahnenkam, Hahnenkopf, türkischer Kle-

Q q 2

berklee, Hedyſarum Onobrychis L. (c), deren erſtes in Frankreich und Spanien, und letz-
teres in Frankreich, England, Böhmen, und Siberien zu Hauſe ſein ſol, die beiden vornehmſten ſind.

Es iſt mir hier ein zu Carlsruh herausgekommener, über den Anbau dieſer und anderer ſolcher Pflanzen ſehr artig, erfarungsmäßig, und doch kurz, und in einem dem gemeinen Mann verſtändlichen, einfältigen Styl geſchriebener, Tractat in die Hände gefallen,
den ich Ihnen, weil er geleſen zu werden verdienet (d), mitbringen werde. Die darin
angerühmten Samen ſind bei einem dortigen Kaufmann, Samuel Lauer, zu erhalten. —
Das andere Mittel 2) iſt, die zu trokken gelegenen Wieſen zu wäſſern, wovon ich Ihnen
ſchon in einem meiner vorigen Briefe etwas geſagt habe; und das lezte 3) beſtehet darin,
daß man die Aekker und Wieſen nicht immer dieſelben ſein laſſe, ſondern ſie verändere, und
wechſelsweiſe eine Zeitlang, bald als Aekker, bald als Wieſen bearbeite und gebrauche.

Mit Hülfe dieſer 3 Mittel, die uns nicht unmöglich, und für die meiſten Gegenden
nicht einmal ſchwer ſind, würde, nach meiner geringen Einſicht, bald alles eine lebhaftere
Geſtalt gewinnen: unſerer Milch und Butter würde mehr, und beides ſchmakhafter werden, und, bei weiter getriebener Erſparung dieſer leztern aus der Haushaltung, die das ſo
leicht zu erzielende Nus-öhl uns thunlich machen könte, würden wir fettere und beſſere Käſe
gewinnen. Ich überlaſſe, ohne weiter etwas hinzuzufügen, dieſen Vorſchlag Ihrer, und
Ihrer Freunde, Ueberlegung, die ihn beurtheilen können. Uebrigens werden Sie aus folgenden kurzen Erzählungen, wie man mit dem Akker und Wieſen-Bau im Canton Bern zu
Werke gehet, mehr Licht erhalten, als ich, für mich, Ihnen darüber geben könte. Der gelehrte Prediger zu Stettlen, Herr Daniel Sprünglin, hat die Gütigkeit gehabt, meine Neugierde nach dieſem Punct, durch einen eigenen Aufſaz, zu befriedigen. Hier iſt er:

„Da das Land in unſerm Canton von ſehr ungleicher Beſchaffenheit iſt, ſo erfordert ſolches auch eine verſchiedene Bearbeitung und Nuzung. Einiges iſt vorzüglich zum
Wieſenwachs aufgelegt, welches niemals mit Getreide beſäet noch geakkert wird; und ſolches iſt von zweierlei Art. Es giebt Wieſen, die mit gutem Waſſer beſtändig können gewäſſert werden, dergleichen an vielen Orten ſich befinden: dieſe werden nicht gedüngt, noch um-
geakkert, als in dem ſeltnern Fall, wenn die Gras-Arten auf denſelben allzu ſehr ſich ver-
ſchlimmern, und ſchädliche oder unnüze Pflanzen überhand nehmen, welchem Uebel durch
Rürung und Erfriſchung des Bodens muß abgeholfen werden. Es giebt aber auch eine Art
beſtändiger Wieſen, die nicht gewäſſert werden, und dennoch allezeit ein häufiges, kräfti-
ges und herrliches Gras geben, welches der Art des Bodens und den häufigen Befeuchtungen
durch Thau, Nebel, und den Staubregen zuzuſchreiben iſt; dergleichen ſind viele in den

---

(c) Daſelbſt 196 S. nebſt Fig.
(d) Unterricht für den Baaden-Durlach-iſchen Bauersmann, wie er die 4 vornehmſten Futterkräuter, als ewigen Klee, Cicarcette, breiten Klee, und Ditrüben pflanzen und benuzen ſol. Carlsruhe. 1762.

Thälern der höhern Gebürge, oder in den Oberländern, die des Jares oft eine vierfache Nuzung in Gras geben, und bei denen die Kunst und Arbeit der Menschen nichts thut, als daß
sie zuweilen, obwohl selten, ihren überflüßigen Dünger über dieselben ausbreiten. Man
hat bei den Wiesen dieser Art beobachtet, daß sie nach der Umackerung schwerlich wieder
zum vorigen Graswuchse gelangen, und nur langsam.

Die zweite Art Land ist wegen seiner Natur, Lage, und Mangel des Wassers, oder
genugsamer Feuchtigkeit aus der Luft, weniger tüchtig zum Wiesenwachs, und erfordert deswegen mehrere Arbeit, die darin bestehet, daß es von Zeit zu Zeit gedünget und umgeackert
wird. Mit diesem nun wird es so gehalten: Ein gewisses Stük Feld oder Land, das entweder
seinen eigenen Besizer hat, oder von einer Communität besessen wird, wird in 4. 5. oder
6 Theile abgetheilt, wir wollen sezen, in 5 Theile. Bei einem dieser Theile wird die Arbeit angefangen, und solcher 2 Jare nach einander wohl gedünget, geäret, und mit Win-
tergetreide, Dinkel, Roggen, oder Weizen besäet; das dritte und etliche folgende Jare darauf trägt er gutes und, nach Beschaffenheit des Landes, mehreres oder minderes Gras,
welches entweder abgemähet, oder von dem Vieh abgeweidet wird. Mit den übrigen Theilen wird auf gleiche Art fortgefaren, bis daß man wieder an den ersten komt: wobei zu
merken, daß man, bei grossen und gemeinen Feldern, denjenigen Theil, welcher sol angesäet werden, das Jar zuvor schon umackert und brach liegen läßet, also daß, nach obiger
Abtheilung, ein jeder Theil 2 mal Getreide, 7 Jare Gras trägt, und 1 Jar brach lieget,
folglich der Kreislauf in 10 Jaren umgehet. Auf diese Weise trägt freilich das Land fast
beständigen Nuzen, obschon der Graswuchs an vielen Orten die lezteren Jare sehr gering
wird; darum auch hier viele Verbesserungen könten gemacht werden: z. E., der Kreislauf solte
nicht zu viele Jare erfordern, der Dünger nicht gesparet, die Erde besser gerüret, verschiedene Klee-Arten gesäet werden, und dergleichen. Insonderheit solten die gemeinen Felder
zu eigenthümlichen gemacht, und aller Weidgang auf denselben unterlassen werden; so würden sie doppelt so viel und noch mehr abtragen.

Eine dritte Art Land, dergleichen bei uns genug ist, ist noch viel schlechter, und
wird fast allein zum Ackerbau genuzet, obwohl mit vieler Arbeit und Unkosten; solches wird
4 oder 5 Jare nach einander, bald mit Winter- bald mit Sommer-Getreide, angesäet,
und wann es ziemlich erschöpft worden, so läßet man es einige Jare ruhen, da denn freilich ein geringes und mageres Gras darauf wächst, welches aber nur abgeweidet wird.
Dieses Land wird vornämlich in Absicht auf den Getreidebau gearbeitet, und nicht zum Wiesenwachs.

Es wäre noch vieles über diese Materie anzumerken, welches ich, Kürze wegen,
übergehe; solten Sie aber über das eine und andere mehrere Erläuterung begehren, so
bin ich bereit — — . "

Nun ist noch übrig, mein Herr, daß ich Ihnen ein Wort von dem Pfluge sage, dessen sich die Schweizer bedienen. Und es brauchet im eigentlichen Verstande nur ein Wort

zu sein, da derjenige, welchen ich gesehen, keine Vorzüge vor dem unsrigen hat; nicht für die meisten unserer Gegenden nöthig noch brauchbar ist, und sich vielleicht nur allein für die hiesigen, die einen schweren und noch dazu steinigten Boden haben, schikket: daher er denn 6 bis 8 Ochsen erfodert, um bewegt zu werden, und noch einen zweiten Menschen, der immer hinten nachfolget, und die grossen Erdschollen, so übrig geblieben sind, entzwei schlagen, oder, an steilen Bergen, dem Pfluge zur Seite gehen muß, um ihn zu halten, daß er nicht umfalle.

Sonst ist noch zu bemerken, daß man allerdings mehr Arten von Pflügen in der der Schweiz habe, die ich aber nicht in der Nähe gesehen, und noch weniger von ihrem verschiedenen und besondern Gebrauch etwas weis. Ich wil Ihnen derowegen nur von dem Gebrauche des obigen etwas erzählen, welches der Auszug einer schriftlichen Beantwortung der Anfrage ist, die ich einem Freunde wegen des Baselischen Pfluges gethan habe.

Der Baselische Pflug, sagt mein Freund, ist dem gleich, so im Canton Bern gebraucht wird, ja fast durch die ganze Schweiz, ausgenommen selbst um Basel herum; da ist er anders eingerichtet, in diesem Stükke, daß das Brett bei uns (in der Schweiz) Riestern (in unserm Lande das Streichbrett genant) fest gemacht ist, in dem Canton aber und in allen bergigten Gegenden solches beweglich gelassen wird: da denn jedesmal, wan eine Furche gefaren ist, und man die folgende, welche immer dicht an die erste gefaren wird, ziehen wil, solches von der einen Seite auf die andere angemacht werden muß, so wie man, zu eben diesem Ende, auch das vordere Eisen, das Sägeisen genant, von einer Seite zu der andern wenden muß. Allein dieses ist eben keine kommliche (gute, bequeme) Eigenschaft des Baselischen und übrigen Schweizerpfluges, sondern eine nohtwendige, weil man bergigtes Land nicht anders faren kan, als Furchen hart an Furchen, da denn das Land immer herunter gefaren, und immer verringert wird; da hingegen in ebenen Landen an dem Pfluge nichts braucht geändert zu werden, weil man den Akker von einer Seite zur andern faren kan, folglich das Land einmal zusammen, das andere mal von einander säret, da denn der Akker immer die gleich Masse Grund oder Erde behält; in den bergigten Aekkern aber gehet von oben, durch die Nohtwendigkeit des obbesagten mit beweglichen Riestern und Sägeisen versehenen Pfluges, allemal, wan er gefaren wird, eine Furche breit Erde verloren, welche aber wieder vom obern Akker genommen wird, und zu diesem wieder eben eine solche von dem darüber gelegenen, und so fort. -- Der oberste Akker komt in Zeit von 30 Jaren in Abgang, wo man nicht alle Jare zu oberst frische Erde hinfüret. Der Pflug also, den Sie in der Schweiz sehen, und welcher der gleiche mit unserm Canton-Baselischen ist, ist nur in bergigten Landen gebräuchlich, und zwar aus Noht, weil man die so genanten Flaschenpflüge, da das Brett, Riestern, unbeweglich ist, nicht brauchen kan. Diese leztern Pflüge habe ich auch in dem vordern Frankreich im Gebrauch gesehen. “ — So weit mein Baselischer, oder vielmehr Diegtenscher Freund. —

Dies, glaube ich, wird Ihnen, mein Herr, hinlänglich ſein, um ſich von dem Nuzen ſo wohl, als von der Unbequemlichkeit und Rohtwendigkeit zugleich des Gebrauches dieſes Pfluges für die ſchweren ſteinigten und bergigten Gegenden der Schweiz, und von der beſondern Einrichtung deſſelben einen Begrif zu machen, dadurch er von den gemeinſten unſrigen ſich unterſcheidet.

Verlangen Sie aber, ihn noch näher kennen zu lernen, ſo kan ich Ihnen eine umſtändlichere Beſchreibung ſeiner Zuſammenſezung, und eine Zeichnung davon, bei meiner Zurückkunft vorlegen (e), die ich der Gütigkeit des Stettliſchen Predigers, Herrn Sprünglin ſchuldig bin, die ich aber hier zu copiren nicht Zeit, noch fürerſt für nöthig gefunden habe.

Zwei Anmerkungen will ich nur noch hinzufügen. — Man pflüget in dem Schweizerlande mehrentheils mit Ochſen, und hält lange nicht ſo viel Pferde, als wir thun. Sehen unſere Landwirte dieſen von den Schweizern, durch die Erfarung, bewärten Vortheil nicht ein? Nimt nicht ein Ochſe mit weit geringerm und wenigerm Futter fürlieb, als ein Pferd? Der Haber, welcher dieſem unentbehrlich iſt, raubt der uns nicht einen groſſen Theil unſerer Aekker, die wir für unſern Unterhalt zum Korn noch nöthig hätten? Und iſt ein 4, 5, 6 jähriger Ochſe, nach allen geleiſteten Dienſten, die, auſſer weiten und geſchwinden Reiſen (f), wir nur irgend von den Pferden erhalten können, nicht noch zulezt in der Haushaltung zum Verſpeiſen brauchbar? Wäre es nicht auch für uns vortheilhaft, und in vielen Gegenden thunlich, daß wir mehrere Ochſen und dagegen wenigere Pferde hielten?

Meine zweite Anmerkung gehet mehr die Schweiz, als uns, an. Das Abpflügen und Erniedrigen der obern Ländereien, die, bei der hieſigen Art des Pfluges und ihn zu gebrauchen, unvermeidlich iſt, misfällt mir. Sezt ſich die herab gearbeitete Erde gleich unten an, ſo iſt ſie doch hier überflüſſig und unnütz, und oben wird ſie vermiſſet. Sie von unten wieder hinauf zu füren, das wird wol an den meiſten ſteilen Bergen unmöglich ſein; und wo will es denn mit einer ſolchen beſtändigen Abnahme der Aekker in ihrer Grundfläche zulezt hinaus? Ueberdem ſo iſt es, eines Theiles, eben die Höhe der Berge, die, indem ſie die aus den anſtoſſenden Wolken und Dünſten eingeſogene Feuchtigkeit ihren Seitenflächen zurinnen laſſen, den Aekkern Fruchtbarkeit giebt; andern Theils, ſo iſt es die Fettigkeit der obern Erde ſelbſt, die dieſes leiſtet, da ſie durch das aus der Luft empfangene

---

(e) Zur Anſicht für die Neugierigen, habe ich ſolche Beſchreibung und Abbildung des ſchweren Schweizerpfluges 1765 in Unſer Intelligenzcomtoir geſchikt. A.

Im Pays de Vaud hat man Pflüge mit doppeltem unbeweglichen Streichbrett. — F. Z.

(f) Eben hierin liegt die Urſache, welche uns noch hindert, auch von dieſer Seite unſere Landhaushaltung ſo vortheilhaft einzurichten, wie es die Schweizeriſche iſt. Unſere Bauern müſſen viel Herrndienſte leiſten; aber dieſe, ſo viel überflüſſige Pferde nöthig machen, ſuchet man jezo abzuſchaffen, wenigſtens zu verringern. Eine Weiſe, eine menſchenfreundliche Unternehmung, die, wenn ſie auch, wie ich nicht befürchten mag, ein erfolgſer Verſuch ſein ſolte, doch in jedem fülenden Herzen ein verehrungsvolles Andenken zurücklaſſen und auf unſere Nachkommen fortpflanzen wird. — N. Z.

Wasser herab und dem Lande zugespület wird. Nun wird aber, indem dies so unaufhörlich fortwäret, der Zufluß des natürlichen Düngers von Jaren zu Jaren weniger, und die Nohtwendigkeit einer stärkern künstlichen Düngung der unteren Aekker immer dringender; die Höhe der Berge aber verringert sich almälig. — Was für Folgen hat man hievon zu erwarten? höchst verderbliche, wo ich nicht irre, für die einzelnen Eigentümer der Ländereien zuerst selbst, und dan auch für das Ganze (g).

Haben daher die Schweizer nicht Ursache, der Erfindung einer andern Pflugart und dazu bequemen Pfluges nachzusinnen? Ich weiß nicht, ob wir auf eine ähnliche Weise unsere steilern Hügel bepflügen. Ist das, so gehet dieselbe Besorgnis auch uns an.

Basel, den 15 October 1763.

---

(g) Was Sie besorgen, — schrieb mir dorther ein Freund 1766 — wegen den steilen und abhangenden Feldern, das hat auch ein jeder Schweizer als etwas unvermeidliches beobachtet: deswegen hat man in unserm Canton (Basel) den Schluß gefaßt, alle dergleichen Felder nach und nach zu Matland (Wiesen) zu machen; da denn der Rasen hindert, daß der Grund nicht herunter gespület oder gefaren wird; die ebenen und flachen Felder aber allein will man zum Fruchtbau behalten. — Und 1772 — Man färet immer fort die Feigfelder zu Matland einzuschlagen. — — Ich halte dafür, daß die Wassergüsse und Slagregen, wegen der abhängigen Lage unsers Cantons, uns überhaupt nöthigen werden, wo nicht alles doch das meiste Akkerfeld zu Matten einzuschlagen, um, wie es in einem großen Theil des Cantons Bern geschiehet, die Früchte in dem Matlande durch Aufbrüche zu erbauen, und so das Land, bald zu Matten, bald zu Feld zu nutzen: ein Unternehmen, welches, weil es vielleicht hundert Jare zu spät angefangen worden, erst unsere Enkel ausgeführt sehen werden. — —

## Sechs und vierzigster Brief.

Mein Herr,

Der Tag meiner Abreise von hier nähert sich mit schnellen Schritten; ich habe daher
dem Verlangen nicht widerstehen können, das ich hatte, die Gegenden um Basel noch einmal anzusehen. Es giebt hier einige beträchtliche Gärten, die, wenn man ihre mindere
Gröſſe ausnimt, es völlig an Kunst, und ziemlichermaſſen an Pracht denen Holländischen
und Hamburgischen gleich thun. Frägt man nach den Eigentümern derselben, so sind die
meisten Bandfabricanten. Solte man es glauben, daß ein so gering scheinender Artikel,
wie das Band, von solcher Wichtigkeit in der Handlung seyn könnte, daß dadurch so viele
Familien bereichert, und in den Stand gesezet werden könten, sich ansehnliche Häuser zu
bauen, kostbare Gärten anzulegen, Landgüter zu kaufen, und noch starke Capitalien zur
baaren Nuzung übrig zu behalten? Doch, dies ist noch das wenigste: die Menge der
Menschen, die dadurch auf den Dörfern bei den Stühlen ernähret werden, komt in weit
gröſſere Betrachtung. Man hat mir nämlich für gewiß gesagt, daß in Basel 13 dergleichen Fabriken sind, und wenn man von den mittelmäßigen die Rechnung machet, so hält
jede über 100 Stühle, und bey jedem Stuhle etwa 4 Menschen. 1300 mal 4 würden
also 5200 Menschen betragen, die von diesen Fabriken ihr Brod haben, worunter die
Färber noch nicht mit begriffen sind. Haben Ihnen, mein Herr, meine beiden lezteren
Briefe Lust eingeflöſſet, Bäume zu pflanzen, und den Acker- und Wiesen-Bau mit Eifer
zu treiben, so wird der gegenwärtige Sie vielleicht zu einem Bandfabricanten machen.
Meinetwegen füren Sie das eine und andere aus! Ich weihe Ihnen auch zu dem dritten
meine patriotische Wünsche.

Ich finde, daß nunmehro die Weinlese so gut als geendiget ist. Man bindet izt
die Stökke und Ranken von ihren Pfählen los, ziehet diese aus der Erde, und leget sie
mit den Reben selbst platt an die Erde hin, um diese gegen die kalten Winde zu schützen und
für den Frost zu verwaren, indem man sie auch noch mit Stroh zudekket. Man schneidet
hier das alte Holz nicht kürzer, als 3 bis 3½ Fus über der Erde, daher denn die Weinstökke
im Sommer 6 bis 7 Fus hoch wachsen.

Bei Liechstahl machet man sie nur von den Pfählen los, und läſſet sie dan frei umher hängen; im Pays de Vaud aber an den Pfählen aufrecht stehen.

Der Baseler Wein (a) ist weis, leicht und angenehm, und er würde in allen Ei-

R r

_____

(a) Der Baseler Wein, als gar zu schlecht, ist uns (den Bernern) nicht angenehm; selbst der Margaräfer
Wein, aus dem Durlachischen, würde nicht getrunken, wenn er nicht von den Reuten, obwohl izt selten,
angerathen würde. Im Jergäuw, da der Wein nicht in gutem Ruf stehet, wird der von Thalheim be-

genischaften noch besser sein, wenn man mehr Sorge für ihn trüge. Allein, so zapfet man gemeiniglich von ganzen Stückfässern, ohne sie wieder aufzufüllen, und ohne den Wein auf kleinere Fässer zu werfen, bis auf den Boden ihn weg (b). Und dieses hindert nicht, daß er nicht gut und trinkbar bleiben solte. Wenn ich von mir auf andere deutsche schliessen darf, so können wir ihn ohne Wasser vertragen, und, wie er ist, zum gewöhnlichen Getränke. Doch thun dieses die Baseler nicht. Es sei indessen dieser Wein so gut er wolle, so kan man nicht läugnen, daß man in der Schweiz überhaupt es mit dem Anbau desselben zu weit getrieben habe, indem man an Korn gar zu sehr Mangel leidet (c), und dieses aus dem Oesterreichischen, aus Schwaben, und Frankreich herzu füren lassen, ja, um es aus lezterm zu erhalten, oft heimliche und kostbare Mittel anwenden muß, da die Ausfuhr desselben in die Schweiz fast immer verboten ist, und dan nicht anders, als verstohlener Weise, geschehen kan (d). Diese üble Folgen haben auch schon die Obrigkeiten eingese. hen, und darum in manchen Gegenden die weitere Ausbähnung der Wein-Cultur verboten (e). Ob sie im Canton Lucern etwa gänzlich verboten sey, weiß ich nicht; aber ich habe da keine Weinberge gesehen, und man trinket da lauter Elsasser-Wein: vermuthlich, weil der aus dem Pays de Vaud und von Neuchatel zu kostbar kömt (f), der der be-

---

Marggräfer Wein ganz gleich geachtet. Der weisse Neuenburger Wein von gewissen Orten wird im zweiten oder dritten Jare für einen der gesundesten gehalten. Der zu Culli, der zu Aigle, sonderlich zu Ivorne, imgleichen die übrigen in la Vaux sind zu feurig, der meiste in La Cote zu sett, weswegen man ihn gern abliegen lässet. — F. Z.

(b) Der Wein wird niemals aus Stükken bis auf den Boden gezapft; er würde sich nicht halten, sondern, wann das Faß bald leer, wird er auf ein kleineres gezogen. Es giebt wol einige Wirte, welche entweder aus Unwissenheit, oder aus Mangel der Fässer, ihren Wein aus grossen Stückfässern forttrinken; allein, der weit grössere Theil lässet solchen allemal, wan das Faß bald leer, in kleinere zapfen, da sich der Wein also weit besser hält. Die Weinschenken aber müssen solchen aus demselben Faß nehmen, bis auf den Boden, weil ihnen der Wein wegen dem Umgeld versiegelt ist. Allein, da ist zu merken, daß das grösste Stückfaß in 4 oder 8 Wochen leer ist, da denn, diese Zeit über, der Wein nicht verderben kan. — F. Z.

(c) Der Weinbau schadet dem Kornbau nichts, weil jener meist an Bergen, als zum Kornbau untüchtig, ge. pflanzt wird. Und wenn sich Reben im platten Lande befinden, so ist es gemeiniglich in Kieselboden u. m. welcher zum Korn nicht taugt. Um die Stadt Basel herum fängt man an, die Reben stark auszuhocken, weil der Bau dem Bürger zu theuer zu Reben komt, da er aller durch fremde Arbeiter verrichten lassen muß. Dagegen aber werden Matten gemacht, da das Futter für Pferde hier sehr theuer bezahlet wird.— F. Z. v. 1766.

(d) Die Ausfuhr des Korns aus dem Elsas nach der Schweiz ist uns (1764) durch ein Königl. Patent bewilligt, und wird auch eine ungeheure Menge herbeigefarren, so daß man der Einfuhr aus Schwaben völlig entbehren kan. — F. Z.

(e) Es ist in unserm Canton (Basel) bisher verboten gewesen, Reben noch anzulegen; allein, wirklich ist bewilliget, zwischen Basel und Liechstahl neues Rebengelände anzulegen, maassen der Wein seit verschiedenen Jaren bei uns sehr gestiegen ist. — F. Z. v. 1766.

(f) Im C. Lucern sind darum keine Weinberge, weil der Wein zu schlecht wird, und sie trinken meist Elsasser, weil dieser am wohlfeilsten ist. — F. Z.

Die Gewonheit, glaube ich, gebe im T. Lucern dem Elsasser Wein den Vorzug. Der Preis, sonderlich von Neuchatel kan nicht wohl viel unterschieden sein, da alles auf dem Wasser bis Marburg, nur eine Stunde von den Lucern-Stänzen, geht. Die, so des Elsasser-Weins nicht gewonet sind, können ihn, wenigstens den in den Wirthshäusern, nicht wohl trinken; er ist ein Kopfbrecher, sonderlich der Weisse, der stark geschwefelt wird, damit die Enbleute, wie sie es, auch thun, unter Weges allen Abgang

nachbarten Mit-Cantons aber sich nicht wol verfaren läßt. Im C. Uri ist der Anbau von der Natur selbst untersagt worden. Das Pays de Vaud aber setzt ihn uneingeschränket, nach jeden Eigenthümers Gutdünken, fort, und mit Rechte weil der Wein daselbst von so vorzüglicher Güte ist, und seine Stelle besser, als irgend ein Getreide ihnen könte, bezahlet. (g)

Bei Iverdon und auf den Hügeln des Jura, sind die Weinstöcke, wie im Pays de Vaud, sehr niedrig gezogen, und da habe ich keine höhere, als von 3½ Fuß, gesehen. Vielleicht giebt diese Niedrigkeit, wegen der Hitze von den von der Erde zurückprallenden Sonnenstralen, den Trauben eine vorzügliche Reise: denn, die meisten sitzen ganz unten am Stok, und hangen bis selbst auf die Erde herunter. Ueberdem, ersparet man hiebei eine Menge Pfähle, da viele Stöcke ohne diesen sind, und sich selbst halten.

In dem Strich Landes hingegen bei Genf, der Frankreich zugehöret, dem Pays de Gex, ist man an den meisten Stellen ganz von der Weise der Schweizer abgegangen. Da hat man in den Gärten zugleich seine Absicht auf Seide gerichtet, und, in der Entfernung von etwa 15 bis 18 Fuß von einander, weiße Maulbeerbäume gepflanzet, und nahe um jedweden 3 oder 4 Weinstöcke. An den Pfählen, die man dabei gestekket, und zwar so daß sie gegen des Baumes Krone gelehnet stehen, klettert bis in diese der Wein hinauf, und befestiget sich sehr gut. Eine oder ein Paar der längsten Ranken ziehet man dann aus der Krone von einem Baume zu dem andern, welches ungemein artig aussiehet; oder man setzet auch noch wol zwischen die Bäume niedrige Reben, die wie Hellum wachsen. Und so ist denn der ganze Garten mit geraden Reihen Bäumen, und zugleich Wein bepflanzet; der Raum aber dazwischen wird auch noch genutzet, und muß Kohl-, Rüben und dergleichen tragen. Die hiezu nöthige wiederholte Umarbeitung des Erdreichs giebt dem Boden nun eine besondere Lokkerheit, welche so sehr den Bäumen, als den Rebstöcken zu gute komt. Diese haben von jener ihrem Schatten nichts zu befürchten, da die Bäume zur Ernärung der Seidenwürmer immerfort abgeblättert, und oft ganze Zweige davon weggeschnitten werden. Also hat man hier Baum-Wein- und Gemüse-Gärten in eins: eine Einrichtung, die mir überaus sehr gefallen hat, deren Werth indessen nur diejenigen Oeko-

R r 2

---

mit Wasser ersetzen können. Den rothen kaufen sie eben nicht von den feinsten; in den Wirtshäusern wird er übel besorgt, ist entweder recht rauhen Geschmaks- oder wie sein lauter. — F. Z.

(g) Der Stand Bern hat wiederholtermalen im Pays de Vaud die Anpflanzung mehrerer Weinberge scharf verboten, selbst die Enträumung der wieder das Verbot gepflanzten befohlen; es ist aber immer ohne Vollstreckung geblieben, weil dem Landvoigt von den Unterbeamteten solches nicht angezeigt wird. Die Grundstükke kommen in die 2. 3. 4te Hände; der letzte, als Besitzer beim Adel will nicht verlierren; der, welcher strafbar wiederhandelt hat, ist nicht im Stande den Schaden zu ersetzen, oder ist tod, u. s. f. also daß man Rücksicht hat. Indessen leidet man, sonderlich im Amt Nion, oft Mangel an Getreide, weil, so zu sagen, aller Dünger aus den wenigen Wiesen in die Weinberge verwendet wird — —. F. Z.

misch bestimmen können, die Gelegenheit haben, sie mit andern in der Schweiz und sonst aufgenommenen zu vergleichen. (h)

Da ich den heutigen Tag einmal dem Spazierengehen gewidmet, so bin ich auch noch nach dem in der Nachbarschaft von Basel gelegenen, und wegen der vormaligen großen Schlacht berühmten Dorfe, St. Jacob (i) gewandert. Ich habe hier in dem Gries, womit die das Land zu überschwemmen gewonte Birse die Gegend dahinter bedecket, nach Versteinerungen gesuchet. Wer astroitische Corallenschwämme haben will, kan sie hier in großen und kleinen Stücken, und in unglaublicher Menge finden. Conchiten und Ammoniten sind, selbst in Spuren, viel seltener. Einige achatische Kiesel trift man wol an. Es sind mir auch ein paar Steine von der Art in die Hände gefallen, deren ich gegen Sie in meinen Briefen, unter dem Namen von Kieselmassen, so oft erwähnet. Stellen Sie sich, mein Herr, mich vor, wie ich unter einem Baume an der Birse sitze, und den Gruner aus meiner Tasche ziehe, um darin nachzuschlagen, was Er von dieser in der Schweiz so gemeinen, von mir aber sonst nirgendwo beobachteten Steinart saget.

Ich finde mehr bei ihm, als ich gesuchet; Er hat nicht nur nicht diese Steine übersehen, er hat auch alle übrige Steinarten angemerket, die in den hiesigen Gebürgen stekken. Er giebt von dieser ihrer Verschiedenheit eine so klare Idee, daß ich nicht wohl thäte, wenn ich nicht einen Auszug aus seinen Nachrichten machte und hier niederschriebe.

"Die Felsarten woraus die Berge der mittägigen Schweiz bestehen, sind, sagt Herr Gruner, (k) nach ihrer mehreren Vielheit anzuführen

1) Und am meisten Kieselartige Fels- und Sandsteine, davon viele eisenhaltig sind, dan

2) Quarz-artige oder Geisberger,

3) Schieferigte von verschiedener, besonders blaulichter und schwärzlichter Farbe,

4) Der Stein (wovon ich hier reden will,) den Hr. G. Nagelflühe nennet, der in andern Ländern selten oder gar nicht zum Vorschein kommt, aus lauter mittelmäßig großen Kieseln zusammengesetzet, und mit einem Sand-(nicht lieber Leim-?) Pflaster zusammengemauert ist, aus welchem aber meist Hügel-und kleinere Berge bestehen,

5) Gneis-oder Kneist-Steine, die einen zarten Sand zum Grunde haben, und mit Quarz-Glimmer-Talttheilen vermischet sind,

6) Die Topf-oder Lavezsteine, von denen in der Schweiz ebenfalls ganze Felsen

---

(h) Diese Art, einige Reben, im Pays de Gex, bei Maulbeerbäume zu pflanzen, so auch in etwas von da bis Nion eingeführet ist, hat auch mir sehr wohl gefallen. Man nennet sie Hutins. Die Obrigkeit, um dazu anzufrischen, hat, wenn der Zwischenraum mit Getreide bepflanzet, die Reben von dem Zehenden befreiet, und nimt ihn nur vom Getreide.-- J. J. 1769.

(i) Herrl. 1 S. 129 — 130. T. 82.
    Basel. Merkw. 5. St. 3. T.
       Und 6. Et die Taf. von klein Hüningen.

(k) Im 3ten Bande, 8 — 10. S.

gefunden werden. (Hier ist des Giltsteines nicht erwähnet, der aber von dem Lavez-steine ohne Zweifel eine blosse Abänderung ist.)

7) Die Kalch-arten, die vom Ganzen ohngefär ein Drittheil ausmachen, und wo-von, nach der Reihe, den grösten Theil betragen 1) Marmor, 2) Gyps, 3) Kreidear-ten, (welche wol eben nicht die ächtesten, sondern vielleicht feine Mergel fein mögen: denn, auch Feuersteine habe ich auf meiner ganzen Reise nicht angetroffen.) 4) Alabaster, 5) Spaht-arten.

Die höchsten Gebärge bestehen (I) aus Glasarten, nämlich Geisberger, der aber oft hinter einem Vorgebürge, oder nur Vorwand von Sand-oder einem andern Felösteine versteckt ist; ja, oft scheinet der ganze Fels sandsteinigt, und ist doch inwendig quarzigt. Dan folgen, in minderer Höhe, Kalkarten, dan Sandarten, dan Schiefer, dan Nagel-fluhe. Aus dieser leztern bestehen die Berge des besten Theiles des Lucerner-Gebietes und der Bernischen Landschaft Emmenthal. — „ So weit Herr Gruner, und so weit meine Lection an dem Ufer der Birse. —

Jezt schlage ich in meinem Quartiere, den lehrreichen Scheuchzer nach, und finde auch bey Ihm (m) etwas von meinen Kieselmassen. Er sagt nämlich, indem er von wahren und falschen Marmorn handelt. " Marmor calcareum varium, Wagneri, ist eine Art Nagelfluæ, oder Nagelfels, ein aus vielen Kieslingen zusammengebakter Stein, der sich, gleich einem Marmor, wie bei einer Säule in der Wasserkirche zu Zürich zu sehen ist, poliren lässet. „ (Dies Poliren wird und kan nur mit einigen Arten angehen.)

Sie werden sich erinnern, mein Herr, wie viele höchst mürbe Stükke, ja ganze Felsen von diesen Kieselmassen, die ich nun Nagelfluæ nennen werde, ich hin und wieder angetroffen habe. Die waren, in der That, zu nichts weniger, als zum Poliren, geschikt. Aber, auch aus diesen, welches die ersten waren, die mir zu Gesicht gekommen sind, wer-den Sie sich erinnern, daß ich die Vermuthung zog, daß, nach Beschaffenheit ihrer Lager-stätte, ein sehr harter Fels daraus werden könne, ein Fels, der an Härte und Dauer-haftigkeit dem bekanten Engländischen Puddingstone gleich kommen, und nur in Ansehung des Leimes, der die inliegenden Kiesel zusammenhält, und der in diesem feuersteinigt, in jenem, der Nagelfluæ, vermuthlich thonigt, leimigt, oder mergeligt ist, von ihm, dem Puddingsteine, verschieden sein werde. Hierin habe ich mich nun nicht betrogen, da sich mir die Nagelfluæ von der unvollkommensten mürbesten, bis zu der vollkommensten, durch und durch festen und härtesten Art, durch alle Stufen hindurch gezeiget hat. Die welcheste und schlechteste darunter, welches die erste ist, so ich kennen gelernet, war die, wovon ich Stükke bei Baden aufgelesen.

(I) Nach S. 10. 11.
(m) Nat. Gesch. 3. Th. 131. S.

Eine beſſere fand ich bei Altorf in Uri; den Pfeiler in der Zürichſchen Waſſer-
kirche habe ich nicht geſehen, dagegen aber ein Paar andere vor einem Zeughauſe zu
Bern gefunden, deren Materie wie zuſammen gefloſſen, und faſt ſo ausſah, als ob ſie ganz
und gar aus einer und derſelben Subſtanz wäre: dieſe Art übertraf alſo noch die vorigen
beide; und endlich, iſt das eine Stük der Nagelflue, ſo mir mein Spaziergang an der
Birſe verſchafet, vollkommener, als ſie alle, ſo daß ich weiter nicht nöthig haben werde,
davon etwas zu ſagen. Eine Spielgattung von der gemeinen Nagelflue iſt aber ein anderes an der Birſe gefundenes Stük, ſo aus Eiſenocher, Sande und kleinen weiſſen Bach-
Kieſeln zuſammengeklebet iſt. — So, mein lieber Freund, gehet die ſtets geſchäftige Natur zu Werke. Hier reiſet ſie Felſenſtüke aus ewig-ſcheinenden Gebürgen los; Bäche, die
ſchäumend dahin ſtürzen, zerreiben ſie zu ſtumpfen Scherben, oder gar zu Gries und Staub;
nun hat ſie es mit einem Theil von ihnen auf den höchſten Grad der Zerſtörung gebracht;
nun machet ſie dort aus ihnen neue Felſen wieder, und Nagelflue (n). So unaufhörlich
wirkſam bezeiget ſich dieſe Dienerin der Almacht, deren Daſein, ſie möge ſchaffen oder vernichten, ſie beweiſet!

---

n) Der Herr v. B., von dem ich hin und wieder ſchon ſo viele ſchöne Bemerkungen eingeſchaltet, ſchrieb mir
d. d. Hildesheim den 4. Febr. 1767. über die Nagelflue folgendes:
"Sie urtheilen, nach meinem Sinn, vollkommen richtig, daß dieſe Kieslinge, aus welchen die
Nagelflue zuſammen geſezet iſt, von höhern Bergen abgeriſſene und durch das Waſſer abgerollete Steine
ſeyen. Man findet die gleiche Steinart in Alpen, und ſogar, doch ſelten, abgerollten Criſtall darin; die
meiſten obern Steine ſind indeſſen Kalkſteinartig, die untern gemeiniglich Kieſel, und dieſe Steien noch
zuweilen in dem unter ſelben liegenden verhärteten Sandſchieren oder Sandſtein; dieſer Sandſtein iſt das
im Kleinen, was der Nagelfels im Groſſen iſt: zudem ſind ſeine Körner alle quarzartig, und ohngefähr von
gleicher Gröſſe. Er ſcheinet aus abgerollten Grießbergerſteinſtükchen entſtanden zu ſein. Der häufige und
untergewachſene Glimmer machet dieſes noch wahrſcheinlicher, beſonders aber die Lage dieſer Steine. Zu-
nächſt bei den Alpen finden ſich groſſe abgeriſſene Felsſtüke; weiter davon, als in dem Canton Zug,
Nagelfellen von groſſen abgerollten Steinen, die mit kleinen untermiſcht ſind. Weiter hin, in dem Canton Zürich und in dem Turgäu ſind ſie kleiner, und an dem Bodenſee ſtreichet überall die Sandſteinſchicht
unter dieſer dort zu gemeinen Steinart hervor. Dieſes iſt nur, im Groſſen davon zu reden. Denn, man
findet ſchon Kieſelmaßen von mittelmäßigen Steinen bei Altorf, und auf der andern Seite des Gotthards
bei Locarno. Allein, dieſe Steinart findet ſich dort nur in ſchmählen Thälern und in keinen beträchtlichen
Schichten, ſie iſt härter als die weiter abgelegenen, und ſie laſte, daß ſie von einem andern und ſpätern
Urſprung ſei, als die weitre in das Land ſtreichenden Nagelfelsſchichten. Von dieſer leztern will ich Ihnen
nun etwas mehr ſagen. Sie ſind, ſo viele ich geſehen, alle entweder mit einem ſehr kalkartigen Mergel,
oder mit einem eiſenſchüßigen rothen Thon bedekt, der die Matter des ſogenannten Bohnerzes iſt. Hieraus läſſet ſich, wie mir ſcheinet, die Zuſammenhaftung und Erhärtung dieſer Steinart leicht erklären. Die
mit ſehr kalkartigem Mergel bedekte Nagelfelſen haben ihren Kütt dem Kalk zu danken. Sie wiſſen (und
ich erinnere mich in Kalms Reiſebeſchreibung und Weiers Buche vom Kalk geleſen zu haben) daß der
Kalk, angebrant und nur fein gemahlen, ſehr gut binde, und, ich ſelbſt weis es aus Erfahrung. Und es
läſſet ſich leicht begreifen, wie dieſer zarte Kalk darunter gekommen ſey; ich darf Ihnen nicht lange ſagen,
daß dieſes, theils durch das Abrollen der Kalkſteine und theils vermuthlich des durch die Mergellage dringenden und Kalktheilchen ſtehenden Waſſers, habe geſchehen können. — Die zweite Art mit eiſenſchüſſi-
gem Thone bedekte Nagelfelſen haben ihren Kütt hauptſächlich von dem Eiſen. Sie werden wol einen
dieſes beweiſenden Verſuch in einer Anmerkung des Hrn. Zimmerman, in Heutels kleinen mineralogiſchen
Schriften, geleſen haben. Das Eiſen, oder vielmehr der Roſt bindet ſehr. Ich habe einſt eine eiſerne
Glocke, wie man in der Schweiz den Kühen anhänget, in der Birſe gefunden; ſie war auſſen und innen
feſt mit kleinen Kieſeln umwachſen, und ein anderes Stük, das ich Ihnen beilege, in dem kleinen Fluß,

Mit diesem Briefe, habe ich den Entschluß gefaßt, mir einmal ein völliges Stillschweigen über die Materie von Steinen zu auferlegen, so wie dies Stillschweigen in Ansehung anderer Materien, wovon ich bisher mit Ihnen geplaudert habe, bald algemein sein wird. Denn endlich endigt man doch. Nur einmal müssen Sie mir noch erlauben, daß ich darin eine Ausschweifung begehe: und die wird vielleicht nicht gering sein. Ich kan dies mit so stolzen Gebürgen prangende merkwürdige Land nicht verlassen, ohne dem vermuthlichen Ursprunge der gethürmten Felsen nachzusinnen.

---

der Brister, eine halbe Stunde von hier, (Siehe, gegen das Ende, eine Anmerkung von mir, A.) woich übrigens sonst keine Nagelflue, wohl aber, auf einem nachherigen Spaziergange, nur eine halbe Stunde von hier, eine ganze Steinlage von dieser zusammengekütteten Steinart entlekt habe. Ich übergehe von allem diesen andere Beobachtungen, weil ich sie anzuführen nicht nöthig zu haben glaube, und weil ich überhaupt zum Schreiben nicht aufgelegt bin. Doch muß ich Ihnen noch einige besondere Sachen von dieser Steinart sagen. Ich habe an verschiedenen Orten zu Steinlelen gewordenes Holz darin gefunden, und dieses begreife ich ganz leicht. Aber, das begreife ich nicht, warum man so viele Kiesel, oder mehrere Kalksteine darin findet, die ordentliche Eindrücke haben, so als wenn sie einst weich gewesen wären. (Doch sind wol die meisten Kalksteine vorher ein Staub gewesen und aus einem Schlam erhärtet, wie solches besonders viele Petrefacten zeigen. A.) Man findet dergleichen wo andere Steine, wie in einer Scheibe, stecken, doch meist liefer als etwan ein viertel Zol tief. Ich kenne zwar nur eine einzige Gegend, wo diese zu finden, oder diese Gegend habe ich auch zum besten untersucht, und dergleichen Steine finden sich dort so häufig, daß ich eher, als in einer viertel Stunde, über hundert sammeln konnte. Allein, ich muß abbrechen. — — Sie werden demnach leicht einsehen, warum diese Steinart in der Schweiz so gemein, warum die Nagelfelsen nahe den den Alpen härter als andere seien, und noch hundert andere Dinge werden Sie bemerken, die ich vielleicht nicht einmal denke. — „

Auf den Einwurf von mir, daß ja, auf die angeführte Weise der Sandstein und die Nagelflue am Bodensee in einem umgekehrten Verhältnis, als anderwärts, lägen: erhielt ich von dem Herrn v. B. zur Antwort.

„Die Stein- und Nagelfelsen lagen an dem Bodensee verhalten sich wirklich so, wie ich Ihnen geschrieben habe. Diese ihre Beschaffenheit rührt, wie ich vermuthe, von ja verschiedenen malen geschehenen Ueberschwemmungen her; und die Lage der Tyroler und Schwarzwälder Gebürge machet dieses wahrscheinlich. Ich habe, von dem Bodensee aus, die Reise auf beide diese Gebürge gemacht, und auf jedem Schritt Wahrscheinlichkeit für meine Meinung gefunden. — „

Erwähntermaßen, hatte ich nie von Kieselmassen oder der Nagelflue etwas gesehen, ehe ich in die Schweiz kam. Aber itzt besitze ich Probstücke von dergleichen aus verschiedenen Gegenden Deutschlands, z. B., von Grunde auf dem Harz, von Ilefeld, von Dresden, und 8 oder 9 Abänderungen aus der Grafschaft Mansfeld (von der Gütigkeit meines schätzbaren Freundes, des Probsters Reinele zu Ober-Wiederstedt daselbst,) davon Lieberroth in seiner Abhandlung von der Bildung der Steine eine Erzählung giebt; endlich, um mehrere nicht zu erwähnen, ein Stük aus einem Bruch bei Friedberg in der Wetterau, das lauter Quarz-Kiesel enthält.

Das von dem Herrn von B. in der Brister gefundene Stük aber, das ein sufreundschaftliches Geschenk nun meine Sammlung zieret, und das die Zusammenküttung seiner Kiesel dem Eisenroß zu verdanken hat, ist gar zu sonderbar, als daß ich solches hier nicht noch besonders anführen solte. Es bestehet dieses aus einem länglichten Klumpen, ziemlich glatt abgerolleter Kiesel, in deren Mitte ein abgebrochener Zasten von einer, wie es scheinet, Mißgabel stecket, um welchen rund herum sich die Kiesel angeschmieget haben, und durch des Eisens Rost auf das festeste miteinander zusammen verbunden worden sind. An beiden Enden des Kieselklumpens ragt der eiserne Zasten hervor. — Aehnliche Beweisstücke von der zusammenküttenden Eigenschaft des Eisenrostes, hat Guettard, in den Memoires de l'Acad. roy. des sc. de Paris von 1763, und zwar in der Abhandl. von den Salieres, oder fälschlich sogenannten Salzsteinen, bekannt gemacht: da man nämlich in der Capuciner-Apotheke, St. Honoré-Gasse, einen in einem Schachte gefundenen Hammer aufbewaret, an dem sich viele Kiesel und Gries von verschiedener Größe angesezet, und deren Verbindung sehr feste ist; in dem Cabinette aber des Herrn Boisjoulain einen alten aus der Loire gezogenen Dolch, mit dem es sich eben so verhält, und zwei andere Stücke Eisen zeiget, wovon eines in der Seine gelegen hat, und welche beyde eben so überzogen sind. — —

Die vielen sonderbaren Lagen und Schichten, die ich an den Bergen der Schweiz, besonders an denen um den Lucerner-See und des Scheideggö beobachtet, haben mich überzeuget, daß sie vom Waßer zusammen geschlämmet sind; und ich finde mit Vergnügen, daß auch Gruner dieser Meinung ist. Dieser sagt, und beweiset, theils aus den Steinschichten, theils aus den Lagen der Versteinerungen, ohngefär wie, aus diesen, unser Göttingischer Hollman (o), daß die jezigen (Schweizer-) Gebürge in und durch Waßer (p) entstanden sind; wie auch, daß vormals die Schweiz mit dem Meere bedekt gewesen, welches die in dem Oberlande, und sonsten auf den erhöheten Gegenden der Schweiz, vorhandenen großen Lagen von Versteinerungen einer und derselben, mit anderen nie vermischten, Art unwiedersprechlich zeigen, so daß die Stellen dieser Lagen selbst für die Geburtsörter dieser Versteinerungen, und für die vormaligen Bänke, wo die Seethiere familienweise gewonet und gebrütet, zu halten sind. (Eben welches auch der Fall vieler Gegenden in Deutschland, und, unter andern, des Ufers an der Leine bei unserm Neustadt am Rübenberge ist, wo so viele platte Maßen vol Turbiniten (q), oder aber kleiner Muscheln, oder großer Austern, jede besonder, und meistentheils mit den beiden andern Arten unvermischet, stekken.) Dahingegen in den alleinigen 2 Oefnungen des, die Schweiz umfassenden, hohen Berg-Kranzes, nämlich bei Genf und Brugg oder Bruk, wo das ehemalige Meer-Ufer durchgebrochen und die Waßer abgeflossen sind, die Lagen der Versteinerungen nicht, wie jene, abgesonderte einzelne Familien und Bänke von einer besondern Gattung Meergeschöpfe enthalten, sondern Mengsale von unzähligen Arten durcheinander: zum Beweise, daß sie hier nicht in ihrem Geburtsorte, sondern von der fortströmenden Fluten-Gewalt hieher gerissen seien; — und die Veränderung des trokenen Landes in bewässertes, und, umgekehrt, des Schweizerischen bewässerten in trokenes, glaubt Herr G. während der Sündflut geschehen zu sein.

Mich dünkt, in dieser Beschaffenheit der Versteinerungslager, verglichen mit den Oefnungen der Gebürge, liege ein so klarer Beweis von der Entstehungsart der Berge rc. die Hr. G. behauptet, daß ich glaube, man müße sehr durch Vorurtheile geblendet sein, wenn man noch dawieder zweifeln wolte.

Aber, wie ist nun die Sündflut entstanden? Diese Frage erwarteten Sie wol nicht in einem meiner Briefe behandelt zu sehen; ich selbst auch nicht. Allein, sie hänget mit der von der Entstehung der Berge so feste zusammen, daß ich sie unmöglich davon trennen kan. Werden Sie nicht ungeduldig, ich bitte Sie; ich wil sie ganz kurz faßen.

Mir

---

Ich selbst, zum Schlus, fand vor vielen Jaren, in Holland, an der Nordsee bei Catwyk op Zee, Klumpen kleiner Seemuscheln, welche nicht weniger durch bloßen Eisenrost zusammen geleimet sind. A. — N.Z.
(o) E. S. C. Holmanni Comment. de Corporum marinorum lapidefact. origine, in Commentariorum Soc. Reg. sc. Gœtt. Tom. 3. ad annum 1753. pag. 235. seqq.
(p) Gruner, 3. B. 90 — 117. S.
(q) H. J. Bytemeister Catalogus Apparatus Curiosorum &c. Helmstadii. 1735. pag. 51. Tab. 14. Fig. 226.

Mir ist eine kleine Abhandlung über die Sündflut in die Hände gefallen, die Sie vermuthlich nie gesehen haben. Ich glaube, in dieser etwas Neues gelesen zu haben, und das wil ich Ihnen mittheilen, sonst würde ich lieber über eine so schwere Sache schweigen. Sie ist (r) von dem berühmten Micheli du Crèt, dessen ich bei den angezeigten Höhen der Berge so oft erwähnt: einem, wegen der Bernischen 1742. angesponnenen Conspiration berüchtigten, auf dem Schlosse zu Aarburg auf ewig in Gefangenschaft sizenden Manne. Die ihn persöhnlich kennen, rühmen, wie seine Leser, seine Gelehrsamkeit, Arbeitsamkeit, Scharfsin; tadeln aber seine hizige und unruhige Gemüthsart und, halb ein halb ander, seine Standhaftigkeit, seinen Eigensin. Seine Richter nennen ihn, in dem über ihn den 18. Aug. 1749. ausgesprochenen Urtheil (s), einen Friedensstöhrer, und Stifter bürgerlicher Unruhen; und er ist eben der, welcher, in dem Leßingischen Entwurf zu einem Trauerspiel, Samuel Henzi genannt, mit den schwärzesten Farben geschildert wird (t). Alles dieses hindert indessen nicht, daß Hr. Micheli du Crèt nicht unter den Philosophen unserer Zeit eine ansehnliche Stelle behaupten solte. — Doch, zur Sache selbst! —

Wenn Moses (u) erzählet, daß alle Brunnen der grossen Tiefe aufgebrochen wären und die Fenster des Himmels sich aufgethan hätten: so erklärt Herr du Crèt, wieder Burnet, den Ausdruk, der grossen Tiefe also, daß solche nicht bedeuten wolle, daß der Erdball inwendig bis zu seinem Mittelpunct vol Wasser, und dieses nur mit einer Erd-rinde bedekt gewesen, welche nun zerbrochen sei 2c. 2c., noch auch, gegen Andere, daß eine Menge mit Wasser angefüllter Höhlen in der Erde versteckt gewesen, die nun Rise bekommen hätten 2c. 2c., sondern er beweiset hingegen (v), daß unter der grossen Tiefe nichts anderes, als das Weltmeer verstanden werde. Die Brunnen aber des Weltmeeres müste man nicht in der Tiefe, sondern in der Höhe suchen: solches sein die Ströme, die Flüsse, die Bäche, und an den Bergen selbst die Quellen. Wie deren Ueberschwemmung aber gewirket habe, solches suchet Herr Micheli in einem Plane von den Ebenen und Bergen anzuzeigen, den theils seine geographische Kentnis, theils seine Einbildungskraft entworfen hat, und zwar über Armenien.

Das zweite Neue ist, daß Herr du Crèt die Länder und Berge nicht, wie in einem Teiche, ersäufet gewesen zu sein annimt, sondern mit Wasserströmen nach und nach überflossen; und was die 40 Tage und Nächte anlanget, die Noah versichert, daß die Flut gedauret habe, so gelte das nicht für den ganzen Erdkreis zugleich, sondern nur für den Theil desselben zu gleicher Zeit und auf einmal, welchen Noah vor Augen gehabt.

S s

---

(r) Traité du deluge, par l'auteur de la methode d'un Thermomètre universel, à Basle. 1761.
(s) s. das Manifest, anziehend, die im Jul. 1749. in der Stadt Bern entdekte Conspiration. Bern 1749.
(t) G. E. Leßings Schriften. 2ter Theil. 148 — 214. S. Berlin. 1753.
(u) Im ersten Buche 7. Cap. 11. V.
(v) Aus 1. B. Mosis 1. Cap. 2. V. und 49. Cap. 25. V. Hiob 38. Cap. 30. V. B. Jesus Sirach 43. Cap. 25. V.

Uebrigens iſt Herr du Crèt von der Allgemeinheit der Sündflut, und auch in Anſehung America und anderer Länder, wovon Moſes keine Kentnis gehabt, noch haben können, überzeuget.

Wenn, nach einer von Scheuchzer (w) erwähnten Meinung, auf den 40tägigen Regen, die Umdrehung der Erde um ihre Achſe einsmals aufgehöret hat, und die in, auf und mit derſelben fortbewegten Waſſer, vermittelſt dieſer aufhörenden Bewegung aus ihren ſtillſtehenden Behältniſſen ausgetreten ſind, darauf aber eine plözliche Veränderung des Mittelpuncts der Schwere unſerer Erdkugel, oder der Stellung ihrer Achſe erfolget iſt, — es gilt gleich, ob die Verrükkung der Schwere des Mittelpuncts der Erde, oder Anders-ſtellung ihrer Achſe eine Folge der Sündflut, oder die Wirkung davon geweſen ſei: — (denn, das eine wie das andere, und wie der 40tägige Regen ſelbſt, hat gleich nothwendig nur durch eine mehr als gewöhnliche Verrichtung der Natur, nur allein durch einen wollenden Wink der Allmacht geſchehen können:) ſo läſſet freilich ſich wohl begreifen, wie die ſo algemeine Ueberſchwemmung hat möglich und wirklich werden können, und um ſo viel leichter, wenn wir hiemit des Micheli du Crèt Idee verbinden, daß nämlich in dieſer Ueberſchwemmung der Erdball, nicht wie in einem Teiche oder See auf einmal bedeckt und gleichſam erſäufet, ſondern nach und nach ſtromweiſe von denen Gewäſſern überlaufen geweſen ſei. (Wenn es auf leztere Art geſchehen, ſo läſſet ſich zugleich ziemlich gut aus der Herzuſchwemmung der ausländiſchen Thiere und Kräuter erklären, woher die Ueberbleibſel und ſteinerne Denkmale von ſolchen in unſern Gegenden möglich ſind.)

Daß aber der Mittelpunct der Schwere der Erde verändert werden könne, nicht nur dieſes, ſondern ſo gar noch, daß derſelbe immerfort wirklich verändert werde, und eine andere Stelle einnehme, behauptet auch noch Sulzer (x): daher denn von Zeit zu Zeit Ueberſchwemmungen nothwendig erfolgen müſſen (y), und auch in der Sündflut eine erfolget (z) iſt.

In der That, ohne dergleichen mächtige, obgleich nicht ſo algemeine Ueberſchwemmungen, ſehe ich nicht ein, wie unſerm Erdboden die ihm unentbehrliche hohe Gebürge erhalten werden können. Denn, daß auch die höchſten, die er gegenwärtig zeiget, nach Jartauſenden dahingeſtürzet ſein, und vielleicht kaum noch Hügel vorſtellen werden, kan man daran wol zweifeln, da man täglich die Scene ihrer Zerſtörung vor den Augen hat? Was anderes wird aber ſie wieder erſezen können, als wenn große Strekken des Meergrundes, vom Waſſer befreiet, ſich dem feſten Lande zugeſellen, und die Gebürge, welche uns jezo die Natur daſelbſt im Geheim zuſammenballet, als neue Gebürge zum Vorſchein

---

(w) Phyſ. Sacr. 1. Abth. 60. S.

(x) J. G. Sulzers Unterſuchung v. Urſpr. der Berge ꝛc. ꝛc. S. 35. Zürich. 1746.

(y) S. 36. 37.

(z) S. 52.

kommen werden, denen es dan, in Ansehung ihrer Zerstörung und Wiederersezung, wie ihren Vorfahren ergehen wird? Uebrigens wil ich mich hiemit nicht für die Meinung von der immer fortdaurenden almäligen Abname des Meeres erkläret haben; sondern glaube vielmehr, daß dasselbe keinen Fus breit abtrete, den es nicht an einer andern Stelle wieder nehme.

Was urtheilen Sie, mein Herr, von dieser Erklärung? Ist Ihnen eine warscheinlichere bekant? Mir, das muß ich Ihnen gestehen, ist sie nicht nur warscheinlich, sondern selbst war vorgekommen; und da sie mir zugleich Neu geschienen, so habe ich es gewagt, meinen Brief durch sie zu verlängern.

Basel, den 16. Octob. 1763.

### Sieben und vierzigster Brief.

**Mein Herr!**

Kennen Sie das Michelische Thermometer schon? Dies unterscheidet sich von andern durch die Zwischengrade, deren 10⅔ sind, die zwischen der Kälte und Wärme mitten inne stehen. Herr Micheli du Crèt hat nämlich diese Einrichtung für nöthig gefunden, weil innerhalb solchem Zwischenraume die Kälte und die Wärme, welche er als zwei für sich bestehende besondere Materien annimt, vermischet und im Gleichgewichte sind, und nur erst unter- oder ober-halb demselben, ihre Kraft zu äussern anfangen. Hier ist also die Gränze zwischen beiden, die auf andern Thermometern nicht bestimmet ist, die ware Neutralität der Luft-wärme und Luftkälte, die nur in einer gewissen Tiefe der Erde zu finden, und immer einerlei, immer dieselbe ist.

Dieses treßliche Thermometer verfertiget der Herr Bavier hieselbst mit vieler Sorg-falt, indem er die größte Genauigkeit zur Ausmessung der Röhren anwendet, damit ihre Weite überall gleich stark sei; und was seinen Gebrauch ungemein bequem machet, und ihm den Namen eines Thermomètre universel, den es träget, erwirbt, ist, daß man seiner Scalæ die Scalas des Reaumürischen, de l'Islischen, Newtonianischen und Fahrenheitischen beigefügt hat; ja, der Augsburgische Mechanicus, G. F. Brander, hat dazu noch ein an-deres Blat gestochen, auf welchem die Grade des alten Reaumürischen Thermometers, und derer vom Hales, Fowler, und Christin der Michelischen Scalæ zur Seite zu finden sind. Kan etwas volkomneres, und, im Gebrauch angenehmeres sein, als dieses? Uebri-gens sind die Puncte des Gefrierens und des Aufsiedens des Wassers die äussersten dieses Thermometers.

Wollen Sie von den vorhergegangenen Untersuchungen des Herrn M. du Crèt, auf welche er die Einrichtung seines Instruments gebauet hat, unterrichtet sein, so müssen Sie seine Recherches Physiques (a) lesen, die ich Ihnen mitbringen kan. Auch ist etwas davon in die Acta helv. (b) eingerücket; der vortreßliche Geßner aber hat schon vorher eine Beschreibung (c) davon geliefert, wovon sich eine Uebersetzung im Hamburger Maga-gazine (d) befindet.

---

(a) Rech. phyf. fur le Temperé du Globe de la Terre, fur la Lumiere, la pêſanteur, les marées, le cours des aſtres &c. à Berne. 1760.
(b) Acta Helvetica. Baſilæ 1760. Tom. 4. pag. 1—13. Tab. 1. Tom. 3. Baſil. 1758. pag. 105—108. nebſt dazu geh. Tafel.
(c) J. Gesner Diſſ. de Thermometro Botanico. Tiguri. 1755. ſo nachmals in Baſel bei Thurneiſen franzöſiſch heraus gekommen.
(d) 16ter Band. 3tes Stük.

Herr Bavier hat mir ein solches Thermometer überlassen, welches ich nun mitnehmen werde.

Ein Instrument zur Abmessung der Schwere der Wasser, das eben dieser, nach seiner eigenen Erfindung, verfertiget, muß ich Ihnen zugleich noch anzeigen. Es besteht aus einer gläsernen Kugel, oder aus zweien Kugeln über einander, und einer gläsernen Röhre, und ist also in so weit denen gemeinen Hydrometern gleich, davon man Beschreibung und Abbildungen in Muschenbroeks Physik und andern findet. Von diesem Bavierischen aber, und den bisher gewöhnlichen Arten überhaupt, hat Herr Geßner (e) gründlich geschrieben, und ich kan Ihnen desselben Schrift auch einmal zu lesen geben; allein, was das Bavierische Hydroscop von den übrigen unterscheidet, ist seine vorzügliche genaue Scala, welche nicht auf der Röhre selbst hingezeichnet ist, wo sie selten gut geräht, auch die Erhebung des Wassers, über seine Oberfläche an die Röhre hinauf, das Auge betrüget, sondern Hr. B. hat sie auf einen hölzernen Schenkel gezeichnet, der rechtwinklicht auf einem kleinen Balken stehet, so dan wie ein umgekehrtes T aussiehet, und diesen setzet man auf das Glas, worin das Flüßige gemessen werden sol, und in welchem der gläserne Hydrometer eingetauchet ist. Auf die Weise zeigt der kleine Knopf, womit sich die Röhre endiget, genau, und ohne allen Irtum, den Grad an der hölzernen Scala an, den man wissen wil.

Ich denke von diesem so wohl ausgesonnenen Instrumente auch ein oder ein Paar Stücke mitzubringen.

Diesen Morgen bin ich durch die Gütigkeit des Herrn Merian aus Basel, berühmten königlichen Academisten zu Berlin, dessen Reisegesellschaft ich von Hannover bis hier genossen, mit zweien Herren Bartenschlag hier bekant geworden, davon der eine als Kaufman sich lange in London aufgehalten hat. Die Gelegenheit, die Er gehabt, einen öftern Umgang daselbst mit dem philosophischen Maler Hogarth zu pflegen, hat ihn zu dem Ankauf der volständigen Samlung aller Kupferstiche, die dieser Mann herausgegeben, veranlaßet. Grossentheils sind diese schon zu bekant, als daß ich davon eine umständliche Erzählung machen möchte; es ist nur ein Wunsch in mir aufgestiegen, den ich Ihnen mittheilen muß, und das ist der: daß sich Herr Bartenschlag entschliessen möchte, eine Erklärung über alle diese satyrisch-moralische Vorstellungen zu schreiben, und durch den Druck bekant zu machen, dergleichen wir nämlich erst über einige davon, und zwar in französischer Sprache, und sehr unvolkommen, haben. Denn, vielleicht ist kaum irgend jemand so gut, als er, im Stande, dieses zu leisten. Es würden dadurch diese Stücke ungemein viel lehrreicher, und die Bewunderung algemeiner werden, die Herrn Hogarths tiefe Einsichten in das menschliche Herz, und Beschämung des Lasters, das durch seinen Pinsel in so abscheulicher Gestalt erscheinet, Ihm verdienet haben. Durch diese des Hrn. B. Bemühung würde Hogarth

---

(e) De Hydroscopiis constantis mensurae disquisitiones physico-mathematicae. Praes. Joh. Gesnero. Tiguri. 1754.

erſt in ſeiner wahren Gröſſe, als der ſcharfſinnige Philoſoph, der er iſt, erſcheinen, als der Philoſoph durch Farben (f).

Der andere Herr Bartenſchlag iſt durch ſeinen Stand, da Er als Hauptman in einem Schweizer Regimente der Krone Frankreich gedienet, auf den Märſchen mit der Armee zu gewiſſen mechaniſchen Erfindungen veranlaſſet worden, die ſehr artig ſind, und einem Officier oder Reiſenden bequeme Dienſte leiſten können. Sie beſtehn in kleinen Küchen, von Eiſenblech zuſammen geſezt, die man leicht mit ſich füren, und ſo vermittelſt ihrer, in einem engen Raume, die nöthigen Speiſen zubereiten kan. Die eine iſt etwa 1½ Fuß breit, 2½ F. lang, und 3 F. hoch. Die andere 1½ F. breit, lang und hoch. Die dritte ein Cylinder von etwa ½ F. im Durchſchnitt, und 1½ F. hoch.

In der erſtern können viele Schüſſeln zugleich zubereitet werden, zu denen bis 80 Pfund Fleiſch genommen. In der zweiten 5. 6. 8. Gerichte, nebſt einem Braten. In der dritten eine Suppe mit Fleiſch, und Fleiſch mit Zugemüſe. Der Braten wird am Spieſſe gebraten, in einem beſondern vorgeſchobenen, nur kleinen, Behältniſſe, wozu Hr. B. eine Uhr erfunden, die das Spieß drehet.

Endlich, ein ganz kleines Behältnis, deſſen Einrichtung der Ollæ Papinianæ ähnlich iſt. Dieſe kan man gar ſelbſt in der Taſche bei ſich tragen, wärend daß ein Paar Hühner oder Tauben darin gahr gekocht werden. —

Von ohngefär habe ich ſ in der Herren B. Garten ein paar Thuyas occidentales L. geſehen, die ich wegen ihrer Gröſſe, für merkwürdig halte. Denn, nirgendwo habe ich dergleichen beobachtet. Sie ſind hochſtämmigt gezogen, und haben eine Länge von 30 bis 40 Fuß erreichet.

Noch muß ich Ihnen, mein Herr, etwas von Fenſterflügeln mit gemalten Scheiben ſagen, die ich hier angetroffen. Sie ſind von dem berühmten Leonhard Thurneyſſer (g), doch vermuthlich nicht von ſeiner eigenen Hand, obgleich derſelben drei die wichtigſten Be-

---

(f) Mein Urtheil, daß Herr Hogarth ein Philoſoph durch die Farben ſei, obgleich ſein Genie freilich nur der Natur ſich überlaſſen zu haben ſcheinet, finde ich nicht Urſache zu widerrufen, ſo ſchwarze Flekken, nach demjenigen, ihm auch ſchwarze anzuhängen, was von ihm in dem North-Briton, London 1763. Vol. 1. No. 17. geſagt wird, wo es heiſſet: "I will do him the juſtice to ſay, that he poſſeſſes the rare talent of gibbetting in colours, and that in moſt of his Works he has been a very good moral Satiriſt. His Fort is there, and he ſhould have kept to it. — The darling paſſion of Mr. Hogarth is to ſhew the faulty and dark ſide of every object. He never gives us in perfection the fair face of nature, but admirably well holds out her deformities to ridicule. The reaſon is plain. All objects are painted on his retina in a grotesque manner, as he has never felt the force of what the French call la belle nature. He never caught a ſingle idea of beauty, grace, or elegance; but on the other hand he never miſſed the leaſt flaw in almoſt any production of nature or of art. This is his true character. He has ſucceeded very happily in the way of humour, and has miſcarried in every other attempt. This has aroſe in ſome meaſure form his head, but much more form his heart. - - N. 3.

(g) C. G. Jöchers Gelehrten-Lexicon, Leipzig 1733. S. 1515 — 1518. Seine umſtändliche und aus den Nachrichten der in der Schweiz noch blühenden Thurn. Familie gezogene Lebensbeſchreibung, die ohne Zweifel die obige Jöcheriſche übertrifft, findet man in Leuens Helvetiſchen Lexico, welches ich indeſſen nicht geſehen, ſondern nur aus der Erzählung des hieſigen Buchhändlers, Herrn Emanuel Thurneyſſen, weiß.

gebenheiten seines Lebens vorstellen; sondern sie sind, wie es scheinet, zum Theil in Cöln, zum Theil in Italien gemacht, indem des Römischen Pabstes und des Erzbischofs von Cöln Namen darauf stehen. Ich übergehe die Vorstellungen auf den beiden ältesten, die nämlich von den Jaren 1574. und 1575. sind, und begnüge mich zu erwähnen, daß die Malerei von 1579. die Geburt dieses seltsamen gelehrten Mannes darbildet; die zweite, von eben diesem Jare, seine Gefangennehmung in der Schlacht bei Summershausen; und die dritte, welche ohne Jarzahl ist, wie er einem orientalischen Prinzen Unterricht in der Chymie giebt.

Ob nicht die Farben in dieser Glasmalerei vortreflich schön seien, brauche ich Ihnen wol nicht zu sagen, da es bekant, daß um die Zeit, da dieselbe verfertiget worden, diese Kunst in ihrem vollen Glanz gestanden; und sie scheinet zu den Zeiten Holbeins, der im Jar 1495. geboren, und 1554. gestorben ist, schon sehr hoch, und in der Schweiz vielleicht am höchsten getrieben gewesen zu sein: welches, nach der Bemerkung eines meiner wehrtesten hiesigen Freunde, des Herrn A. Merian, J. U. Stud., durch den ich dieses und das folgende weis, so wohl aus den vielen Fenstern, die in den Baseler Zunftstuben und andern Bürgerhäusern häufig zu finden sind, und unter welchen die schönsten alle aus der letztern Hälfte des 15ten Jarhunderts, oder aus dem 16ten sind, erhellet, als auch aus dem zahlreichen Vorrathe von Holbeinischen Handrissen, unter welchen sehr viele befindlich, die Holbein für Glasmaler gezeichnet hat. Auch trift man noch aus dem Anfang und der Mitte des 17ten Jarhunderts welche an, die prächtig und hoch gemalet sind: denn, wie bekant, in diesem bestund die Wissenschaft der alten Glasmaler, daß sie wußten gewisse Farben zu mischen, die durch das Feuer sich mit dem Glase recht vereinigten, in dasselbe versenkten, und durch die grosse Hitze nur höher, heller und funkelnder wurden. Diese Kentnis der Farben und ihrer Mischung ist in diesem unsern 18ten Jahrhundert, so zu reden, vollkommen, wenigstens in der Schweiz, verschwunden: denn, jetzt weis kein einziger die Farben durch das Feuer recht in das Glas einzuschmelzen, und so durchsichtig und so prächtig hervorzubringen, als vor Zeiten; sondern es ist gleichsam nur eine Schmiererei obenhin, die deswegen auch nicht dauerhaft. Es hat diese Kunst nach und nach abgenommen, so daß man keine gewisse Zeit davon bestimmen kan, als ohngefär zu Ende des 17ten oder zu Anfange des 18ten Jarhunderts. Vor etwa 30 Jaren ist der letze alhier, der ein Bürger der Stadt (Basel) war, und Mannewetsch hieß, verstorben, welcher noch einige kleine Sachen artig auf Glas gemalt und eingebrant hat. Aber, seine Farben waren, gegen die alten, wie todt und verdorben; und, troz diesem Maler, wurde diese Kunst schon zu seiner Zeit für verloren gehalten, nämlich in Ansehung ihrer Vollkommenheit (h). —

(h) Der Maler, Herr Herman Vorthusen, in Bremen, beschäft sich jetzt fleißig mit der Glasmalerei, und hat es sehr weit darin gebracht: wie die an die Königl. Soc. der Wiss. in Göttingen überschikten Proben beweisen. S. Götting. Anzeigen von Gelehrten Sachen v. 1771. nakes Stück. Es wird also diese Kunst vielleicht ein neues Leben wieder erhalten: nur zweifle ich, ob sich auch genug Liebhaber wieder dazu finden werden. - - R. Z.

Man kan freilich nicht ohne Bewunderung die Schönheit der Farben in Glas, und oft der Malerei selbst, betrachten, wodurch jene ältern Meister sich Denkmäler gestiftet, nur Schade! so zerbrechliche.

Mit so viel Bekümmerniß, als Ergözen, habe ich demnach, da ich 1746. in Holland war, die gemalten Fenster der grossen Kirche zu Gouda gesehen, wovon man eine umständliche Beschreibung im Druck (i) hat: denn, hier ist die höchste Geschicklichkeit in dieser Kunst, und Arbeit ohne Maaße, bis zum Erstaunen verschwendet worden. Und zwar sind solche Fenster von den Juren 1555. bis 1603., und grösstentheils das Werk der Maler Dierk. Theodor. und Wouter Crabeth. (k)

Von der Geburt (daß ich mich so ausdrükke) und vom Tobe dieser Kunst giebt, übrigens, dieses kleine Buch keine Nachricht; auch sehe ich mich vergebens in Herrn Fueßli sonst schöner Schrift (l) darnach um, als aus welcher ich nur lerne, daß Christoph und Josias Maurer, Josiä Söhne, von Zürich; Michael Müller, von Zug; Diederich Meyer, von Zürich; und, eben daher, Joh. Conrad Geyger, schweizerische Glasmaler gewesen sind, und lezterer auf Glas mit Oehlfarben zu malen erfunden hat. Ich kan Ihnen also, mein Herr, nichts weiteres hievon sagen, nur daß ich hinzufüge, daß das jüngste von diesen Malereien, so ich selbst von ohngefär gesehen, und das noch vollkommen schön war, die Aufschrift 1697. hatte. Dieses findet sich auswärtig, nämlich in einem Fenster des Hauptgebäudes bei dem Bade zu Schinznach. Das älteste aber, so mir in die Augen gefallen, ist auf der Bibliothek hier in Basel. Von diesem muß ich Ihnen doch die ganze Aufschrift melden, die Sie gewiß merkwürdig finden werden, da sie aus dem Mund eines Römischen Bischofs kömt, und doch einen klaren Wiederspruch eines Sazes zu enthalten scheinet, den seine Kirche so strenge lehret. Sie lautet folgendermaaßen:

Cristophorus ab Utenheim. Episc. Basil. — Spes mea Crux Christi, Gratiam non opera quæro.

Dieses stehet auf dem einen Stükke des Glases, und auf dem andern:

Cristophorus Dei & apostolicæ sedis gratia Episcopus Basileensis. Anno 1522. (m)

Dies

---

(i) Explication de ce qui est représenté dans le magnifique Vitrage de la grande Eglise de St. Jean à Gouda; — so auch Holländisch zu haben ist.

(k) Auch die gemalten Fenster des Chors des grossen Münsters in Bern sind, wegen ihrer ausnehmenden Schönheit und wegen ihrer Vorstellung, merkwürdig. - - Z. Z.

(l) Geschichte und Abbildung der besten Maler in der Schweiz.

(m) Hannover, im November 1765. — Da ich eben, obgleich um einer ganz andern Materie willen, Godefr. Guil. Leibnitii Tomum tert. Scriptorum Brunsvicensia Illustrantium. Hannoveræ. 1711. durchblättere, so finde ich auf der 640ten Seite ein gleichlautendes Bekentniß eines Mönchs, das noch 42 Jare älter, und in der Form eines Gebetes abgefasset ist, um deswillen aber der gute Mönch genug Verfolgung erlitten, und, da er in Hamburg als Aezt starb, kaum noch ein ehrliches Begräbniß erhalten hat. Ich glaube, ein Theil meiner Leser werde solches hier nicht ungerne angeführet lesen. Es ist e veteri narratione de fundatione monasterii Lucensis sub (wie es heißet) hoc Abbate (Arnoldo II.) wie folget: 1478. Monachus fuit in hoc coenobio, cui nomen Engelbertus Arnoldi, qui quotidie in cellula sua sic oravit: o me miserum, quid

Dies wird genug sein von der Glasmalerei, deren wares Alter auszumachen, ich Andern überlassen muß und gern überlasse. Jezt will ich Ihnen noch ein Paar Worte von einer andern Erfindung sagen, die weit wichtiger ist, nämlich die des künstlichen Magneten. Diese haben wir zwar Engländern zu verdanken; allein, ich zweifle, ob sie von ihnen selbst so weit getrieben sei, als von einem hiesigen Bürger, Namens Diedrich, der zugleich einer der Ersten war, die diese Magneten nachahmeten.

Ich wonete vor einigen Wochen einer physischen Lection des Herrn Daniel Bernoulli bei, und sah bei dieser Gelegenheit, in dem öffentlichen Saale einen Diedrichischen Magneten, der die Gestalt eines Hufeisens hat, aus 4 Stücken zusammengesezet ist, und nur 6 Pfund wieget, aber ein Gewicht von 75 Pfund träget. Dies machte mich neugierig, die Witwe dieses Künstlers zu besuchen, und da habe ich denn ihren ganzen Vorrath, der jedoch jezt nicht groß war, von kleinen und großen Magneten gesehen: daher ich sagen kan, daß, wenn Sie, mein Herr, welche von ausserordentlicher Stärke zu haben wünschen, Sie Sich an Niemand besser, als an die Frau Diederich, gebohrne Bernier, in Basel wenden können. Sie hat wirklich jezt einen feil, der aus 6 Scheiben bestehet, und zwar noch nicht ganz fertig ist, von dem Sie aber vermuthet, daß er 70 bis 80, oder noch mehr Pfunde heben werde. Und hieran zweifle ich auch im geringsten nicht: denn, Sie müssen wissen, daß die Frau Diederich einen nach Paris geschikt hat, der volle 100 Pfund ziehet. Der Preis derer von 3 zu 100 Pfunden ist aber von 1 bis zu 120 Reichsthaler. Was sagen Sie nun zu der Vollkommenheit dieser Magneten? Sind Ihnen andere bekant, die diese übertreffen, so belehren Sie mich davon.

Diesen Mittag und Nachmittag habe ich sehr vergnügt auf einem Merianischen Landgute zu Wenken (n) zugebracht. Da in gegenwärtigem Briefe der Name Merian schon zwei oder dreimal vorgekommen ist, so kan ich nicht unerwähnet lassen, daß man nicht leicht in Basel eine zahlreichere und angesehenere Familie antrist, als die Merianische. Es ist Ihnen bekant, wie viel große Leute, von allen Zeiten her, dem Staate, der Kirche, den Wissenschaften, und den Künsten sie gegeben hat: wie auch jezt noch ein Obrister ihres Namens lebet, und ein ihr angehöriger Greis die erste Stelle in der Geistlichkeit (o) beklei-

T t

---

feci? aut quid faciam? quia homo & magnus peccator sum, & tibi soli peccavi. Sed credo, quod tu, mi domine, o Jesu Christe, *Solus* es mea justitia & redemtio; & ficut Abraham credidit Deo, & hæc *sola* fides ei est reputata ad justitiam: sic & ego credo, quod *sola fides* in Christum (non opera legis vel carnis, neque ordinis vel Sanctitatis meæ) sufficiet ad salutem. Bone Domine, miserere mei, secundum magnam misericordiam tuam. O Benigne Jesu, propitius esto mihi; commendo Spiritum meum in manus tuas; redemisti me Domine Deus veritatis, & Redemtor meus *Solus*, qui vivis & regnas in secula seculorum, Amen.

(n) S. Basel. Merkw. 7. St. Tafel von der Lage von Klein Riehen.
&. St. Tafel von der Lage von Wenken.

(o) Dieser Oberst-Pfarrer ist 1766. gestorben, und seine Stelle wiederum mit einem Merian besezet werden. — N. Z.

det. So darf ich Ihnen nicht verschweigen, daß auch einer meiner besten Freunde aus derselben geboren ist, dessen Gefälligkeit und Einsichten ich überaus viel gute Nachrichten und Erläuterungen zu danken habe, ohne welche manches Neue, so ich Ihnen von hieraus gemeldet, viel weniger vollständig gewesen sein würde, als Sie es gelesen haben. Dieses ist Herr Abel Merian Sacr. minist. Cand., gebürtig von Dieglen, und dessen Glük ich wie selbst das meinige wünsche.

Ich dachte mit gegenwärtigen Zeilen meinen Schweizerischen Briefwechsel mit Ihnen zu beschließen; aber, es sind noch ein paar Ueberbleibsel in dem Magazin meiner Beobachtungen zurükke (p), die ich Ihnen doch auch mittheilen zu müssen glaube: und daher bin ich, da mir jezt sie hier anzuhängen Zeit und Luft fehlet, genöthigt, noch einen besondern Brief anzufangen.

Das sol aber der lezte aus der Schweiz sein.

      Basel, den 18. Octob. 1761.

---

(p) Und so ist auch noch die Abbildung von dem Bessnerischen vortreflichen Schildkröten-petrefact zurükke, dem Abdruk nämlich einer Schildkröte in Glarner Schiefer, davon ich in meinem Eilften Briefe, und zwar in der Anmerkung f. daselbst, Erwähnung gethan, und meinen Lesern Hofnung gemacht, ihnen die Abbildung vielleicht vorzulegen. Da ich noch die Gelegenheit und Zeit gehabt, dieselbe stechen zu lassen, so ermangle ich nicht, sie jezt hier zu liefern. f. Tab. 16.

## Acht und vierzigſter Brief.

Mein Herr,

Ein Lexikon von der Baſeler Sprache wolten Sie gerne haben? — Ja! wenn ich früher daran gedacht hätte, oder eher von Ihnen daran erinnert worden wäre. Zudem bin ich kein G. und verlange auch keiner zu ſein. — Ich hoffe, Sie zweifeln an beiden nicht. — Indeß, 24 Stunden, ehe ich von Ihrer Neugierde Nachricht empfing, habe ich einen Beruf in mir zu dieſem ſchweren Unternehmen geſület. Das machet von dieſer frühen Morgenſtunde an, da ich an Sie ſchreibe, gerechnet, genau 36 Stunden. Urtheilen Sie, ob ich damit weit gekommen ſein könne! Da ich alſo unmöglich Vieles leiſten kan, ſo laſſen Sie Sich das Wenige gefallen. Noch muß ich erinnern, daß ich verſäumet habe, bei den Wörtern das Genus anzumerken, ausgenommen bei dem einzigen Worte Butter, das bei Uns weiblichen, in Baſel aber männlichen Geſchlechts iſt: und beides, wo ich nicht irre, mit gleichem Rechte. Auch iſt mein Lexicon nicht alphabetiſch: ein Umſtand, wodurch es ſich, ſo viel ich weiß, von allen übrigen unterſcheidet. Hier haben Sie es in der Ordnung und Unordnung, wie ich es aufgeſchrieben. Das Zeichen — bedeutet den Accent jeder Sylbe.

| | |
|---|---|
| Abbrecher. | Eine Lichtſcheere. |
| Beſi, oder Bäß. | Baaſe. |
| Epper. | Etwa jemand: von Etwer. |
| fiſch. | Es iſt. |
| Kahr ſchläecht. | Gar ſchlecht. |
| Fürtuch. | Schürze. |
| Näecht. | Nacht. |
| Es lihtet epper. | Es klingelt jemand. |
| J'Morg' eſſe. | Zu Morgen eſſen. Frühſtüllen. |
| Zimmed eſſe. | Zu Mittag eſſen. |
| J'obe eſſe. | Zu Abend eſſen. Veſper halten. |
| J'Nacht eſſe. | Zu Abend Mahzeit halten. |
| Eppid. | Etwas. |
| Ueber Rhi. | Ueber, oder jenſeits dem Rhein. |
| Parelleli. | Abricoſen. |
| Meer-trübli. | Roſinen. |

| | |
|---|---|
| Roßnie. | Corinthen. |
| Durluft. | Ein Durchzug, Luftzug. |
| Suntik. | Sontag. |
| Mántik. | Montag. |
| Zirstik. | Dienstag. |
| Mitwuche. | Mittewoche. |
| Donstik. | Donnerstag. |
| Fritik. | Freitag. |
| Samstik. | Sonabend. |
| Götti. | Gevatter. |
| Gotte. | Gevatterin. |
| Plunder. | Leinengeräthe. |
| Wies- Schwarz-Plunder. | Weisse oder schwarze Wäsche. |
| Komell. | Bequemlich. Nach Bequemlichkeit und Musse. |
| Trämlik. | Schwindlicht. |
| Schmirzlen. | Uebel wie etwas Angebrantes riechen. Auch, Karg sein. Knikkern. |
| Knikken. | Listig oder fein betrügen. |
| Ein Herbrig. | Eine Herberge. |
| á Man. | Ein Man. |
| Siesse Anke. | Frische Butter. |
| der Butter. | Die Butter, worunter man nicht eben frische verstehet. |
| Balge. | Schmählen, Keifen. |
| Staachl. | Stahl. |
| Ranf. | Rinde, vom Brod. |
| Runde von Käs. | Rinde, vom Käse. |
| Totsch. | Der, oder, die unvorsichtig ist: oft etwas zerbricht. |
| Mues. | Erbsen. |
| Käfer Mues. | Zukkererbsen. |
| Lueder. | Ein Lärmen, den man aus übermäßiger Lustigkeit machet. |

| | |
|---|---|
| Bitzelechtig. | Sauer-füs. |
| Lueg! | Sieh! oder sehen. |
| Jo, oder Joan. | Ja. |
| Kang, hohl mirr ä Krööffer Pekki. | Geh, hohl mir ein grösseres Becken, oder Napf. |
| Mir, oder, wir weand. | Wir wollen. |
| Mir weand em go lo. | Wir wollen ihn gehen lassen. |
| Bischo wider to? | Bist du schon wieder da? |
| Hettir eppen epper eppis to? | Hat dir etwa jemand etwas gethan? |

Doch, genug Worte zu einer Probe. Aber, welch eine grausame Mishandlung, mein Herr, unserer deutschen Sprache! (a) Verlieret sie nicht, so verstümmelt, fast alle Kentlichkeit? Indeß hindert dieses nicht, daß man sich in dieser Mund-art hier nicht eben so gut unter einander verstehen solte, als wie bei uns in unserer reinern Sprache. Auch machet man hier keinen Anspruch auf das Deutschreden, sondern verlanget nur Schweizerisch. Und was braucht es mehr? Gewinnet man doch so gar dabei in der Hurtigkeit der Ausrede. Wenigstens spricht das Baseler Frauenzimmer mit einer so leichten Zunge, daß man für Geschwindigkeit der fortgleitenden Worte kaum unterscheiden kan, was für eine Sprache sie reden; und wer sie zum ersten male plaudern höret, weiß nicht, wie man zu sagen pfleget, ob er verrahten oder verkauft sei. Uebrigens ist die Sprache der Männer, und besonders Leute von Belesenheit, ungleich verstehlicher, und nähert sich mehr der unsrigen.

Wir mögen nun über eine Aussprache, wie diese, so viel spotten, als wir wollen, so fehlet es hinwieder den Baselern an Gelegenheit nicht, auch über die Unsrige nachtheilige Anmerkungen zu machen. So habe ich, z. E., lange mit einem Freunde über unsere Aussprache des G, das zum Schluß eines Wortes stehet, zanken müssen, welche Er für durchaus Unrichtig erklärete; und es ist nicht zu läugnen, daß es in dem Falle, wie z. E. in dem Worte Hamburg, den Laut eines ch hat. Aus einem Baseler Munde hingegen lautet es, als ein gk. Ist dies nun gleich noch unrichtiger, als unser Verstimmen des g in ch, so weiß ich doch unsere Entschuldigung in nichts anderem zu finden, als in der Unmöglichkeit, es richtiger auszusprechen. Inzwischen können diese Sprachverderber uns, ohne Zweifel noch andere Vorwürfe machen, die gegründeter und erheblicher sind; und wir würden vielleicht nicht übel thun, wenn wir sie eigentlich dazu aufoderten. Haben Sie doch so gar Wörter, die Uns fehlen, und so bedeutend und ausdrückend sind, daß wir sie billig

---

(a) Die Schweizersprache ist sehr verstümmelt (wie man denn sehr oft Vernügen, anstatt Vergnügen, höret und lieset); die gröbste ist in den Ländern, so gegen Schwaben liegen (wie ich am Randberge erfur. A.) Man wirft den Schafhauser Mädchens vor, daß sie in der Mezie „Flaich u la Ba bra„ Fleisch und kein Bein bratt, heritt. — — J. Z.

von Ihnen annehmen und unsere Sprache damit bereichern solten. (b)  „Sich erwaren,
oder als war beweisen; sich ersolgern; schwerfertig; hartsinnig; starkmüthig," und hundert
andere solche Wörter mehr, scheinen mir würdig, dem deutschen Lexico einverleibet zu werden (c).   Was meinen Sie: wenn wir ein Paar Sprachstudirende (nicht vermutliche

---

(b) Es ist keine Sprache, ja keine Mund-art, die nicht Worte habe, so weit nachdrücklichere Begriffe mittheile,
als eine andere.  Herr Schmidt, der Vater des in diesen Zeiten vermeldten, jetzt in Durlach sich befin-
denden, Gelehrten, wie auch der verstorbene Pfarrer Freudenberger, haben Samlungen von solchen Wörtern
verfertigt, die in gewissen Provinzen von den deutschen Bauern gebraucht werden.  Es wäre immer Schade,
wenn diese Schriften als unnüze Papiere solten vernachläßiget werden.   — J. J. aus Bern. 1769.
(c) Auch das Wort Starkmüthigkeit ist den Schweizern gebräuchlich.  Zum Gegensaz wäre Schwachmüthigkeit
sehr gut zu gebrauchen.  Auch könten wir, dünket mich, von unsern Classischen Schriftstellern noch manche
ausdruk-volle neue Worte, durch die blosse Verbindung zweier in Eines, erwarten.  Wie, z. B., gefält
Ihnen

| | |
|---|---|
| ein Misgeschöpf. | ein Afterfürst. |
| Mismensch. | Aftergelehrter. |
| der Mismuz. | Afterheld. |
| Misbrauch. | der Afteradel.  (der nicht auf Verdienste gegründet.) |
| die Misbölkkeit. | Aftertitel.  (ohne Amt.) |
| Misbölkerung. | die Aftersparsamkeit, |
| Misschäzung. | Afterklugheit. |

Aus dem vorhin gesagten erhellet zwar schon, daß ich nicht aus einer Neigung zur Spöttelei das
mir so zu nennen beliebte Lexicon von der Baseler Sprache geschrieben habe.  Solte aber solches dennoch
irgend einer unter meinen ehrwürdigen Schweizern glauben, so will ich ihm zu Verfertigung eines Lexicons
von der Unsrigen, durch folgenden kleinen Beitrag, die Hand bieten, dessen Wahrhaftigkeit viele meiner
Mitbürger und Mitbürgerinnen von jedem Stande, durch ihr Exempel im Reden beweisen.  Hier ist mein
Beitrag:

| | anstatt: | |
|---|---|---|
| die Mund | · · | der Mund. |
| die Magen. | · · | der Magen. |
| die Balle, | · · | der Balken. |
| die Brate | · · | der Braten. |
| der Kinn | · · | das Kinn. |
| das Leib. | · · | der Leib. |
| das Sand. | · · | der Sand. |
| das Zeug. | · · | der Zeug. |
| das Sarg. | · · | der Sarg. |
| das Futter | · · | der Futter. |
| mit (ist) | · · | mich. |
| mich (ist) | · · | mir. |
| ich sah Ihnen | · · | ich sah Sie. |
| ich sage es Sie | · · | ich sag es Ihnen. |
| für | · · | vor. |
| vor | · · | für. |
| vor wie nach | · · | nach wie vor. |
| uf | · · | auf. |
| do | · · | da, damals. |
| och | · · | ach. |
| zwölf. Zwölfe. | · · | zwölf. |
| zwar | · · | zwar. |
| man | · · | nur. |
| Schwon | · · | Schwan. |
| Stilbirn | · · | Stech- oder Stachelberren, |
| Erdbirn, Hindbiren ꝛc. ꝛc. | · · | Erdberren, — — — |

Sprachkundige) als Abgeordnete an die, so oft für Sprachbarbaren gescholtene, Schweizer abfertigten, um unsere reine Sprache aus ihrer unreinen verbessern zu lernen? Ich, meines Theils, wolte zu den Kosten dieser Gesandschaft lieber einen Beitrag mit thun, als wenn die Rede von einer Reise nach Palmyra wäre. Daß, übrigens, diese Abgeordnete nirgends-woher anders, als aus dem Schoose des (ehemals) dictatorischen Leipzigs genommen werden dürften, dieses, mein Herr, wie Sie wissen, verstehet sich. — Aber, nun kein Wort mehr von Sprache, damit ich die Schwäche meiner Einsichten in diese Materie nicht noch mehr blos gebe, als ich schon gethan habe. Warum thun Sie mir aber auch solche Fragen?

— Ich war im Begrif, Ihnen die Namen der hiesigen Herren Professoren zu melden, um damit dem Ende meines lezten Briefes eine gewisse Zierde zu geben, die ich sonst für ihn noch nicht ausfinden kan. Und man saget ja doch: Ende gut, Alles gut. Allein,

| | anstatt: | |
|---|---|---|
| ein Aepfel. | · · | ein Apfel. |
| salzrig | · · | salzig. |
| Barrwist | · · | Barfus. |
| reinlich | · · | reinlich. |
| aweltig | · · | albern. |
| bejahnen | · · | gähnen. |
| prubsten | · · | niesen. |
| sich verjagen | · · | erschrekken. |
| Klattern, klampern | · · | klettern. |
| sizen geben | · · | sich sezen. |
| bleib besizen | · · | bleib sizend. |
| sich an- aus-ziehen | · · | sich an- aus-kleiden. |
| streichen | · · | plätten, Bügeln. |
| knütten | · · | strikken. |
| einstippen | · · | eintauchen, eintunken. |
| trufnen | · · | trofnen. |
| ich frug, jug | · · | ich fragte, jagte. |
| ich bulf, bolf | · · | ich bolf. |
| ich blubs | · · | ich blies. |
| wo stichst du | · · | wo stiesest du. |
| er stach ihn | · · | er stach ihn. |
| er läst, geschikt zu sein, | · · | er scheinet — — |
| im Schummern | · · | im Dunkelwerden. |
| das Munster | · · | das Muster. |
| Druksleluch | · · | Löschpapier. |
| ein bisschen, büschen | · · | ein Bischen. Wenig. |
| ein bisschen Wein | · · | ein wenig Wein. |
| es gehöret mein | · · | es gehöret mir, ist mein. |
| Vorwurf der Betrachtung | · · | Gegenstand der Betr. |
| bore, brinken, ıc. | · · | tob, trinken, ıc. |
| Kuhle | · · | Grube. |
| er tritt in die Kuhle | · · | er häkft. |
| neutmodig | · · | neumodisch. |
| zuge- ärmeln-aufschläge | · · | zugenähete — — |

So viel wird, dem Baseler Lexicon die Wage zu halten, genug sein. — N. Z. 1769.

wie wiederſinnig, wie unnüz wäre ein ſolches Unternehmen! Wie würde ich Sie, wie
würde ich Ihre Kentnis der gelehrten Welt dadurch beleidigt haben! Solten Sie nicht,
ohne mich, alle dieſe Männer kennen, und ſie von den Bernoullis an, bis — — auf den
Fingern herzuzählen wiſſen? Keinen einzigen will ich derowegen nennen, ausgenommen den
Herrn J. J. Spreng, und zwar dieſen blos in Abſicht, um die Gelegenheit zu haben,
Sie zu fragen: ob Sie wol ſeine poetiſche Ueberſezung der Pſalme kennen? Ich weiß
eine Menge nicht ungelehrter Leute, die die Crameriſche Ueberſezung mit Eifer leſen, und
denen doch nie die Sprengiſche zu Geſicht gekommen war. Herr Cramer ſelbſt ſcheinet
nichts von derſelben gewußt zu haben; wenigſtens füret er ſie unter denen andern Ueber-
ſezungen, die Er, in der Vorrede zu der Seinigen, beurtheilet, nicht an. Und doch iſt
dies Werk ſchon jezt vor 22 Jaren zu Baſel gedrukt, und obgleich der Verfaſſer ſeine Poeſie
in das vorgeſchriebene Maas der Zeilen, und der alten Melodieen, nach welchen die Lob-
waſſeriſchen Pſalmen in den Kirchen abgeſungen werden, eingezwänget hat: ſo ſiehet man
doch denen mehreſten der Seinigen dieſes ſo wenig an, daß ſie vielmehr mit denen in ſo
freien und abwechſelnden Versarten abgefaßten Crameriſchen, ohne Nachtheil (um nicht zu
viel zu ſagen), die ſchärfſte Vergleichung aushalten können. Auch hat man noch kürzlich
vorgehabt, dieſe vortreflichen Pſalmen von Herrn Spreng, ſtatt der alten, dem öffentlichen Gottesdienſte eigen zu machen. Leſen Sie ſie alſo, auf mein Wort! es wird ſie
nicht gereuen.

Jezt will ich Ihnen von einem andern Werke noch Nachricht geben, das, ſeines
Urhebers wegen, ſchäzbar iſt, ſonſt aber ſchon ſeinen innern Werth um ein Groſſes verloren hat. Die Kräuterſamlung Caſpar Bauhins, meine ich, die noch vorhanden und
ſelbſt in Baſel iſt. Vor-ehegeſtern habe ich ſie geſehen. Eine verwitwete Frau Bauhin
iſt Beſizerin davon, weil Sie ſie von ihrem Manne geerbt, der ſie für ſeinen Sohn aufgehoben hatte, welcher Feld-arzt bei dem Preußiſchen Kriegsheere war. Dieſer iſt aber
in Schleſien jung geſtorben; und da ein zweiter Sohn, der ſich, wie der Vater, als
Kaufman in Berlin aufhielt, ſchon eben dies Schikſal gehabt, ſo iſt nunmehro der berühmte
Name, Bauhin, ſo gut als erloſchen.

Dieſes Herbarium muß, von Zeit zu Zeit, grauſam mißhandelt worden ſein.
Caſpar Bauhin hat die Pflanzen in demſelben nach der Ordnung ſeines Pinacis gelegt
gehabt. So fängt, nach erlittener Plünderung des Werkes, Liber 1. Sect. 1. mit dem
Gramine panico ſpicâ diviſâ (Baſileæ in fimetis) an, und auf dieſes folget das Gr. pan.
ſpicâ ariſtis magnis armatâ (Baſileæ in agris. — cum Nota: quod Minus, ex Italia,
ſit rariſſimum.) Liber 2. S. 1. enthält zuerſt die Iridem bulboſam anguſtifoliam
tricolorem. In dem leſten, nämlich in dem 12ten Buche, in der 3ten Section, habe ich
24 Species Salicis gefunden; auf dieſe folgen Agni caſti &c. —

Damit

Damit Sie noch mehr sehen, in welchem unvolständigen Zustande die ganze Samlung jezo ist, so wil ich hier nur bemerken, was für gleichwohl auch defecte Sectionen
ich in denen 12 Büchern, worin sie abgetheilet liegen, angetroffen habe:

Libri 1. Sect. 1.  
    2. — 1. 2. 3. 4. 5.  
    3. — 1.     3. 4. 5. 6.  
    4. — 1. 2. 3. 4. 5.  
    5. — 1. 2.       5. 6.  
    6. — 1. 2. 3. 4. 5. 6.  
    7. (— 1. 2. 3. 4 5.  
    8. — 1. 2. 3.       6.  
    9. — 1. 2. 3. 4. 5. 6.  
  10. — 1. 2. 3. 4. 5. 6.  
  11. — 1.        (5?) 6.  
  12. — 1. 2. 3. 4 5. 6.

Daneben endlich 2 oder 3 Convolute unbezeichnet.

Die vorhandenen Pflanzen überhaupt aber sind größtentheils sehr zerstümmelt, ja
manche ganz und gar verdorben, viele, ohne Zweifel, verloren, und noch mehrere aus
ihrer rechten Stelle gefallen, folglich aus der Ordnung gekommen. Denn, sie sind nicht
aufgeleimet, sondern liegen lose zwischen dem Papiere. Welch ein trauriges Schiksal für
eine so vortrefliche Kräutersamlung, als diese gewesen! Aber, so gehet es mit allen Werken von der Hand der Menschen, die stolzen Pyramiden eines vormals blühenden Aegyptens
nicht ausgenommen.

Dies Herbarium muß sonst um so viel volständiger gewesen sein, als Bauhin nicht
wenigen seiner Pflanzen noch Holzschnitt-abdrükke beigelegt hat, wovon die meisten aus dem
Clusius sind.

Ich habe, und gewis blos um des großen Namens willen des Samlers, einige
wenige Louisd'or für dies unmehrige bloße Gerippe eines Herbarii geboten, um dasselbe
noch von seinem völligen Untergange zu retten. Denn, es liegt in einer großen Lade auf
dem Boden des Hauses unter dem Dache, wo es vor Staub und Gewürme nicht gesichert
ist, und mit starken Schritten zur Verwesung eilet. Allein, die verwitwete Besitzerin will
es doch für einen so vermeintlich geringen Preis nicht weggeben. Ich muß es also seinem
Schiksale überlassen, mit welchem das menschliche einerlei ist, und welche ihm mitleidig
meine Seufzer.

U u

Die Frau Bauhin verwaret auch überdies 5 Kupferplatten, worauf die Bildnisse
so vieler von ihren Vorfaren stehen.    Hier sind derselben Namen, nach der Folge der
Jare, da sie gestochen worden:

Johannes Bauhinus, Archiater Würtemberg.  æt. 60.  1601.

Casparus Bauhinus, Archiater & Prof. Basil.  æt. 54.  1614.

Joh. Casp. Bauhinus.  æt. 65.  1671.

Hieronymus Bauhinus,  Joh. Caspari filius;  Caspari nepos,  Prof. med.
Basil.  æt. 30. 1667.

Das Bildnis der mit keiner Umschrift versehenen fünften Platte, hält Frau
Bauhin für Fridericum B., von welchem Ihr verstorbener Eheman ein
Sohn war.

Ich habe Gestern Abend noch ein Glück gehabt, das ich, ob es gleich Steine betrift,
nicht vor ihnen verschweigen kan.   Der Franz Walter, der zum Stäg am Gotharde
wonet, kam hieher, und brachte mir einen Cristall, der mitgenommen zu werden wehrt
war.   Es ist ein einzelner weisser Zinke, von fast ganz regelmäßigem Wachsthum, nur
nicht völlig klar, und dieser hat in der Dikke 7 Zoll, und in der Länge 18.   Er wieget
über 33 Pfund: ein Stük, dergleichen heutiges Tages selten ist! daß ich nicht versäumet
habe, es zu kaufen, können Sie leicht gedenken, ob das Pfund gleich 24 Bazen gelten
mußte.

Ich hätte hier Lust, Ihnen die sämtlichen Stükke Cristall, so ich am Gotharde
und in Genf erobert habe, zu beschreiben.   Ich habe nun davon durch alle Stufen, von
den kleinsten an bis zu den größten; ganz klare und trübe; ganz weisse, gelbliche,
braune, und bei nahe schwarze in meinem Besiz.   Ich habe durchröhrete; mit Schörl
durchwachsene; und gedoppelt in einander sizende; einzelne und drusen-artige; an nur
einem Ende und an beiden Enden mit einer Pyramide versehene; und von diesen leztern
sowohl wieder einzelne, als dergestalt drusen-artige, daß die verschiedenen Anschüsse, an
ihren Prisma Flächen, einer den andern, wie die Pfeifen in einer Orgel gestellet sind,
berüren: kurz, alle diese Stükke, auf deren Besiz ich stolz bin, hätte ich Lust, Ihnen
genau zu beschreiben.    Allein, eines Theiles fehlet mir die Zeit hiezu (denn, noch diesen
Nachmittag muß ich abreisen), und andern Theiles denke ich, sie selbst einst Ihren Augen
zur Betrachtung vorzulegen.   Ich wil nur dies noch sagen, daß ich kein einziges Stük in
den Schweizer Cabinetten angetroffen habe, (ausser auf der Berner Bibliothek die hundert-
pfündigen beiden), das mit meinem neuen größten verglichen zu werden verdienete.   Sind
Sie nun nicht begierig, diesen Cristall und die übrigen zu sehen?

Versteinerungen bringe ich zwar auch mit, so ich theils selbst gefunden, theils als Geschenke erhalten; aber die sind nicht von den seltensten, noch von den schönsten. Hiebei fällt mir ein zwiefacher Mangel ein, der sich in den Cabinetten der Schweiz zeiget. Keines enthält nämlich einen vollständigen Encrinum mit langem Stiel, dergleichen bei Ludeln, im Braunschweigischen, zu Hause sind; und doch finden sich die Glieder ihrer Stiele, die gemeinen runden Rädersteine häufig genug. Allein, wo findet man diese nicht?

Man ist, wahrhaftig, aus dieser Verschiedenheit gezwungen zu schliessen, daß der Körper des Seepflanz-Thieres, davon die Encrini herstammen, von sehr ungleicher Substanz sein müsse. Ohne Zweifel ist der Kopf oder Leib ein weiches schleimigtes, der Fäulnis mehr unterworfenes Wesen, der Schwanz oder Stiel aber härter knorplicht. Indessen versichert Gruner (d), daß einmal ein Encrinus Lilium lapideum in einem Steinbruche bei Schinznach gefunden sei, der ganz vortrefflich gewesen, doch selbst nicht in der Schweiz geblieben ist.

Das zweite Stük, so ich in den Schweizer-Cabinetten und zwar ganz und gar vermisse, ist die sonderbare Versteinerung, die meines Wissens, nur in England bei Dudley zu Hause ist, und den Namen, am gewöhnlichsten, von Dudley-Fossil hat (e). Ich besitze davon, durch des geschikten Londonschen Pflanzenmalers, meines deutschen Freundes, George Denis Ehret Gütigkeit, 5 oder 6 Stükke von solcher Schönheit, daß vielleicht kaum Engländische Cabinette bessere aufweisen können (f).

Endlich, so melde ich Ihnen noch, daß der gelehrte Herr Harscher von seiner Römischen Münzwerkstätte bei Augst, nun eine kleine Abhandlung (g) hat abdrukken lassen.

Uu 2

---

(d) Im 1. Th. 172. S.

(e) s. die Abzeichnung in E. Luidii Lithophylacii Brit. Ichnographia. Ed. altera. Oxonii 1760. pag. 101. — Alle unsere Versteinerungs-Schriftsteller, und selbst die neueren, scheinen diese Versteinerung übergangen zu haben. (Jezt später findet man sie schon angeführt, und in dem grossen Knorrischen Werke über die Versteinerungen selbst abgebildet. — N. Z. v. 1773.)

(f) Vielleicht werde ich zwei oder drei meiner Exemplare, nebst ein Paar fremden, in Kupfer stechen lassen, und mit einer kurzen Beschreibung begleiten. Es hat diese Versteinerung Aehnlichkeit mit dem Entomolitho paradoxo Mouzenii, Linn. und das Original dazu mag wol ein Monoculus, dessen Gattung noch nicht im Meere angetroffen worden, gewesen sein. Der Monoculus Apus L., Schäfers Krebsartiger Kiefen-fuß hat mit der Versteinerung viel Aehnliches, an der inzwischen nichts von einem Rükkenschild, noch von Schwanzborsten, zu sehen ist. — N. Z.

(g) Unter dem Titel: Joh. Heinr. Harschers vorläufige Beschreibung einer von ihm in dem Gebiete der Stadt Basel, nicht weit, von dem Dorfe Augst, entdekten Münzwerkstätte, und der daselbst gefundenen Münzmodeln.

Er hat sie mir verehret, und deren Durchlesung wird Ihnen über alles ein Gemüge thun, was ich Ihnen davon in einem meiner ersten Briefe aus Basel (vom 26. Aug. dem 6ten Dr.) sehr unvollkommen erzählet habe.

Jezt überdenke ich, zum Schlus, noch einen Augenblik die Schönheit und Vorzüge der verschiedenen Gegenden der Schweiz, so weit ich sie gesehen. Ich habe sie aber mit Aufmerksamkeit, ich habe sie zu Lande und zu Wasser gesehen, und zu Lande um so viel besser, da ich einen grossen Theil meiner Reise, und von Genf bis wieder nach Basel beinahe den ganzen Weg, zu Pferde gemacht habe. Nur allein der Bewoner dieses Landes, der seines Glükkes, das, was er ist, zu sein, zu sehr gewonet ist, empfindet es vielleicht nicht. Ob ichs mir für ein Glük schäzen würde, wenn ich hier mein Leben zubringen könte: das ist eine zu beantworten unnöthige Frage, da der Himmel mich in Umstände gesezet hat, die alle Veränderung meines Wohn-ortes unmöglich zu machen scheinen, mit dem ich über das auch zufrieden sein kan. Hätte ich aber eine freie Wahl, und wählte die Schweiz, so würde ich in der That doch sehr verlegen sein, welche Gegend und welchen Ort ich den übrigen vorziehen solte. Eine jede und ein jeder hat etwas besonderes für sich, so daß ich schwerlich für eine oder einen allein mich entschliessen würde; ich würde vielmehr Alle geniessen, ich würde in Allen Cantons zu Hause sein wollen, und meine Bürgerschaft würde wandernd sein. Dorthin würde mich die reizende Anmuht der Natur, hieher der belehrende Umgang mit Männern, die die Wissenschaften lieben, anderwärtshin die blosse Freundschaft ziehen. Indeß merke ich so viel, und sehe voraus, daß mein erster Winter dem Unterrichtsvollen Zürich, mein erster Frühling der Stadt Basel und dem Neuburger Gebiete, mein erster Sommer den Gegenden um den Lucernersee und auf den erhabenen Alpen, der Herbst aber ohne Zweifel dem Pays de Vaud und Genf gewidmet sein würde. Was dünket Sie, mein Herr, von diesem Plane? solte er wol nicht auch nach Ihrem Geschmakke sein?

Nun, Land, so lebe denn wohl, o Land, das ein gütiges Schiksal mit Segen aller Art begünstiget, ja überschüttet hat, das noch reicher an Quellen der Freude, als an Quellen von Wassern ist, von dessen Himmel an gethürmten Gebürgen die Gottheit in ihrer ernsten Majestät herabstralet, dessen starrende Eismeere so viel glänzende Spiegel der Almacht sind, die das Auge der Sterblichen blenden! Land, voller Schönheiten und Wunder, das mich so oftmals mit mehr als berauschendem Vergnügen erfüllet, so oftmals meine Brust von Entzükken aufschwillen gemacht, meiner Seele Erstaunen geboten hat! Was für Güter sind es, die ich dir wünschen könte, und du nicht schon besässest? Und doch ist für dich mein Herz vol von Gelübden, davon ich keines nenne, weil dir schon jedes gewähret ist. — Wohlan, sei was du bist! geniesse deiner gegenwärtigen Glükseeligkelten! Ewiger Friede mache sie dir ewig! Deine Bürger füllen sie! Durch Tugend seien sie ihrer mehr und mehr würdig! In Allem ein Muster für Uns, dem wirs gleich zu thun, das wir übertrefen zu wollen, Muht genug haben mögen! Der Vorsehung ewige Lieblinge!

Bastl, den 20. Octob. 1763.

# Register.

Aelen, oder Aigle. 244.
- - - Mauern von Kieseln. 244.
- - - Salzfote. 244.
Aeker- und Wiesen-bau. 308. 309.
Alabaster. 189.
Alcyonium geniculatum. 33.
Alaun am Gotthard. 136. 137.
Der Alpbach. 138.
Alcenfalz. 182. 223. 230—236.
Alpkäfe, oder Sommerweiden. 104. 105. 260. 261.
Altorf. 100. 101.
- - Bergt umliegende. 101.
D. Amman, Natural-saml. 40—43. 267.
Ammonshörner. 42.
Androdamas, Praht. 175.
d'Annone, J. L. D., und seine Natural. saml. 31—34.
- - Pfarrer, und seine Natural. saml. 27.
Anomia. 6. 10.
- - petrefacta. 11. 11.
Antropolith, angeblicher. 58. 66.
- - wahrhafter? 57.
Astroita columnaris c. apophyssbus. 8.
Aubonne, wo Tavernier gewohnt. 260.
Auster, verstein. mit einer Perle. 27.

Baden, und Bäder daf. 71.
Boden, gegrabene Würfel. 72.
Bäder zu Baden. 71. des Wassers Untersuchung. 73-76.
— zu Leuk. 126. 243.
— zu Pfessers. 53.
— zu Schinznach. 73. des Wassers Untersuchung.
73. 76—78.
Bandfabriken. 313.
Bandwurm, Mittel darwider. 292—296.
Bartenschlag. 325.
Bartgeier, Vultur barbatus. X. 187. 195-202.
Basel. 2. 23-25.
— Bandfabriken. 313.
— Bibliothek. 24. 328.
— Bräfte. 2.
— Kupfersamlungen. 3. 28. 243. 244. 336.
— Kunstereplaz. 25.
— Rumbart. 331—335.
— Natural. saml. 3. 4. 8. 23. 27. 28. 31—34. 87.
— Kahlhaus.
— Wein. 28.
— Zeughaus. 28. 313.
Bauer, der philosophische. 61.
Bauhin: Hildbase. 338.
— Kräutersaml. 336.
Bäume auf Aeckern, Landstraßen 2c. 88. 273.
Baustein, zu Basel, Bern, Freiburg, Genf, Lausanne,
ist Sandstein. Zu Yverdun Kalkstein. 274. 277.
Auch zu Neufchatel. 274.
Bapier, sein Microscop. 305.
— seine Natural. saml. 3. 4.
Belemnita. 11. 13. 32. 41. 48. 61.
Bergmilch, L.v. Lune. 92.
Berling, Stein und sein Bruch. 58. 59.
Bern 170—192. 204-209. 218—216.
— Bankerne, die verstellten. 179. 180.
— Bibliothek. 190. 191.
— Hospitäler. 178. 179. 188. 189.
— innerer Stand. 191. 192.
— Kornhäuser. 204. 205.
— Landstraßen. 180. 181. 186.
— Mühlerkirche. 216.
— Natural. saml. 195. 215. bei Bern. 185—188.
— Oeconom. Gesellschaft. 216.
— Kabthaus. 191.
— Spazierpläze. 214. 215.

Bern, Wochenmarkt. 204.
— Zeughaus. 191.
Bernoulli, seine Natural. saml. 29.
Bernstein. 36.
Bete, römische, oder Mangold. 83. 84. 85.
Bericux und Fundamens daf. 247—251.
Bex. 246. 247.
Bibliothek in Basel. 24. 328.
— in Bern. 190. 191.
— in Genf. 252—270.
— der phil. Gef. in Zürich. 63. 64.
Biel- und der See. 192.
Bitterfalz, gegrab. in Hildesh. 238. 239.
— in Piemont. 238.
— zu Salzburg. 236.
— in Schweden. 236.
— in der Schweiz. 222. 223. 230-236.
Bleichen. 39.
Bölberg, Mons Vocetius. 79. 80.
Bohrmuscheln. 6. 10. 264.
— verstein. 11. 11. 264.
Bommel. 272.
Bouediguit, Natural. saml. daf. 272.
Brandblat. 81.
Brandwein, aus Brombeeren. 302.
- - - Kirschen. 300-301.
- - - Wacholderberren. 302.
Bruga, oder Brul, der damal. Wohnort unsers vertraut.
Zimmermanns. 73. 79.
Brückner, seine Natural. Saml. 23.
Brütten, zu Basel. 2.
— - Saligau. 48.
— auf dem Gotthard. 107. 137.
— vor und in Lucern. 90. 91.
— zu St. Moriz. 245.
— zu Olten. 87.
— zu Schafhausen. XI. figg. 39. 40.
der Brünig. 130.
Butter-ersparung. 300.

Cailloux du Rhin. 157.
Calcareus spatescens. 71. 72. 79. 80. 293-295.
Capuciner-hofbitum. 111.
Carpolith. 42. 53. 54.
Castanien, auf dem Gotthard. 104. 107.
— im Hasslithale. 139.
— im Lauterbrunthal. 276.
— am Schenberg. 154.
Castanienbäume. 235. 309. und Nußbäume auf Aeckern 2c.
261. 273.
Cottamschöristen. 273. 274. 191.
Chablais, Naturalsch. daf. ...
Combessen und ihr Eyer, zu Neufchatel 37. 47. 48.
Conserve? haligte, in Wassertröen 2c.
- - - Schwämme, entrochuliert. 1-6.
Corallen, röriate, verstein. 31. 265.
la Côte, und daf. Wein. 260.
Crystall. 13. 55. 101—103. 129. 130. 134.
271.
- - - . . . .
- - - Mutter. 102. 103. 136. 137.
- - - suchen. 137.

Dorn für Getreide, zu Basel. 209. 213.
- - - Bern. 204. 205. 208. 209.
- - - Freiburg, Soloturn 2c. 209.
- - - Genf. 205. 208.
- - - des Julieri, im Neapolit. 206. 207.

les Delices, Voltairens Landgut. 270.
Denk- oder Schau-münzen, v. Dasler. 214.
    - - - v. Hedlinger. 212-214.
Diedrichische künstl. Magneten. 329.
Dinkel oder Spelt. 204. 205. 261.
Dudley-fossil. 339.

Eau de Noix. 261. 301.
Schmit. 2. 10. 40. 41. 42. 164. 267.
    - mit Stacheln oder Zasen noch versehen. 266. 267.
Salisau und Grülle. 48.
Ecole vétérinaire. 375. 376.
Einsiedelei bei Freiburg. 219. 220.
Elephantenzahn, gegrab. 31.
Encrinus. 27. 40. 41. 56. 239.
Encrinal Calyx, s. Lap. pentagonus. 32.
    - coralloidei. 3-5.
    - verstümmeltes Original. 6. 7.
Entrochi. 5. 7. 64.
Escherische Seiden-mühle. 49. 50.

Felsen, bei Freiburg. 240.
    - - zu Laufenburg. 35. 36.
    - - am Lucernersee. 95. 97.
    - - am Neuenburgersee. 277. 278.
    - - am Thunersee. 176.
Fischkopf, versteiet. 265.
Fisch-rückgradwirbel, versteiet. 265.
Fünk-lerche, Fringilla gularia. 201-203.
Flugsand röhler. 127.
Fondemens zu Bevieux. 247-251.
Forellen auf dem Gothard. 112. 117.
Freiburg und Kirchen. 221. 222.
    - Sandfels, mürber Freibläger. 221.
Frey, seine Natural. Saml. 6-9.
Fringilla gularia, Flär-lerche. 201-203.
Fruchtstein. 42. 43. 44.
J. C. Füesli. 60. 61. Gemälde. 61.
Furca, seine Höhe. 125.

Galle oder Krebs der Haussteine. 179. 180. 221.
Geisbergerstein, Mutter des Cristalles. 135. 136. 141. 143.
Geisler. 51.
Gemälde, v. Holbein. 2. 28.
    - v. Rubens. 270.
Genf. 263-272.
    - Aussichten. 270.
    - Bibliothek. 263-270.
    - Natural. Saml. 263-266.
    - Zeughaus. 263.
Genfersee. 261.
Joh. Gesner. 50. 66. 224. 225.
    - - Bibliothek. 50. 51.
    - - Botanisches Werk, Insekten, Natural. gemalet. 51.
    - - Natural. Saml. 52-54. 64. 330.
Sal. Gesner. 60. 67.
Gesimen oder Geschemen. 106. 107.
Getreide-barren, zu Basel. 209-211.
    - - - Bern. 204. 205. 209.
    - - - Freiburg, Solothurn. 208.
    - - - Genf. 205-208.
    - - - des Inders, im Neapolit. 206. 207.
    - Magazin, in Zürich. 206.
Geweih, versteint. 58.
Gex, das Ländchen. 263. 264.
Gilbstein. 111.
Glaris Fruchtbarkeit. 307.
    - Schiefer. 56.
Glasmalerei. 326-328.
Glaubersalz, gegrab. zu Salzburg. 236.
Gletscher. 149. 166. 168-171. 172.

Gletscherspiritus. 221. 227-230.
Glossopetra. 54. in Nagelflue. 291.
Goldaeier, Vultur babatus. X. 187. 195-201.
der St. Gothard. 102-115.
    - - seine Höhe. 112.
    - - Strassen. 125.
    - - Wasserfälle. 104. 107.
Grabmal zu Hindelbank. 192. 193.
Grabiererhäuser-Inexmalze. 251.
Granit versteinigter. 107.
Grindelwald. 166. 171. 172.
    - gletscher. 149. 166. 168-171.
Gruner. 215.
Gypsgeburge zu Bevieux. 247-251.

Hagenbach. Kräutersaml. 28.
v. Haller. 241-244. 252.
Harscher, seine Röm. Münzwerkstätte. 30. 329.
Hasli-thal. 129. 131. 133. 162.
    - Wasserfälle. 138.
der Hauenstein. 96. 97. 165.
J. E. Hedlinger, und seine Denkmünzen. 212. 214.
Herrenschwands Mittel wider den Band-wurm. 292. 296.
Hindelbank, Grabmal des. 192. 193.
Hirse, Indianische, Holcus Sorgum. L. 182. 183.
Doct. Hirzel. 61.
Höhe des Jura. 125.
    - - Gothard. 112.
    - - Jungfern- oder Wetter-horns. 164.
    - - Sittenberges. 164.
    - - Pilatus. 92.
Doct. Hofer, seine Natural. Saml. 10-12. 14-22.
Hogarth. 325.
Holbeins Gemälde. 2. 28.
Holcus Sorgum. L. 182. 183.
Holz, halb verkeint, halb nicht. 11.
Horn oder Geweih, verkeint. 58.
Hospital, Dorf, auf dem Gothard. 110.
Hospitium der Capuziner. 111.
Hydrosteus, des Bauier. 255.

Jallobert. 272.
Jargon. 137.
Jaspter. XI. 124.
Aus, wo Glossopetra in Nagelflue. 291.
Afelin. 61. 83.
Jungste Gericht, zu Freiburg. 221.
Judensteine, sind Meer-Igel-Sacheln ob. Füsse. 266. 267.
das Jungfern- oder Wetter-horn. 130. 164. 177.
der Jura. 260. 274. 277. 293. 305.
Joerbün oder Pfeffen. 274. 275. Baustein. 275. 277.

Käse. 303-305. Verbrauch und Verkauf. 305. 306.
    - nebst Reiter rc. in Zürich. 305. 306.
der Kaiserstuhl. 130.
Koppelers Cristallographie. 92.
Kastanienbäume. 245. 299. und Nußbäume, auf Felfern rc. 261. 273.
Kattunfabriken. 277. 278. 291.
Kirschen-Bäume, auf Landstraßen. 83.
    - Brandwein. 300-304.
Kiesel-Klumpen, Nagelflue. 36. 38. 68. 71. 72. 80. 95. 221. 240. 291. 316-320.
Kißnech, das Schloß. 27.
Kleidungen einiger Schweizer. 283-290.
    - der Schwarzen Bauern. 25. 256.
Kräutersammlungen, zu Basel. 2. 24. 221. 224. 330.
    - - - Kublhaisen. 10.
    - - - St-Gallen. 56.
    - - - Zürich. 52. 64. 67.

Krebs der Bausteine. 179. 193. 224. 257.
  —  Moluccisches, in Schiefer. 32.
Krätze, in Heinzaer Schiefer. 167.
Küchen, zur Reise. 328.
Kürbis. 83.

Lac Lunæ. 92.
Doct. Lachenal, und Schweiz. Pflanzen. 243. 244.
Lämmergeier, Vultur barbatus. L. X. 187. 195-202.
Landstraßen. 85. 86. 167. 177. 180. 181. 215.
Lap. cuem. & jud. und Meer-Igel-Stachel oder
  Rüße. 266. 267.
  — pentagonus. 32.
Laufenburg, das felsigte Ufer und Bette des Rheins
  daf. 30. 34.
Lausanne. 257. 259.
  —  , Kanzlei, der abblättert. 257.
  —  , Baßelfarben daf. 259.
  —  , Aussichten und hohe Terrasse. 257.
  —  , Tissot. 259.
Lauterbrunnthal. 173-175. Wasserfall, der Staubbach. 175.
Leuwinen. 106.
Liora. 264.
Lavater. Natural. Saml. 55. 56. 267.
Leidma. 191. 194.
Leuker Bad. 136. 243.
Liechstahl. 23.
Lilienstein. 33. 40. 41. 36. 339.
  —  ein verstümmeltes Original von ihm. 6. 7.
Limmat, Schiefersee darauf. 70. 71.
Linde, zu Unterseen. 176.
Lithoxylum. 33.
de Luc Natural. Saml. 263-266.
Lucern. 89-93.
  —  Brüllen. 91.
  —  Natural. Saml. 92.
  —  der See. 91-93. 123. Berge und Oerter umher.
    95-99. Fossilen. 91. 96.
Lunzter See. 130.

Maden im Tobak. 80.
Maaurten künstliche, Diedrichsche. 329.
Malerei auf Glas. 326-334.
Manaold, oder Röm. Perle. 83. 84. 85.
St. Maria Magdalenen Einsiedelei. 219. 272.
Marmor. 184. 188. 189. 190. 240. 244. 245. 252.
Mauern von Kieseln. 241. 246.
Maurer, Pfarrer zu C. 37. 38.
Magernens Bildniß, durch Rubens. 270.
Medusen, in Schiefer. 40. 41.
Meer-Igel versteint. 9. 10. 40. 43. 46.
  —  Stacheln. 40.
Meriansche Familie. 329.
Messe zu Zurzach. 76.
der Mettenberg. 184.
Michaeli du Cret. 328.
Milchjasper. 157.
Makarest, Holcus Sorgum. L. 182. 197.
Monoculus Cancer Moluce. oder Polyphemus, in
  Schisto. 32.
Mons Vocetius. 77. 80.
Moutmilch, Lac Lunæ. 92.
Morgen oder Morser. 260. 261. 273.
St. Moriz im Wallisland. 245. Brülle und Einsiedelei.
  245.
Mülhausen. 19.
  —  Natural. Saml. 10. 11. 14. 22.
  —  , Kiosier. Garten. 12.
Müller, Natural. Saml. 87.
der Münsterplaz, oder die Pfalz in Basel. 25.
Münzerstühlte. Römische. 30. 339.
Mundart, Basel. 331-339.

Mutenz. 26.
  —  , Natural. Sal. 27.
Nagelflue, find Kieselklumpen. 36. 38. 69. 71. 79. 80.
  90. 221. 240. 266. 293. 316-320.
Natural. Saml. Ammonische. 42-47. 267.
  —  —  d'Annonische. J. U. D. 31-34.
  —  —  , des Pfarrers. 37.
  —  —  Bawierische. 3. 4.
  —  —  Bernonsische. 29.
  —  —  Bertrandische. 145.
  —  —  Brukmerische. 32.
  —  —  Escherische. 63.
  —  —  Freorische. 6 - 9.
  —  —  Gansierische. 272.
  —  —  Geßner. 52 - 54. 64. 330.
  —  —  Gruner. 215.
  —  —  Hoßerische. 10-13. 14-23.
  —  —  Langische. 92.
  —  —  Lavaterische. 55. 56. 267.
  —  —  de Luc. 263 - 366.
  —  —  Müller. 87.
  —  —  Sandes. 278.
  —  —  Scheuchzer. 64. 65.
  —  —  Schyltheiß. 57 - 59.
  —  —  Syruugische. 185 - 188.
  —  —  Stäbelin. jezt in der Freulichen.
  —  —  Valierische. 294.
Nautiliten. 23. 265.
Nerois oder Rion. 260. 262. 273.
Neuweg. Neuchatel. 277.
  —  —  Aussichten. 277.
  —  —  See und Jesien am Ufer. 277. 278.
  —  —  Basstein. 278.
  —  —  Natural. Saml. 278.
Necker. Mittel wieder den Bandwurm. 292. 296.
Nußbäume auf Landstraßen. 81.
Nuß und Kastanien auf Keltern rc. 261. 273.
Nuß-Öhl. 300.
Nußwasser. 301.

Oberhasli. 170. 178.
Obstbäume auf Keltern, Landstraßen rc. 83.
Oeconom. Gesellschaft, in Bern. 214. 217.
  —  —  , im Chur-Hannover, zu Zelle. 217.
Oeninger Schiefer, sind Stinksteine. 56.
  —  —  Bruch. 56. 57.
Oolithen. 24. 52. 33. 34. 80.
  —  -Fels. 11. 25. 245.
Ortoceratiten. geätzt. 41.
Ostracites cum Margarita. 37.
Doct. Ott. 46.

Panacea helvetica. 297. 298.
Pays de Gex. 263. 264.
  —  de Vaud. 260.
Paßelfarben. 259.
Pfaffenteuna-Brülle. 277.
Pfefferstad. 63.
Pferde-ersparung durch Ochsen. 311.
Pfluq, der Basel. 310.
Pfüzern. 89. 310-312.
Pholaden. 7. 8.
Physical. Gesellsch. in Zürich. 61. 64.
  —  —  Kräuterfaml. daf.
Pich. 273.
Pierres de la Côte. 137.
Pilatusberg. 92. 97. 98.
Aelts Plateaus Natural. Saml. und Kräuter. 20
Bialuen, von J. J. Scheuch. 196.

Röhrensteinsäule. 64. vierseitig. 5. mit Austrocksen. 2.
Randberg, und seine Verkalkerungen. 37.
Reichenau, angebl. Smaragd daf. 47. 45.
Reise-Kuchen, Gartenschlags. 336.
die Reuß. 103. 107. 108. 111.
Rheinwurz bei Schafhausen. 43. 45.
die Rhone. 245. 270. 271.
Roche, RoschL. 241. 242.
Röm. Gele. 83. 84. 88.
Rogensteine. 26. 27. 29. 32. 34. 80.
— , ganze Felsen. 26. 395.
Role. 260. 261.
J. J. Rousseau. 278. 280.
Rubens Gemälde, vorstel. den Maverne. 270.
Rüben, große. 82. 85.

Saarner See. 130.
Salz, bitteres gegrab. 211. 223. 228-233.
— , Glauber. gegrab. 236.
— , Steinsalz. 250.
— , quecken, zu Felsen. 244. zu Bevieux. 247-251.
Sandschiefer mit Kristallumpen. 240.
Sandstein, Basel. 24.
— , der abblätternde, Krebsigter. 179. 180. 211. 257.
Schafhausen. 33 - 46.
— , Brütte. XI. fgg. 39. 40.
— , Kräutersaml. 46.
— , Natural. Saml. 40 - 43.
— , Rheinwurz. 43 - 45.
Schaumünzen, v. Hepler. 314.
— v. Hedlinger. 313 - 314.
der Scheidegg. 164 - 168.
Schellenberg. 51.
Scheuchzer, Kräutersaml. 67. Natural. Saml. 66. 67.
Schiefer, Oeninger. 56. sein Bruch. 56. 57.
— vez Glaris. 56.
— grüner und roehter, vom Joch. 138.
— bei Freiburg. 240.
— oben auf dem Scheidegg. 166. 167.
Schildkröten-abdruk in Schiefer. 330.
— , Schildbad, in Kalchsein. 53.
Schinznach, Giber daf. 73.
— , patriot-Verbrüderung daf. 61. 62
— , des Wassers Untersuchung. 73. 76 - 78.
Schneelumpen herabdürt. 106.
Schneesien, eßbare aufzufüttern. 62.
die Schöllenen. 106. 107. 137.
Schultheis und Natural. Saml. 57 - 59.
Schwarzwälder Bauernkleidung. 15. 284.
Schwefel, durchsichtiger. 249. 250.
Schwefeldunst, entzündbar. 249. — Unter-
suchung. 253. 254.
Schweizer Sprache. 331 - 335.
— , Kleidungen, einige. 282 - 290.
Seidenmühle. 49. 52.
Selenit, worin auch flüchtige Vitriolsäure. 76. 253.
Siblingen. 37. 39.
Solothurn, und Natural. Saml. 394.
Sommerweiden, oder Alphöfe. 104. 105. 260. 261.
Spaht, Androdamas. 175.
— , Bruch im Lauterbrunnthal. 174.
— , Kalkstein. 71. 72. 79. 80. 293 - 394.
Spelz, oder Dinkel. 204. 205. 261.
Sprenas pischmen. 336.
Dan. Sprünglin. 155. 194. seine Natural. Saml. 185-199.
Städt. 101. 127.
Der Staubbach. 175.
Steinklumpen, Mancherlei. 36. 38. 64. 71. 72. 80. 90. 211.
240. 293. 314 - 330.
Steinleimschiefer, Oeming. 56.
D. Stock ar de Neuforn. 46.

Straßsteine. 12. 18. 31. 41. 42. 65.
Stranzen, eine raare besondere Pflanze. 251.
Staubsam. 330 fqq.
Surser und beßer See. 90.

Tauben, eingeschränkt. 282. 283. und nicht. 282.
Taverniers vormal. Wohnort. 260.
Wilh. Tella Capelle. 99. Thaten, ein Mährchen? 99.
Terebratelm. 6. 10. 664. verscheint. 11. 21. 265.
Teufelsbrükke. 107. 137.
Thermometer, des Mich. du Crét. 314.
Thierpflanze, Original des Encrinus. 6. 7.
Thun. 177. der See und seines Ufers Felsen. 176.
Tischt. 152.
Tobel-Böden. 80.
Tropfstein. 341.
Tubularia Organum dicta, petref. 33. 265.

Untersee. 175. 176.
Mayerisches, genanntes, Pulver. 297. 298.
Urner Loch. 108. 137.
Urseler Thal und Urseren an der Matt. 108. 110. 137.

Vervay, oder Vivis. 240.
Vieh-arzmei-schule. 275. 276.
Vögel, schweizer. 195-194. 195-203.
Vultur barbatus L. Lämmergeier. X. 187. 195-202.

Waagen für Frachtwagen. 116.
Wacholderbrandwein. 204.
Walkerland. 245.
der Wartenberg und die Wartenburg. 26.
Wasen, oder Wasen. 104. 105. 137.
Wasserbruul, entzundbar. 249.
Wasserfälle, auf dem Gothard. 104. 107.
— , im Haslithale. 138.
— , im Lauterbrunnthal. 175.
— , am Scheidegg. 164.
Waßer-untersuchung, des Rabenischen. 71-76.
— , des Schinznach. 73. 76-78.
— , des Schwefeln. jubevieux. 253. 254.
— , verbesserung. 70.
Wendeltrepp- Schneckengattung, verscheint. 664.
Wein, Basel. 12. 313.
— , bau. 313. 314.
— , berge. 157. 277. 278. 293. 295.
— , ranken, sehr langen. 92. 163.
Werthof. 242.
Wiesen-bau. 92. und Ufer-bau. 304. 309.
Wirbel eines Fisch-rükkengrabes, verscheint. 265.
Witterungsbeobachtungen, auf dem Gothard. 112. 115-123.
— , an verschied. Orten. 142.
Würfel, bei Baden. 72.

Yferten, Yverdün. 274. 275. Bausteil. 276. 277.

Zeughaus, in Basel. 13.
— , in Bern. 191.
— , in Genf. 263.
Zimmermann, damals zu Bruf, jezt Kön. Churf. Leib-
arzt in Hannover. 63. 73.
Zofingen. 82.
Zürich. 49 - 69.
— , Kräutersaml. 51. 64. 67.
— , Natural. Saml. 52 - 52. 64. 66. 67. 68. 267. 330.
— , Seidenmühle. 49. 52.
— , der See. 67.
— , Verbrauch an Käse, Butter rc. 304. 306.
Zangenkrebs. 41.
Zurzach, Meße daf. 16.

# ERRATA

# Erklärung der Tafeln.

Tafel *. Architectur: Abriß der Rheinbrücke, zu Schafhausen.
Tafel 1. Fig. A. Stük von dem Original des Encrinus. Seite 6. 7.
    b-f. Bohrmuscheln. S. 6.
    g. Das Thier aus F. S. 6.
    H. Schnitt mit seinen Zähnen. S. 8.
    i. Fünfseitige Rädersteinsäule, mit rädersteinigtem Auswüchsen. S. 8.
Tafel 2. Fig. a. b. Bohrmuschel, Anomia Caput Serpentis. S. 10. 22.
    c. Meer-Igel versteinert, Echinita Spatagus. S. 10. 16.
    d. Belemnit, mit concentrischen Lamellen. S. 11. 19.
    e. Bohrmuschel, versteinert, Anomia terebratula petrefacta, valvulæ minoris radios binos interne eminentes monstrans. S. 11. 21.
    f. Bohrmuschel, versteinert, Anomia glabra ventre foramine pertufo, margine medio contracto. S. 11. 21.
    g. Ein Encrinus. S. 17.
    h. Stüke des Stiels, von dergleichen Encrinus, wie Tafel 6.
Tafel 3. Fig. a. Gekrümmter Belemnit. S. 31.
    b. b. Belemniten mit Falten unter der äußern Schale. S. 31.
    c. Kelch eines Encrinus. S. 32.
    d. d. Ein anderer dergleichen Kelch. S. 32.
    e. e. Glieder von der gegliederten Coralle. S. 32. 33.
    f. f. Alcyonium geniculatum. S. 33.
    g. Netzformiges äußeres Gewebe derselben. S. 33.
Tafel 4. Mediterranischer Krebs, in Schiefer. S. 32.
Tafel 5. Fig. a. Dornigte See-Igel-Stachel. S. 40.
    b. b. Eigenförmige. S. 40.
    c. d. See-Igel-Stachel, Nadeln genant. S. 40.
    e. Versteinerter See-Igel mit noch aufsigenden Nadeln. S. 40.
    f. f. Versteinerte See-Igel, mit noch aufsigenden Stacheln. S. 40.
    g. Verstein. platter See-Igel mit plattem Stern. S. 40.
    h. Ortoceratiten. S. 41.
    i. Blätterigter Belemnit. S. 41. 42.
    k. Ovaler Ammonit. S. 42.
    l. l. Verstein. welsche Nuß, und der Stein, worin sie gelegen. S. 42.
Tafel 6. Ein Encrinus oder kieligte Meduse, in Schiefer. S. 40. 41.
Tafel 7. Der Rheinsturz bei Schafhausen. S. 43.
Tafel 8. Derselbe, von dem Zürichischen Ufer betrachtet. S. 43. 44.
Tafel 9. Fig. a. Ein Stük von einer Schildkröte in Kalkstein. S. 53.
    b. b. Von einem versteinerten Geweibe. S. 58.
    a. c. Glossopetra in Maxilla. S. 58.
    d. Versteinertes Geweibe. S. 58. 59.
Tafel 10. Die höchsten Gebürge, welche den Gipfel des Gotthards ausmachen, nebst dem Capuzinerhoffpitium. S. 110-113.
Tafel 11. Fig. a. b. c. d. Sternberger Cristallen. S. 145.
    aa. bb. cc. dd. Dieselben vergrößert. S. 148.
    e. Ein Gotthardischer Cristall, an beiden Enden mit einer Pyramide versehen. S. 147.
    f. Ein Gotthardischer Cristall, der einen völlig zu unterscheidenden andern eingeschlossen hält. S. 143-145.
    g. Ein Gotthard. Cristall, der auch einen andern einschließt hält, welcher aber mit dem äußern zum theil in eins geflossen ist. S. 143-145.
    h. i. k. kk. kkk. Savojische Cristallen. S. 151-153.
    k. Ein Savojischer, dessen eine seiner Pyramidenflächen die bei weitem die größte ist. S. 153.

i. Einer, der zwar zugespizet ist, aber ohne in eine Pyramide abzusezen. S. 152.

k. Ein Zwiesacher, wovon der Größere zum Theil beschädigt, zum Theil von dem Kleinern bedecket ist, so daß man verleitet werden könte, erstern für nur vierseitig zu halten. S. 151. 152.

kk. Derselbe, wo der Kleinere vornen gesehen wird. S. 151. 152.

kkk. Derselbe, wo der Größere vornen stehet und der Kleinere gar nicht gesehen werden kan. S. 151. 152.

Tafel 11. Der Lämmergeier. Vultur barbatus, Linn. Vultur aureus. — Kopf und Klaue. S. 187. 195-201.

Tafel 12. b. Derselbe, im Leben. — Der Kopf. S. X.

Tafel 13. Die Flüelerche. Fringilla gularis. S. 201-203.

Tafel 14. Fig. aa. Art Wendeltreppe, versteinert. S. 264.

bb. Besondere Art Bohrmuschel, versteinert. S. 265.

c. Rückengrad-Wirbel eines Fisches, versteinert. S. 265.

dd. Echinite mit seinen Judensteinen oder Gurtenförmigen Stacheln noch. S. 266.

Tafel 15. Fig. a. Echinite, auch noch mit seinen Gurtenförmigen Stacheln. S. 267.

b. Kröte in Öninger Schiefer. S. 267.

Tafel 16. Ein Glarnerschiefer mit dem doppelten Abdruk einer Schildkröte. S. 53. in der Anmerkung L. und S. 330. in der Anmerkung p.

---

## Nachricht an den Buchbinder

### wegen der Tafeln

Tafel *. Nach dem Vorbericht.

Tafel 1. Der 8ten Seite gegen über.

Tafel 2. Der 25sten Seite gegen über.

Tafel 3. Der 348ten Seite gegen über.

Tafel 4. Gleich nach der dritten Tafel.

Tafel 5. Der 42sten Seite gegen über.

Tafel 6. Gleich nach der fünften Tafel.

Tafel 7. Der 44sten Seite gegen über.

Tafel 8. Gleich nach der siebenten Tafel.

Tafel 9. Der 60sten Seite gegen über.

Tafel 10. Der 112ten Seite gegen über.

Tafel 11. Der 154sten Seite gegen über.

Tafel 12. Der 200ten Seite gegen über.

Tafel 12. b. Gleich nach der 12ten Tafel.

Tafel 13. Der 200ten Seite gegen über.

Tafel 14. Der 266sten Seite gegen über.

Tafel 15. Der 267sten Seite gegen über.

Tafel 16. Der 330sten Seite gegen über.